QUANZHOU YEARBOOK

泉州年鉴 2021

2020 年泉州每一天

泉州日记

中共泉州市委党史和地方志研究室 编

方志出版社
Publishing House of Local Records

图书在版编目（CIP）数据

泉州年鉴．2021．泉州日记 / 中共泉州市委党史和地方志研究室编．-- 北京：方志出版社，2021.12
ISBN 978-7-5144-5091-0

Ⅰ．①泉… Ⅱ．①中… Ⅲ．①泉州－2021－年鉴
Ⅳ．①Z525.73

中国版本图书馆CIP数据核字(2021)第275591号

泉州年鉴（2021）·泉州日记

编　　者：中共泉州市委党史和地方志研究室
责任编辑：刘方圆

出 版 者：方志出版社
地　址　北京市朝阳区潘家园东里9号（国家方志馆4层）
邮　编　100021
网　址　http://www.zgfzcb.cn
发　　行：方志出版社图书营销中心
电话（010）67110500
经　　销：各地新华书店
印　　刷：福州报业鸿升印刷有限责任公司

开　　本：889×1194　　1/16
印　　张：23
字　　数：878千字
版　　次：2021年12月第1版　　2021年12月第1次印刷
印　　数：0001～1000册

ISBN 978-7-5144-5091-0　　**定价：**280.00元

《泉州年鉴》编辑委员会

《泉州日记》总编室

协编单位

『目录』

CONTENTS

2020

每日记事

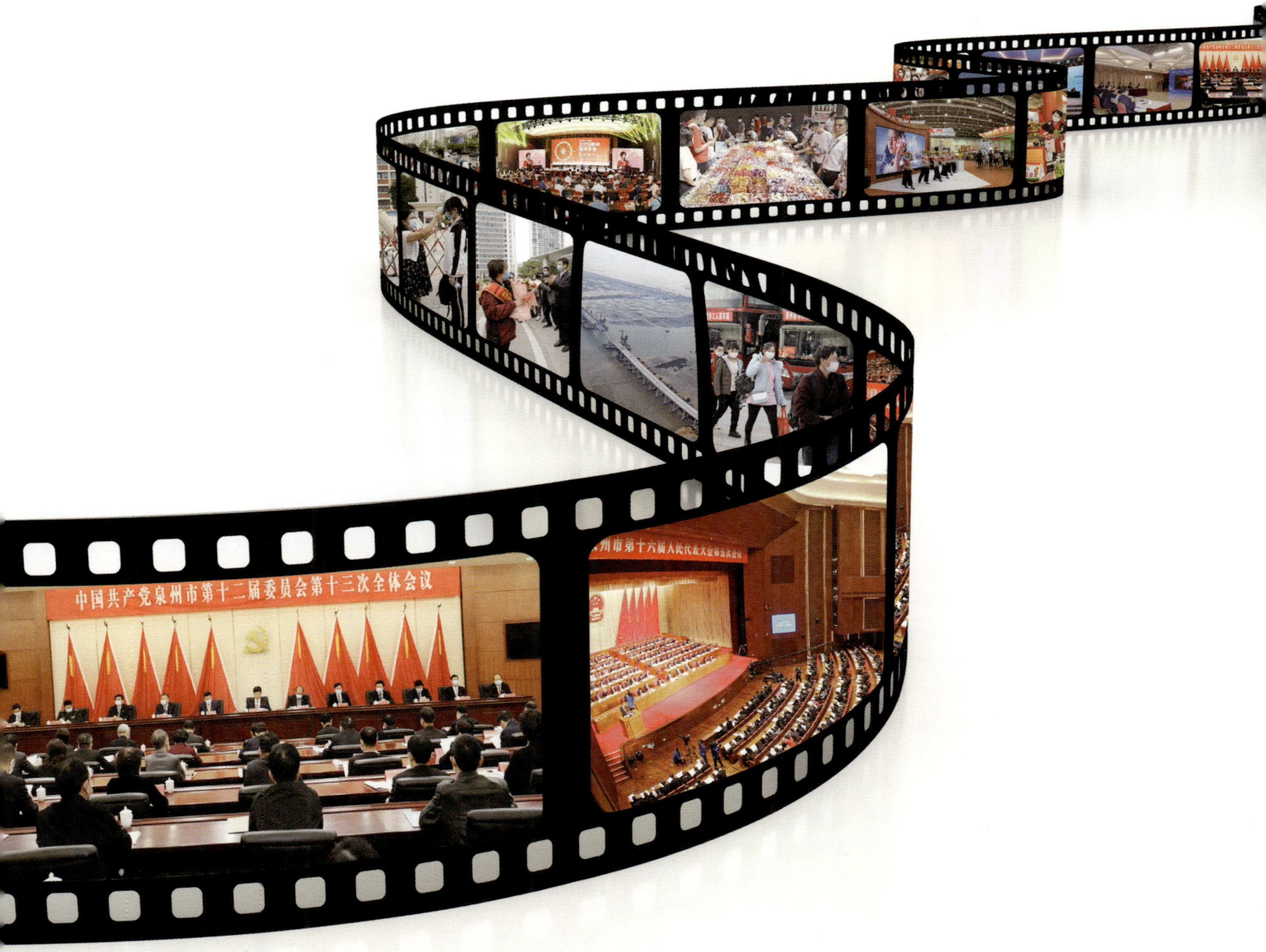

1月1日

农历己亥年十二月初七
星期三
温度：11℃～16℃
晴

●王永礼到德化慰问元旦假期坚守在工作一线的干部职工。

●《泉州市晋江洛阳江流域水环境保护条例》正式实施。

●泉州非物质文化遗产馆正式开馆。

●是日起，泉州市对中心市区（鲤城区、丰泽区）符合条件的既有老旧小区住宅楼加装电梯项目予以政府补贴，每梯补贴4万元。

●是日起，政府平价商店销售品类从肉类增加为粮油肉蛋菜五大类15个品种，并持续至2月10日。

●市委改革办机关党支部、市委党史和地方志研究室机关党支部、丰泽区灯洲社区党委、群峰社区党总支、泉州圆梦义工服务中心党支部等发动志愿者，举行“腊八节”暖冬行动。

●由《东南早报》、泉州市青年书法家协会主办的泉州2019年度汉字揭晓仪式举行，“初”字高票中选。

●一场融合闽南文化、中式嫁衣文化及绣球民俗文化的“大囍闽南民俗活动”在晋江五店市传统街区举行。

王永礼到德化慰问一线干部职工

市长王永礼到德化慰问元旦假期坚守在工作一线的干部职工。在赤水供电所，王永礼寄望大家在新一年里，继续在应急抢险、优质服务上下功夫，让山区的每一个家庭都能放心、安全、不间断地用好电。在赤水镇林业工作站，王永礼希望森林消防队员绷紧防火这根弦，保持和发扬艰苦奋斗的精神，落实好各项防火措施，加强值班巡逻，抓好森林防火工作，换取山区的一方平安。在九仙山气象站，王永礼鼓励大家保持敬业奉献的精神，做好各项气象工作。

《泉州市晋江洛阳江流域水环境保护条例》正式实施

《泉州市晋江洛阳江流域水环境保护条例》（以下简称“两江条例”）正式实施。两江条例是泉州继“海丝”（海上丝绸之路）史迹保护、内沟河保护管理、中山路骑楼建筑保护后的第四部地方立法。条例中，母亲河晋江、洛阳江水质“只能更好、不能变坏”明确写入保护原则。作为泉州首部流域水环境保护法规，两江条例在时空层面均有特殊性。与有些城市出现水污染问题甚至饮用水危机后再立法不同，泉州是在立足良好治水实践、水质持续向好时的主动立法，生态优先、绿色发展的理念和决心不言自明。条例事关泉州发展大计和民生福祉，牵动着金门同胞的关注关切。

泉州非物质文化遗产馆正式开馆

泉州非物质文化遗产馆正式开馆。位于泉州侨乡体育中心内的泉州非物质文化遗产馆，建筑面积9000多平方米，展陈面积6500多平方米，分二、三、四、五层展区。常设展区展出各类非物质文化遗产展品达650多件，荟萃全市众多非物质文化遗产保护项目，是国内最大的“非遗”馆。参观者不仅能看到非物质文化遗产项目的实物展示、展板文字图片介绍、多媒体演示，还能通过非物质文化遗产传承人的活态展演展示，全方位感受“非遗”魅力。二层的展示主题为“物华之美，民间瑰宝”，主要展示泉州“非遗”的传统美术项目。三层展示“民俗之风，浓情闽南”和“泉腔之韵，晋唐遗响”两部分。四层主题为“天工之巧，匠心营造”，重点展示泉州传统技艺。

泉州非物质文化遗产馆一角（图/吴寿民）

泉州市对中心市区老旧小区加装电梯项目予以补贴

是日起，泉州市对中心市区（鲤城区、丰泽区）符合条件的既有老旧小区住宅楼加装电梯项目予以政府补贴，每梯补贴4万元。根据市政府办通知要求，中心市区（鲤城区、丰泽区）2000年以前建成的、具有合法权属证明的、尚无电梯的既有老旧小区住宅楼，在2020年1月1日至2022年12月31日期间经批准加装电梯并完成的，可申请相关补贴。既有老旧小区住宅楼加装电梯政府补贴以梯为单位，资金由市、区两级财政分别承担50%。补贴申请的具体流程为：1.业主提供加装电梯的设计方案，向所在县（市、区）住建主管部门申请建筑结构安全鉴定备案；2.业主向所在县（市、区）资源规划部门申请建设工程规划许可证；3.业主在加装电梯完成后向所在县（市、区）市场监管部门申请检测合格运行证书。既有老旧小区住宅楼加装电梯项目竣工并投入使用后，由该项目业主单位填写泉州市中心市区既有老旧小区住宅楼加装电梯政府补贴申请表，并将资源规划部门出具的建设工程规划许可证和市场监督管理部门出具的检测合格运行证书一并提交至区住建部门，经各有关部门审核后拨付政府补贴。

市委、市政府召开民营企业座谈会

为学习贯彻习近平总书记关于民营经济的讲话精神，贯彻落实党中央、国务院《关于营造更好发展环境支持民营企业改革发展的意见》，市委书记康涛、市长王永礼在晋江与部分中小企业代表座谈，共商推动泉州市民营经济高质量发展。市领导林万明、刘文儒、吕刚、肖汉辉等参加座谈。座谈会上，与会企业代表各抒己见，就发展专精特新、加强知识产权保护、建设公共服务平台、扶持细分领域隐形冠军、吸引人才技工安家落户、金融助推新产业新经济、打通政策落地“最后一公里”等，提出许多意见和建议。康涛、王永礼不时提问、现场回应，就具体问题与大家进行交流。

康涛指出，要传承弘扬“晋江经验”，心无旁骛做实业，推动民营经济创新发展、做大做强。要把民营企业和民营企业家当作自己人，构建“亲”“清”政商关系，发扬政企互动好传统，解决好民营经济发展面临的困难和问题。要把党中央、国务院意见落深落细落实，多请企业家出主意，制定“接地气”具体措施，健全精准有效传导机制，让企业能知晓、对得上、用得好。要营造有利于创新创业创造的良好发展环境，构建好企业小生态、产业中生态、社会大生态。加快企业转型升级，推进生产管理全流程优化。着力建链强链补链，提升产业链韧性，形成“搬”不走的优势。市、县两级要从政府服务、政策支持、城市环境等方面入手，提升公共服务配套，让企业发展有更好平台。王永礼表示，市政府将及时收集整理企业在发展运营中遇到的问题，分门别类推动解决。各级各部门要传承发扬好政企互动的优良传统，想方设法、尽全力帮助企业解决困难；兑现好各项扶持政策，让企业更有获得感；用好政策面对面、“东海潮声”政企沟通平台、惠企热线等，构建“亲”“清”新型政商关系。希望企业家发扬爱拼敢赢的精神，合力推动泉州高质量发展。

市政府党组（扩大）会议学习习近平总书记讲话精神

市政府党组（扩大）会议召开，传达学习习近平总书记在中央政治局第十九次集体学习时的讲话、习近平总书记为国家综合性消防救援队伍授旗训词精神座谈会和省委常委会会议、市委常委会会议精神。会议指出，要抓好源头治理，健全风险防范化解机制，加强监测预警、实施精准治理、坚持依法管理，集中抓好重点行业领域安全隐患排查整治，保护人民群众生命财产安全和维护社会稳定。要强化科技支撑，推进应急管理信息化建设，强化消防救援队伍保障，提升泉州市综合应急救援能力。要严格执行领导干部在岗带班、重要岗位24小时值班和信息报告制度，抓好岁末年初应急管理和安全生产等工作。

市政府党组理论学习中心组学习会召开

市政府党组理论学习中心组学习会召开，集中学习研讨《学习时报》刊发的《习近平在福州》采访实录。会议要求，要站稳群众立场，以更真挚的情怀、更务实的作风保障和改善民生，下大力气破解民生急忧盼难题，增强人民群众的获得感、幸福感、安全感。要强化作风建设，传承弘扬“马上就办、真抓实干”优良作风，以更坚决的态度、更有力的作为，逐条逐项抓好上级和市委决策部署，以及政府本职工作的落地落实。

晋江市项目集中签约暨开竣工活动举行

晋江市项目集中签约暨开竣工活动举行，101个项目集中开竣工，70个项目现场签约。集中开竣工的101个项目，涉及教育、商贸、工业、能源、交通、城建环保、社会事业等领域。其中，开工项目33个，包括紫帽片区晋江学校项目、七匹狼工业园智能化改造项目等；竣工项目68个，包括晋江市粮食储备库、福能晋南热电联产项目等。

1月2日

农历己亥年十二月初八
星期四
温度：13℃～20℃
晴

●为学习贯彻习近平总书记关于民营经济的讲话精神，贯彻落实党中央、国务院《关于营造更好发展环境支持民营企业改革发展的意见》，康涛、王永礼在晋江与部分中小企业代表座谈，共商推动泉州市民营经济高质量发展。

●市政府党组（扩大）会议召开，传达学习习近平总书记在中央政治局第十九次集体学习时的讲话、习近平为国家综合性消防救援队伍授旗训词精神座谈会和省委常委会会议、市委常委会会议精神。

●市政府党组理论学习中心组学习会召开，集中学习研讨《学习时报》刊发的《习近平在福州》采访实录。

●市政府第七十六次常务会议召开，研究并通过《泉州市促进科技成果转移转化的若干意见》。

●泉州市海外联谊会第五届理事会第二次会议召开，总结换届以来工作，谋划下阶段任务。

●晋江市项目集中签约暨开竣工活动举行，101个项目集中开竣工，70个项目现场签约。

●安溪县委、县政府举行2019年第四季度重点项目开竣工活动，开竣工项目22个。

1月3日

农历己亥年十二月初九
星期五
温度：14℃～22℃
多云

●中国人民政治协商会议第十二届泉州市委员会第四次会议在泉州人民会堂开幕，李转生作泉州市政协第十二届常委会工作报告。

●市十六届人大五次会议举行召集人会议，通报大会筹备工作情况及有关安排。举行预备会，按照地方组织法和市人民代表大会议事规则有关规定，选举产生大会主席团和秘书长；表决通过大会议程，以及议案审查委员会组成人员名单。

●新华社官微头条以《这两个小帅哥刷屏了！》为题，报道鲤城公安分局江南派出所民警吴永权和辅警史辉强的救人事迹。

市政协十二届四次会议开幕

李转生作市政协工作报告（图/市政协）

中国人民政治协商会议第十二届泉州市委员会第四次会议在泉州人民会堂开幕。大会执行主席李转生、骆沙鸣、陈铭福、王祖耀、王瑞强、陈益、洪川夫、林志建、刘志平、王春金、陈伟平在主席台前排就座。出席开幕式祝贺并在主席台就座的有：市委书记康涛，市长王永礼，市人大常委会主任陈灿辉，省人大常委会委员陈万里，市委副书记张永宁，市委常委孔繁军、游宇飞、林万明、林锦明、刘建军、刘文儒、季翔峰、洪自强，市人大常委会副主任朱团能、张建生、曾巍、许文贵、吴友才、蔡思红，市人大常委会党组成员吴汉宗，副市长周真平、李伙金、吕刚、肖汉辉、朱启平，市中级人民法院院长陈明，市人民检察院检察长高扬捷，市人民检察院党组书记傅建飞。应邀参加并在主席台就座的还有：市政协历届主席、副主席；在泉州的全国政协委员；市纪委，市委统战部，市各民主党派、工商联及总工会、共青团、妇联、侨联等部门和人民团体的负责人；华侨大学、泉州师院、仰恩大学、福炼公司、中化泉州公司、泉州台商投资区、中国闽台缘博物馆、泉州海关的领导；部分泉州籍港澳地区全国政协委员、省政协常委、港澳台侨代表人士；各县（市、区）政协主席；其他代表性人士等。

受泉州市政协第十二届常委会的委托，李转生向大会作工作报告。报告指出，过去一年，在中共泉州市委领导下，市政协常委会以习近平新时代中国特色社会主义思想为指导，学习贯彻中共十九大和十九届二中、三中、四中全会及中央、省委、市委政协工作会议精神，坚持团结和民主两大主题，围绕市委、市政府中心任务，履行政治协商、民主监督、参政议政职能，发挥专门协商机构作用，在建言资政和凝聚共识上双向发力，为作答"时代命题"、推动高质量发展落实赶超做出贡献。报告从五方面阐述市政协十二届三次会议以来的工作特色和显著成效：一、加强思想政治引领，坚持中国共产党的全面领导；二、围绕中心协商议政，助推泉州高质量发展落实赶超；三、聚焦民生热点难点，回应人民对美好生活的向往；四、凝聚各方共识，画好团结奋进最大同心圆；五、加强自身建设，推动政协工作提质增效。2020年，市政协常委会工作的总体思路是：以习近平新时代中国特色社会主义思想为指导，深入学习贯彻习近平总书记关于加强和改进人民政协工作的重要思想和对福建工作的重要要求，认真贯彻中共十九届四中全会和中央、省委、市委政协工作会议精神，在中共泉州市委坚强领导下，增强"四个意识"、坚定"四个自信"、做到"两个维护"，把坚持和发展中国特色社会主义作为巩固共同思想政治基础的主轴，把服务实现"两个一百年"奋斗目标作为工作主线，把加强思想政治引领、广泛凝聚共识作为中心环节，发挥专门协商机构作用，在作答"时代命题"、高质量落实赶超新征程中展现政协新作为。市政协将提高政治站位，彰显政治组织本色；坚持协商民主，提升服务大局成效；紧贴民生民意，聚焦改善民生福祉；广泛凝聚共识，汇聚各方人心力量；强化责任担当，推进履职能力建设。报告要求全体政协委员要更加紧密地团结在以习近平同志为核心的党中央周围，高举中国特色社会主义伟大旗帜，不忘初心、牢记使命，凝心聚力、奋发有为，奋力开创泉州政协事业新局面，为全面建成小康社会、推进"五个泉州"建设而努力奋斗。

市十六届人大五次会议开幕

王永礼作市政府工作报告（图/陈晓东）

泉州市第十六届人民代表大会第五次会议在泉州人民会堂开幕。全体会议执行主席康涛、陈灿辉、朱团能、张建生、曾巍、许文贵、吴友才、蔡思红、吴汉宗、欧阳秋虹在主席台前排就座。主席团其他成员，市长王永礼，市政协主席李转生，省人大常委会委员陈万里，市委副书记张永宁，市委领导游宇飞、林万明、林锦明、刘建军、刘文儒、季翔峰、洪自强，市政府领导周真平、李伙金、吕刚、肖汉辉、朱启平，市政协领导骆沙鸣、陈铭福、王祖耀、王瑞强、陈益、洪川夫、林志建、刘志平、王春金，市中级人民法院院长陈明，市人民检察院检察长高扬捷、党组书记傅建飞，福建炼化有限公司董事长顾越峰，中化泉州石化有限公司总经理钱立新，华侨大学党委书记关一凡，泉州师范学院党委书记朱世泽，仰恩大学党委书记庄哲峰，老领导施永康、林大穆、朱明、李建国、尤垂镇、薛祖亮、傅圆圆、陈海基、林文麟、林荣取、杨俊峰、吴汉民、洪辉煌、王文泰、宋长青、魏声外、孙增福、洪泽生、潘燕燕、陈全顺、吕竞、王远东，部分港澳台侨人士等在主席台就座。

市长王永礼代表泉州市人民政府向大会作工作报告。报告分为三个部分：一是2019年政府工作回顾；二是2020年工作目标任务；三是加强政府自身建设。王永礼表示，2019年，在中共泉州市委领导下，市政府以习近平新时代中国特色社会主义思想为指导，贯彻习近平参加十三届全国人大二次会议福建代表团审议时的讲话和对福建工作的指示批示精神，落实党中央、国务院和省委、省政府及市委决策部署，坚持稳中求进工作总基调，践行新发展理念，传承弘扬“晋江经验”，“作答时代命题、聚力赶超攻坚”。经济运行实现稳中有进，科技创新驱动产业升级，改革开放激活蛰伏潜能，城市建设注重品质品位，发展成果更加惠民利民，法治思维贯穿政府履职。

展望新一年，王永礼指出，2020年是全面建成小康社会和“十三五”规划收官之年。做好2020年政府工作：要以习近平新时代中国特色社会主义思想为指导，贯彻中共十九大和十九届二中、三中、四中全会精神，坚持稳中求进工作总基调，坚定不移贯彻新发展理念，创新发展“晋江经验”，突出经济要稳、城市要聚、民生要实、机制要活，有为推进高质量发展落实赶超，更好完成收官任务，科学编制“十四五”规划。2020年主要预期目标是：全市生产总值增长7%～7.5%，农林牧渔业总产值增长2%以上，工业增加值增长7.5%左右，第三产业增加值增长8%左右；一般公共预算总收入增长3%，一般公共预算收入增长2.5%；固定资产投资增长7.5%左右；实际利用外资增长2%，进出口总额增长3%；社会消费品零售总额增长9%，居民消费价格涨幅控制在3.5%左右；居民收入和经济同步增长；完成节能减排降碳任务。为确保目标任务的完成，王永礼强调，要聚力转型攻坚，推进实体经济高质量发展；聚力乡村振兴，推进农业农村优先发展；聚力改革开放，推进“晋江经验”创新发展；聚力环湾向湾，推进产城人融合发展；聚力以文塑城，推进文化繁荣发展；聚力生态文明，推进经济与环境双赢发展；聚力全面小康，推进民生事业加快发展。发展要高质量，治理要现代化。政府全体工作人员将落实不忘初心、牢记使命制度，坚持为人民服务、对人民负责、受人民监督，推进政府治理体系和治理能力现代化。具体而言，就是要高站位加强政治建设，高水平加强法治建设，高标准加强效能建设，高要求加强廉政建设。

1月4日

农历己亥年十二月初十
星期六
温度：16℃～22℃
多云转阴

●泉州市第十六届人民代表大会第五次会议在泉州人民会堂开幕。

●市政协十二届四次会议第二次全体会议召开，选举产生政协第十二届泉州市委员会副主席2名，增补常务委员4名。刘志平、王春金当选政协第十二届泉州市委员会副主席。

●市委、市政府召开市政协港澳委员、异地商会委员、特邀嘉宾座谈会。委员们围绕招商引资项目落地、城市品牌建设、跨境电商发展、数字赋能民营经济、旅游绿色智能化发展、新型农村社区建设等建言献策。

●康涛、王永礼到泉州晚报社“两会”访谈室、泉州广播电视台“两会”直播室等处看望新闻工作者。

1月5日

农历己亥年十二月十一
星期日
温度：16℃～20℃
阴转多云

●市十六届人大五次会议第二次全体会议召开，陈灿辉作市人大常委会工作报告，陈明作市中级人民法院工作报告，高扬捷作市人民检察院工作报告。

●市政协十二届四次会议第三次全体会议召开，12名市政协委员围绕泉州品牌发展、现代服务业、区块链技术、夜经济发展、儿童健康、中等职业教育等主题作大会发言。

●由市委宣传部、市文联主办，泉州市作家协会承办的“奋进小康路·共筑中国梦”——泉州市文化进万家文艺志愿服务活动在福建省智善慈航公益服务中心举行。

●由团市委、泉州市青年联合会主办，泉州市青少年宫承办的“不忘初心·墨香献礼”2020年迎新春送春联活动在泉州音乐厅举行。

●由泉州市南音艺术家协会、南安市文旅局主办的泉州市第二届整弦排场弦管古乐会在南安举行。

●由《东南早报》、泉州市作家协会和菲华孝道学会泉州分会主办的泉州市“恒禧花园杯”家风孝道征文大赛暨首届孝道奖颁奖会举行，15篇优秀作品和7名孝子、孝媳、孝孙获奖。

市十六届人大五次会议第二次全体会议召开

陈灿辉作市人大常委会工作报告（图/市人大）

市十六届人大五次会议第二次全体会议召开，市人大常委会主任陈灿辉作市人大常委会工作报告，市中级人民法院院长陈明作市中级人民法院工作报告，市人民检察院检察长高扬捷作市人民检察院工作报告。

陈灿辉在报告中指出，2019年是新中国成立70周年，也是地方人大设立常委会40周年。市人大常委会在中共泉州市委领导下，主动把握机遇，以习近平新时代中国特色社会主义思想为指导，贯彻中共十九大和十九届二中、三中、四中全会精神，坚持党的领导、人民当家做主、依法治国有机统一，学习贯彻习近平关于坚持和完善人民代表大会制度的思想和习近平参加十三届全国人大二次会议福建代表团审议时的讲话精神，传承弘扬“晋江经验”，围绕“作答时代命题、聚力赶超攻坚”工作主线，履行法定职责，为推动高质量发展落实赶超做出贡献。一年来，市人大常委会的工作成效主要体现在五个方面：一、坚持正确政治方向，以习近平新时代中国特色社会主义思想为指导，贯彻落实中央、省委、市委决策部署，开展“不忘初心、牢记使命”主题教育；二、推进高质量发展落实赶超，推动行政审批服务提质提速，督促扶持民营经济政策措施落实落细，助力打好三大攻坚战，促进发展提质增效，推动重点民生问题解决，维护社会安定稳定；三、推动法治泉州建设，推进科学立法，督促严格执法，促进公正司法；四、致力发挥代表主体作用，强化代表履职保障，加大建议督办力度；五、加强自身建设，突出抓好党建工作，提升工作效能，深化人大宣传研究。

陈灿辉强调，2020年是全面建成小康社会和“十三五”规划收官之年。市人大常委会要高举中国特色社会主义伟大旗帜，以习近平新时代中国特色社会主义思想为指导，贯彻中共十九大和十九届二中、三中、四中全会精神，履行法定职责，不忘初心、牢记使命，担当作为、开拓进取，常学常新“晋江经验”，把人大制度优势更好地转化为治理效能，为推进市域治理现代化做出贡献。要学习贯彻四中全会精神，做好地方立法工作，更好履行人大监督职能，依法行使重大事项决定权和人事任免权，支持和保障代表更好地发挥作用，提升依法履职能力和水平。会议表决通过有关领导人员辞职的决定，表决通过大会选举办法。大会选举任务为：选举泉州市人大常委会副主任2名；补选泉州市人民检察院检察长1名；选举泉州市人大常委会委员5名。

市政协十二届四次会议第三次全体会议召开

市政协十二届四次会议第三次全体会议召开，12名市政协委员围绕泉州品牌发展、现代服务业、区块链技术、夜经济发展、儿童健康、中等职业教育等主题作大会发言。市委书记康涛指出，要把握政协性质定位，加强大团结大联合，以共同目标寻求最大公约数，以团结合作画出最大同心圆，以协商民主凝聚强大正能量。要及时办理、吸收采纳委员提案和意见建议，分口研究、吸纳吸收，认真办理、抓好落实，尽快把各界别委员的智力成果转化为党委、政府的工作举措。要发挥好政协人才荟萃、联系广泛等优势，把人民政协工作纳入市委、市政府重要议事议程，虚心听取政协意见建议，自觉接受政协民主监督，形成加强和改进与政协工作的合力。

市政协十二届四次会议闭幕

中国人民政治协商会议第十二届泉州市委员会第四次会议完成各项议程，在泉州人民会堂闭幕。会议听取市政协十二届四次会议提案初审情况的报告；审议通过《中国人民政治协商会议第十二届泉州市委员会第四次会议决议》。市政协主席李转生指出，2020年，市政协要以习近平新时代中国特色社会主义思想为指导，学习贯彻习近平关于加强和改进人民政协工作的思想，贯彻落实中共十九届四中全会精神，在中共泉州市委领导下，不忘初心、牢记使命，主动作为、履职尽责，将市委、市政府的决策部署转化为政协履职的思想自觉、政治自觉和行动自觉。要坚持性质定位，把准政治方向。要坚持围绕中心，积极建言资政。要坚持为民履职，站稳人民立场。要坚持团结联合，广泛凝聚共识。要坚持守正创新，强化责任担当。全市政协各参加单位、各级政协组织和政协委员要更加紧密地团结在以习近平同志为核心的党中央周围，在中共泉州市委领导下，同心同德、奋勇前进，为实现“两个一百年”奋斗目标、全面建成小康社会，建设“创新、智造、‘海丝’、美丽、幸福”的现代化泉州而奋斗。

市政协十二届四次会议现场（图/张九强）

南安市政府和首都师范大学签订基础教育合作协议

南安市政府、首都师范大学、厦门源昌集团三方在南安市罗东镇昌财学村签订基础教育合作办学协议。根据协议，合作项目由南安市政府主导建设，并承担合作办学中公办学校的正常经费；首都师范大学输出先进管理模式、办学理念、办学体系以及优秀教学团队和优质教育资源，选派优秀核心管理团队实施精细化管理，并接受南安市及以上教育行政主管部门的指导和监督；厦门源昌集团负责除公办学校正常经费以外，因合作办学协议所增加的费用（10年约2亿元）。通过合作，将南安昌财学村的昌财实验中学和昌财实验小学全面委托给首都师范大学管理，并在合作期内使合作学校通过福建省一级达标高中评估并获得授牌，入选福建省示范性普通高中建设学校。

“党报送祝福 春联抒真情”活动启动

由泉州晚报社、中国农业银行泉州分行、市文联主办的2020年“农行杯”——“党报送祝福　春联抒真情”活动在市区泉秀街中国农业银行泉州分行营业部启动。30多名书法家现场挥毫，为市民送上千副春联，提前送出新春祝福。泉州网启用直播车，对活动现场进行多机位、高清视频全程直播。主持人就贴春联的风俗、历史典故、文化传承等方面现场解说，并与多位市民和书法家互动交流。此系泉州晚报社第十四年开展“党报送春联”活动，过去13年共送出10万余副春联，成为一个文化惠民的服务品牌。2020年的活动除丰泽、鲤城、洛江等中心市区，也在安溪、德化、永春、惠安、泉港、晋江、南安、石狮、泉州开发区等县（市、区）举行，共计11天14场，持续到1月16日。

“党报送祝福 春联抒真情”活动现场（图/张九强）

1月6日

农历己亥年十二月十二
星期一
温度：15℃～25℃
多云转阴

●中国人民政治协商会议第十二届泉州市委员会第四次会议完成各项议程，在泉州人民会堂闭幕。

●市十六届人大五次会议主席团第四次会议召开，听取各代表团汇报审议市人大常委会和市中级人民法院、市人民检察院三个工作报告情况等。

●市体育局在鲤城区老体协活动中心开展全市国民体质监测工作。

●南安市政府、首都师范大学、厦门源昌集团三方在南安市罗东镇昌财学村签订基础教育合作办学协议。

●由泉州晚报社、中国农业银行泉州分行、市文联主办的2020年“农行杯”——“党报送祝福 春联抒真情”活动在市区泉秀街中国农业银行泉州分行营业部启动。

●第七届以色列现代舞编舞大师班结业会演在泉州南音艺苑举行。

1月7日

农历己亥年十二月十三
星期二
温度：13℃～24℃
阴转晴

●泉州市第十六届人民代表大会第五次会议完成各项议程，在泉州人民会堂闭幕。

●市十六届人大五次会议第三次全体会议召开，选举泉州市第十六届人民代表大会常务委员会副主任、泉州市第十六届人民代表大会常务委员会委员，补选泉州市人民检察院检察长。吴汉宗、黄阳春当选泉州市第十六届人民代表大会常务委员会副主任。

●2020年市政府第一次全体会议召开，动员各县（市、区）政府、市直各部门在市委统一领导下，迅速落实市“两会”精神。

●省、市两级见义勇为人员奖励和保护工作委员会、见义勇为基金会（协会）在泉州举行慰问见义勇为英模座谈会，对历年来受表彰的见义勇为牺牲人员家庭及见义勇为模范（先进个人）进行春节慰问及困难补助。

●由市侨联、丰泽区委编办、区侨联、泉州银行华大支行等主办的“迎新春、写春联、送祝福”活动在丰泽区地质社区举行。

市十六届人大五次会议闭幕

泉州市第十六届人民代表大会第五次会议完成各项议程，在泉州人民会堂闭幕。会议逐一表决通过关于泉州市人民政府工作报告的决议、关于泉州市2019年国民经济和社会发展计划执行情况及2020年国民经济和社会发展计划的决议、关于泉州市2019年预算执行情况及2020年预算的决议、关于泉州市人民代表大会常务委员会工作报告的决议、关于泉州市中级人民法院工作报告的决议、关于泉州市人民检察院工作报告的决议。

市委书记康涛在闭幕式上讲话。康涛指出，要把学习贯彻习近平新时代中国特色社会主义思想作为长期首要政治任务，不忘初心、牢记使命，始终在思想上政治上行动上同以习近平同志为核心的党中央保持高度一致。坚定不移贯彻执行习近平总书记在参加十三届全国人大二次会议福建代表团审议时的讲话和对福建工作的指示批示精神，创造性贯彻落实中央和省委、省政府各项决策部署，推动转化为经济社会发展和管党治党的规划计划、思路举措。要贯彻中共十九届四中全会精神，创新发展“晋江经验”，大胆创新体制机制，推动“盆景”变“风景”，推进泉州治理现代化。对照“十三五”规划既定目标，抓重点、补短板、强弱项，踢好转型升级“后半场”，完成2020年一揽子预期目标任务。谋划好“十四五”长远发展，加快结构调整、新旧动能转换，争取新一轮发展主动，实现更持久和高水平高质量的稳。要树立以人民为中心的发展思想，树好党委、政府民生品牌，实行路线图思维、项目化管理、清单式收账，聚焦乡村振兴、脱贫攻坚、民生补短板、强基促稳、农村人居环境整治、生态治理等工作专项，集中力量解决好群众关切的身边事。要建立长期受益保障机制，巩固提升主题教育“找差距、抓落实、解难题、化积案”专项行动成果，完善化解民生热难点问题长效机制，调动全社会资源力量，确保小康成色得到人民认可、经得起历史检验。

市十六届人大五次会议现场（图/陈晓东）

2020年市政府第一次全体会议召开

2020年市政府第一次全体会议召开，动员各县（市、区）政府、市直各部门在市委统一领导下，迅速落实市“两会”精神。会议要求，各级政府各部门要做好“法定作业”，围绕市委“经济要稳、城市要聚、民生要实、机制要活”要求，对照市委研究确定、市人大审议通过的各项指标任务，高质量完成全年各项工作，提高GDP的含金量、含新量和含绿量；开展“项目攻坚2020”，抓紧制定实施春季攻坚方案，攻坚“基础设施、产业投资、现代服务业”三大弱项；全盘统筹，做细做实申遗、第18届世界中学生运动会、与印度金奈建立友城关系三件大事、要事。要更好完成“收官之作”。拿出决战决胜的精神状态，对照全面建成小康社会和“十三五”规划收官要求，开展“回头看”、补短板、建机制；要发展民生社会事业，久久为功优化营商环境，统筹推进各项改革试点，坚持节用裕民确保民生投入只增不减。要锤炼严实作风。以“责无旁贷”的担当抓落实，以“只争朝夕”的状态抓落实，以“不忘初心”的韧劲抓落实，团结一心，上下合力，向全市人民交上一份满意答卷。

市委理论学习中心组学习会召开

市委理论学习中心组学习会召开，开展“学习贯彻习近平总书记在中央政治局专题民主生活会上重要讲话精神”集中学习研讨。会上，市委常委联系自身工作职责，围绕“学习贯彻习近平总书记在中央政治局专题民主生活会上重要讲话精神”主题，谈认识、谈体会，找差距、摆问题。大家表示，理想信念是共产党人的政治灵魂，是共产党人初心的本质要求。要坚守理想信念，在担当作为中体现初心使命，把为民初心落到具体实事、群众立场、长效机制上，打通工作落实“最后一公里”，推动把中国特色社会主义制度优势转化为基层治理的强大效能。会议指出，全市各级各部门要把学习贯彻习近平讲话精神纳入主题教育重要内容。要深化问题整改落实，紧盯中央明确的8个方面突出问题专项整治、省委“找差距、抓落实、解难题、化积案”行动，建立整改落实持续推进机制。要善始善终抓好主题教育有关工作，探索建立“不忘初心、牢记使命”制度，抓好理论武装、整改落实等工作，巩固主题教育成果。按照市委“经济要稳、城市要聚、民生要实、机制要活”工作部署，稳稳地做、实实地干，为新一年开好局、起好步打下好的基础。

2020年老干部新春通报会举行

市委、市政府在泉州人民会堂举行老干部新春通报会，通报2019年工作情况。市委书记康涛指出，2019年，全市落实中央和省委决策部署，开展“不忘初心、牢记使命”主题教育，加快高质量发展落实赶超，推进城市集聚发展，加强文化遗产保护，抓牢乡村振兴、脱贫攻坚、民生补短板、强基促稳、农村人居环境整治、生态治理等工作，解决群众的操心事、烦心事、揪心事，推动全面从严治党落实落细，一项项抓推进、抓出成效，打下坚实基础。2020年是全面建成小康社会和“十三五”规划收官之年。要传承弘扬“晋江经验”，保持拼搏精神，发扬政企互动好传统，突出经济要稳、城市要聚、民生要实、机制要活，为新一轮发展积蓄力量，实现更持久和高水平高质量的稳。长期以来，老干部牢记初心使命，饱含为民情怀，坚持担当奉献，做了大量有益工作，发挥独特优势和重要作用。市委、市政府将倾情倾力做好老干部工作，让大家生活舒心、开心、放心。希望大家继续发挥智慧经验、优势影响，一如既往地支持、助力发展，为泉州建设鼓劲出力、贡献力量。

市计生协会六届五次理事会召开

市计生协会六届五次理事会召开，传达省计生协会第六次会员代表大会精神，审议理事会工作报告，调整增补理事，选举会长。王春金当选新一任市计生协会会长。会议指出，全市各级计生协会要抓好党的政治建设，发扬政治意识强、工作站位高的好传统，把党的方针政策和温暖关怀及时送到计生群众的心坎上。要继续当好党政的好帮手、群众的贴心人，回应人民群众对美好生活的向往。各相关部门要支持计生协会深化群团改革、加强自身建设，共同将计生协会打造成党委信赖、群众拥护的重要力量。

市税务局举行2019年度综述展示活动

市税务局举行以“臻和·融合·跨越”为主题的2019年度综述展示活动。活动现场，全市各县（市、区）税务局、市税务局派出单位的18位党委书记（局长）轮番上台，陈述2019年围绕减税降费、臻和融合、聚力创新的工作成效，展示优化税收营商环境的特色创新项目。该活动还同步进行网络直播，最高峰时全市共有12.67万名纳税人、缴费人以及税务干部职工通过移动终端观看活动，4.39万人次留言点赞。

1月8日

农历己亥年十二月十四
星期三
温度：12℃～19℃
晴

●市委理论学习中心组学习会召开，开展“学习贯彻习近平总书记在中央政治局专题民主生活会上重要讲话精神”集中学习研讨。

●市委、市政府在泉州人民会堂举行老干部新春通报会，通报2019年工作情况。

●市人大常委会党组理论中心组学习会召开，开展“学习贯彻习近平总书记在中央政治局专题民主生活会上重要讲话精神”集中学习研讨。

●市政协党组理论学习中心组（扩大）学习会议召开，开展“学习《习近平在福州》采访实录”专题交流研讨。

●市计生协会六届五次理事会召开，传达省计生协会第六次会员代表大会精神，审议理事会工作报告，调整增补理事，选举会长。王春金当选新一任市计生协会会长。

●市委统战部、市民宗局、泉州市基督教两会、泉南基督教堂和驻村扶贫干部，到永春县桂洋镇壶永村和德化县雷峰镇潘祠村，走访慰问30户贫困户，送去年货和慰问金。

●市税务局举行以“臻和·融合·跨越”为主题的2019年度综述展示活动。

●由市总工会、市直机关工委、市文联主办，市直机关工会、市工人文化宫和市直机关书法家协会承办的2020年迎新春书法家免费为职工写春联志愿服务活动在市工人文化宫举行。

●中国共产党党员、原晋江地委享受副省长级医疗待遇离休干部李明星逝世，享年98岁。

1月9日

农历己亥年十二月十五
星期四
温度：12℃～17℃
晴

●省委农村工作会议在福州召开，泉州市申报的恒兴集团有限公司获评2019年度全省乡村振兴先进单位，晋江市英林镇西埔村党支部书记洪我海获评2019年度全省乡村振兴先进个人。

●胡润研究院发布“2019年胡润中国500强民营企业”名单，泉州市3家民营企业上榜，分别为安踏体育用品集团有限公司（第353位）、达利食品集团有限公司（第427位）、福建恒安集团有限公司（第441位）。

●由泉州市闽南民间歌舞传承中心创作的女子群舞《茶·飘香》在北京参加2020第三届中国非物质文化遗产春节联欢晚会的录制。

●由鲤城区统战部、区政协民宗委与承天寺主办的2020年“迎新春 献爱心”慈善助困慰问活动在市区承天寺举行，鲤城区55名环卫工人和253户贫困家庭收到由承天寺支持的年货大礼包。

泉州市一人一单位获省委农村工作会议表彰

省委农村工作会议在福州召开，泉州市申报的1家单位获评2019年度全省乡村振兴先进单位，1名个人获评2019年度全省乡村振兴先进个人，分别是恒兴集团有限公司、晋江市英林镇西埔村党支部书记洪我海。2016年，恒兴集团有限公司主动与安溪县西坪镇留山村结对帮扶。留山村地处安溪西南部，是省级重点贫困村。该公司帮助留山村成立茶叶专业合作社，申请注册“留山村”茶叶商标，投资300万元建设有机生态蔬菜、花生等农产品生产基地，探索“公司+互联网+合作社+基地”四位一体的产业发展模式，助推产业发展。此外，通过各种渠道筹集2000多万元，启动建设县道拓宽改造项目、路灯亮化工程、老人活动中心及自来水厂。该村集体经济年收入已达12万元，农民人均年收入11200元。2003年8月起，洪我海先后担任晋江市英林镇西埔村民委员会村委、村主任、党支部书记。他带领西埔村试点实践基层协商民主议事机制，建成镇级首个协商民主议事厅，实践涉及公共事务、村规民约、候选人选举推荐3种不同类型的协商案例，摸索总结出协商民主议事会工作法。西埔村成为福建省第二批城乡社区协商示范点，该村的民主协商案例作为唯一一个乡村治理案例参加福建省社会科学界2017年学术年会。

泉州市3家企业入选“2019年中国500强民营企业”名单

胡润研究院发布“2019年胡润中国500强民营企业”名单，泉州市3家民营企业上榜，分别为安踏体育用品集团有限公司（第353位）、达利食品集团有限公司（第427位）、福建恒安集团有限公司（第441位）。中国500强本土民营企业按照企业市值或估值进行排名。“中国民营企业”是指总部在中国大陆的非公有制企业。上市公司企业市值按照2019年11月29日的收盘价计算，非上市公司企业估值参考同行业上市公司进行估算。中国民企500强的上榜门槛为140亿元，上榜企业总市值36万亿元，相当于中国GDP的四成。中国民营企业500强有一半的企业属于新兴产业，主要集中在先进制造、大健康、传媒娱乐和电子商务等领域。先进制造、房地产和大健康是上榜民营企业最多的前三大行业，各有73家、68家和66家；其次是传媒娱乐31家、金融28家，前五大行业上榜企业占总榜一半。500强中三分之二是上市公司，其余三分之一是非上市公司或只有部分上市。

晋江鞋博会上，客商参观安踏足球展馆（图/陈晓东）

泉州节目入选第三届中国非物质文化遗产春节联欢晚会

由泉州市闽南民间歌舞传承中心创作的女子群舞《茶·飘香》在北京参加2020第三届中国非物质文化遗产春节联欢晚会的录制，是全省唯一入选该晚会的节目，于春节期间在国内多家卫视播出。该晚会由人民日报社新闻信息中心、中国非物质文化遗产保护研究中心、中国文化产业发展研究中心、中国艺术节基金会、中国非遗春晚组委会等单位主办，以非物质文化遗产表演资源为主，通过安徽卫视、江苏卫视、广东卫视等多家电视台播出，向全国观众展示非物质文化遗产文化的魅力。整场晚会共有20多个节目，涵盖舞蹈、鼓乐、戏曲、魔术、民歌等众多“非遗”类型。女子群舞《茶·飘香》以茶为媒，将沏茶、赏茶、闻茶、敬茶的生活礼仪进行创新编排。用少女曼妙的舞姿将福建特色采茶舞融入现代表演中，让茶有了万千滋味。该节目曾获第五届福建舞蹈“百合花”奖专业舞蹈大赛创作金奖和表演金奖。

三安光电参与项目获国家科学技术进步奖一等奖

国家科学技术奖励大会在北京举行。三安光电作为“高光效长寿命半导体照明关键技术与产业化”项目的主要完成单位之一，与中科院半导体所等单位联袂获国家科学技术进步奖一等奖。该项目技术成功实现高性能LED材料、芯片、封装、模组与光源产品的全链条技术产业化推广与应用。三安光电在泉州芯谷南安分园区投资建设的高端化合物半导体七大项目进展顺利，氮化镓项目已实现投产。此次技术的成功攻关，将加快氮化镓的产业化推广应用，壮大泉州市半导体产业规模。

泉州市“情满旅途”文明交通宣传服务系列活动启动

2020年春运启动。由市委宣传部、市委文明办、市发改委、市公安局等主办的泉州市2020年春运启动日暨“情满旅途”文明交通宣传服务系列活动举行。作为活动之一的“暖冬行动”随即举行。主办方组织志愿者在汽车站提供信息咨询、候车引导、指路咨询、热水供应、爱心帮扶、春运交通安全宣传等服务。在泉州火车站，除为旅客赠送春联外，还邀请第910医院经验丰富的救护讲师，现场为旅客讲解紧急救护知识。同时，车站组织20余名志愿者在进站口、售票厅、楼梯等关键部位，引导帮扶旅客。2020年春运较2019年提前11天，探亲、旅游、学生、务工客流相互叠加，加上生产生活物资和节日物资的运输保障，运输高峰压力比较大。泉州市统筹铁路、公路、水运、民航等不同运输方式，综合调度客运、公交、出租、铁路、水运和民航运输的衔接和接驳，安排好机场、动车站的夜间公交、出租车运力，及时疏解夜间到站旅客。同时，依托“互联网+交通运输”，创新售票方式，增设自助售票机、人工售票窗口，及时公布班次、换乘等信息，为旅客提供更便捷的智慧出行服务。

是日，全市50个春运安全监督服务岗启动，对过往客车进行检查监督，为司乘人员提供服务。服务岗主要分布在全市各高速公路入口、国省道重要路段等处，中心市区周边主要分布在洛江、泉州（西福）、泉州北、泉州西4个高速公路入口。服务岗一直设置到24日（除夕当天），其中43个服务岗为24小时执勤。服务岗检查登记进入高速公路的“两客一危”（从事旅游的包车、三类以上班线客车和运输危险化学品、烟花爆竹、民用爆炸物品的道路专用车辆）车辆、驾驶人员营运证件、乘客配载、安全例检等情况；抽查省市际客运班车实名制落实情况；对途经服务岗的危货车辆开展检查，查究危货运输各类违法经营行为。除落实安全监管措施，为平安春运保驾护航外，服务岗还结合“党旗飘扬”“暖冬行动”等活动，为过往旅客提供开水、药品、方便食品等便民措施。

第十二届党校市情论坛举办

由市委党校、市委史志研究室、市社科联主办的，以“会商市情热点　共议智库建设”为主题的学习贯彻中共十九届四中全会精神暨第十二届党校市情论坛举办。在首先举行的聘任仪式上，十余位各领域专家受聘成为市委党校智库顾问、特邀研究员。随后，2019年市情研究课题组代表分别作《习近平新时代中国特色社会主义经济思想晋江探源》等课题分享，以较高的政治站位和各自专业角度对会上分享的市情课题成果一一作点评并给出课题完善建议。

市委党校智库顾问、特邀研究员聘任仪式
（图/市委史志研究室宣教科）

1月10日

农历己亥年十二月十六
星期五
温度：13℃～19℃
晴转多云

●参加省十三届人大三次会议的泉州代表团举行全体会议，推选康涛为泉州代表团团长，王永礼、陈灿辉为副团长。全团分为3个组，并确定各组召集人。

●国家科学技术奖励大会在北京举行。三安光电作为“高光效长寿命半导体照明关键技术与产业化”项目的主要完成单位之一，与中科院半导体所等单位联袂获国家科学技术进步奖一等奖。

●由市委宣传部、市委文明办、市发改委、市公安局等主办的泉州市2020年春运启动日暨“情满旅途”文明交通宣传服务系列活动举行。

●由市委党校、市委史志研究室、市社科联主办的，以“会商市情热点 共议智库建设”为主题的学习贯彻中共十九届四中全会精神暨第十二届党校市情论坛举办。

●由市公安局、洛江公安分局、市消防支队等主办的，以“不忘初心‘110’，共建共治享安宁”为主题的“110”宣传日活动在泉州医学高等专科学校举行。

●由泉州古城保护发展工作协调组办公室、市文旅局、市体育局、鲤城区政府、泉州文化旅游发展集团有限公司主办的2019年第四届海丝泉州古城徒步穿越总结汇报会举行。

●泉州市卫健系统在石狮市总医院举行“热血送暖为生命接力”无偿献血活动启动仪式暨全市血液管理工作会议。

●泉州城建集团发行10亿元中期票据，系该集团2020年度发行的首笔债券。

1月11日

农历己亥年十二月十七
星期六
温度：11℃～18℃
多云转阴

●省工信厅发布工业互联网示范平台标杆企业及重点项目名单，百宏聚纤科技、泉工股份、九牧厨卫、迪特工业产品设计、信泰（福建）科技、361° 6家泉州企业入选。

●“海丝共融·缤纷槟城”百趟直飞万人行2020年槟城旅游推介活动在泉州举行。

●以“聆听花开的声音”为主题的丰泽区2020年新春音乐会暨“素馨花”合唱音乐会在泉州大剧院音乐厅举行。

6家泉州企业入选省工业互联网示范平台标杆企业名单

省工信厅发布工业互联网示范平台标杆企业及重点项目名单，确定43个工业互联网示范平台和应用标杆企业（第一批），同时征集618个“互联网+先进制造业”重点项目。其中，百宏聚纤科技、泉工股份、九牧厨卫、迪特工业产品设计、信泰（福建）科技、361°等6家泉州企业获评福建省工业互联网应用标杆企业；泉州佰源机械科技股份有限公司的“互联网+智能综合交易平台”等95个项目被列为“互联网+先进制造业”重点项目。获评福建省工业互联网应用标杆企业的泉州企业及其项目分别为：福建百宏聚纤科技实业有限公司的聚酯长丝生产工业互联网应用示范；福建泉工股份有限公司的泉工智能装备云服务平台；九牧厨卫股份有限公司的九牧PLM（产品生命周期管理平台）系统项目；泉州迪特工业产品设计有限公司的工业设计协同创新应用平台；信泰（福建）科技有限公司的信泰数字化运营平台；361°（福建）体育用品有限公司的基于天翼云打造核心零售系统混合云平台。

工业互联网应用标杆企业的评审重点针对工业企业，主要包括三类：一是网络化改造集成创新应用标杆，即通过企业网络改造，实现工业企业内外网络互联、数据互通、网络应用创新；二是平台集成创新应用标杆，即企业通过平台集成创新应用，提升研发、采购、制造、管理、物流等全流程的数字化网络化能力，优化生产制造资源配置效率，在边缘计算应用、协同研发设计、产业链协同制造、分享制造、定制化生产、数字孪生制造、生产设备健康管理、远程运维应用等八个方面形成标杆；三是安全集成创新应用标杆，即基于安全防护技术、态势感知和监测预警、数据安全防护、检测评估和测试验证及新技术创新应用，实现对工业互联网设备、控制、网络、平台、数据等多层次安全防护。

“互联网+先进制造业”重点项目参照“省级两化融合重点项目”进行入库管理，其推荐范围包括工业企业的生产装备自动化或智能化、生产过程控制信息化或数字化、管理信息化、设计信息化、采购销售信息化、产品信息化、电子商务、云平台等及其相关联的项目，以及依据本通知申报的工业互联网示范平台、应用标杆企业项目、企业上云典型案例。经评选确定的43个工业互联网示范平台和应用标杆企业，省工信厅分别授予“福建省工业互联网示范平台”“福建省工业互联网应用标杆企业”称号并颁发牌匾；工信部门统筹省级工业企业技改转移支付专项资金，对每个工业互联网示范平台和应用标杆企业分别给予不超过200万元和不超过50万元的资金奖励。

百趟直飞万人行2020年槟城旅游推介活动在泉州举行

“海丝共融·缤纷槟城”百趟直飞万人行2020年槟城旅游推介活动在泉州举行。泉州是古代“海上丝绸之路”重要起点城市，也是中国著名侨乡，泉州籍乡亲足迹遍布世界各地，尤其是东南亚地区。槟城是马来西亚第二大城市，也是该国华侨华人最多的城市，有许多泉州籍华侨华人在槟城生活。2019年10月底，“长沙—泉州—槟城”航线启动首航，此系泉州晋江国际机场首次开通马来西亚槟城航线。该航线每周二、周六执飞两个往返航班，飞行时间4小时20分左右。新航线开通后，极大地缩短泉州和马来西亚两地间的地理距离，为两地文化、旅游交流建起新的空中桥梁。马来西亚广州领事馆总领事马振财介绍，2018年，马来西亚接待近300万名中国游客，同比增长29%。数据显示，除东盟国家外，中国已连续七年成为马来西亚最大游客来源国。为更好地服务中国游客，马来西亚推出延长eVisa电子签和Entri签证时限、加深与国内旅游服务平台合作、设立中国旅客沟通协调处等便利举措。此次推介城市槟城拥有“印度洋绿宝石”美誉，是一座留有古韵，又走向现代化的传统小城，每年都有不少中国游客到那里感受异国风情。

企业春节不停工最高可获30万元奖补

市人社局、市财政局、市工信局出台《关于做好2020年两节期间企业用工保障的通知》，对采取措施稳定职工队伍、2020年春节当月保持连续生产的重点企业给予一次性稳定就业奖补，助力全市高质量发展落实赶超。奖补条件如下：2020年春节当月保持连续生产的重点企业，要求2020年1月用电量不低于2019年12月的80%。经当地工信部门认定，采取措施稳定职工队伍，要求减员率不高于2019年年末全国城镇登记失业率。奖补标准如下：按企业参加失业保险职工数1000元/人的标准给予一次性稳定就业奖补，奖补金额最高不超过30万元。申领程序如下：企业按隶属关系，于2020年上半年将申报材料报送所在地人社部门公共就业服务机构审核，经所在地工信部门认定后，由财政部门将奖补资金拨付同级公共就业服务机构，再由公共就业服务机构通过银行转账发放给企业。申领奖补资金应附一次性稳定就业奖补申请表、2019年12月和2020年1月的企业在岗职工花名册及工资支付凭证等相关材料。

泉州上演全明星芭蕾新年精品舞蹈荟萃

全明星芭蕾新年精品舞蹈荟萃在泉州大剧院上演，8家世界顶级芭蕾舞团参演。演出汇集一众世界级芭蕾“明星舞者”，有巴黎歌剧院芭蕾舞团的艺术总监杜邦、米哈伊洛夫斯基芭蕾舞团人气舞者麦凯，还有柏林芭蕾舞团、斯图加特芭蕾舞团、纽约城市芭蕾舞团、乌克兰基辅国家芭蕾舞团、墨西哥国家芭蕾舞团、休斯敦芭蕾舞团等世界范围内的8位艺术家，他们为泉州观众献上一场芭蕾盛宴，献演《白天鹅》《睡美人》《胡桃夹子》等10多个芭蕾经典剧目。

芭蕾舞表演（资料图片）

安溪县茶产业新品牌联盟成立

安溪举行“好茶不贵”——安溪铁观音“新品牌计划”大会。在中国茶叶流通协会和安溪县政府指导下，安溪县云岭茶业有限公司等首批近10家当地龙头茶企与新电商平台拼多多结成安溪县茶产业新品牌联盟，将通过产销直连、资源扶持、研发建议、数字化赋能等举措，加速推进传统茶产业升级，探索打造国民茶叶普惠品牌，为消费者带来健康、好喝、不贵的国家级精品好茶。安溪县政府相关负责人表示，安溪是中国最重要的茶产区之一，生产的铁观音远近闻名，在整个茶产业发展和茶文化传播中都占有举足轻重的地位。安溪茶企与拼多多的合作承载着弘扬茶文化、打造茶品牌的使命，将为中国茶产业跨越升级提供全新路径。首批安溪县茶产业新品牌联盟成员为拼多多量身打造的产品已上架平台。其中，云岭茶业作为国有控股企业，为平台消费者提供的庄园乌龙茶仅售29.9元/盒，联合安溪铁观音制茶大师推出的定制款大师茶也仅售39.9元/盒，树立“好茶不贵”的新标杆。

安溪县茶产业新品牌联盟成立现场（图/林钦固）

1月12日

农历己亥年十二月十八
星期日
温度：10℃～14℃
多云转阴

●市人社局、市财政局、市工信局出台《关于做好2020年两节期间企业用工保障的通知》，对采取措施稳定职工队伍、2020年春节当月保持连续生产的重点企业给予一次性稳定就业奖补。

●全明星芭蕾新年精品舞蹈荟萃在泉州大剧院上演，8家世界顶级芭蕾舞团参演。

●安溪举行“好茶不贵”——安溪铁观音“新品牌计划”大会。在中国茶叶流通协会和安溪县政府指导下，安溪县云岭茶业有限公司等首批近10家当地龙头茶企与新电商平台拼多多结成安溪县茶产业新品牌联盟。

1月13日

农历己亥年十二月十九
星期一
温度：10℃～16℃
晴

●全市发展和改革工作视频会议召开，回顾总结2019年全市发展改革工作，部署2020年主要任务和重点工作。

●省科技厅公布2019年度省级众创空间名单，泉州市海峡青年创客坊、泉州师范学院浅水湾大学生创新创业园、魁客众创空间等11家单位上榜。

●省工信厅公布2019年第二批省级示范物流园区名单，泉州市的菜鸟网络晋江园区入选。

●即日起，市住房公积金管理中心公积金网上办事大厅开通网上离职提取业务，离职返乡人员提取公积金无须再到公积金大厅办理。

全市发展和改革工作视频会议召开

全市发展和改革工作视频会议召开，回顾总结2019年全市发展改革工作，部署2020年主要任务和重点工作。会议指出，2020年重点做好六个方面工作：一是坚持稳字当头，强化经济运行监测和分析，抓好“十四五”规划相关工作；二是实施项目攻坚，推进产业化招商项目对接洽谈，深化园区产业链合作；三是组织实施“第三产业提升年”活动，推动乡村振兴战略实施，抓好重点产业延伸拓展，加快推动高技术产业发展；四是开展“营商环境攻坚年”，深化“放管服”改革，争创国家民营经济示范城市；五是统筹区域发展，加快推动闽西南协同发展区、海丝先行区、生态文明试验区建设，深化对口支援工作；六是着力改善民生，实施社会领域补短板工程，保障粮食和物资储备安全，提高公共服务水平。

泉州市新增11家省级众创空间

省科技厅公布2019年度省级众创空间名单，62家众创空间入选，其中，泉州市海峡青年创客坊、泉州师范学院浅水湾大学生创新创业园、魁客众创空间等11家单位上榜。至此，泉州市拥有省级众创空间42家。根据《泉州市人民政府关于推进大众创业、万众创新的若干意见（试行）》精神，泉州市积极引进一批知名的众创空间运营机构，拓展“互联网+”众创空间，改造提升一批传统科技孵化器，支持建设创新支撑服务体系，支持科技人员创业创新。

泉州市新增一个省级示范物流园区

省工信厅公布2019年第二批省级示范物流园区名单，泉州市的菜鸟网络晋江园区入选。为促进福建省物流园区统筹规划和科学发展，培育建设一批布局集中、用地集约、功能集成的示范物流园区，福建省决定按照“成熟一批、创建一批、提升一批”的原则，选择发展基础好、示范效应大的园区加以培育。福建省计划建设的省级示范物流园区主要有货运枢纽型、生产服务型、商贸服务型、口岸服务型、综合服务型五类，从2017年开始每年申报一次。申报园区需符合土地利用总体规划、城乡规划、环境保护规划及当地物流业发展规划，具有公共服务属性并有统一的运营管理机构，满足已完成投资1亿元以上（不含土地价款）、已开发用地面积5.33公顷以上、已建成较为完善的基础设施条件并已投入运营或试运营、入驻物流企业25家以上以及年运营收入2000万元以上等条件。

离职返乡人员可网上提取公积金

即日起，市住房公积金管理中心公积金网上办事大厅开通网上离职提取业务，离职返乡人员提取公积金无须再到公积金大厅办理。因为办理离职提取需要满足“封存满6个月”的条件，有的职工离职后急着回家，要么只能先回家等满6个月后再到柜台办理提取，要么刚离职后本人就得和委托人一起到柜台面签委托手续，满6个月后再由委托人来办理提取。开通网上离职提取业务后，这种状况将得到改变，为离职返乡人员提供实实在在的便利。办理离职提取公积金业务的职工，其公积金账户需要封存满6个月，且单位经办人在办理该离职职工封存时，封存原因需要选择“解除合同”。因该业务为销户类提取，如果职工本人，或者其配偶、共同还款人有未结清的公积金贷款，则不能办理此项业务。满足以上条件的职工，就可以登录泉州市住房公积金管理中心网上办事大厅自行办理。随着“放管服”改革的深化，市住房公积金管理中心完善网上办事大厅业务功能，上线单位开户、个人账户设立、个人账户封存和启封、缴存基数调整、公积金省内转移、偿还公积金贷款本金提取、离退休提取等多项高频业务。

唐登杰与泉州代表团审议省人代会报告

省长唐登杰到省十三届人大三次会议泉州代表团，与代表共同审议省人大常委会和省人民法院、省人民检察院工作报告，听取意见建议。审议中，康涛、王永礼、林孝发、丁毓玲、张文贤、林科闯、朱世泽、林荣忠、郑理玲、郭莎娜、黄月莹、周士渊等代表发言。结合审议省人大常委会和省人民法院、省人民检察院工作报告，大家围绕弘扬“晋江经验”、心无旁骛做实业、文化遗产保护利用、加强创新平台建设、培育引进高端人才、深化教育领域综合改革、筹办第18届世界中学生运动会等，提出建设性意见。在听取代表发言后，唐登杰表示，新一年，希望泉州市坚持稳中求进工作总基调，贯彻新发展理念，坚定信心、砥砺奋进，只争朝夕、爱拼会赢，当好高质量发展的主力军。要创新发展“晋江经验”，营造有利于创新创业创造的良好发展环境，加快推动经济发展提质增效，加快推进与印度金奈市建立友好城市关系，以古泉州（刺桐）史迹申遗为动力守护好老祖宗留下来的文化遗产，高标准高质量筹办世界中学生运动会。

6家泉州企业获评省级节水型示范企业

省工信厅、省水利厅、省节约用水办公室公布福建省第二批节水型企业名单，29家企业列为节水型示范企业，101家企业列为节水型达标企业。其中，泉州市6家企业被列为节水型示范企业，25家企业被列为节水型达标企业。获评节水型示范企业的6家泉州企业均为纺织、染整企业，分别是石狮市港溢染整织造有限公司、石狮豪宝染织有限公司、石狮市新华宝纺织科技有限公司、石狮市华宝漂染织造有限公司、石狮市恒祥漂染实业有限公司、石狮市凌峰漂染织造有限公司。

泉州市可直接办理执业药师注册证

市市场监管局发放首批执业药师注册证，6名从业人员领取执业药师注册证，标志着在泉州市也可直接办理执业药师注册证。执业药师注册原由省药监局审批，申请人需提交纸质材料才能完成申请。为简化审批程序，优化营商环境，2019年12月底，省药监局下发通知，明确将该审批事项委托设区市市场监管局实施。接到委托后，市市场监管局安排专人制定办事指南，确保申请人能尽快享受改革红利。执业药师注册还可以通过网上申请，申请人只需按办事指南的要求将申请材料上传到国家执业药师注册管理网络信息系统，就可以实现“一趟不用跑”取得执业药师注册证。

泉州台商投资区在全市首创不动产信息自助查询

泉州台商投资区不动产登记中心在全市率先推出不动产信息自助查询功能，经过实名认证的群众可在线查询本人在泉州台商投资区范围内的不动产登记信息。此前，查询不动产登记信息，办事群众需亲自到不动产登记窗口或到行政服务中心通过自助查询机查询，相对比较麻烦。微信在线查询不动产信息功能启用后，群众足不出户就可以实现“在线查房、掌上查房”，一趟都不用跑，查询次数不受限，省时又省力。市民只需进入泉州台商投资区行政服务中心公众号，点击右下角“政省心”—点击“我要查”—点击“不动产”，根据提示操作。为确保信息安全，群众查询本人不动产登记信息的，需通过“E手签”App人脸识别进行实名认证，同时绑定本人手机号，保证查询申请人信息安全。通过微信在线查询功能，市民可获得加盖“泉州台商投资区不动产登记中心信息查询专用章”的查询结果。该查询结果的电子版可下载并随时打印，适用于适龄儿童入学报名、户口迁移、提取公积金、水电气过户等用途，与不动产登记窗口、自助查询机出具的证明具有同等法律效力。

1月14日

农历己亥年十二月二十
星期二
温度：12℃～18℃
晴转多云

●省长唐登杰到省十三届人大三次会议泉州代表团，与代表共同审议省人大常委会和省人民法院、省检察院工作报告，听取意见建议。

●省工信厅、省水利厅、省节约用水办公室公布福建省第二批节水型企业名单，其中，泉州市6家企业被列为节水型示范企业，25家企业被列为节水型达标企业。

●市市场监管局发放首批执业药师注册证，6名从业人员领取执业药师注册证，标志着在泉州市也可直接办理执业药师注册证。

●由鲤城区委、区政府、市总工会主办的鲤城区第七届“我们是一家人”与一线环卫工同吃年夜饭活动在泉州金星大酒店举行。

●泉州台商投资区不动产登记中心在全市率先推出不动产信息自助查询功能，经过实名认证的群众可在线查询本人在泉州台商投资区范围内的不动产登记信息。

1月15日

农历己亥年十二月廿一
星期三
温度：12℃～16℃
多云转晴

●省十三届人大三次会议闭幕。泉州代表团提交建议123件。

●2020年全市商务工作会议召开，传达全国、全省商务工作会议精神，总结回顾2019年泉州商务工作，部署2020年工作任务。

●一批从古巴经香港转机飞抵泉州晋江国际机场的150公斤美洲鳗鱼苗，在经过泉州海关现场检疫查验后快速通关，转移至三明。此系泉州口岸首次从国外进口美洲鳗鱼苗。

●晋江举行2020年寒假回乡晋江籍大学生交流活动暨人才政策推介座谈会，近百名大学生参加。

省十三届人大三次会议泉州代表团提交建议123件

省十三届人大三次会议闭幕。截至是日，泉州代表团提交建议123件。与会的泉州代表积极履职，围绕推动治理体系和治理能力现代化、当好高质量发展主力军、加快传统产业转型升级、发挥全省中心城市作用、融入闽西南协同发展区建设、打造一流营商环境、加强城市精细化管理、擦亮泉州文化旅游品牌、保障和改善民生、推动法治建设、确保司法公正等方面，提出许多建设性意见。其中，涉及推动经济发展提质增效的约40件，涉及加快民生补短板的约40件，涉及推进社会治理的约40件。这些建议由省人大常委会分别交省政府、省高级人民法院、省人民检察院及其他机关和组织研究办理，并在法定期限内答复代表。

2020年全市商务工作会议召开

2020年全市商务工作会议召开，传达全国、全省商务工作会议精神，总结回顾2019年泉州商务工作，部署2020年工作任务。会议指出，2019年，国务院批准同意设立中国（泉州）跨境电子商务综合试验区；石狮市场采购贸易试点取得明显成效，并获批全国首个预包装食品出口试点；泉州被中宣部列为应对贸易摩擦全国六个正面典型宣传城市之一，中央电视台、新华社、《人民日报》等中央媒体持续进行正面宣传报道；国务院批准同意泉州港扩大开放；晋江陆地港获联合国批准国际代码，成为国际运输“始发港、目的港”；泉州获批全国首批家政服务业提质扩容“领跑者”行动计划试点城市；在全省“菜篮子”责任制考评中获第二名等。主要商务指标实现稳步增长。全市外贸进出口总额2111.8亿元，同比增长13.9%。其中出口1453.49亿元，同比增长21.9%，增幅分别比全省、全国高13.2个和16.9个百分点；全市新备案外企项目314家，实际利用外资44.1亿元，增长5.3%，增幅比全省高2个百分点；1—11月，全市实现社会消费品零售总额3420.9亿元，增长10.2%。

会议部署2020年泉州商务工作。2020年，泉州市将以“两稳一促”（稳外资、稳外贸、促消费）为抓手，做好“六个聚焦”，推动形成更大的国内市场，推动更高水平对外开放，推动商务工作高质量发展。一是聚焦提质增量，巩固外贸发展优势。发展外贸新业态，做大贸易规模，积极扩大进口，有为应对贸易摩擦。二是聚焦建链补链，提升招商引资水平。开展外资攻坚，强化产业链招商，拓宽招商引资渠道。三是聚焦载体功能，打造全面开放高地。深化国际产能合作，加强与港澳台的经贸合作，推动开发区（综保区）高质量发展，提升口岸功能。四是聚焦消费繁荣，完善现代流通体系。持续扩大消费，夯实流通基础，增强电商活力。五是聚焦改革创新，提升商务服务水平。深化改革创新，加强服务保障。六是聚焦责任担当，加强党的全面领导。落实管党治党责任，狠抓机关作风建设，激发干事创业热情。

晋江举行2020年寒假回乡大学生交流活动

晋江举行2020年寒假回乡晋江籍大学生交流活动暨人才政策推介座谈会，近百名大学生参加。活动首站在晋江三创园。现场负责人为大家讲解晋江市产业发展的多元化及未来的发展规划，和他们一起畅想未来在晋江工作及生活的方式。随后，大学生参观晋江市高端人才社区、泉州（晋江）国际人才港等。参观结束后，大家在晋江集成电路产业园建设筹备组会议室参加座谈会，筹备组工作人员介绍晋江集成电路产业的发展机遇及人才优待政策，几位园区企业人力资源负责人介绍企业相关情况并进行现场交流互动。在中南大学智能科学与技术专业就读的晋江籍大学生陈聪颖表示，第一次这么直观地了解到自己家乡的发展建设，为家乡取得的成绩感到自豪，希望毕业后能回到家乡工作。在天津理工大学集成电路设计专业就读的三明籍大学生游方彬表示，自己一直关注晋江集成电路产业发展情况，从传统产业到新兴产业，晋江在转型升级方面勇当龙头，希望未来有机会到晋江从事集成电路相关工作。

市委常委会传达贯彻省“两会”精神

市委常委会召开会议，传达贯彻省十三届人大三次会议、省政协十二届三次会议精神；传达贯彻省委常委会关于加强新时代退役军人工作的会议精神和全省退役军人工作会议精神；听取市人大常委会、市政府、市政协党组和市纪委监委以及市中级人民法院、市人民检察院党组工作汇报。会议指出，要分口研究推动，逐项细化落实各项重点任务，传承弘扬、创新发展“晋江经验”，开展“十四五”产业城市战略研究，高质量高标准筹办好第18届世界中学生运动会。

第三十一次鼓岭科学会议在泉州召开

由省科技厅、市政府主办，市科技局、泉州信息工程学院承办的第三十一次鼓岭科学会议在泉州召开。围绕“区块链技术与产业发展”主题，相关领域的专家学者，政府部门有关负责人，科研院所、行业协会、职教集团代表等共同展开学术交流与研讨。主题论坛上，中国科学院院士郑志明、加拿大工程院院士杨军等专家围绕区块链技术的发展、工业应用、性能协同优化、标准化等方面作主题报告。两场圆桌会议则分别围绕“区块链标准行——走进福建”“区块链与智能制造”展开专题研讨，探索区块链技术在福建省众多领域的应用。

泉州市文化进万家文艺志愿服务活动在安溪举行

由市委宣传部、市文联主办，泉州市音乐家协会、安溪县虎邱镇党委和安溪县虎邱镇石山村党支部承办的“奋进小康路，共筑中国梦”——泉州市文化进万家文艺志愿服务活动，在安溪县虎邱镇石山村文化广场举行。除举办音乐会，泉州市音乐家协会还向当地群众赠送音乐书籍。女声独唱《在希望的田野上》拉开音乐会序幕，紧接着《望春风》《不忘初心》《幸福中国一起走》等十余个节目轮番献演，安溪炫风组合也到场表演器乐合奏《魅力安溪》助阵。最后，全体合唱《我和我的祖国》掀起高潮。整场音乐会有独唱、对唱、合唱，也有二胡、萨克斯等乐器演奏，形式多样，内容丰富，参加演出的有高校教授，也有中学教师，以及泉州市音乐家协会主席团多名成员，旨在将泉州市最新的音乐发展成果带到山村，让当地群众享受高雅艺术盛宴。

泉州市文化进万家文艺志愿服务活动音乐会现场

（图/李振辉）

2020年海上丝绸之路青少年足球精英赛在泉州举行

16—21日，由省体育局青少处、福建省足球协会、市体育总会指导，世界泉州青年联谊会主办的2020年海上丝绸之路青少年足球精英赛在泉州东海湾实验学校举行，中国、马来西亚、印度尼西亚等海上丝绸之路沿线国家的24支青少年足球队参赛。比赛旨在推动“一带一路”沿线国家和地区城市间的体育文化交流，促进青少年足球活动深入开展，构建青少年足球活动交流新平台。大赛设有U8（8周岁以下）、U10（10周岁以下）、U12（12周岁以下）三大组别，其中，U8、U10为五人制足球赛，U12为八人制足球赛。参赛球队在进行77场比赛后，决出三个组别的冠、亚、季军以及大赛最佳射手。

参加比赛的马来西亚学生（图/泉州东海湾实验学校）

1月16日

农历己亥年十二月廿二
星期四
温度：13℃～21℃
多云转阴

●市委常委会召开会议，传达贯彻省十三届人大三次会议、省政协十二届三次会议精神；传达贯彻省委常委会关于加强新时代退役军人工作的会议精神和全省退役军人工作会议精神等。

●市人大常委会党组扩大会议召开，传达学习省十三届人大三次会议精神。

●市政协党组理论学习中心组（扩大）学习会议召开，开展“学习贯彻习近平总书记在中央政治局专题民主生活会上重要讲话”“《习近平在厦门》采访实录”“《习近平在宁德》采访实录”集中学习研讨；传达学习省政协十二届三次会议精神。

●由省科技厅、市政府主办，市科技局、泉州信息工程学院承办的第三十一次鼓岭科学会议在泉州召开。

●全市交通运输工作会议召开，总结2019年交通运输工作，部署新一年工作任务。

●由市委宣传部、市文联主办的“奋进小康路，共筑中国梦”——泉州市文化进万家文艺志愿服务活动，在安溪县虎邱镇石山村文化广场举行。

●泉州市正骨医院新院区“丹斯里李深静楼”捐赠仪式举行。

●16—21日，由省体育局青少处、福建省足球协会、市体育总会指导，世界泉州青年联谊会主办的2020年“海丝”青少年足球精英赛在泉州东海湾实验学校举行。

●由丰泽区委宣传部、区委文明办、区文旅局、区文联发起成立的丰泽区文化志愿服务总队成立仪式在源淮社区举行。

1月17日

农历己亥年十二月廿三
星期五
温度：10℃～13℃
阴

●商务部、发改委、财政部、海关总署、国税总局、市场监管总局六部委印发《关于扩大跨境电商零售进口试点的通知》，将泉州等50个城市（地区）及海南全岛纳入跨境电商零售进口试点范围。

●全市“不忘初心、牢记使命”主题教育总结会召开，学习贯彻习近平总书记在“不忘初心、牢记使命”主题教育总结大会上的讲话精神，落实省委会议要求，总结泉州市主题教育成果。

●王永礼到泉州晋江国际机场、晋江万达广场检查春节期间安全生产工作。

●县（市、区）党委书记抓基层党建工作述职评议会召开。

●市政协“不忘初心、牢记使命”主题教育总结会召开，学习贯彻习近平总书记关于“不忘初心、牢记使命”主题教育的讲话和指示批示精神，贯彻落实中央和省委、市委总结会议精神，总结市政协主题教育成果，部署主题教育巩固深化工作。

●2020年泉州市党外人士迎新春座谈会召开。

●由市委宣传部、市委文明办、市科技局、市农业农村局、市文旅局、市卫健委等主办的2020年泉州市文化科技卫生“三下乡”集中服务活动在石狮市祥芝镇祥芝中心小学举行。

●由市总工会、泉州晚报社、泉州火车站等主办的“平安返乡专列”欢送仪式在泉州火车站举行。

泉州市获批跨境电商零售进口试点城市

商务部、发改委、财政部、海关总署、国税总局、市场监管总局六部委印发《关于扩大跨境电商零售进口试点的通知》（以下简称“通知”），将泉州等50个城市（地区）及海南全岛纳入跨境电商零售进口试点范围。自通知印发之日起，泉州即可按照2018年六部委印发的《关于完善跨境电子商务零售进口监管有关工作的通知》要求，开展网购保税进口（海关监管方式代码1210）业务。泉州市通过出台政策、培育龙头、示范引领、项目带动、打造平台、营造氛围、构建生态等一系列措施，推进跨境电子商务发展，以雄厚的产业基础和强大的供应链优势，跻身国内跨境电商发展头部城市。

王永礼检查春节期间安全生产工作

市长王永礼到泉州晋江国际机场、晋江万达广场检查春节期间安全生产工作。在泉州晋江国际机场，王永礼强调，要紧盯航班进出港衔接、安全检查、接送机人员管理、货品运输服务、航班信息告知等环节，加大人力、设施投入和调度力度，做到线上线下无缝对接；要建立健全应急保障预案，强化演练，细化各项措施，及时处置各类突发事件和特殊情况。在晋江万达广场，王永礼指出，要落实安全生产主体责任，配齐硬件设施，加强日常检查维护和人员培训，建立健全管理调度机制，在演练实战中完善应急预案，提高应对各类突发情况的能力。

2020年泉州市文化科技卫生“三下乡”集中服务活动启动

由市委宣传部、市委文明办、市科技局、市农业农村局、市文旅局、市卫健委等主办的2020年泉州市文化科技卫生“三下乡”集中服务活动在石狮市祥芝镇祥芝中心小学举行。各相关部门给农民朋友送文化、送科技、送卫生、送法律、送知识、送信息，传播先进文化、推广农业科技、倡导文明生活。

泉州市“三下乡”活动文艺表演现场
（图/市委史志研究室宣教科）

“平安返乡专列”欢送仪式举行

由市总工会、泉州晚报社、泉州火车站等主办的“平安返乡专列”欢送仪式在泉州火车站举行。返乡人员领取市总工会配送的返乡大礼包和移动公司赠送的背包等物品，并通过专门开辟的绿色通道，进入候车室，工会、火车站志愿服务队帮忙背包、拎箱，引领、协助务工人员验证、安检、候车、上站台。是日，搭乘2020年“平安返乡专列”的1000多名重庆籍、湖北籍务工人员，在泉州火车站踏上归途。18日，2000多名员工搭乘平安返乡专列返乡。活动共发送在泉州务工人员3000多名。为满足务工人员返乡过年乘车需求，泉州火车站开行4趟动车务工专列，是日开行1趟泉州—重庆北D2376次动车务工专列，18日开行泉州—重庆北D2376次、D2232次动车务工专列各1趟。值得一提的是，18日泉州站首次开行泉州—贵阳北G1684次动车务工专列，在泉州务工的贵阳籍人员原来回家20多个小时的旅程，缩短至九个半小时。

“平安返乡专列”欢送仪式（图/林劲峰）

泉州市出台意见促进科技成果转移转化

《泉州市促进科技成果转移转化若干意见》（以下简称“意见”）出台，旨在补给需求端，引导高校、科研机构主动对接产业，引进国内外优秀科技成果到泉州落地转化，构建具有泉州特色，以企业为主体、市场为导向、产学研深度融合的技术转移和科技成果转化体系。意见主要针对泉州市高校、科研机构较少，民营企业众多且研发实力不强的现状，聚焦泉州市科技成果转移转化体系的薄弱环节和转移转化中的关键症结，提出有针对性、可操作性的政策措施和实施路径，在推动泉州本地科技成果转化和产业化的同时，谋划从外地引进一批优质科技成果、专利到泉州转化、落地、投产。

2019年泉州市中级版“绿盈乡村”名单公布

泉州市实施乡村振兴战略乡村生态振兴专项小组公布2019年泉州市中级版“绿盈乡村”名单。经审核，洛江区河市镇白洋村等196个村庄（社区）达到中级版“绿盈乡村”指标体系要求，被认定为2019年中级版“绿盈乡村”，其中71个达到高级版指标体系要求，向福建省申请认定为高级版“绿盈乡村”，待认定。此外，还推进建设洛江区河市镇庄田村等320个初级版“绿盈乡村”。上榜2019年泉州市中级版“绿盈乡村”名单的村庄（社区）包括洛江区河市镇白洋村等8个、泉港区峰尾镇上楼村等5个、石狮市永宁镇郭坑村等3个、晋江市安海镇桐林村等12个、南安市九都镇新民村等12个、惠安县螺阳镇尾透村等10个、安溪县蓬莱镇吾邦村等58个、永春县桃城镇南星社区等42个、德化县龙浔镇英山村等37个、泉州台商投资区洛阳镇前园村等9个。

2019年3月，省生态环境厅牵头省实施乡村振兴战略乡村生态振兴专项小组在全国率先出台《福建省乡村生态振兴专项规划（2018—2022年）》（以下简称“规划”），为乡村生态振兴谋篇布局，明确提出打造“绿盈乡村”。规划凸显“山水林田湖草是一个生命共同体”理念，围绕“山更好、水更清、林更优、田更洁、天更蓝、海更净、业更兴、村更美”目标，结合山区、沿海、海岛等不同村庄发展现状、资源禀赋、产业基础等，按初级版、中级版与高级版分梯次建设具有福建特色的“绿盈乡村”，并通过打造“绿盈乡村”品牌，实现“五留四绿三优化”（留白、留绿、留旧、留文、留魂；绿化、绿韵、绿态、绿魂；优化生产空间、优化生活空间、优化生态空间）。预期到2022年，实现全省“绿盈乡村”占比80%。2019年以来，泉州市主动对接省里制订全市“绿盈乡村”建设推进工作机制，组织各县（市、区）开展基础信息调查，制定创建计划，并到基层走访调研，指导基层对照“绿盈乡村”建设指标体系，找差距并谋划实施一批生态环境补短板项目，助推“绿盈乡村”建设从初级版、中级版到高级版的梯次提升，提升村庄的“绿化、绿韵、绿态、绿魂”，逐步改善乡村生态宜居环境。

市总工会组织到各地和各产业（系统）走访慰问

市总工会组织到各地、各产业（系统）走访慰问。市总工会2020年元旦、春节期间慰问对象重点有三类。一是解困对象，即通过政府救助和工会帮扶，困难虽已缓解，但经工会“万名工会干部进万家”帮扶后致困因素仍难以消除，须工会常态化帮扶的解困对象。对于这部分职工群体，市总工会进行全覆盖慰问，每户安排慰问金5000元。二是生活相对困难的职工家庭，其中包含在“万名工会干部进万家”帮扶行动及工会干部平时调研、入户核查回访中发现的、需要工会常态化帮扶的送温暖对象，每户安排慰问金3000元。三是坚守岗位和苦脏累险岗位的一线职工。市总工会要求，各级工会要结合实际，组织开展关爱一线环卫工人等不同职工群体的系列关爱活动。

1月18日

农历己亥年十二月廿四
星期六
温度：10℃～12℃
多云

●《泉州市促进科技成果转移转化若干意见》出台。

●泉州市实施乡村振兴战略乡村生态振兴专项小组公布2019年泉州市中级版“绿盈乡村”名单。

●市总工会组织到各地、各产业（系统）走访慰问。

●由泉州晚报社、永春县文旅局、都溪村党支部和村委会主办的泉州晚报社第四届“情暖人间”“暖冬”系列行动、都溪村2020年主题“村晚”暨迎新春敬老“团圆宴”举行。

●由华园家长企业家联谊会、鲤城区青年志愿者协会策划组织的“青春同行、暖冬行动”举行。

1月19日

农历己亥年十二月廿五
星期日
温度：11℃～16℃
多云转晴

●在收听收看全省征兵工作电视电话会议后，泉州市召开征兵工作电视电话会议，总结2019年征兵工作，部署新一年征兵任务。

●泉州市出台稳定生猪生产促进转型升级相关行动计划。

●高德地图发布《出行夜生活分析报告》，泉州夜间经济活跃度、深夜自驾出行活跃度、夜生活活跃度均上榜全国城市前十。

全市征兵工作电视电话会议召开

在收听收看全省征兵工作电视电话会议后，泉州市召开征兵工作电视电话会议，总结2019年征兵工作，部署新一年征兵任务。会议强调，要突出大学生征集，鼓励更多在校生、毕业生应征入伍；要把好标准条件，体格检查、政治考核、审批定兵等程序要到位，确保兵员合格；要做好优抚安置，推动各项优待优抚政策落到实处；要严守廉洁关口，确保选拔过程公开、公平、公正。要强化组织领导，层层压实责任，迅速行动起来，把征兵任务分解到各环节、细化到各层面；要强化齐抓共管，兵役机关发挥牵头抓总作用，各级政府各部门与高校明确分工、形成合力，确保征兵工作有序推进；要强化宣传发动，整合传统宣传方式和新媒体力量，扩大宣传覆盖面，引导适龄青年踊跃报名参军。

泉州市多举措稳定生猪生产

泉州市出台稳定生猪生产促进转型升级相关行动计划，按照“提产能、增效益、保安全、促生态、稳供给”的发展思路，从调整优化生猪产业布局、发展标准化规模养殖、推进养殖废弃物资源化利用、抓好生猪疫病防控、推进屠宰行业转型升级、加快猪肉冷链物流体系建设、加强猪肉市场供应调控7个方面，为泉州市生猪生产转型升级绘制产业蓝图。根据行动计划，泉州市场上的猪肉供给将更有保障，品质也将有所提升。2020年，全市生猪存栏84万头，年出栏生猪151万头；2021年，全市生猪存栏84万头，年出栏生猪151万～160万头。行动计划指出，泉州市将调整优化生猪产业布局，按照养殖量与土地、环境承载能力相适应的要求，统筹养殖用地空间规划，合理布局，重点支持新建年出栏1万头以上大型现代化养猪场和改扩建可新增年出栏1000头以上产能的生猪养殖场。

泉州夜间活跃度排名全国第三

高德地图发布《出行夜生活分析报告》（以下简称“报告”），基于对2019年7—9月的数据分析，高德首次提出“城市夜生活活跃度”评价指标，基于交通大数据，从出行角度对城市夜经济运行状况进行综合评价。报告将城市夜生活活跃度评价指标分为夜间拥堵、夜间经济、夜间驾车出行、夜间公交出行便利度以及夜间公共出行热度五个维度，从出行的角度对城市夜经济运行状况进行综合评价。在上述五大评价指标中，泉州夜间经济活跃度、深夜自驾出行活跃度、夜生活活跃度均上榜全国城市前十，彰显泉州夜间经济的活力。餐饮、娱乐、购物、体育休闲，是城市中与夜生活息息相关的出行目的地。通过夜间相比白天的降幅，能反映出城市“夜生活的相对活跃程度”。

从报告看，夜生活活跃度呈现明显的“北低南高”特点。数据显示，相对活跃度最高的五个城市为深圳、东莞、泉州、佛山和南宁，相对活跃度最低的五个城市则为烟台、淄博、哈尔滨、保定和长春。报告分别统计国内50个主要城市用户零点后驾车出行热度、夜间出行里程占全天的比例，反映各个城市夜间驾车出行活跃度。统计显示，广州是零点后驾车出行热度占比最高的城市，泉州排名第四；东莞则是夜间出行里程占比最高的城市。也许华南相对湿润温暖的气候，让人更爱在夜间驾车出行。高德大数据还统计夜间到商业步行街、电影院、体育场馆三类出行目的地的人群占总人数的比例。泉州人再次上榜 “午夜电影院”“午夜体育场馆”榜单，泉州夜间看电影热度排名全国第十，夜间运动热度排名全国第六。

夜间灯火通明的泉州大剧院（图/市文旅局）

市委常委会传达省委农村工作会议精神

市委常委会召开会议，传达省委农村工作会议精神；传达学习十九届中央纪委四次全会、省纪委十届五次全会精神，研究召开市纪委十二届五次全会有关事宜。会议要求，要学习贯彻习近平总书记关于“三农”工作的论述，按照中央、省委农村工作会议部署，围绕全面建成小康社会和打赢脱贫攻坚战，实施乡村振兴战略，加快补短板、强弱项，开创泉州市“三农”工作新局面。要让全面小康成色更足更亮，落实落细高质量稳定脱贫、补齐农村基础设施和公共服务短板、农村人居环境整治等工作，营造乡村共建共治共享的社会治理格局。要加强党对“三农”工作的领导，把人才、资源、服务、管理引到基层，发动群众参与农村各项事业发展，提高“三农”工作实效和水平。要学习贯彻习近平在十九届中央纪委四次全会上的讲话精神，按照中央纪委全会、省纪委全会各项部署，把“严”的主基调长期坚持下去，一以贯之、坚定不移全面从严治党。要全面对标对表，紧密结合实际，研究细化工作举措，推动全面从严治党各项任务落到实处。要扛起管党治党政治责任，推进政治监督具体化常态化，强化对权力运行的制约和监督，一体推进不敢腐、不能腐、不想腐，维护制度权威、保障制度执行，把制度优势更好地转化为治理效能。

泉州市2020年新春军政座谈会召开

泉州市2020年新春军政座谈会召开。市委书记康涛指出，2019年，泉州市按照中央、省委部署要求，集中力量办好自己的事，经济发展稳定向好。驻泉州部队官兵在完成各项军事任务的同时，参与地方经济建设，在急难险重、脱贫攻坚、城市更新、双拥共建等方面，以实际行动诠释人民军队的建军宗旨。2020年是具有里程碑意义的一年，要紧密团结在以习近平同志为核心的党中央周围，贯彻习近平新时代中国特色社会主义思想，把双拥工作作为一项事关全局的战略任务摆上重要位置，巩固和发展军政军民团结的良好局面。各级各部门要落实“特事特办、马上就办”原则，优化双拥各项制度机制，探索拥军实体项目“交钥匙”工程建设的新办法，做好军改服务工作，加大拥军办实事力度。驻泉州部队要坚持人民军队为人民的理念，一如既往发挥优良传统，开展爱民为民活动，参加平安创建、环境整治、便民设施建设等，做好抢险救灾和应急救援各项准备。同时，要盯紧盯牢争创双拥“九连冠”目标，加强军地协调，凝聚军民力量，做好各环节创建工作。驻泉州部队领导表示，官兵将学习贯彻习近平强军思想，强化战斗意识，大抓实战训练，锻造“能打仗、打胜仗”能力；弘扬拥政爱民传统，参与“双拥+扶贫”“双拥+和谐家园”等活动，为泉州争创全国双拥模范城“九连冠”做出新的更大贡献。

“多彩交通 平安出行”新春启动仪式举行

由泉州公交集团温陵分公司、平安产险泉州中心支公司、中国工商银行股份有限公司泉州分行等主办的“多彩交通 平安出行”新春启动仪式在泉州府文庙举行。活动内容包括社区巴士“小白”换新装、改造后的人力三轮车“小红”首次亮相、爱心企业新春送温暖，以及义诊、急救培训、招聘公交委培驾驶员、抽奖互动等。新亮相的古城观光三轮车造型为新式流线型自行车，人力和助力混合，全车红白相间，搭配四角砖红遮阳棚、车厢圆孔镂空、木质座椅。车上标识设计融入文化古城泉州元素，鲤鱼形象、东西塔剪影搭上“古城观光车”文字相映成趣，有着浓厚的泉州印记和色彩。“小白”已连续3年换装过新年。已换装的“小白”，欢乐喜庆的鼠宝贴车头，东西塔、老君岩等著名景点及“新春送福 平安相伴”等祝语装饰车身。2020年换装的“小白”有90辆之多，比2019年增加40辆，“小白”换装成为古城新春一道移动的风景，年味更浓。

1月20日

农历己亥年十二月廿六
星期一
温度：11℃～18℃
晴转多云

●市委常委会召开会议，传达省委农村工作会议精神；传达学习十九届中央纪委四次全会、省纪委十届五次全会精神，研究召开市纪委十二届五次全会有关事宜。

●泉州市2020年新春军政座谈会召开。

●市人大常委会党组及机关“不忘初心、牢记使命”主题教育总结会召开，学习贯彻习近平在“不忘初心、牢记使命”主题教育总结大会上的讲话精神，落实省委、市委会议要求，总结市人大常委会党组及机关主题教育成果。

●市人大常委会党组召开理论中心组学习会，开展《习近平在厦门》《习近平在宁德》采访实录和习近平在主题教育总结大会上的讲话精神专题交流研讨。

●全市自然资源和规划工作视频会议召开，总结回顾2019年工作，部署2020年工作。

●由泉州公交集团温陵分公司、平安产险泉州中心支公司、中国工商银行股份有限公司泉州分行等主办的“多彩交通 平安出行”新春启动仪式在泉州府文庙举行。

●“120—国家急救日倡议活动”暨急救科普大课堂公益培训在泉州市科技馆举行。

1月21日

农历己亥年十二月廿七
星期二
温度：13℃～18℃
多云转阴

●市委、市政府召开专题会议，传达学习贯彻习近平总书记对新型冠状病毒感染的肺炎疫情做出的指示精神，贯彻落实中央、省里部署要求，研究部署泉州市具体防控工作。

●康涛、王永礼代表市委、市政府，与11个县（市、区）和泉州开发区、泉州台商投资区党政负责人签订2020年平安建设（综治工作）责任书和生态环境保护目标责任书。

●市政府党组理论学习中心组学习会召开，集中学习研讨习近平在“不忘初心、牢记使命”主题教育总结大会、中央政治局主题教育专题民主生活会上的讲话精神。

●市政府党组会召开，传达贯彻习近平在十九届中央纪委四次全会上的讲话精神，以及省纪委十届五次全会和市纪委十二届五次全会精神；传达贯彻省两会和省政府第一次全体会议精神，研究部署市政府相关工作。

●市纪委十二届五次全会召开，学习贯彻中共十九大和十九届二中、三中、四中全会精神，落实十九届中央纪委四次全会、省纪委十届五次全会部署，回顾2019年纪检监察工作，部署2020年任务。

康涛、王永礼与各地签订平安建设和生态环境保护目标责任书

市委书记康涛、市长王永礼代表市委、市政府，与11个县（市、区）和泉州开发区、泉州台商投资区党政负责人签订2020年平安建设（综治工作）责任书和生态环境保护目标责任书。康涛在讲话中指出，各地各部门要对照责任书要求，深入细致做好综治、生态环保各项工作，层层传导责任压力，严守红线底线，落细落实硬任务硬要求。要以更高水平、更深层次，抓牢抓实平安泉州建设，推进市域社会治理现代化。推动扫黑除恶治根治本，紧盯大案要案攻坚、打伞破网断根、行业乱象整治，打击治理新型电信网络违法犯罪。深化强基促稳专项行动，形成更多可复制、可推广的治理办法。推进社会治理创新，筑牢基层工作基础。要贯彻落实习近平生态文明思想，以更大力度、更严标准，系统推进生态环境保护。贯彻新发展理念，推动经济发展与生态保护相协调相促进。精准发力打赢污染防治攻坚战，下大力气推进蓝天、碧水、净土三大保卫战。抓好中央生态环境保护督察反馈问题整改，做到件件有着落。用好制度创新成果，严格制度刚性约束，推进生态环境治理现代化。

市政府党组理论学习中心组学习会召开

市政府党组理论学习中心组学习会召开，集中学习研讨习近平在“不忘初心、牢记使命”主题教育总结大会、中央政治局主题教育专题民主生活会上的讲话精神。会议要求，要强化理论武装，带着责任、带着感情，继续传承贯彻好习近平在福建工作时创造的思想财富和实践成果，筑牢不忘初心、牢记使命的思想根基，更好地用以指导当前工作，解决实际问题。要推进自我革命，以正视问题的勇气和刀刃向内的自觉解决违背初心使命的各种问题。要强化担当作为，按照市委“经济要稳、城市要聚、民生要实、机制要活”的部署要求，围绕产业发展高质量、城市建设高品位、全面小康高成色，稳稳地做、实实地干，确保全面建成小康社会和“十三五”规划圆满收官。

市纪委十二届五次全会召开

市纪委十二届五次全会召开，学习贯彻中共十九大和十九届二中、三中、四中全会精神，落实十九届中央纪委四次全会、省纪委十届五次全会部署，回顾2019年纪检监察工作，部署2020年任务。会议指出，中共十八大以来，全市学习贯彻习近平新时代中国特色社会主义思想，贯彻落实党中央全面从严治党决策部署，把党的政治建设摆在首位，落深落细落实管党治党政治责任，坚定不移正风肃纪反腐，整治群众身边腐败和作风问题，统筹推进监督体系不断完善。但要看到工作中存在的薄弱环节和问题，认识反腐败斗争的长期性、复杂性、艰巨性。会议强调，要一以贯之、坚定不移全面从严治党，把“严”的主基调长期坚持下去，为推进泉州治理现代化、决胜全面建成小康社会、决战脱贫攻坚提供坚强保障。要强化政治监督，坚持中国特色社会主义制度不动摇，推动习近平总书记讲话指示批示精神和党中央重大决策部署落实见效。要站稳人民立场，亮剑整治群众身边突出问题，破除形式主义、官僚主义，盯紧抓牢扶贫、民生、涉黑涉恶腐败等重点领域整治。要锲而不舍发力，深挖细查顶风违纪问题，弘扬“马上就办、真抓实干”等优良作风，旗帜鲜明树好导向弘扬正气。要深化标本兼治，一体推进不敢腐、不能腐、不想腐，夯实不忘初心、牢记使命的思想根基，加强重点领域监督机制改革和制度建设。

市纪委十二届五次全会 现场（图/庄志阳）

泉州市新型冠状病毒感染的肺炎防控工作领导小组会议召开

泉州市新型冠状病毒感染的肺炎防控工作领导小组会议召开，就全市防控突如其来新型冠状病毒感染的肺炎工作进行再动员、再部署。会议强调，各级政府、各相关部门要把人民群众生命安全和身体健康放在第一位，按照党中央、国务院和省委、省政府及市委的部署要求，以对人民群众健康高度负责的态度，抓好各项具体防控工作。要把机制建立健全。以市防控工作领导小组和指挥部为核心，按照防控工作方案，全面统筹、协调组织好疫情防控工作，加强疫情监测、预警、报告、追踪。要把“防、控、治”三环节落细落实。卫健部门要落实早发现、早报告、早隔离、早诊断、早治疗措施，指导各医院做好做细做足准备工作，及时发现和处置疫情，做好一线医护人员的防护措施，保障医护人员安全。要把联防联控责任执行到位。各级政府、各相关部门要强化责任担当，落实属地管理责任，做好市场供应、稳定物价、旅游出行提醒、医疗救助等工作。要把健康科普知识宣传到位。要科学宣传传染病防治知识，引导公众正确认识，提高公众自我防范意识。

2020年新春团拜会举行

市委、市政府举行2020年新春团拜会。市委书记康涛指出，2019年，泉州市各项事业取得新进展。开展“不忘初心、牢记使命”主题教育，加强思想理论武装，建立“强基础、补短板、建机制、解难题”任务清单，推出公交移动支付、延长夜间服务等多项便民措施。集中力量办好自己的事，GDP增长8%，达9947亿元，工业大盘突破2万亿元大关，外贸出口增长21.9%。坚持以人民为中心的发展思想，完成33项为民办实事项目，建立防返贫、控新贫、稳脱贫长效机制。推进治理体系和治理能力现代化，启动强基促稳三年行动，解决群众最急最忧最盼问题。康涛表示，全市要贯彻中央、省委决策部署，创新发展“晋江经验”，用好政企互动法宝，坚守实业根本。要坚持新发展理念引领，坚持经济要稳、城市要聚、民生要实、机制要活，决战脱贫攻坚；着眼“十四五”发展，开阔格局视野，主动融入闽西南协同发展区，同心同向做大做强中心城市。要以实干笃定前行，继续攻坚2020，全面实现各项目标任务。

康涛检查节日市场供应食品安全和安全生产工作

市委书记康涛到市区农贸市场和大型商超，检查市场供应、食品安全和安全生产工作。副市长肖汉辉参加检查。在鲤城区龙宫农贸市场，康涛询问节日期间销售情况，并到食品快检室，了解每日检测频次和检测项目，检查相关台账资料。康涛指出，各级各相关部门要关注市场价格动态，加强物资调度，保障平价商品供应，确保节日市场供应充足、物价稳定。要严把食品安全关，强化食品安全质量源头把控和监测预警，加大食品安全检验检疫和检测抽查力度。在位于开元盛世广场的大润发超市，康涛到超市的政府定点平价农副产品专营区，了解储备肉等货源组织情况，并到商场的安防中心和消防监控室，检查安防系统和消防安全措施落实情况。康涛强调，要加大对商场、超市、寺庙等人流密集场所的交通疏导、隐患排查、卫生防疫，做好应急预案，加强值班值守，强化节日巡查，完善各项措施。

康涛（前排中）检查节日市场供应情况（图/陈英杰）

1月22日

农历己亥年十二月廿八
星期三
温度：18℃～20℃
阴转小雨

●康涛到市区农贸市场和大型商超，检查市场供应、食品安全和安全生产工作。

●市委、市政府举行2020年新春团拜会。

●泉州市成立由市长王永礼担任组长的新型冠状病毒感染的肺炎防控工作领导小组。泉州市新型冠状病毒感染的肺炎防控工作领导小组出台《泉州市新型冠状病毒感染的肺炎疫情防控工作方案》，要求做好疫情防控工作。

●泉州市新型冠状病毒感染的肺炎防控工作领导小组会议召开，就全市防控新型冠状病毒感染的肺炎工作进行再动员、再部署。

1月23日

农历己亥年十二月廿九
星期四
温度：15℃～25℃
阴转小雨

●收听收看省委、省政府电视电话会议之后，泉州市随即召开新型冠状病毒感染的肺炎疫情防控工作电视电话会议，学习领会习近平对新型冠状病毒感染的肺炎疫情做出的指示精神，贯彻落实国务院常务会议、联防联控机制电视电话会议和省委、省政府电视电话会议精神，研究部署泉州市疫情防控工作。

●市领导走访慰问困难群众。

●泉州市报告首例新型冠状病毒感染的肺炎确诊病例。

泉州市召开疫情防控工作电视电话会议

收听收看省委、省政府电视电话会议之后，泉州市随即召开新型冠状病毒感染的肺炎疫情防控工作电视电话会议，学习领会习近平总书记对新型冠状病毒感染的肺炎疫情做出的指示精神，贯彻落实国务院常务会议、联防联控机制电视电话会议和省委、省政府电视电话会议精神，研究部署泉州市疫情防控工作。

会议指出，全市各级各有关部门要把人民群众生命安全和身体健康放在第一位，提高认识，强化责任，做好各项防控工作。要克服麻痹思想，强化风险意识，把可能的后果估计得更充分一些，把准备工作做得更细致一些，抓早抓细抓落实，迅速动员各方面力量，以高度的责任心做好疫情防控工作，确保疫情防控及时有力高效。要强化组织领导，健全联防联控机制，制定应急预案，加强统筹调度，组织各方力量开展防控，形成防控合力。各县（市、区）要落实属地责任，坚持守土有责、守土尽责，依法依规抓好各项防控任务落地。要加强重点岗位、关键部位值班值守、应急值守，落实“日报告、零报告”制度，同时加强督查督导，对工作不力者要启动问责追责制度，确保责任到位、工作到位、措施到位。要及时客观准确发布疫情和防控工作信息，科学宣传疫情防控知识，及时回应社会关切。要落实重点人员的跟踪排查措施，落实野生动物管理和农贸市场管理措施，加强对大型集会活动的疫情防控，防止交叉感染，确保全市安定、祥和。

会议要求，要做到“内防扩散、外防输入”，各级应急防控工作领导小组要立即行动起来，依法、科学、规范、有序做好疫情防控工作。要发挥联防联控机制作用，加强预警预报，聚焦口岸、铁路、客运等交通枢纽和大型集贸市场、旅游景区景点及其他人员密集场所等重点领域重点环节管理，强化疫情监测，落实早发现、早报告、早诊断、早隔离、早治疗和集中患者、集中专家、集中资源、集中救治的“五早四集中”要求，落实定点医院，落实专业医护技术力量和保障力量，落实好医务人员防护措施，下发技术指南。要做好防控保障工作，加大资金投入，做好物资储备，加强市场监管，保障食品、药品、器械、防护物品供应安全。要做好舆论宣传工作，加强信息发布，科学宣传疫情防护知识。要强化值班值守，及时掌握各地情况，决不允许谎报、瞒报、漏报。

市领导走访慰问困难群众

市委书记康涛到安溪县虎邱镇、官桥镇困难群众家中，了解当地“两不愁、三保障”（稳定实现农村贫困人口不愁吃、不愁穿；保障其义务教育、基本医疗和住房安全）落实情况，并看望基层扶贫干部。康涛要求相关部门要扶持与贫困户挂钩的合作社，帮助发展壮大；同时鼓励基层扶贫干部真抓实干、担当作为，特别是挂钩扶贫干部要经常到贫困户家中了解情况，及时帮助解决实际困难。

市长王永礼到南安、丰泽等地，看望慰问建档立卡贫困户和困难职工。在霞美镇，王永礼到贫困户家中了解家庭情况。王永礼叮嘱当地要继续用心用情地关心贫困户，尽可能排忧解难。在华侨大学，王永礼看望慰问患病外地教师，嘱咐学校和相关部门，要尽力为其协调解决医保报销、医疗救助等事宜。

市人大常委会主任陈灿辉到丰泽看望慰问特困人员、计生困难户。在城东街道浔美社区的居家养老服务站，陈灿辉看望孤寡老人，关切询问生活起居。陈灿辉还了解察看社区养老服务站、老人保健服务站的具体情况，嘱咐“要真正从老人的需求出发，研究居家养老服务模式，对老人要尊重，要多陪伴、倾听”。

市政协主席李转生到永春走访慰问优抚对象、低保户、计生困难户。在五里街镇华岩社区优抚对象家里，李转生鼓励其保持乐观精神，叮嘱社区工作人员密切关注，及时排忧解难，要求当地相关部门平时多主动上门关怀，帮助解决困难群众基本生活保障。

泉州市再次召开疫情防控工作视频会

收听收看全省新型冠状病毒感染的肺炎疫情防控工作视频会后，泉州市随即召开专题视频会，研究分析全市疫情形势，对防控工作进行再部署。会议要求，要加强全员培训，组织卫健部门、医疗机构、社区工作者及防控工作指挥部成员单位等开展新型冠状病毒防控的业务培训，及时掌握相关业务技能。要建立快速的防控、应急处置工作机制和内部畅通的信息沟通机制，加强市、县两级的联防联控。要做深做细从武汉等地返乡和探亲旅游人员的跟踪排查，确保彻底摸排到位。

康涛、王永礼看望慰问一线医护人员

市委书记康涛、市长王永礼分别看望慰问奋战在新型冠状病毒感染的肺炎疫情防控工作一线的工作人员，督促检查泉州市各项防控措施落实情况。市委常委、常务副市长洪自强参加活动。

在福建医科大学附属第二医院，康涛察看发热门诊、医疗设备，了解医院防控工作方案、处置流程和专用病房、医护力量、医疗器械、物资准备等情况，并听取部分医疗专家对泉州市防控工作的意见建议。康涛叮嘱，要科学配置医疗力量，组织专业技术培训，提高医护人员救治能力和自我防护能力，确保反应迅速、措施有力、工作到位；要提前谋划储备好药品、器械、防护物品等各项应急物资，加强春节期间值班值守，落实24小时带班值班制度和严格的疫情报告机制。在市疾控中心应急处理准备室，康涛指出，春节期间，人员流动大，各级各相关部门要以高度负责的态度、科学严谨的精神和扎实有效的工作，加强疫情监测；要加大宣传力度，向市民普及防范知识，提升群众对疫情的正确认识和自我防范能力。在与泉州市新型冠状病毒感染的肺炎防控工作领导小组有关负责人会商研判中，康涛强调，各级各部门要学习贯彻习近平对新型冠状病毒感染的肺炎疫情做出的指示精神，按照党中央、国务院和省委、省政府的部署要求，落实属地责任，加强疫情防控组织领导和统筹协调，以对人民群众生命安全和身体健康高度负责的态度，落细落实各项防控工作，及时准确发布疫情信息、回应社会关切，维护好社会正常的生产生活秩序。

在泉州市第一医院城东院区，王永礼了解预检分诊流程和疫情防控工作开展情况。王永礼要求，要落实发热门诊管理制度，严格执行发热病人接诊、筛查、登记、报告等流程，做到早发现、早报告、早诊断、早隔离、早治疗。同时，要把医护人员自身防护工作放在心上、抓在手上，严密防护措施，从严从实从细抓好落实。在丰泽区华大街道社区卫生服务中心，王永礼强调，全市医护人员要在市委领导下，坚守在岗，把人民群众生命安全和身体健康放在第一位。卫健部门要及时准确掌握疫情防控动态，对医护人员开展全面培训，并协同基层社区做好后勤保障工作，关心关爱奉献在一线的医护人员及其家庭。

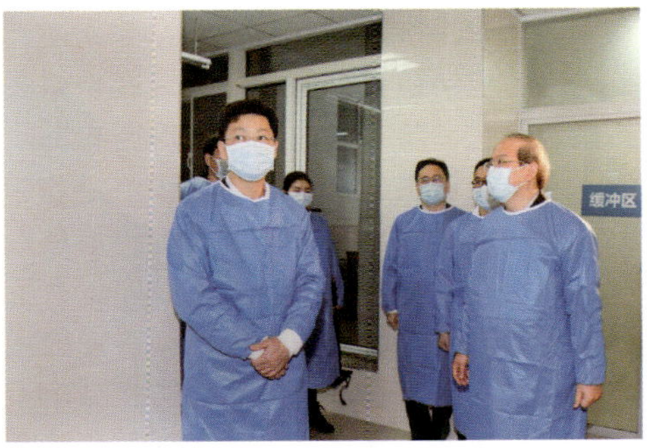

康涛（左一）检查福建医科大学附属第二医院发热门诊（图/陈英杰）

王永礼（右四）检查泉州市第一医院发热门诊（图/林劲峰）

1月24日

农历己亥年十二月三十
星期五
温度：15℃～17℃
阴

●收听收看全省新型冠状病毒感染的肺炎疫情防控工作视频会后，泉州市随即召开专题视频会，研究分析全市疫情形势，对防控工作进行再部署。

●康涛、王永礼分别看望慰问奋战在新型冠状病毒感染的肺炎疫情防控工作一线的工作人员，督促检查泉州市各项防控措施落实情况。

1月25日

农历庚子年正月初一
星期六
温度：14℃～18℃
阴转中雨

●康涛、王永礼主持召开泉州市新型冠状病毒感染的肺炎防控工作指挥部第一次全体成员会，会商研判疫情防控形势，完善泉州市重大突发公共卫生事件一级响应机制，明确泉州市下一步防控重点。

●王永礼到洛江、鲤城、丰泽三地新型冠状病毒感染的肺炎防控指挥部和卫生健康局，看望慰问坚守岗位防控疫情的一线工作人员，督促泉州市各项防控措施落实情况。

●市新型冠状病毒感染的肺炎防控工作领导小组办公室发布公告，要求采取相应措施，确保健康安全。

●市市场监督管理局对全市食品销售和餐饮服务经营者发出提示，提醒正确认识疫情可能引起的风险，服从政府部门采取的防控政策措施，落实食品安全主体责任，做好相关防控准备工作。

●25—26日，泉州市民营经济人士、泉州籍异地商协会捐赠善款5700多万元，用于购买医疗物资，支援防控疫情工作。

●泉州市8家医药企业向全市医药行业发出倡议，倡议全市医药行业响应政府号召，勇担社会责任，做好防疫药械产品的供应储备工作。

康涛王永礼部署泉州市疫情防控工作

市委书记康涛、市长王永礼主持召开泉州市新型冠状病毒感染的肺炎防控工作指挥部第一次全体成员会，会商研判疫情防控形势，完善泉州市重大突发公共卫生事件一级响应机制，明确泉州市下一步防控重点。康涛指出，要落细落实应急预案，发挥市新型冠状病毒感染的肺炎防控工作指挥部的中枢作用，强化统一调度，集中力量资源，做好人员、工作、物资、医疗等方面的充足准备。要加强疫情监测和研判，根据春节假期人口流动趋势，紧盯重点环节、重点人群，密切关注疫情动态，织密防控网络，早作准备、有序推进各项防控工作。要强化底线思维，加强督导力量，每日碰头会商，组织专人到医院、社区卫生院等防控一线查缺补漏，指导各地按规范落实防控措施，筑牢防控疫情的“防火墙”，尽最大努力控制疫情的输入、传播和蔓延。王永礼指出，要对标重大突发公共卫生事件一级响应机制要求，责任再压实，预案再细化，开展各项防控工作。要以底线思维做好万全准备，关口前移、严字当头，采取一切有效措施做好全面排查、监测预警、预防控制、医疗救治。要落细落实各项防控措施，做到全覆盖、不遗漏。

同日，市长王永礼到洛江、鲤城、丰泽三地新型冠状病毒感染的肺炎防控指挥部和卫生健康局，看望慰问坚守岗位防控疫情的一线工作人员，督促泉州市各项防控措施落实情况。王永礼询问各地一级响应防控工作落实情况，并听取一线工作人员对防控工作的建议，协调解决疫情防控工作中遇到的困难和问题。王永礼指出，要落实属地责任，对标重大突发公共卫生事件一级响应机制，按照规范要求，落实预检分诊制度，做好耗材、防护物品等应急医药物资的储备调度。

泉州民营企业界捐款支援疫情防控工作

25—26日，泉州市民营经济人士、泉州籍异地商协会捐赠善款5700多万元，用于购买医疗物资，支援防控疫情工作。25日，安踏集团作为首批捐资企业向中华慈善总会捐赠1000万元。随即，世茂集团捐赠3000万元支持武汉及周边地区疫情防控工作，三安集团向鄂州市捐款1000万元用于疫情防控。26日，七匹狼股份实业有限公司董事长周少雄捐款100万元，福建三叶集团叶维新捐款100万元，用于疫情防控应急物资采购；福州泉州商会向省红十字会捐赠500万元，用于慰问福建省派往疫区的医护人员。泉州市相关企业还开启“保供应”模式，为抗击疫情做好后盾。25日，恒安集团首批防疫物资2500件杀菌湿巾产品送抵疫区，集团重新组织工人按照最大生产能力安排3班满负荷生产杀菌湿纸巾产品，配合政府部门防疫减灾工作。盼盼食品集团首批豹发力维生素能量饮料、面包等救灾物资于26日送抵疫区有关定点医院，价值2000万元救灾物资陆续发往湖北各疫区。南安企业家叶尚友和尤明展捐赠口罩上百万只。27日，达利食品集团援助湖北疫区的食品饮料物资抵达。

8家医药企业联合发出做好防疫产品储备供应倡议

国药控股泉州有限公司、华润东大（福建）医药有限公司、福建省泉州市医药有限责任公司、泉州鹭燕医药有限公司、福建省泉州市荣昌药业有限公司、泉州市国大药房连锁有限公司、泉州市东南医药连锁有限公司、泉州鹭燕大药房有限公司8家医药企业向全市医药行业发出倡议，倡议全市医药行业响应政府号召，勇担社会责任，做好防疫药械产品的供应储备工作。疫情防控期间，不恶意囤积相关药品、耗材、防护物品等应急医药物资，避免造成市场供应紧张。严格依法经营，不捏造、散布应急药械物资的涨价信息，不哄抬价格，不扰乱市场价格秩序。自觉遵守职业道德，诚信经营，加强防疫药械产品质量安全管理，不销售伪劣产品，不制假造假，不以次充好，保障应急药械产品的质量安全。

市委常委会扩大会议传达习近平讲话精神

市委常委会扩大会议暨市新型冠状病毒感染的肺炎疫情应急指挥部会议召开，传达贯彻习近平在中央政治局常务委员会会议上的讲话精神和省委常委会扩大会议暨省应对新型冠状病毒感染的肺炎疫情工作领导小组会议精神，听取泉州市应对新型冠状病毒感染的肺炎疫情工作汇报。会议指出，要落实集中定点救治医院，协调好救治医疗资源，做好病例隔离治疗。要加强对基层医疗机构的指导和支援，加强对一线医护人员的培训、关心和防护。要加强对人员聚集场所和密闭交通工具的监测、排查、预警等。要加强市场监管，做好公共场所的卫生管理和消毒工作，严禁野生动物销售，强化源头防控。

泉州医护团队支援湖北出征仪式举行

泉州医护团队举行出征仪式，到湖北支援开展新型冠状病毒感染的肺炎医疗救治工作。其中，泉州市第一批医疗队8名医护人员分别来自泉州市中医院、光前医院、晋江市中医院和永春县医院。另外，福建医科大学附属第二医院也选派10名医护人员。他们是医院呼吸科、感染性疾病科、医院感染管理科、危重症医学科等方面的医师和护理人员。泉州市中医院、光前医院、晋江市中医院、永春县医院四家医院在一个小时内完成选派支援武汉医护人员的任务。医院通知一发出，正奋战在防治临床一线的医护人员纷纷主动请缨，积极踊跃报名。在发出倡议的半小时内，不少医护人员第一时间内报名，报名人群中，有中共党员，有正在哺乳期的母亲，有新婚的护士等。根据省卫健委要求，参加医疗支援工作的医务人员要有良好意志品质，有责任担当意识；符合专业要求，业务能力强；身体健康，能够承担高强度医疗救治工作。福建省需组建3批医疗队（第1批开展救治工作，另外2批待命），原则上从三级综合医院和承担传染病救治任务的传染病专科医院抽调组成。每批次医疗队需要医务人员145名，后备护理人员50名。

泉州市首批支援湖北的医护人员（图/陈英杰）

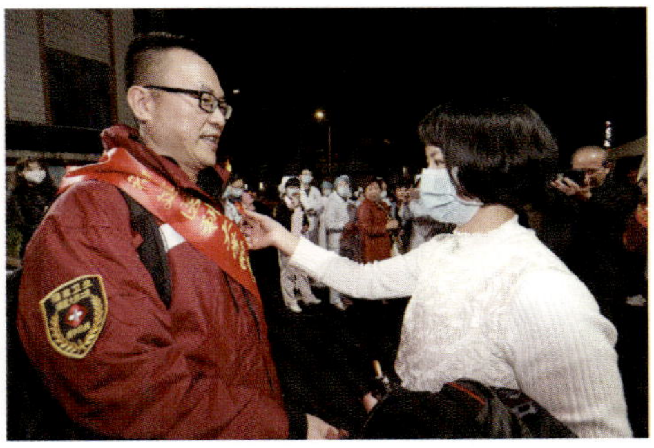

出征仪式上，陈晓阳医生的妻子在他的衣服上贴上爱心标志（图/陈英杰）

市工商联向泉州企业家发出公开信

市工商联、泉州市总商会向泉州企业家发出公开信，倡议各泉州属商会、企业行动起来，协助做好联防联控，积极配合摸排，保证产品供应。公开信提到，由于泉州市外出经商人员、外地到泉州经商人员和到泉州工作的人员众多，春节及节后人员流动规模大，做好疫情防控工作尤其重要。倡议泉州企业家根据各自商会和企业特点，制定应对方案预案，特别是在疫情防控期间，不举办团拜、联谊、推介等活动。各级工商联和商会组织要协助做好联防联控，及时报告病情、主动接受隔离、全力配合治疗。企业要加强自我防护意识，配合有关部门进行春节及节后返工人员的疫情摸排报告，与全社会一道联防联控。此外，与防疫工作相关联的企业，要组织力量投入生产，保证防疫产品供应；与民生产品相关的企业要补足货源，不哄抬价格，不囤货居奇，树立良好形象。

1月26日

农历庚子年正月初二
星期日
温度：9℃～15℃
中雨转多云

●市委常委会扩大会议暨市新型冠状病毒感染的肺炎疫情应急指挥部会议召开，传达贯彻习近平在中央政治局常务委员会会议上的讲话精神和省委常委会扩大会议暨省应对新型冠状病毒感染的肺炎疫情工作领导小组会议精神，听取泉州市应对新型冠状病毒感染的肺炎疫情工作汇报。

●市发改委、市市场监管局发布《关于确保大米等粮食产品市场供需稳定的通告》。

●市教育局发出《致全市中小学生家长的一封信》，提醒中小学生家长注意做好疫情防范工作，共同筑起孩子安全的屏障，确保孩子的健康成长。

●市工商联、泉州市总商会向泉州企业家发出公开信，倡议各泉州属商会、企业行动起来，协助做好联防联控，积极配合摸排，保证产品供应，打赢疫情防控攻坚战。

●泉州医护团队举行出征仪式，奔赴湖北支援开展新型冠状病毒感染的肺炎医疗救治工作。

●泉州市通淮关岳庙、大开元寺、元妙观、承天寺、龙山寺等筹集善款100万元，用于购买医疗物资，支援泉州市防控疫情工作。

1月27日

农历庚子年正月初三
星期一
温度：10℃~17℃
晴转阴

●市新型冠状病毒感染的肺炎疫情应急指挥部召开全市疫情防控视频会商会议，对疫情防控工作进行再部署再安排。

●康涛到一线看望慰问工作人员，检查疫情防控措施落实情况，指导解决有关问题。

●市市场监督管理局、市卫健委、市商务局发布《关于严禁疫情防控期间集体聚餐活动的紧急通知》，即日起严禁在疫情防控期间举办任何形式的集体聚餐活动。

●至是日，泉州籍海外侨胞为家乡捐赠抗疫急需医疗物资折合人民币价值逾1000万元。

●泉州市第一医院举行抗击新型冠状病毒感染的肺炎疫情——请战与出征大会。

全市疫情防控视频会商会议召开

市新型冠状病毒感染的肺炎疫情应急指挥部召开全市疫情防控视频会商会议，对疫情防控工作进行再部署再安排。会议指出，各级各部门要抓住春节假期这个“大隔离、大消毒”发挥作用的最佳窗口期，全力以赴、严防死守，阻断疫情传播渠道，保护人民群众生命安全。各级党委、政府要明确属地责任，建立健全指挥部体系，盯紧薄弱环节，拿出针对性方案，做好统筹协调、指导督办工作；各相关部门要分工协作、主动作为，落实好疫情监控、病例识别和人员隔离，形成上下联动的高效机制，织牢织密新型冠状病毒感染的肺炎疫情防控网络。要树牢底线思维，做到未雨绸缪，调动一切可用资源，抓好医疗资源、民生物资保障，做好专业队伍培训，准备充足隔离场所，提升疫情处置和医疗救治水平，打赢疫情防控阻击战。

会议要求，各级各部门要按照市指挥部部署，落实好各项防控措施，针对疫情发展变化，利用“网格化＋大数据”等方法手段，开展重点人群的筛查工作，做到早发现、早诊断、早报告、早隔离、早治疗。要加强主要通道、交通关口人员进出管理，对机场、高铁、公路等重点交通场所全面实施体温测量，严防通过公交、客运、网约车等交通工具传播疫情。要不等不靠，以底线思维落细落实物资保障，摸清泉州市疫情防控应急物资需求和生产供应情况，建立物资供需对接机制和重点企业调度机制，做好生产组织和采购调度，确保物资供应稳定充足。

康涛到交通关口检查疫情防控措施落实情况

市委书记、市新型冠状病毒感染的肺炎应急指挥部总指挥长康涛到一线看望慰问工作人员，检查疫情防控措施落实情况，指导解决有关问题。在市公安交通指挥中心，康涛了解各交通通道、重点部位、关键环节的运行和防控情况。康涛指出，各级各部门要按照“外防输入、内防扩散”的工作要求，落实防控措施防止疫情扩散，做好春运返程高峰应对预案。在泉州动车站，康涛查看疫情检测防控、春运旅客转运、站前交通秩序等情况，了解如有疑似感染者从接收、检查、运送、分诊到救治的整个工作流程，共同分析研判意外情况的应急处置方法。康涛表示，要加大对重点部位、重点场所的监管和卫生消杀处置力度，在重要出入口把严把实进出人员的体温检测关，增加检测人员和检测仪器，对体温异常人员要严格按照规范处置。对交通场站设施等密闭交通工具，都要采取通风、消毒，加强源头防控。在沈海高速泉州（西福）出入口防控点，康涛指出，要建立完善卫生健康、公安、路政、检疫、疾控等各方面参与上阵的协调机制，形成高效灵活、调配顺畅的防控机制。要完善24小时值班防控检查制度，做好外省到泉州车辆和人员的检查，监控实行标准化作业，做好车辆和人员登记，收集好相关资料和信息。

泉州籍海外侨胞捐赠1000万元医疗物资

至是日，泉州籍海外侨胞为家乡捐赠抗疫急需医疗物资折合人民币价值逾1000万元。25日，菲律宾乐善堂慈善基金会、菲律宾中菲关帝慈善基金会、马来西亚安溪会馆联合会等海外社团纷纷认捐防护口罩等物资。26日，日本泉州商会、日本晋江同乡联谊会捐赠的首批20万副医用手套、5万个口罩发往泉州。之后，不断有侨胞联系市侨联，表达捐赠意向。截至27日，马来西亚、菲律宾、新加坡、印度尼西亚、泰国、越南、柬埔寨、日本、坦桑尼亚等国家和地区的20多个华侨华人社团和数十位侨亲认捐防护口罩161.12万个、医用手套41.25万副、医用防护服400套、医用隔离服5000件、防护眼镜5000副、防护帽18000个、非接触红外线体温计200件、救护车1辆、有创呼吸机（儿童）2台，以及可视喉镜（成人）、可视喉镜（儿童）、高流量氧疗机（成人）、加温加湿器各1台，捐赠现金人民币20万元。

康涛、王永礼到鲤城晋江等地检查疫情防控措施落实情况

市委书记、市新型冠状病毒感染的肺炎疫情应急指挥部总指挥长康涛，市长、指挥部总指挥长王永礼看望慰问奋战在岗位上的工作人员，检查疫情防控措施落实情况。在鲤城区浮桥街道办事处，康涛同基层干部交流防控情况、存在困难问题。在鲤城区海滨街道社区卫生服务中心，康涛嘱咐社区卫生服务中心要加强值班值守，强化自我安全防护。在鲤城区新型冠状病毒感染的肺炎疫情应急指挥部，康涛指出，春节返工、返校等返程高峰即将到来，要针对居民、个体户、企业员工、建筑工人等群体分类施策，汇聚热心人士、老人协会、民营医院等各方力量共同参与群防群控。要加强物资保障，动员海内外乡亲支援家乡疫情防控，协助采购或捐赠各类口罩、防护服、护目镜等医疗物资，引导本地企业开足马力加大生产供给力度。王永礼随机走进晋江一家药店，检查相关物资销售情况，要求相关部门做好药品和物资供给保障，加强价格监管。在晋江梅岭街道梅青社区、石狮凤里街道大仑社区，王永礼要求工作人员要做好返乡人员的摸排和跟踪管理，做好密切接触者的隔离及服务工作。在晋江的社区卫生服务站、隔离医院，王永礼叮嘱医护人员既要懂疫情救治知识，又要加强自我防护。在晋江机场、高速晋江（牛山）出入口，王永礼指出，要加大对重点部位、重点场所的监管和卫生消杀处置力度，把严把实进出人员的体温检测关，对体温异常人员要按照规范处置。

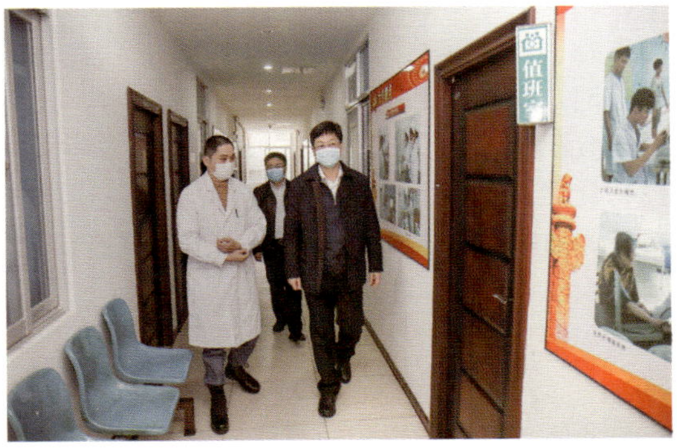

康涛（右一）检查鲤城区海滨街道社区卫生服务中心（图/陈起拓）

王永礼（右一）在晋江阳光大药房青阳分店检查口罩等相关物资销售情况（图/陈晓东）

泉州市加强活禽交易和宰杀场所管理

市市场监督管理局、市商务局、市农业农村局、市城市管理局发布《关于加强农贸市场活禽交易和宰杀场所规范管理的通知》（以下简称“通知”）。通知对加强农贸市场活禽交易和宰杀场所的规范和管理提出五方面要求。通知要求，落实农贸市场经营主体责任。加强农贸市场尤其是活禽交易市场的监督检查和环境整治。要加强农贸市场卫生管理。农贸市场是人员聚集场所，市场开办者要做好市场卫生管理工作，要在公共厕所和市场内合适位置设置洗手处，配足洗手液，执行交易场“1110制度”（一天一清洗消毒、一周一大扫除、一月一休市，活禽过夜零存栏），及时清除垃圾、废物，保持场所清洁卫生和符合有关规定。同时，经营者要佩戴口罩，做好卫生防护工作。要落实查验把关责任，严把活禽调运环节关口，有动物检疫合格证明的活禽方可进入市场交易；市场开办者应履行入市查验制度，禁止未经检验检疫或检疫不合格活禽入市交易，督促活禽销售者建立活禽进货查验记录制度，凭动物检疫合格证明采购和销售活禽，查验并留存相关证明材料，禁止销售未按规定进行检疫或检疫不合格以及来源不明的活禽。要加强宣传引导，各市场业主要利用LED显示屏、宣传栏等形式有针对性普及防控知识，发布健康提示等科普知识。

1月28日

农历庚子年正月初四
星期二
温度：8℃～14℃
阴转晴

●康涛、王永礼到一线看望慰问奋战在岗位上的工作人员，检查疫情防控措施落实情况，研究解决有关问题。

●市市场监督管理局、市商务局、市农业农村局、市城市管理局发布《关于加强农贸市场活禽交易和宰杀场所规范管理的通知》，对加强农贸市场活禽交易和宰杀场所的规范和管理提出五方面要求。

●市农业农村局组专项督导小组到鲤城、丰泽、洛江、泉州台商投资区、泉州开发区等地的畜禽养殖场（点）、定点屠宰场(点)、无害化处理场（点）、集贸市场中的活禽交易点等开展疫情防控暨农副产品安全供给督导工作。

1月29日

农历庚子年正月初五
星期三
温度：7℃～16℃
多云转晴

●29—30日，国务院应对新型冠状病毒感染的肺炎疫情联防联控机制第十二督导组到泉州，就泉州市防控工作开展情况进行督导。

●王永礼采取“四不两直”方式，到惠安、泉港基层一线检查疫情防控措施落实情况。

●为摸清掌握泉州市涉及新型冠状病毒感染的肺炎疫情的人员情况，市新型冠状病毒感染的肺炎疫情应急指挥部办公室研究开发泉州市智慧防控小程序，是日起在全市推广使用。

●市政府外事办提醒所有海外泉州籍人员，配合目的地国家采取的相关措施，做好安全防范，若有感染新型冠状病毒情况，可与中国驻当地使领馆联系或拨打热线电话，寻求必要的领事保护与协助。

●市文旅局检查泉州市文化旅游领域疫情防控工作落实情况，严禁文旅经营场所疫期营业。

●29—30日，市总工会组成两个慰问组，分别到泉州首批援鄂医疗队部分成员的家中以及市疾控中心、市传染病防治医院疫情防控工作一线，慰问医务工作者及其家属。

国务院督导组到泉州督导防控工作开展情况

29—30日，国务院应对新型冠状病毒感染的肺炎疫情联防联控机制第十二督导组到泉州，就泉州市防控工作开展情况进行督导。督导组到市传染病院、市第一医院发热门诊、市疾控中心、丰泽街道东美农贸市场、泉秀街道社区卫生服务中心、丰泽社区、泉州晋江国际机场、晋江市疾控中心、晋江五里经济开发区、晋江市医院等地，重点督导组织领导、工作部署、部门履职尽责、疫情监测、医疗救治、防控物资储备等情况及街道（乡镇）、社区（村）防控工作，询问了解泉州市在联防联控、有关药品和物资供给保障、医护人员安全防护、市场供给保障、社会力量组织动员等方面的情况以及存在困难与问题，并对疫情防控工作提出指导意见。督导组强调，农村、社区等基层是当前疫情防控的重点，相关医疗卫生防疫专家要到基层一线，指导基层规范做好预检等工作。返工潮在即，作为工业大市，泉州各级政府及企业要把防控措施做实做细做到位，确保平稳度过。要主动公开疫情防控措施，及时回应社会关切，引导群众坚定信心、科学防控、有序应对。

王永礼到惠安泉港检查疫情防控措施落实情况

市长、市新型冠状病毒感染的肺炎疫情应急指挥部总指挥长王永礼采取“四不两直”（不发通知、不打招呼、不听汇报、不用陪同接待、直奔基层、直插现场）方式，到惠安、泉港基层一线检查疫情防控措施落实情况。在福厦高速惠安南出入口防控点，王永礼要求在岗在位人员按照标准化作业，做好车辆和人员登记工作，把严把实进出人员的体温检测关，筑牢高速出入口防线，遏制疫情蔓延势头。在惠安县螺阳镇洋坑，泉港区涂岭镇驿坂、溪西等村卫生所，王永礼询问工作人员摸排是否到位，物资保障是否充足，要求落细湖北返乡人员的摸排和跟踪管理，做好密切接触者的隔离及服务工作。在螺阳镇疫情防控办，王永礼询问防控工作落实情况，要求落细落实防控措施，坚持联防联控、群防群治，利用网格化等方式梳理查找重点人群，点对点密切跟踪到位。

泉州市智慧防控小程序上线

为摸清掌握泉州市涉及新型冠状病毒感染的肺炎疫情的人员情况，市新型冠状病毒感染的肺炎疫情应急指挥部办公室研究开发泉州市智慧防控小程序，是日起在全市推广使用。市民可通过各大应用市场搜索“泉州通”，下载“泉州通”App安装到手机上。打开“泉州通”App，找到底部菜单栏“智慧防控”点击进入，可进行“疫情上报”“线索举报”“发病求助”。市新型冠状病毒感染的肺炎疫情应急指挥部办公室鼓励市民使用泉州市智慧防控小程序。

泉州市检查文化旅游领域疫情防控工作落实情况

市文旅局检查泉州市文化旅游领域疫情防控工作落实情况，严禁文旅经营场所疫期营业。市文旅局工作检查组对领SHOW天地文化创意产业园、开元寺景区及嘎啦派KTV、星光汇KTV、艾尔文网咖星光店等文化经营场所进行突击检查，检查的场馆场所均已暂停营业。工作检查组要求，各场馆单位要落实规定，暂停营业，疫期严禁回潮。疫情期间，主管部门要督促全市公共文化场馆暂时闭馆，督促A级景区、歌舞娱乐场所、游艺游戏场所、网吧暂停运营，并做好公告、劝导和解释工作。此外，工作检查组还询问了解部分酒店湖北武汉籍人员入住情况及采取的相应防控措施，要求各地行业主管部门督促辖区星级饭店推进疫情防控工作，加大巡查力度，及时督促整改，确保全市星级饭店疫情防控工作有序平稳。

康涛王永礼突击检查疫情防控措施落实情况

市委书记、市新型冠状病毒感染的肺炎疫情应急指挥部总指挥长康涛，市长、指挥部总指挥长王永礼采取“四不两直”方式，分别到南安、德化、永春等地，突击检查基层防控措施落实情况。

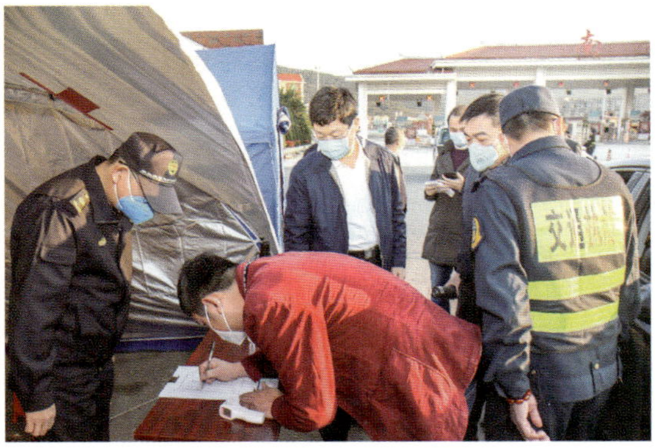

康涛（左三）检查泉州环城高速南安出入口防控点（图/陈起拓）

在泉州环城高速路南安出入口，康涛在询问操作流程和值班情况后强调，眼下既是疫情防控关键期，又将迎来春运返程高峰，各级各有关部门要加大人员设备投入，做好高速出入口等关键节点部位的卫生防疫、体温检测登记等工作，做到疫情防控和保障交通安全畅通两不误。在南安东田镇，康涛与政府工作人员、企业家座谈，了解当地应对企业复工的疫情防控措施及各项准备工作。康涛强调，各级各部门要贯彻落实习近平总书记讲话指示批示精神，按照中央、省里部署要求，杜绝侥幸和麻痹心理，做好应对预案和措施准备；要加强统筹规划，落实联防联控和属地责任，因地制宜探索抓好企业复工后疫情防控工作；要紧盯中小微企业、个体工商户等防控的薄弱环节，发挥基层网格化管理作用，严防死守，打赢疫情防控阻击战。

在德化浔中镇，王永礼随机抽查一家社区卫生所，询问医护人员对体温异常人员规范处置流程，叮嘱医护人员要坚守岗位，加强自我防护。随后，王永礼抽查暗访个别酒店，检查疫情防控措施，要求各地加强对人员聚集场所和密闭交通工具的监测、排查、预警等，对机场、高铁、公路等重点交通场所实施体温测量。在永春县达埔中心卫生院，王永礼强调要落实发热门诊管理，做到早摸排、早发现、早诊断、早报告、早隔离、早治疗。在达埔镇疫情应急办公室，王永礼指出，春运返程高峰即将到来，疫情防控工作十分艰巨，要按照党中央、国务院和省委、省政府及市委的要求，落实落细防控措施，做好春运返程高峰应对预案，加强宣传引导，汇聚社会各方力量共同参与群防群控；做深做细从被疫情突袭的武汉等地到泉州人员的摸排和跟踪管理，做好密切接触者的隔离及服务工作；加强对基层医疗机构的指导和支援，更加关心关爱奋战在疫情防控斗争一线的医护人员。

王永礼（右一）在永春县达埔镇检查疫情防控措施落实情况（图/陈英杰）

全市设废弃口罩收集桶6380个

截至是日，全市设废弃口罩收集桶6380个。为应对新型冠状病毒感染的肺炎疫情，防止废弃口罩造成二次污染，市、县（市、区）两级城市管理局强化废弃口罩收运处置，做好非医护使用防护口罩规范收集和处理工作，于28日前在物业小区和部门单位、公共场所设置废弃口罩投放专用垃圾桶，设置相关标识，专门用于口罩收集，并每日进行清理转运，实施无害化处理。督促各责任单位加强废弃口罩定点投放的引导和管理，严防废弃口罩再次流入使用环节。

1月30日

农历庚子年正月初六
星期四
温度：7℃～17℃
晴

●康涛、王永礼采取“四不两直”方式，分别到南安、德化、永春等地，突击检查基层防控措施落实情况。

●市新型冠状病毒感染的肺炎疫情应急指挥部召开全市视频会商会，贯彻落实省政府关于延迟省内企业复工通知精神，会商研究泉州市延迟企业复工的通知及通告。

●市疾病预防控制中心发出《致广大市民朋友的倡议书》。

●截至是日，全市设废弃口罩收集桶6380个。

1月31日

农历庚子年正月初七
星期五
温度：8℃～15℃
晴

●为做好泉州市疫情防控工作，根据《中华人民共和国突发事件应对法》有关规定，在确保高速公路通行畅通前提下，市新型冠状病毒感染的肺炎疫情应急指挥部决定采取“只进不出”方式，分期对14个车流量较小的高速公路收费站实行临时单向关闭的交通管制措施。

●泉州市智慧防控小程序使用培训视频会议召开，推广运用泉州市智慧防控小程序，做好泉州市涉及新型冠状病毒感染的肺炎疫情的人员信息采集工作。

●市政府外事办向在泉州的外籍人士发出中英文双语温馨提醒，请大家关注官方权威疫情信息，做好自我防护，参与联防群治，并公布泉州市设有发热门诊的224家医疗机构信息。

●国家卫健委高级别专家组成员、传染病诊治国家重点实验室主任、中国工程院院士李兰娟，通过远程视频方式对晋江新型冠状病毒感染的肺炎的防控工作在线进行解答和指导。

中国工程院院士李兰娟远程指导晋江疫情防控

国家卫健委高级别专家组成员、传染病诊治国家重点实验室主任、中国工程院院士李兰娟，通过远程视频方式对晋江新型冠状病毒感染的肺炎的防控工作在线进行解答和指导。是日下午1时，在晋江市国际疑难病多学科远程会诊平台，李兰娟远程在线指导开始，同晋江市医院同时在线的还有河南、山东、重庆、海南等地共6家医院。远程指导刚开始，李兰娟院士就新型冠状病毒感染的肺炎防控指南进行解读。参与的医院分别就各自所在区域的疫情防控、确诊及疑似病例的诊断和治疗中所面临的困惑向李兰娟进行提问。轮到晋江市医院提问时，医院负责人首先就近期该院收诊病人的情况做简单介绍。医院感染科主任就如何更进一步确诊疑似新型冠状病毒感染的肺炎，以及针对妊娠期的疑似或确诊病例应如何应对治疗向李兰娟进行提问。对此，李兰娟院士一一解答。对于疫情的防控，李兰娟表示一定不能放松警惕，一定要做好个人防护。而针对即将出现的返工潮，李兰娟表示，如果没有接触过发病的人，自己身体健康，那就没有关系；如果接触过发病的人，要第一时间报告，至少要进行14天医学观察；每个单位应该对每个人进行相关情况的排查；万一有发烧或者其他病症，要及早检测，早发现早隔离。

泉州市14个车流量较小的高速收费站临时管制

为做好泉州市疫情防控工作，根据《中华人民共和国突发事件应对法》有关规定，在确保高速公路通行畅通前提下，市新型冠状病毒感染的肺炎疫情应急指挥部决定采取“只进不出”方式，分期对14个车流量较小的高速公路收费站实行临时单向关闭的交通管制措施。自31日20时起，临时单向关闭南安水头西收费站、南安南收费站、南安金淘收费站、南安乐峰收费站。自2月1日10时起，临时单向关闭洛江收费站、石狮北收费站、泉州东收费站、安溪东收费站、安溪龙门收费站、安溪剑斗收费站、安溪福田收费站、永春湖洋收费站、德化收费站、德化上涌收费站。

泉州市智慧防控小程序使用培训视频会议召开

泉州市智慧防控小程序使用培训视频会议召开，推广运用泉州市智慧防控小程序，做好泉州市涉及新型冠状病毒感染的肺炎疫情的人员信息采集工作。会议要求，要通过信息化手段实现疫情防控基础信息规范完整、动态信息随时调取、防控过程便捷可溯、防控处置可视闭环、疫情规律预测预判。全市各镇（街）和村（社区）2839名防控员要全面开展涉疫人员信息采集，利用技术手段把疫情防控措施落实到基层“最后一公里”。各级党委、政府要关心关爱奋战在疫情防控斗争一线的防控员，帮助解决实际困难，解除后顾之忧。泉州市通过软件，对各县（市、区）工作完成情况进行有效考核，对工作表现突出的、工作成效明显的，予以表扬表彰；对工作疏漏、疫情信息没有及时处置、没有闭环管理，导致疫情蔓延的，予以严肃追责；对不敢担当、落实不力的，甚至弄虚作假、失职渎职的，严肃问责。

市政府外事办提醒外籍人士参与联防群治

市政府外事办向在泉州的外籍人士发出中英文双语温馨提醒，请大家关注官方权威疫情信息，做好自我防护，参与联防群治，并公布泉州市设有发热门诊的224家医疗机构信息。在泉州的外籍人士可关注市卫生健康委员会官网，泉州网和官方微信公众号“泉州晚报”、“泉州通”App，泉州市广播电视集团官网，也可致电卫生健康热线“12320”咨询相关信息。在泉州外籍人士如需协助，可与市政府外事办联系。

泉州市启动“汇聚文明力量移风易俗携手阻击疫情”行动

市委文明办下发《泉州市委文明办关于在全市启动“汇聚文明力量、移风易俗携手阻击疫情”行动的通知》（以下简称“通知”），号召各地文明办、各级文明单位践行移风易俗，做好各项防控防护工作。通知要求，各地文明办要强化移风易俗工作领导小组办公室职能作用的发挥，将移风易俗作为阻击疫情、群防群治的重要举措，为打赢疫情防控阻击战主动履职、发挥作用。

通知倡导“喜（婚）宴不办或推迟简办”。疫情期间，能够不办的喜宴尽量不办，能够推迟的喜宴尽量推迟，能够不参与的喜宴尽量不参与；倡导以微信贺喜、网络送福等不发生人员聚集的庆贺方式，最大限度阻断病毒传播的可能路径，防万一于未然。倡导“厚养薄葬、丧事简办”。疫情期间，为往生者举办葬礼的家属，治丧仪式删繁就简，尽量减少人员聚集、缩短出殡路线；倡导用微信、电话等通信工具进行吊唁、表达哀思。倡导“神（佛）事不办”。不搞封建迷信祭拜活动，疫情期间不举办群体性民俗活动。倡导各类宫、庙、观暂停一切法会、“游神”等活动，最大限度减少人员集聚。倡导慈善捐赠新风尚。发扬“助人为乐”“乐善好施”优良传统，引导乡贤等社会各界人士省办、不办婚丧喜庆所节约的资金用于捐赠、支援当地新型冠状病毒感染的肺炎疫情防控工作。

通知提出，全市各级各类文明单位要将自身打造成为阻击疫情、联防联控的重要阵地，执行中央、省委、市委决策部署，对内建立严密的疫情防控防范体系，对外履行社会责任，在疫情防控中发挥示范带头作用。其中，包括争做疫情防控的宣传者、疫情防控的践行者、健康泉州的守护者、单位荣誉的维护者等。

泉州市加强对生产经营医药用品的质量和价格监督检查

泉州市加强对生产经营医药用品的质量和价格监督检查，督促经营者严格执行明码标价制度，依法严肃查处相互串通操纵市场价格、囤货居奇、哄抬物价、牟取暴利以及散布涨价谣言等价格违法违规行为。市市场监管部门立案查处2起涉嫌哄抬价格案件、3起销售口罩未明码标价案件、2起销售“三无”（没有生产商、没有生产地、没有生产日期）口罩案件，责令改正30多起不规范价格行为。利用技术手段，泉州市还对各类防疫物资和重要生活物资网络经营价格、广告等行为开展网络监测分析。全市监测27018个经营性网页，涉及口罩、大米、食用油、消毒液、消毒湿巾、体温计、紫外线灯、护目镜、抗病毒药物、野生动物制品等重要商品。

泉州市推进网上授课

市教育局实施网络授课志愿者、学习资源包推送、在线教学“一校一策”三项行动，做好服务保障，实现“离校不离教，停课不停学”。

实施网络授课志愿者行动，由市教科所组织全市普通中学学科教学联盟、名师工作室等学科名师、骨干老师，组成网上在线授课志愿者，根据学科课程标准要求和高、初中毕业班教学实际，研制课程计划，网上在线授课。实施学习资源包推送行动，组织推送《学科关键问题指导与训练》，学科重点难点复习教学的录像课或微课，学科质量检测模拟练习试卷及高中、初中毕业班的教学和复习策略等学生在家自学、学科教师指导学生自主学习的学习资源包，确保高中、初中毕业班复习备考有序推进。实施在线教学“一校一策”行动，指导学校通过官方网站、微信公众号、微信群等加强家校联系，加强学习指导和心理辅导，家校配合指导学生安排好寒假在家的学习和生活。鼓励有条件的地方和学校开发开放线上课程供学生学习，提供线上答疑辅导。合理运用符合教学进度安排的网上学习课堂、“一师一优课、一课一名师”、数字教学资源库等公益性优质学习资源。

2月1日

农历庚子年正月初八
星期六
温度：9℃～15℃
晴

●市委文明办下发《泉州市委文明办关于在全市启动“汇聚文明力量、移风易俗携手阻击疫情”行动的通知》，号召各地文明办、各级文明单位践行移风易俗，做好各项防控防护工作。

●泉州市加强对生产经营医药用品的质量和价格监督检查，督促经营者严格执行明码标价制度，依法严肃查处相互串通操纵市场价格、囤货居奇、哄抬物价、牟取暴利以及散布涨价谣言等价格违法违规行为。

●市教育局实施网络授课志愿者、学习资源包推送、在线教学“一校一策”三项行动，做好服务保障，实现“离校不离教，停课不停学”。

2月2日

农历庚子年正月初九
星期日
温度：10℃～14℃
多云转阴

●康涛、王永礼在市防控疫情应急指挥部主持召开视频会议，就疫情防控工作进行专题研究部署。

●康涛到一线检查节后返岗防疫及医疗物资保障工作，并召开视频会议进行部署安排。

●王永礼到工地、乡镇等基层一线，看望慰问奋战在岗位上的工作人员，检查疫情防控项目进展和疫情防控措施落实情况。

●泉州多家餐饮商户和“饿了么”平台免费为一线医护人员和病患提供午餐。

全市疫情防控视频会议召开

市委书记、市新型冠状病毒感染的肺炎疫情应急指挥部总指挥长康涛，市长、指挥部总指挥长王永礼，在市应急指挥部主持召开视频会议，就疫情防控工作进行专题研究部署。会议强调，全市要贯彻习近平总书记讲话指示批示精神和中央、省里部署要求，落实各项疫情防控和健康防护措施，打赢疫情防控阻击战。泉州干部、企业家两支队伍有干劲，产业链配套能力强，市、县两级要再动员再布置再提升，政企合力推动资源调度、协作联产、技术攻关等，最大限度挖掘现有企业生产潜力，千方百计解决好口罩、防护服等重点医疗物资短缺问题。

康涛检查节后返岗防疫及医疗物资保障工作

市委书记、市新型冠状病毒感染的肺炎疫情应急指挥部总指挥长康涛，不打招呼、直奔一线，检查节后返岗防疫及医疗物资保障工作。康涛到正全力攻关研发防护物资生产设备的汉威机械制造公司，协调有关部门采取措施，为企业提供技术指导、原材料采购及运输等各项保障，力促早投产、早见效。康涛到南安、惠安等地的部分高速出入口，了解车流量、体温检测、工作人员值守等情况。在惠安，康涛要求继续严格检测排查，并做好文明便利服务和自身健康防护。康涛还随机抽查南安仑苍水暖城、惠安螺城东南社区、市行政中心食堂等的防控措施落实情况，看望慰问基层干部，叮嘱他们加强自身防护，确保身体健康。康涛强调，各级各部门要按照中央、省里部署，压实属地责任，加强研判、备好预案，加强网格化管理、地毯式排查，筑牢疫情防控一线防护堤，把“外防输入、内防扩散”全面、具体、深入地落到实处。

王永礼到工地和乡镇检查疫情防控措施落实情况

市长、市新型冠状病毒感染的肺炎疫情应急指挥部总指挥长王永礼到工地、乡镇等基层一线，看望慰问奋战在岗位上的工作人员，检查疫情防控项目进展和疫情防控措施落实情况。在市传染病防治医院防控病房项目建设现场，王永礼在了解工程建设进度后指出，要提振精气神，展示好形象，全力以赴攻坚克难，统筹推进水电等基础设施建设，加紧工程进度，尽快投入使用；要抓好安全生产工作，按照施工技术规范要求，高标准、高质量完成建设任务；要加强工地疫情防控，落实好施工人员自身防护措施。在晋江英林镇疫情防控指挥部，王永礼询问防控工作落实情况，叮嘱大家在确保安全的情况下继续加大力度做好防控工作。王永礼指出，要落实联防联控措施，利用网格化、大数据等方式梳理查找重点人群，点对点密切跟踪到位，不漏一户、不漏一人。要发挥好村卫生所和乡镇卫生院的作用，提前筛查，尽早隔离，抓紧治疗，及时阻断疫情传播。镇村干部要提高政治站位，把职责扛在肩上，积极担当作为，对外来人员要密切管控追踪，对接触者要持续加强管理，防控宣传要做到家喻户晓，居家隔离要严格按照规范，筑密筑牢群防群治防线。

外卖平台联合泉州市餐饮商户向医护人员提供爱心午餐

泉州多家餐饮商户和“饿了么”平台免费为一线医护人员和病患提供午餐。1月27日，平台与泉州市传染病院联系，得知一线医护人员每天中午需要100份左右的餐食，于是开始联系商户。多家商户表示愿意加入活动，平台每日调整套餐，争取让医护人员能够吃得丰富些。赠送爱心午餐先持续2周。确定3日3家门店一起提供午餐后，考虑到数量大、配送地点太远，外卖小哥不方便骑车配送，“饿了么”平台市场推广经理陈凌杰在朋友圈里发布求助信息。朋友圈刚发出，他就接到10多个电话表示愿意帮忙送餐。

王永礼到南安随机抽查疫情防控工作

市长、市新型冠状病毒感染的肺炎疫情应急指挥部总指挥长王永礼到南安市洪梅镇防控指挥部办公室随机抽查疫情防控工作。王永礼随机抽查询问几名湖北回泉州人员的情况，强调要抓紧研究企业错峰复工的可操作性措施，做好外来返工人员的健康监测管理及卫生消杀，督促辖区各大中小学幼儿园落实“日报告”制度。要发动、组织和凝聚群众，落实村（社区）属地责任，构筑群防群治严密防线，点对点密切跟踪到位。要规范化运作，确保居家隔离规范化管理、集中观察点专业化管理，做到“不串门、不聚餐、不集会”。

王永礼（左四）检查市传染病防治医院防控病房项目工地（图/陈起拓）

市政府党组（扩大）会议召开

市政府党组（扩大）会议召开，专题研究并通过《泉州市人民政府关于疫情防控期间支持中小微企业生产经营九条措施的通知》。会议指出，各级政府各部门要主动担当、履职尽责，一手抓疫情防控，一手抓改革发展稳定各项工作，以更大力度补短板、强弱项，推动涉及决胜全面建成小康社会、决战脱贫攻坚各项重点任务落实落地；要采取精准措施，通过降低企业经营成本、做好金融服务保障、减免困难企业税费等举措，帮助中小微企业坚定信心，渡过难关。

市疫情应急指挥部办公室发布《致饲养宠物居民的一封信》

市新型冠状病毒感染的肺炎疫情应急指挥部办公室发布《致饲养宠物居民的一封信》，要求饲养宠物的居民做好个人防护及人畜共患传染病的防控工作。这封信提示的内容包括五点：1.勤洗手、多通风。饲养宠物、处理宠物排泄物后，应立刻用肥皂或洗手液洗手；室内每天通风2—3次，每次不少于半小时。2.重清理、多消毒。合理处理宠物排泄物；定期对宠物居住场所、宠物用具进行消毒。3.少接触、不遛狗。少去公园、宠物市场等人口密集场所；避免在未加防护情况下与宠物密切接触；避免与生病动物接触；不到户外遛狗。4.重防疫、禁买卖。定期为宠物注射疫苗及常规体检；疫情防控期间，严禁贩卖、贩运宠物。5.妥处理、禁丢弃。发现宠物出现异常时应尽快就诊；按规定对病死宠物进行无害化处理，严禁擅自乱丢、乱扔病死宠物。

泉州市宗教界倡议疫情期间丧事简办

全市性宗教团体发出《致疫情期间信众逝者家属的倡议书》（以下简称“倡议书”）。泉州市佛教协会、泉州市道教协会、泉州市伊斯兰教协会、泉州市天主教爱国会、泉州市基督教三自爱国运动委员会、泉州市基督教协会，向全市信教群众发出倡议：在疫情期间举办丧礼的家属，要倡导移风易俗，丧事简办，治丧仪式删繁就简，尽量减少人员聚集，最大限度阻止病毒传播的可能途径。倡议书呼吁，凡佛教信众，请简化悼念逝者的仪式，非出家人不要组织念佛和诵经活动，可通过微信等方式将助念回向给逝者，参与对象控制在至亲范围。凡道教信众，请简化丧事活动程序，不设坛、不做功德道场，尽量简化送逝者规仪，参与对象控制在至亲范围。凡天主教、基督教信众，请提倡丧事简办，缩短唱诗、祷告的时间，参与对象控制在至亲范围，其他教友可通过微信等方式参与。凡伊斯兰教信众，请落实教规提倡的“速葬”，尽量简化下葬前的宗教仪式，缩短祷告时间，参与对象控制在至亲范围。

2月3日

农历庚子年正月初十
星期一
温度：11℃～14℃
多云转小雨

●王永礼到南安市洪梅镇防控指挥部办公室随机抽查疫情防控工作。

●市政府党组（扩大）会议召开，专题研究并通过《泉州市人民政府关于疫情防控期间支持中小微企业生产经营九条措施的通知》。

●市新型冠状病毒感染的肺炎疫情应急指挥部办公室发布《致饲养宠物居民的一封信》，要求饲养宠物的居民做好个人防护及人畜共患传染病的防控工作。

●全市性宗教团体发出《致疫情期间信众逝者家属的倡议书》，倡议疫情期间丧事简办，进一步倡导移风易俗。

2月4日

农历庚子年正月十一
星期二
温度：11℃～13℃
小雨转阴

●康涛、王永礼分别到晋江市英林镇、惠安县黄塘镇，看望慰问防控一线工作人员，检查疫情防控措施落实和防护用品企业生产情况，协调解决有关问题。

●市委常委会会议暨市防控新型冠状病毒感染的肺炎疫情应急指挥部第十二次会议召开，传达贯彻中央政治局常委会和省委常委会研究加强新型冠状病毒感染的肺炎疫情防控工作会议精神。

●《泉州市人民政府关于疫情防控期间支持中小微企业生产经营九条措施的通知》发布。

●泉州第二批援鄂医疗团队出征仪式举行，10名来自石狮市总医院和安溪县医院的护师驰援湖北，开展新型冠状病毒感染的肺炎医疗救治工作。

康涛、王永礼到基层一线检查疫情防控措施落实情况

市委书记、市防控新型冠状病毒感染的肺炎疫情应急指挥部总指挥长康涛到晋江市英林镇嘉排村，看望慰问镇、村防控一线工作人员、医护人员和志愿者，了解镇、村两级交通管控、隔离观察、环境消杀、宣传引导、物资保障等重点部位、关键环节的落实情况。市长、指挥部总指挥长王永礼到位于惠安县黄塘镇的一家医用卫生材料有限公司，检查防护用品生产和疫情防控措施落实情况。

市委常委会传达中央和省委疫情防控工作会议精神

市委常委会会议暨市防控新型冠状病毒感染的肺炎疫情应急指挥部第十二次会议召开，传达贯彻中央政治局常委会和省委常委会研究加强新型冠状病毒感染的肺炎疫情防控工作会议精神。会议指出，要守牢入泉州管理、社区和村管理、单位管理、家庭和个人管理“四道关口”，充实一线力量，加强源头管控，发动群众做群众工作，确保防控实效落到每个村、社区、单位、人。要协调相关技术研发、设备、原辅材料采购，高效组织疫情防控物资生产。要统筹力量分类施策，抓好改革发展稳定各项工作。

泉州市出台支持中小微企业生产经营九条措施

《泉州市人民政府关于疫情防控期间支持中小微企业生产经营九条措施的通知》发布，有效期至2020年6月30日。加大财政奖补力度。对符合条件为防控疫情提供紧缺急需物资的生产企业、保障民生的商贸配送企业发放一次性稳就业奖补；对因此形成过剩产能，落实国家临时收储制度。对不裁员或少裁员参保企业，返还2019年实际缴纳失业保险费的50%。支持线上职业技能培训，培训合格取得证书，给予企业每人800～1000元的补助。发挥政策性融资担保机构增信服务作用，取消反担保要求，疫情防控期间免收政策性融资担保费。受疫情影响的个人创业担保贷款可展期一年，并继续享受财政贴息支持。减轻中小微企业租金负担。疫情防控期间，对于承租市属国有资产用于经营性的用房，给予减免1个月租金。鼓励国有企业、国有创业园、科技企业孵化器、创业基地等各类载体简化审批手续，对承租的中小微企业减免或降低租金标准。降低企业信贷成本。银行业机构要降低中小微企业融资成本，对受疫情影响较大的中小微企业在原有贷款利率水平上下浮10%以上，至2020年年末普惠型小微企业综合融资成本至少降低0.5个百分点。

减免困难企业税费。受疫情影响的定期定额户，可据实合理调整定额或简化办理停业手续。受疫情影响导致发生重大损失，正常生产经营活动受到重大影响，缴纳房产税、城镇土地使用税确有困难的企业，可申请房产税、城镇土地使用税困难减免。受疫情影响不能按期办理纳税申报的企业，依法准予延期申报；符合延期缴纳税款条件的，依法准予延期缴纳税款。增加企业信贷投放。在疫情防控期间增加制造业中长期贷款投放，确保2020年中小微企业贷款余额不低于2019年同期水平，5家大型国有银行普惠型小微企业贷款增速高于20%。金融租赁公司在办理疫情防控相关医疗设备的金融租赁业务时，缓收或减收相关租金和利息。稳定企业贷款。各银行业机构对受疫情影响较大暂时出现困难的企业，不得盲目抽贷、压贷、断贷，应给予企业一定还款宽限期，做好展期、续贷。发挥各级企业应急保障资金作用，支持受疫情影响企业转续贷。

做好金融保障服务。支持银行业机构筛选存量客户中具有发展前景但暂时受困的中小微企业，在疫情防控期间给予顾问服务。各保险机构要开辟保险理赔绿色通道，简化理赔手续，提供及时便捷的理赔服务，应赔尽赔。允许延期办理社会保险业务。对受疫情影响的企业，用人单位可延期3个月办理养老、失业、工伤等社会保险业务；对受疫情影响不能按期缴纳社会保险费的困难企业，可延期至疫情解除后3个月内缴费，税务部门不予加收滞纳金。逾期办理缴费不影响参保个人权益记录、待遇发放。强化税收便利化服务。对于生产和销售疫情防控物资的增值税纳税人，疫情防控期间原则上暂不限制其增值税发票领购数量和最高开票限额。辅导落实好医疗机构、医用药品相关的增值税减免政策。对疫情防控物资生产、销售行业以及受疫情影响相关行业的增值税一般纳税人，经认定符合条件的，在落实增值税留抵退税政策过程中优先支持。

康涛、王永礼到石狮晋江检查疫情防控措施落实情况

市委书记、市防控新型冠状病毒感染的肺炎疫情应急指挥部总指挥长康涛，市长、指挥部总指挥长王永礼分别到石狮、晋江，看望慰问防控一线工作人员，检查疫情防控措施落实情况。在石狮市防控指挥部，康涛强调，要强化疫情防控宣传教育和舆论引导，凝聚众志成城抗疫情的强大力量。要强化联防联控，找差距、补短板，抓实城乡接合部、老旧小区、出租房等薄弱点。要在做好防控工作的同时统筹抓好经济社会发展，出台落实扶持企业政策，有秩序组织推动复产复工复学。在晋江青阳街道办事处，王永礼指出，晋江是外来人口大市，各级各部门务必落实各项防控措施，统筹兼顾有序抓好复产复工复学工作。

1326名市直单位干部驰援村（社区）疫情防控工作

市防控疫情应急指挥部采取单位成建制包乡镇、街道和村、社区方式，按“一村一人”原则，从60个市直单位中抽调1326名干部，组成疫情防控驻村工作队，驰援村（社区）疫情防控工作。驻村工作队自带被褥，于6日全部到岗到位、驻扎村居、投入工作。疫情防控期间，市直抽调人员不参与原单位工作，在派驻县（市、区）、乡镇（街道）领导下，全身心帮助落实驻村（社区）的疫情防控工作，做到主体责任、防控机制、底数排摸、联防联控、防控宣传、信息填报、问题处置“七个到位”。

市委史志研究室响应号召，组成疫情防控驻村工作队
（图/市委史志研究室宣教科）

泉州市奖补疫情防控应急物资生产

市防控新型冠状病毒感染的肺炎疫情应急指挥部办公室发布《关于支持加快口罩和防护服应急物资生产的通知》（以下简称“通知”），提出4条措施，对疫情防控应急物资生产进行奖补。支持企业扩建、转产和新建生产口罩和防护服。自1月26日至2月底前，对新购置或通过设备改造的口罩生产设备和防护服热压机生产设备安装到位并生产的，按设备投入金额的30%给予补助。支持企业加快口罩生产设备研发。对2月底前研发成功并经市工信局组织认定能符合生产要求的口罩生产设备，给予一次性100万元的研发补助。对参与共同攻关研发的重要厂家或研究单位，视研发攻关的实际情况认定，给予适当补助，具体补助标准报经物资保障组研究确定。支持企业加快口罩和防护服重要原材料研发。对2月底前研发成功并经认证符合生产口罩和防护服技术要求的熔喷布、防护服专用复合无纺布，分别给予一次性30万元的研发补助。鼓励扩大口罩和防护服生产规模。疫情存续期间，对企业口罩日产量达20万片、40万片、100万片，防护服日产量达2000件、3000件、5000件，分别给予10万元、20万元、30万元一次性奖励。

泉州市出具首份疫情不可抗力证明书

市贸促会为泉州市汉威机械制造有限公司出具全市首份新型冠状病毒感染的肺炎疫情不可抗力事实性证明书。汉威公司是一家机械设备生产企业，主要出口东南亚、南亚、欧洲等地。受疫情影响，该企业无法按时向境外客户交付机台设备，涉及的多个合同货值约1100万美元。在了解情况后，市贸促会随即核实相关情况，根据企业实际情况以及合同的履约条款，判断其可以出具疫情不可抗力证明证书，并指导企业准备相关材料，一天内完成咨询、指导、办理、出证等流程。

2月5日

农历庚子年正月十二
星期三
温度：11℃～15℃
阴转晴

●康涛、王永礼分别到石狮、晋江，看望慰问防控一线工作人员，检查疫情防控措施落实情况。

●市防控疫情应急指挥部采取单位成建制包乡镇、街道和村、社区方式，按“一村一人”原则，从60个市直单位中抽调1326名干部，组成疫情防控驻村工作队，驰援村（社区）疫情防控工作。

●市防控新型冠状病毒感染的肺炎疫情应急指挥部办公室发布《关于支持加快口罩和防护服应急物资生产的通知》，提出4条措施，对疫情防控应急物资生产进行奖补。

●市贸促会为泉州市汉威机械制造有限公司出具全市首份新型冠状病毒感染的肺炎疫情不可抗力事实性证明书，帮助企业最大限度地减轻因疫情造成延期履行合同的责任。

2月6日

农历庚子年正月十三
星期四
温度：12℃～15℃
多云转小雨

●市防控新型冠状病毒感染的肺炎疫情应急指挥部召开全市视频会议，贯彻落实习近平3日在中央政治局常务委员会会议上讲话精神和省应对新型冠状病毒感染肺炎疫情工作领导小组第十二次会议、5日全省防控工作视频会议部署要求。

●王永礼到泉州动车站，看望慰问防控一线工作人员，检查疫情防控措施落实情况。

●市市场监督管理局、市商务局、市卫健委指导送餐平台推出九项措施，加强外卖送餐平台的管理，指导和督促外卖送餐平台及其代理机构采取有效措施建立防控机制。

全市疫情防控工作视频会议召开

市防控新型冠状病毒感染的肺炎疫情应急指挥部召开全市视频会议，贯彻落实习近平3日在中央政治局常务委员会会议上讲话精神和省应对新型冠状病毒感染肺炎疫情工作领导小组第十二次会议、5日全省防控工作视频会议部署要求，研究加强疫情防控和保障经济社会发展有关工作。会议强调，要坚决执行、逐项落实。对照中央有关政策、省里有关措施，组织工作专班跟进，逐条细化分解实施，把防控笼子扎得更紧抓得更细。要结合实际、过细部署。对下阶段疫情防控、企业复工复产情况做到心中有数、接地气施策；要发扬政企互动好传统，及时出台务实管用扶持措施，帮助企业渡过难关。要驾驭局面、破解难题。提前做足研判，保持高度敏感，及时发现苗头，系统破解复杂问题。要加强1326名驰援村（社区）疫情防控工作的市直单位干部管理。

王永礼检查泉州动车站疫情防控工作

市长、市防控新型冠状病毒感染的肺炎疫情应急指挥部总指挥长王永礼到泉州动车站，看望慰问防控一线工作人员，检查疫情防控措施落实情况。在泉州动车站出站口，王永礼询问连日来的客流量，了解进出站人员身份比对、体温筛查和防疫检测人员配备、物资保障等情况。王永礼强调，到泉州创业务工人员返程高峰即将来临，对疫情防控工作带来很大考验。各级各部门要按照“外防输入、内防扩散”工作要求，把牢每一道关口，过细每一个环节，阻断疫情传播途径。动车站人员密集性强、流动性大，是疫情防控的重要防线。要运用大数据实施精准摸排，加强与公安、交通、卫健等部门和周边市县的联防联控，做到群防群治。要梳理细化防控流程和组织架构，提升应急处置能力，对重点疫区人员和有发热特征旅客进行快速分类处置，防止疫情蔓延。要加密候车大厅、进（出）站口等公共区域和手扶梯等重点部位的消杀频次，加大疫情防护知识宣传力度，引导旅客加强自身防护、配合做好信息登记，防止疫情通过铁路交通工具传播，维护旅客和铁路职工的健康安全。

王永礼（右三）在泉州动车站看望慰问防控一线工作人员（图/陈晓东）

泉州市推广“无接触配送”

市市场监督管理局、市商务局、市卫健委指导送餐平台推出九项措施，加强外卖送餐平台的管理，指导和督促外卖送餐平台及其代理机构采取有效措施建立防控机制。九项措施分别为：一是加强送餐人员健康检查频次，对送餐人员是否是疫情流行区域人员、有无接触疫情流行区域人员等情况进行摸排，如有异常症状及时按防控疫情要求处置。二是落实送餐人员防控知识培训，为送餐人员配备口罩、手套、消毒液等基本防护用品。三是要求送餐人员佩戴口罩、手套，不扎堆、不聚集，落实个人安全防护措施。四是加大对外卖送餐配送站点、配送餐箱、配送车辆、物流周转用具的清洁消毒力度。五是履行收寄验视制度，不得接收和寄送未经加工的家禽类、野生动物等疫情防控期间禁寄物品。六是推广使用食安封签，收寄过程不得造成二次污染。七是推广“无接触配送”方式，采取将物品放置在指定位置的方式完成隔离配送。八是指导送餐人员参与疫情群防群控，服从寄收地社区日常防控管理。九是指导送餐人员在收寄过程中发现违法行为及时举报。

康涛看望驻村干部和一线工作人员

市委书记、市防控新型冠状病毒感染的肺炎疫情应急指挥部总指挥长康涛随机到泉州台商投资区东园村，了解该村防控措施落实情况，叮嘱驻村干部与基层干部并肩作战，做好自身防护，全身心帮助村（社区）打赢疫情防控阻击战。

陈灿辉检查丰泽区城东街道疫情防控工作

市人大常委会主任陈灿辉到丰泽区城东街道，检查新型冠状病毒感染的肺炎疫情防控工作情况，并看望慰问防控一线工作人员。陈灿辉相继到城东街道办事处、东星社区和浔美社区居委会等防控工作点，了解街道、社区的人口结构、企业情况、疫情防控机制，询问基层疫情防控工作中面临的困难、问题，并帮助协调解决。陈灿辉强调，要把参与驻村防控工作作为重要政治任务，尽职尽责做好防控工作，抓紧熟悉社情和疫情防控进展，在工作中践行初心使命、展现人大担当。要发扬创新精神和团队协作精神，组织发动当地人员主动参与疫情防控工作，群防群控，构建疫情防控安全屏障。要依法依规开展工作，特别要加强对即将开工企业的管控。陈灿辉还叮嘱参与一线防疫工作的党员干部，要严明工作纪律，科学防控，做好自身防护，让组织安心，让家人放心。

陈灿辉（左四）在丰泽区城东街道检查疫情防控工作情况（图/陈意鸣）

泉州市规范物业行业疫情防控工作

市住建局下发通知，规范物业行业新冠肺炎防控工作，要求各物业服务企业根据属地政府或指挥部发布的政策，采取对小区封闭管理、只保留一处小区出入口等限制措施，并对所有进出物业服务区域的人员测试体温。通知要求，各物业服务企业应使用业主微信群、公告栏、小区广播等渠道向业主（使用人）发布本物业服务区域内疫情防控安排、实施情况和需要业主（使用人）配合的资讯，提高业主警惕意识，安抚业主恐慌情绪。物业小区内若有确诊病例、疑似病例或主动隔离人员的，物业服务企业应采用上述渠道主动告知业主（使用人）其所处住宅楼单元。各物业服务企业在疫情期间应关闭会所、户外运动场所、儿童（老人）活动场所、棋牌室等室内外人员聚集的公共场所，劝阻、劝导业主特别是老人在公共区域的一切聚集活动。劝阻无效的应及时报告街道社区或公安部门。

根据福建省政策要求，从湖北和武汉及省外疫情重点地区进入泉州的人员（含泉州市去过上述地区的返回人员）、与上述人员有接触史的人员一律实施居家观察14天。各物业服务企业应向街道社区或公安部门主动了解小区内相关人员清单，配合相关部门做好隔离相关工作。物业服务企业还应指派专人保障主动隔离人员买菜、倒垃圾等基础生活需求。若小区内人员出现发热、咳嗽等症状的，物业服务企业应配合相关部门对人员所处住宅楼单元实行精准的封闭式隔离。各物业服务企业根据属地政府或指挥部发布的政策，采取对小区封闭管理、只保留一处小区出入口等限制措施，应在出入口配备非接触式红外线体温计，并对所有进出物业服务区域的人员测试体温，体表温度超37.2℃的人员不得进入，并报告所在社区及当地政府主管部门处理。原则上拒绝非区域内的业主或使用人及车辆进入物业服务区域（包括但不限于快递员、外卖员等）。

2月7日

农历庚子年正月十四
星期五
温度：10℃～15℃
阴

●康涛到泉州台商投资区东园村，看望驻村干部和一线工作人员，了解该村防控措施落实情况。

●陈灿辉到丰泽区城东街道，检查新型冠状病毒感染的肺炎疫情防控工作情况，并看望慰问防控一线工作人员。

●市住建局下发通知，规范物业行业新冠肺炎防控工作，要求各物业服务企业根据属地政府或指挥部发布的政策，采取对小区封闭管理、只保留一处小区出入口等限制措施，并对所有进出物业服务区域的人员测试体温。

2月8日

农历庚子年正月十五
星期六
温度：9℃～14℃
多云

●《泉州市防控新型冠状病毒感染的肺炎疫情应急指挥部办公室关于做好疫情防控期间企业复工有关工作的通知》发布，在落实各项疫情防控措施的前提下，指导企业分类分批有序复工。

●市防控新型冠状病毒感染的肺炎疫情应急指挥部在《关于进一步加强疫情防控九条措施的通告》的基础上，发布补充通告。

●市工人文化宫举行元宵线上有奖猜灯谜活动。

泉州市要求做好企业复工有关工作

《泉州市防控新型冠状病毒感染的肺炎疫情应急指挥部办公室关于做好疫情防控期间企业复工有关工作的通知》（以下简称“通知”）发布，在落实各项疫情防控措施的前提下，指导企业分类分批有序复工。通知要求，应坚持因地因企施策，分类分批有序复工，做到“一批优先、一批有序、一批暂缓”。已开工企业要落实各项疫情防控措施，减少工人流动，并按防控要求做好新返员工管理工作。对于防控措施不到位的企业，必须立即责令停工，待整改到位后经批准方可复工。涉及保障城市运行必需（供水、供气、供电、通信等行业）、疫情防控必需（医疗器械、药品、防护品生产和销售等行业）、群众生活必需（超市卖场、食品生产和供应等行业）及其他涉及重要国计民生的相关企业优先复工复产。对订单多、效益好的品牌企业、上市公司、重点制造业企业及关联企业，在疫情防控措施到位的前提下，有序安排复工复产。对于复工方案预案成熟、本地用工较多、防护物资储备充足、隔离区设置规范的其他企业在达到复工条件后，可有序复工。对棋牌室、电影院、游艺游戏场所、歌舞娱乐场所、书店、网吧、健身馆、足浴店、室内游泳馆、培训机构等文体娱乐经营企业，旅行社、景点、民宿、农家乐等旅游休闲经营企业（户），废品回收、一般性专业市场等场所相对密闭、人员相对集聚的经营性企业（场所）暂缓开工开业。

通知提出，应落实企业主体责任，落实疫情防控措施。各企业对本企业复工生产和疫情防控工作负主体责任。企业应制定防控预案，建立企业内部疫情防控组织架构，完善企业疫情防控内部责任机制和应急预案，明确企业疫情防控应急流程、具体工作人员及工作职责，确保复工生产不发生疫情传播。在抓好复工前准备上，企业要负责做好各类工作场所和职工宿舍、食堂、室内活动场所、垃圾点等场所的消毒处理，落实设置测温点等防控措施，自行采购储备所需的口罩等重点防控物资。在抓好复工后防控方面，企业应采取封闭管理模式，加强员工健康管理，调整优化工作方式，做好作业车间防护，特别是要采取分餐、错时就餐、错区用餐等方式加强用餐防护管理，尽可能减少人员流动、拉开距离、减少接触。

通知要求强化属地责任，确保疫情防控和保障生产“两不误”。各县（市、区）要落实好属地责任，建立严格的疫情防控责任制，统筹抓好疫情防控工作。各县（市、区）要制定分行业企业复工工作方案，建立并落实好企业复工报批制度。将属地所有企业复工生产纳入监管范围，按时序进度做细做实企业复工复产方案，指导、督促、帮助企业做好疫情防控工作。拟复工的企业应做出书面安全承诺，并按程序报批，未经批准，不得擅自复工。通知提出要加强防护物资采购保障服务。市、县两级防控疫情应急指挥部物资保障组要为企业提供防护物资采购渠道信息，搭建防护物资供需对接、统一采购平台，协助复工企业做好防护物资采购储备工作。泉州市坚决打击违规生产行为，加强对无证无照经营企业的打击力度，做好对复工企业周边小餐馆、生活服务场所、个体工商户等的监管工作，督促其落实好防控措施，对违反规定复工的企业依法追究法律责任。此外，经市防控疫情应急指挥部研究，工业、商贸、建筑行业具体的复工导则也分别出台。

贵州省习水县返程务工人员抵达泉州（图/陈起拓）

市政府第七十七次常务会议召开

市政府第七十七次常务会议召开，传达贯彻中央政治局常委会和中央应对新型冠状病毒感染肺炎疫情工作领导小组会、省委常委会、省政府常务会、市委常委会研究加强疫情防控工作会议精神，对下阶段工作进行再部署、再落实。会议指出，疫情防控工作开展以来，在市防控新冠肺炎疫情应急指挥部的统一调度安排下，全市各相关部门工作人员放弃节假日坚守岗位，精准开展疫情防控工作，实现疫情防控“有力、有序、有效”。

会议强调，即将迎来节后“返工返岗返学”潮，疫情防控形势更加严峻，任务更加艰巨，务必毫不松懈抓实抓好。各级政府各部门要牢记“生命重于泰山、疫情就是命令、防控就是责任”，外防输入、内防扩散，把防控工作落到“最后一米”。一是政治站位要准。在做好防控工作的同时，要推动复工复产，保持经济平稳运行。二是加力有效防控。要灵活运用大数据等手段，摸清到泉州人员总体情况，严格关口管控，强化村居网格化防控能力，提升医疗诊断和救治的效率和水平，防止疫情扩散蔓延。三是科学有序复工。要落实中央、省和市委统一部署，支持企业有序复工复产。行业主管部门要落实行业管理责任，按行业制定复工导则，指导行业企业复工复产；疾控卫健部门要指导企业做好防疫工作；要素保障部门要落实省、市相关措施，保障企业资金、用工等需求；县（市、区）政府要落实属地责任，企业要落实主体责任，打击违规开工复工。四是树好底线思维。盯好企业复工复产、特殊利益群体、农村地区等关键环节，守住“不出现疫情失控、不发生群体性事件”两条底线。

泉州市发布支持中小微企业生产经营补充措施

继发布《关于疫情防控期间支持中小微企业生产经营九条措施的通知》后，市政府又发布补充通知，在企业陆续复工之际，为中小微企业生产经营再送上“加大租金减免力度”“加大电商奖补力度”两条政策。这也意味着泉州市“惠企九条”加码至“惠企十一条”，政策支持力度只增不减。此前出台的“惠企九条”，从加大财政奖补力度、减轻中小微企业租金负担、减免困难企业税费、降低企业信贷成本、增加企业信贷投放、稳定企业贷款、做好金融保障服务、允许延期办理社会保险业务、强化税收便利化服务九方面着手，为疫情中承压的中小微企业“雪中送炭”。

市财政局企业科科长介绍，“惠企九条”中就减轻中小微企业租金负担做出明确要求，此次补充措施在此基础上又增添不小的减免力度。此前“惠企九条”明确，疫情防控期间，对于承租市属国有资产用于经营性的用房，给予减免1个月租金。此次补充通知有了新变化，即在减免1个月租金的基础上，再给予2个月租金减半。同时，对于疫情期间为承租的中小微企业减免租金的国家级、省级创业园、科技企业孵化器、创业基地等各类载体，在省级补贴的基础上，属地政府再按减免租金总额的20%给予运营补贴，最高35万元。

此外，相较于省上相关政策，泉州市还增补“省级以下的上述载体属地政府可参照叠加后的标准执行”，以此鼓励各级政府关心支持企业发展，减轻企业负担。加大电商奖补力度方面，补充通知明确，对2020年首季度利用电子商务第三方平台、自营平台实现实物商品网络销售额超过2000万元或农产品网络销售额超过500万元的企业，按其首季度实际支出网络推广费用发票额30%给予补助，最高20万元。鼓励开展跨境电子商务出口业务，对以“9610”海关监管方式出口，2020年首季度交易额实现增长的企业，按其首季度交易额的2%给予补助，最高50万元。

市商务局电子商务中心主任表示，根据泉州企业特点出台该政策，既是为满足群众消费需求，也是鼓励企业发展电商，促进泉州新零售发展的一项重要举措。

2月9日

农历庚子年正月十六
星期日
温度：9℃～15℃
多云转晴

●市政府第七十七次常务会议召开，传达贯彻中央政治局常委会和中央应对新型冠状病毒感染肺炎疫情工作领导小组会、省委常委会会议、省政府常务会、市委常委会研究加强疫情防控工作会议精神，对下阶段工作进行再部署、再落实。

●继发布《关于疫情防控期间支持中小微企业生产经营九条措施的通知》后，市政府又发布补充通知，在企业陆续复工之际，为中小微企业生产经营再送上“加大租金减免力度”“加大电商奖补力度”两条政策。

2月10日

农历庚子年正月十七
星期一
温度：11℃～17℃
多云转阴

●市委常委会召开会议，传达贯彻习近平总书记在中央全面依法治国委员会第三次会议上的讲话和省委常委会会议精神；传达全国、全省统战部长会议和全国民委主任、全省民族宗教局长会议精神。

●市防控新型冠状病毒感染的肺炎疫情应急指挥部召开全市视频会议，贯彻落实全省视频会议精神，研究部署泉州市加强疫情科学防控有序推进企业和项目复工复产工作。

●市委、市政府印发《关于对在疫情防控阻击战中表现突出的先进基层党组织和先进个人给予通报表扬的决定》，对在疫情防控工作一线表现突出的20个先进基层党组织和50名先进个人予以通报表扬。

●市十六届人大常委会第二十六次会议召开。会议线上听取和审议市人大常委会主任会议提交的《泉州市人民代表大会常务委员会关于依法防控新型冠状病毒肺炎疫情 切实保障人民群众生命健康安全的决定（草案）》的议案，并表决通过。

●市防控新型冠状病毒感染的肺炎疫情应急指挥部发布关于启动到泉州人员网上预登记制度的通告。

市委常委会传达习近平总书记讲话和省委常委会会议精神

市委常委会召开会议，传达贯彻习近平总书记在中央全面依法治国委员会第三次会议上的讲话和省委常委会会议精神；传达全国、全省统战部长会议和全国民委主任、全省民族宗教局长会议精神。会议指出，要有序组织企业复工复产，统筹推进经济社会平稳有序运行。要盯紧盯牢薄弱环节，加强会商研判分析，找差距、补短板、堵漏洞，坚定有力，把防控工作做得更细更实更到位。要在法治轨道上统筹推进各项防控工作，把依法有序防控疫情与法治政府建设相结合，提高依法防控、依法治理、依法治市能力。坚持运用法治思维和法治方式开展疫情防控，加强疫情防控法治宣传和法律服务，为疫情防控提供有力法治保障。要压紧压实责任，强化法治意识，突出在疫情防控一线考察干部、锻炼队伍。要把握正确的政治方向，推动统战工作实现创新发展，推进民族宗教事务治理体系和治理能力现代化。要强化思想政治引领，夯实团结奋斗的共同思想政治基础。要发挥统战优势，服务中心大局，精准聚焦发力，汇聚各界力量共抗疫情。

全市疫情防控视频会议召开

市防控新型冠状病毒感染的肺炎疫情应急指挥部召开全市视频会议，贯彻落实全省视频会议精神，研究部署泉州市加强疫情科学防控有序推进企业和项目复工复产工作。会议强调，要在抓实抓细疫情防控工作的前提下，统筹抓好有序恢复生产各项工作。要建立帮扶机制，组织专班跟进，定点定人挂钩，畅通问题诉求反馈渠道，主动帮助企业协调解决具体困难。要指导企业做好复工复产准备，落实防护设备、员工食宿等必要条件，加强员工健康管理，规范各类工作、生活场所的消杀，确保生产经营有序进行。各级各部门要层层压实责任，建立健全清单管理制度，加强日常监管和制度执行，反对形式主义、官僚主义，对作风不实、工作不力的要追责问责，对失职渎职的要依纪依法惩处。要运用“大数据+网格化”手段，结合“智慧防控小程序”，开展精准摸排核查，建立台账登记在册，做到底数清、情况明、数据准。要坚持有序有力有效复工复产，靠前指导督促企业做好疫情防控工作方案、复工方案，科学精准推进企业复工复产和重点项目开工建设。要为复工复产企业排忧解难，帮助解决疫情防控物资准备及用工、融资、原辅料供应、交通运输等问题。

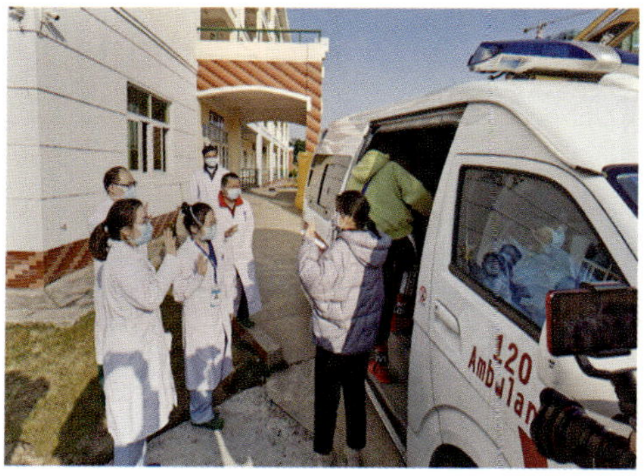

晋江两位治愈患者与医护人员告别（图/张九强）

泉州市启动外来人员网上预登记制度

市防控新型冠状病毒感染的肺炎疫情应急指挥部发布关于启动到泉州人员网上预登记制度的通告。通告指出，根据国家卫生健康委员会2020年第1号公告要求及《中华人民共和国传染病防治法》等有关法律规定，泉州市决定启动到泉州人员网上预登记制度。通告自10日18:00起施行。通告要求，凡通过高速、机场及火车站到泉州的人员，应通过支付宝搜索“来泉登记”服务小程序或微信扫码进行自主申报和提前登记，并如实填写相关信息，不得隐瞒。到达泉州后，应主动接受体温检测，配合做好安全查验和分类通行工作。所有到泉州人员均有配合接受疫情防控措施的义务。对于拒绝履行通告规定的，相关执法部门将依法协助医疗机构和疾病预防控制机构采取相应强制措施。

康涛王永礼检查企业和项目复工复产工作

市委书记、市防控新型冠状病毒感染的肺炎疫情应急指挥部总指挥长康涛，市长、指挥部总指挥长王永礼分别奔赴一线，检查指导推进疫情科学防控、企业和项目有序复工复产工作。

康涛到晋江市防控指挥部，与正在奋战的干部围绕基层联防联控、返工人员摸排、防护物资保障等困难问题，一起会商研究、推动解决。康涛强调，要落实中央、省委具体部署，压紧压实属地责任，抓细抓实疫情防控工作，有力有序推动企业和项目复工复产。要依法依规科学有序防控，建立健全问题诉求及时反馈机制，帮助企业和项目排忧解难；督促企业落实主体责任，做好信息登记造册、职工健康管理等工作，互学互鉴错峰上下班、盒饭送餐等鲜活管理经验，确保各项防控措施落实到位。在柒牌，康涛了解生产流程、每日产能等情况，希望企业加强产业链上下游协同配套，开足马力生产，保障防护物资需求。康涛还随机抽查池店镇旧铺村防控措施落实情况，叮嘱一线工作者做好自我防护，同时要发挥基层党组织政治引领作用和党员先锋模范作用，找差距、补短板、堵漏洞，依靠人民群众，打赢疫情防控的人民战争、总体战、阻击战。

在晋江市第二体育中心项目，王永礼了解项目进展和企业复工情况，嘱咐相关部门要协助企业解决防控物资储备、招工、供应链配套、交通等问题，指导企业做好疫情防控和复工方案，共同渡过眼下的难关。王永礼还走访禾恒蔬菜批发市场和新华洲水产品批发市场，鼓励商户坚定信心，加大货源组织，配合做好防疫工作，为保障群众“菜篮子”贡献力量，并要求相关部门主动靠前服务，为商户协调解决实际困难，确保市场平稳有序。

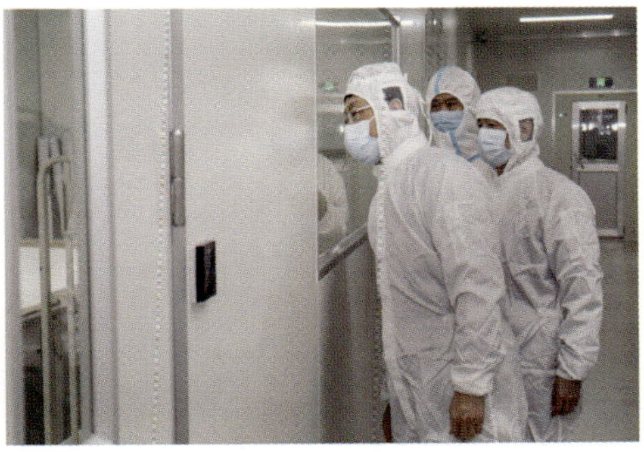

康涛（左一）在晋江柒牌公司检查防护服生产情况（图/陈起拓）

王永礼（前排左二）在特步集团生产车间了解复工复产情况（图/陈晓东）

李转生检查泉州台商投资区疫情防控工作

市政协主席李转生到泉州台商投资区检查疫情防控工作情况，并看望慰问防控一线工作人员。李转生到张坂镇仑前村和玉埕村，了解疫情防控最新进展、企业复工复产和学校开学筹备情况等，对镇、村（社区）的防控措施表示肯定。李转生强调，疫情防控处于关键时期，不可懈怠放松。要按照中央和省委、市委部署要求，盯紧盯牢薄弱环节，抓实抓细疫情防控工作。要加强科学防控，做好外省返回人员的监测、排查、隔离观察，排查容易被忽视的小作坊、理发店、出租房、小餐饮店、小型农贸市场等场所，确保不留死角，推动疫情防控有力有序有效。要强化依法防控宣传，靠前指导企业做好疫情防控复工方案，帮助企业解决防控物资等问题，坚持疫情防控和复工复产“两不误”。要以此次防控疫情为契机，提升社会治理体系和治理能力，推动基层社会治理现代化。参与一线防疫工作的政协干部职工，要严明工作纪律，严格要求自己，创新方式方法，做好自身防护。

2月11日

农历庚子年正月十八
星期二
温度：14℃～19℃
阴转多云

●康涛、王永礼分别到一线检查推进疫情科学防控、企业和项目有序复工复产工作。

●李转生到泉州台商投资区检查疫情防控工作情况，并看望慰问防控一线工作人员。

●林万明到洛江区检查基层一线疫情防控工作，看望慰问参与一线疫情防控的村（社区）干部、志愿者以及抽调参与疫情防控工作的市直机关工作人员。

2月12日

农历庚子年正月十九
星期三
温度：16℃～20℃
小雨

●省政府新闻办举行新冠肺炎疫情联防联控工作第六次新闻发布会，市委常委、常务副市长洪自强介绍泉州疫情防控最新动态和联防联控工作情况并答记者问。

●康涛到鲤城区、洛江区一线抽查部分复工企业、大型住宅小区、城乡接合部出租房等重点场所防控措施落实情况，与基层干部共商疫情防控对策。

泉州市参加省疫情联防联控工作新闻发布会并介绍情况

省政府新闻办举行新冠肺炎疫情联防联控工作第六次新闻发布会，市委常委、常务副市长洪自强介绍泉州疫情防控最新动态和联防联控工作情况并答记者问。

洪自强介绍，泉州市外防输入、内防扩散，为主抓好加强组织领导、织密防控网格、突出快检快治、强化物资保障四项措施。一方面，让指挥部强起来。省里启动重大突发公共卫生事件一级响应机制后，泉州市立即将防控工作架构从领导小组升格为指挥部体系，抽调精干力量常驻集中办公。另一方面，让基层党旗飘起来。全市1000多名市直机关党员干部，自带被褥，支援村居和社区防控一线。注重联防联控，各部门统筹抓好交通检疫、防聚会防聚集防聚餐、农贸市场整治、公共场所消杀等工作。如在机场、高速口、动车站，交通、公安、卫健等部门开展交通检疫，每日检查约5.5万人次，发现异常旅客第一时间移送就医。注重群防群治，突出网格化、拉网式排查管理，创新运用大数据，研发推广“智慧防控小程序”，实现动态往来人员摸排全覆盖。守好上班、上工、上学“三道防线”和进入泉州通道、社区和村、单位、家庭和个人“四道关口”。提升疾控预警检测能力，特别是提前对密切接触者开展CT检查、核酸检测，早期识别。实行“一患者一团队一专家”管理，对采样送检、出具确诊报告、安全转运收治、专家会诊指导四个环节均要求在一小时内完成，提高医院诊断救治成效。政企合力调度资源、协作联产、技术攻关，迅速整合起强大的防控物资生产体系。同时发动侨商民企力量，全球900多万名海外华侨和全国250多家异地商会纷纷慷慨解囊，为抓好疫情防控工作募集物资，贡献力量。在做好疫情防控前提下，泉州市科学精准推进企业复工复产，列出企业和重点项目开工复工时间表，稳住经济发展大盘。泉州市按照省里统筹调度要求，发挥民生消费品制造大市的优势，整合防护物资产业链上下游企业迅速转产，防控物资生产体系初步形成。

康涛到一线抽查疫情防控工作

市委书记、市防控新型冠状病毒感染的肺炎疫情应急指挥部总指挥长康涛到鲤城区、洛江区一线抽查部分复工企业、大型住宅小区、城乡接合部出租房等重点场所防控措施落实情况，与基层干部共商疫情防控对策。

康涛到鲤城区疫情防控应急指挥部，就各项防控措施在基层、在企业如何落地落细，与该区工作专班逐项进行交流。随后，康涛从辖区已开工企业中随机抽取1家，不打招呼径直到现场检查。被抽查的嘉亨家化股份有限公司是一家从事生产销售日化包装制品的企业，正赶工一批消毒液塑料包装瓶。康涛询问复工复产情况，察看各环节防控措施，叮嘱企业负责人落实企业主体责任，过细人员进出管理、员工健康管理、职工就餐管理等，加强疫情防控知识宣传教育，确保企业生产安全有序。康涛随机走访洛江区万安街道万福社区居委会、嘉琳广场小区物业、杏宅社区居委会、社区居民出租房，向社区工作者、青年志愿者、出租屋房东等询问返乡人员摸排、防控策略措施、日常生活保障等工作开展情况和存在的困难问题，现场探讨解决之策，鼓励大家在做好自身安全防护的前提下，拿出更多基层智慧、下更大力气，继续坚守在疫情防控第一线。康涛强调，各级各部门要按照中央、省委部署要求，压紧压实属地责任、行业管理责任、企业主体责任，统筹推进疫情科学防控和企业项目有序复工复产。要依法依规从严防控，用老百姓喜闻乐见的形式开展疫情防控法治宣传。要想得更细、抓得更实，紧盯薄弱环节，找差距、补短板、堵漏洞，守牢疫情防控“最后一公里”。要因地因时因业因企施策，组织动员市场主体、行业协会、疾控专家等多元力量为疫情防控献计出力，支持企业渡过难关，科学有序恢复正常生产。

康涛王永礼检查疫情防控和企业项目复工复产工作

市委书记、市防控新型冠状病毒感染的肺炎疫情应急指挥部总指挥长康涛，市长、指挥部总指挥长王永礼分别到安溪、德化、南安一线，检查疫情防控和企业项目复工复产工作。

在安溪县城厢镇员宅村，康涛要求，全市基层组织和党员干部要按照省进一步加强社区（村）疫情防控要求，对疫情防控工作做到底数清、情况明、措施实。康涛到安溪县防控指挥部，与正在奋战的干部围绕基层联防联控、返工人员摸排中的困难问题，一起会商研究、推动解决。康涛强调，要落实中央、省委具体部署，压紧压实企业主体责任、县（市、区）属地责任和行业管理责任，抓紧抓实疫情防控工作，确保各项防控措施落实到位，有力有序推动企业和项目复工复产。在德化，康涛随机走访福建陆升集团、华夏金刚科技两家企业。康涛要求，企业要把疫情防控放在第一位、做在复工复产前面，建立机制、制定预案，引导员工错峰返程、有序返岗、安全上岗，严防疫情输入。随后，康涛到德化县医院，指出要千方百计保证医护人员安全，落实防护措施，防范交叉感染。走访中，康涛还检查德化县防控指挥部，对疫情防控工作提出指导意见。

在南安市霞美镇霞美村，王永礼向村干部了解各项防控措施落实情况，随后又到邻近的四黄村，看望慰问一线工作者，抽查部分外地返回人员摸排情况。王永礼强调，镇、村两级要加强网格化管理、地毯式排查，发挥基层智慧，让防控工作接地气、稳落实，做到不漏一户、不漏一人。在霞美镇区新华都超市，王永礼叮嘱商户落实疫情防控措施，加大货源组织，确保供应充足、物价平稳。在位于洪濑镇的中天集团食堂，王永礼与企业负责人就各环节防控措施进行交流，希望企业继续压实主体责任，在做好疫情防控工作前提下，安全有序组织生产。各级政府各相关部门要主动靠前服务，因地、因时、因业、因企施策，千方百计帮助企业和项目加快复工复产。

市贸促会出具全国首份内贸企业涉内不可抗力证明

市贸促会为泉州市一家内贸企业出具一份不可抗力事实性证明书，系全国首份内贸企业涉内合同的不可抗力事实性证明书，涉及金额约30万元。该企业是一家健身器材销售企业，受疫情防控交通管制影响，企业无法按期履行招投标合同。考虑到该企业为内贸企业，且合同金额不小，市贸促会立即启动应急预案，一天内完成咨询、指导、办理、出证等流程，为其出具不可抗力事实性证明书。不可抗力事实性证明经常用于协助外贸企业证明发生不可抗力事件，以减轻因事件造成延期履约的责任。同样的，内贸企业也可以使用这一证明。企业因不能预见、不能避免、不能克服的不可抗力事件，致使合同履行受阻的，可凭借不可抗力事实性证明，向对方主张部分或全部免除不履行、不完全履行或迟延履行合同的责任，是依法主张免除违约责任的重要证据之一。

市贸促会出具的包括与不可抗力相关的事实性证明在内的商事证明，已得到全球200多个国家和地区的政府、海关、商会和企业的普遍认可，在国内外均具有较强的影响力，广受企业好评。新型冠状病毒肺炎疫情影响面积大，涉内涉外企业均可申请办理不可抗力事实性证明书。市贸促会提醒广大企业，新型冠状病毒肺炎疫情期间，遇有不能按期履行合同情况的，要及时履行告知对方的义务，并提交相关证明争取延期履行。需要时，可向市贸促会申请办理不可抗力事实性证明。另外，在订立新合同时，合同条款要全面详尽，不要以简单的形式发票代替正式合同。市贸促会开辟24小时“足不出户、自主打印”原产地证书申办绿色通道，实现企业备案、证书审核、证书打印等原产地业务电子化，做到“不见面办公”；开通热线电话，为一些确需现场领取证书的企业，以及急需办证、领证的企业提供预约服务，帮助企业解决急难问题。

2月13日

农历庚子年正月二十
星期四
温度：15℃~20℃
小雨

●康涛、王永礼分别到安溪、德化、南安一线，检查疫情防控和企业项目复工复产工作。

●市贸促会为泉州市一内贸企业出具一份不可抗力事实性证明书，系全国首份内贸企业涉内合同的不可抗力事实性证明书，涉及金额约30万元。

2月14日

农历庚子年正月廿一
星期五
温度：16℃～17℃
中雨转小雨

●康涛到永春社区、医院一线检查疫情防控工作。

●市委常委会会议暨应急指挥部会议召开，传达学习习近平总书记在北京市调研指导新型冠状病毒肺炎疫情防控工作时的讲话、中央政治局常委会会议和省委常委会会议精神，研究部署泉州市疫情防控工作。

●市教育局出台《关于做好延期开学期间中小学幼儿园教育教学管理工作的指导意见》，对学校的教育教学管理做出统一指导。

康涛到永春检查疫情防控工作

市委书记、市防控新型冠状病毒感染的肺炎疫情应急指挥部总指挥长康涛到永春社区、医院一线检查疫情防控工作。在永春桃溪社区居委会，康涛到在家隔离的居民家门口探望，叮嘱他们坚持做好测温、分餐、消毒等措施，不出门、少聚集，有困难可以找社区工作人员帮助，并嘱咐社区工作人员继续做好防控知识宣传、人员排查、自我防护等工作，做到不漏一户、不漏一人。随后，康涛到永春县医院，查看预检分诊、发热门诊等区域设置情况。康涛指出，医院是抗击疫情的最前沿，要落实医疗救治与防控流程，科学设置隔离病区、院内通道等，严格探视制度，做好医护人员防护工作，严防院内感染情况发生。在永春县防控新型冠状病毒感染的肺炎疫情应急指挥部，康涛看望慰问工作人员，要求各级各部门学习贯彻习近平总书记讲话指示批示精神，落实中央、省委部署要求，统筹疫情防控与经济社会秩序恢复。要抓好外防输入、内防扩散两大环节，联防联控、群防群控，全面排查、严防死守，把防控措施抓实抓细抓落地，把牢每道关口，守好社区、村庄基层防线，维护人民群众生命安全和身体健康。

市委常委会会议暨应急指挥部会议召开

市委常委会会议暨应急指挥部会议召开，传达学习习近平总书记在北京市调研指导新型冠状病毒肺炎疫情防控工作时的讲话、中央政治局常委会会议和省委常委会会议精神，研究部署泉州市疫情防控工作。

会议指出，全市各级各部门要按照坚定信心、同舟共济、科学防治、精准施策的总要求，抓实抓细当前各项工作，打赢疫情防控的人民战争、总体战、阻击战，实现2020年经济社会发展目标任务。要坚持依法科学有序防控，落实省委要求，盯紧薄弱环节，找差距、补短板、强弱项，把防控措施落得更细、抓得更实。要织密织牢防控网络，发挥社区（村）的阻击作用，用好“大数据+小程序”，加强网格化地毯式排查管理，确保防控工作覆盖到户、落实到人。要加强监测救治，提高筛查检测效率，做到早摸排、早发现、早诊断、早报告、早隔离、早治疗。要强化宣传教育引导，及时回应社会关切，普及科学防护知识。要坚持疫情防控和稳定发展“两手抓、两不误”，把疫情影响降到最低。要因地因时因业因企施策，细化落实各项惠企政策，有序推进复工复产，主动靠前服务指导，及时为企业排忧解难，督促企业落实防控主体责任。要全力保障生产生活，抓紧防控物资生产调度，加强生活必需品生产供应，抓好春耕备耕各项工作，做好脱贫攻坚、乡村振兴、稳定就业、促进消费等工作。各级党委、政府和各级领导干部要扛起责任、经受考验，靠前指挥、强化担当，以疫情防控工作成效来检验和拓展“不忘初心、牢记使命”主题教育成果。要关心关爱一线医务人员，全方位做好生活、安全、人文关怀等各方面保障。要旗帜鲜明树好导向，突出在疫情防控一线考察识别干部，力戒形式主义、官僚主义，让基层干部把更多精力投入到疫情防控第一线。

泉州晋江国际机场防疫现场

泉州市防控疫情的新闻照片登上2020年央视元宵节特别节目大屏幕（图/陈英杰）

王永礼看望慰问疫情防控和项目建设一线工作者

市长、市防控新型冠状病毒感染的肺炎疫情应急指挥部总指挥长王永礼到安溪、永春疫情防控和项目建设一线看望慰问坚守在岗的工作人员。在白濑水利枢纽工程建设现场，王永礼向项目负责人询问工人返工数量、复工准备工作、疫情防控措施等情况，并到厨房、餐厅、宿舍察看工人生活居住环境。王永礼叮嘱项目施工方要落实好疫情防控和项目复工方案，做好人员排查、健康管理、食宿管理等工作，提高筛查检测效率，确保早排查、早发现、早诊断、早报告、早隔离、早治疗；镇村两级要用足用好援企稳岗政策，指导和支持重点项目加强防控和复工复产，有序恢复周边生活配套，千方百计为项目建设创造良好条件。在剑斗镇防控指挥部办公室，王永礼强调要坚持疫情防控和稳定发展“两手抓、两不误”，根据属地生产生活实际，健全完善防控预案，分时分类分区域，灵活对外来返工人员采取不同管理服务措施，维护经济社会正常运行。在永春县下洋镇涂山村，王永礼叮嘱当地村干部、民警、志愿者等工作人员要注意自身防寒保暖、做好安全防护，依靠人民群众，打赢疫情防控的人民战争、总体战、阻击战，为保持经济平稳运行和社会和谐稳定做出贡献。

王永礼到市信访局网上接访

市长王永礼到市信访局网上接访，查阅市民通过线上平台反映的问题并给予回复。王永礼指出，各级政府各部门要主动负起责任，及时回应群众关切，统筹兼顾疫情防控和生产生活秩序恢复，因时因地精准施策，做好医疗、民生物资保障。

全市首台自主研发的高速口罩生产设备投产

由泉州市企业自主研发生产的高速口罩生产设备在泉州市汉威机械制造有限公司（以下简称“汉威公司”）口罩生产车间投产。机器高速运转后一分钟就能生产300个口罩，可以24小时“换人不停机”生产，单台设备口罩日产可达50万片。其生产的口罩经工商、检验检疫等部门审核，批准量产。为支援疫情防控，汉威公司取消员工和研发团队的春节假期，提前复工转产。50小时完成437张设计加工图纸，设计部精英力量昼夜不息；采购部马不停蹄到异地监督核心部件加工，原本20天机加工周期缩短至5天；190名汉威公司工匠强化工艺组合，历时7天完成原本需2个月的金属机加工工序。汉威公司已与泉州市10家企业签订合约，为每家企业提供一台自动化口罩生产设备，首批10台设备组成的生产线全面投产，可提供日产口罩500万片。

“同心战‘疫’·爱心送餐”慰问一线志愿者活动举行

15—16日，团市委联合泉州新阶联、泉州青商会举行“同心战‘疫’·爱心送餐”慰问一线志愿者活动，在临江街道、金龙街道、江南街道、海滨街道、泉秀街道、清源街道等近10个街道开设派餐点，为鲤城、丰泽31支志愿服务队免费提供约2000份爱心套餐。爱心套餐包括红烧肉、凤爪烧猪蹄、干煸刀豆等，由泉州新阶联常务理事单位——食锦记餐饮公司免费提供。活动旨在弘扬志愿服务精神，保障志愿者工作有序高效。由于送餐量大，配送员紧缺，泉州新阶联各位理事放弃周末休息时间，纷纷加入送餐队伍。

“同心战‘疫’·爱心送餐”慰问一线志愿者活动送餐现场（图/林劲峰）

2月15日

农历庚子年正月廿二
星期六
温度：11℃～23℃
阴转中雨

●王永礼到安溪、永春疫情防控和项目建设一线看望慰问坚守在岗的工作人员。

●王永礼到市信访局网上接访，查阅市民通过线上平台反映的问题并给予回复。

●15—16日，团市委联合泉州新阶联、泉州青商会举行“同心战‘疫’·爱心送餐”慰问一线志愿者活动。

●由泉州市企业自主研发生产的高速口罩生产设备在泉州市汉威机械制造有限公司口罩生产车间投产。机器高速运转后一分钟就能生产300个口罩，可以24小时“换人不停机”生产，单台设备口罩日产可达50万片。

2月16日

农历庚子年正月廿三
星期日
温度：7℃～12℃
大雨转多云

●市重点办下发《关于应对新型冠状病毒肺炎疫情加快推动省市重点项目开复工的通知》，成立重点项目复工专项小组。

●为支持和组织推动各类生产企业复工复产，市发改委统筹抓好改革发展稳定各项工作，特别是在生产要素保障方面出实招，降低泉州市企业用电、用气成本，减轻企业负担，帮助企业渡过难关。

●市教育局出台《关于做好延期开学期间中小学幼儿园教育教学管理工作的指导意见》，对学校的教育教学管理做出统一指导。

泉州市成立重点项目复工专项小组

针对影响项目复工的难点问题，市重点办下发《关于应对新型冠状病毒肺炎疫情加快推动省市重点项目开复工的通知》，成立重点项目复工专项小组，要求在按照“一项一案”（防控预案）、“两环节”（复工前准备、复工后防控）做好疫情防控的同时，创造条件安排开复工。专项小组采取“现场+会场”的方式，及时发现复工存在的问题，并第一时间将问题分解给相关单位，全程跟进，确保协调解决到位。同时明确将各县（市、区）重点项目复工情况纳入“春季攻坚行动”考评范围。条件成熟的项目马上组织复工，春节期间不停工或已经复工的重点项目组织好连续施工；条件不成熟的项目，创造条件尽快复工。优先复工与疫情防控、民生保障、经济运行稳定息息相关的重大项目，再复工野外空旷施工环境、人员密集度小或本地用工较多的项目。重点抓好铁路、高速公路、港口、能源等民生重大基础设施的复工。

泉州市降低企业用电、用气成本

为支持和组织推动各类生产企业复工复产，市发改委在做好疫情防控工作的同时，统筹抓好改革发展稳定各项工作，特别是在生产要素保障方面出实招，降低泉州市企业用电、用气成本，减轻企业负担，帮助企业渡过难关。

用电方面，执行支持性电价优惠政策措施，重点减少两部制用电企业电费成本支出。所谓两部制电价制，是将与容量对应的基本电价和与用电量对应的电量电价结合起来决定电价的制度。按照国家发展改革委通知要求，在疫情防控期间采取支持性电价政策，重点减免两部制电力用户容（需）量电费支出。市发改委协调国网泉州供电公司贯彻落实，对疫情期间暂未能正常开工、复工，且申请减容、暂停、减容恢复、暂停恢复变更的企业执行基本电费调整优惠政策；对疫情防控物资生产企业实施零上门、零审批、零投资“三零”服务；对各类疫情防控用户确因流动资金紧张的，实行欠费不停电，减免电费违约金；对因疫情防控需要新建、扩建的部分医疗项目免收高可靠性供电费。用气方面，对工业企业用气大户实行优惠价格。对日均用气量5000立方米及以上工业企业，在2月13日至3月12日期间，按实际用气量继续给予降低0.3元/立方米的优惠。此外，按照福建省部署，为鼓励企业尽快恢复生产防控疫情所需的防护用品，泉州市对疫情防控所需医疗器械产品注册费执行零收费政策，也就是按照国家标准生产一次性使用医用口罩、医用外科口罩、医用防护口罩、医用防护服、红外（线）测温设备、呼吸麻醉设备配套附件所涉及境内第二类医疗器械产品首次注册、变更注册、延续注册的，一律免收注册费。

市教育局出台“线上教学”指导意见

市教育局出台《关于做好延期开学期间中小学幼儿园教育教学管理工作的指导意见》（以下简称“意见”），对学校的教育教学管理做出统一指导。意见提出，各级各类学校要服从疫情防控工作管理，指导学生以多种方式居家学习，禁止组织各种线下集中教学活动。“线上教学”形式应当多样化。应区分毕业年级和非毕业年级，加强分类指导，避免一刀切。初三和高三毕业班、初二地理和生物学科教学尽量按照原教学计划组织复习备考。对中学非毕业年级和小学，要分不同学段提供居家学习指导建议。小学低年级（一年级到二年级）和幼儿园，不开展“线上教学”。小学其余学段或年级实施“一校一策”，因校实施。学生的居家学习内容应以释疑解惑和预习拓展为主，学习内容要与学校正常开学学生到校学习的内容有机衔接。小学网课一课时不超过20分钟，间隔休息15～20分钟；其余年级每课时不超过45分钟，加大课间休息间隔。除必要的学生身体健康状况信息报送外，禁止硬性要求家长每日打卡。

康涛到泉港检查疫情防控工作

市委书记、市防控新型冠状病毒感染的肺炎疫情应急指挥部总指挥长康涛到泉港检查疫情防控、企业复工复产情况，看望慰问一线工作人员。康涛到南埔镇柳厝村，随机走访村临时岗亭、村委会值班室等地。康涛勉励大家扛起属地责任，抓好返乡人员排查、房屋出租管理等工作，保障人民群众身体健康和生命安全。在福建联合石化，康涛嘱咐企业在继续做好科学防控的前提下，释放产能、扩大生产，把疫情影响减少到最低。在福建医科大学附属第一医院闽南医院，康涛叮嘱大家务必做好个人防护，落实筛查和相关处置工作，抓好细节管理，做到疫情防控无死角。在泉港区防控指挥部，康涛强调，要统筹疫情防控和经济社会发展，科学精准、分类指导，帮助企业做好疫情防控，落细落实各项惠企政策，有序有力有效推进复工复产；要做好生活必需品市场保供稳价工作，保障群众正常生产生活，做到两手抓、两不误。

康涛（左三）看望慰问联合石化公司员工（图/陈英杰）

陈灿辉到丰泽调研企业复工复产情况

市人大常委会主任陈灿辉到丰泽调研企业复工情况，并到疫情防控一线看望慰问坚守岗位的工作人员。陈灿辉强调，要抓细抓实疫情防控工作，确保各项防控措施落实到位。企业要把疫情防控放在首位，压实主体责任，对照复工复产要求，落实各项防控措施，安全有序推动复工复产。各级各部门要主动靠前服务，帮助企业解决问题，确保疫情防控和复工复产两不误，维护经济社会正常运行。

市政府党组会传达习近平总书记讲话精神

市政府党组会召开，传达贯彻习近平总书记在中央全面依法治国委员会第三次会议上的讲话精神，以及省委常委会会议、市委常委会会议精神。会议指出，要从立法、执法、司法、守法等各个环节发力，提高依法防控、依法治理能力。要树牢法治思维，坚持在法治轨道上统筹推进各项防控工作，在法律法规中找依据，更好发挥法治的引领、规范和保障作用。要全面依法履职，把依法有序防控疫情与法治政府建设相结合，在处置重大突发事件中提升政府工作法治化水平。

市政府第七十八次常务会议召开

市政府第七十八次常务会议召开，传达贯彻习近平总书记在北京市调研指导新冠肺炎疫情防控工作时的讲话、中央政治局常委会会议、国务院常务会议和省委常委会会议、省政府常务会议以及市委常委会会议精神，研究《关于破解用工难保障企业复工复产若干措施的通知》，以及推进交通先行保障企业复工复产有关工作安排；传达省委关于承办第四十四届世界遗产大会筹备工作小组会议精神，部署下阶段申遗工作。会议指出，要把握疫情防控新形势，找到抓疫情防控和抓复工复产的平衡点，踩准鼓点、精准施策、多出实招。要强化服务保障，“一企一策”“一项目一策”帮助企业渡过难关。要推进依法防控、科学防控，做好复工复产的用工保障，推进网上就业服务，鼓励网上招聘、网上面试；同时，要坚持交通先行，尽快恢复正常生产生活秩序。要高度重视申遗工作，提高思想政治站位，坚定信心、全力以赴。要按照任务清单，区分轻重缓急，保质保量推进保护管理、考古、展示、环境整治等各项任务落实，同时加强遗产宣传、阐释、讲解工作，讲好泉州故事，鼓励市民共同参与，树立文化自信。

2月17日

农历庚子年正月廿四
星期一
温度：7℃～13℃
晴

●康涛到泉港检查疫情防控、企业复工复产情况，看望慰问一线工作人员。

●陈灿辉到丰泽调研企业复工情况，并到疫情防控一线看望慰问坚守岗位的工作人员。

●市人大常委会党组理论中心组学习会召开，传达贯彻习近平总书记在北京调研指导疫情防控工作时的讲话精神，中央政治局常委会会议精神，习近平总书记在中央全面依法治国委员会第三次会议上的讲话精神，十九届中央纪委第四次全会主要精神等。

●市人大常委会党组会议召开，研究部署市人大常委会领导到基层访代表、控疫情、促复工有关事宜。

●市政府党组会召开，传达贯彻习近平总书记在中央全面依法治国委员会第三次会议上的讲话精神，以及省委常委会会议、市委常委会会议精神。

●市政府第七十八次常务会议召开，传达贯彻习近平总书记在北京市调研指导新冠肺炎疫情防控工作时的讲话、中央政治局常委会会议、国务院常务会议和省委常委会会议、省政府常务会议以及市委常委会会议精神等。

●市政协党组理论学习中心组（扩大）学习会议召开，传达学习习近平总书记在中央全面依法治国委员会第三次会议上的讲话精神，传达学习习近平总书记在北京市调研指导新型冠状病毒肺炎疫情防控工作时的讲话精神和中央政治局常委会会议精神，及省委、市委有关会议精神。

●市市场监管局出台《新冠肺炎疫情防控期间支持企业和项目复工复产的若干措施》，为企业和项目复工复产保驾护航。

2月18日

农历庚子年正月廿五
星期二
温度：7℃～13℃
晴

●康涛、王永礼分别到企业一线，检查疫情防控措施，推动复工复产提速。

●李转生调研重点龙头企业，了解和指导企业疫情防控和复工复产情况，帮助协调解决面临的困难。

●张永宁到惠安调研农村疫情防控、春耕备耕、农产品供应保障及动植物疫病防治工作。

●市政府办发布《关于加强用工保障支持企业复工复产若干措施的通知》。

康涛王永礼一线推动企业复工复产

市委书记、市防控新型冠状病毒感染的肺炎疫情应急指挥部总指挥长康涛，市长、指挥部总指挥长王永礼分别到企业一线，检查疫情防控措施，推动复工复产提速。

在鲤城区汉威机械制造公司，康涛向企业负责人了解复工复产情况，叮嘱有关部门要及时帮助企业协调解决实际困难，并对企业在防疫物资生产中做出的贡献给予肯定。在泉州开发区太阳海制衣公司和新华旭智慧物流园，康涛询问员工健康管理措施、企业生产存在的具体困难，协调解决企业诉求。康涛强调，各级各相关部门要落实好省委打通复工复产操作链的具体部署，坚持疫情防控和经济社会发展“两手抓、两不误”，实现全年目标任务。要像抓疫情防控一样抓复工复产，落实好市里一揽子惠企措施，“一难一策、一事一策、一业一策、一企一策”，打通企业用工难、疫情防控难、交通物流难、供应链协同配套难、市场拓展难“五难”环节，把疫情影响降到最低。希望企业坚定发展信心，在落实好疫情防控主体责任的前提下，科学研判市场形势，有序组织生产经营，开足马力生产，保持产业链稳定。

在晋江国际鞋纺城，王永礼随机走进几家店铺，询问商家复工后运营情况、是否存在困难问题。在出口企业森地客，王永礼了解企业员工返岗率、外贸订单、生产销售情况。在台企矽品公司，王永礼与管理团队交谈，对企业在员工健康管理、稳生产方面做出的努力表示肯定。王永礼指出，各级政府各部门要在主动靠前服务，倾听企业心声，落细落实惠企政策，帮助企业解决复工遇到的困难问题，在做好科学防疫基础上，因地因时、分类有序推进企业复工复产；企业要主动担起防疫和复工主体责任，坚定信心、抢占先机，全力以赴保订单、稳生产，把新冠肺炎疫情影响降到最低。

康涛（右）调研鲤城区汉威机械制造公司复工复产情况（图/陈英杰）

王永礼（右二）在晋江森地客有限公司了解企业员工返岗率、外贸订单和生产销售情况（图/陈晓东）

李转生调研重点龙头企业

市政协主席李转生调研重点龙头企业，了解和指导企业疫情防控和复工复产情况，帮助协调解决面临的困难。调研中，李转生了解企业疫情防控、复工复产和生产经营等情况并要求，企业要把疫情防控作为最紧迫的事情来抓，筑牢织密疫情防线，全盘掌握员工信息，做好重点疫情地区返岗返工人员的疫情防控工作，落实好复工后的体温测量、食堂分餐、消毒消杀等防控措施。各级各相关部门要按照中央和省委、市委部署要求，主动靠前服务，强化要素保障，协调解决企业复工复产有关难题，督促指导企业把各项疫情防控措施落深落细落到位，科学有序推进复工复产，做到疫情防控和复工复产“两手抓”“两促进”。

李转生（前排右三）调研重点龙头企业（图/市政协）

康涛到鲤城丰泽调研企业复工复产情况

市委书记、市防控新型冠状病毒感染的肺炎疫情应急指挥部总指挥长康涛到鲤城、丰泽，调研企业疫情防控和复工复产情况，并分别与省纺织行业协会、市跨境电商协会负责人交谈，了解相关行业面临的困难和问题。在鲤城区鸿星尔克公司和海天材料科技公司，康涛要求相关部门主动靠前服务，帮助企业解决好复工复产和市场销售中遇到的困难和问题。在丰泽区东海跨境电商园，康涛要求园区做好公共服务、尽量满足复工电商企业实际需求，嘱咐企业负责人落实好体温测量、消杀通风等防控措施，尽可能运用“线上办公”方式。调研中，康涛强调，各级各相关部门要主动做好服务保障工作，通过一揽子措施打通操作链，帮助解决复工返岗、交通物流、防疫物资、金融帮扶等具体问题。

《泉州市打通“五难”操作链实施方案》印发

市防控新型冠状病毒感染的肺炎疫情应急指挥部办公室印发《泉州市打通“五难”操作链实施方案》，聚焦企业用工难、疫情防控难、交通物流难、供应链协同配套难、市场拓展难“五难”问题，为企业复工复产保驾护航。指挥部实行问题收集、分解、调度“三个一”工作制，做到一日一收集、一日一分解、一日一调度，解企业和项目燃眉之急，助推复工复产“加速度”。坚持多渠道、多形式招工，出台实施援企稳岗系列政策，有效保障企业和项目用工需求。坚持分区分级分类精准防控，有力有序有效支持复工复产，最大限度降低疫情影响。确保绿色通道全面设置、物资全面畅通、客运全面开通、车站全面恢复。立足产业集群优势，加快推动龙头企业和协作配套企业同步复工复产，推动实体产业和金融、物流等现代服务业协同发展。坚持内外需并重，支持外贸、商贸流通和电子商务企业有序复工复产，全力以赴稳外贸、促消费。

福建省首班复工包机飞抵泉州

是日13时45分，瑞丽航空公司DR5345航班（芒市—泉州晋江）降落泉州晋江国际机场，云南省保山市施甸县101名务工人员到达泉州。此系新冠肺炎疫情发生以来，福建省迎来的首班企业返岗务工人员包机。10日零时起，泉州市全面进入复工时间，但一些企业的工人还在家乡未能返岗，企业无法全力复工。15日，泉州市企业艾派集团（中国）有限公司提出一个前所未有的想法：包机接员工。了解到企业需求，政府及人社部门主动介入，火速行动。在晋江市人社局的帮助下，艾派集团专门派员到云南，对接当地人社局，共同协调员工返工事宜。同时，泉州、晋江两级政府通过泉州晋江国际机场协调瑞丽航空公司临时加开芒市直飞泉州航班，并给予机票价格优惠。17日，包机返工的所有事项敲定，包机费用由企业出一部分，政府补贴一部分。19日5:30，施甸县安排9辆“复岗专车”，送搭乘包机的101名云南籍员工到芒市机场，并赠送防护用品。8时多，101名云南籍员工全部抵达芒市机场。经过检测体温、复工材料核查等流程，11时，飞机从芒市机场起飞。飞机降落泉州，101名云南籍员工完成体温检测和复工资料核查走出机场时，艾派集团接机员工已拉好欢迎横幅。在机场出口，艾派集团总裁柯国斌还为每位员工送上大礼包，里面有奶茶、面包、口罩、饼干等。

云南省保山市施甸县务工人员搭乘航班到达泉州
（图/廖平和）

2月19日

农历庚子年正月廿六
星期三
温度：10℃～17℃
晴

●康涛到鲤城、丰泽，调研企业疫情防控和复工复产情况，并分别与省纺织行业协会、市跨境电商协会负责人交谈，了解相关行业面临的困难和问题。

●市防控新型冠状病毒感染的肺炎疫情应急指挥部办公室印发《泉州市打通“五难”操作链实施方案》，聚焦企业用工难、疫情防控难、交通物流难、供应链协同配套难、市场拓展难“五难”问题，为企业复工复产保驾护航。

●市防控新型冠状病毒感染的肺炎疫情应急指挥部发布关于统筹做好社区（村组）疫情防控与有力有序推进复工复产工作的通告。

●云南省保山市施甸县101名务工人员乘坐包机到达泉州。此系新冠肺炎疫情发生以来，福建省迎来的首班企业返岗务工人员包机。

2月20日

农历庚子年正月廿七
星期四
温度：12℃～18℃
多云转晴

●福建医科大学附属第二医院第二批支援湖北医疗队67名医护人员启程驰援武汉。市领导为医疗队加油壮行。

●王永礼到石狮调研内外贸市场发展和拓展以及电商企业复工情况，了解相关行业面临的困难和问题。

●泉州市、县两级人社部门举行全省第一场在线视频招聘会。

●全省首个政银企复工复产专场对接会在石狮举行，石狮市政府与兴业银行泉州分行签订10亿元贷款规模的框架合作协议。

●市住建局下发通知，要求各地整理提供闲置直管公房等房源，增加临时周转租赁房源供应，政府投资的公租房已竣工完成装修的，可调剂用于复工临时周转。

康涛王永礼为67位支援湖北医护人员送行

福建医科大学附属第二医院第二批支援湖北医疗队67名医护人员启程驰援武汉。市领导为医疗队加油壮行。市委书记、市防控新型冠状病毒感染的肺炎疫情应急指挥部总指挥长康涛讲话，市长、指挥部总指挥长王永礼为医疗队授旗。按照国家卫健委部署和省卫健委要求，该批支援湖北医疗队19日傍晚迅速组建、星夜集结，并于20日清晨出征，全程不过十多个小时。他们中，包括1名领队、1名联络员，以及65名来自重症医学科、呼吸与危重症医学科、感染科等专业的精锐医师骨干和护理人员。临行前，康涛向领队、队长再三叮嘱，要高度重视对医务人员的保护、关心、爱护，确保医务人员持续健康投入战胜疫情斗争。

康涛在支援湖北医疗队出征仪式上讲话（图/陈英杰）

王永礼为支援湖北医疗队授旗（图/陈英杰）

王永礼到石狮调研内外贸市场发展和拓展情况

市长、市防控新型冠状病毒感染的肺炎疫情应急指挥部总指挥长王永礼到石狮，调研内外贸市场发展和拓展以及电商企业复工情况，了解相关行业面临的困难和问题。王永礼要求，各级政府、各有关部门要主动对接，靠前服务，打通用工难、疫情防控难、交通物流难、供应链协同配套难、市场拓展难操作链，解决好物流、货代、清关等具体问题。外贸企业要运用国际国内两个市场，加强与上下游企业的衔接，推动进出口市场多元化。

泉州市举行全省首场在线视频招聘会

泉州市、县两级人社部门举行全省第一场在线视频招聘会。招聘会关注度突破1万人次，南威软件、利郎、三安半导体等18家知名企业提供就业岗位470多个，预约视频面试的有厦门大学、武汉大学、华侨大学等省内外知名院校毕业生2100多人，在线达成就业意向45人。泉州市人社局立足受疫情影响的企业用工实际，创新开设“网络招聘超市”，在全省率先开通“云招聘”平台。“云招聘”平台由省大中专毕业生就业工作办公室开发，在线上招聘环节植入视频直播技术，将“泉州人才市场网”与“福建省毕业生就业创业公共服务网”链接起来，首推远程视频面试招聘，实现用人单位与求职者在线面试，实现招聘岗位和求职信息智能匹配推荐，让求职者实现平安就业。

全省首个政银企复工复产专场对接会在石狮举行

全省首个政银企复工复产专场对接会在石狮举行，石狮市政府与兴业银行泉州分行签订10亿元贷款规模的框架合作协议。根据协议，兴业银行建立10亿元授信额度的“信贷合作绿色通道”，对符合要求的石狮企业执行优惠贷款利率。签约现场，石狮4家规模以上民营企业与兴业银行石狮支行签订授信意向协议；石狮市国投集团与兴业银行石狮支行签订战略合作协议。

康涛王永礼到晋江南安征求企业家意见建议

市委书记、市防控新型冠状病毒感染的肺炎疫情应急指挥部总指挥长康涛，市长、指挥部总指挥长王永礼分别到晋江、南安，征求部分企业家对疫情防控和复工复产工作的意见和建议。

康涛分别与晋江纺织服装、食品、陶瓷、机械、物流等行业的企业负责人交流。康涛指出，要把人民群众生命安全和身体健康放在第一位，坚持疫情防控和稳定发展“两手抓、两不误”。一段时间来，企业家、海内外乡亲为疫情防控做出很大贡献，体现爱国爱乡的担当和情怀。下阶段，要针对疫情形势出现的积极变化，明确新一轮战“疫”目标任务，在分区分级、科学防治、精准施策上下功夫，把各项工作抓实、抓细、抓落地。要落实好企业主体责任，抓好员工健康管理，突出“区隔”这个关键，做到严格严密防控。党委、政府要靠前服务，与企业特别是中小企业密切互动，精准了解困难、需求，打通复工复产操作链；要分行业、分企业，分类探索问题解决模式，指导企业做好生产营销计划，对接上级优惠政策，在做好疫情防控的前提下，为后续发展未雨绸缪、打好基础，夺取疫情防控和实现经济社会发展目标的双胜利。王永礼与南安企业家代表交流。王永礼表示，市政府将落实上级和市委部署要求，在分区分级、科学防治、精准施策上下功夫，推动全面复工复产，恢复群众正常生产生活秩序。要坚定发展信心，南安有产业链、有土地空间、有发展后劲，要开足马力，加快恢复生产。要坚持问题导向，对企业反映的问题需求，逐一梳理、逐项推动解决，切实打通操作链。要科学精准防控，落实好企业主体责任，抓好员工健康管理，确保防控到位、确保正常生产。

康涛王永礼视频连线市级定点收治医院医护人员

市委书记、市防控新型冠状病毒感染的肺炎疫情应急指挥部总指挥长康涛，市长、指挥部总指挥长王永礼与市级定点收治医院的医护人员视频连线。黄鸿波、朱锦州、苏惠琼三位医护人员代表，介绍新冠肺炎患者救治进展、医护人员日常生活情况。市领导表示，习近平总书记专门做出指示，强调医务人员是战胜疫情的中坚力量。大家响应党和人民的召唤，舍小家为大家，挺身在前抗击疫情，展现出越是艰险越向前的胆魄，感谢大家的付出，全市人民以大家为荣。请大家发挥火线上的中流砥柱作用，用高尚的医德、精湛的医术，为生命接力、为健康护航。同时，一定要做好自身安全防护，让家人放心，让战“疫”胜利有保障。市委、市政府将贯彻落实习近平总书记讲话指示批示精神，把中央、省委部署的各项工作抓得更细更实更到位，打赢疫情防控的人民战争、总体战、阻击战。将从各个方面提供支持保障，想方设法帮助解决实际困难，解除后顾之忧，让医护人员全身心投入救治工作。

泉州市修订疫情防控期企业复工复产导则

市防控新型冠状病毒感染的肺炎疫情应急指挥部办公室下发通知，结合实际情况，对疫情防控期间泉州市工业企业、商贸流通企业和建设工程复工导则进行修订。 通知要求，要统筹做好疫情防控的经济社会发展工作，打通企业和项目复工复产的操作链；继续做好因地因企施策，分区分级分类分批有序复工；落实企业主体责任，强化属地责任，落实疫情防控措施，有力有序有效支持复工复产，最大限度降低疫情影响。无疫情区和零星散发疫情区，要实施“外防输入”策略，全面恢复正常生产生活秩序，不得对企业复工复产设置条件，不得采取审批、备案等延迟开工。一般疫情区和较多病例疫情区，要实施“外防输入、内防扩散”策略，除按防控要求，实施封闭和半封闭管理的特定乡镇、街道或社区（村组）外，要简化企业、项目复工复产程序，尽快有序恢复正常生产生活秩序。

2月21日

农历庚子年正月廿八
星期五
温度：13℃～21℃
多云转晴

●康涛、王永礼分别到晋江、南安，征求部分企业家对疫情防控和复工复产工作的意见和建议。

●康涛、王永礼与市级定点收治医院的医护人员视频连线。

●市防控新型冠状病毒感染的肺炎疫情应急指挥部办公室下发通知，结合实际情况，对疫情防控期间泉州市工业企业、商贸流通企业和建设工程复工导则进行修订。

●由晋江市人社局组织的2个返岗招聘对接小组分赴四川、云南，开展员工接返、校企合作、劳务协作的对接协调工作，此系福建省首次向劳务输出地主动“逆行”的尝试。

2月22日

农历庚子年正月廿九
星期六
温度：12℃～19℃
晴

●康涛、王永礼分别到德化、惠安、丰泽等地，调研重点项目、企业复工复产和线上市场拓展等工作，协调解决存在问题。

●由石狮市政府主办的石狮品牌服装网上直播专卖节暨网红选品节在石狮青创直播基地启动。全省首个网红直播基地——石狮青创直播基地揭牌。

●作为全省县域唯一独立传染病收治大楼，晋江市医院新院区公共卫生临床中心楼启用并开始接收发热病人。

●安溪县家居工艺商会在中国（安溪）家居工艺城广场举行家居工艺企业复工复产出口欧美市场首发仪式，现场出货20个货柜，总货值约60万美元。

康涛王永礼调研重点项目建设和企业复工复产情况

市委书记、市防控新型冠状病毒感染的肺炎疫情应急指挥部总指挥长康涛，市长、指挥部总指挥长王永礼分别到德化、惠安、丰泽等地，调研重点项目、企业复工复产和线上市场拓展等工作，协调解决存在问题。

在德化世界瓷都国际陶瓷艺术城项目施工现场，康涛询问返岗员工筛查隔离、住宿、就餐等疫情防控相关措施，叮嘱施工负责人要科学制定疫情防控方案，确保疫情防控工作不留死角。随后，康涛到山花陶瓷有限公司、唐丰陶瓷有限公司、同鑫陶瓷有限公司，向企业负责人了解陶瓷业复工复产、外贸订单及线上线下市场情况。在惠安县南王包装有限公司和麦王食品有限公司，康涛询问员工健康管理措施、企业生产存在的具体困难，现场协调解决企业诉求。康涛强调，各级各相关部门要落实好省委、省政府具体部署，统筹做好疫情防控和经济社会发展工作。要落实分区分级精准防控策略，盯紧抓牢疫情防控重点工作。要强化企业防控主体责任，抓好健康管理、“区隔”管理，加强防护物资保障，把风险降到最低。要建立与疫情防控相适应的经济社会运行秩序，抓好项目企业复工复产，打通用工难、疫情防控难、交通物流难、供应链协同配套难、市场拓展难“五难”环节，强化服务保障，帮助企业渡过难关。

王永礼到丰泽区东海跨境电商生态圈察看疫情防控和复工复产情况，询问企业对国际市场的预估研判，鼓励园区在供应链服务上再下功夫，帮助企业渡过难关，提振发展信心。当天，王永礼与部分县域的几名电商企业负责人交流，就如何办好办实线上商品展销活动集思广益。交谈中，政企双方站位全局，围绕平台建设、资源整合、活动主题、“电商+直播”模式等内容畅所欲言。王永礼表示，泉州是全国知名的消费品制造基地，举办该项活动就是要为企业搭建平台，破解线下营销困境，把疫情影响降到最低。市政府将吸纳大家的意见建议，尽快梳理研究出具体策划案，力促市场引流、供需链接、商品促销、供应链融合、宣传造势等效果明显，让企业商户互通有无、共同受益。

全省首个网红直播基地在石狮揭牌

由石狮市政府主办的石狮品牌服装网上直播专卖节暨网红选品节在石狮青创直播基地启动。全省首个网红直播基地——石狮青创直播基地揭牌。石狮青创直播基地吸引全国各地的直播运营机构及网红主播入驻石狮。该基地位于青创城国际网批中心9楼，总建筑面积5000平方米。基地依托石狮成熟的实体市场，以“采销—内容—营销”的方式，形成全新业态的营销模式。

基地16个直播间同时在线直播，石狮市市长作为主播，与多位网络红人嘉宾一起为石狮品牌服装代言、带货。截至18时，共计成交金额5376万元，其中，三巧制衣、战地吉普、泰王服饰、圣吉奥、吉登服饰五家企业与直播机构现场签订意向订货合同，采购金额3643万元。直播专卖节汇聚石狮本地斯得雅、大帝、爱登堡、赛琪、季季乐等100多个品牌源头货，涉及1000多款服装的600多万件衣服，吸引多名粉丝千万级别的“网红大咖”和200多个国内直播机构到场选货直播，持续一个月。直播节期间，除组织石狮本地企业家与网络红人嘉宾进行现场选品对接外，还组织网络红人嘉宾参观石狮市品牌服装企业和电商企业，推介源头好货和城市环境。每周还策划生成一个主题或热点，在抖音、快手、今日头条、西瓜视频、淘宝直播等平台逐步铺开直播活动。

全省县域唯一独立传染病收治大楼在晋江启用

作为全省县域唯一独立传染病收治大楼，晋江市医院新院区公共卫生临床中心楼启用并开始接收发热病人。公共卫生临床中心楼参照国家最新版防控方案建设，总建筑面积9000.66平方米，内部设置核医学和高压氧舱，含隔离病区和员工休息区。

王永礼到鲤城检查复工复产情况

市长、市防控新型冠状病毒感染的肺炎疫情应急指挥部总指挥长王永礼到鲤城南菜市场、中闽百汇、中山路、西街等地检查，要求各级各相关部门要落实分区分级精准施策不放松，推进全产业链复工复产，恢复正常生产生活秩序，推动经济社会平稳发展。

全市千家商户推出“安心卡”外卖服务

市监管部门倡导“安心卡”外卖服务推广，全市千家外卖商户响应，推出“外卖安心卡”服务。“安心卡”服务是指在骑手和用户协商餐品放置指定位置、避免面对面接触的无接触配送基础上，将厨师、打包员、骑手的健康状况及餐箱消毒情况等安全防护信息，以商家端和配送端的“电子卡+实体卡”形式更透明地呈现给用户，在确保无接触的同时，实现全过程食品安全信息可视化可追溯的安心配送模式。此举是“美团”“饿了么”等外卖平台推出的一项服务。每天，商家食品安全负责人（或指派专人）都会测量记录打包员体温，如实建立员工健康台账。如员工体温正常及身体状况正常，符合上岗要求，商家会在打包员一栏填入员工姓名、体温数据。骑手取餐前，商家也会测量骑手体温，并在卡片骑手栏填入相应信息。随后，商家可通过外卖门店后台在线填写人员体温信息生成电子“安心卡”，也可线下打印纸质“安心卡”随餐供用户检查。

泉州市多举措推进渔船复工复产

全市首批复工复产的300多艘渔船从惠安崇武、石狮祥芝、晋江深沪等多个重点渔港起锚，到各个渔场投入生产。全市各级渔业主管部门防控、复工“两不误”，制定多项扶助措施，有序推进渔船复工复产。省渔业互保协会为全市在保及新参保渔民渔工赠送新冠肺炎保险，保险额度为每人20万元，惠及渔民渔工近2万人，累计风险保障近40亿元。市、县海洋渔业部门将渔船油价成本补助和渔船更新改造补助资金发放期限提前到3月底，并协调农商、邮储等金融机构，出台短平快的金融支持政策，减少渔船贷款利息或延长还款期限，为渔民降低生产资金压力。政务审批服务也进一步优化，对于疫情防控期间，渔业捕捞许可证、渔业船员证书及其他相关渔船船舶、船员证书需要更换、年审的，延期到疫情结束后办理。根据省海洋与渔业局要求，全市渔船实行出海报告制度。为方便渔民群众，全市渔业主管部门工作人员主动靠前服务，在渔港码头现场一次性完成出海审核程序，核对船员身份信息、监测船员体温，检查渔船防控防护用品配备和防护措施落实情况等，并为渔船免费提供3500个口罩和消毒水等物资。

惠安春季招商活动暨项目签约仪式举行

惠安春季招商活动暨项目签约仪式举行，现场集中签约12个项目，统筹推进项目落地建设。2020年来，惠安县对接重大产业招商项目24个、总投资156.9亿元。此次集中签约落户的12个重点招商项目均是超亿元的社会投资项目，总投资58.52亿元。项目以先进制造业、现代服务业为主，涵盖产业园区、智能制造、总部经济、星级酒店、商贸综合体、现代物流、医疗健康等多种业态，具有投资规模较大、突出产业导向、项目业态多元等特点。其中，惠西医疗健康产业园盛达启动区项目是惠安县落实疫情防控，结合惠西片区大健康产业示范基地定位，探索医疗产业发展思路，策划生成的典型代表项目。由惠安县唯一的口罩生产企业——泉州市盛达医用卫生材料公司投资，项目建成后将为惠西健康产业园打下基础。该项目投资约2亿元，主要生产医疗健康产品，包括口罩、医疗器械、消毒水等。

2月23日

农历庚子年二月初一
星期日
温度：13℃～20℃
晴

●王永礼到鲤城南菜市场、中闽百汇、中山路、西街等地检查复工复产情况。

●市监管部门倡导“安心卡”外卖服务推广，全市千家外卖商户响应，推出“外卖安心卡”服务。

●全市首批复工复产的300多艘渔船从惠安崇武、石狮祥芝、晋江深沪等多个重点渔港起锚，到各个渔场投入生产。

●惠安春季招商活动暨项目签约仪式举行，现场集中签约12个项目，统筹推进项目落地建设。

2月24日

农历庚子年二月初二
星期一
温度：14℃～23℃
晴

●市十六届人大常委会第四十七次主任会议召开。会议传达学习于伟国在省十三届人大常委会第十六次会议上的讲话精神；讨论关于贯彻落实全国、省人大常委会关于禁止非法野生动物交易、革除滥食野生动物陋习两个决定的有关事项等。

●泉州市出台《关于做好疫情防控期间全面落实政务服务“马上就办 网上办”工作措施》。

●市双拥共建工作领导小组走访慰问解放军第910医院出征武汉抗击新冠肺炎疫情的军队医护人员家属。

●兴业银行以优惠利率为石狮卡宾集团发放新增贷款1000万元，支持企业复工复产。该笔贷款为兴业银行泉州分行与石狮市政府签署10亿元战略合作框架协议后，该行对石狮市规模以上企业的首笔新增投放。

市十六届人大常委会第四十七次主任会议召开

市十六届人大常委会第四十七次主任会议召开。会议传达学习于伟国在省十三届人大常委会第十六次会议上的讲话精神；讨论关于贯彻落实全国、省人大常委会关于禁止非法野生动物交易、革除滥食野生动物陋习两个决定的有关事项；讨论关于泉州市与印度金奈市建立友好城市关系的初审意见，关于2019年度规范性文件备案审查情况的报告稿，关于调整市人大常委会2020年度个别监督工作计划的报告，关于开展泉州市高新、传统、重化三大板块“建链、强链、补链”、养老服务体系建设、法院执行工作、公共文化服务体系建设及2019年度全市环境状况和环境保护目标完成情况等专题调研方案等。会议指出，要把思想和认识高度统一到中央、省、市的各项决策部署上来，依法履行好人大监督职能，督促各级政府及有关部门依法行政、严格执法，确保相关法律法规和两个决定在泉州市有效实施，从各环节严格管控，协同推进各项防控工作，确保人民群众生命安全和身体健康。

泉州市推广“不见面”审批服务举措

泉州市出台《关于做好疫情防控期间全面落实政务服务“马上就办 网上办”工作措施》，推出多渠道“网上办”“掌上办”“就近办”“邮递办”等“不见面”审批服务举措，让市民体验“网上办事不见面、足不出户办成事”。“马上就办 网上办”总体平稳，各项政务服务不减、效率不降，成效明显。泉州市推出“网上申报+全面预约”服务机制，实现防疫和审批业务工作“两不误”。疫情防控期间，企业、群众通过福建省网上办事大厅泉州政务服务旗舰店、政务服务自助一体机，以及泉州政务服务App、“闽政通”App、各行政服务中心微信公众号进行在线申办、进度查询、咨询投诉等，就能实现“网上办”。98%的政务服务事项可在“泉州政务服务旗舰店”进行网上申报，每天到现场办事的人数相比平时下降约九成。

依托泉州市“互联网+政务服务”一体化行政服务平台建设，泉州市深度融合邮政速递公司物流系统，实现全流程线上“邮递办”，办事“零跑腿”。市民只需在市行政服务中心微信公众号预约申请材料邮政快递上门揽件，同城快递件邮政公司会在1个工作日内送达市行政服务中心对应部门窗口。快递件送达市行政服务中心后，窗口人员扫描快递单的办件二维码，即可直接进行处理，如申请材料完整、符合审批条件的，1个工作日内予以受理。窗口办结后，邮政公司会自动获取揽件信息，并在1个小时内领取审批结果并寄出。对于企业，“邮递办”的福利还延伸至“快递双向免费”。

泉州市慰问赴武汉一线军队医护人员家属

市双拥共建工作领导小组走访慰问解放军第910医院出征武汉抗击新冠肺炎疫情的军队医护人员家属。泉州军分区、市退役军人事务局、丰泽区相关负责人向军队医护人员家属表示慰问和敬意，并送去慰问金和慰问品。面对新冠肺炎疫情防控形势，910医院的军队医护人员积极请战出征。慰问组表示，军队医护人员在一线全力奋战，离不开家人的支持和鼓励，希望家属照顾好家庭，确保前方无后顾之忧。同时，市双拥共建工作领导小组和相关部门也将加强对赴武汉一线军队医护人员家庭的关爱，及时解决生活和工作中的困难。2020年是新一届全国双拥模范城（县）命名表彰年，全国双拥办将疫情防控工作成效作为命名表彰的重要依据。泉州市下发《关于发挥双拥工作优势大力支持新冠肺炎疫情防控工作的通知》，出台举措，要求全市各地发挥双拥工作优势和作用，帮助一线军队医护人员解决实际困难，发动社会力量献爱心，并做好疫情联防联控工作，协助驻地恢复经济社会秩序，加强先进典型宣传工作。

市防控新冠肺炎疫情应急指挥部会议召开

市委常委会会议暨市防控新冠肺炎疫情应急指挥部会议召开，研究贯彻习近平总书记在中央政治局会议、全国统筹推进新冠肺炎疫情防控和经济社会发展工作部署会议上的讲话和习近平总书记就关心爱护参与疫情防控工作的医务人员专门做出的指示精神以及省委常委会会议精神。会议指出，要守严守牢社区、家庭、企业、出租房等关口和防线，落实企业防控主体责任，注重“区隔”管理，加强宣传疏导，避免人群聚集；关心爱护一线医务人员，从各方面提供支持保障。要落实分区分级精准复工复产，稳住经济发展大盘。跟进对接中央出台的一系列政策措施，结合实际抓好争取转化，因地因时因业因企解决交通、用工、物流、市场和医疗物资保障等困难，稳住外资外贸基本盘，快速协调重点项目复工建设，不失农时抓好春耕备耕。

市委理论学习中心组会议召开

市委理论学习中心组会议召开，专题学习习近平在十九届中央纪委四次全会上的讲话，学习《纪检监察机关处理检举控告工作规则》，学习《中国共产党党和国家机关基层组织工作条例》和《中国共产党国有企业基层组织工作条例（试行）》。会议强调，要增强制度意识，依规依纪依法处理检举控告。要贯彻落实新时代党的建设总要求和新时代党的组织路线，抓好两个条例的贯彻执行。

王永礼到惠安检查科学防控和复工复产情况

市长、市防控新型冠状病毒感染的肺炎疫情应急指挥部总指挥长王永礼到惠安，检查科学防控和企业复工复产情况。在惠安县孤儿院，王永礼要求，相关部门要做好孤儿院、养老院、康复中心等社会福利机构的疫情防控工作，强化监督管理，抓实管牢易发问题环节，保障人民群众身体健康和生命安全；要用心用情做好服务，发动各界力量，为患病和残疾孩子的医疗救治提供帮助。在泉惠石化工业园区管委会防控办，王永礼强调，要落实属地责任，毫不放松地抓紧抓实各项防控工作，特别注意抓好社区和企业防控，强化服务保障，加快推动复工复产。在家世比生产车间内，王永礼鼓励企业坚定发展信心，提高对国际市场预判，借助线上展销等平台，扩大销售渠道，落实科学防控措施，确保防控到位、正常生产。

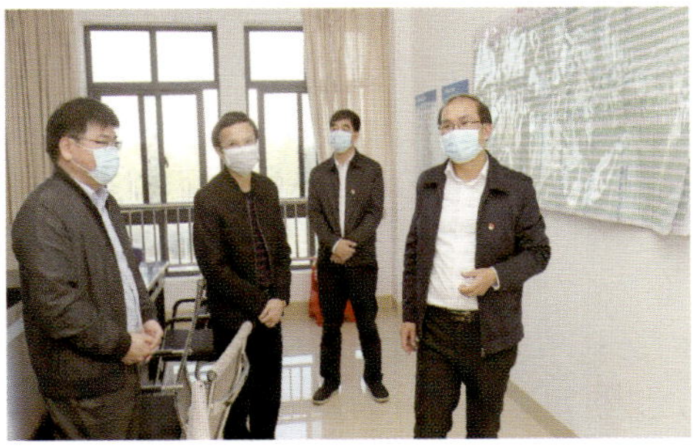

王永礼（右）在泉惠石化工业园区调研疫情防控和复工复产情况（图/陈起拓）

丰泽在全市首创网上集中签约

丰泽区重点招商项目网上集中签约仪式举行，12个超亿元招商项目完成集中签约，在全市率先采用网上招商签约的模式。此外，丰泽区还与京东集团签订战略合作协议，共同合作推动公共资产网上交易盘活平台发展。该批签约项目总投资约90亿元，涉及文化创意、智能制造、教育产业、总部大楼、高端酒店、产业园等多个领域，包括莲花中心总部大楼项目、泉州威斯汀酒店项目、泉州师范学院浅水湾大学生创业孵化园项目、泉州星光耀商务营运中心项目、泉州市顺达兴智能家居产业园项目、北峰东海湾城市综合体项目、《锦衣卫之燕尾侠》文化影视创意项目、北京璞理教育泉州学园项目、佳泰数控研发总部大楼项目、梦想公寓项目、“兑了么”互联网平台项目、保利天汇&壹号公馆项目。

2月25日

农历庚子年二月初三
星期二
温度：16℃～27℃
多云转晴

●市委常委会会议暨市防控新冠肺炎疫情应急指挥部会议召开，研究贯彻习近平总书记在中央政治局会议、全国统筹推进新冠肺炎疫情防控和经济社会发展工作部署会议上的讲话，习近平总书记就关心爱护参与疫情防控工作的医务人员专门做出的指示精神以及省委常委会会议精神。

●市委常委会会议暨市委全面深化改革委员会第十次会议召开，传达贯彻中央深改委第十二次会议、省委深改委第九次会议精神，研究《泉州市“强基促稳”三年行动2020年实施方案》。

●市委常委会召开会议，传达贯彻全国地方外办主任、全省外办主任会议和省委常委会会议精神，传达全国、全省组织部长会议精神，研究泉州市贯彻意见。

●市委理论学习中心组会议召开，专题学习习近平总书记在十九届中央纪委四次全会上的讲话，学习《纪检监察机关处理检举控告工作规则》，学习《中国共产党党和国家机关基层组织工作条例》和《中国共产党国有企业基层组织工作条例（试行）》。

●王永礼到惠安，检查科学防控和企业复工复产情况。

●丰泽区重点招商项目网上集中签约仪式举行，12个超亿元招商项目完成集中签约，在全市率先采用网上招商签约的模式。

2月26日

农历庚子年二月初四
星期三
温度：14℃～28℃
多云

●为贯彻落实中央、福建省关于疫情防控及支持企业复工复产各项决策部署，泉州市出台金融支持企业复工复产七条措施，有效期至6月30日。

●农业农村部等八部门印发《关于认定中国特色农产品优势区（第三批）的通知》，安溪县安溪铁观音中国特色农产品优势区入选。

●福建柒牌时装科技股份有限公司送检的“无菌型医用一次性防护服”通过省食品药品质量检验研究院检验。

泉州市出台金融支持企业复工复产七条措施

为贯彻落实中央、福建省关于疫情防控及支持企业复工复产各项决策部署，泉州市出台金融支持企业复工复产七条措施，有效期至6月30日。

加大对疫情防控和复工复产的信贷支持。以2019年年末为基数，对新增供应链金融业务融资总额超过1亿元的银行机构，市财政给予展业团队奖励10万元，每增加1000万元，再奖励1万元，单家银行业机构最高不超过30万元。对为非上市企业提供股权质押融资服务的辖内银行业机构，以其2019年年末股权质押贷款余额为基数，受益财政按新增贷款金额的1%给予奖励，单家银行业机构奖励最高不超过30万元。

降低中小微企业融资成本。以2019年年末为基数，对法人小微企业新增流动资金贷款的，在省财政贴息的基础上，受益财政按照实际用信金额的0.5%给予企业贴息；对依托银行业机构应收账款融资产品获得贷款的中小微企业按实际用信金额的1%给予企业贴息。单家企业贴息总额最高不超过20万元。

支持地方法人银行等金融机构利用银行间、交易所市场“绿色通道”发行疫情防控专项债券及同业存单。其中，对发行疫情防控专项债券筹集资金用于支持泉州市中小微企业疫情防控和复工复产的，投放资金每超过1亿元，市财政给予银行业机构10万元奖励；对发行同业存单募集资金用于支持泉州市中小微企业疫情防控和复工复产的，投放资金每超过2亿元，市财政给予银行业机构5万元奖励。单家银行业机构奖励最高不超过30万元。

鼓励各银行业机构对存量客户中诚实守信、有市场、有订单但受疫情影响出现还款困难的中小微企业增加临时过渡周转授信，市、县两级政策性融资担保公司可对新增授信部分承担40%担保责任并免予反担保，担保期限不超过2年，单笔代偿金额最高不超过500万元，在新型冠状病毒感染的肺炎重大突发卫生事件一级响应解除前免收政策性融资担保费，解除后按1%收取担保费用。发生代偿及损失的，实行尽职免责。

鼓励保险机构开发适合复工复产企业疫情防控的综合保险，重点保障企业因疫情防控要求进行封闭或隔离产生的产品损失、员工工资等支出。鼓励各县（市、区）政府，泉州开发区、泉州台商投资区管委会对企业购买复工复产企业疫情防控的综合保险予以补助，市级财政给予各县（市、区）20%补贴支持。

各地要全面摸排“疫情防控必需、保障城乡运行必需、群众生活必需”及诚实守信、有市场、有订单但受疫情影响出现还款困难中小微企业融资需求及存在的困难问题，实行名单制管理，会同主债权银行逐企成立金融顾问组，落实增量资金支持、展期或续贷、下调贷款利率、调整还款期限、减免服务费用等帮扶措施。

打造支持企业应对疫情及复工复产专业金融服务体系，开辟中小微企业融资平台专属服务通道，量身定制专项金融产品，建立企业融资诉求及问题线上反馈渠道。全面梳理重点项目建设融资需求情况，鼓励银行业机构主动对接服务。

安溪入选中国特色农产品优势区

农业农村部等八部门印发《关于认定中国特色农产品优势区（第三批）的通知》，安溪县安溪铁观音中国特色农产品优势区入选。安溪是中国乌龙茶（名茶）之乡、名茶铁观音的发源地，已有上千年产茶历史。安溪劳动人民在发挥地域优势、品种特性的基础上，不仅创造了乌龙茶加工技术，还培育出品质优异的世界名茶——铁观音，创造了独具魅力的安溪茶文化。安溪铁观音已成为福建省一张亮丽名片。

安溪铁观音制茶现场（图/林劲峰）

市四套班子成员带头为支持疫情防控工作捐款

响应中共中央对党员的号召，市委、市人大常委会、市政府、市政协班子成员带头分别在所在党支部为支持新冠肺炎疫情防控工作捐款。全市各级党组织也迅速组织党员自愿捐款支持疫情防控工作。按中组部通知要求，捐款用于慰问战斗在疫情防控斗争第一线的医务人员、基层干部群众、公安民警和社区工作者等，资助因患新冠肺炎而遇到生活困难的群众和因患新冠肺炎去世的群众家属，慰问在疫情防控斗争中牺牲的干部群众家属等。

全市组织部长会议召开

全市组织部长会议以视频会形式召开。会前，市委书记康涛做出批示。康涛指出，做好2020年组织工作，要坚持以习近平新时代中国特色社会主义思想为指导，贯彻落实全国、全省组织部长会议精神，以党的政治建设为统领，以开展“末端落实年”为抓手，推动组织工作任务落地见效。要建立和落实不忘初心、牢记使命长效机制，建设忠诚干净担当的高素质干部队伍，在“强基促稳”中探索党建引领基层治理的有效路径，围绕产业加快育才引才聚才，坚持在疫情防控、三大攻坚战、项目攻坚等一线考察识别干部。会议强调，要发挥基层党组织战斗堡垒作用和党员先锋模范作用，打赢疫情防控阻击战。健全和落实党组织领导的基层治理体系，保障脱贫攻坚决战决胜。搭建年轻干部梯次培养平台，做好干部选育管用工作。发挥用人主体作用，激发人才创新创造活力。开展组织工作制度执行情况评估，推动“末端落实年”工作任务落地见效。

市委农村工作会议召开

市委农村工作会议以视频会形式召开，贯彻习近平总书记关于“三农”工作论述，落实中央、省委农村工作会议精神，部署2020年任务。会议肯定2019年全市“三农”工作成效，强调抓好2020年“三农”工作六项重点任务。要统筹抓好疫情防控和“三农”工作，一手抓农村地区疫情防控，一手抓消除疫情带来的影响。要打赢脱贫攻坚战，落实防返贫控新贫稳脱贫工作机制，加大老区苏区支持力度，做好山海协作对口帮扶。要加快补上农村基础设施和公共服务短板，推进农村人居环境整治。要推进特色现代农业高质量发展，抓好粮食等主要农产品生产，发展富民兴村特色产业。要推进农村重点改革，完善农村土地使用管理制度，推进农村集体产权制度改革。要加强农村基层治理，发挥基层党组织领导作用，推进乡村治理和乡风文明建设。全市各级党委要加强对“三农”工作的全面领导，提高领导农村工作的能力水平，层层压实党政责任，强化政策支撑保障。

市十六届人大常委会第二十七次会议召开

市十六届人大常委会第二十七次会议召开。会议传达学习习近平总书记在统筹推进新冠肺炎疫情防控和经济社会发展工作部署会议上的讲话精神；听取和审议市政府关于提请审议泉州市与印度金奈市建立友好城市关系的议案；听取和审议市中级人民法院研究处理市人大常委会关于审判监督工作情况的审议意见情况的报告，并进行满意度测评，测评结果为满意；审议市人大常委会法工委关于2019年度规范性文件备案审查工作情况。

市十六届人大常委会第二十七次会议现场（图/陈意鸣）

2月27日

农历庚子年二月初五
星期四
温度：13℃~20℃
多云

●响应中共中央对党员的号召，市委、市人大常委会、市政府、市政协班子成员带头分别在所在党支部为支持新冠肺炎疫情防控工作捐款。

●全市组织部长会议以视频会形式召开。会前，康涛做出批示。

●市委农村工作会议以视频会形式召开，贯彻习近平关于“三农”工作论述，落实中央、省委农村工作会议精神，部署2020年任务。

●市十六届人大常委会第二十七次会议召开，传达学习习近平总书记在统筹推进新冠肺炎疫情防控和经济社会发展工作部署会议上的讲话精神；听取和审议市政府关于提请审议泉州市与印度金奈市建立友好城市关系的议案等。

2月28日

农历庚子年二月初六
星期五
温度：15℃～24℃
阴

●康涛到城东至北峰快速通道第三标段、泉州第一医院城东院区二期病房楼、惠安县科山中学宿舍楼工程等项目一线，检查疫情防控措施落实情况。

●王永礼到晋江陈埭镇调研疫情防控和复工复产工作落实情况，并协调解决存在问题。

●市政府党组（扩大）会议召开，就习近平总书记在中央政治局会议、全国统筹推进新冠肺炎疫情防控和经济社会发展工作部署会议、中央政治局常委会上的讲话和习近平总书记就关心爱护参与疫情防控工作的医务人员专门做出的指示精神等进行再学习、再部署。

●市政府党组理论学习中心组学习会召开，传达学习《中国共产党党和国家机关基层组织工作条例》《中国共产党国有企业基层组织工作条例（试行）》和省委常委会会议、市委常委会会议精神。

●市政府第七十九次常务会议召开，研究关于贯彻落实《福建省消防安全责任制实施办法》若干意见有关事项，研究并通过2019年度各县（市、区）河湖长制考核有关工作及《泉州市创建“四好农村路”示范市实施方案》。

●全市统战部长会议以视频会形式召开，传达全国统战部长会议、省委常委会会议、全省统战部长会议、市委常委会会议精神，总结泉州市2019年统战工作，部署2020年工作任务。

●全市民族宗教局长视频会议召开，总结2019年全市民族宗教工作，部署2020年工作任务。

康涛王永礼检查疫情防控措施落实情况

市委书记、市防控新型冠状病毒感染的肺炎疫情应急指挥部总指挥长康涛到城东至北峰快速通道第三标段、泉州第一医院城东院区二期病房楼、惠安县科山中学宿舍楼工程等项目一线，检查疫情防控措施落实情况。康涛强调，要强化项目业主防控主体责任，抓好健康管理、“区隔”管理等关键环节；属地政府、主管部门要加强督促指导，确保疫情防控和项目建设“两手抓、两不误”。市长、市防控新型冠状病毒感染的肺炎疫情应急指挥部总指挥长王永礼到晋江陈埭镇，调研疫情防控和复工复产工作落实情况，并协调解决存在问题。王永礼指出，晋江民营企业多，外来务工人员数量大，要落实好企业主体责任，做好返工人员的精准健康管理，服务好企业复工复产，确保防控到位、确保正常生产。

市政府党组（扩大）会议召开

市政府党组（扩大）会议召开，就习近平总书记在中央政治局会议、全国统筹推进新冠肺炎疫情防控和经济社会发展工作部署会议、中央政治局常委会上的讲话和习近平总书记就关心爱护参与疫情防控工作的医务人员专门做出的指示精神，以及中央应对新冠肺炎疫情工作领导小组会议、省委常委会会议、省政府党组会、市委常委会会议精神进行再学习、再部署。会议指出，市政府党组成员、政府各部门党组（党委）要把落实统筹推进疫情防控和经济社会发展各项工作要求，以大战大考双胜利的过硬成果践行初心使命。要坚持分区分级、精准施策，抓好“大数据+网格化”排查，加强重点人员医学观察和公共场所防控工作，提高诊断救治能力，关爱一线医务人员，把疫情防控一抓到底。要咬定目标任务，全面有序推进复工复产，全面恢复群众生产生活秩序，按时保质办好申遗、世中运等重大活动，推进金奈友城工作，打好三大攻坚战，加大基本民生托底保障，抓好经济社会发展各项工作。

市政府第七十九次常务会议召开

市政府第七十九次常务会议召开，研究关于贯彻落实《福建省消防安全责任制实施办法》若干意见有关事项，研究并通过2019年度各县（市、区）河湖长制考核有关工作及《泉州市创建“四好农村路”示范市实施方案》。会议强调，要深化消防安全隐患整治，紧盯人群聚集场所、出租屋、加油站、文物古建等重点场所，把隐患消灭在事故发生之前；要确保消防安全责任落实到位，各行业主管部门要按照“谁主管、谁负责”原则，抓好各自领域的消防安全生产工作。要提高站位、明确目标，结合小流域整治、美丽乡村建设等工作，整体规划推进河湖长制工作，让群众看得到变化、见得到成效。要探索有为有效有力的工作机制，通过严格执法、公众参与监督、高新技术监控等手段，打造“法治化、社会化、信息化”治河模式。要发挥好考核“指挥棒”和“风向标”作用，严格监督考核，坚持奖惩并重，激发干部工作积极性。

全市统战部长会议召开

全市统战部长会议以视频会形式召开。会议传达全国统战部长会议、省委常委会会议、全省统战部长会议、市委常委会会议精神，总结泉州市2019年统战工作，部署2020年工作任务。会议强调，要夯实统一战线成员共同的思想政治基础，坚持和完善大统战工作格局，提升服务大局、改善民生的水平；落实新型政党制度，提升多党合作制度效能；增强党外知识分子和新的社会阶层人士统战工作实效；做实做细民营经济统战工作；促进民族团结进步及宗教工作制度化、法治化；发展壮大港澳台爱国力量，凝聚侨心、侨力、侨智。

泉州市再出举措助力复工稳岗

市人社局、财政局等部门转发省人社厅等部门《关于支持企业疫情防控期间复工稳岗的通知》并细化具体措施，放宽中小微企业失业保险稳岗返还标准，支持助力企业疫情防控期间复工稳岗。一方面，将中小微企业（认定标准根据工信部等四部委《关于印发中小企业划型标准规定的通知》、工信部联企业〔2011〕300号确定）稳岗返还政策减员率标准从3.8%放宽至5.5%。对参保职工30人及以下的企业，减员率标准从3.8%放宽至不超过企业失业保险参保职工数的20%。另一方面，对受疫情影响面临暂时性生产经营困难且恢复有望、坚持不裁员或少裁员、符合条件的参保企业，按6个月的当地月人均失业保险金[其中：安溪、永春、德化6个月人均失业保险金为7065元，其他县（市、区）为7740元]和参保职工人数落实失业保险稳岗返还政策，受疫情影响企业的认定条件明确为：第一季度应征增值税销售额或出口额下降比例从20%下调至10%。当地月人均失业保险金返还标准按照当地最低工资标准的75%进行测算。

泉州市上线企业供需协作信息对接平台

泉州市上线企业供需协作信息对接平台，为全市企业免费提供疫情期间政策查询、供需信息发布、求职招聘信息、公益网课资源等服务。为打破供应链上供需双方的信息壁垒，加快推动龙头企业和协作配套企业同步复工复产，市工信局依托泉州市中小企业公共服务平台，第一时间搭建企业供需协作信息对接平台。企业可通过手机关注“泉州市中小企业公共服务平台”官方微信公众号，有三个方法进入供需平台页面：一是通过公众号底部菜单，点击“涉企服务”，再选择“供需对接”即可；二是通过公众号底部菜单，点击“涉企服务”，再进入“服务大厅”，点击页面上的供需对接平台图片，或者“供需对接”模块即可；三是可以通过公众号对话框，输入“供需”二字，即可通过链接进入供需平台页面。为加快推进制造业龙头企业和协作配套企业复工复产，促进全市经济社会平稳健康发展，市工信局成立市工信系统服务龙头企业及其配套企业复工复产协调组及工作小组，分赴13个县（市、区）300多家市级龙头企业驻点，靠前服务，掌握企业产能状况、技术条件等情况，及时协调解决龙头企业及其上下游企业复工复产过程中遇到的困难和问题。

泉州市对“三类建设项目”免环评审批

疫情防控期间，为落实有关建设项目环评应急服务保障，市生态环境局下发通知，针对国家和地方党委、政府认定亟须的医疗卫生、物质生产、研究试验建设项目（以下简称“三类建设项目”），要求各地生态环境部门建立新、改、扩建的“三类建设项目”台账，对于“三类建设项目”，免于办理环评审批手续，先行建设并投入使用。根据生态环境部、省生态环境厅决策部署，市生态环境部门因地制宜、分类施策，在对“三类建设项目”免办环评审批手续的同时，加强排污情况的监督管理，确保排放满足标准规范要求；疫情结束后仍须使用的，督促“三类建设项目”完善排污许可手续，并纳入证后管理范畴。针对新、改、扩建的“三类建设项目”，市生态环境部门主动靠前服务，指导协调解决好相关生态环境保护问题，重点指导建设单位优化项目选址，采取有效措施做好废水、废气和医疗废物收集处理。同时，协调环境影响评价机构加大技术服务力度，保障相关建设项目及早落地实施。疫情防控期间，市生态环境部门还推行“特事特办，审批不见面”，要求各县（市、区）生态环境部门结合实际，在现场踏勘和技术审查环节，鼓励采用现场照片、录像摄像、专家函审、网络视频会审等方式，最大限度减少人员聚集和交叉感染风险。对不涉及环境敏感目标、环境影响小、环境风险低的报告表类建设项目环评文件，可减免技术审查程序。

2月29日

农历庚子年二月初七
星期六
温度：17℃～27℃
阴转多云

●市人社局、财政局等部门转发省人社厅等部门《关于支持企业疫情防控期间复工稳岗的通知》并细化具体措施，放宽中小微企业失业保险稳岗返还标准，支持助力企业疫情防控期间复工稳岗。

●泉州市上线企业供需协作信息对接平台，为全市企业免费提供疫情期间政策查询、供需信息发布、求职招聘信息、公益网课资源等服务。

●市生态环境局下发通知，针对国家和地方党委、政府认定亟须的医疗卫生、物质生产、研究试验建设项目，要求各地生态环境部门建立新、改、扩建的“三类建设项目”台账，对于“三类建设项目”，免于办理环评审批手续，先行建设并投入使用。

●泉州市、晋江市总工会组织“点对点”接职工返岗复工包机活动，181名员工享受免费包机返岗服务。

3月1日

农历庚子年二月初八
星期日
温度：13℃～24℃
阴

●市扶贫开发领导小组下发关于做好新冠肺炎疫情防控期间脱贫攻坚工作的通知，要求各级各部门分类指导精准帮扶，推进防返贫控新贫稳脱贫工作机制，聚力巩固提升脱贫成果。

●是月起，泉州市在全省率先开展“千医连万企”服务企业复工复产防控工作活动，组建千名医务团队，确保每家复工复产企业至少有1名医务人员挂钩联系。

●市市场监管局组织省特检院泉州分院和省特检院石化中心两个特种设备检验单位，利用特种设备安全监察平台，排查企业受疫情影响需要检验的特种设备，了解复产复工安排，为即将复产复工企业开辟绿色通道。

泉州市分类指导精准帮扶

市扶贫开发领导小组下发关于做好新冠肺炎疫情防控期间脱贫攻坚工作的通知。实施生活救助。市、县两级统筹专项生活保障应急资金，对确诊新冠肺炎患者的贫困户给予5000～10000元的生活补助；对务工收入损失及零售经营损失的贫困户每户给予3000～5000元的生活补助；对疑似病例隔离观察的贫困户及农产品滞销的种养殖业贫困户每户给予3000元的生活补助。实施生产帮扶。帮助带贫企业和贫困户及时恢复生产经营活动，做好春季生产。推进金融扶贫力度，及时发放扶贫小额信贷予以支持。适当延长受疫情影响还款困难贫困户的还款期限，支持扶贫产业发展。全力保障就业。对有稳定就业岗位的，帮助提供交通便利服务，有序组织贫困户返程返岗，推动稳定就业；对尚未落实岗位的，加强适岗培训，提高就业技能，帮助尽快上岗就业；对丧劳动能力无法外出就业的，通过增设公益性岗位，帮助就业。强化产销对接。开展消费扶贫，鼓励支持机关企事业单位食堂优先采购贫困村、贫困户农产品；开展“双拥+扶贫”农产品产销对接活动，提升消费扶贫质量和水平。加快扶贫项目建设。盯紧扶贫项目进度，加快审批，尽可能提早完成前期准备工作。采取以工代赈方式，组织贫困劳动力参与扶贫项目建设。

泉州市在全省率先开展医务人员挂钩企业活动

是月起，泉州市在全省率先开展“千医连万企”服务企业复工复产防控工作活动，组建千名医务团队，确保每家复工复产企业至少有1名医务人员挂钩联系。根据部署，全市各县（市、区）卫健部门结合各地实际，在确保开展好疫情重点地区返回人员、集中隔离医学观察场所密切接触者、出院患者等人员健康管理工作基础上，统筹县域医疗卫生资源，以乡镇为单位，组建以基层医疗卫生机构为主体的医务队伍。市卫健委从基层医疗卫生机构医务人员、村卫生所乡村医生、村计生协管员，以及辖区内自愿参加的个体诊所、民营医院，必要时包括县级医疗卫生机构等中，挑选优秀的医务人员组建医务队伍。这支医务队伍主要服务各辖区内涉及民生的企业、重点龙头企业及关联企业等。以服务规模以上企业为主，覆盖所有规模以上工业企业、大型商场、超市卖场，以及食品生产供应、供水供气供电等行业，兼顾来自市域外员工较多的企业。

医务人员指导企业建立健全员工健康管理档案，做到一人一张健康信息卡，对员工上岗前14天的健康状况、活动区域、是否接触重点疫区人员等信息进行全面登记。指导企业设立卫生健康协管员，落实每日2次观察员工体温体征情况并及时动态登记。同时，指导企业建立内部疫情防控机制和应急处置预案，做好消毒、口罩佩戴、就餐等防控工作。如企业发现员工出现发热乏力、干咳等不适症状的，第一时间报告所在地乡镇（街道）和当地卫生防疫部门，采取防护措施临时隔离，并协调专车送发热门诊进行筛查排除。对来自湖北（武汉）等疫情重点地区的员工，直接报告县卫健部门并联系“120”专车送市、县定点救治医院。

泉州市为特种设备检验开辟绿色通道

为支持企业尽快复工复产，最大限度降低疫情对经济影响，市市场监管局组织省特检院泉州分院和省特检院石化中心两个特种设备检验单位，利用特种设备安全监察平台，排查企业受疫情影响需要检验的特种设备，了解复产复工安排，为即将复产复工企业开辟绿色通道，确保企业顺利开工。根据市市场监管局发布的《新冠肺炎疫情防控期间支持企业和项目复工复产的若干措施》，疫情防控期间，尚未开工使用或不具备检验条件的特种设备，可申请延期检验。对于需要检测的特种设备，泉州市特种设备检验机构通过远程指导等方式，指导企业做好特种设备的拆卸、送检、登记等工作。

国乔泉港石化项目通过视频连线方式签约

国乔泉港石化项目通过福州、泉州、高雄三地视频连线的方式进行签约，标志这个年产100万吨丙烷脱氢及90万吨聚丙烯的项目落地泉港石化工业园区。省委书记于伟国、省长唐登杰、副省长林宝金在福州见证签约；市领导康涛、王永礼在泉州参加。国乔石油化学股份有限公司是中国台湾地区第一家生产苯乙烯单体的企业、唯一尼龙66生产公司，计划在泉州泉港石化工业园投资新建丙烷脱氢及聚丙烯项目。该项目将辐射带动上下游产品和相关行业发展，对石化产业补链、延链、强链起到积极作用。国乔公司董事长杨品正表示，国乔一直在大陆寻找合适的投资发展机会，选择与福建泉州泉港合作，是看中泉港雄厚的石化产业基础、广阔的市场前景和良好的发展空间。近年来，福建推出一系列惠台惠企政策举措，营造“亲商、安商、重商、富商”的投资环境，更加坚定他们的信心。

于伟国强调，福建将贯彻落实习近平总书记在《告台湾同胞书》发表40周年纪念会和参加十三届全国人大二次会议福建代表团审议时的讲话精神，探索两岸融合发展新路，一如既往地为包括国乔在内的所有台企提供优质服务，为项目建设、投产、走向市场创造最佳的投资营商环境，打造台胞台企登陆的第一家园。各地要在确保疫情防控到位的前提下，加大招商引资力度，抓紧抓早抓实好项目大项目落地，把疫情影响降到最低，实现全年经济社会发展目标任务。市委书记康涛主持签约仪式并表示，在省委、省政府支持下，国乔石化与泉州市、泉港区经多轮商洽达成合作。该项目是泉州市石化产业强链、建链、补链的关键环节，将拉动丙烯、聚丙烯等化工产业链延伸布局，形成强大溢出效应，此次签约开启双方互利共赢的前景。泉州将按照省委、省政府部署要求，拿出务实合作的诚意担当，用心用情打造创新、创业、创造的良好发展环境，履行协议承诺，强化从“线上”到“线下”、“纸面”到“地面”的落实，服务好保障好每一个环节、每一个步骤，促进项目加快建设、发展壮大。

泉州市推出十大措施保群众安全就医

市卫健委推出十大措施以维护合理医疗秩序，满足群众疫情时期的基本就医需求。其中，从发热门诊、院感控制、复诊科室、住院病人四方面强化管理。设立发热病人检查专用通道，保证24小时提供医疗服务。落实发热病人分片包干、专人专车转运。执行首诊负责制，不得推诿、拒诊、漏诊或让发热患者自行离开或随意就诊。对所有发热病人应开展血常规检查；有呼吸道症状，应开展胸部影像学检查；对14天内有流行病学史和接触史的发热病人，要采集咽拭子，进行新型冠状病毒核酸检测。凡医学观察期人员出现任何症状，要及时安全转运至县级定点医院诊治，做到“应隔尽隔、应检尽检、应收尽收、应治尽治”。

医疗机构要坚持24小时门禁管理，确需陪护的原则上安排1名固定防护人员，谢绝探视，严禁病区开展门诊服务。要落实医院工作人员（医生、护士、医技、护理员、后勤保障等）、住院患者、陪护人员健康管理和流行病学调查登记。同时，从推行预约就诊、诊间智能服务、“一人一码”就诊流调、门诊“一米线”行动、“互联网+健康服务”、就医宣传引导六方面优化就诊医疗服务，指导各级各类医疗机构恢复和保障正常的医疗服务。医疗机构要动态设置候诊区域，配足引导人员，重点加强预检分诊流调登记处、诊室、医技科室管控，保持就诊人员间隔一米。落实分级诊疗制度，发挥医联体作用，市、县两级公立医院要增派业务骨干到基层接诊慢性病常见病，有效分流就近就医。

泉州市开展关爱支援湖北医护人员家庭“四送”行动

市妇联发起关爱支援湖北医护人员家庭“四送”行动，解决前方医护人员后顾之忧。全市各级妇联主席分头到所有支援湖北医护人员的家中，向家属送上慰问信和慰问金，送去消毒物品、防护服等前方医护急需物资，及家庭营养爱心包、“亲子时光”官微网络爱心课、心理咨询和维权服务。

3月2日

农历庚子年二月初九
星期一
温度：11℃～16℃
多云

● 国乔泉港石化项目通过福州、泉州、高雄三地视频连线的方式进行签约，标志这个年产100万吨丙烷脱氢及90万吨聚丙烯的项目落地泉港石化工业园区。

● 市卫健委推出十大措施以维护合理医疗秩序，满足群众疫情时期的基本就医需求。

● 泉州市开展关爱支援湖北医护人员家庭“四送”行动。

3月3日

农历庚子年二月初十
星期二
温度：13℃~21℃
多云转小雨

●市委常委会会议暨市防控新冠肺炎疫情应急指挥部会议召开，传达贯彻习近平总书记在中央政治局常委会会议上的讲话和对全国春季农业生产工作做出的指示精神，以及省委常委会会议精神，部署近期防控重点工作。

●市委召开常委会会议，传达学习全国、全省宣传部长会议及全省文明办主任会议精神，传达中央、省委政法工作会议精神，传达全国、全省公安厅（局）长会议精神。

●市委常委会会议暨市委网络安全和信息化委员会第三次会议召开，传达中央网信委、省委网信委第三次会议精神。

●市委理论学习中心组学习会召开，学习研讨《习近平在厦门》《习近平在宁德》两部采访实录。

●全国工商联副主席、TCL集团董事长李东生到泉州考察。王永礼与李东生在泉州芯谷南安分园区座谈，并共同见证TCL华星光电技术有限公司与泉州三安半导体科技有限公司签订战略合作意向。

●福州市永春商会和德化商会接收位于福州市台江区的永德会馆。永德会馆使用权在中华人民共和国成立初期作为公产划给福州台江区，历经71年后回归永春、德化两县。

市防控新冠肺炎疫情应急指挥部会议召开

市委常委会会议暨市防控新冠肺炎疫情应急指挥部会议召开，传达贯彻习近平总书记在中央政治局常委会会议上的讲话和对全国春季农业生产工作做出的指示精神，以及省委常委会会议精神，部署近期防控重点工作。会议指出，要咬紧牙关不松懈，严密疫情防控不含糊，克服麻痹思想、厌战情绪、侥幸心理、松劲心态，压实属地和主管部门责任。继续实施网格化、地毯式管理，严把入口、落实措施，形成环环相扣的防输入操作链。要强化养老、救助、儿童福利、精神卫生医疗、监所等特殊场所和重点人群防护措施。要不断找薄弱、堵漏洞、防风险，抓好企业“区隔”管理、外来人员核酸检测等。要精准有序复工复产，抓紧抓好经济社会发展各项工作。提升产能产量，一业一策、一难一策研究措施。抢抓项目建设，加强工作专班协调调度，聚焦堵点难点，拿出更务实管用的办法。打好脱贫攻坚战，落实帮扶措施，确保全面建成小康社会一个都不能少。稳住“三农”基本盘，抓好春季农业生产，稳定农业生产保供。要层层传导压实责任，盯紧关键薄弱环节，加强检查指导，做到问题早发现、整改有力度、真正见实效。要强化党建引领，在疫情防控的大战大考中锤炼干部队伍。

市委网络安全和信息化委员会第三次会议召开

市委常委会会议暨市委网络安全和信息化委员会第三次会议召开，传达中央网信委、省委网信委第三次会议精神。会议强调，要学习贯彻习近平总书记关于网络强国的思想，强化政治引领，把牢政治方向，推动泉州市网信工作高质量发展。要推动网络意识形态工作责任制和网络安全工作责任制落地落实，健全执法联动机制，打好网络综合治理“组合拳”。要加强网上正面宣传和舆论引导，依法查处造谣传谣和有害信息，为打赢疫情防控人民战争、总体战、阻击战提供有力服务、支撑和保障。

市委理论学习中心组学习会召开

市委理论学习中心组学习会召开，学习研讨《习近平在厦门》《习近平在宁德》两部采访实录，领会习近平“人民至上、人民为先”的人民情怀。大家表示，两部采访实录为学习贯彻习近平新时代中国特色社会主义思想提供鲜活教材。一定要认真学习、深刻领会，更好地用以武装头脑、指导实践、推动工作，自觉对标看齐，强化使命担当，把学习成果转化为统筹做好疫情防控和经济社会发展工作的具体成效。会议强调，全市各级党组织和党员干部要带着感情、学出忠诚，全面深入系统学、联系工作实际学、领导干部带头学，把习近平在福建工作时的科学理念、宝贵经验和优良作风传承好、落实好；要带着责任、学出担当，从习近平身上汲取智慧和力量，弘扬“马上就办、真抓实干”优良作风，破解疫情防控和复工复产中的两难甚至多难问题；要带着情怀、学出干劲，到企业、社区、农村等疫情防控第一线，带头扛起责任、经受考验，做到哪里任务险重哪里就有党组织坚强有力的工作、哪里就有党员干部当先锋作表率。

TCL集团董事长李东生到泉州考察

全国工商联副主席、TCL集团董事长李东生到泉州考察。市长王永礼与李东生在泉州芯谷南安分园区座谈，并共同见证TCL华星光电技术有限公司与泉州三安半导体科技有限公司签订战略合作意向。王永礼表示，泉州民营经济活跃、产业基础扎实，希望TCL集团在半导体领域与泉州携手合作、实现共赢；泉州市、南安市政府将主动靠前服务，为项目落地创造良好条件。

王永礼到永春调研春季农业生产工作

市长王永礼到永春调研春季农业生产工作。在东平镇鸿安村，王永礼了解农作物产量、种植技术、服务模式等情况，鼓励农机服务队继续当好“田管家”，传承好口碑，组织好代耕代种等服务，有序推进春季农业生产。在位于石鼓镇的永春县农资公司卿园配送中心，王永礼询问农资库存、销售价格、市场需求等情况，要求相关部门和企业在落实好疫情防控措施的同时，做好物资调度和储备，多措并举“保供应、保质量、稳价格”，提供送货到田间等贴心服务，指导农民科学规范使用农资产品，保障春耕生产正常进行。王永礼还走访慰问贫困户李荣钦一家，关心他们的生活、身体健康，鼓励他们振作精神、增强信心，叮嘱当地落实帮扶措施，千方百计为贫困户排忧解难。

王永礼（右二）在永春县农资公司卿园配送中心调研（图/陈晓东）

市委政法工作会议召开

市委政法工作暨推进市域社会治理现代化和扫黑除恶专项斗争会议召开，总结2019年工作，部署2020年任务。会议指出，2019年泉州市在综治工作、信访工作、扫黑除恶专项斗争中取得优异成绩，圆满完成各项政法工作，营造安全稳定的社会环境。2020年，要围绕全面建成小康社会、三大攻坚战、“一带一路”建设等任务，以及全市中心工作，主动作为，担当使命，营造良好社会环境。要坚持边打边扫、边整边建的长效治理方针，打赢扫黑除恶收官战，夺取全面胜利；要坚持改革创新，探索具有泉州特色、市域特点、时代特征的市域社会治理模式；要坚持抓基层、打基础，推动信息化平台的集成和融合，提升基层基础建设水平；要坚持全面从严治党不动摇，加强教育整顿，打造过硬政法工作队伍；要严格公正文明执法，维护复工复产秩序，扛起疫情防控的政治责任。

全省首批央行再贷款再贴现专用额度资金落地泉州

2月26日，中国人民银行下发文件决定增加再贷款再贴现专用额度5000亿元，用于加大金融支持有序复工复产力度。人民银行泉州市中心支行接到相关通知后，第一时间通过电话、微信等形式向辖内17家地方法人金融机构宣讲政策、摸清需求、对接贷款主体，指导金融机构按照“市场化、普惠性”原则加快涉农贷款和普惠小微贷款投放。3月4日，人民银行泉州市中心支行运用再贴现专用额度资金为泉州银行的小微企业和民营企业的33张票据办理再贴现，金额1.35亿元，惠及企业11家，支持小微企业和民营企业在疫情特殊时期的融资需求。同日，辖内人民银行石狮市支行和惠安县支行分别向石狮农商行、惠安农信联社发放全省首批支小、支农再贷款专用额度2300万元，精准快速对接两家法人机构发放优惠利率贷款，支持泉州市盛达医用卫生材料有限公司、福建省禾祥农业发展有限公司、石狮柏莱酒店等5家涉及制造业、农业、餐饮业小微企业复工复产。人民银行泉州市中心支行贯彻落实疫情防控各项工作部署，指导地方法人金融机构主动对接复工复产企业资金需求，加快再贷款再贴现资金投放，在疫情防控和金融支持企业复工复产关键节点上为地方经济贡献金融力量、彰显金融作为。

3月4日

农历庚子年二月十一
星期三
温度：10℃～14℃
小雨

●王永礼到永春调研春季农业生产工作。

●李转生到位于泉州台商投资区张坂镇的泉州嘉泰鞋业、盛达轻工等企业，调研疫情防控和复工复产工作落实情况，并看望慰问防控一线工作人员。

●市委政法工作暨推进市域社会治理现代化和扫黑除恶专项斗争会议召开，总结2019年工作，部署2020年任务。

●全省首批央行再贷款再贴现专用额度资金落地泉州。

●晋江市乡村治理经验作为典型经验案例，被省农业农村厅择优选取和推广，供各地学习借鉴。

3月5日

农历庚子年二月十二
星期四
温度：10℃～14℃
多云转晴

●第18届世界中学生运动会执行委员会第三次全体会议召开。

●王永礼到泉州人才大厦调研，走访泉州市就业和人才人事公共服务中心、中国海峡人才市场泉州分部，并与相关负责人座谈。

●鲤城、泉港、石狮、晋江、南安、安溪6个县（市、区）级新型冠状病毒核酸检测实验室投入使用。

●市卫健委发布通知，要求各地卫健部门、二级及以上医疗机构应制订具体方案，加强医疗资源统筹调配和门急诊管理，满足人民群众日常医疗服务需求。

●安溪县人民法院适用刑事速裁程序，通过远程视频依法公开开庭审理一起涉疫情防控妨害公务案，当庭以妨害公务罪判处被告人陈某喜有期徒刑一年。此系全省首例宣判的涉疫情防控妨害公务案。

第18届世中运执行委员会第三次全体会议召开

第18届世界中学生运动会（以下简称“世中运”）执行委员会第三次全体会议召开。市长、执委会主任王永礼主持会议并讲话。王永礼指出，各级各有关部门要在市委领导下，按照“目标不变、任务不变、时间不变、标准不降、要求不降、效率不降”的要求，围绕既定方案，倒排时间节点，一如既往地把氛围营造、场馆建设、环境整治、测试赛组织、注册报名、活动组织、市场开发、宣传推介等环节做深做细做实，加快各项筹办工作。同时，要密切关注全球新冠肺炎疫情发展形势，及时采取应对措施，确保赛事安全、出彩。

王永礼调研就业服务中心和人才市场

市长王永礼到泉州人才大厦调研，走访泉州市就业和人才人事公共服务中心、中国海峡人才市场泉州分部，并与相关负责人座谈。在泉州市就业和人才人事公共服务中心，王永礼询问平台访问量、达成就业意向等情况，嘱咐人社部门提升平台的便捷性和知晓率，打造从“网上”到“掌上”的“招聘超市”，凸显平台的公共就业服务功能，做好职业培训、技能提升、人才服务等工作。在中国海峡人才市场泉州分部，王永礼要求，海峡人才市场在站位上，既要立足市场，也要高于市场，围绕服务党委、政府工作大局，以企业、人才需求为导向，做好疫情防控期间企业复工的政策宣传落实和用工保障；在业务上，既要立足企业、产业，也要服务链条、业态，围绕强链建链补链、构建产业生态圈，提供更加精细化的服务；在视野上，既要立足泉州，也要突出海峡，用好两岸融合的相关政策措施，为打造台胞台企登陆的第一家园做出贡献。

全市6个新型冠状病毒核酸检测实验室启用

鲤城、泉港、石狮、晋江、南安、安溪6个县（市、区）级新型冠状病毒核酸检测实验室投入使用。病原核酸检测是新型冠状病毒感染的肺炎确诊最关键的一个环节。6个县（市、区）疾控中心独立进行新型冠状病毒核酸检测，不仅能分担泉州市疾控中心的检测压力，还能提升检测速度，缩短患者确诊时间，有助于实现疫情防控和诊治工作的有机融合、无缝对接，做到“早发现、早报告、早隔离、早治疗”的工作要求。

市卫健委要求严格执行“一人一诊一室”

市卫健委发布通知，要求各地卫健部门、二级及以上医疗机构应制订具体方案，加强医疗资源统筹调配和门急诊管理，满足人民群众日常医疗服务需求。通知要求，二级及以上医疗机构要完善预检分诊、门急诊就诊、住院治疗等重点环节管理，加强医务人员和医用物资调配储备，落实医疗机构内感染预防与控制工作要求。在落实预检分诊制度上，对全部就诊人员进行体温检测，询问发热患者流行病学史，完善门诊区域发热患者隔离处置流程，确保预检分诊和发热门诊有效运行。要引导患者错峰就诊，无紧急情况暂不就诊，尽量减少患者聚集。要管控门诊候诊区域，必要时可进行封闭管理，严格执行“一人一诊一室”，避免患者二次聚集，有条件的医疗机构可以提供网上或电话问诊咨询服务，对于符合条件的慢性病、老年病患者，处方用量可以延长至2个月，减少患者到院就诊次数。通知提出，各级各类医疗机构应当预留充足隔离病房，加强病房24小时门禁管理，患者住院期间原则上不得离开病房，确需陪护的只安排1名固定陪护人员，并做好个人信息登记和有效防护。合理控制手术数量，按照手术指征安排手术时间，非急诊手术延后择期进行，并向患者做好沟通解释。

泉州新冠肺炎确诊病例清零

随着泉州市定点医院最后一例新冠肺炎确诊病例治愈出院，泉州新冠肺炎确诊病例清零。自1月23日泉州市报告首例确诊病例以来，全市报告47例（包括1例危重型、3例重型）确诊新冠肺炎病例已全部治愈，实现确诊患者零死亡、医务人员零感染。疫情发生后，泉州市规范设置89家发热门诊，实行分片区负责、专人专车转运管理，接诊发热病人71307人次。加强重点高危人群有效管理，扫除潜在的暴露风险，做到即检测、即诊断、即转运、即集中收治，达到“应隔尽隔、应检尽检、应收尽收、应治尽治”。泉州市由国家级名老中医、重症、呼吸、感染、内分泌、护理、药学、营养等临床专科组成学科联合医疗攻坚团队，注重中西医结合、临床与护理结合、治疗与康复结合、线上与线下结合，多学科多维度推进医疗救治工作。派驻95名临床、护理、中医等医务人员进驻隔离病区一线，每日专家查房、团队式、多学科联合远程、现场会诊，采取抗病毒、对症支持、心理疏导、营养调理等综合治疗和个性治疗，中医中药益气扶正、托毒祛邪的辨证疗法，实现“一人一团队、一人一方案、一人一专家组、一人一汤药”治疗方案。泉州市对危重症新冠肺炎病例的医疗救治经验，在全省危重症病例交流点评时，受到省级专家肯定。

市政府党组理论学习中心组学习会召开

市政府党组理论学习中心组学习会召开，集中学习研讨《习近平在厦门》《习近平在宁德》两部采访实录。会议强调，要牢记和践行人民利益高于一切，坚持目标引领和问题导向，拿出破解问题、实现目标的思路举措，依靠人民群众，打赢疫情防控的人民战争、总体战、阻击战，夺取疫情防控和实现经济社会发展目标双胜利。要用好辩证思维、系统思维、创新思维、法治思维，增强政府工作的科学性、预见性、主动性、合规性，力戒形式主义、官僚主义，弘扬“滴水穿石”“马上就办”“四下基层”等优良作风，求真务实、执着向前，在大战大考中锤炼政府干部队伍、提升政府治理能力。

全市宣传部长会议召开

全市宣传部长会议以视频会形式召开。会议强调，要抓好2020年宣传思想文化重点工作，举旗定向、立心铸魂，把习近平新时代中国特色社会主义思想“大学习”引向深入；强化管理、完善制度，推动意识形态工作责任制落细落实；把好导向、创新方法，增强新闻舆论工作的传播力引导力影响力公信力；立德树人、成风化人，培育和弘扬社会主义核心价值观；为民惠民、擦亮品牌，推动社会主义文化事业文化产业繁荣发展。要坚持和加强党对宣传思想文化工作的全面领导，加强政治建设，推动宣传思想战线全面从严治党向纵深发展。会议期间，还一并召开全市网信办主任会议、全市文明办主任会议、全市文化广电和旅游工作会议。

泉州市抗击新冠肺炎疫情网络文艺作品直播节目播出

由市委网信办主办、泉州网承办的《抗击新冠肺炎疫情网络文艺作品联播——“泉”民战疫》直播节目，通过新华社现场云App、央视新闻移动网、泉州网、泉州通App、腾讯大闽网、今日头条等多个网络平台同步直播。该直播节目时长约1小时20分钟，有20多个节目，涵盖富有闽南文化特色的木偶戏、南音、闽南说书、高甲戏、歌舞、诗朗诵、沙画等表演形式，均系泉州社会各界人士创作的网络优秀文艺作品，旨在为奋战在防疫抗疫一线的英雄加油打气，为防疫抗疫工作呐喊鼓劲。

3月6日

农历庚子年二月十三
星期五
温度：13℃～19℃
晴转阴

●随着泉州市定点医院最后一例新冠肺炎确诊病例治愈出院，泉州新冠肺炎确诊病例清零。

●市政府党组理论学习中心组学习会召开，集中学习研讨《习近平在厦门》《习近平在宁德》两部采访实录。

●市政协党组理论学习中心组（扩大）学习会议召开，传达学习习近平总书记在中央政治局会议、全国统筹推进新冠肺炎疫情防控和经济社会发展工作部署会议上的讲话和就关心爱护参与疫情防控工作医务人员专门做出的批示精神等。

●十二届市政协第二十四次主席会召开，协商《泉州市政协常委会2020年工作要点（草案）》、市政协2020年度协商工作计划，协商确定市政协十二届四次会议重点提案。

●全市宣传部长会议以视频会形式召开，部署2020年宣传思想文化重点工作。

●由市委网信办主办、泉州网承办的《抗击新冠肺炎疫情网络文艺作品联播——“泉”民战疫》直播节目播出。

3月7日

农历庚子年二月十四
星期六
温度：16℃～22℃
阴转多云

●鲤城区欣佳酒店发生楼体坍塌事故。事故发生后，国家有关部委通过视频连线、派出工作组等指导救援；福建省、泉州市、鲤城区立即组织现场搜救和医疗救治工作。

●泉州网联合中国城市新闻网媒联盟推出的大数据防疫工具箱上线，市民可通过工具箱自助查询具体车次、航班是否与确诊患者相同行程，查询口罩等防护用品生产企业电话、地址等信息，查询网上流传的某消息是否为谣言，了解日常防护知识等。

泉州欣佳酒店发生楼体坍塌事故

鲤城区欣佳酒店发生楼体坍塌事故，71人受困（不含自行逃生9人）。事故发生后，应急管理部视频连线现场调度，国务院安委会办公室会同住建部派出联合工作组连夜到泉州，传达中央领导批示要求，现场指导部署救援救治等各项工作。省委、省政府主要负责人分别到省消防救援总队指挥中心通过现场视频指挥调度和事发现场组织救援。泉州市委、市政府主要负责人现场组织救援，市、区两级联合成立应急救援工作领导小组，领导小组下设救援、医疗、善后、事故调查等工作组。事发当晚，省、市、区三级出动吊车、起重机、挖掘机等应急救援车辆43部、消防车辆126部、救护车20部，消防、医务及其他救援人员1000余名，福建省消防救援总队调派各地市消防救援支队增援。医疗救治队伍第一时间赶到现场，第一时间将救出的伤员就近送到市第一医院、福建医科大学附属第二医院、市中医院、910医院等救治。省卫健委、厦门派出医疗专家38人，国家卫健委派出4名国家级专家，泉州各医院开辟伤员救治绿色通道，做好对事故受伤人员的救治和康复工作。

鲤城区欣佳酒店楼体坍塌事故救援现场（图/潘登 吴嘉晓）

市应急救援工作领导小组就鲤城区欣佳酒店楼体坍塌事故有关处置工作进展情况召开记者会（图/徐佳灵）

12日，为贯彻落实中央领导指示精神和批示要求，依据《生产安全事故报告和调查处理条例》有关规定，国务院决定成立福建省泉州市欣佳酒店“3·7”坍塌事故调查组并开展调查工作。国务院安全生产委员会办公室副主任付建华任组长。至是日，71名受困人员全部搜救出，其中29人遇难。事故共造成29人死亡、42人受伤。

13日，国务院福建省泉州市欣佳酒店“3·7”坍塌事故调查组第一次全体会议在福建泉州召开，宣布事故调查组及其专家组成员名单。会议要求，要重点查清非法建设和违规改造问题，查清欣佳酒店违规经营和为何被选定医学隔离观察点问题，查清有关部门的失职、渎职问题。要科学细致做好专业技术鉴定，准确认定事故性质和责任，依法依规严肃问责。要严格遵守事故调查纪律，严守事故调查秘密，在做好自身防疫情况下，提高工作效率和质量，尽快拿出一份经得起科学、实践和历史检验的调查报告。省委书记于伟国、省长唐登杰参加会议。市委、市政府主要负责人参加会议，汇报现场搜救、医疗救治、善后处置等情况，并做出深刻检讨。

相关链接：该坍塌建筑建于2013年，占地约0.33公顷，主体7层，每层1000平方米，楼高22米，为钢结构建筑物。2018年改造为欣佳酒店，并于当年6月开业，酒店有各类客房66间。新冠肺炎疫情发生后，欣佳酒店被作为集中医学观察点。事发当时，欣佳酒店集中医学观察点共入住重点疫区或有相关旅居史的人员58人，经过核酸检测均为阴性。

泉州市有条件恢复餐饮业堂食

市防控新型冠状病毒感染的肺炎疫情应急指挥部疫情防控和复工复产工作服务小组发布《关于餐饮业复工复产导则的补充通知》（以下简称“通知”），除疫情中风险乡镇外，餐饮业者可根据通知要求有条件地提供堂食服务。通知提出，根据疫情等级和分区分级精准防控的要求，除疫情中风险乡镇外，餐饮业复工复产需按照《关于对疫情防控期间企业、项目复工复产导则修订的通知》，继续落实餐饮业从业人员、顾客管理、经营场所、设备管理、采购进货管理等方面规定，坚持防控不放松。餐饮业者提供堂食服务应当符合单桌人数、座位距离、不聚集，以及保洁、消毒、通风等要求。餐饮业者提供包厢、围桌服务应当实行分餐制，单桌人数减半，就餐人员间隔不少于1米，至少登记1名就餐人员身份及联系方式。就餐人员应当遵守顾客管理规定，有境外境内重点疫区旅居史的就餐人员，餐饮业者应做好必要防控要求并登记。

泉州市加强农贸市场管理

泉州市加强农贸市场管理，实施市场交易“1110”制度，集中休市进行环境消杀，进入农贸市场需要测量体温。“1110”制度是一日一清洁消毒、一周一大扫除、一月一休市、活禽过夜零存栏。在此基础上，农贸市场消毒频次加密到一日2～3次，同时取缔市场及周边占道经营行为。此外，严格市场出入人员管控，在入口设置固定体温测量点，监督摊主及入场人员按要求佩戴口罩，并设置废弃口罩收集点。规范生熟食品管理，加工、销售、存放直接入口食品场所的房间必须配备纱窗、纱门、风帘机、纱罩、玻璃柜等防蝇设施。加密垃圾收运频次，及时密闭清运农贸市场及周边产生的生活垃圾，保障垃圾日产日清。农贸市场售卖的活禽需要有动物检疫合格证明，禁止未经检验检疫或检疫不合格活禽入市交易。活禽销售者需要建立活禽进货查验记录制度，凭动物检疫合格证明采购和销售活禽，查验并留存相关证明材料，禁止销售未按规定进行检疫或检疫不合格以及来源不明的活禽。市场业主需要规范相对独立的活禽交易宰杀区，执行禽类交易空间独立分离，买、卖人禽分离，以及售卖活禽不过夜等措施。

全市每日蔬菜总投放超2000吨

泉州市安排疫情防控期间蔬菜应急调运专项资金，每日增加蔬菜调运量150～300吨，全市每日蔬菜总投放量超2000吨，市场蔬菜供应总体充裕、价格稳定。在市区新华都超市（东海大街店），数十种水叶菜、根茎菜、菌菇等供市民选购，政府指定农副产品平价销售区的指示牌摆在显眼的位置，“平价蔬菜”价格在4～6元/千克，“平价鸡蛋”价格9元/千克，平价商品质优价廉受到市民的喜爱。在新门街菜市场，蔬菜总体零售价格在4～12元/千克的居多。市商务局相关负责人介绍，全市各大超市正常经营，但普遍缩短经营时间，新华都、永辉、大润发等大型连锁超市的蔬菜价格稳定。此外，猪肉供应逐步恢复，上市生猪充裕，屠宰量逐步回升，恢复到节前日均消费生猪量的八成水平。鸡蛋方面供应充裕，价格出现下跌，由于鸡蛋在冬季便于储存，各超市、农贸市场储备5～7天的鸡蛋消费量。

泉州市举行元宵线上有奖猜灯谜活动

元宵节，市工人文化宫举行元宵线上有奖猜灯谜活动。此次100条元宵线上灯谜，皆为泉州谜家原创，创作素材包含疫情防控、十九大热词、泉州元素等。市民足不出户便可以参与，每条谜猜对谜底的前三名还有奖品。自古以来，猜灯谜已经成为泉州人过元宵节的“标配”。泉州灯谜早在北宋就已经相当兴盛，明清时，元宵花灯下“悬谜点缀，任人猜射”。

3月8日

农历庚子年二月十五
星期日
温度：16℃～19℃
阴转小雨

●市应急救援工作领导小组召开新闻发布会，市应急救援工作领导小组常务副组长、市委常委、常务副市长洪自强通报鲤城区欣佳酒店楼体坍塌事故经过和现场救援等有关情况；市卫健委、鲤城区政府、市消防救援支队相关负责人参加发布会并答记者问。

●市防控新型冠状病毒感染的肺炎疫情应急指挥部疫情防控和复工复产工作服务小组发布《关于餐饮业复工复产导则的补充通知》，除疫情中风险乡镇外，餐饮业者可根据通知要求有条件地提供堂食服务。

●泉州市加强农贸市场管理，实施市场交易“1110”制度，集中休市进行环境消杀，进入农贸市场需要测量体温。

●泉州市安排疫情防控期间蔬菜应急调运专项资金，每日增加蔬菜调运量150～300吨，全市每日蔬菜总投放量超2000吨，市场蔬菜供应总体充裕、价格稳定。

●泉州市举行元宵线上有奖猜灯谜活动。

3月9日

农历庚子年二月十六
星期一
温度：16℃～26℃
阴转中雨

●市人大常委会党组扩大会议召开，研究市人大常委会党组2020年度关于落实全面从严治党主体责任的实施方案、意识形态工作、理论中心组学习计划、精神文明建设工作等。

●市人大常委会党组理论中心组学习会召开，传达学习习近平总书记在中央政治局会议、统筹推进新冠肺炎疫情防控和经济社会发展工作部署会议、中央政治局常委会会议、十九届中央纪委四次全会上的讲话，传达学习习近平总书记就关心爱护参与疫情防控工作的医务人员专门做出的指示精神、对全国春季农业生产工作做出的批示精神等。

●省政府同意增补南外宗正司遗址、市舶司遗址、顺济桥遗址、安溪青阳下草埔冶铁遗址4处遗址为第九批省级文物保护单位。

●市应急救援工作领导小组召开记者会，通报鲤城区欣佳酒店楼体坍塌事故有关处置工作进展。领导小组下设的救援组、医疗组及善后处置组相关负责人分别对现场救援、人员救治、事故阶段性善后处理等情况进行通报。

●中交二航局新建福厦铁路6标项目部66人应急救援小组，带着各种机械设备连夜赶到鲤城区欣佳酒店，增援现场救援工作。

市人大常委会党组扩大会议召开

市人大常委会党组扩大会议召开，研究市人大常委会党组2020年度关于落实全面从严治党主体责任的实施方案、意识形态工作、理论中心组学习计划、精神文明建设工作，研究市人大常委会机关干部网络培训管理实施细则、国家工作人员因私事出国（境）管理暂行规定，以及机关党的建设、党风廉政建设、保密工作等内容。会议强调，要保持政治定力，营造风清气正的机关良好政治生态，推动新时代全面从严治党向纵深发展；要推动理论武装工作深入开展，提高领导干部的理论水平和工作能力；要抓好相关细则和规定的贯彻执行，提升整体工作水平和效能；要健全完善相关规章制度，注重成果转化运用，确保意识形态工作责任制落深落细落实；要坚持党建与业务工作同向同步发力，加强机关党支部的标准化、规范化建设。会议还听取2019年度党组成员述责述廉评议结果和整改情况报告。

市人大常委会党组理论中心组学习会召开

市人大常委会党组理论中心组学习会召开，传达学习习近平总书记在中央政治局会议、统筹推进新冠肺炎疫情防控和经济社会发展工作部署会议、中央政治局常委会会议、十九届中央纪委四次全会上的讲话，传达学习习近平总书记就关心爱护参与疫情防控工作的医务人员专门做出的指示精神、对全国春季农业生产工作做出的批示精神，传达学习《纪检监察机关处理检举控告工作规则》，中央深改委第十二次会议精神，《中国共产党党和国家机关基层组织工作条例》和《中国共产党国有企业基层组织工作条例（试行）》，全国组织部长会议、中央政法工作会议精神，以及省委、市委有关会议精神。会议指出，要把推动复工复产与开展年度工作相结合，逐步有序推进工作。要加强对春季农业生产情况的跟踪了解，督促解决存在问题，确保不误农时。要结合专题调研，把握关键、提出意见，为泉州市医护人员和困难群众排忧解难。

泉州市4处遗址增补为省级文保单位

省政府同意增补泉州市4处遗址为第九批省级文物保护单位。这4处新增补的省级文保单位，分别是坐落于鲤城区古榕巷60号院内的泉州市南外宗正司遗址、坐落于鲤城区海滨街道办事处水门社区的市舶司遗址、坐落于鲤城区晋江江面上的顺济桥遗址，以及坐落于安溪县尚卿乡青洋村南450米处的安溪青阳下草埔冶铁遗址。南外宗正司遗址系一处掌管宋代外居宗室事务的官署和南宋皇族居住地遗址，对于研究南宋时期宋代外居宗室迁移到泉州、参与海外交通贸易，促进泉州政治地位的提高、社会经济的发展和文化繁荣等方面具有重要意义。市舶司遗址是重要的古海关遗址。它既是古代泉州海上商贸管理制度的重要实物见证，也是泉州港繁荣的历史见证之一，为研究泉州地区古代商贸管理制度和泉州海洋贸易提供重要史料。顺济桥始建于南宋，是泉州知州邹应龙以外国商人的资金建成，为研究泉州地区古桥梁发展历史和泉州海洋贸易提供重要史料。安溪青阳下草埔冶铁遗址系宋元时期留存下的古铁矿冶炼遗址，是泉州乃至福建重要的冶铁场地。该遗址的发现，为研究“古泉州（刺桐）史迹”提供重要实物依据。

泉州市舶司遗址（图/吴寿民）

市委常委会（扩大）会议学习习近平批示精神

市委常委会（扩大）会议召开，学习贯彻习近平批示精神和李克强等中央领导批示精神，落实国务院安委会办公室、应急管理部、卫健委、住建部等部委工作要求和省委、省政府部署要求，研究安排鲤城区欣佳酒店楼体坍塌事故后续救援救治和全市安全生产工作。

会议强调，要把抢救生命放在首位，只要有一丝希望就必须百倍努力，争分夺秒、安全高效全力搜救。要统筹做好现场施救作业和疫情防控工作，确保不发生次生灾害。把伤员救治作为重中之重，集中医疗专家、调配优质资源，“一人一案”科学精准救治。要做好善后事宜，全面深入开展调查，彻底查清事故原因，依法依规追究责任。要及时发布信息，主动回应社会关切和舆论关注。要痛定思痛、痛下决心，抓好安全生产和安全隐患大排查大整治。紧盯房屋安全，全面彻底排查整治各种违建问题，完善规划、审批、建设、管理等机制，依法从严管理民房出租和经营。要举一反三、堵塞漏洞，组织开展安全生产百日攻坚行动，突出抓好复工复产安全生产工作，盯牢事故多发易发重点地区、重点行业领域和重点企业，深化危险化学品、交通运输、消防、矿山、公共安全等各方面安全整治，做到隐患不消除的不放过、长效管理不落实的不放过。要落实“党政同责、一岗双责、齐抓共管、失职追责”，压实属地责任、监管责任和企业主体责任。要增强风险意识、底线思维，慎之又慎，细之又细，实之又实，有力有序有效贯通企业安全复工复产的“操作链”“责任链”，对每一起安全事故依法依规严肃查处、绝不姑息，确保安全生产各项工作落深落细落实。

市政府党组会议部署安全生产工作

市政府党组会议召开，就贯彻市委常委会会议精神，做好安全生产工作进行再部署。会议强调，要举一反三，迅速开展安全生产百日攻坚行动，盯紧盯牢事故多发易发的重点行业、重点领域、重点企业，深化安全隐患排查整治，维护人民群众生命财产安全。市政府党组成员要压紧压实安全生产“一岗双责”，督促分管部门落实监管责任、分管领域企业落实主体责任，确保安全生产各项工作抓实抓细抓到位。同时，统筹抓好疫情防控和复工复产，堵住境外疫情输入，推动企业满产达产。

市人社局组织到三省开展劳务协作

泉州市人社局会同市总工会、市工商联等及部分县（市、区）人社部门、企业，分四组到云南、贵州、四川等省的重点劳务输出地区开展劳务协作，“点对点”接新老员工返回泉州上班，“以老带新”吸引更多人才到泉州，支持企业复工复产。10日，泉州市人社局、市总工会等组成的劳务协作工作组抵达贵州省铜仁市。经与当地人社、工会部门展开劳务对接工作，11日即组织安排两辆大巴车输送首批67名职工返回泉州上班。该批铜仁籍人员于12日抵达泉州，用工企业及时安排工作人员接回。泉州市劳务协作工作组还与当地人社局、总工会开展劳务对接合作，力争两地劳务合作惠及更多农民工。

此外，在贵州遵义市桐梓县，经泉州市人社局与当地人社局提前对接，南安九牧集团老员工采取“以老带新”模式，动员当地农民工到泉州务工。11日新招聘员工23人，12日出发安全返回泉州。泉州劳务协作工作组还于15日带领泉州台商投资区4家品牌企业到遵义市开展劳务合作对接，鼓励引导老员工“以老带新”，吸引更多人到泉州安居乐业。而在云南省，泉州市人社局组织泉州近10家重点企业到红河州开展人力资源合作交流活动。分别与红河州就业局、屏边苗族自治县人社局就两地劳务协作工作达成合作共识，签订人力资源合作框架协议。泉州市人社局劳务协作工作组也带领5家企业代表到四川达州，开展劳务协作对接活动，挖掘达州丰富的人力资源，支持泉州企业复工复产。

3月10日

农历庚子年二月十七
星期二
温度：14℃～22℃
小雨转多云

●省委常委、常务副省长张志南代表省委、省政府到福建医科大学附属第二医院和泉州市第一医院，康涛、王永礼到泉州市第一医院和910医院，看望慰问正在接受治疗的鲤城区欣佳酒店楼体坍塌事故受伤人员。

●市委常委会（扩大）会议召开，学习贯彻习近平批示精神和李克强等中央领导批示精神，落实国务院安委会办公室、应急管理部、卫健委、住建部等部委工作要求和省委、省政府部署要求，研究安排鲤城区欣佳酒店楼体坍塌事故后续救援救治和全市安全生产工作。

●市政府党组会议召开，就贯彻市委常委会会议精神，做好安全生产工作进行再部署。

●市政府召开视频工作会议，部署泉州市房屋安全排查整治相关工作。

●泉州市人社局会同市总工会、市工商联等及部分县（市、区）人社部门、企业，分四组到云南、贵州、四川等省的重点劳务输出地区开展劳务协作。

3月11日

农历庚子年二月十八
星期三
温度：13℃～18℃
阴转小雨

●省委常委会召开会议，贯彻落实党中央、国务院要求，研究部署鲤城区欣佳酒店楼体坍塌事故处置、安全隐患大排查大整治工作。

●市政府召开新闻发布会，通报鲤城区欣佳酒店楼体坍塌事故有关处置工作进展。洪自强通报现场搜救、医疗救治、善后处置、事故前期调查等有关情况；鲤城区政府主要负责人、负责有关工作的市政府副秘书长、市卫健委相关负责人等参加发布会并答记者问。

●市商务局、市司法局、市贸促会、市律师协会组建涉外法律服务律师团。

●兴业银行泉州分行与晋江市政府签署协议，在符合相关法律法规及信贷政策的前提下，简化业务流程，扩大金融服务覆盖能力，为晋江民营企业提供20亿元综合金融支持。

●东南早报联合阿里巴巴天天正能量发起“共圆英雄梦”活动，征集战疫英雄的温暖心愿或他们的困难及诉求，为英雄圆梦。

泉州市组建涉外法律服务律师团

市商务局、市司法局、市贸促会、市律师协会组建涉外法律服务律师团。律师团由泉州各知名律师事务所26名律师组成，至疫情解除后六个月内，为需要帮助的泉州企业提供免费的涉外法律咨询服务。

律师团服务内容主要包括三个方面：一是通过泉州重点进出口企业微信群、网站、公众号等线上形式，收集并通报疫情期间有关国家进出境管制措施、贸易限制措施、贸易救济调查与贸易壁垒措施，指导企业及时与贸易相关方沟通完善外贸合同，主动防范因管制措施引发的法律风险。二是对外贸企业由于疫情原因无法按时交付订单造成合同违约或取消的，或者由于疫情原因造成货物被拒收的，由涉外法律服务律师团为企业提供相关法律意见或帮助，减少企业经济损失。三是针对隔离措施、延迟复工、限制入境、港口限制、履行通知义务、医用物资征用、突发公共卫生事件响应级别等多种情况，指导企业向泉州市贸促会申请办理与不可抗力相关的事实性证明应对疫情影响，维护企业权益。

律师团通过联合组建单位官方网站、微信公众号等多种渠道，主动公开个人联系方式，企业若遇到相关法律问题，可以拨打电话或通过微信、邮件等线上沟通方式，进行免费法律咨询。尽管该律师团成员名单上只有26个人，但市律师协会600多位会员都会参与公益服务。名单之外还有更庞大的“律师团”作为泉州企业的后盾，提供专业的涉外法律服务，指导企业应对风险，帮助企业化解纠纷。

由市商务局牵头成立的泉州涉外法律服务站成立于2018年，曾多次到全市各个县（市、区）、产业带调研，为企业问诊把脉，并针对特定行业、新法规、新贸易形势等举办公益性讲座。市商务局有关负责人表示，疫情之下，涉外法律服务律师团能够快速成立，得益于一年多来涉外法律服务站开展的基础性工作，也体现和发挥了服务站的作用。

全省“金服云”首个县（市）级专区在晋江上线

兴业银行泉州分行与晋江市政府签署协议，在符合相关法律法规及信贷政策的前提下，简化业务流程，扩大金融服务覆盖能力，为晋江民营企业提供20亿元综合金融支持。该行还在福建省金融服务云平台（以下简称“金服云”平台）专门开设晋江专区。

“金服云”平台是由省金融监管局、数字办牵头推动，兴业银行负责建设和运营的线上综合金融服务平台。该平台以政务数据为基础、企业经营数据为核心、第三方数据为补充，打破信息孤岛、突破银企信息不对称瓶颈，形成金融数据资源中心、多元对接各类金融机构，致力于为福建省企业提供一站式全方位金融服务。平台已对接工商、税务、市场监管、信用惩戒、电力等4000多个数据指标。晋江是泉州市的经济重镇，作为“晋江经验”的发源地，晋江超九成以上的企业是民营企业。晋江专区是“金服云”平台为服务区域民营经济开设的首个县（市）级专区。通过开设该专区，兴业银行将更充分地发挥金融服务民营企业的作用，为晋江民营企业提供特色化金融产品、服务和政策。

“金服云”晋江专区分三个板块。第一是特色服务板块，开通企业融资对接窗口，晋江区域企业可通过填报《晋江市企业融资需求对接表》发布融资需求，由政府相关部门协调银行与企业对接。第二是推荐产品板块，由兴业银行发布各类产品供企业选择，企业可在线选择所需产品类型并进行申请。第三是政策解读板块，兴业银行定期把区域政策发布在该板块内，及时让企业了解近期政府扶持企业的政策内容。

兴业银行此次依托“金服云”平台线上融资服务功能，为晋江企业打造了推荐产品板块。使用该板块申请线上融资“快易贷”“快押贷”产品的晋江企业，兴业银行将通过大数据为企业精准评分、画像，为其智能匹配融资需求及金融供给，实现线上申请、审批、提款的全线上融资服务。

李德金到泉州调研房屋安全排查整治工作

副省长李德金到南安、晋江察看部分集中隔离健康观察点、在建工程、复工复产企业员工集中居住区、危旧房屋改造等现场疫情防控和安全生产情况。李德金要求，要以集中隔离健康观察场所、在建工程和复工复产企业员工集中居住用房、钢结构酒店和厂房、出租经营房屋等人员密集的公共场所房屋为排查重点，从规划、建设、管理等环节全面摸底，对存在严重安全隐患的要立即停用、马上转移、立即整改；要全面排查整治房屋，特别是改扩建建筑物、老旧危房的安全隐患，实施清单销号管理，该拆除的坚决拆除。

全市森林防灭火工作电视电话会议召开

全市森林防灭火工作电视电话会议召开，部署全市森林防灭火工作。会议指出，要强化应急、林业、公安等部门管理责任，根据职责分工衔接好“防”与“救”的责任链条，形成工作合力。要压实落地火源管控责任，强化群防群治，排查整治火灾隐患，加强重点区位可燃物清理。要强化应急准备，充实值班力量，落实领导带班制度。要强化科学指挥安全扑救，要及时修订完善应急预案，做到“打早、打小、打了”。

泉州市教育系统疫情防控应急演练举行

泉州市教育系统新冠肺炎疫情防控应急演练在鲤城区实验小学举行。演练现场，学校老师以情景模拟和现场演练相结合的方式，对入校体温筛查、学生上课期间突然发热两个情景进行现场模拟，演练学校发现异常迅速启动应急预案，及时开展登记问询、隔离观察、消毒消杀等工作，并按程序进行上报等应急处置过程。演练全程平稳有序、分工明确、行动快捷、措施得当，为之后学生返校复学和突发事件应急处置积累经验，为参加观摩的学校提供借鉴。防止疫情输入校园，筑牢校园疫情防控安全网是复学准备工作的重中之重。为推进辖区各学校疫情防控精准施策，鲤城区教育局根据“科学统筹、因地制宜、因时制宜、一校一策”原则，督促指导各学校制定开学复课防疫工作方案，细化防疫举措,完善应急预案,组织全区中小学、幼儿园全面开展校园疫情防控实战演练，推进疫情防控精细化管理，梳理规范化流程，优化、完善防控机制，科学有序推进复学准备工作。

泉州本土动画片《狮来运转》全球首播

由泉州本土动漫企业牵头研发，旨在推广泉州本地城市超级IP的动画片《狮来运转》全球首播，成为泉州市县域经济城市营销的创新之举。《狮来运转》是一部以冒险、喜剧、生活和团队协作为特点的中华狮文化题材大型3D系列动画片，主要体现泉州石狮人爱拼敢赢的精神信仰。动画剧情中，一个个既可爱又搞笑的小故事串联起四只小狮子的成长经历，让小朋友在观看动画片的同时，也能理解到“爱拼敢赢”的石狮文化。除故事引人入胜外，《狮来运转》动画还在场景中融合闽南传统元素，还原石狮当地的风景名胜。

相关链接： 城市超级IP是对一个城市精气神特色凝练而创造出的一个符号化、个性化的具体形象，它具有广泛的吸引力和传播性，能快速聚集人气和提高城市认知度。打造城市超级IP成为国内不少知名城市如西安、成都的共同选择，石狮市自2018年以来在城市营销中全面引入城市超级IP概念，这种创新做法在全省尚不多见。

动画片《狮来运转》海报（资料图片）

3月12日

农历庚子年二月十九
星期四
温度：13℃～17℃
小雨

●为贯彻落实中央领导指示精神和批示要求，依据《生产安全事故报告和调查处理条例》有关规定，国务院决定成立福建省泉州市欣佳酒店“3·7”坍塌事故调查组并开展调查工作。国务院安全生产委员会办公室副主任付建华任组长。是日，鲤城区欣佳酒店楼体坍塌事故现场搜救出1名受困人员，救出时已无生命体征。至此，71名受困人员全部搜救出，其中29人遇难。

●副省长李德金到南安、晋江察看部分集中隔离健康观察点、在建工程、复工复产企业员工集中居住区、危旧房屋改造等现场疫情防控和安全生产情况。

●全市森林防灭火工作电视电话会议召开，部署全市森林防灭火工作。

●泉州市教育系统新冠肺炎疫情防控应急演练在鲤城区实验小学举行。

●市市场监管局发布2019年度消费维权典型案例。市消费者权益保护委员会提醒市民理性消费，切勿被市场上五花八门的营销手段冲昏头脑，同时商家也应诚信经营，营造公平良好的消费环境。

●由泉州本土动漫企业牵头研发，旨在推广泉州本地城市形象的动画片《狮来运转》全球首播，成为泉州市县域经济城市营销的创新之举。

3月13日

农历庚子年二月二十
星期五
温度：14℃~22℃
雾转小雨

●国务院福建省泉州市欣佳酒店“3·7”坍塌事故调查组第一次全体会议在泉州召开，对事故调查工作提出要求，宣布事故调查组及其专家组成员名单。

●全市安全生产工作视频会议召开，学习贯彻习近平批示精神，贯彻落实李克强等中央领导批示要求，落实国务院福建省泉州市欣佳酒店“3·7”坍塌事故调查组第一次全体会议精神，落实国务院安委会办公室、应急管理部、住建部、卫健委等部委和省委、省政府部署要求，研究部署全市安全生产工作。

●市防控新型冠状病毒感染的肺炎疫情应急指挥部办公室发布《关于进一步落实疫情分区分级精准防控和加快推动复工复产工作的通知》，指出要分区分级、精准防控，统筹推动复工复产有序有力开展。

●泉州市第一家依托异地泉州商会设立的市级异地劳务协作工作站，在云南省保山市授牌。

●晋江农商银行“村务卡”联名卡首发仪式在晋江市农业农村局举行，仪式上发放全省首张特别定制的“村务卡”。

泉州市落实疫情分区分级精准防控工作

市防控新型冠状病毒感染的肺炎疫情应急指挥部办公室发布《关于进一步落实疫情分区分级精准防控和加快推动复工复产工作的通知》（以下简称“通知”），指出要分区分级、精准防控，统筹推动复工复产有序有力开展。根据通知要求，各级各部门要以乡镇（街道）为单位，实施差异化防控策略：低风险地区要在落实防控措施的前提下，全面复工复产，不得对本小区（自然村）业主（村民）及承租户限制出入，不得自行设置限制规定，全面提供日常医疗服务，全面恢复正常生产生活秩序，确保人员正常出行和生产生活物资正常流通。中风险地区要分不同行业、不同企业、不同时段有序推进复工复产，实现向低风险地区转变。无确诊病例的小区（自然村），参照低风险地区采取防控措施；有确诊病例的小区（自然村），通过流行病学调查，以最小单元实施针对性防控措施，有序提供正常医疗服务，尽快恢复正常生产生活秩序。

分类实施人员管控和上岗。来自疫情中风险地区的人员，应当自到达目的地开始实行居家隔离医学观察14天；来自湖北（武汉）及省外疫情重点地区的人员，解除隔离观察后、上岗前应进行核酸检测筛查；对境外进入泉州人员，按照“外防输入”策略，无差别执行相应措施；对有外出需求或进入泉州返回泉州的人员，可通过“闽政通”App申领“八闽健康码”，作为证明个人健康状况电子凭证，亮码通行。人员聚集场所分类防控。企业要确保每日对上岗员工进行不少于2次的体温检测，规范做好企业工作场所、食堂、电梯等公共区域、宿舍及相关物品的清洁消毒，经常保持室内通风，采取分餐、错峰用餐、延长食堂供餐时间等措施，避免员工聚集；商超应推荐顾客自助购物、自助结算，缩短排队等候时间；提供住宿服务的经营单位要如实登记旅客信息，对来自疫情重点地区的旅客进行排查并及时报告当地疾控机构；汽车站、机场、动车站等人员密集场所要做好消毒、通风，严格落实体温筛查；监管场所、养老机构、福利院、精神卫生医疗机构等特殊场所，要全面排查入监干警职工、医务人员、工作人员等，落实体温检测和健康监测制度，禁止有可疑症状的人员上岗。

石狮晨光化纤染织有限公司生产车间，智能化纺纱机高速运转（图/李荣鑫）

泉州市第一家异地劳务协作工作站授牌

泉州市第一家依托异地泉州商会设立的市级异地劳务协作工作站，在云南省保山市授牌。该工作站一成立，立即启动两地劳务协作，15日即协助新招聘21名保山籍人员到泉州就业。泉州市人社局、泉州市工商业联合会确定20家首批异地市级劳务协作工作站。

晋江发放全省首张“村务卡”

晋江农商银行“村务卡”联名卡首发仪式在晋江市农业农村局举行，仪式上发放全省首张特别定制的“村务卡”。“村务卡”是晋江加强农村集体“三资”（在集体所有制下，农村集体所有的资金、资产和资源）监管力度，推行村级财务资金网络收支结算机制，实现村级财务资金收支情况网络留痕、网上监管的又一创新举措。“村务卡”使用对象为晋江市村级报账员，该卡提供账户资金动账提醒，生成收付款二维码，为村级财务管理和监督提供网络化服务。每一笔支出、报销、收款均留有痕迹。

泉州市强化考核确保施工质量

市重点办下发关于抓紧、抓严、抓牢重点项目建设安全施工和疫情防控底线工作的通知，要求各重点项目分级管理单位督促建设单位、施工单位，在确保安全施工的同时开足马力，确保3月下旬市级重点项目基本实现满负荷复工。通知强调，在抓重点项目复工复产的同时，要高度重视安全施工和疫情防控工作，把控好复工过程中安全施工组织安排、监督检查。通知要求，在满负荷复工前，各重点项目分级管理单位将督促建设单位、施工单位，组织开展问题隐患排查治理。对发现的安全质量隐患和问题“零容忍”，及时采取有效措施，确保落实整改。此外，根据各自项目特点和实际情况，强化建筑企业起重机械、高支模、深基坑、隧道、有限作业空间等重点领域安全管控，严格大型设备的管理；对分包单位和作业队伍人员特别是新上岗人员，加强安全教育培训和技术交底，保障安全施工工作落实到位、落实到人。

泉州市从严开展安全施工责任考核，对建设单位、施工单位和监理单位进行约束。通知明确，建设单位发生一起较大事故以上或两起一般事故以上安全责任事故的，或年度中因安全问题被有关部门通报批评两次以上的，年度考核为“较差”。施工单位未履行安全施工管理职责，违反规章制度和操作规程冒险作业的，或对施工安全隐患不采取措施予以消除的，年度考评为“C”；发生一起较大事故以上或两起一般事故以上责任事故的，年度考评为“D”。监理单位发现安全施工隐患未及时要求施工单位整改或者暂停施工的，或发生一般事故等级的责任事故需要承担监理责任的，年度考评为“C”；工程发生一起较大事故以上或两起一般事故以上责任事故，需要承担相应监理责任的，年度考评为“D”。同时，强化安全防控反向约束机制。对因疏忽大意、推诿扯皮乃至玩忽职守导致项目发生安全生产或疫情防控事件的，视情节轻重追究个人或和所在单位责任。对“不敢担当、执行不力、作风不实”的，一律调离重点项目岗位，由所在单位扣发当年绩效奖；因管理不到位出现安全隐患造成不良后果的，由相关督查检查小组将相关情况通报市委政法委、文明办，对所在单位“平安单位”“文明单位”考评予以扣分。

泉州市出台方案加强“互联网+在线监管”创新

市生态环境局印发《2020年度泉州市危险废物规范化管理工作方案》（以下简称“方案”），提出要坚持全过程精细化管理，突出重点产废单位、经营单位和其他产废单位，对产废量大、环境敏感且风险高的重点行业企业，做到全覆盖。

方案围绕精准管理、分级管控、部门联动、创新试点四个要求，分成市、县两个层面，按照“一季一重点”，分别对全市危险废物经营企业、重点产废企业、工业源产废企业、社会源产废企业开展规范化管理考核和“回头看”。监管方式上，泉州市加强“互联网+在线监管”创新，以生态云亲清服务平台为抓手，运用电子转移联单、视频监控、电子标签等先进手段，构建涵盖危险废物管理计划、产生、贮存、转移及处置全过程信息化监管体系，实现危险废物“来源可查、去向可追、监督留痕、责任可究”。针对小微企业在危险废物方面存在“收集难、转移手续烦琐、费用高”等现象，深化“放管服”改革，探索机动车废油“零散收集”制度试点、漂染行业和铅蓄电池领域危险废物集中收集转运试点、重点涉危险废物企业贮存仓库信息化、可视化、智能化建设示范点等。

助力泉州佛教寺院疫情防控物资捐赠仪式举行

助力泉州佛教寺院疫情防控物资捐赠仪式在庆莲寺举行，向全市466座依法登记的佛教寺院和泉州佛学苑捐赠口罩6.5万只、红外线体温计690支，价值约42万元。图为捐赠仪式。

（图/市民宗局）

3月14日

农历庚子年二月廿一
星期六
温度：12℃～16℃
小雨转晴

●市重点办下发关于抓紧抓严抓牢重点项目建设安全施工和疫情防控底线工作的通知，要求各重点项目分级管理单位督促建设单位、施工单位，在确保安全施工的同时开足马力，确保3月下旬市级重点项目基本实现满负荷复工。

●市生态环境局印发《2020年度泉州市危险废物规范化管理工作方案》，提出要坚持全过程精细化管理，突出重点产废单位、经营单位和其他产废单位，对产废量大、环境敏感且风险高的重点行业企业，做到全覆盖。

●助力泉州佛教寺院疫情防控物资捐赠仪式在庆莲寺举行，向全市466座依法登记的佛教寺院和泉州佛学苑捐赠口罩6.5万只、红外线体温计690支，价值约42万元。

3月15日

农历庚子年二月廿二
星期日
温度：13℃～20℃
晴

●继收听收看全省房屋结构安全隐患大排查大整治"百日攻坚"专项行动动员部署视频会议之后，泉州市随即召开视频会，部署落实全市房屋安全隐患大排查大整治工作。即日起,泉州市启动安全生产隐患大排查大整治工作，在全市范围内开展全面、彻底的安全生产隐患大排查大整治。

●市教育局印发通知，决定从即日起，在全市开展无证幼儿园和校外培训机构专项治理攻坚行动，并纳入全市教育系统学校安全攻坚行动。

●由丰泽区政府、泉州晚报社指导，丰泽区商务局主办的丰泽区首届线上购物节启动。

全市安全生产隐患大排查大整治启动

继收听收看全省房屋结构安全隐患大排查大整治"百日攻坚"专项行动动员部署视频会议之后，泉州市随即召开视频会，部署落实全市房屋安全隐患大排查大整治工作。即日起,泉州市启动安全生产隐患大排查大整治工作，在全市范围内开展全面、彻底的安全生产隐患大排查大整治。

对全市所有利用民房、厂房、酒店、宾馆等改用的隔离观察场所，开展全覆盖安全检查，消除安全隐患。落实隔离观察场所建筑安全管理责任，组织专人加强隔离观察场所及周边环境的安全巡查，加强对隔离观察场所改造装修的安全监管执法，依法打击未办理施工许可和安全监管手续擅自施工、未经设计单位审核并报批擅自改变房屋主体和承重结构等违法违规行为。组织开展已开工复工项目工作人员集中居住场所安全风险隐患专项排查整治，为隔离观察人员提供良好的服务保障。对定点医院、集中隔离观察点等，开展一对一安全服务，指导管理单位落实主体责任，一手抓疫情防控，一手抓安全生产，建立健全内部安全责任制和安全管理机制，分病区、分网格开展常态化安全风险隐患排查治理等。从规划、建设、管理等各个环节开展安全隐患排查整治，推进房屋安全隐患排查整治专项行动。重点整治利用旧厂房、旧建筑擅自改变功能。全面彻底排查"四无"（无审批手续、无专业设计、无专业施工、无竣工验收）房屋。对排查出的"四无"房屋，一律暂停使用，责成业主委托有资质的单位进行安全性鉴定，并根据鉴定结果，采取分类处置措施。排查整治房建、市政、道路、港口码头、铁路、机场、水利、电力等各类工程项目安全隐患，打击违法分包转包和以包代管、盲目抢工期赶进度等违法违规行为。

同时，全市举一反三堵塞漏洞，防控重点行业领域安全风险。危险化学品方面，开展危险化学品本质安全三年提升行动，加强危险化学品企业安全监管，组织化工园区和危险化学品企业开展隐患排查整治。落实危险化学品"禁限控"目录，开展废弃危险化学品等危险废物排查等。交通运输方面，道路运输要继续开展道路交通安全综合整治三年行动，水上交通加强重点水域巡航检查，突出涉客船舶、危险品船舶等重点船舶安全监督，开展违法采砂专项行动。铁路沿线要在完成泉州市高铁沿线102项问题隐患整改销号的基础上，抓实抓细铁路沿线安全综合治理专项行动。消防安全方面，要深化大型商业综合体、电动自行车、高层建筑安全提升行动等消防安全治理，整治文博单位和城乡接合部、城中村、群租房、公共娱乐场所、酒店、养老院、大型商业综合体、地下空间等高风险场所火灾隐患；做好定点医疗机构、隔离场所、生产高浓度酒精类的消毒液等易燃易爆企业的消防安全保障工作，开展"生命通道"集中整治。对煤矿行业、非煤矿山、燃气、冶金、渔业船舶和其他行业领域，也进行相对应的安全生产隐患排查整治。

安全生产隐患大排查大整治活动分全面自查、检查执法、督促指导、巩固总结四个阶段，在全市范围内开展。为推进安全生产大排查大整治活动，即日起至6月16日，泉州市派出13个督导组，对各县（市、区）安全生产隐患大排查大整治活动开展情况进行督导。督导工作采取"党委、政府分管领导挂片，一个部门包一个县（市、区）"的方式，由部门具体负责督查，每旬督导不少于1次，每次每个县（市、区）至少抽查检查1个乡镇（街道）、1个重点行业（领域）县级部门、2家重点企业。主要督导企业的主体责任和政府、部门监管责任的落实，对企业是否开展隐患排查治理工作，是否按时整改监管部门发现的隐患问题等进行督查，对监管部门安全生产集中整治工作开展情况，安全生产百日攻坚行动和安全生产大排查大整治工作部署开展情况等进行督查。

泉州市开展无证幼儿园和校外培训机构专项治理攻坚行动

市教育局印发通知，决定从即日起，在全市开展无证幼儿园和校外培训机构专项治理攻坚行动，并纳入全市教育系统学校安全攻坚行动。通知要求，按照属地负责、疏堵结合、稳定有序的原则，开展无证幼儿园和校外培训机构专项治理，全面规范无证幼儿园和校外培训机构的办学行为。全市各县（市、区）以乡镇（街道）为单位开展拉网式摸排，确保"全面排查，不漏一个"。

全市疫情防控和复工复产工作视频会议召开

市委、市政府召开全市视频会议，部署推动疫情防控和复工复产工作。会议要求，要慎终如始抓紧抓实抓细，针对疫情形势出现的新变化，盯紧盯牢各项防控重点。既要严防“火星”复燃，又要坚决堵住输入，继续实施网格化、地毯式排查管理，做好境外进入泉州、清明节返乡等疫情防控工作，防止疫情输入、扩散。既要抓牢重点防控，又要盯紧关键环节，督促企业落实防控主体责任，强化养老、救助、儿童福利、精神卫生医疗、监所等特殊场所和重点人群防护措施，最大限度减少聚集。既要防止松劲歇气，又要杜绝擅自升级加码，分区分级实施差异化防控措施，根据行业特点、实际情况精准施策，坚决纠正偏颇做法。要坚定全年目标任务，千方百计稳住经济发展基本盘。各级各部门要按照中央、省委部署，吃透政策精神，抓紧对接落实。要支持推动企业加快提高产能，打通产业上下游供应链条，实打实、点对点帮助企业解决困难问题。要加大项目攻坚力度，力促项目满负荷复工，扩大对外招商推介，策划生成一批优质新项目，争取新一轮发展主动。要兜好民生底线，打好脱贫攻坚战，抓实春季农业生产，统筹开展援企稳岗扩就业等工作。

全市安全生产工作视频会议召开

市委、市政府通过视频指挥系统，召开全市安全生产工作会议，学习贯彻习近平关于安全生产的论述，贯彻落实国务院福建省泉州市欣佳酒店“3·7”坍塌事故调查组第一次全体会议精神，按照省委、省政府部署要求，对安全生产工作再部署、再推进。会议指出，要集中力量开展房屋安全“百日大整治”行动和安全生产大排查大整治，杜绝按部就班的惯性思维，迅速行动拿出办法，彻底摸清风险隐患底数，即知即改消除隐患。要做好房屋建筑安全的高压管控，逐一过细排查整治房屋安全隐患。要紧盯涉疫场所、人员密集场所、建筑施工、消防安全、道路交通、森林防火、汛期安全等重点行业领域，全面彻底不留死角排查薄弱环节，把隐患当作事故来对待，采取针对性措施，动真碰硬整改到位。要趁势攻坚、长短结合，下大力气解决历史遗留问题，维护人民群众生命财产安全。

泉州市A级旅游景区分类分期开放

市防控新型冠状病毒感染的肺炎疫情应急指挥部疫情防控和复工复产工作服务小组发布通知，泉州市A级旅游景区实行分类分期安全有序开放，具体开放时间由当地党委、政府决定。根据通知要求，自然类、大空间类的A级旅游景区可恢复开放。其中，景区内的大空间区域优先开放，容易形成人员聚集的室内项目延后开放。室内场馆和以室内参观为主的A级景区暂缓开放。恢复开放前，A级旅游景区应提前做好《旅游景区新冠肺炎防控应急预案》，落实《旅游景区恢复开放疫情防控措施指南》，明确疫情防控应急措施和处置流程。要采取预约入园、入园必检、流量限制、分散游览等防控措施，落实入园实名登记制度，做到发现异常可查询、可追踪。优化设置游览线路，加强游客秩序管理，游客经测量体温正常、佩戴口罩后方可进入景区，做到不扎堆、不聚集。景区日接待量不超过日最大承载量的50%。同时，景区要利用智慧手段和大数据，做好游客入园登记和动态监测。景区内部管理和防控方面，要严格景区员工上岗工作规范和场所公共卫生防控，加强景区员工健康监测和管理，实行“一进一测一登记”制度，进入景区前须检测体温，落实“戴口罩、勤洗手、保距离”要求。同时，要准备必要的药物和防护物资，加强清洁消毒，垃圾分类处理、日产日清。对景区交通和设施设备进行安全检查，确保符合恢复运营条件和安全管理要求。

3月16日

农历庚子年二月廿三
星期一
温度：13℃～21℃
多云

●市委、市政府召开全市视频会议，部署推动疫情防控和复工复产工作。

●市委、市政府通过视频指挥系统，召开全市安全生产工作会议，学习贯彻习近平关于安全生产的论述，贯彻落实国务院福建省泉州市欣佳酒店“3·7”坍塌事故调查组第一次全体会议精神，按照省委、省政府部署要求，对安全生产工作再部署、再推进。

●市防控新型冠状病毒感染的肺炎疫情应急指挥部疫情防控和复工复产工作服务小组发布通知，泉州市A级旅游景区实行分类分期安全有序开放，具体开放时间由当地党委、政府决定。

●市人社局、市卫健委决定对泉州市光前医院主管护师陈雅真等18名驰援湖北的医疗队队员给予记功奖励。

3月17日

农历庚子年二月廿四
星期二
温度：15℃~21℃
阴转小雨

●市防控新型冠状病毒感染的肺炎疫情应急指挥部发布《关于加强境外入泉人员健康管理服务的通告》，根据有关规定，对全国各口岸入境抵达泉州的中国大陆公民、港澳台同胞和外国公民无差别执行健康管理服务。

●“石湖—上海”直航航线在泉州港石湖作业区开通。

●中国物流与采购联合会发布第29批次A级物流企业通告，第29批通过A级物流企业341家（包括升级企业53家）。截至是日，福建省A级物流企业保有量为388家，其中泉州市A级物流企业保有量全省最多，达105家，占比约27%。

泉州市加强境外到泉州人员健康管理服务

市防控新型冠状病毒感染的肺炎疫情应急指挥部发布《关于加强境外入泉人员健康管理服务的通告》（以下简称“通告”）。通告指出，为有效防范和应对境外疫情输入，巩固泉州市平稳向好的疫情防控局面，保障人民群众健康安全，根据有关规定，对全国各口岸入境抵达泉州的中国大陆公民、港澳台同胞和外国公民（以下简称“抵达泉州人员”）无差别执行健康管理服务，具体通告如下：

所有抵达泉州人员应通过“来泉登记”小程序，提前如实登记个人相关信息；抵达泉州后须及时主动配合所在地村（社区）如实、准确填报个人身份、健康状况、居住地址、联系方式等信息。泉州市城乡居民亲友、企事业单位职工或客户计划近期从境外到泉州的，相关个人、单位应提前3天将航班、车次等行程信息和联系方式向所在地村（社区）报备。酒店旅馆、民宿等提供住宿的单位、业主要落实抵达泉州人员登记报告制度，将相关信息向属地村（社区）报告。疫情防控期间，口岸管理部门要落实口岸检疫、防控措施，境外船舶人员不得上岸；严禁海上作业人员与境外船舶船员密切接触。是日起，所有抵达泉州人员须实行14天集中隔离医学观察，并接受核酸检测，集中隔离医学观察期间食宿费用自理。是日前抵达泉州的，按原健康管理方式执行。集中隔离医学观察期间出现发热、干咳等症状者，统一安排至定点医院进行排查诊治。对未按规定申报抵达泉州人员信息的个人、单位，依法依规予以严肃处理；对故意隐瞒接触史、旅居史及谎报瞒报病情，或拒不配合相关疫情防控措施，造成新冠肺炎传播或有传播危险的，依法追究其法律责任。

泉州口岸开通“石湖—上海”直航航线

“石湖—上海”直航航线在泉州港石湖作业区开通。该航线由中远海运集装箱运输有限公司旗下全资子公司上海泛亚航运运营，先期投入两艘载重1万吨的船舶，沿途停靠厦门、福清、嘉兴乍浦、上海等港口，并视市场情况逐步调整、加大运力，保障航线顺利运行。该航线的开通，不仅弥补泉州港石湖—上海的航线缺口，也丰富“华东—华南”区域的航线产品，泉州港进口货源可南下辐射珠三角经济区，北上辐射长江经济带，为泉州本土企业提供便捷的进出口通道和多样化的物流选择。

“石湖—上海”直航航线在泉州港石湖作业区开通（图/李荣鑫）

泉州市A级物流企业保有量达到全省最多

中国物流与采购联合会发布第29批次A级物流企业通告，第29批通过A级物流企业341家（包括升级企业53家）。其中，福建省第29批A级物流企业综合评估工作中，通过A级物流企业20家、升级A级物流企业1家。截至是日，福建省A级物流企业保有量为388家，其中5A级企业14家；4A级企业88家；3A级企业258家；2A级企业26家；1A级企业2家。泉州市A级物流企业保有量全省最多，达105家，占比约27%。经过此次评估，中国物流与采购联合会已向社会陆续通告29批6431家A级物流企业，A级物流企业评估工作进入稳健发展阶段，越来越多代表中国物流业发展水平和发展方向的优质物流企业进入A级物流企业行列。

全市30个重大项目集中“云开工”

通过云端视频连线，我市各地集中举行开竣工活动，全市开竣工项目53个，总投资191亿元，其中参加全省重大项目视频连线集中开工的重大项目30个，总投资148亿元。市委书记康涛在泉州分会场通过视频向省委、省政府报告泉州市重点项目集中开工情况。按照省委统筹推进疫情防控和经济社会发展的部署要求，泉州市及时建立战时工作专班，下设重大项目前期工作和招商策划服务小组、重点项目建设推进服务小组两个工作班子，推进重大项目建设。30个开工项目中，基础设施重大项目13个，总投资46亿元；社会民生重大项目5个，总投资32亿元；产业重大项目12个，总投资70亿元。

作为社会民生的重点项目之一，泉州宝璋肿瘤医院选址洛江区，项目总投资15亿元，总建筑面积约16.5万平方米，规划建设医疗综合楼（包括门诊医技楼、住院楼）、科研楼、污水处理站等配套设施，配置配套医疗设备、设备专项安装工程。项目建成后，将补充区域短缺的肿瘤专科医疗资源，更好满足区域群众专科医疗服务需求。基础设施方面，位于晋江的高铁新区山仔安置房一期动工建设，该项目总投资6.3亿元，总建筑面积约18.5万平方米，将建设1100套安置房。根据规划，晋江高铁新区将建设成为“食住行、游乐购、医教养”一应俱全的现代化新区。产业项目方面，惠安城南工业园区高端芯片项目投资约15亿元，总建筑面积约6万平方米，包括超净间、实验楼、员工倒班宿舍、室外活动中心、动力车间及其他配套辅助建筑。项目聚焦高端半导体光通信芯片生产，是泉州市半导体产业建链、强链、补链的重要环节。

康涛（第一排左二）在泉州分会场通过视频向省委、省政府报告泉州市重点项目集中开工情况（图/陈起拓）

市政府第八十次常务会议召开

市政府第八十次常务会议召开，传达学习李克强在研究部署“十四五”规划编制专题会议上的讲话精神，研究部署疫情防控和复工复产重点工作、安全生产隐患大排查大整治工作和房屋安全“百日大整治”工作，研究并通过《2020年泉州市中心市区“聚城畅通”工程实施方案》。会议指出，要科学总结“十三五”发展经验，做深做透前期研究，听取不同方面意见建议，做好与年度规划、专项规划等的相衔接，做实项目支撑和政策保障。要争取更多项目事项纳入国家、省上规划，在新一轮发展中抢占先机、赢得主动。要毫不放松加强疫情防控，盯紧重点人群，堵住输入关口，做好复学疫情防控。要在安全生产前提下，推进复工复产，推动已出台政策措施落地生效，抓住窗口期策划生成一批重大项目，破解企业用工难，缓解资金压力，拓展外贸市场，稳住经济发展大盘。要贯彻落实中央领导批示要求，按照省委、省政府统一部署，扛起防范化解重大风险的政治责任，遏制防范安全事故发生。要按照急重轻缓，危险先排、安全问题先解决，迅速打出整治声势。“聚城畅通”工程是落实市委“城市要聚”部署、做好政府法定作业、实施交通规划的需要。要坚持环湾建设“一盘棋”，综合考虑“聚城畅通”工程与火车站、机场等的接驳，构建便捷畅通的城市交通网。要加快项目前期、落地建设、建成投用，统筹考虑项目建设对周边交通流量、空间布局、地块出让等方面的影响，做好配套服务。

3月18日
农历庚子年二月廿五
星期三
温度：15℃～18℃
小雨

●通过云端视频连线，全市各地集中举行开竣工活动，全市开竣工项目53个，总投资191亿元，其中参加全省重大项目视频连线集中开工的重大项目30个，总投资148亿元。康涛在泉州分会场通过视频向省委、省政府报告泉州市重点项目集中开工情况。

●市政府第八十次常务会议召开，传达学习李克强在研究部署“十四五”规划编制专题会议上的讲话精神，研究部署疫情防控和复工复产重点工作、安全生产隐患大排查大整治工作和房屋安全“百日大整治”工作，研究并通过《2020年泉州市中心市区“聚城畅通”工程实施方案》。

●泉州台商投资区三个项目集中竣工，涉及两个制造业项目与一个城建项目，分别为精准机械生产制造项目、金百利产业园项目与泉州台商投资区百崎湖东片区实验学园（中学部）项目。

3月19日

农历庚子年二月廿六
星期四
温度：16℃～19℃
小雨

●市委常委会会议暨市防控新冠肺炎疫情应急指挥部会议召开，学习贯彻习近平在中央政治局常委会会议上和在北京市、湖北省考察时的讲话精神以及省委常委会（扩大）会议、全省视频会议精神等。

●全市房屋安全及安全生产百日攻坚推进会暨第二季度防范重特大安全生产事故视频会，学习贯彻习近平讲话指示批示精神，贯彻18日省委、省政府视频会议精神，对全市安全生产工作进行再动员、再部署、再落实。

●全市一批重大项目集中“云签约”，康涛、王永礼在泉州主会场通过视频与各县域分会场、相关企业方、项目方等连线，见证项目签约。

●由市总工会牵头组织的泉州市“项目攻坚2020”劳动技能竞赛活动启动。

市委常委会会议学习习近平讲话精神

市委常委会会议暨市防控新冠肺炎疫情应急指挥部会议召开，学习贯彻习近平在中央政治局常委会会议上和在北京市、湖北省考察时的讲话精神以及省委常委会（扩大）会议、全省视频会议精神，部署近期疫情防控和复工复产重点工作；市委常委会召开会议，再次传达学习国务院福建省泉州市欣佳酒店“3·7”坍塌事故调查组第一次全体会议、省委常委会会议和全省安全隐患大排查大整治工作视频会议精神，部署房屋安全“百日大整治”行动和安全生产隐患大排查大整治工作；市委常委会会议暨市委审计委员会第二次会议召开，传达学习习近平对审计工作的指示和全国、全省审计工作会议、省委常委会会议精神。

会议指出，要突出守好社区防控阵地，防止境外疫情输入，防范清明祭扫等聚集风险。要有序推进复工复产，加快提升企业产能，力促项目提速提效。要统筹做好民生保障，抓好脱贫攻坚、春耕生产、稳岗就业等。要强化党建引领，在大战大考中检验锻炼干部队伍。要严而又严紧而又紧抓牢安全生产，开展安全隐患大排查大整治，全面彻底、不留死角摸清各类风险隐患，采取坚决果断措施，限期整改销号。要加强统筹指导，建立会商制度，边动员部署、边排查整治、边督导问责、边总结提升。要敢于斗争，敢于直面问题、研究问题、创造性解决问题，以过硬担当保证过硬成效。要深化审计管理体制改革，加强审计监督、提升审计质量、用好审计成果。要依法履行审计监督职责，推动重大政策落实，抓紧抓实疫情防控审计工作，常态化做好“经济体检”，发挥审计经济卫士和“免疫系统”功能作用。

全市重大项目集中“云签约”

全市一批重大项目集中“云签约”，市委书记康涛、市长王永礼在泉州主会场通过视频与各县域分会场、相关企业方、项目方等连线，见证项目签约。“云签约”仪式上，政企各方负责人通过视频系统在各自办公地分别签约，并向镜头展示签约成果。是日，全市81个重大项目集中签约，总投资440多亿元，其中10亿元以上项目19个。康涛代表市委、市政府对各位企业家给予泉州的信任和支持表示感谢。康涛表示，全市按照中央、省委统一部署，一手抓疫情防控，一手抓经济社会发展，政企携手共渡难关，各行各业都在积极有序恢复中。疫情对泉州的影响是可控的，阻挡不了泉州发展的步伐。此次运用“云端”技术进行重大项目视频签约，大家身处天南海北，屏对屏交流、点对点互动，签约一批代表泉州未来产业形态发展趋势的重大项目，体现企业家对投资泉州有信心、对政企互动有信心。这些项目与泉州高新产业建链、传统产业强链、重化产业补链紧密契合，必将对全市转型升级、高质量发展起到重要推动作用。在抗击新冠肺炎疫情的关键时刻，全市各级党委、政府要变压力为动力，为企业发展担当，为泉州未来担当。各有关部门要提供最周到、最细致、最全面的服务，让签约项目尽快由“线上”转到“线下”，由签约转成投建。

泉州市“项目攻坚2020”劳动技能竞赛活动启动

由市总工会牵头组织的泉州市“项目攻坚2020”劳动技能竞赛活动启动。竞赛围绕市委中心工作，动员组织全市职工在推进高质量发展落实赶超、全面建成小康社会进程中发挥工人阶级主力军作用。通过示范性竞赛，带动地方性、行业性重点项目开展活动，调动项目前期、管理、施工、监理、设计等单位和建设者的积极性和创造性，做到疫情防控和复工复产两手抓，助推全市重点项目又好又快建设。此外，泉州市还开展“十大项目”职工职业技能竞赛，拓宽一线技术工人成长成才渠道，加快高素质技术工人队伍建设。开展职工创新创造竞赛，动员全市职工投身大众创业、万众创新热潮，推进泉州市国家自主创新示范区建设。

市委安全生产专题会召开

市委安全生产专题会召开，学习贯彻习近平关于安全生产工作的论述，再次学习国务院事故调查组第一次全体会议精神。会议强调，要汲取教训，整治形式主义、官僚主义，举一反三抓深抓实房屋安全“百日大整治”和安全生产隐患大排查大整治，并趁势解决历史遗留问题，全面彻底消除安全隐患。要身体力行狠抓责任落实，健全完善“党政同责、一岗双责、齐抓共管、失职追责”责任体系，上下联动一抓到底。

王永礼到丰泽调研房屋隐患排查工作

市长王永礼到丰泽调研房屋隐患排查、复工复产及疫情防控工作。在房屋安全隐患点上海大厦，王永礼要求，要细化方案，分清轻重缓急，对存在安全隐患的房屋分类指导、分类处置，明确整改责任人、整改措施和整改时限。要完善上下联动和各部门协同配合的工作机制，形成政府、行业部门、单位企业、公民个人共同参与、齐抓共管的格局和态势。在南方路机公司，王永礼指出，要鼓励员工在来源地进行新冠肺炎核酸检测，支持企业开展“点对点”接回员工返岗，引导返回泉州的企业员工申领“八闽健康码”亮码。在入境人员定点酒店，王永礼强调，要从源头上摸清底数，做好入境人员信息登记、健康监测、应急处置等工作。要完善信息共享和协作配合，实现闭环管理、无缝对接、全过程管控。

中国石狮国际食品城启动招商

中国石狮国际食品城启动招商，首批来自省内和北京、广东、浙江等地的50家龙头食品企业签约入驻。石狮国际食品城坐落于石狮中心城区，建筑面积近10万平方米，店铺近千间，拥有商业、展示、仓储、物流、办公、停车等完善服务。2019年9月，石狮国际食品城获海关总署进出口食品局批复，成为全国首个以市场采购贸易方式出口预包装食品的试点。根据试点方案，入驻该食品城的商户及贸易主体，可享受海关总署批准的以市场采购贸易方式出口预包装食品，实行免征增值税、简化归类等便利化通关措施。企业在食品城采购的散货拼柜可集中报检，海关依据商品报检单快速放行，提高通关时效，实现快速“拼单出口”。中国石狮国际食品城启动招商后，推出租金优惠扶持措施：对入驻的商户和贸易主体实行五年租金免收、三年租金优惠的政策。在招商对象方面，除吸引国际贸易型食品生产、流通企业入驻外，还吸纳婚庆食品、伴手礼、酒水、食品辅料、半成品、果蔬等领域企业，并引导中国食品文化的建设和输出。食品城还拓展互联网商业平台，利用直播带货、网红导购和IP植入等方式增加市场曝光率，吸引国内外采购商、大型商超、网商来石狮订单采购。

相关链接：泉州是中国三大重点食品生产基地之一，也是海外华侨地区的重要食品供货基地，食品行业年产值超千亿元。以往海关检验监管和通关模式下，“一张订单、一款产品、整柜发货”的传统一般贸易模式已很难满足实际业务的需求，而通过“小订单、小包裹、碎片化、定制化、去中间商化”快速采购多种食品直接出口，成为海外客商的主要进货方式，因此，泉州出口预包装食品的市场空间潜力巨大。

中国石狮国际食品城首批进驻商家签约仪式（资料图片）

3月20日

农历庚子年二月廿七
星期五
温度：15℃～22℃
多云转阴

- 市委安全生产专题会召开，学习贯彻习近平关于安全生产工作的论述，再次学习国务院事故调查组第一次全体会议精神。
- 王永礼到丰泽调研房屋隐患排查、复工复产及疫情防控工作。
- 市防控新型冠状病毒感染的肺炎疫情应急指挥部发布关于2020年清明节祭扫工作的通知。通知要求统筹抓好疫情防控和安全祭扫工作，各县（市、区）、泉州开发区、泉州台商投资区要按照民政部和省、市联防联控机制的决策部署，加强形势研判和风险评估，研究制定本地清明节祭扫工作方案。
- 中国石狮国际食品城启动招商，首批来自省内和北京、广东、浙江等地的50家龙头食品企业签约入驻。
- 人民日报客户端福建频道发布文章《福建晋江：复工复产进入“快车道”》。

3月21日

农历庚子年二月廿八
星期六
温度：18℃～24℃
多云

●市防控新型冠状病毒感染的肺炎疫情应急指挥部发布关于进一步加强境外入泉州人员健康管理服务的通告。

●泉州市各级侨办、侨联系统广泛宣传、耐心引导、靠前服务，支持支援港澳乡亲和海外侨胞抗击新冠肺炎疫情。

●泉州市开展“绿色家装”消费维权活动。

泉州市加强境外进入人员健康管理服务

为有效防范和应对境外疫情输入，保护公众生命安全和身体健康，市防控新型冠状病毒感染的肺炎疫情应急指挥部发布关于进一步加强境外泉州人员健康管理服务的通告。通告要求，5日以后经全国各口岸入境抵达泉州的中国大陆公民、港澳台同胞和外国公民，包括持有泉州市及所属县（市、区）（含泉州开发区、泉州台商投资区，下同）证照（含身份证、护照、通行证）以及泉州域外证照（含身份证、护照、通行证、回乡证等）的（以下简称“境外抵达人员”），应通过支付宝搜索“来泉登记”小程序或微信客户端关注“数字泉州”微信公众号，点击左下角“数字生活”选择“来泉登记”小程序，如实登记个人相关信息。

境外抵达人员及为其提供住宿的单位或个人，必须第一时间主动向居住地或目的地村居（社区）如实、准确填报个人身份、健康状况、居住地址、联系方式等信息。通告要求，各县（市、区）防控疫情应急指挥部要加强网格化管理，各村居（社区）要确保网格管理，责任到人、联系到户；各县（市、区）防控疫情应急指挥部要公布电话，鼓励村居（社区）居民参与联防联控工作。各村居（社区）对经提前申请获得批准并签订居家观察告知、承诺书的境外抵达人员（70周岁以上的老年人、未成年人、孕产妇以及患有基础性疾病等原因不适宜集中医学观察的），要加强居家医学观察期间的健康管理服务和人文关怀，提供必要防疫用品、饮品等服务。通告还明确，对未按规定报告境外抵达人员信息的个人、单位，依法依规予以严肃处理；对故意隐瞒接触史、旅居史及谎报瞒报病情，或拒不配合相关疫情防控措施，造成新冠肺炎传播或有传播危险的，依法追究其法律责任。

泉州市支持支援海外侨胞抗击疫情

泉州市各级侨办、侨联系统广泛宣传、耐心引导、靠前服务，支持支援海外侨胞抗击新冠肺炎疫情。晋江市7个镇（街道）侨联组织向海外晋江籍社团捐赠一次性防护口罩35.4万个，利郎集团、斯兰集团、浔兴集团、久久王食品四家爱心企业向菲律宾菲华商联总会、菲律宾晋江同乡总会捐赠一次性防护口罩10万个和医用无菌防护服7000件。泉州市还在全省率先向居住在泉州的华侨及外国人士开放口罩购买。依托30多个国家和地区的1017个侨团、300个海外侨胞在泉州亲属，通过微信、电话等方式向海外侨胞送去党委、政府的关心和防疫政策，宣传人数达98.36万人次；制作闽南语版的海外闽籍侨胞防护指南，发出《致海外泉籍侨胞的一封信》等。市、县两级侨办、侨联系统开通27个“24小时海外服务热线”，为海外侨胞答疑解惑，提供咨询和服务。及时倡导海外乡亲通过网络祭拜、延期返乡扫墓祭祖、委托国内亲属祭拜等方式，减少旅途奔波和感染风险。南安市还发挥432个市、镇、村三级侨联组织以及1000多名侨联工作者的组织网络优势，提供“代祭扫”志愿服务。

泉州市开展家装消费维权活动

为促进泉州市家装行业健康发展，泉州市开展“绿色家装”消费维权活动。活动中，市消费者权益保护委员会邀请相关领域专家学者、律师、消费教育志愿者，对选取的1～3个家装卖场和装修工地进行实地消费体察，引导商家听取消费者合理建议，为开展消费维权工作提供有效参考。同时，发动消费者投诉举报、提供家装行业违法线索，整理曝光一批典型案例，推进家装行业信用体系建设。在此次活动中，市场监管部门评选出一批“诚信家居示范店”，让具备良好信用的企业在市场上发挥典型示范作用，营造放心、舒心的家装市场环境。

泉州数字经济产业联盟成立

泉州数字经济产业联盟在泉州经济技术开发区举行云签约仪式，京东智能云、北京科复时代、泉州锐驰智能等18家新型显示数字经济行业龙头企业、行业协会代表在多地分会场参加云签约，标志泉州市新型显示数字经济产业园项目迈出实质性建设进程的新一步。泉州数字经济产业联盟，由北京科复时代科技有限公司、京东云计算有限公司、泉州市锐驰智能科技有限公司、中国信息协会数字经济专业委员会发起成立，联合行业龙头企业、资本及知名专家等共同构建。联盟将整合产业优质资源，发挥行业知名专家的智囊作用，建设产业创新链条，搭建产业升级互助平台，为联盟成员间创造产业项目合作和交流机会，助推泉州本地产业转型升级，赋能城市数字经济产业发展。在云签约现场，中国信息协会数字经济专业委员会泉州分会同时宣布成立。这是中国信息协会数字经济专业委员会在全国设立的唯一一个地市级分会。泉州开发区管委会相关负责人表示，将成立项目服务专班，以优质高效贴心的服务推动项目尽快投产达效。

泉州市下达应急救助专项资金保障贫困边缘群众生活

市级财政下达610万元应急救助专项资金，用于防范贫困线边缘群体“因灾、因病、因学”致贫，特别是对泉州市因疫情致贫急需实施、符合疫情防控需要和脱贫攻坚政策、有利于增加贫困群众收入的项目等，优先给予支持，精准服务防返贫、控新贫、稳脱贫长效机制。部分收入略高于贫困线标准的群众由于收入稳定性较差，存在因大病、意外伤害、自然灾害或其他不确定因素，导致入不敷出的可能性。专项资金立足于精准识别、靶向施策，探索建立针对泉州市贫困线“边缘群众”的生活保障机制。对于存在一定困难、符合建档立卡要求的群众，按照一定程序，纳入市级财政扶贫政策保障范围。对不符合财政扶贫专项资金补助范围的群众，纳入应急救助专项资金补助范围，通过各种途径提供技能培训、金融扶持、物资帮助等帮扶形式，在医疗保障、教育保障等方面进行政策倾斜，引领这部分群众走出“边缘地带”，免于陷入贫困境地。

最全泉州歌诀出版

《泉州歌诀杂录》出版发行。该书作为泉州闽南文化生态保护区丛书之一，是记录泉州地区歌诀数量最多、内容最丰富的一本书。泉州坊间将有韵律可吟咏的歌谣、口诀称为歌诀。该书收录的泉州歌诀是从2005年10月启动、2009年全面推动的泉州市非物质文化遗产普查工作获得的民间文学资料成果中据实选编的。

泉州市16个村庄入选第三批省级传统村落名录

省住建厅、省文旅厅、省财政厅公布第三批省级传统村落名录，全省188个村庄入选，其中包括泉州市16个村庄。16个村庄分别为丰泽区东海街道蟳埔社区，泉港区峰尾镇诚平村，南安市眉山乡高田村、省新镇满山红村、石井镇奎霞村，德化县桂阳乡安章村、桂阳乡洪田村、桂阳乡陈溪村、赤水镇永嘉村，安溪县西坪镇龙地村、西坪镇尧阳村、西坪镇尧山村、蓬莱镇龙居村、蓬莱镇鹤前村，永春县达埔镇汉口村、仙夹镇德田村。

丰泽区东海街道蟳埔社区主办的首届蟳埔女盘头大赛现场（图/陈小阳）

3月22日

农历庚子年二月廿九
星期日
温度：17℃～28℃
晴转多云

●泉州数字经济产业联盟在泉州经济技术开发区举行云签约仪式，京东智能云、北京科复时代、泉州锐驰智能等18家新型显示数字经济行业龙头企业、行业协会代表在多地分会场参加云签约。

●市级财政下达610万元应急救助专项资金，用于防范贫困线边缘群体“因灾、因病、因学”致贫。

●《泉州歌诀杂录》出版发行。该书作为泉州闽南文化生态保护区丛书之一，是记录泉州地区歌诀数量最多、内容最丰富的一本书。

●省住建厅、省文旅厅、省财政厅公布第三批省级传统村落名录，全省188个村庄入选，其中包括泉州市16个村庄。

3月23日

农历庚子年二月三十
星期一
温度：15℃～21℃
阴转多云

●继全省决战决胜脱贫攻坚座谈会后，泉州市随即召开全市决战决胜脱贫攻坚会议，对下阶段工作进行再动员、再部署。

●市人大常委会党组理论中心组学习会召开，传达学习习近平在中央政治局常委会会议、在北京市考察新冠肺炎防控科研攻关工作时和在湖北省考察新冠肺炎疫情防控工作时的讲话精神等。

●市十六届人大常委会第四十八次主任会议召开，讨论通过关于市十六届人大五次会议代表建议重点办理件督办安排，提出第四十九次主任会议建议议题，初定市十六届人大常委会第二十八次会议的召开时间和建议议程。

●市政府党组理论学习中心组学习会召开，再次学习贯彻习近平关于安全生产工作的论述，学习国务院事故调查组第一次全体会议，以及全省安全隐患大排查大整治工作暨统筹做好疫情防控和复工复产视频会议精神等。

●王永礼到华侨大学调研高校疫情校地联防联控工作。

全市决战决胜脱贫攻坚视频会召开

继全省决战决胜脱贫攻坚座谈会后，泉州市随即召开全市决战决胜脱贫攻坚会议，对下阶段工作进行再动员、再部署。会议指出，要盯紧重点，以严的作风和硬的举措决战决胜。坚持目标导向和问题导向，细化综合措施和保障，不漏一户、不落一人。突出巩固提升和精准发力，多措并举巩固成果，加强动态监测，落实好防返贫、控新贫、稳脱贫机制，提高脱贫攻坚质量水平。统筹推进疫情防控和脱贫攻坚，加强跟踪精准帮扶，加快扶贫项目开工复工，加大老区苏区支持力度。深化对口帮扶和山海协作，做好援藏、援疆、援宁等工作。要扛起担当，把脱贫攻坚工作抓得更实更细。要加强党对打赢脱贫攻坚战的领导，层层细化拧紧责任，弘扬马上就办、真抓实干的优良作风，一刻不停、毫不含糊抓落实。反对形式主义、官僚主义，杜绝虚假脱贫、数字脱贫。要推进脱贫攻坚与乡村振兴有效衔接，调动各方资源力量，构建扶贫大格局。

市十六届人大常委会第四十八次主任会议召开

市十六届人大常委会第四十八次主任会议召开，讨论通过关于市十六届人大五次会议代表建议重点办理件督办安排，提出第四十九次主任会议建议议题，初定市十六届人大常委会第二十八次会议的召开时间和建议议程。会议指出，督办好代表建议是地方人大常委会的重要职责，也是保障和激励代表依法履职、发挥代表作用的有效途径。各级人大及其常委会要以督办代表建议为抓手，加强全过程的跟踪督促，了解部门办理措施、进程，及时督促协调，确保建议事项逐项落实、逐项回应；要举一反三，完善重点督办机制，督深、督准、督实，推动解决一批群众高度关注的经济社会和民生保障问题，发挥代表建议的推动作用。

市十六届人大常委会第四十八次主任会议现场
（图/陈意鸣）

市政府党组理论学习中心组学习会召开

市政府党组理论学习中心组学习会召开，再次学习贯彻习近平关于安全生产工作的论述，学习国务院事故调查组第一次全体会议，以及全省安全隐患大排查大整治工作暨统筹做好疫情防控和复工复产视频会议、省委常委会会议、省政府常务会议、市委专题会议精神。会议强调，要强化标本兼治，健全完善安全风险分级管控和隐患排查治理预防工作机制，举一反三抓好各行业领域安全生产工作，提升本质安全生产水平。要强化责任落实，根据市委统一部署，按照“党政同责、一岗双责、齐抓共管、失职追责”要求，扛起领导责任，推动部门监管责任和企业主体责任传导到边到角。

王永礼到华侨大学调研疫情防控工作

市长、市防控新型冠状病毒感染的肺炎疫情应急指挥部总指挥长王永礼到华侨大学，调研高校疫情校地联防联控工作。王永礼指出，要坚持底线思维，把师生生命安全和身体健康放在第一位，从教师、学生、家长，以及与之相关联的社会关系这四个维度，把防控堵点难点考虑得更充分更全面些，制定完善应急预案，加强防控物资保障和卫生消杀，抓好食品安全、建筑安全、消防安全等高校安全生产工作，确保涉疫场所绝对安全。要抓早抓细抓实疫情防控和开学准备工作，逐项过细重点人群、关键环节、重要场所、保障措施，细化开学工作预案，为有序恢复校园科研教学和生产生活秩序创造条件。

泉州市双创支撑平台项目获中央资金补助

省发改委分解下达福建省双创支撑平台项目2020年中央预算内投资计划，其中，泉州市丰泽区双创示范基地双创支撑平台项目华侨大学（丰泽）创新创业园（以下简称“华创园”）获中央资金补助1500万元。此系华创园二度获得中央资金支持。2017年6月，丰泽区成为泉州首个国家级双创示范基地。为做强双创平台，丰泽打造了一批双创支撑平台项目，其中就包括位于丰泽区高新园区内的华创园。由丰泽区政府主导、华侨大学协同创办的华创园，从一片闲置厂房，经过规划改造，建设成为创新创业创造的“梦工厂”，预期入驻企业超200家，培养创业团队75个，孵化创业项目25个，带动就业3000余人。2019年，丰泽区双创示范基地受到国务院办公厅督查表扬。同年，华创园与该区另一双创支撑平台项目——“蜻蜓停车”城市级智慧停车平台，分别获得2019年中央预算内投资2500万元、1000万元。

泉州市首批驰援武汉医疗队17人返回福建

福建省首批支援湖北抗击新冠肺炎疫情医疗队完成任务，搭乘厦门航空包机返回福建。其中包括由泉州选派的首批驰援武汉医疗队的17人（福建医科大学附属第二医院9人，泉州市中医院、光前医院、晋江市中医院和永春县医院各2人），他们抵达福州后进行14天的集中隔离观察，而后再返回泉州。是日，队员们搭乘大巴从驻地酒店启程，警车一路护送，市民与志愿者夹道送别。截至23日，福建省首批支援湖北抗击新冠肺炎疫情医疗队在武汉的58天里，管理患者257人，治愈出院165人，救治患者零死亡，医护人员零感染。

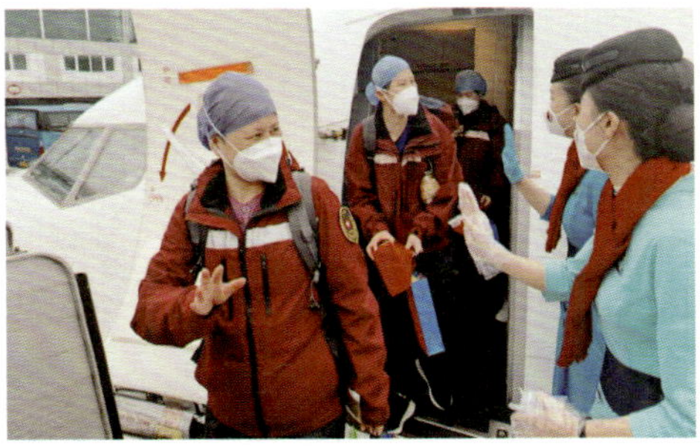

泉州市首批驰援武汉医疗队搭乘厦门航空包机回到福建（图/东南早报）

泉州晋江国际机场国际（地区）航线停航

是日起至4月6日，泉州晋江国际机场开通的17条国际（地区）航线全线停航。泉州晋江国际机场通航46个航点，每周进出港航班计划约600架次。机场根据海关测温、流行病学调查工作需要，设置专门的检查工作室，对身体异常的旅客第一时间进行隔离检查；航班抵达后，安排最近机位廊桥方便旅客下机，以10名旅客为一组，便于旅客分散填报健康申报，减少人员聚集；同时配备外语专业人员，现场与外籍旅客沟通。

“小山丛竹”复建工程一期完工

作为泉州旧八景之首的“小山丛竹”复建工程一期景观和建筑类修复完工。“小山丛竹”地处泉州城北，朱熹、弘一法师等在此筑亭、题字、遍植丛竹。古代官员和文人墨客途经泉州必到“小山丛竹”朝拜朱熹。复建后的“小山丛竹”，绿植环绕，古树参天，还有片片翠竹引人注目。“不二祠”“过化亭”古风古貌呈现，红砖墙面展示传统闽南建筑之美。“小山丛竹”复建以恢复历史原貌为主，采用材料都是回收的老构件。设计组走访泉州规划专家顾问组、市史志研究室、博物馆、民间文史专家等，搜集大量文字图片资料，保护修缮方案基本还原历史风貌。

复建后的“小山丛竹”一期景观（图/吴寿民）

3月24日

农历庚子年三月初一
星期二
温度：15℃～23℃
阴转多云

●省发改委分解下达福建省双创支撑平台项目2020年中央预算内投资计划。其中，泉州市丰泽区双创示范基地双创支撑平台项目华侨大学（丰泽）创新创业园获中央补助1500万元。

●福建省首批支援湖北抗击新冠肺炎疫情医疗队完成任务，搭乘厦门航空包机返回福建，其中包括由泉州选派的首批驰援武汉医疗队的17人。

●是日起至4月6日，泉州晋江国际机场开通的17条国际（地区）航线全线停航。

●“小山丛竹”复建工程一期景观和建筑类修复完工。

3月25日

农历庚子年三月初二
星期三
温度：18℃～24℃
多云转阴

●搭载11.9吨紧急医疗和新冠肺炎防疫物资的货运专机YG9093从泉州晋江国际机场飞往菲律宾马尼拉，此系泉州晋江国际机场口岸开通以来执行的首个国际货运包机航班。

●泉州台商投资区在全省率先推出不动产“交易+登记”电子化平台，实现交易登记一体化、购房合同电子化、申办全程无纸化、交易登记智能化。

泉州口岸国际货运包机首航

凌晨1时，搭载11.9吨紧急医疗和新冠肺炎防疫物资的货运专机YG9093从泉州晋江国际机场起飞，前往菲律宾马尼拉。此次国际货运包机运输的防控物资由省政府外事办公室、晋江各商会等向菲律宾捐赠，由福建陆地港集团负责运输，圆通航空公司执飞，是泉州晋江国际机场口岸开通以来执行的首个国际货运包机航班。该批防控物资均是菲律宾最为紧缺的医疗、防控物资，包括4万份新冠抗体检测试剂、2.5万份快速诊断试纸、1200盒采血针、2200个采血笔以及312.64万个防护口罩。这也是泉州海关首次监管新冠抗体检测试剂、快速诊断试纸和采血针等医疗物资出境，成为关区2020年以来最大的一批口罩防护物资出口。

全球新冠肺炎疫情蔓延，形势严峻，世界多国（地区）已采取临时入境管制措施，国际运输通道普遍受阻，对该批防疫物资的紧急运输形成巨大压力。鉴于菲律宾国内疫情形势，该批物资运送目的地马尼拉已于15日起“封城”，往返马尼拉的海、陆、空所有交通工具全部暂停。晋江市政府、泉州市政府口岸办专文协调该批输菲防疫物资通关，福建陆地港集团第一时间与圆通航空公司、泉州晋江国际机场、泉州海关驻晋江办事处、晋江边检等部门和单位沟通协调，做足准备工作。由于此次搭载的新冠抗体检测试剂、快速诊断试纸和采血针等特殊医疗物资，属海关严格检疫监管对象，要求冷链储存运输。在获知运输紧急需求后，泉州海关成立应急通关小组，组建党员突击队，开设绿色通道，指派专人作为企业协调员，提前指导报关企业了解特殊防疫物资出口通关要求，同时引导其及时向属地海关申领《出境特殊物品卫生检疫审批单》，指导其提前做好法检商品检疫电子申报．并派员连夜监管，确保该批防疫物资运抵后零延时通关。

相关链接：泉州系中国著名侨乡，其中仅菲律宾就约有150万名泉州籍华人华侨。在国内防抗疫情的关键时刻，福建籍旅菲爱国华侨华人多次从菲律宾组织采购爱心防疫物资捐赠驰援国内，其中从1月27日至2月底，经过泉州海关验放的从泉州晋江国际机场入境的菲律宾捐赠防疫物资达10多批。在国内疫情防控持续向好、防疫物资生产能力不断提升的情况下，国内也从未忘记向相互信任的友好国家和海外华侨华人提供帮助。3月以来，泉州海关在泉州晋江国际机场验放的向菲律宾出口的口罩、防护服等已超过500万只（件），助力菲律宾抗击新冠肺炎疫情。

搭载防疫物资的货运专机即将从泉州晋江国际机场起飞（图/廖平和）

泉州台商投资区在全省率先上线不动产“交易+登记”电子化平台

泉州台商投资区在全省率先推出不动产“交易+登记”电子化平台，实现交易登记一体化、购房合同电子化、申办全程无纸化、交易登记智能化。为彻底解决不动产交易与登记材料多、跑腿多、效率低等痛点堵点，泉州台商投资区从不动产交易与登记的“职能、系统、业务”3个方面进行整合，重新搭建不动产“交易+登记”电子化平台，职能整合上，将房管部门的网签备案职能移交至不动产登记中心，实现一个部门办理。系统整合上，将原房管系统的功能和数据迁移至不动产登记系统中，实现一套系统办理。业务整合上，将网签备案和预告登记业务合并，实现一并申请，一并审核，一并办结。

3月26日

农历庚子年三月初三
星期四
温度：20℃～27℃
阴转小雨

●十二届泉州市委第九轮巡察暨脱贫攻坚专项巡察“回头看”动员部署会召开。

●横跨泉州安海湾的7.5千米跨海大桥合龙，标志全长27.3千米的泉厦漳城市联盟路泉州段全线贯通。

●在市人社局指导下，泉州市高级技工学校与福建百宏集团举办的全市首个企业新型学徒制线上培训班开班，此系全省率先。

市委第九轮巡察工作动员部署会召开

十二届泉州市委第九轮巡察暨脱贫攻坚专项巡察“回头看”动员部署会召开。会议指出，要坚守政治定位，履行巡察监督职责，做细巡前准备，紧盯落实党的全面领导、全面从严治党战略部署、新时代党的组织路线以及巡视巡察反馈脱贫攻坚问题整改情况等监督重点，对被巡察单位进行全面“政治体检”。要保持政治本色，树立巡察干部良好形象。即日起，市委对泉州清源山风景名胜区党工委、市城镇集体工业联合社党组、泉州财贸职业技术学校党总支、福建广播电视大学泉州分校党总支、泉州市闽侨实业投资有限公司党支部开展常规巡察，同时对洛江、泉港、南安、惠安、安溪、永春、德化、泉州台商投资区开展脱贫攻坚专项巡察“回头看”。

泉厦漳城市联盟路泉州段全线贯通

横跨泉州安海湾的7.5千米跨海大桥合龙，标志全长27.3千米的泉厦漳城市联盟路泉州段全线贯通。跨海大桥是泉厦漳城市联盟路泉州段全线控制性工程。从钢箱梁运抵桥位到吊装完成，前后耗时约19个小时，出动10余艘大型船舶。其间，施工人员按照统一指令，有序开展各项作业，使桥梁按计划合龙。泉厦漳城市联盟路泉州段起于晋江市永和镇福田村附近，设福田枢纽互通接已通车的晋石高速公路围头疏港支线，经晋江市永和镇、安海镇、东石镇，跨安海湾后进入南安市石井镇，设促进枢纽互通接已通车的南石高速公路，终于石井镇坂头村（与厦门交界处），设计为双向六车道高速公路。泉州段通车后，137千米泉州环城高速“大环”将闭合成网，南安石井和晋江东石、安海、永和等乡镇将更紧密融入泉州环湾都市圈。以往，从这些区域到石狮、泉州台商投资区、惠安东部，须走国省道或绕道沈海高速、晋石高速、泉州湾大桥，路线较为曲折，泉厦漳城市联盟路泉州段通车后则可一线直达。此外，泉州台商投资区、石狮、晋江南部、南安南部等地通往厦门、漳州的距离也将进一步缩短。

横跨泉州安海湾的7.5千米跨海大桥合龙（图/陈英杰）

泉州市在全省率先举办企业新型学徒制线上培训班

在市人社局指导下，泉州市高级技工学校与福建百宏集团举办的全市首个企业新型学徒制线上培训班开班，此系全省率先。培训采取“企校双制、工学一体”的培养模式，在企业主要通过企业导师带徒方式，在培训机构主要采取工学一体化教学培训方式，应用“互联网+”、职业培训包等培训模式。培训班采用人社部及省人社厅推荐的中国职业培训在线平台，利用网站相关功能模块，实现线上培训过程动态可查、全程可控。已开设德育、安全生产、维修电工技能初级、常用量具及其使用方法4门课程，包含工匠精神、新冠疫情防控、安全操作技术培训、维修电工初级等10项线上课程内容。企业新型学徒制培训对象为与企业签订一年以上劳动合同的技能岗位新招用和转岗人员。补贴标准按中级工班每人每年5000元，高级工班每人每年6000元标准给予企业培训补贴。此次培训班为“百宏机电高级工班”，吸引159名百宏集团职工参加，培训合格的学徒可取得高级工和技工学校学历双证书，并按每人每年6000元给予企业培训补贴，培训时间为2年，预计最高可拨付补贴190余万元。

3月27日

农历庚子年三月初四
星期五
温度：15℃～28℃
小雨转雷阵雨

●市政协党组理论学习中心组（扩大）学习会议召开，传达学习习近平在中共中央政治局常委会会议上的讲话精神和对全国春季农业生产工作做出的指示精神等。

●市政府办公室印发《关于推进快递集聚发展若干措施的通知》，为推动泉州市快递行业高质量发展，深化建设中国快递示范城市，打造泉州快递产业集聚发展先行区提供政策支持。

●中国服装协会授予石狮市“中国校服产业创新基地”称号，以此鼓励石狮在全国校服产业创新发展中起到引领作用。

市政协党组理论学习中心组（扩大）学习会议召开

市政协党组理论学习中心组（扩大）学习会议召开，传达学习习近平在中共中央政治局常委会会议上的讲话精神和对全国春季农业生产工作做出的指示精神，国务院福建省泉州市欣佳酒店“3·7”坍塌事故调查组第一次全体会议和全省安全隐患大排查大整治工作视频会议精神，全国、全省宣传部长会议和全省文明办主任会议精神，中央、省委政法工作会议精神，以及省委、市委有关会议精神。会议还听取2019年度党组成员述责述廉评议结果和整改情况报告，研究《中共泉州市政协党组关于落实2020年全面从严治党主体责任的实施方案（送审稿）》和《2020年市政协党组理论学习中心组学习计划（送审稿）》。

泉州市出台《关于推进快递集聚发展若干措施的通知》

市政府办公室印发《关于推进快递集聚发展若干措施的通知》，为推动泉州市快递行业高质量发展，深化建设中国快递示范城市，打造泉州快递产业集聚发展先行区提供政策支持。泉州市制定并实施《泉州市快递集聚发展规划（2020—2025）》，支持在机场、铁路、环城高速及公路干线周边规划建设快递集聚区，同时对在泉州设立省级或区域品牌总部、结算中心等的快递企业予以扶持等。泉州市鼓励快递企业向综合快递物流运营商转型，推进在机场、车站、码头等地建设快件绿色通道和功能区以及农村综合运输服务场站建设。支持快递企业与农业、供销、商贸等企业合作。快递企业建设提升智能仓配一体化物流配套设施的，将予以补助。鼓励快递行业加快推广使用新能源汽车和满足更高排放标准的燃油汽车等，支持在快递分拨处理中心和较大的网点等建设集中式充电桩；试点配送等新模式，推进绿色包装，鼓励企业逐步减少包装耗材。快递包装回收循环利用纳入全市垃圾分类处理工作，快递标准化网点创建指标中增设包装废物回收装置要求。新建工业、商业项目和住宅小区的建设单位应预留配送末端网点；新建写字楼、住宅小区和旧城改造应将快递服务网点、智能信报箱等纳入社区服务基础设施，同步规划、建设、验收。在中心城区重点区域科学规划设置临时停靠装卸点，优化快递车辆的路权、停靠权、装卸权等。确有需要的情况下允许快递车辆在禁止停车路段临时停靠15分钟以内。健全寄递安全监管体系，提升信息监管能力，建立寄递渠道大数据安全监管平台，实现全市邮政快递网点监控全覆盖。

泉州市某快递企业运用快件分拣机械提高工作效率
（图/林劲峰）

石狮获“中国校服产业创新基地”称号

中国服装协会授予石狮市“中国校服产业创新基地”称号，以此鼓励石狮在全国校服产业创新发展中起到引领作用。石狮将校服作为服装产业创新转型的发力点，引导校服产业发展新方向，订制生产校服的产业发展新模式，出台《石狮市校服订制生产服务企业订制生产实施细则》，在全国首次通过细则规范校服市场，通过规划发展全国首个专业校服市场，打造校服产业发展新业态；组织行业展会，由中国服装协会、中国教育装备行业协会学校后勤装备管理分会、福建省教育装备行业协会主办的2019首届中国校园服饰国际博览会在石狮举办，提供校服产业发展新平台，取得显著成效。

王永礼到石狮调研外经外贸工作

市长王永礼到石狮调研新冠肺炎疫情防控下的外经外贸工作，重点了解外贸企业、生产型企业外贸业务受国内外疫情影响情况，帮助解决企业发展难题。王永礼调研美佳爽（中国）有限公司、正源水产科技开发有限公司、闽狮进出口贸易有限公司。每到一处，王永礼都了解企业生产、产品研发及市场销售等情况，特别是订单情况、物流运输、上下游原材料供应及复工复产相关情况。随后，王永礼主持召开座谈会，与港溢染整、森美尔进出口等5家外贸企业负责人座谈交流，了解生产经营情况以及疫情防控之下企业发展遇到的困难和问题，分析研判发展趋势，共同商讨应对办法。

王永礼指出，面对疫情“大考”，越是困难，企业越要坚定信心、积极应对，在危机中求突破求发展，把影响和损失降到最低。要冷静分析局势，适应国际市场变化，适度调整市场经营策略，注重兼顾国际国内两个市场，探索线上线下相结合，挖掘线上增长点，拓宽国内销售市场。要从困境中寻找突围的途径，从技改提升、技术创新、营销模式、管理水平等方面加快转型升级，拓展多元化市场，提升国际竞争力。各级政府各部门要倾力帮扶，与企业共克时艰。要统筹抓好疫情防控和复工复产，在确保做好疫情防控工作的前提下，加快推动企业全面复工复产，打通上下游产业链，让企业抱团取暖，相互支持，积极应对挑战渡过难关。要增强服务意识和服务能力，强化政企互动，注重精准帮扶，分类梳理研判企业需求，对症施策，指导企业用足用活各级政策，发挥政策催化剂作用，助力外贸行业破解物流、通关、服务等方面的困难，稳外贸促发展。

全市安全隐患大排查大整治工作视频会议召开

全市安全隐患大排查大整治工作视频会议召开，听取各县（市、区）排查整治情况汇报，部署下阶段工作。会议要求，要铁腕推进房屋安全“百日大整治”和安全隐患大排查大整治，解决历史遗留问题、安全欠账，全面彻底消除风险隐患。要迅速启动，搭建统一高效的指挥体制，高效指挥、协同联动、专业指导。要坚持“急、重、轻、缓”原则，边部署边排查边整治，限期摸排高风险、容易造成群死群伤两个维度交叉的重大问题和隐患，迅速消除隐患并采取管控措施；要系统排查历史遗留问题，滚动推进，逐一整改；要标本兼治，建立完善集检查、执法、督促、追责的一体化长效管理机制。

泉州市向韩国光州广域市捐赠防疫物资

泉州市政府向韩国光州广域市捐赠防疫物资。这批包括2万个一次性医用口罩、100套防护服的物资，通过防疫物资“绿色通道”，尽快安排运往光州广域市。此前，光州广域市政府通过当地红十字会，向泉州捐赠口罩。该市市长李庸燮在给泉州的信函中写道：“韩国古语有云‘患难见真交’……希望我们通过克服此次困难，能够进一步增进相互理解，强化友情。随同防护口罩一同寄往泉州的，还有我们的诚心与诚意。”光州广域市除向泉州捐赠口罩，还向包括武汉、广州在内的其他7个城市捐赠急需的口罩。新冠肺炎疫情在全球蔓延后，得知光州广域市的医疗物资供应紧张，泉州市立刻多方筹集救援防护物资，为当地疫情防控尽一份力。泉州捐赠物资上，写有韩国古代诗人许筠的诗句“肝胆每相照，冰壶映寒月”。习近平在韩国首尔大学演讲时，曾经引用这一诗句，寓意中韩两国肝胆相照、相扶相济。

相关链接：2013年，泉州与光州广域市同时当选首届“东亚文化之都”。从此，两地在文化、艺术、媒体、医疗、青少年交流等领域，开展深入的合作，两座城市人民间的友谊日益深厚。2014年11月，泉州市与韩国光州广域市、日本横滨市签署三市友好合作协议。2018年9月，泉州市与光州广域市签署建立友好城市关系意向书，翻开两座城市友好交流新篇章。

3月28日

农历庚子年三月初五
星期六
温度：11℃～17℃
小雨转多云

●王永礼到石狮调研新冠肺炎疫情防控下的外经外贸工作，重点了解外贸企业、生产型企业外贸业务受国内外疫情影响情况，帮助解决企业发展难题。

●全市安全隐患大排查大整治工作视频会议召开，听取各县（市、区）排查整治情况汇报，部署下阶段工作。

●泉州市政府向韩国光州广域市捐赠防疫物资。

●福建日报头版《贯彻落实习近平总书记重要讲话重要指示批示精神回头看》栏目刊发《坚守实体，“晋江经验”谋新篇》一文。

3月29日

农历庚子年三月初六
星期日
温度：14℃～15℃
多云转小雨

●市政府公布泉州市辖区第二批历史建筑名单，25处建筑入选。

●为减轻企业负担，支持企业复工复产，市税务局联合市社保中心抓紧落实阶段性减免社保费政策，推进2月社保费退费，全市完成退费1.28亿元，逾10万户次企业受惠。

●泉州市下达市级财政乡村振兴专项资金7250万元，带动各级财政资金投入超2.7亿元，用于支持145个省级试点村建设。

泉州市辖区第二批历史建筑名单公布

市政府公布泉州市辖区第二批历史建筑名单，25处建筑入选。鲤城区13处，分别为开元街道桂香宫，朝天门，泉山门，威远楼，北门文胜宫，大城隍口12号民居；鲤中街道花巷46号民居，象峰巷22号朝旭楼，帽巷15号听桐别墅；海滨街道傅厝巷5号民居；临江街道伍堡街193～197号民居，金刚巷15～1号民居，土地后巷7～1号民居。洛江区12处，分别为万安街道桥南街401号刘启东故居，桥南街425号下巷刘氏祖厝，桥南街366号余庆楼，桥南街368号刘春财、春发兄弟洋楼，桥南街382号刘晚枝洋楼，桥南街386号心海桥秀，桥南街232、234号桥南街屋，桥南街464号刘维积故居，十班公妈墓庙；马甲镇马甲村桥头24号八角楼；虹山乡许坝彭棠故居，马直头34号大水路土楼。

入选泉州市辖区第二批历史建筑名单的威远楼
（图/吴寿民）

泉州市落实阶段性减免社保费政策

为减轻企业负担，支持企业复工复产，市税务局联合市社保中心抓紧落实阶段性减免社保费政策。市税务局与社保经办机构加强对接，对2月或3月未申报社保费的企业，采用系统自动比对、计算模式，用人单位只需按照原有规定申报社保费，系统自动按照减免政策给予优惠；对2月已缴纳的社保费，采用企业免填单、免申请的便捷退费模式，符合减免条件的，由税务机关将名单清单发给社保经办机构，由社保经办机构实施退费，无须缴费人做任何操作。根据社保经办机构提供的退费不成功信息，全市税务部门逐一与6000多户企业进行核对，确保社保费成功退回，企业第一时间享受到政策红利。此次阶段性减免社保费政策落地迅速、优惠力度大，惠及面广。在不到一周的时间里，泉州市基本完成2月社保费退费工作。据统计，已完成退费10.02万户次，合计金额1.28亿元。其中企业职工基本养老保险费 3.67万户，金额1.2亿元；工伤保险费3.33万户，金额449.19万元；失业保险费3.02万户，金额367.25万元。

泉州市投入专项资金推进省级试点村建设

泉州市下达市级财政乡村振兴专项资金7250万元，带动各级财政资金投入超2.7亿元，用于支持145个省级试点村建设。2020年以来，市财政部门在支持疫情防控的同时，把农业农村作为财政支出的优先保障领域，加大乡村振兴的支持力度，确保资金投入规模与乡村振兴任务相适应。此次专项资金的投入，将有助于探索乡村振兴的机制、路径、方法，发扬群众首创精神，引导基层大胆创新实践，培育典型，串点成线，引导建设一批可借鉴、可复制、可推广的经验典型，形成一批各具特色、不同类型乡村振兴样板。按照《福建省乡村振兴试点示范专项资金管理办法》和《泉州市市级乡村振兴专项资金管理暂行规定》等，此项资金管理采取“制度+科技”模式，纳入福建省扶贫（惠民）资金在线监管系统，建立简便实用、实时同步的动态监控体系，及时掌握资金流向、流速和流量。资金使用以绩效管理为抓手，按照集中财力办大事的原则，聚焦乡村振兴重点领域和薄弱环节，加大涉农资金统筹整合力度，优化财政供给结构，创新财政投融资机制，建立以绩效评价为导向的正向激励机制。

2019年泉州市国民经济和社会发展统计公报发布

市统计局和国家统计局泉州调查队发布2019年泉州市国民经济和社会发展统计公报。根据初步核算，2019年全市实现地区生产总值（GDP）9946.66亿元，按可比价格计算，比2018年增长8%，经济总量连续21年保持全省第一。按常住人口计算，泉州人均地区生产总值114067元（按年平均汇率折合16535美元），比2018年增长7.4 %。

2019年，泉州市第一产业增加值218.61亿元，同比增长2.4%；第二产业增加值5855.27亿元，同比增长8.3%；第三产业增加值3872.78亿元，同比增长7.8%。第一、二、三产业对GDP同比增长的贡献率分别为0.7%、63%和36.3%，三次产业比例为2.2：58.9：38.9。全市工业实现增加值5167.98亿元，同比增长8.6%，工业对经济增长的贡献率达59%。拥有超亿元工业企业2809家，比2018年增加117家，其中超10亿元企业328家，比2018年增加47家。2019年，全市固定资产投资比2018年增长6.3%。工业投资增长9.1%，占固定资产投资的比重为32.4%。先进制造业投资增长12.8%，占固定资产投资的比重为14.1%。全市进出口总额达2111.8亿元，比2018年增长13.9%。进出口顺差795.17亿元，比2018年增加263.67亿元。

2019年年末全市常住人口874万人，比2018年年末增加4万人。65岁及以上老年人口占9.2%。人口出生率为11.7‰，死亡率为6.7‰，自然增长率为5‰，常住人口城镇化率为67.2%。年末全市户籍人口760.7万人。2019年，市辖区居民消费价格总水平比2018年上涨2.3%，其中，消费品价格同比上涨3.4%，服务项目价格同比上涨0.6%。2019年，全市社会消费品零售总额3761.82亿元，比2018年增长10.2%。在限额以上批发零售企业商品零售额中，家具类比2018年增长37.7%，体育、娱乐用品类增长21.5%，通信器材类增长19.6%，饮料类增长19.1%，家用电器和音像器材类增长18.5%。全市限额以上批发和零售业企业通过互联网实现商品零售额230.76亿元，比2018年增长20%。2019年年末，全市民用汽车保有量达159.99万辆（含三轮汽车和低速货车），比2018年年末增长11.2%，其中私人汽车保有量142.56万辆，增长9.8%。全市民用轿车保有量102.95万辆，增长10.4%，其中私人轿车保有量94.89万辆，增长10%。2019年年末，全市金融机构本外币各项存款余额7728.61亿元，比2018年年末增长11.2%，其中人民币各项存款余额7647.23亿元，比2018年年末增长11.4%。人民币存款中，住户存款余额4290.60亿元，比2018年年末增长13.5%；企业存款1983.08亿元，比2018年年末增长8.1%。

《泉州市住房公积金2019年年度报告》发布

市住房公积金管理中心发布《泉州市住房公积金2019年年度报告》，披露2019年全市住房公积金业务运行、财务状况和资产风险状况、社会经济效益、政策调整及执行、服务改进、信息化建设等情况。2019年，住房公积金提取126.85万人次，提取额64.01亿元（其中住房消费类提取占84.6%），比2018年增长13.63%；提取率73.52%，比2018年增加2.99个百分点，比2017年增加1.82个百分点，处于近三年的最高峰。2017—2019年，泉州市的住房公积金当年提取率均在70%以上。2019年，泉州市推广住房公积金贴息贷款业务，全年发放公积金贴息贷款5612笔、25.25亿元，该项业务占公积金+贴息贷款总额的比重从2018年的10.07%迅速增长至47.62%。

2019年，泉州市初步建成由微信、微博、门户网站、网上服务大厅、手机App、“12329”服务热线、“12329”短信和自助终端八大服务渠道构建的综合服务平台。首先，通过住房公积金“网上服务大厅”服务缴存单位及职工。网厅开通单位账户设立、个人账户增减员、补缴核定、年度基数调整、离退休提取、转移接续、单位及个人信息查询、缴存证明打印等高频业务。其次，通过手机App、微信号服务群众。市民拿起手机不仅可以随时了解公积金账户余额、缴存明细、贷款余额、还款明细，还可以通过“闽政通”App或者支付宝上的“闽政通”小程序，“刷脸”线上自助办理离退休提取业务。第三，通过智慧终端延伸服务渠道。在中心市区部署14台24小时公积金自助查询机，市民在居住社区附近便可享受到便捷的住房公积金服务。

3月30日

农历庚子年三月初七
星期一
温度：13℃～14℃
小雨

●根据《泉州市安全生产提示告知警示通报和约谈实施意见》相关规定，市安全生产委员会就欣佳酒店楼体坍塌事故，对鲤城区政府开展安全生产约谈。王永礼主约谈，洪自强、朱启平参加。

●九牧集团、乔丹体育、柒牌股份、南威软件、美置智能家居等10家泉州企业和工商银行、农业银行、中国银行、建设银行和兴业银行5家银行相关负责人共同参与福建省产融合作政银企线上对接会，签约总金额63.4亿元，占全省签约总额307亿元的20.6%，签约金额全省第二。

●市统计局和国家统计局泉州调查队发布2019年泉州市国民经济和社会发展统计公报。根据初步核算，2019年全市实现地区生产总值（GDP）9946.66亿元，按可比价格计算，比2018年增长8.0%，经济总量连续21年保持全省第一。

●市住房公积金管理中心发布《泉州市住房公积金2019年年度报告》，披露2019年全市住房公积金业务运行、财务状况和资产风险状况、社会经济效益、政策调整及执行、服务改进、信息化建设等情况。

3月31日

农历庚子年三月初八
星期二
温度：16℃～16℃
阴转小雨

●作为第18届世界中学生运动会的主场馆，位于晋江市陈埭镇的晋江市第二体育中心体育馆、游泳馆、训练馆三大场馆全部完成建设，并正式交付。

●市防汛办发出通知，泉州市自4月1日起，实行24小时防汛值班，要求各地做好监测预警、应急处置、信息上报等工作，以应对随时可能发生的汛情，保障人民群众生命财产安全。

●全市148家企业入选国家疫情防控重点保障企业名单，可享受包括专项再贷款、财政贴息在内的一系列政策支持。

第18届世界中学生运动会主场馆完工

作为第18届世界中学生运动会的主场馆，位于晋江市陈埭镇的晋江市第二体育中心体育馆、游泳馆、训练馆三大场馆全部完成建设，并正式交付。作为全省最大的室内体育馆，最多可容纳15000名观众，总建筑面积约62700平方米，可承办NBA标准篮球赛事，满足排球、羽毛球、乒乓球等国际单项职业赛事需要，此外还能举办大型文艺演出，兼顾部分商业功能等。游泳馆的游泳比赛池、练习池及跳水池全部采用国内最先进的全自动重力型溶氧精滤水处理系统，采用次氯酸钠消毒，更好地解决水质问题。馆内的水还采用空气源热泵加热系统，赛事全程水温保持在26℃～28℃，可满足国内外大型运动赛事的需求。整个游泳馆采用恒温恒湿的空气处理系统，可给现场人员提供一个更舒适的比赛及观赛环境。晋江市第二体育中心规划总用地面积23.53公顷，总建筑面积约18.8万平方米。该项目主要包括体育馆、游泳馆、训练馆及运动员生活区等，同时配套篮球公园、全民健身区、商业、停车库等。体育馆、游泳馆，宛如水中的卵石，与复杂丰富的多层次绿地形态相结合，纯净自然、洁白剔透，立意为“碧海寻珠”。

晋江市第二体育中心建设现场（图/许雅玲 吴炜韬）

泉州市实行24小时防汛值班

市防汛办发出通知，泉州市自4月1日起，实行24小时防汛值班，要求各地做好监测预警、应急处置、信息上报等工作，以应对随时可能发生的汛情，保障人民群众生命财产安全。一手抓疫情防控，一手抓防汛备汛。市防指面向社会公开全市13个县（市、区）防汛抗旱行政责任人、4座重要江堤海堤水闸防汛行政责任人、20座大中型和1座重要小（1）型水库防汛行政责任人，接受社会监督。各级责任人应履行防汛抗旱职责，迅速上岗到位，熟悉预案内容和工程情况，督促各项防汛抗旱措施的落实，保障防汛安全和水利工程安全，共同维护社会的安定、稳定。全市796支防汛防台风应急抢险与灾后重建队伍整装待命，其中技术队伍402支专业人员17378人，施工队伍394支施工机械设备8613部。泉州市还在汛前完成20座中型水库、2座市属小（1）型水库的应急预案与调度运用计划审查审批，督促各县（市、区）完成438座小型水库和除水库大坝外的其他水利工程的防洪抢险预案及在建涉水工程项目度汛方案的审查审批工作。

148家泉州企业入围“国家重点保障名单”

根据国家和福建省关于做好申报国家疫情防控重点保障企业名单有关工作的要求，泉州市坚持应对需要、实事求是的原则，及时组织各县（市、区）对符合条件的企业进行筛选上报。全市148家企业入选国家疫情防控重点保障企业名单，可享受包括专项再贷款、财政贴息在内的一系列政策支持。此前财政部、国家发改委等五部门发布通知，明确将通过专项再贷款支持金融机构加大信贷支持力度、中央财政安排贴息资金支持降低企业融资成本等措施强化疫情防控重点保障企业资金支持。自国家疫情防控重点保障企业名单申报启动以来，泉州市筛选上报4批次、223家企业，涉及医用物资生产企业，粮油生产企业，生物医药、医疗器械、信息服务设备及系统企业，物流和生活物资（含方便和速冻食品）企业等。148家企业被列入名单管理，覆盖全市13个县（市、区）。

薛卫民到泉州调研走访相关企业

省政协副主席薛卫民到泉州调研走访泉州云谷院前数据中心、南威软件、嘉泰数控等企业，了解相关企业和泉州疫情防控及复工复产情况。薛卫民鼓励大家坚定信心、共克时艰，抓好生产经营，把疫情对企业发展的影响降到最低。

王永礼调研高三年级开学准备工作

市长王永礼调研泉州市高三年级开学准备工作，并与部分学校代表座谈，了解实际困难、征求意见建议。王永礼到泉州实验中学、泉州七中，查看体温检测系统、应急处置流程、模拟开学演练等准备情况，检查临时隔离观察室、教室、餐厅等重点场所。王永礼指出，要盯紧关键环节，落实人员摸排、体温检测、教学住宿用餐场所消毒等重点防护工作，做好防控物资储备，从心理上、生活上关心关爱师生，把疫情对教学工作和考生备考的影响降到最低。要强化组织保障，统筹各方力量群策群力，抓好社会治安、校外交通、周边环境整治、安全隐患排查等工作，确保高三开学万无一失，为其他年级错时开学、全面开学，创造条件、做好示范、提供经验。

泉州市首次以市场采购方式出口医用防控物资

在石狮服装城市场，经泉州海关驻石狮办关员按新规快速验收，福建省力菲克药业有限公司生产的3.78万只一次性医用口罩、2万件一次性医用防护服等医用防控物资，在泉州港石湖港区通过海运方式驰援菲律宾疫情防控一线。这是3月31日商务部、海关总署、国家药品监督管理局发布关于有序开展医用物资出口的公告以来，泉州海关关区按新规验放的以货运渠道出口的首批医用防控物资。自4月1日起，出口新型冠状病毒检测试剂、医用口罩、医用防护服、呼吸机、红外线体温计的企业向海关报关时，须提供书面或电子声明，承诺出口产品已取得中国医疗器械产品注册证书，符合进口国（地区）的质量标准要求。3月31日，泉州海关在得知企业需要出口一批医用物资后，指定通关联系人对防疫物资出口进行全程指导，引导企业规范申报,按照公告要求，凭药品监督管理部门批准的医疗器械产品注册证书进行验放，严格把关，维护出口秩序,为“福建制造”医用物资出口保驾护航，支持国际社会共同抗击疫情。

全省首个税收共治宣传服务中心在泉州揭牌

泉州市第29个全国税收宣传月暨“共建·共治·共享——减税费优服务 助复产促发展”系列活动启动，全省首个税收共治宣传服务中心在泉州揭牌。该中心从制度、平台、服务、宣传四个维度着手，全方位推进税收共治体系建设，是对此前减税降费融合宣传服务中心工作的全面升级。该中心现场发布《税收共治之便民服务二十九条》，既梳理2019年以来各项便民利民服务举措，也推出确保减税降费落地生根、有效应对新冠肺炎疫情最新服务举措，为实现“减税费、优服务，助复产、促发展”目标提供执行保障。税收宣传月期间，泉州市还开展政策宣传、数据分析服务大局、媒体记者行等系列活动。

晋江家博会线上展会发布会举行

中国（晋江）国际家装建材博览会（以下简称“晋江家博会”）线上展会发布会举行。晋江主会场和福建福州、广东佛山、加拿大多伦多分会场同步连线，一同见证晋江家博会线上展会平台的启动。启动仪式现场，四地相关单位实现“云签约”：福建省陶瓷行业协会、福建省进出口商会、晋江市建材陶瓷行业协会、晋江市磁灶商会等单位分别与加拿大诚信集团、加拿大百易居建材城、中加贸易投资发展促进会、佛山进出口商会、福建省室内装饰装修协会、福州晋江商会等单位进行线上战略合作签约。

4月1日

农历庚子年三月初九
星期三
温度：15℃～19℃
阴

●省政协副主席薛卫民到泉州调研走访泉州云谷院前数据中心、南威软件、嘉泰数控等企业，了解相关企业和泉州疫情防控及复工复产情况。

●泉州市10名支援湖北医疗队员完成各项医疗救治任务凯旋，康涛、王永礼到场迎接。

●王永礼调研泉州市高三年级开学准备工作，并与部分学校代表座谈，了解实际困难、征求意见建议。

●经泉州海关驻石狮办关员按新规快速验收，福建省力菲克药业有限公司生产的医用防控物资，在泉州港石湖港区通过海运方式运往菲律宾。此系商务部、海关总署、国家药品监督管理局发布关于有序开展医用物资出口的公告以来，泉州海关关区按新规验放的以货运渠道出口的首批医用防控物资。

●泉州市第29个全国税收宣传月暨“共建·共治·共享——减税费优服务 助复产促发展”系列活动启动，全省首个税收共治宣传服务中心在泉州揭牌。

●中国（晋江）国际家装建材博览会线上展会发布会举行。

4月2日

农历庚子年三月初十
星期四
温度：13℃～17℃
小雨

●市委常委会召开会议，学习贯彻习近平总书记在中央政治局会议、出席二十国集团领导人应对新冠肺炎特别峰会的讲话精神，以及省委常委会会议精神，部署统筹推进疫情防控和经济社会发展的重点工作等。

●市委理论学习中心组学习会召开，学习《习近平在福州》采访实录。

●由市妇联主办的2020年泉州市“书香小芽儿”亲子阅读系列活动启动。

市委常委会部署统筹推进疫情防控和经济社会发展工作

市委常委会召开会议，学习贯彻习近平在中央政治局会议、出席二十国集团领导人应对新冠肺炎特别峰会的讲话精神，以及省委常委会会议精神，部署统筹推进疫情防控和经济社会发展的重点工作；学习贯彻省委全面依法治省委员会第四次会议精神，研究《关于依法防控新型冠状病毒肺炎疫情 切实保障人民群众生命健康安全实施方案》；研究《关于新时代加强和改进人民政协工作的实施意见》《泉州市政协2020年度主要协商工作计划》；听取2019年全市生态环境保护工作情况汇报，研究2020年工作要点。

会议强调，要落实“外防输入、内防反弹”要求，全链条无缝隙抓实抓细防控工作闭环，防控境外疫情输入，堵漏洞防风险，打击非法入境等违法犯罪行为。要周密有序做好复学防疫工作，确保万无一失。要加大力度推进复工复产，解决企业面临的困难问题，加快重点项目建设，促进消费回补，保障和改善民生，推动经济社会发展早日全面步入正轨。要开展安全生产隐患大排查大整治，以“零容忍”态度全面消除风险隐患。要深化依法防控、依法治理，健全完善疫情防控相关法规和配套制度，加大执法司法力度，强化疫情防控普法宣传及法律服务。各级党委（党组）要依法履行职责，坚持运用法治思维和法治方式开展疫情防控。要发挥人民政协的独特优势和重要作用，落实2020年度协商计划，开展调研视察、协商议政、民主监督。要加强党对人民政协工作的领导，提升人民政协制度整体效能。要树立和践行新发展理念，推动经济发展与生态环境保护相协调相促进。要打好大气、水、土壤污染防治攻坚战，加快生态环保督察问题整改落实，强力攻坚突破，紧盯关键环节，倒排工作计划，加强督导推动。要落实“党政同责、一岗双责”，实行最严格的生态环境保护制。

市委理论学习中心组集中学习《习近平在福州》采访实录

市委理论学习中心组学习会召开，学习《习近平在福州》采访实录。市委书记康涛主持。会议强调，要激发勇于攻坚克难的担当精神，提高应对风险、克服阻力、化解矛盾、担当重任的能力，抓紧抓实抓细疫情防控，全面推进复工复产，一刻不停抓好安全生产工作。要培育狠抓工作落实的优良作风，坚持以人民为中心，解决好群众的所需、所急、所盼，弘扬“马上就办、真抓实干”，整治形式主义、官僚主义，主动投入疫情防控、复工复产、安全隐患排查整治等一线，以实际行动践行初心使命。

2020年泉州市“书香小芽儿”亲子阅读系列活动启动

国际儿童图书日，由市妇联主办的2020年泉州市“书香小芽儿”亲子阅读系列活动启动。该活动已连续举办5年，营造了全社会热爱阅读、重视家庭教育的氛围，成为泉州市家庭教育的品牌活动。全市参与人数达8万人次，参与家庭4万多个。2020年的“书香小芽儿”亲子阅读系列活动结合疫情防控工作开展，主题为“童心战疫·阅动全城”，通过线上线下相结合，在引导家庭共享亲子阅读魅力的同时，倡导文明健康生活方式，筑牢防控疫情的家庭防线。是日启动的“阅读吧，少年”亲子阅读推广活动，向全市家庭发出倡议，希望家长每天抽出时间与孩子一起进行亲子阅读，体验阅读的乐趣。同时，组建8支亲子阅读领读队，在线上诵读经典或分享好书；在全市小学1—4年级儿童中寻找“小小阅读推广大使”，在微信公众号等线上平台播放优秀诵读音频，营造家庭阅读氛围。除亲子阅读主题活动之外，2020年的“书香小芽儿”活动还组织“抗击疫情 祝福祖国”作品征集、“故事爸妈同悦读 童心童行抗疫情”亲子线上阅读分享活动，引导各县（市、区）妇联开展家庭亲子阅读优秀书目推荐、亲子阅读成果展等。

康涛王永礼到鲤城南安检查安全隐患排查整治工作

市委书记康涛、市长王永礼到鲤城、南安检查安全隐患排查整治工作。

康涛强调，要贯彻习近平关于安全生产论述，按照省委、省政府部署要求，提高政治站位，守牢底线红线，以铁的手腕抓好大排查大整治，以“零容忍”态度全面消除风险隐患。要压紧压实属地责任、监管责任和企业主体责任，聚焦重点领域突出问题，按照急重轻缓、分类综合施策，实行销号管理、闭环管理，适时开展排查整治“回头看”，巩固整治成果，以实际行动筑牢安全生产防线，保障人民群众生命财产安全。

王永礼到鲤城区玉田渠金浦水闸闸前段、玉田渠与长泰路交叉口段、江南大街海西汽配城路段积水点，察看城市内涝点和行洪安全隐患点，并到紫帽山和石崎社区检查。王永礼指出，要对存在安全隐患的房屋分类指导、分类处置，明确整改责任人、整改措施和整改时限，依法依规有序推进。各级政府各部门要按照市委部署，在统筹好疫情防控和复工复产的同时，抓实安全风险防范各项工作，排查各类隐患，压实各方责任，遏制事故灾难多发势头。要全面排查内河防汛设施和防洪、排涝工作存在的薄弱环节，总结经验，发现问题并及时整改到位。要细化优化应急处置预案，强化应急演练，完善值班值守制度。

全市安全隐患大排查大整治和疫情防控重点工作视频会议召开

全市安全隐患大排查大整治和疫情防控重点工作视频会议召开，传达学习贯彻习近平对四川省凉山州西昌市森林火灾做出的指示精神，研究部署全市安全生产和疫情防控工作。会议要求，要落实安全生产责任制，领导干部带头抓亲自盯，组织专家团队沉到一线解剖麻雀，广泛调动基层力量，把风险隐患查出来、整下去，分门别类找准解决问题的办法。要紧盯目标要求，守牢安全生产底线红线，深入排查火灾、自然灾害、安全生产等各类隐患。要加强组织领导，健全指挥部机制，加大督查力度，盯紧阶段性进展，精准发现问题，督促整改落实到位。要落实“外防输入、内防反弹”要求，运用大数据排查，优化防控策略，抓实抓细各项防控措施，阻断传染源。要做实做细复学复课各项工作，落实“一校一案”，科学管理、有效防控，抓好校园安全排查整治和周边环境整治。要有力有序推动复工复产提速扩面，加快推进新型基础设施和战略性新兴产业发展，完成全年经济社会发展目标任务。

市人大常委会党组理论中心组学习会召开

市人大常委会党组理论中心组学习会召开，传达学习贯彻习近平在中央政治局会议、出席二十国集团领导人应对新冠肺炎特别峰会的讲话精神和中央领导有关批示精神，以及省委、市委有关会议精神；传达贯彻省委全面依法治省委员会第四次会议精神，以及市委有关会议精神；会议还专题学习研讨《习近平在福州》采访实录。会议指出，要坚持依法防控，运用法治方式补齐社会治理短板，发挥法治在疫情防控中的保障作用。要学习领会习近平在福建工作时的科学理念、宝贵经验和优良作风，在统筹推进疫情防控和经济社会发展工作中主动作为，落实全面从严治党主体责任，持之以恒抓好作风建设，提升机关干部的战斗力和执行力。

市人大常委会党组理论中心组学习会现场（图/陈意鸣）

4月3日

农历庚子年三月十一
星期五
温度：15℃～18℃
小雨

●康涛、王永礼到鲤城、南安检查安全隐患排查整治工作。

●全市安全隐患大排查大整治和疫情防控重点工作视频会议召开，传达学习贯彻习近平对四川省凉山州西昌市森林火灾做出的指示精神，研究部署全市安全生产和疫情防控工作。

●市人大常委会党组理论中心组学习会召开，传达学习贯彻习近平在中央政治局会议、出席二十国集团领导人应对新冠肺炎特别峰会的讲话精神和中央领导有关批示精神，以及省委、市委有关会议精神等。

●市防控新型冠状病毒感染肺炎疫情应急指挥部办公室向自湖北省到泉州人员发出温馨提示，号召到泉州人员予以理解、配合和支持，同舟共济，同心抗疫。

●鲤城法院家事文化馆举行“云展览”直播活动。直播通过新华社现场云、央视频、央视新闻移动网、泉州网、今日头条等平台同时进行，超过10万名网友观看。

4月4日

农历庚子年三月十二
星期六
温度：14℃～18℃
阴

●泉州市举行哀悼活动，向抗击新冠肺炎疫情斗争牺牲烈士和逝世同胞表示哀悼。

●在收听收看完全省森林防火视频会议后，泉州市随即召开全市森林防火视频会议，再次部署清明防火工作。

●为指导和推动全市家政服务业提质扩容相关工作，经市政府同意，泉州市促进家政服务业提质扩容局际联席会议制度建立，制定出台《泉州市家政服务业提质扩容“领跑者”行动试点工作方案》。

●省发改委、省住建厅下达泉州市保障性安居工程专项老旧小区改造2020年提前批中央预算内投资计划超1.2亿元。

泉州市举行活动悼念抗击新冠肺炎疫情斗争牺牲烈士和逝世同胞

清明节，泉州市举行哀悼活动，和全国各族人民一道，向抗击新冠肺炎疫情斗争牺牲烈士和逝世同胞表示哀悼。上午10时，市行政中心广场下半旗志哀。市四套班子领导康涛、王永礼、陈灿辉、张永宁、孔繁军、游宇飞、林万明、刘建军、刘文儒、季翔峰、洪自强等，泉州军分区、市中级人民法院、市人民检察院主要负责人，以及部分市直机关干部、医务人员、公安干警代表面向国旗肃立。当防空警报响彻城市上空，全体肃立默哀三分钟，表达对抗击新冠肺炎疫情斗争牺牲烈士和逝世同胞的哀悼。是日，全市停止公共娱乐活动。整座城市对生命尊严致以最高敬意，以最深的怀念为英雄送行。

全市森林防火视频会议召开

在收听收看完全省森林防火视频会议后，泉州市随即召开全市森林防火视频会议，再次部署清明防火工作。会议要求，根据疫情防控需要，提倡清明节文明安全祭扫。杜绝火源进山，严防森林火灾；家中、公墓、陵园、寺庙等场所缅怀祭扫、焚香烧纸时谨防火灾，务必做到火星熄灭人再离开；开设“清明云上祭”平台，倡导网上祭奠、家庭悼念等“绿色祭祀”理念。林业、民政、宣传、公安等部门要各司其职、分兵把守，形成工作合力，层层落实领导带班、24小时值班制度，确保一旦发生灾情能够及时迅速响应。要增强安全红线意识，把扑火安全放在森林防火工作的首要位置，细而又细做好扑火救灾应急预案，加强火险预测预报，做好应急救援队伍和物资准备工作，加强交通、通信、医疗保障，科学安全高效做好火情火灾的应对处置，把可能造成的损失降到最低。

泉州市促进家政服务业提质扩容联席会议制度建立

为指导和推动全市家政服务业提质扩容相关工作，经市政府同意，泉州市促进家政服务业提质扩容局际联席会议制度建立，制定出台《泉州市家政服务业提质扩容“领跑者”行动试点工作方案》。联席会议由市直18个部门和单位组成，市发改委、商务局为牵头单位，在市委、市政府领导下，根据国家促进家政服务业提质扩容部际联席会议、省促进家政服务业提质扩容厅际联席会议的有关工作部署，统筹协调泉州市家政服务业提质扩容工作，做好家政服务业发展规划协调、政策保障、监测评估和技术指导，研究解决泉州市家政服务业提质扩容过程中的重大问题。

泉州市老旧小区改造项目获中央资金补助

省发改委、省住建厅下达泉州市保障性安居工程专项老旧小区改造2020年提前批中央预算内投资计划超1.2亿元。此次全市共有22个老旧小区改造项目列入其中，获12658万元中央资金补助，补助总额占全省“总盘子”近半。这些改造项目分布在鲤城、丰泽、洛江、泉港、石狮、晋江、南安、惠安、安溪、永春、德化等县（市、区），均为城市或县城（城关镇）建成年代较早、失养失修严重、市政配套设施不完善、社会服务设施不健全、居民改造意愿强烈的住宅小区（含独栋住宅楼）。中央资金的注入，将更有力支持各项目加强小区道路、排水、供电、供气、绿化、照明、围墙、消防等基础设施和公共服务设施建设，有望为41064户居民改善生活居住条件。此次下达的中央预算内投资必须用于老旧小区的配套基础设施建设，原则上不得用于城市主干道、主管网、综合管廊、城市广场、城市公园等项目。市发改委、市住建局将督促各地尽快将中央预算内投资计划转下达到具体项目单位，认真组织实施，加强项目管理，确保未开工项目尽快开工、已开工项目加快进度。

泉州市启动集中式地下水型饮用水源和重点污染源调查

为打好污染防治攻坚战，是月起，泉州市启动集中式地下水型饮用水源和重点污染源（以下简称“双源”）调查。通过调查形成全市双源清单，为开展地下水环境状况调查评价、污染防治分区划定等工作奠定基础。此次双源调查对象和范围主要分为7类：一是城镇集中式地下水型饮用水源；二是工业污染源，包括石油加工/炼焦及核燃料加工业、有色金属冶炼及压延加工业、化学原料及化学制品制造业、纺织业、皮革、毛皮、羽毛（绒）及其制品业、金属制品业；三是矿山开采区，包括有色金属矿采选业、黑色金属矿采选业、煤炭开采和洗选业；四是所有危险废物处置场；五是垃圾填埋场，包括正规垃圾填埋场和400吨以上非正规垃圾填埋场；六是农业污染源，包括规模化畜禽养殖场及小区；七是高尔夫球场等污染源。此外，防渗摸排的范围还包括高风险的化学品生产企业以及县级以上工业园区（含县级）、矿山开采区、尾矿库、危险废物处置场、垃圾填埋场等可能造成地下水污染的场地。

全市建立21家博士后科研工作站

泉州市突出提高企业自主创新能力，发挥平台引才聚才的作用，推进博士后工作站建设。全市获批建立21家博士后科研工作站，成为泉州产业发展的“发动机”“助推器”。这些博士后科研工作站承担省部级以上研究项目85项，企业内部课题280项，其中，国家级项目38项；在国内核心期刊发表论文286篇；获国家级奖项15项，省部级奖项43项；获发明专利和实用新型专利89项，成果转化效益显著，直接经济效益20亿元。工作站招收培养博士后研究人员270人，成为推动企业管理、技术创新的重要力量。获批的博士后科研工作站可享受泉州市相应的优惠政策。对经人力资源和社会保障部批准设立并在泉州市正常开展博士后培养工作的博士后科研工作站，泉州市给予一次性30万元建站资助。资助资金主要用于补贴申报单位为开展博士后科研工作而购置的仪器设备、图书软件资料及用于改善博士后工作条件等支出。设站单位每招收一名博士后人员，给予2万元培养资助。资助资金主要用于工作站与高校联合招收培养博士后人员的管理经费支出。进站博士后人员，在站期间经中期考核和期满考核合格，每人每年发放2.5万元的科研和生活补助，分两年发放，发放总额5万元。

全市县级以上公立医院全面推行线上预约

为巩固疫情防控成效，泉州市在全市县级以上公立医院推行线上预约全覆盖，鼓励市民提前预约就诊，减少在院逗留时间，避免人群聚集。泉州市二级以上公立医院，特别是中心市区各医院的线上预约渠道已开通多年，但由于通道较为分散，市民预约起来仍然不便，预约率保持在60%左右。此次将各医院的线上预约通道集中到市卫健委微信公众号内的泉州市统一预约挂号系统，市民只需进行线上实名认证后，即可预约就诊。

市民关注公众号后，即可点击“预约挂号”进入系统。首次预约挂号的患者需完善个人信息进行实名认证，通过面部识别自动完成医保卡绑定操作。疫情期间，市民预约还需要根据系统提示如实填写“流调问卷”，内容涵盖有无发热、咳嗽、乏力等症状，是否来自重点地区、与确诊病例有无接触史等。完成实名认证注册后，即可进行预约挂号，系统预约细分到各院区、各科室、各专家、各时段，还集中提供医院、医生的相关信息供市民参考，预约成功后，市民只需提前15分钟到达医院即可，免去长时间在医院排队等候的麻烦。市民可按系统定位提示选择距离较近的或按个人需求选择医院，亦可通过“智能导诊”功能的提示，选择适合的科室。市民可适用“亲情账号”功能，帮助不熟悉智能手机的家人挂号。疫情期间，除挂号系统外，公众号内还开设免费咨询、发热门诊导航、疫情实时查询等平台。市民可通过系统中的“患者同行程”查询工具，进行线上确诊病例行程查询，只需要输入日期、车次和地区等信息，即可查询到相关飞机、列车行程是否有已披露的确诊病例。

4月5日

农历庚子年三月十三
星期日
温度：12℃～17℃
小雨

●是月起，泉州市启动集中式地下水型饮用水源和重点污染源调查。

●泉州市突出提高企业自主创新能力，发挥平台引才聚才的作用，推进博士后工作站建设，全市获批建立21家博士后科研工作站。

●为巩固疫情防控成效，泉州市在全市县级以上公立医院推行线上预约全覆盖，鼓励市民提前预约就诊，减少在院逗留时间，避免人群聚集。

4月6日

农历庚子年三月十四
星期一
温度：13℃～16℃
小雨

●市政府办公室印发《关于推进快递集聚发展若干措施的通知》（以下简称“通知”），提出采取有效措施，发力建设“快递产业集聚发展先行区”，力争至2025年实现基本建成中国快递产业集聚发展先行区的目标。

●泉州企业柒牌公司收到国务院应对新型冠状病毒肺炎疫情联防联控机制医疗物资保障组感谢信。

泉州市建设“快递产业集聚发展先行区”

作为全国首批快递示范城市，近五年来，泉州市快递服务能力快速提升，产业带动效应和资源集聚效应显现。为推动流通方式转型，促进消费升级，发挥快递业在泉州经济社会发展中的基础性和先导性作用，继发布《泉州市快递集聚发展规划（2020—2025）》后，市政府办公室印发《关于推进快递集聚发展若干措施的通知》（以下简称“通知”），提出采取有效措施，发力建设“快递产业集聚发展先行区”，力争至2025年实现基本建成中国快递产业集聚发展先行区的目标。

快递产业集聚发展是壮大快递产业，带动电商、物流等相关上、下游产业的有效方式，对服务泉州产业转型升级具有重要作用。经过多年培育，泉州市快递产业集聚发展基础扎实、成效初显。在泉州的省级分拨中心或区域总部快递品牌达12个，全省六成以上的快件需经泉州中转，泉州与国内重点城市间快件72小时送达率比全国平均水平高10个百分点。通知明确，今后将加强顶层设计，以《泉州市快递集聚发展规划（2020—2025）》为指导，引进重点快递企业总部。对在泉州设立省级或区域品牌总部、结算中心、呼叫中心、大数据中心、研发中心、采购中心等，经认定为总部企业的，按总部相关政策予以扶持。

2019年“双11”期间，泉州丰泽区陈女士看中一双鞋子，下单28分钟后，快递小哥就送货上门。这样的快递配送速度，得益于快递企业与电商、制造业、物流配送等方面的深度配合。今后，类似的“快递+”战略将成为服务业新常态。通知支持快递企业实施“快递+”战略，鼓励快递企业在强化核心业务基础上，拓展服务领域，与上下游产业协同发展，支持快递企业介入电商、仓储、物流配送等方面，发展快运、冷藏运输等业务，向综合快递物流运营商转型。支持交邮资源互通，即打通交通资源要素与快递服务的衔接，推动快递基础设施与铁路、公路、港口、民航枢纽的同步规划建设，在机场、车站、码头等建设快件绿色通道和装卸、接驳、仓储功能区。

围绕节能减排的目标，通知鼓励快递行业加快推广使用新能源汽车、电动车和满足更高排放标准的燃油汽车。引导和支持使用绿色包装产品，2020年实施“9792”工程，即年底前力争实现45毫米以下“瘦身胶带”封装比例90%、电商快件不再二次包装率70%、可循环中转袋使用率90%（力争基本实现全覆盖）、新增200个设置标准包装废弃物回收装置的邮政快递网点，同时开展快递包装回收和循环利用试点工作，以更有力的举措推动快递行业的绿色高质量发展。

通知明确快递末端服务设施的公共属性，支持投递终端建设。作为便民服务、民生工程项目，老旧小区传统信报箱智能化改造升级工程逐步纳入各级政府的公共基础设施建设范畴。泉州市2020年投入100万元，支持20个住宅小区试点信报箱智能化建设和改造升级。机关和企事业单位、住宅小区管理单位、高等院校等，也无偿为快递企业收寄和投递快件提供通行、临时停车和场地等便利条件。根据通知，泉州市将建立健全快递运输保障机制，给予快递车辆临时停靠作业便利，即便利快递车辆临时停靠收派作业，快递车辆确需在禁止停车路段停靠收派作业的，在不影响道路交通前提下允许临时停靠15分钟以内，处理完收派工作后立即驶离。

2015年11月30日，国家邮政局局长授予泉州市“中国快递示范城市”牌匾（图/市邮政管理局）

康涛王永礼到晋江调研强化非法入境管控工作

市委书记康涛、市长王永礼到晋江深沪港区，调研强化非法入境管控工作并进行现场会商。副市长李伙金参加调研。康涛、王永礼走访深沪中心渔港渔业码头、深沪边防派出所船管站、深沪镇渔业信息站，察看各项防控工作落实情况，听取船只监管、人员管理、防疫措施等工作情况汇报。康涛指出，要学习贯彻习近平总书记讲话指示批示精神，落实“外防输入、内防反弹”要求，坚持关口前移、加强源头管控，打击非法入境行为。要层层压实属地责任、监管责任，公安、海洋渔业、海事、海警等涉海职能部门要通力协作、开展联合巡航执法，共同建立横向到边、纵向到底的联防联控体制，制定完善应急处置预案，确保闭环管理链条上环环相扣、衔接到位，严防境外输入风险，守好海上防线。要加强宣传引导，开展严禁非法入境的宣传，营造良好社会氛围。王永礼要求，要按照市委统一部署，坚持底线思维，严防死守、全力防控，盯紧重点领域和关键环节，强化联防联控，科学精准施策，守好数字防线、海上防线、口岸防线、村居防线、全员防线“五道防线”，形成全市上下严防非法入境的坚固防线和强大合力。

全市生态环境保护工作会议召开

全市生态环境保护工作会议召开。会前，市委书记康涛、市长王永礼对全市生态环境保护工作做出批示，肯定一年来全市生态环境保护工作取得的成绩，对2020年工作提出要求。会议指出，2019年，全市生态环境系统坚持以习近平生态文明思想为指导，推进各项工作，全市生态环境质量保持优良，生态环境监管执法、生态文明示范区建设、危险废物规范化管理、污染源普查等工作走在全省前列，污染防治攻坚战、生态环保督察问题整改、重点项目服务等工作取得较好成效。就下阶段工作，会议要求，要围绕高质量发展落实赶超，推进绿色发展，加强源头管控，推进产业绿色转型，深化放管服改革，实现经济发展“高质量”和生态环境“高颜值”。要围绕环境质量导向，打好污染防治攻坚战，打好蓝天、碧水、净土保卫战和生态环保问题整改销号战。要围绕激发制度活力，推进生态环境治理体系和治理能力现代化，构建全链条责任机制、全方位风险防控体系、最严格监管体系、市场化激励机制和多元化社会共治体系。

全市5万余名高三师生开学复课

泉州市高三年级开学。2020年春季全市共有106所学校的4万余名高三学生、1万余名教职工开学复课。为保障师生的生命健康安全，全市各学校坚持“一校一策”，科学落实重点人群、重点场所、重点环节的六大管理要求，确保全市高三年级各项复学工作安全有序进行。市教育局从严从细从实做好各项复学准备工作，要求全市各级教育系统严格健康筛查管理、严格校园封闭管理、严格教室使用管理、严格学生宿舍管理、严格食堂餐饮管理、严格教育教学管理。为最大限度确保校园安全，全市已有11个县（市、区）安排教职员工入校前全员额核酸检测，石狮、晋江、安溪3个县（市）学生全部做核酸检测，其他县（市、区）部分学生进行入校前核酸检测。同时学校采取食堂送餐、统一配餐、预约用餐、错峰用餐等方式，尽量避免集中就餐。开学后，各地各学校以安全为重，实行全封闭、半封闭等校园管理方式，学生宿舍实行完全封闭式管理，每栋宿舍楼有专人24小时值班。有条件的高三年级师生员工全部按全寄宿制管理，不能留校封闭的采取家校“点对点”出行，学生由固定家长接送。此外，各校将严格教育教学管理，不组织开展全校性、校际间聚集性活动。同时，学校将加强特殊学生关爱，对暂时无法返校复学、学习困难学生、家庭贫困学生等制定点对点线上教学辅导，确保“一个学生都不掉队”。

4月7日

农历庚子年三月十五
星期二
温度：13℃~17℃
多云转晴

●康涛、王永礼到晋江深沪港区，调研强化非法入境管控工作并进行现场会商。

●泉州市又一批支援湖北医疗队队员凯旋，康涛、王永礼到福建医科大学附属第二医院东海院区迎接。

●全市生态环境保护工作会议召开。会前，康涛、王永礼对全市生态环境保护工作做出批示。

●全省“两稳一促”（稳外贸、稳外资、促消费）银企融资对接视频会召开。会上，市政府对“两稳一促”工作开展情况进行汇报，并与主会场同步进行融资对接签约。

●市人大常委会党组理论中心组举办专题讲座，邀请国脉科技董事长陈维博士以“区块链技术与应用”为主题，讲述区块链的发展历程与未来发展方向。

●泉州市高三年级开学。2020年春季全市共有106所学校的4万余名高三学生、1万余名教职工开学复课。

●石狮市防疫物资出口供需对接会在石狮国际贸易服务中心举行，20家本地防疫物资生产企业、200余家有防疫物资采购需求的外贸企业及数十名外国客商参加。

4月8日

农历庚子年三月十六
星期三
温度：13℃～21℃
晴

●为稳步推进棚户区改造，泉州市2020年计划新增棚户区改造建设项目16735套（户），占全省棚改3.9万套的42.8%。

●市发改委采取措施抓好疫情期间粮油市场保供稳价工作。

●泉州市地面气象观测实现全面自动化。

●深圳航空ZH8777次航班从泉州晋江国际机场起飞，于中午12时25分在武汉天河国际机场降落，标志泉州至武汉的空中通道恢复。

●石狮法院首次采用“无人记录”庭审模式，用庭审录音录像替代法庭笔录。

泉州市2020年棚户区改造项目确定

为稳步推进棚户区改造，泉州市2020年计划新增棚户区改造建设项目16735套（户），占全省棚改3.9万套的42.8%，基本建成8743套（户），东宝花苑三期公租房建设加快推进。根据省住建厅公布的2020年公租房棚改项目清单，泉州市2020年实施11个棚户区改造项目，分别为：丰泽区法石片区（城中村）改造项目（2020年续建）670套（户），泉州市西华洋滞洪片区改造项目220套（户），泉港区石化工业园区及安全控制区（四期）5000套（户），泉州台商投资区白沙片区棚户区改造项目一期（续建）4200套（户）及二期（续建）2840套（户），惠安县惠泉片区改造建设工程项目（一期）1633套（户），安溪县沼涛实小片区地块二980套（户），永春县榜头片区拆迁改造项目350套（户），德化县馨意小区192套（户）、又一山项目50套（户）、世科棚户区片区改造项目600套（户）。2020年公租房和棚改项目实行目标责任管理，各地坚持行之有效的项目推进机制，落实责任单位和责任人，明确开工时间节点，抓紧项目审批，实现早开工。此外，为提高住房保障实效，泉州市继续推进公租房货币化保障，在有实物保障需求的地区，采取新建或社会化租赁等方式筹集房源，适当增加实物供应。同时，做好高层次人才安居保障，督促县（市、区）加快筹措房源，提高管理服务水平。

泉州市引粮超5万吨

市发改委采取措施抓好疫情期间粮油市场保供稳价工作。全市粮油市场库存充足、价格平稳、运转有序，没有出现脱销断档的现象。疫情发生以来，泉州市粮食行业协会引导全市粮企发挥社会商品粮保供稳价的作用。疫情期间，全市粮食加工、经营企业积极引粮，自1月25日以来，调入稻谷1.58万吨、小麦0.76万吨、大米2.69万吨。价格方面，根据粮食市场价格监测显示，泉州市大米价格保持在每千克4.92～6.92元之间、面粉每千克4.5元左右、一级豆油每千克9元左右、一级花生油每千克26元左右、一级菜籽油每千克12元左右，价格持续保持平稳。全市19家粮食应急加工企业全部开工，仅各级政府储备粮就可保障全市半年口粮需求。

泉州市地面气象观测实现全面自动化

泉州市地面气象观测实现全面自动化。地面气象观测自动化，通过配备自动观测设备及应用卫星遥感、多源数据自动综合判识、智能图像识别等多种技术手段，实现气温、气压、湿度、风向、风速、降水、能见度、天气现象等气象要素的自动化观测，气象要素的观测采集、数据传输、数据质量控制自动化，告别传统的人工操作。气象台站取消人工定时观测、人工连续观测天气现象等任务，全面实现观测自动化。泉州市从2000年开始布设自动气象站，当时是气温、气压、湿度、风向风速、降水和地温采用仪器自动观测。能见度自动观测仪器的安装，不仅实现能见度的自动观测，雾、轻雾、霾、浮尘、扬沙等视程障碍现象也实现观测业务软件的自动判识；2017年，全省布设降水天气现象仪，实现雨、毛毛雨、雪、雨夹雪、冰雹等降水现象的自动观测；2018年日照自动观测设备的安装，实现日照的自动观测。观测仪器的自动化，为地面气象观测自动化改革奠定基础。天气现象露、霜、结冰、雨凇、雾凇、积雪等项目采用自动综合判识，也实现自动化。

泉州市气象预警中心（图/市气象局）

市政府第八十二次常务会议召开

市政府第八十二次常务会议召开，传达学习习近平对审计工作的指示和全国、全省审计工作会议，以及省委常委会会议、市委常委会会议精神，研究市政府贯彻意见。会议指出，要提高政治站位，学习贯彻习近平对审计工作的指示精神，认识审计是党和国家监督体系的重要组成部分，把握审计机关是政治机关这一鲜明定位，坚持依法审计，提升审计监督效能，以高水平审计推动各项工作高质量落实。要紧扣中心工作，把审计工作放在全市经济社会发展大局中谋划，加强对经济社会运行的全方位监督，拓展审计监督的广度与深度，推进各级重大决策部署在泉州落地落实。各级政府各部门要自觉接受审计监督，主动支持配合审计工作，针对审计发现的问题，坚持边审边改，注重从体制机制入手抓好整改提升，堵塞政府工作领域存在的制度漏洞。各级审计机关要加强审计队伍建设，提升专业化水平，建言献策，围绕完善体制机制提出建设性意见和有效解决办法，更好把审计成果转化为政府治理效能。

2020年全市卫生健康工作视频会议召开

2020年全市卫生健康工作视频会议召开，总结2019年工作，部署2020年重点任务。会议指出，2019年，全市卫健系统突出“大卫生、大健康”理念，推进机构改革、公立医院改革等工作，调整医疗服务项目价格63项，全市新增医疗床位3580张，14个在建重点项目完成投资13.64亿元。新冠肺炎疫情发生以来，全市卫健系统发挥专防专控作用，抓好疫情防控和医疗救治工作，为全市疫情防控工作取得阶段性成果做出贡献。2020年是全面建成小康社会和“十三五”规划收官之年，泉州市卫健系统将推进卫生健康治理体系和治理能力现代化，聚力完善防控体系、基本医疗保障，深化医改和公共卫生领域改革，落实分类救治、家庭签约服务等，加快医联体、现代医院管理制度等建设，全市计划新增6500张医疗床位，培育20个市级医院专病诊疗团队，力争全面完成基层医疗卫生机构达标建设。

全市脱贫攻坚和防汛抗旱专题培训举行

全市防汛抗旱工作视频会议暨脱贫攻坚、防汛抗旱专题培训举行。会议要求，要统筹推进疫情防控和经济社会发展，落实落细“防控稳”工作机制，加强受疫情影响的贫困户、务工困难群众帮扶力度，加快扶贫项目开工复工，在产业、金融、义务教育、基本医疗、住房保障、饮水安全等方面发力，同时要抓好脱贫攻坚专项巡察问题整改。要认清泉州市2020年防汛防台风的严峻形势，发挥水利、应急“合署办公”优势，配齐配强一支求真务实、敢于担当的防汛铁军，注重构筑防汛防御体系，夯实防汛基础，创新宣传动员，以绩效促实效、以考核抓落实。会上进行脱贫攻坚、防汛、台风与暴雨气象知识等业务培训。

中国进出口银行福建省分行组织到泉州调研

9—10日，中国进出口银行福建省分行和省企业与企业家联合会组织到泉州调研，了解企业应对疫情诉求，帮扶企业共渡难关。调研组到石狮市场采购贸易试点、晋江陆地港等地和企业走访，了解纺织服装行业、外资外贸企业的复工复产情况及存在的困难，倾听企业在金融政策方面的需求。在随后举行的“战疫情、扩市场”专题座谈会上，与会企业代表结合企业自身实际，放眼整个行业的现状，踊跃发言，提出具体的困难和建议举措。会议提出，将归纳整理与会企业提出的建议，及时解决银企融资对接中存在的困难和问题，发挥政策性金融的优势和作用，更好地将政策性金融这场“及时雨”灌溉到企业复工复产的根子上。

4月9日

农历庚子年三月十七
星期四
温度：15℃～24℃
晴

●市政府第八十二次常务会议召开，传达学习习近平对审计工作的指示和全国、全省审计工作会议，以及省委常委会会议、市委常委会会议精神，研究市政府贯彻意见。

●市政府党组理论学习中心组学习会召开，集中学习研讨《习近平在福州》采访实录。

●2020年全市卫生健康工作视频会议召开，总结2019年工作，部署2020年重点任务。

●全市防汛抗旱工作视频会议暨脱贫攻坚、防汛抗旱专题培训举行。

●9—10日，中国进出口银行福建省分行和省企业与企业家联合会组织到泉州调研，了解企业应对疫情诉求，帮扶企业共渡难关。

4月10日

农历庚子年三月十八
星期五
温度：15℃～24℃
晴转多云

●市委常委会会议暨市防控新冠肺炎疫情应急指挥部会议召开，传达学习中央政治局常委会会议精神和习近平在浙江考察时的讲话精神、对四川西昌市经久乡森林火灾做出的指示以及省委常委会（扩大）会议精神，结合省领导到泉州调研检查指示要求，研究泉州市贯彻落实措施。

●市双拥共建工作领导小组第二十八次会议暨争创全国双拥模范城“九连冠”迎检工作视频会议召开，传达全省创建全国双拥模范城（县）推进会议精神，部署2020年双拥工作。

●泉州市组织收听收看全国安全生产电视电话会议，随即召开全市视频会议，部署泉州市安全生产工作。

●2020年全市金融工作视频会议召开，部署泉州市金融服务疫情防控和复工复产工作，落实2020年金融发展目标任务。

●全市安全隐患大排查大整治信息系统培训会举行，部署系统录入工作，进行系统操作培训。

●由泉州市9家医院选派10名医师组成的第八批援疆医疗队抵达新疆，开展为期一年半的医疗援疆工作。

市委常委会学习习近平讲话精神

市委常委会会议暨市防控新冠肺炎疫情应急指挥部会议召开，传达学习中央政治局常委会会议精神和习近平在浙江考察时的讲话精神、对四川西昌市经久乡森林火灾做出的指示以及省委常委会（扩大）会议精神，结合省领导到泉州调研检查指示要求，研究泉州市贯彻落实措施。会议强调，要坚持外防输入、内防反弹，把严防境外疫情输入作为疫情防控的重中之重，依法严惩非法入境妨害疫情防控违法犯罪行为。做好医疗救治、社区防控等工作，抓好无症状感染者精准防控，做细做实复学防疫工作，健全完善疫情防控体制机制和公共卫生应急管理体系。要善于从眼前的危机、困难中捕捉和创造机遇，加快推进新兴产业培育、传统产业转型升级、重大项目投资布局。要有力有序推动复工复产提速扩面，发挥政企互动好传统，营造有利于创新创业创造的良好环境。要想方设法释放消费潜能，探索拓宽市场渠道，有序推动各类商场、市场复工复市。要实施乡村振兴战略，抓好农业、畜牧业生产，保障市场供应和价格稳定。要打赢脱贫攻坚战，巩固脱贫成果、健全长效机制。

泉州市组织收听收看全国安全生产电视电话会议

泉州市组织收听收看全国安全生产电视电话会议，随即召开全市视频会议，部署泉州市安全生产工作。会议指出，要结合安全生产“百日大整治”行动和安全隐患大排查大整治行动，承上启下制定好、执行好泉州市安全生产专项整治三年行动方案。要在市委统一领导下，树立“发展不能以牺牲人的生命为代价”的红线意识，研判泉州市面临的安全生产形势，杜绝形式主义、官僚主义，防止一刀切，一刻不停抓好安全生产工作。要提高安全隐患大排查大整治的实效，上下结合、部门联动、条块结合，利用“大数据+网格化”手段摸清底数，集中力量整治房屋安全隐患，统筹兼顾做好隐患建筑的人员转移安置等工作；盯紧重点行业领域隐患整改不放松，开展涉疫场所、危险化学品、工矿企业、自然灾害、消防安全、道路安全、道路交通、森林防火等重点行业领域大排查大整治。

全市安全隐患大排查大整治信息系统培训会举行

全市安全隐患大排查大整治信息系统培训会举行，部署系统录入工作，进行系统操作培训，各县（市、区）、乡镇（街道）分管领导，市县两级有关部门及村（社区）经办人员参加培训。培训会要求，要统一思想，提高认识，摸清全市企事业单位底数，落实企业主体责任，提高企业安全生产意识，利用信息化系统，为安全隐患大排查大整治提供数据汇总、统计、分析作用。要加强组织，集中推进，指定专人具体负责；要挂牌督办重大隐患问题整治，严格整改责任、措施、资金、期限和应急预案“五落实”，限期整改并销号；要强化督导、压实责任，开展线上线下督导检查，对未落实企业安全生产主体责任的企事业单位将从严从重处理；政府单位未落实监管责任的，将采取通报约谈等措施。

泉州市第八批援疆医疗队抵达新疆

泉州市第八批援疆医疗队抵达新疆，开展为期一年半的医疗援疆工作。队员由泉州市第一医院、泉州市光前医院、泉州市中医院、石狮市总医院、晋江市中医院、安溪县医院、泉港区医院、南安市中医院、永春县中医院9家医院的10名主治医师以上专家组成，支援新疆医科大学第一附属医院昌吉分院、昌吉市人民医院，开展麻醉科、妇科、康复科、儿科、超声科、中医科等科室的诊疗，并担任两家医院科室主任、副主任等职务，提高医院整体管理水平。

市四套班子领导参加全民义务植树活动

市四套班子领导康涛、王永礼、陈灿辉、李转生、游宇飞、刘建军、刘文儒、季翔峰、洪自强、张建生、许文贵、蔡思红、吴汉宗、黄阳春、肖汉辉、骆沙鸣、陈益、洪川夫、林志建、刘志平、王春金等，泉州军分区领导，泉州、晋江两级市直机关干部，驻泉州部队官兵等，一同到晋江第二体育中心周边绿化地块，参加主题为“共建绿色家园，共享绿色生活”的全民义务植树活动。大家一起挥锹铲土、培土围堰、提水浇灌，栽下火焰木、宫粉紫荆、菩提榕、多花风铃木、水蒲桃等乡土树种。为推进国家森林城市创建工作，2020年以来，泉州市积极组织全民义务植树活动。全市筹备春季义务植树活动植树点28个、面积27.93公顷，同时倡导公众通过抚育管护、自然保护、认种认养、志愿服务等间接方式履行植树义务，筹备可供社会参与认养林木5000余株、认建绿地面积超23万平方米。

泉州市多举措确保疫情防控期间脱贫工作不断档

全市各级各部门在优先抓好疫情防控的前提下，推进防返贫、控新贫、稳脱贫三项机制，聚力巩固提升脱贫成果，确保2020年全市建档立卡贫困户与全省、全国同步进入小康。全市建档立卡贫困人口没有出现因为疫情返贫的现象。疫情发生后，泉州市出台多条举措，统筹做好、推进疫情防控和脱贫攻坚工作，取得明显成效。

疫情防控期间未上岗或未就业的2300名贫困劳动力均实现就业。同时，开展贫困户技能培训255户，向288名贫困劳动力推送岗位信息，公益性岗位安置贫困人员291人。全市产业发展受到一定影响的289户贫困户，都得到帮扶和恢复。市级扶贫资金下拨300万元，给予外出务工、种养殖业、个体经营和资金入股等受疫情影响的贫困户实施生产生活救助。全市3862户产业保险参保贫困户的保费承担比例由10%下降为5%，疫情防控期间赔付金额66050元。全市扶贫小额信贷放贷3.41亿元，助力6291户贫困户。全市181个建档立卡贫困村卫生所实现基本医疗服务全覆盖，安溪、南安、永春、德化的乡镇卫生院及县级定点医院皆实现 “先诊疗、后付费”和“一站式”结算，全市建档立卡贫困户实现家庭医生应签尽签；落实省级精准扶贫医疗叠加保险政策，2020年以来全市建档立卡贫困户医疗费用实际报销比例达92.99%。实现医保刷卡全覆盖，其中170个贫困村实现“村村通”，11个贫困村实现“就近通”。

完成全市11104户建档立卡贫困户住房安全排查，未发现贫困户居住在危房。疫情防控期间，再次对全市受疫情影响存在返贫风险的188户贫困户进行排查，未发现居住在危房的情况。疫情防控期间，为义务教育阶段贫困学生创造线上学习条件8118人次。通过电话交流、信函传递等方式为暂无线上学习条件的义务教育阶段贫困学生提供居家学习指导，指导人数225人，指导时长4112小时，未发现没有线上学习条件并且无法落实居家学习指导的学生。再次开展贫困人口的饮水安全状况大排查防反复工作，确保6月底前排查发现的问题见底清零。对全市具备条件接入自来水或已建村级农饮工程、但仍采用山泉水、井水等分散式供水的2500户贫困户，全面实施免费接入。市级扶贫专项资金下拨610万元至相关县（市），对贫困户及一般困难群众遭遇大病大灾及因疫情影响导致基本生活陷入困境给予应急救助。优化简化临时救助程序，对受疫情影响导致基本生活陷入困境的贫困户按“急难型”直接予以临时救助，向建档立卡贫困户实施临时救助达524人次，发放临时救助金29.96万元。将建档立卡贫困户中符合低保认定条件的11984人纳入低保。对已纳入低保的贫困户，家庭人均收入超过当地低保标准的，给予12个月延保渐退期。相关市直部门开展挂钩帮扶活动1次以上，相关县（市）挂钩帮扶干部在疫情防控期间都能通过电话联系、进村入户等落实“一月一帮扶”。于3月底将2020年援助宁夏资金7748万元拨付到位，并在宁夏各地举办招工推介活动，吸引更多的宁夏籍建档立卡贫困人口到泉州就业。

4月11日

农历庚子年三月十九
星期六
温度：14℃～19℃
小雨

●市四套班子领导康涛、王永礼、陈灿辉、李转生等参加主题为“共建绿色家园，共享绿色生活”的全民义务植树活动。

●全市各级各部门在优先抓好疫情防控的前提下，推进防返贫、控新贫、稳脱贫三项机制，聚力巩固提升脱贫成果，确保2020年全市建档立卡贫困户与全省、全国同步进入小康。

4月12日

农历庚子年三月二十
星期日
温度：11℃～20℃
多云转晴

●泉州市发出通知，要求加快推进市本级政府投资项目配套电力基础设施工程建设。

●全省最大的县级粮食储备库——晋江市粮食储备库（金井库）投入使用，首次装粮入库12660吨。

●泉州市示范推广紫云英绿肥种植。

政企合力助推重点项目“配足电力”

泉州市发出通知，要求加快推进市本级政府投资项目配套电力基础设施工程建设。为确保工程质量安全和建设进度，通知明确，建设单位可将配套电力工程在概算（预算）评审后委托国网泉州供电公司，免费按程序在工程招标平台组织招标，再由建设单位与中标施工单位签订施工合同，国网泉州供电公司指派专人参与、指导配套电力工程的建设管理及验收移交。为加快推进复工复产，配合通知相关举措，国网泉州供电公司专门成立政府涉电投资项目服务柔性机构，指派专人参与、指导配套电力工程的建设管理及验收移交。其中，对新建或迁改项目单项概算（预算）价达到国家规定的依法必须招标标准的，接受建设单位委托后，按程序在工程招标平台组织招标，再由建设单位与中标施工单位签订施工合同；对新建或迁改项目单项概算（预算）价未达到国家规定的依法必须招标标准的，接受建设单位委托按照简易招标、竞争性谈判、竞争性磋商、单一来源采购等方式采购，加快提升电力工程建设的速度和质量。白濑水利枢纽工程10千伏永临结合线路工程、市儿童医院等6个项目已达成招标代办协议；丰泽区政府的老旧小区一户一表改造、华大片区南埔安置房、西华洋片区改造、水墨芳林、龙兴小区项目二期等达成初步合作意向。

全省最大的县级粮食储备库在晋江投入使用

全省最大的县级粮食储备库——晋江市粮食储备库（金井库）投入使用，首次装粮入库12660吨。新冠肺炎疫情蔓延全球，国际粮食形势不容乐观，晋江市发展和改革局及时调整该年度储备粮轮换方式，将先轮出后轮入调整为先轮入后轮出，确保储备粮持续足额到位。此次装粮入库为调整后的首次轮入，实质性扩充本级储备粮库存，加强应对国际形势粮食保障能力。该储备库于2019年12月底竣工验收，按二类标准建设现代化高大平房仓7栋42间（设计仓容12.1万吨）及相关配套设施，总建筑面积约3万平方米，从进粮、储粮到出粮均采用机械化、智能化管理，运用摄像头实时监控仓库内温度、湿度、通风状况，同时启用实验室及时对入库粮食进行检测。

晋江市粮食储备库（金井库）俯瞰（图/林劲峰）

泉州市示范推广紫云英绿肥种植

为加强耕地质量建设，贯彻落实“藏粮于地、藏粮于技”战略，提高耕地综合生产能力，2019年市财政安排资金54.9万元，根据冬闲田分布区域特点，在永春和德化建立36个紫云英示范片，共406.67公顷。泉州市素有山区种植紫云英和沿海种植蚕豌豆等绿肥的传统。紫云英是一种重要的绿肥作物，它固氮能力强，氮素利用效率高，对维持农田氮循环和增加土壤有机质可以起到重要作用。应用“绿肥翻压还田”技术将紫云英翻压回田后，下季作物每亩化肥使用量可减少20%～30%，还能改善土壤理化性状，提升土壤有机质。紫云英进入盛花期后，连片的紫云英绽放出美丽的花朵，营造出一片醉人的美景，成为乡村旅游一大亮点。

游客在盛开的紫云英花丛中拍照（图/泉州网）

省指导组到泉州开展安全隐患大排查大整治指导服务

省政府安全隐患大排查大整治第四指导服务工作组组长、省住房和城乡建设厅二级巡视员柳文定带领省级专家指导小组到泉州指导安全隐患大排查大整治工作，并召开工作汇报会。泉州市以战时攻坚状态开展安全生产“百日行动”和安全隐患大排查大整治行动，围绕涉疫场所安全、房屋安全、危险物品和工矿企业、交通运输、自然灾害、消防安全等整治重点，采取“行业+专业”“条块结合”的办法，全面部署、全面动员开展大排查大整治，取得阶段性成效。省级指导服务从是日持续到年底，每月原则上不少于10天开展跟踪督促、指导服务驻点工作。在泉州期间，针对安全隐患大排查大整治六项工作要求，抽查七个县（市、区）不少于50%的乡镇或街道，抽查全市企业不少于50家。

泉州市出台规范自动售货机食品经营指导意见

市市场监管局出台《规范自动售货机食品经营指导意见》（以下简称“意见”），标志自动售货机食品经营行为被纳入规范管理范畴。为满足青少年就近购买食品饮料的需求，不少体育运动场馆、食堂等公共场所陆续出现自动售货机。这些自动售货机极大方便了年轻人购物，但也给市场监管工作带来难题。意见的出台，令今后市场监管部门对自动售货机的食品经营行为进行监管有章可循。意见适用范围为泉州市行政区域内，无固定店铺、在预定地点利用扫码（投币等）自动给货的自动售货机食品经营行为。许可核准自动售货机销售的食品包括预包装食品、特殊食品中的保健食品和仅限由自动售货设备现制的鲜榨果汁、咖啡等现制饮品或其他食品(不含自酿酒）。但无人食品超市参照一般食品经营实施食品经营许可和监管，不适用该意见。

意见实行全市“一证通行”制度。即全市范围内，在一个县（市、区）申请食品经营许可后，到其他县（市、区）设置自动售货机的，无须再办理许可，只需将设置点向原许可所在地市场监管部门报备。办理申请自动售货机食品经营许可时，在做出申请材料记载内容与实际情况一致，且符合食品经营条件的承诺后，免予现场核查。取得经营许可后，新增或撤减自动售货机设置点的无须办理许可变更，但应履行报备手续。当自动售动机设置点全部撤销时，应当依法办理变更或注销。意见简化许可报备流程，规定经营者在取得自动售货机食品经营许可后10个工作日内向许可所在地市场监管部门食品流通监管科（股）报备自动售货机设置点情况；取得自动售货机食品经营许可后，新增或撤减设置点的，经营者应在30日内向许可所在地市场监管部门食品流通科（股）报备；设置点跨许可辖区的，许可所在地市场监管部门食品流通监管科（股）受理报备后，在5个工作日内抄告泉州市市场监管局食品流通监管科，再由市局食品流通监管科转抄设置点所在地市场监管部门备案，避免经营者因备案而来回奔波。

泉州市获福建省“非遗”短视频大赛双项一等奖

福建省第二届“非遗”短视频·抗疫情短视频征集活动闭幕，泉州市组织选送的一批优秀作品脱颖而出，包揽专业组和业余组一等奖，二等奖获奖数亦是全省最多。为推进福建非物质文化遗产的保护与传承，加深公众对非物质文化遗产的了解，营造全民共同参与保护非物质文化遗产的氛围，福建省艺术馆（福建省非物质文化遗产保护中心）举办“福建省第二届非遗短视频大赛”，面向社会征集以“非遗过大年”“战疫情——福建非遗在行动”为主题的短视频作品。由泉州市艺术馆组织选送的“非遗”音乐《Zayton泉州》和高甲戏歌《战士终将凯旋》独占专业组与业余组一等奖。泉州选送的《清水祖师信俗》《厝边闹元宵》《安童与梅香抗疫放大招》等作品获二等奖；《刀尖刻纸，纸上传情，战“疫”必胜》《防控疫情是大代志》《三句半（叔伯婶姆请注意）》《清气吟》《庚子壮行》等作品获三等奖。

4月13日

农历庚子年三月廿一
星期一
温度：13℃～22℃
晴转多云

●省政府安全隐患大排查大整治第四指导服务工作组组长、省住房和城乡建设厅二级巡视员柳文定带领省级专家指导小组到泉州指导安全隐患大排查大整治工作，并召开工作汇报会。

●市市场监管局出台《规范自动售货机食品经营指导意见》，标志自动售货机食品经营行为被纳入规范管理范畴。

●福建省第二届“非遗”短视频·抗疫情短视频征集活动闭幕，泉州市组织选送的一批优秀作品脱颖而出，包揽专业组和业余组一等奖，二等奖获奖数亦是全省最多。

●13—15日，由泉州台商投资区党群工作部主办的“知我台商·爱我家乡”区籍高校大学生研学活动举行。

4月14日

农历庚子年三月廿二
星期二
温度：13℃～22℃
阴

●市委常委会召开会议，传达中央对张志南涉嫌严重违纪违法进行纪律审查和监察调查的决定，传达学习省委常委会会议精神。

●泉州市第三批援鄂医疗队（福建省第十一批支援湖北医疗队）67名队员完成驰援武汉抗击新冠肺炎疫情的各项任务，全部平安凯旋。康涛、王永礼到福建医科大学附属第二医院东海院区迎接。至此，泉州市支援湖北武汉的94名援鄂医护人员全部返回泉州。

●14—15日，由市邮政管理局与市国家安全局印制的5万份国家安全警示快递帖，集中发放到各品牌快递末端网点，由快递员发送到市民家中宣传国家安全知识。

泉州市援鄂医护人员全部安全返回泉州

泉州市第三批援鄂医疗队（福建省第十一批支援湖北医疗队）67名队员完成驰援武汉抗击新冠肺炎疫情的各项任务，全部平安凯旋。市委书记康涛、市长王永礼到福建医科大学附属第二医院东海院区迎接。至此，泉州市支援湖北武汉的94名援鄂医护人员全部返回泉州。10时30分许，在警车护卫下，两辆载着67名队员的大巴停在福建医科大学附属第二医院东海院区广场前，队员亲朋好友和热心市民举着标语牌、捧着鲜花，夹道欢迎英雄凯旋。2月24日，泉州市第三批援鄂医疗队接棒福建省首批支援湖北医疗队，整建制接管疫情严重的武汉市金银潭医院2个重症病区，管理患者134人，其中危重症36人，治愈出院96人，外援重症护理团队护理患者298人，参与6项临床药物试验，撰写医学论文18篇。援鄂期间，实现住院患者零死亡、出院患者零回头、安全管理零事故、医护人员零感染。

康涛代表市委、市政府和全市人民，向返回泉州的医护人员表示问候，祝贺他们平安凯旋。康涛表示，在疫情防控最关键的时候，泉州市援鄂医护人员响应习近平和党中央号召，按照省委、市委部署安排，主动请缨、英勇逆行，义无反顾走上抗疫第一线的战场，展现泉州人爱拼敢赢的精神和担当。泉州市援鄂医护人员深入重症病区，在最危险的地方顽强拼搏，取得来之不易的好成绩，有的在一线“火线入党”，用实际行动展现无畏、书写忠诚，值得全市人民学习。泉州市将兑现好关心关爱医护人员的各项政策，为大家解决好后顾之忧。当前疫情防控工作不能放松，要在常态化防控中加快恢复生产生活秩序。希望大家洗尽征尘、调养身心，以饱满的精神状态投入工作中，发扬“抗疫精神”，分享临床救治经验。

康涛、王永礼迎接凯旋的泉州市援鄂医护人员（图/陈起拓）

警车护卫凯旋的泉州市援鄂医护人员（图/陈英杰）

欢迎泉州市援鄂医疗队凯旋仪式（图/陈起拓）

5万份警示帖入户宣传国家安全知识

14—15日，由市邮政管理局与市国家安全局印制的5万份国家安全警示快递帖，集中发放到各品牌快递末端网点，由快递员发送到市民家中宣传国家安全知识。15日是全民国家安全教育日。围绕“国家安全、人人有责——共筑反间防谍钢铁长城”的宣传活动主题，5万份国家安全警示快递帖上印制了国家安全举报方式，告知公民、组织具有维护国家安全的义务，告知间谍或情报人员发展网络线人常见模式，提醒公民、组织注意防止间谍或情报人员欺诈胁迫，呼吁社会共同贯彻国家总体安全观，为筑牢国家安全防线出力。此次活动吸引4000多名快递员参与。这也是泉州市快递员首次作为国家安全宣传员，为国家安全尽责，为筑牢反间防谍钢铁长城添砖加瓦。

市人大常委会党组理论学习中心组学习会召开

市人大常委会党组理论中心组学习会召开，传达学习中央政治局常委会会议精神和习近平在浙江考察时的讲话精神、对四川西昌市经久乡森林火灾做出的指示精神，省领导到泉州调研检查指示要求，以及省委、市委有关会议精神；学习贯彻《党委（党组）落实全面从严治党主体责任规定》《新时代爱国主义教育实施纲要》，及《中华人民共和国国家安全法》和《中华人民共和国反间谍法》等国家安全法律法规，并通报3起违反中央八项规定精神典型问题。会议还听取市人大常委会组成人员关于“控疫情、促复工、抓安全”专题活动情况汇报，及2020年立法工作进展情况和下阶段工作安排。

市政协党组理论学习中心组学习会召开

市政协党组理论中心组学习会召开，传达学习习近平在中央政治局常委会会议、出席二十国集团领导人应对新冠肺炎特别峰会、在浙江考察时的讲话精神和对四川西昌市经久乡森林火灾做出的指示精神；传达学习《新时代爱国主义教育实施纲要》和《党委（党组）落实全面从严治党主体责任规定》，以及省委、市委有关会议精神。会议还专题学习研讨《习近平在福州》采访实录；专题研究和部署2020年度全面从严治党工作。

全市14个镇（村）获省重点改善提升补助资金

省财政厅、省住建厅下达2020年重点改善提升“十镇百村”补助资金，泉州市14个镇（村）获补助5300万元。经过各地申报和竞争性评审会答辩，泉州市14个镇（村）成为省重点改善提升历史文化名镇名村和传统村落并获省级“十镇百村”补助资金，分别是：惠安县崇武镇、泉州台商投资区洛阳镇万安村，泉港区前黄镇前黄村，石狮市灵秀镇华山村，晋江市金井镇塘东村，南安市英都镇良山村，安溪县湖头镇、蓬莱镇龙居村，永春县岵山镇铺下村、五里街镇埔头村、仙夹镇东里村，德化县美湖镇美湖村、龙门滩镇碧坑村、桂阳乡桂阳村。申报“十镇百村”补助资金须满足以下原则：一是地方积极性高。地方政府重视、基础条件比较好、交通比较便利、产业和旅游业发展潜力较大、规划编制情况较好。二是历史文化保护情况较好。对重点历史建筑和有价值建筑进行修缮或安全性保护，整治非保护性破旧房屋，在推进古民居活化利用和发掘非物质文化遗产方面取得一定成效。三是环境整治有效。对村落空间环境和生活污水垃圾进行初步治理，已建立垃圾治理常态化机制，村庄环境整洁干净。四是已建立长效机制。在历史建筑保护、基础设施维护、环境卫生管护等方面形成常态化制度，已落实保护责任人制度，进行日常跟踪管理。

惠安县崇武镇海滨（图/吴寿民）

泉州村落入驻中国传统村落数字博物馆

北京、天津、山西、内蒙古等22个省（市、自治区）共211个国家级传统村落完成数字化，作为第二批村落单馆入驻中国传统村落数字博物馆，永春县岵山镇茂霞村名列其中。茂霞村有充满历史人文气息的闽南骑楼式古街和异彩纷呈的古民俗，是一个汇聚古厝、古寨、古树、古街、古民俗的传统村落。运用技术力量赋能中国传统文化，中国传统村落数字博物馆已成为中国研究传统村落资料最丰富、数据最权威的国家级在线数据库。数字博物馆单馆数量共376个，分布在31个省（市、自治区），实现全国各省全面覆盖。

4月15日

农历庚子年三月廿三
星期三
温度：15℃~25℃
多云转阴

●市人大常委会党组理论学习中心组学习会召开，传达学习中央政治局常委会会议精神和习近平在浙江考察时的讲话精神、对四川西昌市经久乡森林火灾做出的指示精神，省领导到泉州调研检查指示要求，以及省委、市委有关会议精神等。

●市政协党组理论学习中心组学习会召开，传达学习习近平在中央政治局常委会会议、出席二十国集团领导人应对新冠肺炎特别峰会、在浙江考察时的讲话精神和对四川西昌市经久乡森林火灾做出的指示精神等。

●省财政厅、省住建厅下达2020年重点改善提升“十镇百村”补助资金，泉州市14个镇（村）获补助5300万元。

●北京、天津、山西、内蒙古等22个省（市、自治区）共211个国家级传统村落完成数字化，作为第二批村落单馆入驻中国传统村落数字博物馆，永春县岵山镇茂霞村名列其中。

●中国共产党党员、原晋江地区对外经济贸易委员会党组书记、第一副主任（享受副厅级待遇）离休干部吕学骞逝世，享年94岁。

4月16日

农历庚子年三月廿四
星期四
温度：17℃～27℃
多云转晴

●市财政局、市市场监督管理局下达2020年首批泉州市高价值专利培育计划项目补助资金1100万元。此系泉州市首次专门针对高价值专利培育项目进行补助。

●全市各地市场监管部门开展学校食品安全监督检查。

●在封闭82天后，清源山景区恢复开放。

●鲤城区向斯里兰卡民主社会主义共和国科特市政府捐赠2万个医用一次性口罩和100支额温枪，支援当地疫情防控工作。

泉州市首次专门针对高价值专利培育项目进行补助

市财政局、市市场监督管理局下达2020年首批泉州市高价值专利培育计划项目补助资金1100万元。此系泉州市首次专门针对高价值专利培育项目进行补助。华侨大学、汉威机械、安踏（中国）、恒安集团、九牧厨卫等11家企事业单位的申报项目获补助。高价值专利培育指企事业单位通过研发创新，产出具有较强前瞻性、能够引领产业发展、有较高市场价值的高质量、高水准专利或者专利组合，并通过转化实施、许可转让、投资运营、诉讼维权等，取得可观的经济效益和社会效益的过程。作为保护创新成果和实现创新价值的利器，高价值专利已成为企业参与市场竞争的必备手段。开展高价值专利培育有助于提升企业核心竞争力，实现企业向价值链、产业链中高端延伸，推动泉州市产业转型升级。2019年，泉州市在获批国家知识产权运营服务体系建设重点城市后，配套出台知识产权运营服务体系建设专项资金管理规定等一系列政策，用于构建政策完善、要素完备、体系健全、运行顺畅的知识产权运营服务体系。

全市各地开展学校食品安全检查

全市各地市场监管部门开展学校食品安全监督检查。检查以学校食堂、供校集体用餐配送单位为重点对象，主要检查相关单位是否按照餐饮服务食品安全操作规范要求加工制作食品，餐饮具洗消、食品留样、从业人员健康管理等制度是否履行到位，是否落实追溯管理要求，是否使用腐败变质、无合法来源、超过保质期食品等行为。监管部门要求，学校食堂、供校集体用餐配送单位落实从业人员每日身体健康检查、做好食品进货查验、清洗消毒、食品留样、校领导陪餐等制度。

清源山景区恢复开放

在封闭82天后，清源山景区恢复开放。游客进入景区采取“实名购票，亮码通行”方式，包括入园登记、测量体温等步骤。恢复开放范围包括清源山主景区、九日山片区和灵山片区。主景区日游客接待量限定5000人次（老君岩区域每小时限流500人次），九日山片区日游客接待量限定2000人次，灵山片区日游客接待量限定500人次。超过限流控制量将停止售票与检票入园。游客接待量视疫情情况进行调整。团队游客上山方面，规定每个团队人数限定在30人以内，需要提前预约，在办完入山手续后，必须分批次错峰入园，避免扎堆。为致敬医务工作者的高尚医德和无私奉献精神，清源山风景区自恢复运营之日起至12月31日，对全国医护工作者实行门票免费优惠政策。全国医护工作者凭本人有效证件（医师证、护士证）及身份证原件，享受清源山景区免门票政策。

鲤城向斯里兰卡科特市捐赠防疫物资

鲤城区向斯里兰卡民主社会主义共和国科特市政府捐赠2万个医用一次性口罩和100支额温枪，支援当地疫情防控工作。随着境外新冠肺炎疫情蔓延扩散，国际疫情防控形势日益严峻，鲤城区的国际友好城市斯里兰卡科特市也面临疫情威胁。该区为此专门调拨一批防护物资捐赠给科特市政府，这批物资通过空运送抵斯里兰卡。捐赠物资箱上分别贴有中国和斯里兰卡国旗，并随附三种语言的寄语“心系锡兰王子故乡，诚助科特百姓安康”，分别用中文、英文、僧伽罗语表达鲤城人民的美好祝愿。锡兰文化促进会负责人和锡兰王子后代许世吟娥夫妇参加捐赠仪式。

相关链接：鲤城与斯里兰卡的交流往来源远流长。2016年以来，在挖掘、整理、宣传泉州古代锡兰王子历史文化渊源的基础上，区委、区政府加强与斯里兰卡文化经济交流，推动与斯里兰卡科特市缔结友城。2019年9月，全国对外友协批复同意鲤城与科特市建立友好城市关系。

市委常委会研究部署安全生产等工作

市委常委会会议暨市安全隐患大排查大整治指挥部会议召开，传达学习习近平对安全生产做出的指示和全国安全生产电视电话会议、省委常委会会议精神，研究部署泉州市安全生产工作；市委常委会会议暨市委财经委员会会议召开，传达中央财经委员会第六次会议和省委财经委员会第四次会议精神，研究部署泉州市2020年财经工作；市委常委会会议暨市委“不忘初心、牢记使命”主题教育领导小组会议召开，传达中央“不忘初心、牢记使命”主题教育总结报告和省委常委会会议精神，研究泉州市主题教育总结报告；市委常委会会议暨市委全面深化改革委员会会议召开，研究《中共泉州市委全面深化改革委员会2020年工作要点》，听取晋江市县域集成改革试点工作汇报。

会议指出，要全面排查整治难点、盲点、风险点，开展安全生产专项整治三年行动，开展各领域安全隐患大排查大整治，建立问题销号机制，从根本上消除事故隐患。要盯紧责任落细、落实、落到位，靠前指导推动，精准分析解决问题，形成环环相扣的责任链条。要全面贯彻新发展理念，把握好生态保护和高质量发展的关系，突出生态优先、绿色发展，推动经济发展与生态保护相协调相促进。要加快复工复产提速扩面，分析研判问题短板，拿出具体措施办法，畅通产业循环、市场循环、经济社会循环。要深化党的自我革命，推动不忘初心、牢记使命这个加强党的建设的永恒课题和党员干部的终身课题常抓不懈。要建立不忘初心、牢记使命制度，总结运用主题教育经验做法，抓好问题整治、积案化解，推动制度优势更好转化为治理效能。要激发党员干部干事创业精气神，激励引导党员干部真抓实干，以实际行动践行初心使命、体现责任担当。要以改革办法深度破解现实难题，统筹推进“强基促稳”、打造一流营商环境、经济发达镇行政管理体制改革、晋江市县域集成改革等。要以系统思维协同推进各领域改革，加大对重难点问题的跟踪推进，阶段性拿出亮点成效。要以点面结合推动特色改革“盆景”变“风景”，把改革任务压实到“最后一公里”，鼓励支持基层探索创新，创造更多实践经验。

市委理论学习中心组学习会召开

市委理论学习中心组学习会召开，再次学习研讨《习近平在厦门》《习近平在宁德》两部采访实录。会上，大家联系工作职责，互相交流学习体会。大家一致表示，一定要把一切为了人民作为工作的出发点和落脚点，扛起重大政治责任，把学习成果转化为统筹做好疫情防控和经济社会发展的具体成效。会议强调，要坚守信仰信念，锤炼忠诚干净担当的政治品格，深学细照笃行习近平新时代中国特色社会主义思想，推动学习贯彻习近平总书记讲话指示批示精神走深走实。要扛牢使命担当，保持锐意进取的精神风貌，坚持在常态化疫情防控中加快推进生产生活秩序全面恢复，抓实安全隐患大排查大整治行动，提高应对风险、克服阻力、化解矛盾、担当重任的能力。要走好群众路线，涵养为民情怀，打赢脱贫攻坚战，抓好生态环境系统治理，抓紧抓实“强基促稳”专项行动等，以实际成效取信于民。要汲取智慧力量，发扬充沛顽强的斗争精神，践行“马上就办、真抓实干”作风，动真碰硬、真抓实干，杜绝形形色色的形式主义官僚主义，深化拓展基层减负工作，引导党员干部把初心落在行动上、把使命担在肩膀上。

泉州市开展爱国卫生月主题宣传服务活动

由市爱卫办、卫健委、疾控中心、泉州市卫生计生药具管理站与丰泽区卫健、疾控部门主办的爱国卫生月宣传服务活动在丰泽区泉秀社区草埕花园举行。活动以“防疫有我，爱卫同行”为主题，发放新冠肺炎防控知识、预防艾滋病知识、爱国卫生行动等宣传材料2000多份。

4月17日

农历庚子年三月廿五
星期五
温度：18℃～30℃
晴转阴

●市委常委会会议暨市安全隐患大排查大整治指挥部会议召开，传达学习习近平对安全生产做出的指示和全国安全生产电视电话会议、省委常委会会议精神，研究部署泉州市安全生产工作等。

●市委理论学习中心组学习会召开，再次学习研讨《习近平在厦门》《习近平在宁德》两部采访实录。

●由市爱卫办、卫健委、疾控中心、泉州市卫生计生药具管理站与丰泽区卫健、疾控部门主办的爱国卫生月宣传服务活动在丰泽区泉秀社区草埕花园举行。

●市贸促会联合米奥兰特与易联展两家专业展览机构，召开墨西哥市场及数字展览营销能力线上培训会议。

4月18日

农历庚子年三月廿六
星期六
温度：21℃～29℃
阴

●国际古迹遗址日活动在北京举行，国家文物局副局长宋新潮介绍，中国2020年申遗项目名称为“泉州：宋元中国的世界海洋商贸中心”。

●康涛到洛江、丰泽、鲤城检查房屋安全隐患排查整治工作。

●康涛到鲤城检查初三复学工作。

●2020中国（石狮）网上直播交易会在石狮服装城艺术展览中心开幕。

“泉州：宋元中国的世界海洋商贸中心”被确定为中国2020年申遗项目名称

国际古迹遗址日活动在北京举行，国家文物局副局长宋新潮介绍，中国2020年申遗项目名称为“泉州：宋元中国的世界海洋商贸中心”。泉州在10—14世纪高度繁荣的世界海洋贸易网络中，作为宋元中国与世界的对话窗口，展现中国完备的海洋贸易制度体系、发达的经济水平以及多元包容的文化态度。此次泉州申遗项目的整组遗迹多维度地支撑与体现“宋元中国的世界海洋商贸中心”这一价值主题，包括九日山祈风石刻、市舶司遗址、德济门遗址、天后宫、真武庙、南外宗正司遗址、泉州府文庙、开元寺、老君岩造像、清净寺、伊斯兰教圣墓、草庵摩尼光佛造像、磁灶窑址、德化窑址、安溪青阳冶铁遗址、洛阳桥、安平桥、顺济桥遗址、江口码头、石湖码头、六胜塔、万寿塔22个遗产点。此次泉州申遗工作就遗产价值、系列遗产的要素构成逻辑与整体关联，以及可持续的保护管理途径等方面进行深化研究和完善，补报文本于2月1日前递交联合国教科文组织世界遗产中心。

相关链接：29日，市申遗办发布“泉州：宋元中国的世界海洋商贸中心”遗产点简介。22个遗产点分布在自海港经江口平原并一直延伸到腹地山区的广阔空间内，完整体现宋元时期泉州富有特色的海外贸易体系与多元社会结构，多维度地支撑“宋元中国的世界海洋商贸中心”这一价值主题。

新增遗产点之一——市舶司遗址（图/吴寿民）

新增遗产点之一——南外宗正司遗址（资料图片）

新增遗产点之一——安平桥俯瞰（图/李芸生）

2020中国（石狮）网上直播交易会开幕

2020中国（石狮）网上直播交易会开幕式（图/孙 虹）

2020中国（石狮）网上直播交易会在石狮服装城艺术展览中心开幕。展会设有服装城展览艺术中心、石狮国际食品城、校服专业市场、青创城网批中心、海西电商园、双奇网批中心、世茂摩天城等11个会场。展会开幕两天，呈现万家商铺、千家供货商共同参与，百个网络主播、十家直播机构同步开播的“全城直播”。数据显示，开幕式当日各平台浏览量超4.5亿人次，全网直播带来电商交易2.3亿元。

泉州市加强脱贫攻坚资金监管

泉州市科学研判新冠肺炎疫情影响，聚焦短板和不足，强化财力保障，强化资金监管，支持如期全面完成脱贫攻坚目标任务。泉州市加大统筹整合力度，市本级筹措财政专项扶贫资金1.83亿元，比上年增长5.4%，建立与中央、省级财政专项扶贫资金投入相适应的投入机制。县级财政根据本地脱贫攻坚需要和财力情况，每年统筹安排财政专项扶贫资金，加大投入规模。各级各类扶贫资金纳入福建省扶贫（惠民）资金在线监管系统留痕流转、实时监管，做到线上线下数据衔接，发挥在线系统的规范、纠偏、警示和威慑作用。同时，加强扶贫资金项目绩效管理，对绩效目标管理、绩效运行监控、绩效评价及结果运用等实施全过程跟踪，发挥资金最大效益。统筹考虑巩固脱贫攻坚成果和防止返贫等因素，泉州市还针对返贫风险比较高的地区和人群，动态调整脱贫攻坚项目库，主动应对疫情带来难点问题。加大对产业发展、就业务工、产销对接、贫困群众基本生活保障、居住条件改善提升和农村饮水安全等方面的支持力度。对因疫情致贫急需实施的项目、符合疫情防控需要和脱贫攻坚政策的项目、有利于增加贫困户收入的项目，优先入库，优先安排资金，推动产业、就业、搬迁、金融、教育、健康、社会保障等扶贫政策精准落实。

全市商标有效注册量突破40万件

《2019年泉州市知识产权发展与保护状况（白皮书）》公布。白皮书显示，2019年泉州市新增注册商标8.9万多件，全市商标有效注册量突破40万件，居全国地级市第二位；新增马德里国际注册商标123件，累计985件，居全国地级市前列；新增地理标志商标5件，累计44件。2019年，全市专利申请量、授权量分别为49492件、32596件；新增发明专利1780件，发明专利总量8244件，每万人发明专利拥有量9.48件，专利申请量、授权量、每万人发明专利拥有量均居全省前列。新增国家知识产权示范企业1家、国家知识产权优势企业19家。同时，全市有50家企业获省知识产权质押融资贷款贴息补助资金933.3万元，占全省贴息补助资金的54.4%；发放泉州市质押融资贷款贴息130余万元，全年专利商标质押融资总额近8.5亿元。2019年，全市兑现知识产权奖励和资助资金1600余万元，其中专利促进资金1300多万元、商标奖励资金308.5万元，惠及各类市场主体700余户。

泉州台商投资区在全市首创优秀年轻干部“成长档案”

泉州台商投资区党工委党群工作部在全市首创建立优秀年轻干部“成长档案”，推动各单位党委（党组织）将干部培养主体责任落在平时、抓在日常，动态跟踪掌握优秀年轻干部的工作表现，完善干部“选育管用”全链条机制。泉州台商投资区将优秀年轻干部“成长档案”与导师帮带指导、干部政治素质考察评价等工作相结合，采取简便实用的方式科学建档，具体内容包括优秀年轻干部基本信息表、月工作实绩表、谈心谈话记录表、政治素质季度表现评价表、政治素质季度表现排序表、年度考核情况排序表6份材料，客观记录优秀年轻干部学习教育、成长历练、干事创业等方面情况，阶段性反映优秀年轻干部的政治表现和工作实绩，由区党工委党群工作部定期做好分析研判，提出指导意见。泉州台商投资区各单位将把“成长档案”作为优秀干部培养选拔的重要抓手，为优秀年轻干部搭建成长历练平台，指导优秀年轻干部主动谋事、干事、成事。同时，“成长档案”将作为优秀年轻干部评先评优、职称评聘、推荐选拔的重要依据，对于一贯表现优秀的，实行重点培养；对于表现靠后的，予以谈话提醒，及时调出优秀年轻干部库。通过以事考德、以事识德，以事考才、以事识才，为区党工委正确任用干部、合理调整干部提供重要参考。

4月19日

农历庚子年三月廿七
星期日
温度：19℃～29℃
多云转阴

●泉州市科学研判新冠肺炎疫情影响，聚焦短板和不足，强化财力保障，强化资金监管，支持如期全面完成脱贫攻坚目标任务。

●《2019年泉州市知识产权发展与保护状况（白皮书）》公布。白皮书显示，2019年泉州市新增注册商标8.9万多件，全市商标有效注册量突破40万件，居全国地级市第二位。

●泉州台商投资区党工委党群工作部在全市首创建立优秀年轻干部“成长档案”。

4月20日

农历庚子年三月廿八
星期一
温度：17℃～24℃
多云转阴

●市十六届人大常委会第四十九次主任会议召开，讨论关于法院执行工作情况的调研报告和审议意见稿，关于开展泉州市公共文化服务体系建设情况的调研报告，关于加快城市快速通道规划建设、推动重大交通设施互联互通情况和民事检察工作情况的专题调研方案等。

●市人大常委会党组理论学习中心组学习会召开，再次学习研讨《习近平在厦门》《习近平在宁德》两部采访实录。

●为巩固流域治理成效，泉州市启动第二轮流域水质提升“碧水清源”专项行动，以改善流域水环境为核心，推进流域污染治理。

市十六届人大常委会第四十九次主任会议召开

市十六届人大常委会第四十九次主任会议召开。会议讨论关于法院执行工作情况的调研报告和审议意见稿，关于开展泉州市公共文化服务体系建设情况的调研报告，关于加快城市快速通道规划建设、推动重大交通设施互联互通情况和民事检察工作情况的专题调研方案，关于开展《中华人民共和国野生动物保护法》及福建省实施办法的执法检查方案，关于《泉州市海上丝绸之路史迹保护条例》《泉州市市区内沟河保护管理条例》《泉州市中山路骑楼建筑保护条例》配套制度、基础性工作落实情况的专题调研方案，关于开展泉州市城乡居民基本医保基金使用管理情况、健全师德建设长效机制情况、文化旅游融合发展情况的专题调研方案。会议指出，要以案治本、以点带面，督促法院加强规范化建设、提高执行效率，解决执行难。要以国家公共文化服务体系示范区创建为契机，推动建设覆盖城乡的现代化公共文化服务体系。要坚持问题导向，开展重大交通设施互联互通、三部地方性实体法实施情况等七项专题调研，有针对性地提出可操作可落实的意见建议，提高调研检查工作实效。

市十六届人大常委会第四十九次主任会议现场（图/王虎文）

市人大常委会党组理论学习中心组学习会召开

市人大常委会党组理论中心组学习会召开，再次学习研讨《习近平在厦门》《习近平在宁德》两部采访实录。会上，大家联系岗位职责和工作职责，畅谈学习体会。大家一致认为，要体会习近平的为民情怀，结合贯彻落实习近平2020年以来对疫情防控和推动经济社会发展的讲话精神，坚定信心、再接再厉，继续展示人大作为、做出人大贡献。会议强调，要学习习近平科学前瞻的战略思维，按照中央、省委、市委的部署，结合人大工作，加强检查督促，把疫情造成的损失降到最低限度。要学习习近平一以贯之的实干作风，做好立法、监督、重大事项决定、人事任免等工作，以实实在在的成效让代表满意、让群众满意。要学习习近平攻坚克难的奋斗精神，善于化危为机，打好主动仗，投身“攻坚克难、决战决胜”主战场，督促政府及有关部门加固薄弱环节、补齐发展短板，实现2020年经济社会发展目标任务。

第二轮“碧水清源”专项行动启动

为巩固流域治理成效，泉州市启动第二轮流域水质提升“碧水清源”专项行动，以改善流域水环境为核心，推进流域污染治理，创造“水清、河畅、岸绿、生态”的泉州水环境。专项行动围绕“主要流域Ⅰ～Ⅲ类水质比例保持100%”“国省控断面水质达到考核要求”“小流域Ⅲ类以上水质比例达到90%及以上”“不得出现劣Ⅴ类水体”的年度任务目标，重点推进103个流域精准治理项目的实施；以河长制为抓手，按照“河长统筹、部门协同、属地负责”的原则，建立健全“有专人负责、有监测设施、有考核办法、有长效机制”的河流管护机制，确保流域水质稳中有升。根据安排，各地将以提升主要流域优良水质比例和巩固小流域消除劣Ⅴ类攻坚战成效为首要任务，按照全面落实“源头管控、综合施策”和“一河一策”的原则，强化流域水环境精细化治理，实现流域水质有效提升和管控。

市政府与市总工会第十八次联席会议召开

市政府与市总工会第十八次联席会议召开，听取2019年工会工作汇报，研究解决有关问题。市长王永礼指出，各级工会组织要当好职工学习提升的“引导员”，加强职工的政治学习、思想引领、文化建设；当好职工职业发展的“服务员”，为职工自我提升搭建平台、办好活动，关注解决企业、职工在复工复产进程中遇到的新情况、新问题，做好稳岗稳就业工作；当好职工解困脱困的“娘家人”，做好兜底保障、临时救助、就业指导等工作，坚持扶困和扶志相结合，用心用情为职工做好事、办实事。希望通过联席会议密切政府与工会的联系，调动职工积极性，共同做好疫情防控、推动复工复产；要在政策范围内促消费、促经济发展，营造尊重劳动、关爱劳动者的氛围，增强职工的获得感、幸福感和安全感。

央视纪录片《海上福建》讲述“海上泉州”故事

8集系列纪录片《海上福建》在中央电视台纪录频道陆续播出。该部纪录片由央视团队主创，以海洋文明的视角，讲述25个发生在福建沿海的故事。其中3个故事在泉州拍摄，向海内外观众呈现独特的“海上泉州”。《海上福建》大型系列纪录片是中国首部地方性海洋题材的纪录片，该片以“当下时空的福建海洋”为立足点，以“蓝色经济”为讲述主线，以“福建海洋文明”为窗口，以“海上福建”故事为切入点，全方位展现福建海洋的区位优势、历史文化、生态文明、经济建设成就。纪录片总导演黄康源是泉州籍“90后”小伙子，他带领团队将视角定格在洛阳桥畔、惠安海边和瓷都德化，带观众走进一个“既熟悉又陌生”的海上泉州。在探访洛阳桥畔生长在海水里的红树林时，通过蜂农与蜜蜂的故事，表达红树林与沿海百姓和谐相处、互相馈赠；在呈现惠女文化时，通过本地服装设计师对传统惠女服饰改良，以及由惠安女组成的平面模特队的故事，向观众传达海洋文明中女性的美丽、勤劳与智慧；在介绍世界瓷都时，纪录片更多的是通过一桩桩往来于此的国际化陶瓷买卖与“中国制造”，介绍蜚声世界的德化陶瓷的新发展，向观众讲述德化作为全国最大的西洋工艺瓷生产和出口基地，将瓷器遍销世界190多个国家及地区背后的故事。

全市10万余名初三师生开学复课

泉州市初三年级开学。2020年春季全市共有9.1万名初三学生、1.5万名教职工开学复课。其中，城镇初中占55.3%，农村初中占44.7%，81%的初中校均有寄宿生。为保障初三年级顺利复学，泉州市按照分类分批、错时错峰办法，安全有序按下初三复学“启动键”。市防控新型冠状病毒感染的肺炎疫情应急指挥部办公室下发《泉州市中小学（中职学校）2020年春季学期开学准备工作评估导则》《关于做好泉州市2020年春季学期初三年级开学工作的通知》等指导性文件，为各地各校做好开学准备工作提供指南。泉州市按照分级管理、市级统筹原则，依据《评估导则》12个方面44项内容，逐校逐项逐条评估，不达到标准的暂缓开学。同时，成立11个市级教育督导组到各县（市、区）蹲点，督导抽查100多所学校，建立每日会商制度，指导各地各校抓紧补短板、堵漏洞，为初三顺利开学夯实基础。

泉州九中初三学生迎来开学第一课（图/陈晓东）

4月21日

农历庚子年三月廿九
星期二
温度：15℃～20℃
小雨

●市政府与市总工会第十八次联席会议召开，听取2019年工会工作汇报，研究解决有关问题。

●8集系列纪录片《海上福建》在中央电视台纪录频道陆续播出。该部纪录片由央视团队主创，以海洋文明的视角，讲述25个发生在福建沿海的故事。其中三个故事在泉州拍摄，向海内外观众呈现独特的“海上泉州”。

●泉州市初三年级开学。2020年春季全市共有9.1万名初三学生、1.5万名教职工开学复课。

4月22日

农历庚子年三月三十
星期三
温度：15℃～17℃
阴

●康涛到安溪、德化检查房屋安全隐患排查整治工作。

●市政府第八十三次常务会议召开，学习贯彻习近平在中央政治局会议、中央政治局常委会会议、出席二十国集团领导人应对新冠肺炎特别峰会、在浙江考察时的讲话精神等。

●市政府党组会议召开，传达学习中共中央办公厅印发的《党委（党组）落实全面从严治党主体责任规定》，研究《2020年度市政府党组落实全面从严治党主体责任任务安排》《2020年度市政府党组理论学习中心组学习计划》等。

●省委组织部、省人力资源和社会保障厅公布首批省级人才驿站示范站名单，授予“福建省级人才驿站示范站”标牌，泉州市三家“人才之家”上榜，数量在全省设区市中最多。

●截至是日，泉州辖区352艘次船舶享受到减负政策“红利”，减免港口建设费2705多万元、油污基金44万元。

●世界地球日，泉州海警局南安工作站举行“认识中华白海豚，保护海洋大熊猫”主题宣传活动。

市政府第八十三次常务会议召开

市政府第八十三次常务会议召开，就贯彻习近平在中央政治局会议、中央政治局常委会会议、出席二十国集团领导人应对新冠肺炎特别峰会、在浙江考察时的讲话精神，以及省委常委会会议、市委常委会会议精神，进行再学习、再研究、再部署；研究《泉州市新一轮创建“中国快递示范城市”实施方案》等。

会议要求，要抓好“外防输入、内防反弹”各项防控措施，紧盯蔓延风险、反弹风险和潜在风险，严防境外疫情输入，打击非法入境行为，做好重点地区进入人员健康管理和学校疫情防控工作。要坚持在常态化防控中加快推进生产生活秩序全面恢复，抓紧抓好政策兑现落地、企业困难破解、项目建设提速等各项工作，有力有序有效推动复工复产提速扩面。要坚决守牢民生保障底线、安全生产红线和干部作风边界线，杜绝形式主义、官僚主义，让基层干部集中精力、放开手脚干事创业。各级政府各相关部门要以新一轮创建“中国快递示范城市”为契机，推进产业集聚区建设、监管平台建设、大数据开发应用等工作，保障全市快递行业持续领跑全省、跻身全国前列。要推进产业联动发展，推动快递行业与制造业、电子商务、交通体系、现代农业等关联产业协同发展。要发挥全国跨境电商综合试验区、跨境电商零售进口试点城市等“国字号”政策叠加效应，推动全市快递行业高质量发展。要压实快递行业安全生产责任，加强全市寄递渠道安全管理，开展快递员关心关爱工作，提升快递服务质效。

市政府党组会议召开

市政府党组会议召开，传达学习中共中央办公厅印发的《党委（党组）落实全面从严治党主体责任规定》，研究《2020年度市政府党组落实全面从严治党主体责任任务安排》《2020年度市政府党组理论学习中心组学习计划》；市政府党组会议暨市政府党组“不忘初心、牢记使命”主题教育领导小组会议召开，传达贯彻中央“不忘初心、牢记使命”主题教育总结报告和省委常委会会议、市委常委会会议精神。会议要求，要注重建章立制，推进政府系统全面从严治党常态化、制度化、长效化。要建立管根本、利长远、重实效的长效机制，推动制度优势更好转化为政府治理效能。要紧盯中央列出的8个方面突出问题、省委明确的7个方面难题积案专项整治，以及专题民主生活会查摆的问题、市政府领导挂钩民生急忧盼问题、安全生产隐患大排查大整治发现问题等，对照清单抓整改、一体推进抓落实。

泉州市三家“人才之家”获评首批省级示范站

省委组织部、省人力资源和社会保障厅公布首批省级人才驿站示范站名单，授予“福建省级人才驿站示范站”标牌，泉州市三家“人才之家”上榜，数量在全省设区市中最多。三家“人才之家”分别是安溪县（湖头）光电产业园建设的“安溪台湾人才之家”、南安市人社局高层次人才协会建设的“南安市人才之家”和泉州古城新门文旅产业有限公司建设的“泉州新门会客厅人才驿站”。

352艘次船舶享受减负政策“红利”

为帮扶航运公司更好地复工复产，保障惠民政策有效落实，截至是日，泉州辖区352艘次船舶享受到减负政策“红利”，减免港口建设费2705多万元、油污基金44万元。自财政部、交通运输部印发有关减免港口建设费和船舶油污损害赔偿基金公告以来，泉州海事局迅速以多种方式向本辖区义务缴费人及相关港航企业，宣传国家减税降费、惠民利民措施。同时，细化减免退费的操作流程，协助辖区港口建设费委托代收单位做好软件升级等相关工作，减轻企业负担、促进航运业复产复工、保障经济社会平稳运行。

4月23日

农历庚子年四月初一
星期四
温度：13℃～16℃
阴

●市委常委会会议暨市防控新冠肺炎疫情应急指挥部会议召开，学习贯彻习近平在中央政治局会议的讲话和省委常委会（扩大）会议精神，研究部署抓紧抓实抓细常态化疫情防控工作和经济工作。

●市委理论学习中心组专题学习会召开，集中观看宣教片《生命红线——狠抓风险防控责任落实》。

●泉州市组织收听收看2020年省政府第二季度防范重特大生产安全事故暨安全生产专项整治三年行动工作部署视频会议。

●全市消防工作电视电话会议召开，部署2020年消防安全工作。

●泉州线上产业直播节在南安成功会展中心开幕。

●泉州市中级人民法院跨域服务中心揭牌成立。

●由市新闻出版局主办、福建新华发行（集团）有限责任公司泉州分公司承办的2020年泉州市“书香八闽·全民阅读”线上系列活动启动。

市委常委会学习习近平讲话和省委常委会精神

市委常委会会议暨市防控新冠肺炎疫情应急指挥部会议召开，学习贯彻习近平在中央政治局会议的讲话和省委常委会（扩大）会议精神，研究部署抓紧抓实抓细常态化疫情防控工作和经济工作。会议指出，要领会习近平讲话精神，领会党中央对疫情防控形势和经济形势的科学判断，领会党中央对抓好常态化疫情防控工作和经济工作的部署要求，保持战略定力，慎终如始抓外防输入、内防反弹，举一反三抓好安全生产，底线思维确保社会面稳定。要紧抓年度目标，一个指标一个分项地盯，一个方块一个项目地盯，做好结构性分析，科学研判、精准发力。要保市场主体，一业一企想办法，畅通金融血脉，留住员工队伍，趁势引导企业转型，守住实体经济根基。要坚持辩证思维，把握实施重大项目、调整生产力布局、打开城市格局的“窗口期”，政企合力危中抢机、谋划长远，把握发展主动权。

市委理论学习中心组学习会议召开

市委理论学习中心组专题学习会召开，集中观看宣教片《生命红线——狠抓风险防控责任落实》。会议强调，要汲取事故教训，保持警醒清醒，开展安全隐患大排查大整治，整治形式主义、官僚主义，按照问题“查得出来、整得下去”要求，全面彻底消除风险隐患，把安全生产各项措施落实到位，防范遏制重特大事故发生。

泉州线上产业直播节开幕

泉州线上产业直播节在南安成功会展中心开幕。此次活动是泉州市联合全国知名电商平台拼多多首次举办的产业直播活动，旨在助力泉州品牌企业转型线上营销，打造产业直播高地。启动仪式上，市政府与拼多多签署战略合作框架协议。泉州的产业优势与拼多多的平台优势快速结合，迅速找到共赢点。活动当天，泉州市在拼多多平台上，集合泉州百家重点产业企业设置“泉州好货馆”，涵盖服装、茶叶、食品、陶瓷、母婴等各大类目。同时，直播节在主会场和5个分会场打造县域区域品牌专属“产业直播间”，通过县（市）长领军直播带货，带领各县（市）产业带品牌企业、全体商家及商家员工等全民参与直播带货。此外，拼多多还在南安、石狮、德化、晋江等地落地产业带直播基地，通过集群带动，推动电商人才、直播人才的培育孵化，并启动若干场招商大会。活动持续至6月底。

泉州线上产业直播节安溪专场商家直播销售茶叶
（图/刘伯怡）

2020年泉州市“书香八闽·全民阅读”线上系列活动启动

由市新闻出版局主办、福建新华发行（集团）有限责任公司泉州分公司承办的2020年泉州市“书香八闽·全民阅读”线上系列活动启动。活动以“咏读歌抗疫，书香迎小康”为主题，至5月31日结束，旨在庆祝“世界读书日”，提升全民文化素养，满足疫情期间读者的精神文化需求。活动内容丰富，包括线上荐书、线上阅读分享、线上云馆配等，活动期间，主办方用图文方式每天在微信公众号向读者推荐各类别的优秀图书，读者如有自己喜欢的图书，也可在泉州新华书店微信公众号留言推荐，活动结束后对读者推荐的图书进行评选。此外，活动主办方还陆续联系出版社，利用新华书店原有读者资源组建新的阅读分享群，活动期间泉州新华书店故事会绘本专家为阅读推广人的绘本分享阅读心得。

4月24日

农历庚子年四月初二
星期五
温度：15℃~20℃
阴

●市人大常委会党组理论学习中心组学习会召开，传达学习习近平在中央政治局会议上的讲话精神，习近平总书记对安全生产做出的指示和全国安全生产电视电话会议精神等。

●在收听收看全省基层党建工作重点任务推进会后，泉州市召开会议部署2020年工作。

●泉州市开展为期一年半的中药饮片专项整治。

●农业农村部、财政部发布2020年农业产业强镇建设名单，全国259个镇（乡）被列入2020年农业产业强镇，其中包括晋江市东石镇和德化县上涌镇。

市人大常委会党组理论学习中心组学习会召开

市人大常委会党组理论中心组学习会召开，传达学习习近平在中央政治局会议上的讲话精神，习近平总书记对安全生产做出的指示和全国安全生产电视电话会议精神；传达学习中央“不忘初心、牢记使命”主题教育总结报告精神，中央财经委员会第六次会议精神，中央办公厅《关于持续解决困扰基层的形式主义问题为决胜全面建成小康社会提供坚强作风保证的通知》精神，以及省委、市委有关会议精神；传达学习全省深入学习贯彻落实习近平指示批示精神情况通报暨部署会精神，中央组织部、省委组织部关于进一步规范干部挂职工作文件精神，全省抓党建促决战决胜脱贫攻坚电视电话会议精神，以及市委有关会议精神。

全市基层党建工作重点任务推进会召开

在收听收看全省基层党建工作重点任务推进会后，泉州市召开会议部署2020年工作。会议强调，要把学习贯彻习近平新时代中国特色社会主义思想作为首要任务，建立健全学习教育常态长效机制，提升党员教育培训质量，抓紧抓实党的组织生活基本制度。要抓住党建促决战决胜脱贫攻坚这一中心任务，整顿软弱涣散村党组织，选优配强农村基层党组织带头人队伍，发展壮大村级集体经济。要正确处理重点工作与常规工作、阶段性与连续性、夯基础与求创新三对关系。要反对和抵制形式主义、官僚主义，增强整治形式主义、官僚主义的紧迫性，推动政策措施更加贴近基层、务求实效，以扎实的工作作风推动工作落实。南安和丰泽、德化、泉州开发区分别在省、市会上作交流发言。

泉州市开展中药饮片专项整治

泉州市开展为期一年半的中药饮片专项整治，重点检查对象为3年内被撤销GSP证书或违法立案的药品经营企业、零售药店、个体诊所，投诉举报较多的药品经营企业和医疗机构，往年抽检不合格单位，以及风险等级评定为D级企业。监管部门抽取容易混淆、容易染色、人工增重、掺杂掺假、价格明显偏低、供货渠道可疑的中药品种进行检验，保障公众用药安全有效。

东石镇上涌镇入选2020年全国农业产业强镇建设名单

农业农村部、财政部发布2020年农业产业强镇建设名单，全国259个镇(乡)列入2020年农业产业强镇，其中包括晋江市东石镇和德化县上涌镇。对2020年新批准建设的农业产业强镇，中央财政资金通过以奖代补方式予以适当支持，用于镇域农业主导产业发展，重点支持全产业链开发经营中的冷藏保鲜、加工营销等关键领域、薄弱环节，推动主导产业转型升级、由大变强，逐步构建现代农业产业体系。

东石镇是晋江胡萝卜主产区，该镇胡萝卜生产基地面积1300公顷，主要种植坂田七寸等高产优质胡萝卜品种，年总产量保持在12.68万吨，平均年产值5.2亿元以上，主要销往欧洲及美国、日本和国内各大商场，受到高端市场欢迎。东石农业以胡萝卜种植为主导产业，带动农产品深加工、销售、物流产业链条的发展，农业相关的二、三产业年产值16.45亿元以上，实现农业全产业链条总产值超过23.65亿元。上涌镇农业形成以优质米、早熟“德化梨”、茶叶、畜禽养殖、特色渔业、蔬菜六大主导产业为主的发展格局。在产业融合方面，上涌镇以“二、三产化”思路做活第一产业，整合发展粮食加工业和农林水产品精深加工，打响“上涌米”“上涌米粉”品牌；发展“稻田鲤鱼”100公顷、“稻田小龙虾”20公顷；打造鑫义展休闲农业生态园、西溪村生态农业休闲旅游等项目；建立3个阿里农村淘宝站以及菜鸟物流、邮政速递、中通快递等物流配送网络。

全市各地第二批重大项目集中“云签约”

全市各地第二批重大项目集中“云签约”，市委书记康涛、市长王永礼在泉州主会场与各县（市、区）分会场视频连线，以“屏对屏”方式见证签约，市领导吕刚、朱启平在主会场参加活动。活动中，分会场各位政企负责人陆续签下合作协议，并向镜头展示签约成果。康涛表示，“云签约”活动的举行，体现企业家看好泉州、投资泉州的坚定信心；体现政企携手危中抢机、合作共赢的巨大合力。签约的项目数量与体量并重，高新技术与传统行业转型升级并举，项目生命力强、前景广阔，是泉州转型升级、高质量发展的重要增量。2020年以来，泉州按照中央、省里统一部署，一手抓疫情防控，一手抓经济促发展。疫情防控进入常态化，危中抢机需要的是企业家的胆识、眼界，需要的是一大批逆周期投资的大项目、好项目。各级各部门将更加主动、贴心、靠前服务，抓住投资重要窗口期，主动担当作为，搭建“绿色通道”，点对点排解难题，推动项目早落地、早投产、早收获。是日，全市71个重大项目集中签约，涵盖纺织鞋服、建材家居、医疗健康、机械装备、高端半导体、电商直播等多个领域，总投资超千亿元，其中10亿元以上项目15个，百亿元以上项目2个，最大单体项目投资额达360多亿元。

其中，鲤城区签约10个项目，包括华艺名艺术教育、开元盛誉医疗商贸、电商——微商孵化平台、LED显示屏营销服务平台、供应链管理服务平台、淘车无忧二手车交易服务平台、华创汽车文化产业园、金银宝岛儿童研学拓展基地、中国人寿财产保险股份有限公司泉州市鲤城支公司等项目。泉港区签约10个项目，总投资超过20亿元，投资领域集中在石化产业配套、渔业深加工和食品行业。洛江区签约5个项目，总投资21亿元。石狮市签约5个项目，总投资9.61亿元，涉及新材料、卫生用品、纺织等领域。晋江市签约11个项目，总投资184.57亿元，涵盖新材料、“工改工”产业园区综合开发、成品鞋及高性能鞋材智能制造、鞋服产业直播平台等领域。南安市8个重大项目签订合同或协议书，总投资超43亿元，除桥梁工程等传统项目外，更涵盖Micro-LED联合实验室、卫生新型材料等高精尖领域，石材机械辅料、工程机械、户外运动器材等制造业领域，以及主题文化等服务业项目。惠安县签约5个重大项目，包括3个央企投资项目和2个民企投资项目，总投资473.5亿元，项目平均投资额近百亿元，涵盖能源、新材料、半导体、技术教育等行业领域。安溪县签约5个项目，总投资15亿元，多个工业项目发力智能制造领域，有望助力茶乡制造业转型升级步入更快车道。永春县签约3个项目，总投资4亿元，涉及新型建材、智能家居、环保设备等新型产业领域。德化县签约美的电器物流园项目，该项目为美的电器在泉州第二个物流园，将于2023年建成投入使用，主要服务德化、安溪和永春，还将辐射莆田和三明等地，服务民生事业发展。落户泉州台商投资区的联东U谷·科技创新谷项目，总投资30亿元，以高端装备、精密机械、电子信息为主导产业，将建设聚合科技研发、中试成果转化、生产企业总部和生产配套等功能于一体的产业综合体，建成投产后预计产值将超40亿元。

全市第二批重大项目“云签约”活动泉州主会场（图/陈晓东）

4月25日

农历庚子年四月初三
星期六
温度：17℃～24℃
阴

●全市各地第二批重大项目集中“云签约”，康涛、市长王永礼在泉州主会场与各县（市、区）分会场视频连线，以“屏对屏”方式见证签约。

●市住建局印发住建行业行风整治专项行动方案，决定即日起到6月30日，开展为期3个月左右的行业行风集中专项整治。

4月26日

农历庚子年四月初四
星期日
温度：17℃～27℃
小雨转多云

●全省重大招商项目集中“云签约”活动举行。此次签约采取视频连线形式进行，泉州市入选该批集中“云签约”的重大招商项目共71个，总投资1022亿元。市领导康涛、王永礼、洪自强、吕刚、肖汉辉等在泉州分会场参加。

●康涛到晋江调研产业直播发展情况。

●市防控新型冠状病毒感染的肺炎疫情应急指挥部办公室发出“五一”假期温馨提示。

●世界知识产权日，2019年泉州法院知识产权司法保护十大典型案例发布。

●鲤城法院“海丝史迹保护巡回法庭”揭牌成立。

●中共泉州市农产品经纪人协会支部、泉州市农产品经纪人协会理事会、泉州市防控农残专业委员会和中共泉州晚报社机关党委一支部等举行“幸福时光·爱心公益”活动，组织志愿者慰问南安市洪濑镇葵星村幸福时光养老院的老人，送去米、油等慰问品。

泉州市71个项目参加全省重大招商项目集中“云签约”

全省重大招商项目集中“云签约”活动举行。此次签约采取视频连线形式进行，泉州市列入该批集中“云签约”的重大招商项目共71个，总投资1022亿元。市领导康涛、王永礼、洪自强、吕刚、肖汉辉等在泉州分会场参加。71个重大招商项目中，包括央企项目12个、总投资556亿元，民企项目53个、总投资388亿元，外企项目6个、总投资78亿元。参加全省现场签约的项目为惠安恒煦半导体项目，总投资43.8亿元，生产微型有机发光半导体显示屏，主要用于穿戴式VR设备、夜视仪、热成像头盔等领域。该项目实现泉州市半导体产业链从“芯”到“屏”的延伸拓展，助力泉州市加快建链、强链、补链步伐。项目建成后可年产2000万个高端显示产品，年产能60亿元。

相关链接：2020年以来，泉州市、县两级多次举行网上集中签约，签约项目164个，总投资1669亿元，产业项目投资额占比超八成。其中，10亿元以上产业项目21个，包括中化化纤、国乔石化、绿色纤维新材料等。

全省重大招商项目集中“云签约”活动泉州分会场（图/陈起拓）

泉州市重大招商项目“云签约”现场（图/陈起拓）

鲤城法院“海丝史迹保护巡回法庭”成立

鲤城法院“海丝史迹保护巡回法庭”揭牌成立，将增强文化遗产保护案件审判的专业性和统一性，为加强全市文物资源保护利用及文化和自然遗产保护传承提供更有力的司法保障。该巡回法庭成立后，将负责审理一定历史文化空间范围内的与文物资源、文化遗产相关的刑事、民事、行政、执行和上级法院指定的案件，使鲤城法院更有效集中审判力量，培养一支精通文物保护法律政策的专业审判队伍，从而更好地依法打击危害文物资源、文化遗产的犯罪行为，更好地解决文化遗产司法保护中遇到的产权争议复杂、案件处置难度较大等困难，为文化遗产的保护和传承铺平道路。此外，鲤城法院将总结审判实践经验，就审判中发现的法律空白、滞后等问题，提出针对性立法建议，推动相关领域立法的完善。同时，该院还将加强与文物保护部门的沟通联系，形成文化遗产司法与行政保护的合力。揭牌仪式后，市中级人民法院联合鲤城法院举行泉州法院知识产权暨泉州文化遗产司法保护状况新闻发布会。会上发布《泉州文化遗产司法保护状况白皮书》和9起典型案例，并介绍涉文化遗产案件特点、司法保护工作成果和下一步工作思路。发布会上，鲤城法院还举行“海丝史迹司法保护特邀专家”聘任仪式。此次，鲤城法院共聘任12名在古城保护与开发、文物鉴定等领域具有权威的专家、学者作为“海丝史迹司法保护特邀专家”，聘期5年。他们将在鲤城法院审理相关案件中发挥专家智库作用，为案件处置提供专业建议、协助调解等。

鲤城法院“海丝史迹保护巡回法庭”外立面（图/吴寿民）

市十六届人大常委会第二十八次会议召开

市十六届人大常委会第二十八次会议召开。会议学习贯彻《中共福建省委关于加强新时代人大工作和建设的决定》（以下简称“决定”）；听取和审议市中级人民法院关于执行工作情况的报告；听取和审议市人民检察院研究处理市人大常委会关于刑事执行检察工作情况的审议意见情况的报告，并进行满意度测评，测评结果为满意；听取和审议市人大常委会关于泉州市公共文化服务体系建设的调研情况。会议指出，要抓好决定的学习宣传贯彻，把握人大工作正确方向，为推进国家治理体系和治理能力现代化，推动高质量发展落实赶超贡献人大力量。要对标对表，结合常委会工作要点，明确各自职责任务，保质保量按时完成2020年法定任务。

市十六届人大常委会第二十八次会议现场（图/陈意鸣）

白濑水利枢纽工程获国家1.6亿元补助

省发改委会同省水利厅转下达国家补助福建省重大水利工程专项2020年第一批中央预算内投资2.38亿元，其中泉州市白濑水利枢纽工程获补助1.6亿元。白濑水利枢纽工程是国务院部署加快推进的172项节水供水重大水利工程项目之一，福建省“十三五”期间重点建设项目，更是泉州未来的战略性水源。该工程总库容5.44亿立方米，以供水为主，结合防洪，兼顾发电，同时为改善下游灌溉、生态用水创造条件。该项目建设进展顺利。其中，枢纽工程C1标段于2019年年底开工；C2标段（大坝）完成招标图纸编制，着手准备进行招标工作。此次中央资金支持，无疑为项目建设再次注入强大动力。市发改委相关负责人表示，将会同水利等有关部门，按照重大水利工程中央预算内投资计划绩效目标，督促建设单位加强项目资金使用管理，及时落实投资计划，加快项目建设进度。

泉州市公立医院45种药品降价

泉州市公立医院落实第二批国家组织药品集中采购和2020年福建省药品集中采购成果，是日起，市民可以更低价格在公立医院购买到中选的45种药品，价格平均降幅分别达53%～66.39%，预计每年可为泉州市患者节约超8000万元药费。此次中选的药品中，国家组织药品集中采购供应福建省的中选药品有32种，价格最高降幅达93%；省药品集中采购的中选药品有13种，与国内同产品最低采购价相比，中选药品的价格最高降幅达86.28%。药品种类涵盖慢病用药、抗感染、抗肿瘤、罕见病等多个治疗领域，如降糖药物阿卡波糖、格列美脲，高血压用药坎地沙坦酯、比索洛尔，抗感染药物莫西沙星、格林霉素，抗肿瘤药物阿比特龙、替吉奥，以及治疗罕见病肺动脉高压的药物安立生坦等。以许多糖尿病患者长期使用的降糖药之一阿卡波糖为例，此次集中采购的品种由进口原研厂家拜耳医药保健有限公司生产，每盒（100毫克×30片）价格由原来的91元降至9.21元，年用药费用由3321.5元降至近336.17元，显著减轻患者用药负担。此次药品集中带量采购坚持质量标准，国家集中采购以通过一致性评价作为质量的托底要求；省级集中采购由临床专家对药品的必要性、安全性和可替代性进行论证，遴选确定品种，同时设置报名企业准入门槛，多渠道保证药品质量和疗效。药品监督管理部门对中选药品进行全周期的质量监管，保障中选药品降价不降质。

4月27日

农历庚子年四月初五
星期一
温度：17℃～28℃
阴转晴

●27—29日，省人大常委会副主任檀云坤到泉州开展野生动物保护法及福建省实施办法执法检查。

●市十六届人大常委会第二十八次会议召开，学习贯彻《中共福建省委关于加强新时代人大工作和建设的决定》，听取和审议市中级人民法院关于执行工作情况的报告等。

●市人大常委会第五十次主任会议召开，讨论有关人事事项。

●省发改委会同省水利厅转下达国家补助我省重大水利工程专项2020年第一批中央预算内投资2.38亿元，其中泉州市白濑水利枢纽工程获补助1.6亿元。

●泉州市公立医院落实第二批国家组织药品集中采购和2020年福建省药品集中采购成果，是日起，市民可以更低价格在公立医院购买到中选的45种药品，价格平均降幅分别达53%～66.39%，预计每年可为泉州市患者节约超8000万元药费。

4月28日

农历庚子年四月初六
星期二
温度：17℃～25℃
阴转多云

●市政协党组理论中心组学习会议召开，传达学习习近平在中央政治局会议上的讲话精神、对安全生产做出的指示和全国安全生产电视电话会议精神等。

●泉州市出台《泉州市促“六稳”“六保”追赶行动方案》，推动“六稳”“六保”落到实处。

●经泉州海关石狮办关员快速验放，泉州市首批22万个按新规验放的一次性非医用口罩出口新加坡。

●2020年安溪开茶节在该县西坪镇开幕。

●首届永春网络柑橘节在该县桃城镇举办。

《泉州市促“六稳”“六保”追赶行动方案》出台

《泉州市促“六稳”“六保”追赶行动方案》（以下简称“方案”）出台，推动“六稳”（稳就业、稳金融、稳外贸、稳外资、稳投资、稳预期）、“六保”（保居民就业、保基本民生、保市场主体、保粮食能源安全、保产业链供应链稳定、保基层运转）落到实处。该方案主要内容包括：一、工业增产增效行动。一企一策，梳理产业链供应链堵点断点，支持优势特色产业和优势企业满产超产，引领产业上下游联动发展，培育壮大新产能，重点扶持工业企业1000家；二、第三产业提质扩量行动。以实施第三产业优势企业提质扩量，推动优势产业、重点行业加快复工复市，恢复发展。重点扶持服务企业1000家；三、建筑业稳产提质行动；四、新经济抢滩布局行动；五、“项目攻坚2020”提速行动；六、消费需求激活扩张行动；七、出口市场突围拓展行动；八、金融资金保障行动；九、要素保障专项行动；十、就业稳岗暖心服务行动；十一、营商环境攻坚提质行动；十二、守底线保运转防风险行动。

泉州市首批按新规验放口罩出口

经泉州海关石狮办关员快速验放，泉州市首批22万个按新规验放的一次性非医用口罩出口新加坡。该批一次性非医用口罩，采购于经认定的石狮服装城市场采购集聚区，由符合条件的石狮和禄信进出口贸易有限公司办理出口通关手续，产品为泉州市中森卫生材料有限公司和晋江市安海华联离型纸有限公司生产。此系25日商务部、海关总署、国家市场监督管理总局发布2020年12号公告后，厦门关区按新规验放的首批市场采购贸易方式出口防疫物资。12号联合公告要求非医用口罩和医疗物资应当符合中国质量标准或国外质量标准。对非医用口罩出口采取“黑、白名单”+“声明”加强质量监管措施。

公告发布后，为规范防疫物资出口秩序，泉州海关石狮办事处以确保市场采购防疫物资“风险可控、源头可溯、责任可究”为路径，联合石狮市商务局、市场监管局等执法单位开展市场采购出口防疫物资质量安全专项整治提升行动。泉州海关驻石狮办事处先后组织四场防疫物资出口业务培训会，从出口业务流程、质量安全监管、涉外法律风险等方面及时开展政策法规宣传，压紧压实企业主体责任；设立专人专岗，引导市场经营户、外贸代理商、采购商对接全市优质生产企业抱团出口，指导企业规范申报，采取预约加班、快速审核等方式支持合规企业快速通关；强化正面监管，落实防疫物资单证审核和查验要求，对查获的货物依法严格后续处置，对违规违法企业及时向地方政府通报开展联合惩戒，维护防疫物资出口的良好秩序。针对辖区已取得进口国标准认证或注册但仍未进入商务部“白名单”的企业，海关采取“一对一”政策指导，支持企业申请进入“白名单”，培育防疫物资出口成为泉州外贸出口新增长点。

2020年安溪开茶节开幕

由安溪县西坪镇政府主办的2020年安溪开茶节在安溪县西坪镇开幕。开茶节主题为“一杯献给世界的中国好茶”，活动内容包括敬茶祖、祈茶福仪式和喊山、开茶等。魏月德、刘金龙等十数名中国制茶大师、安溪铁观音大师参加活动。是日还举行开茶节会旗交接仪式，安溪县茶业发展促进会将会旗交接至下届主办的乡镇代表手中，寓意安溪传统茶文化的代代传承。

安溪铁观音茶人代表一起鸣锣、喊山开茶（图/刘伯怡）

康涛王永礼看望慰问一线劳动者和劳动模范

市委书记康涛、市长王永礼看望慰问一线劳动者和劳动模范，代表市委、市政府向全市劳动者致以节日的问候和祝愿。在匹克集团针织车间，康涛、王永礼向坚守一线的劳动模范和企业员工致以节日问候。康涛、王永礼指出，有序推进复工复产就是稳经济、稳民生、稳信心，希望大家继续带头做好本职工作，全力以赴为复工复产作贡献。在丰泽幼儿园城东校区建设工地，康涛、王永礼叮嘱大家保重身体、注意个人安全防护，同时要求相关责任单位要绷紧安全生产这根弦，在保证工程质量前提下，盯紧目标，抢抓时间，加快推进项目建设，确保按时建成投用。康涛、王永礼还到丰泽区疾病预防控制中心，向坚守岗位的医务工作者和劳动模范送去问候，感谢大家为全市防疫工作做出的贡献。康涛指出，要学习贯彻习近平讲话精神和党中央决策部署，抓紧抓实抓细常态化疫情防控，落实“外防输入、内防反弹”各项措施，突出重点、周密部署、精准施策，用好核酸检测等有效手段，充实检测力量，提高检测能力和检测效率，为复工复产筑起“防护墙”。

市政府第八十四次常务会议召开

市政府第八十四次常务会议召开，传达学习习近平对安全生产做出的指示和全国、全省安全生产电视电话会议及省委常委会会议、市委常委会会议精神，研究部署市政府贯彻意见。会议指出，要把握安全生产专项工作重点、难点、着力点，坚持问题导向、结果导向、成效导向，抓紧抓好、有机衔接安全生产专项整治三年行动、安全隐患大排查大整治、房屋安全“百日攻坚”，消除重大隐患，提高本质安全水平。要把安全生产责任制落到人头、落到岗位、落到实效，把职责扛起来、把工作盯下去，亲自部署、亲自抓落实。要把制度建起来，从排查治理的风险隐患中把握规律特点，解决深层次的矛盾和问题，形成安全生产的长效机制。

泉州市部署推进人口普查工作

泉州市召开第七次全国人口普查动员视频会暨领导小组第一次全体会议，对全市人口普查工作进行动员部署。会议指出，开展人口普查工作，全面查清泉州市人口数量、结构、分布、居住环境等方面的情况，对科学制定“十四五”规划，完善人口发展战略和政策，推动全市经济社会高质量发展具有重要意义，同时也为制定和完善教育、养老、社会保障等政策措施提供人口信息基础，为教育和医疗机构布局、儿童和老年人服务设施建设等提供决策依据。要不辱使命，迎难而上，做好打硬仗、打苦仗的准备，采取有效措施做好普查工作；要精心组织，扎实推进，做好各项准备工作，确保人口普查各环节工作质量；要明确职责，密切配合，共同做好人口普查这项政府工程；要严明纪律，求真务实，从制度上确保人口普查数据质量。各级各部门要以高度责任感、紧迫感和使命感，履行职责，密切配合，做好相关工作，确保高质量、高标准、高水平完成人口普查任务。

泉州市公布首批核酸检测医疗机构名单

为方便企事业单位和市民群众开展核酸检测，市卫健委对外公布泉州市首批具备开展新型冠状病毒核酸检测资质的10家医疗机构名单。其中，公立医院7家，第三方医学检验实验室3家。其他医疗机构在获得资质后陆续公布。为贯彻落实中央应对新冠肺炎疫情工作领导小组会议关于大规模开展核酸和抗体检测的要求，做好常态化疫情防控，满足社会对重点人员应检尽检、其他人员愿检尽检的需求，单位或个人均可按照自愿自费原则，到公布的机构预约开展新冠病毒核酸检测。

4月29日

农历庚子年四月初七
星期三
温度：17℃～28℃
多云

●康涛、王永礼看望慰问一线劳动者和劳动模范，代表市委、市政府向全市劳动者致以节日的问候和祝愿。

●市政府第八十四次常务会议召开，传达学习习近平对安全生产做出的指示和全国、全省安全生产电视电话会议及省委常委会会议、市委常委会会议精神，研究部署市政府贯彻意见。

●泉州市召开第七次全国人口普查动员视频会暨领导小组第一次全体会议，对全市人口普查工作进行动员部署。

●市申遗办发布“泉州：宋元中国的世界海洋商贸中心”遗产点简介。

●市卫健委对外公布泉州市首批具备开展新型冠状病毒核酸检测资质的10家医疗机构名单。

●泉州市道管处直属运管所组织举行中心市区网约车驾驶员从业资格考试，恢复因疫情影响暂停100多天的网约车驾驶员从业资格考试。

4月30日

农历庚子年四月初八
星期四
温度：19℃～30℃
阴转多云

●市委常委会召开会议，学习贯彻习近平在中央政治局常委会会议上和在陕西考察时的讲话精神以及省委常委会会议精神，研究落实全省统筹推进常态化疫情防控和经济社会发展及安全生产工作部署会议的具体措施等。

●王永礼到仰恩大学检查复学准备工作，并召开座谈会了解学校复学准备、疫情防控等工作情况，协调解决困难和问题。

●市应急局发布安全提示，“五一”假期时间长、群众出行出游集中，保安全、护稳定任务繁重，必须全力以赴做好防范化解重大安全风险各项工作。

●中央电视台主持人白岩松与全国六家书店经营者连线直播带货，率先连线泉州风雅颂书店。

市委常委会学习习近平讲话精神

市委常委会召开会议，学习贯彻习近平在中央政治局常委会会议上和在陕西考察时的讲话精神以及省委常委会会议精神，研究落实全省统筹推进常态化疫情防控和经济社会发展及安全生产工作部署会议的具体措施；听取泉州市2019年党内法规工作情况汇报，研究部署2020年工作。会议强调，要学习贯彻习近平在中央政治局常委会会议上和在陕西考察时的讲话精神，坚持稳中求进总基调，确保完成决战决胜脱贫攻坚目标任务，全面建成小康社会。要抓紧抓实抓细常态化疫情防控，坚持外防输入、内防反弹，巩固疫情防控持续向好态势。要推动经济高质量发展，分专题分行业精准调度，帮扶中小企业纾困解难，贯通和稳定产业链、供应链，做实做强做优实体经济。要树立“绿水青山就是金山银山”的理念，坚定不移走生态优先、绿色发展之路。要坚持以人民为中心的发展思想，办好民生实事，多措并举巩固脱贫成果，加强和创新社会治理，实施强基促稳专项行动，开展安全隐患大排查大整治。要落实全面从严治党主体责任，把党的政治建设摆在首位，一体推进不敢腐、不能腐、不想腐，落实中央八项规定及其实施细则精神，破除形式主义、官僚主义，持续为基层减负。要贯彻习近平关于党内法规制度建设的指示精神，扛起推进依规治党的政治责任，把党内法规制度建设摆上重要议事日程，构建更科学、更完善的党内法规制度体系。

王永礼检查仰恩大学复学准备工作

市长王永礼到仰恩大学检查复学准备工作，并召开座谈会了解学校复学准备、疫情防控等工作情况，协调解决困难和问题。副市长周真平参加调研。王永礼检查仰恩大学临时医学隔离点、食堂、宿舍、图书馆等重点区域，了解应急处置流程、防护物资储备情况，询问学生返校方式、教学设置和食宿安排、人员管理等具体措施。座谈会上，王永礼听取学校疫情防控和复课准备工作汇报并指出，学校是疫情防控的重点区域，做好学生返校复学工作事关师生健康安全，要按照市委统一部署，以对学生、对家长、对社会高度负责的态度，抓紧抓细抓实疫情防控工作，确保措施落实到位、精准到人。要强化责任担当，树牢底线思维，压紧压实属地责任、行业管理责任、主体责任，强化校地联防联控机制，完善应急预案，严谨细致做好开学准备工作。要盯紧关键环节，完善人员摸排、返校流程、隔离方案等工作，抓好教学楼、宿舍、食堂、图书馆、运动场馆等人员密集场所管控，做好师生健康管理，从生活上、心理上关心关爱师生，把疫情影响降到最低。要绷紧安全生产这根弦，抓好安全隐患排查工作，保障校园周边治安、食品、饮水、消防、公共设施安全，确保开学后防疫到位、校园安全、教学有序。

白岩松帮泉州实体书店直播带货

中央电视台主持人白岩松通过直播，与全国六家书店经营者直播连线，主张将自己“白说”的三千本签售书利润全部留给实体书店。率先连线的是泉州已经营29年的风雅颂书店，是日白岩松连线期间，短短五分钟书店500本的份额便已告售罄。白岩松强调，自己是“白签”，确保每份利润直输书店，而这种“直播带书店”的方式只是“药引子”，期待更多人通过这种方式与书店建立链接。与此同时，泉州包括风雅颂、书想所在内的众多书店也纷纷通过加强线上布局，增强与读者的有益交互，为线下引流，增强流量转化，积极寻求自救。是日，风雅颂书局旗下数家书店开始恢复营业，同步推出线上会员升级服务。在此之前，虽然线下实体店铺没有营业，但线上的读书分享活动却没有间断，很好地与读者保持较为亲密的沟通联系。经营者表示，此次受到白岩松的支持与鼓励，更有信心经营好书店。与其他书店相较，风雅颂书局更侧重推广与泉州文化相关的书籍，例如《香火》《泉州味道》《刺桐城》等。

康涛检查“五一”假期各项保障工作

市委书记康涛到市公安局指挥中心及部分景点、街区，检查“五一”假期疫情防控、服务保障和安全稳定工作。在市公安局指挥中心，康涛连线察看重要节点人流车流实时情况。康涛指出，要加强车站、交通节点及城市综合体、景区等人员密集场所的车流人流疏导，及时提供交通出行提示，引导市民提前规划、错峰出行，加强安全监管，完善应急预案，落实安保措施。在西街，康涛察看游客服务中心、传统工艺品店、应急执勤点、志愿者服务点，询问疫情防护、服务保障、人员疏导安排情况；在中山路，康涛了解综合提升工程进展，与“古建医师”畅谈街区复兴美好图景；在山线水线、西湖公园，康涛检查设施配套、环境卫生、流量管控等实际状况。康涛强调，要强化重点部位、关键环节的安全检查和隐患排查，落实健康检测、安全防护、人员限流等措施，防止人员扎堆聚集，健全应急处置机制。康涛到市区美食街，随机走访多家餐饮店，向从业人员了解复工复市面临的困难和问题。康涛指出，各级各有关部门要主动靠前服务，科学精准施策，有序推进餐饮业恢复正常经营。

康涛（前排左二）检查西街肃清门广场的应急执勤点

（图/陈起拓）

泉州国资阳光集中采购平台上线

为规范市国资委所出资企业及其所属国有、国有控股、国有实际经营管理企业的大宗物资、小规模工程建设项目、限额以上购买服务交易行为，建立公开透明、集中统一的采购交易机制，市国资委上线泉州国资阳光集中采购平台。泉州国资阳光集中采购平台运用“互联网+”、云计算、大数据分析等信息技术融合金融服务，通过采购业务的全流程电子化，解决供需双方信息不对称、资源浪费大、交易成本高等问题，实现供需双方数据互通、交易透明、资源共享、预警分析、量价管控、风险可控。采购平台于2018年11月28日开始在交发集团内部试运行，至2019年年底共有163个项目通过平台实现采购，采购总额约6000万元。经过一年多试运行，平台为采购单位缩短采购周期，提升采购效率，规范采购行为，节约采购成本，且在运营管理方面积累一定经验，为开展好国资采购平台服务打下基础。

泉州国资阳光集中采购平台由泉州交发集团下属泉州市阳光采购服务有限公司运营，办公地点位于泉秀街盛达广场三楼（客运中心站对面），总面积376平方米，设立2个评标间、1个开标间、2个专家休息室、1个样品间、1个专家抽取室和1个质询室，对评标区域实行统一管理，并进行严格的门禁制度和安检制度。评标间和走廊均装有监控，规范评标专家及代理人员。采购平台支持公开招投标、邀请招标、竞争性谈判、竞争性磋商、单一来源采购、询价采购、网上竞价、拍卖等流程。市属国资企业通过泉州国资阳光集中采购平台进行招标、采购、拍卖等交易，社会商户可入驻平台参与泉州国资阳光集中采购平台交易，平台网址为www.qzgzcg.cn。

“新泉州人”免费泉州“一日游”活动启动

由市总工会主办的“新泉州人”免费泉州“一日游”活动启动。参加对象为在泉州境内非公有制企业工作满两年及以上的遵纪守法、爱岗敬业、积极参加工会活动的非泉州籍职工，优先安排非泉州籍的基层工会业务骨干、工会积极分子参加。

5月1日

农历庚子年四月初九
星期五
温度：21℃～29℃
阴转小雨

●康涛到市公安局指挥中心及部分景点、街区，检查“五一”假期疫情防控、服务保障和安全稳定工作。

●泉州国资阳光集中采购平台上线。

●由市总工会主办的“新泉州人”免费泉州“一日游”活动启动。

●12时起，泉州市渔船除钓具外的所有作业类型，以及为捕捞渔船配套服务的捕捞辅助船，进入伏季休渔期。全市2444艘渔船参与伏季休渔。

5月2日

农历庚子年四月初十
星期六
温度：22℃～31℃
阴转多云

●2020年市委1号文件《关于抓好“三农”领域重点工作 确保如期实现全面小康的实施意见》印发。

●“五一”期间，泉州市加强安全生产和森林防火工作，推进安全隐患大排查大整治工作。

●科技部公布2020年度国家备案众创空间名单，全国498家单位入选，泉州市福建海峡两岸安成青年众创空间、华创空间、妙思众创空间、闽南理工学院创客园4家众创空间入选。

2020年市委1号文件发布

2020年市委1号文件《关于抓好“三农”领域重点工作 确保如期实现全面小康的实施意见》（以下简称“文件”）印发。文件强调，2020年是打赢脱贫攻坚战收官之年，是全面建成小康社会目标实现之年，泉州市将贯彻2020年中央1号、省委1号文件精神，落实中央、省的决策部署，统筹抓好新冠肺炎疫情防控和“三农”领域重点工作，强化举措，狠抓落实，集中力量打赢脱贫攻坚战，补上全面小康“三农”领域突出短板。

巩固提升脱贫成效，高质量打赢脱贫攻坚战。要落实防返贫控新贫稳脱贫工作机制，加大老区苏区支持力度，强化东西部扶贫协作和省内山海协作对口帮扶。加快补上农村基础设施和公共服务短板，夯实全面小康基础。要加大农村基础设施建设力度，提高农村安全饮水保障水平，提升农村教育质量，强化农村基层医疗卫生服务，增强农村社会保障能力，提升乡村公共文化服务。推进特色现代农业高质量发展，促进农产品稳产保供和农民增收。要落实粮食安全责任制，压实“菜篮子”市长负责制，发展富民乡村特色产业，推动一、二、三产业融合发展，保障农产品质量安全，强化农业科技装备支撑，深化农业对台对外合作，引导农民就业创业。治理农村生态环境突出问题，推进乡村绿色发展。要推进农村人居环境整治，打好农村污染治理攻坚战。加强农村基层治理，保持农村社会和谐稳定。要发挥基层党组织战斗堡垒作用，加快健全乡村治理体系，提高乡风文明建设水平，开展平安乡村建设。推进农村重点领域改革，激发农村发展潜能。要完善农村土地管理制度，推进农村产权制度改革。强化政策支撑保障，助推如期实现全面小康。要强化资金、用地、人才、科技保障。加强党对“三农”工作的全面领导。要提高党对“三农”工作的领导水平，加强党委农村工作机构建设，配强“三农”工作队伍。

泉州市部署“五一”期间安全生产和森林防火工作

“五一”期间，泉州市加强安全生产和森林防火工作，推进安全隐患大排查大整治工作。随着全市部分景区景点的有序恢复，全市林业部门加强森林旅游安全管理，按照各地政府疫情防控指挥部统一部署，做好景区景点恢复运行和疫情防控工作。特别加强节假日期间各类自然保护地内的游览设施、边坡稳定、地质灾害、人员疏导等安全的监督管理和指导，组织力量对景区景点内的交通工作、林区险要道路交通、建筑及游乐设施、安全设施等进行全面检查维护。同时，从林业林区生产实际出发，各级林业部门重点排查国有林场、自然保护区、风景名胜区、森林公园等各类自然保护地人员密集场所、森林旅游设施、房屋结构安全、消防安全、林区道路桥梁等林业基础设施安全隐患和自然灾害防范措施等。此外，按照森林火灾风险隐患大排查大整治工作要求，还重点排查整治违规的炼山造林、计划烧除、烧疫木、点烧隔离带等隐患问题。对排查出的问题，要建立问题清单、责任清单和整改销号清单，对标对表切实整改到位，做到不留死角、不留盲区，彻底堵塞漏洞。

泉州市新增4家国家级众创空间

科技部公布2020年度国家备案众创空间名单，全国498家单位入选，泉州市福建海峡两岸安成青年众创空间、华创空间、妙思众创空间、闽南理工学院创客园4家众创空间入选。泉州市积极引导民营企业建设发展众创空间，为创新创业者提供低成本、便利化、全要素、开放式的工作空间、网络空间、社交空间和资源共享空间，激发全社会创新创业活力、加速科技成果转移转化、培育经济发展新动能。全市有市级以上众创空间56家，其中国家级11家、省级42家。泉州市积极推动科技企业孵化器、众创空间转型升级，完善配套政策和保障措施，做好科技企业孵化器、众创空间发展，改造提升一批传统科技孵化器，支持建设创新支撑服务体系，支持科技人员创业创新。

王永礼检查“五一”假期疫情防控和市场消费情况

市长王永礼到泉州动车站，看望慰问坚守岗位的一线防疫人员，检查疫情防控落实情况，并到市区东街、东海大街了解节日市场消费情况。在泉州动车站出站口，王永礼检查站内客流疏导、体温监测、健康码扫码、核酸检测等防控措施落实情况。王永礼与在岗工作人员交谈，询问进出站防控流程、个人防护、值班轮岗、到（返）泉州人员排查、转送等工作情况。王永礼强调，高校复学在即，返程小高峰即将到来，要落细落实各项疫情防控举措，做好进出站旅客筛查和体温监测，做到全面排查、全面登记，严把到（返）泉州人员的健康关，把各项防范措施执行到位。同时，要耐心细致地做好服务，引导旅客加强自身防护、配合做好信息登记，确保安全有序。王永礼随机走进位于东海大街的一家老字号面线糊店，询问店铺的经营情况和存在困难，鼓励店主把老字号传承好，把卫生防疫措施做到位，为百姓提供物美价廉的好味道。王永礼要求，各级相关部门要在做好疫情防控各项工作的前提下，紧抓节假日契机，有序推动消费市场和旅游市场复工复产，开启促进消费加速键，推动消费回暖。

全市39个数字经济项目入库省重点

省数字办发布消息，2020年省数字经济重点建设项目251个，总投资5878亿元。泉州市39个项目被纳入省数字经济重点建设项目库，总投资近1500亿元，占全省逾1/4。其中，数字经济产业项目35个，总投资1258亿元，年度计划投资223亿元，排名全省第一。此次纳入省数字经济重点建设项目库的包括数字新基建项目2个、数字经济产业项目35个、重点园区项目2个。数字新基建项目包括海上丝绸之路时间中心、泉州城市物流大脑基地，涵盖大数据、大物流领域。数字经济产业项目包括丰泽公共安全管理平台建设、晋江佳讯通无车承运、德尔电梯物联网、泉州台商投资区梓晶微集成电路封装测试工程等项目，涵盖芯片、智能制造、智能穿戴、石墨烯生产线等领域。重点园区项目包括数字福建（安溪）产业园、泉州芯谷，涵盖数据中心、半导体等领域。

“漫游泉州指南”小程序上线

由市文旅局开发的“漫游泉州指南”小程序上线，市民足不出户就能“云”游泉州，在掌间尽览泉州美景。打开小程序，即可看到“印象古泉州”“半城烟火半城仙”“海丝泉州自由行旅游攻略”“泉州旅游指南”等介绍泉州的电子杂志。点开链接，即可在优美动听的音乐里，听取泉州历史、美食、美景等介绍，还有各种游览线路介绍。在“漫游泉州指南”主题里，分为踏春赏花、网红打卡点、乡野放风古村落、踏浪金沙、森系氧吧、必游景点等，涵盖60多个代表性景点和各个线路主题游。市文旅局工作人员介绍，开发小程序初衷是为了引流、分流，希望大家疫情防控期间错峰出行。此外还可以给自助游、深度游的游客提供旅游资讯、攻略参考，吃住行购娱的服务信息都有。还有不少阅读类电子杂志，帮助大家了解泉州历史。此外，小程序有电子链接，可以同步分享给更多的人，宣传城市文化。

“五一”期间，游客在西街游客中心选购泉州特产（图/吴寿民）

5月3日

农历庚子年四月十一
星期日
温度：22℃～32℃
晴转多云

●王永礼到泉州动车站，看望慰问坚守岗位的一线防疫人员，检查疫情防控落实情况，并到市区东街、东海大街了解节日市场消费情况。

●泉州市39个项目被纳入省数字经济重点建设项目库，总投资近1500亿元，占全省逾1/4。

●由市文旅局开发的“漫游泉州指南”小程序上线。

5月4日

农历庚子年四月十二
星期一
温度：23℃～31℃
阴转多云

●4—5日，市委书记康涛到晋江、南安、泉港，一线推进常态化疫情防控和经济社会发展及安全生产等工作。

●泉州市决定在复工复产疫情防控常态化工作中，全面推广应用“八闽健康码”和“境外入闽健康码”。

●省人社厅和财政厅发布《关于做好职业技能提升行动“互联网+职业技能培训”工作的通知》。结合泉州市实际，市人社局与市财政局转发该通知，并下发相关贯彻意见。

康涛晋江南安泉港一线推进常态化疫情防控等工作

4—5日，市委书记康涛到晋江、南安、泉港一线，推进常态化疫情防控和经济社会发展及安全生产等工作。泉州市委常委、晋江市委书记刘文儒参加有关活动。每到一地，康涛都与基层干部交流，一同发现问题、分析问题、寻找对策。康涛强调，各级各部门要学习贯彻习近平总书记讲话指示批示精神，按照中央、省委部署要求，统筹推进常态化疫情防控、经济社会发展、安全生产等各项工作，抓紧抓实抓细抓到位。要抓好“外防输入、内防反弹”各项防控措施，严防境外疫情输入，打击非法入境违法犯罪行为，加强无症状感染者、重点人群、重点场所的精准防控，提高核酸检测能力，扩大核酸检测范围，做到应检尽检、适时抽检、愿检尽检，持续巩固疫情防控向好态势。要落实省里部署，分专题分行业精准调度，贯通和稳定产业链、供应链，推动线上线下深度融合，推进复工复产复商复市，恢复正常经济社会秩序。要层层压实安全生产属地责任、监管责任、主体责任，开展房屋安全“百日大整治”行动和安全生产大排查大整治，紧盯重点领域、关键部位、薄弱环节，拿出针对性措施，健全常态化机制，全面彻底消除风险隐患，适时开展排查整治“回头看”，确保不回潮、不反弹，以实际行动筑牢安全生产防线，保障人民群众生命财产安全。

泉州市全面推广“八闽健康码”

泉州市决定在复工复产疫情防控常态化工作中，全面推广应用“八闽健康码”和“境外入闽健康码”。对持有绿码的人员，进出商务楼宇、商超、酒店、餐馆、工厂、公园景区、社区等公共场所，无须提供其他防疫相关健康证明材料，做到全省一码通行。“八闽健康码”主要用于人员防疫健康数据的核验，已实现跨省（区、市）防疫健康数据共享和互通互认。集成近7天内核酸检测信息。为提高健康管理精准度，“八闽健康码”提供用户侧及管理侧功能。针对机关、事业单位等四种应用场景，相关单位采取四种不同的管理方式。市民通过下载“闽政通App”，在完成L4人脸识别认证后，点击进入“八闽健康码”，生成个人健康码进行申领。实施一码通行，能够避免多头管理。各级各部门各单位应根据福建省统一部署，抓紧规范，全面推广应用“八闽健康码”，对持有“八闽健康码”绿码人员，进出公共场所、乘坐公共交通工具，不再要求提供其他防疫相关健康证明材料，做到全市一码通行。未成年人及老年人可由同行人员协助申领健康码后通行。对于橙色码人员，各单位须按照相关规定进行处置。

泉州市实施“互联网+职业技能培训计划”

省人社厅和财政厅发布《关于做好职业技能提升行动“互联网+职业技能培训”工作的通知》，鼓励支持劳动者参加线上职业技能培训，以提升劳动者素质和技能水平，助力打赢疫情防控阻击战。结合泉州市实际，市人社局与市财政局转发该通知，并下发相关贯彻意见。泉州市将开展企业职工线上培训。企业组织职工开展岗前、在岗培训，线上理论课培训的课时（不低于总课时的60%）可视同线下培训课时，线上线下总培训课时不少于30个课时/班，培训结束取得人社部门核发的培训结业证书的，按每人800元标准给予企业培训补贴。疫情防控期间，对企业因生产急需新录用且办理就业登记并按规定缴纳社保（以失业保险认定）的人员，可开展简易岗前技能培训，培训由企业结合实际灵活实施，可全程线上培训，也可线上线下相结合，原则上总课时不少于4个课时，培训结束取得人社部门核发的培训结业证书的，按每人200元标准给予企业培训补贴。在职业技能提升行动期间，同一企业为同一职工开展岗前（包含简易岗前）培训，只享受1次岗前技能培训补贴。

泉州“五一”假期旅游市场有序复苏

随着国内新冠肺炎疫情防控形势持续好转，泉州文旅市场在“五一”假期里逐渐复苏。不论是古城内的“润物无声”文化游，还是山间田野的赏花踏青康养游，抑或是追逐“蓝眼泪”的奇观游，在保障疫情防控不放松的基础上，全市各地为市民游客送上丰富多彩的文化旅游产品、线路，让大家在安全、欢乐中度过“五一”假期。为营造安全健康的旅游环境，全市各旅游景区、文化场馆运用线上预约、扫码入园、客流监控等技术手段，严格游客流量管控，确保旅游景区接待游客量不得超过核定最大承载量的30%，“预约旅游”成为新风尚。市文旅部门还加强假日文化和旅游市场执法巡查。1—5日，市、县两级文旅市场综合执法队伍出动执法人员688人次，巡查景区278家次，确保全市假日旅游市场安全有序。

游客在西街参观游览（图/吴寿民）

游客在西街“最美天台”游览（图/吴寿民）

游客挑选购买泉州特产（图/吴寿民）

“五一”假期，全市23家A级景区恢复开放，占全市A级景区的46.9%，市场复苏平稳有序。泉州市因地因时制宜推出多项优惠举措和宣传推介活动，不仅出台扶持涉旅企业应对疫情十条措施，还推出总价7500万元的文旅消费券，极大地激发市民游客文旅消费热情。各县（市、区）的文旅优惠活动也接连不断。其中，石狮开展以“狮城红五月·全城大放价”为主题的全民优惠活动，推出10万元无门槛消费券；晋江发放10万份50元线下“餐饮消费券”，覆盖各镇街、各大商圈，并在5日起通过支付宝平台发放总价值1000万元的消费券，带动文旅市场回暖。

疫情下，市民更加注重身心健康，以踏青赏春、亲近自然为特点的休闲游成为大多数市民游客外出首选。泉港区涂岭镇的樟脚古民居和黄田花海、泉州台商投资区的海丝生态公园，以及洛江区的九品莲花生态园、石龙谷、后深溪景区、龙潭溪等景点，都成为游客踏青赏花的好去处。在永春，“西部‘森系’氧吧深度游”“西部漫画云探寻生态游”等康养线路备受青睐，适合放松身心的德化九仙山、具备天然森林氧吧的德化云龙谷等景区也引得游客纷至沓来。值得一提的是，“五一”假期首日晚，净峰惠女湾“蓝眼泪”刷爆朋友圈，永宁古镇观音山在假日期间也出现“蓝眼泪”奇观，吸引不少周边游客纷纷前往。除赏花踏青以外，文化气息十足的2020“润物无声”新春展等文旅“大餐”夺人眼球，集漆器制作、DIY皮具、陶艺及花灯体验为一体的金鱼巷“润物无声”孵化空间也吸引不少游客。在疫情催化下，“云旅游”兴起，为让“宅家”群众也能感受节日气息，市文旅局汇编整理出一份漫游泉州指南，让市民不出门就能有“声”有“色”的“云”游泉州，收获许多市民的转发点赞。

5月5日

农历庚子年四月十三
星期二
温度：23℃～28℃
阴

●泉州“五一”假期旅游市场有序复苏。

●省科技厅公布2020年第四批省科技型中小企业名单，福建田中机械科技股份有限公司等65家泉州企业入库。

5月6日

农历庚子年四月十四
星期三
温度：22℃～31℃
小雨转雷阵雨

●全市抓好“三农”领域重点工作确保如期实现全面小康推进会召开，学习贯彻习近平关于“三农”工作论述，落实中央、省委农村工作会议部署，聚焦全面建成小康社会目标实现之年、全面打赢脱贫攻坚战收官之年，进行再盘点、再部署、再落实。

●按照以“竞赛为中心、场馆为基础、竞委会为依托、属地为保障”的竞赛组织原则，第18届世界中学生运动会18个比赛项目分别成立竞赛委员会。

●永春运用无人机进行约5千米的自主巡河任务，此也是泉州市“智能+5G”技术在无人机巡河上的创新运用。

全市抓好“三农”领域重点工作推进会召开

全市抓好“三农”领域重点工作确保如期实现全面小康推进会召开，学习贯彻习近平关于“三农”工作论述，落实中央、省委农村工作会议部署，聚焦全面建成小康社会目标实现之年、全面打赢脱贫攻坚战收官之年，进行再盘点、再部署、再落实。会议指出，全市要贯彻落实习近平总书记讲话指示批示精神，按照中央、省委决策部署，统筹推进常态化疫情防控和经济社会发展，扛起重大政治责任。要增强责任感和紧迫感，筑牢底线思维，集中资源、强化保障、精准施策，加快补上“三农”领域短板，确保全面建成小康社会成色。要聚力攻坚精准施策，把“三农”领域重点工作抓紧抓实抓细抓到位。要夺取脱贫攻坚战全面胜利，落实防返贫、控新贫、稳脱贫机制，深化对口帮扶和山海协作。要推动农业稳产保供增产增效，深化农业供给侧结构性改革，服务保障农业企业复工复产，发展壮大富民兴村产业。要加快补上农村基础设施和公共服务短板，改善农村人居环境，加快农村基础设施提档升级，提升农村公共服务水平。要推进乡村治理现代化，结合实施“强基促稳”专项行动，创新推进基层善治，巩固拓展移风易俗成果，厚植乡土文化乡风文明，推动形成制度化、规范化长效机制。要抓好农业生产安全和防灾减灾，从根本上消除事故隐患，遏制重特大事故发生。要加强党的领导，层层细化压实责任，推动“三农”领域各项任务落细落实。要反对形式主义官僚主义，强化农村党组织战斗堡垒作用，激发农村发展活力，完成2020年“三农”工作目标任务，确保如期全面建成小康社会。要毫不放松抓紧抓实抓细常态化疫情防控，再接再厉、攻坚克难，夺取疫情防控和经济社会发展双胜利。

世中运成立18个项目竞赛委员会

按照以“竞赛为中心、场馆为基础、竞委会为依托、属地为保障”的竞赛组织原则，第18届世界中学生运动会18个比赛项目分别成立竞赛委员会（以下简称“竞委会”）。各项目竞委会第一批抽调人员已经到位。世中运18个比赛项目分别是田径、游泳、跳水、体操、艺术体操、健美操、足球、篮球、乒乓球、羽毛球、击剑、射箭、柔道、摔跤、武术、跆拳道、跳绳、国际象棋。竞赛组织是世中运筹办工作的主体和核心。项目竞委会的成立意味着竞赛组织工作落地到场馆，世中运筹办工作迈入新阶段。其工作职责为做好测试赛与正式赛的竞赛组织工作，推动竞赛组织与保障工作，提供优质的赛事服务，保障项目竞赛顺利进行，实现赛事良好的社会效益。项目竞委会下设办公室、竞赛处、信息编排成绩统计处、新闻宣传处、颁奖展示处、场地器材处、安全保卫处和综合保障处。各项目竞委会的团队已组建完成。值得一提的是，此次还成立4个足球训练场馆团队，旨在为运动员提供良好的训练环境，为创造优异的运动成绩提供平台。

永春创新运用“智能+5G”技术无人机巡河

永春运用无人机进行约5千米的自主巡河任务，此也是泉州市“智能+5G”技术在无人机巡河上的创新运用。永春县河长办相关负责人介绍，基于“智能+5G”的无人机自主巡河系统运用推动巡河工作从“人+工具”的传统模式向“机器+数据”的智能模式转变。可以自主设置巡河路线，无人机按照设定的轨迹自动巡河，在节省人力的同时，一些人和船不便到达的河流死角和盲区也得到有效巡查，实现污染源信息收集、问题敏感点定点拍摄，而5G技术的运用可确保巡查画面高清高质及数据的实时回传，工作人员还可以在电脑上查看无人机拍摄的实时画面。无人机巡查结束后，后台技术人员将每天的巡查内容建立巡河报告，记录巡河中发现的异常情况，以航拍图片、现场图片、异常描述及GPS定位方式及时反馈至县河长办，方便及时查找问题、及时处理。

康涛到一线调研脱贫攻坚和安全生产等重点工作

7—10日，市委书记康涛到安溪、德化、永春等地的乡镇、村，一线调研督导脱贫攻坚和安全生产等重点工作。康涛到蓬莱镇彭格村、雷峰镇朱紫村、蓬壶镇观山村走村入户，与镇村干部就具体事例现场探讨破题解难良策。

座谈会上，市、县、镇、村四级书记共商抓好脱贫攻坚工作的好机制好办法。康涛指出，2020年是全面建成小康社会目标实现之年、全面打赢脱贫攻坚战收官之年。全市要学习贯彻习近平总书记讲话指示批示精神，按照党中央和省委、市委决策部署，扛起政治责任，确保完成决战决胜脱贫攻坚目标任务。要全面查缺补漏，开展脱贫成效“回头看”，组织一批懂政策、精业务、熟操作的专业力量到一线指导培训基层干部，逐村逐户逐人逐项全面排查问题，梳理苗头性、普遍性问题清单，把握轻重缓急，采取针对性措施，巩固提升成果。要举一反三健全防返贫控新贫稳脱贫的长效机制，加强动态监测，把短板补得再扎实一些，把基础打得再牢靠一些。要层层压实责任，反对形式主义官僚主义，以严谨的作风、过硬的举措、扎实的工作决战决胜，确保脱贫成果、小康成色经得起历史和人民的检验。每到一地，康涛还与当地党政主要负责人一同分析房屋安全“百日大整治”行动和安全生产隐患大排查大整治的突出问题和薄弱环节，研究实办法、硬措施。康涛强调，要树牢红线意识、底线意识，强化“党政同责、一岗双责”，推动大排查大整治分层级、全覆盖，针对查摆出的问题制定科学有效的整改方案，确保问题排查无遗漏，确保风险隐患全面彻底消除，确保人民群众生命和财产安全。

泉州市出台做好常态化疫情防控与返校复学工作的通知

泉州市出台《关于进一步做好常态化疫情防控与返校复学有关工作的通知》，要求做到常态化防控标准不降、力度不减、要求不松、劲头不改，保证高三、初三复课健康持续，确保其他学段（年级）返校复课组织和教学秩序平稳有序。通知要求，开学后，各地各校要坚持做好缺勤、早退、请假记录，对因病缺勤的教职员工和学生及时追访和上报，对出现体温异常等可疑症状的师生员工落实处置的闭环管理；加大校园防控知识普及力度，把新冠肺炎疫情预防教育作为返学“第一课”和“必修课”；关注学生开学后的适应情况，对出现的心理问题进行引导；教育引导师生员工严格个人卫生管理，提倡勤洗手、常通风、戴口罩、不聚集等健康行为习惯，督促提高自我防护意识；外出必须佩戴口罩，随时保持手部卫生；社交场合人与人之间保持1米以上的距离，不往人多的地方扎堆，减少感染风险；就餐时尽量同向就座，面对面就座应错位，注意保持距离；体育锻炼时，选择室外运动场所和符合标准的室内场所，不同时使用同一器材锻炼，不开展人员聚集、身体密切接触的体育项目。

同时，各校要做好教育教学衔接，保障教育教学质量。抓好心理和习惯过渡期。关注复学后师生的心理状态，制定包含起床、运动、学习、就餐等内容在内的作息时间表，指导帮助师生尽快适应学校生活。“诊断”网上学情，因学定教。通过问卷调查、评估检测等方式“摸底”，对每个学生的实际学情进行梳理，灵活制定教学起点。依据整体学习效果和学生个体差异情况，在分析学情的基础上，尝试分层教学、分层辅导、二次教学、混搭式教学等个性化教学方案。把握好教学进度和节奏。探索用有限的时间完成正常的教学任务的方法、途径，强化教研指导，优化教学方式，确保开足开齐开好国家规定课程，做到教学内容适量、教学时长适当，提高作业设计质量，严控作业总量，稳妥开展校内文体活动，为时间“扩容”“提质”。

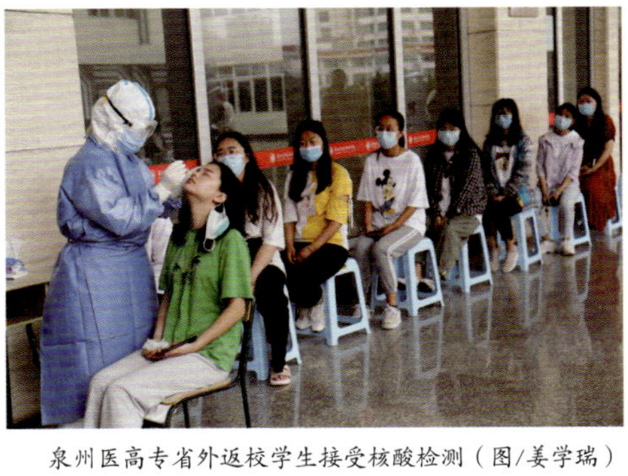

泉州医高专省外返校学生接受核酸检测（图/姜学瑞）

5月7日

农历庚子年四月十五
星期四
温度：23℃～26℃
小雨

●7—10日，康涛到安溪、德化、永春等地的乡镇、村，一线调研督导脱贫攻坚和安全生产等重点工作。

●泉州市出台《关于进一步做好常态化疫情防控与返校复学有关工作的通知》，要求做到常态化防控标准不降、力度不减、要求不松、劲头不改，保证高三、初三复课健康持续，确保其他学段（年级）返校复课组织和教学秩序平稳有序。

5月8日

农历庚子年四月十六
星期五
温度：24℃～28℃
阴

●市人大常委会党组召开2020年度推进全面从严治党暨党风廉政建设会议，回顾总结2019年市人大常委会推进全面从严治党情况，部署机关党风廉政建设工作。

●市政府召开专题会议，听取市政府相关部门汇报贯彻落实习近平总书记讲话指示批示精神情况，部署学习贯彻落实工作。

●市政协召开中央和省委政协工作会议精神报告会。省政协宣讲小分队在会上作专题报告。

●“破局·重构”疫后产业变革论坛暨2020中国（南安）国际水暖泵阀暨消防器材交易会组委会（CNPV）云发布会在南安举办。

●全国县域经济和地理标志专业研究机构与社会智库北京中郡经济发展研究所利用公开数据，在上年度相关研究报告的基础上，完成并发布《2020县域经济品牌化发展实证分析报告》，并发布全国县域商标有效注册量前100名县市名单。泉州市6个县（市）入选，入选数量居全省首位、全国前列。

市人大常委会党组召开党风廉政建设会议

市人大常委会党组召开2020年度推进全面从严治党暨党风廉政建设会议，回顾总结2019年市人大常委会推进全面从严治党情况，部署机关党风廉政建设工作。会议强调，要把“不忘初心、牢记使命”作为永恒课题，强化政治机关意识，层层压实主体责任，确保机关党建实起来、动起来、强起来；要善于抓住关键、力求工作实效，抓好支部建设，坚持不懈正风肃纪，推动党建与业务工作深度融合；要调动党员干部的积极性，按照“政治要过硬、本领要高强、做事要担当、工作要珍惜”的要求，建好队伍、培养干部，用初心和使命共同谱写新时代人大工作新篇章。

市人大常委会党组2020年度推进全面从严治党暨党风廉政建设会议现场（图/陈意鸣）

市政府听取贯彻习近平总书记讲话指示批示精神情况汇报

市政府召开专题会议，听取市政府相关部门汇报贯彻落实习近平总书记讲话指示批示精神情况，部署学习贯彻落实工作。会议指出，要坚持项目化、清单化、责任化推动贯彻落实走深走实，要毫不松懈抓好常态化疫情防控，加快推进生产生活秩序全面恢复；要加快释放创新创业创造动能，探索海峡两岸融合发展新路，盯紧抓牢与印度金奈结友好城、申遗、世中运筹办等大事要事，举一反三抓好安全生产工作。要完善贯彻落实常态长效机制，厘清目标、找准抓手、严把节点，适时开展“回头看”，确保各项贯彻落实目标任务高标准、高质量推进。

疫后产业变革论坛在南安举办

“破局·重构”疫后产业变革论坛暨2020中国（南安）国际水暖泵阀暨消防器材交易会组委会（CNPV）云发布会在南安举办。会上启动2020CNPV云展会及线上馆小程序。行业、协会、展会等各领域人士展开高峰对话，共同探索疫后产业变革的新商机。CNPV线上馆小程序2.0具有“云看展”“寻供求”“看直播”三大核心功能。通过加入小程序，参展商能够实现全方位展示展商主页，发布供求信息，实现线上大数据商贸配对，并通过自主直播与看展商实行实时互动；而看展商则可以通过移动端小程序，从“融”“听”“看”等多方面了解心仪品牌和产品，打破时空限制，高效便捷地促成双方的交易目标。此次2020CNPV的云展会系列活动与家居行业顶级流量媒体腾讯家居开展战略合作；同时，联动行业、协会、媒体、企业等多方力量，通过直播形式，加码打造“云展会”，实现线下+线上会展的“双线融合”，将线上线下的供需对接落到实处，帮助参展商走出线下困局重塑商机。

泉州六县（市）入选全国县域商标有效注册量前100名

全国县域经济和地理标志专业研究机构与社会智库北京中郡经济发展研究所利用公开数据，在上年度相关研究报告的基础上，完成并发布《2020县域经济品牌化发展实证分析报告》（以下简称“报告”）。报告对县域商标有效注册量进行实证分析，并发布全国县域商标有效注册量前100名县市名单。福建省13个县（市）入选，泉州市占6个，入选数量居全省首位、全国前列。其中，排名第二的晋江市，商标有效注册量116973个；排名第七的南安市，商标有效注册量65376个；排名第九的石狮市，商标有效注册量55764个；排名第十六的安溪县，商标有效注册量38439个；排名第三十的惠安县，商标有效注册量18707个；排名第三十五的德化县，商标有效注册量15691个。

市委常委会部署疫情防控和经济社会发展工作

市委常委会召开会议，学习贯彻习近平总书记在中央政治局常委会会议、党外人士座谈会上的讲话和给郑州圆方集团全体职工的回信、寄语新时代青年的指示精神以及省委常委会扩大会议、全省视频会议精神，部署抓好常态化精准化疫情防控和经济社会发展工作。会议指出，要学习贯彻习近平讲话精神，领会党中央对疫情防控和经济社会发展形势的科学判断和重要部署。要发挥各民主党派、工商联和无党派人士的优势，继续为防疫情、促发展贡献力量。要绷紧疫情防控这根弦，因时因势完善防控策略，健全常态化、精准化防控机制，加强公共卫生等应急体系建设，稳步推进复学复课工作，严防境外疫情输入，巩固疫情防控持续向好态势。要推进经济社会发展提速增效，加快复工复产复商复市，稳住产业链供应链，兜住民生底线，打赢脱贫攻坚战，确保全面建成小康社会。要学习贯彻习近平给郑州圆方集团全体职工的回信精神，弘扬劳模精神、劳动精神、工匠精神，发挥工会优势，加强职工维权服务工作，推进产业工人队伍建设改革，引导职工争当创业创新的时代先锋。要学习贯彻习近平寄语新时代青年的指示精神，继承发扬五四精神，强化思想政治引领，坚持从严治团，关爱青年成长成才，引导青年坚定理想信念、练就过硬本领，为建设泉州贡献青春力量。

市委理论学习中心组学习会召开

市委理论学习中心组学习会召开，学习《习近平在厦门》《习近平在宁德》《习近平在福州》三部系列采访实录。大家一致表示，一定要发挥好“头雁效应”，带动全市党员干部学习贯彻习近平新时代中国特色社会主义思想，传承弘扬习近平在福建工作时的创新理念和重大实践，更好地汲取政治、思想和精神的力量，统筹抓好常态化疫情防控和经济社会发展。会议强调，要推动学习贯彻习近平新时代中国特色社会主义思想走深走实，按照省委贯彻落实机制，全面系统、不折不扣把习近平总书记讲话指示批示精神贯彻落实到位。要坚守初心使命，强化责任担当，把各项工作抓紧抓实抓细抓到位，解决复工复产复市复学面临的困难和问题。要发扬充沛顽强的斗争精神，弘扬“滴水穿石”“马上就办、真抓实干”等优良作风，以踏石留印、抓铁有痕的韧劲狠抓工作落实，杜绝形形色色的形式主义、官僚主义，深化拓展基层减负工作，为决胜全面建成小康社会、决战脱贫攻坚提供作风保证。

市教育局转发国家卫健委通知要求学校控制校内人员密度

市教育局转发国家卫健委办公厅通知明确，学校应控制校内人员密度，错时安排各班级作息，人与人之间保持安全距离，所有可能引起人员排队聚集的场所均设置1米线，引导学生不追逐打闹、不握手、不拥抱。

根据国家卫健委办公厅发布的《中小学校新冠肺炎疫情防控技术方案（修订版）》精神，泉州市要求，境外师生未接到学校通知一律不返校，新生不报到。学校实行相对封闭的管理措施，在入校离校、课间休息、用餐、如厕、进出宿舍等环节加强对学生的组织管理。严格控制聚集性活动。可通过错峰开会、网络视频或提前录制会议材料等方式召开学生会议，适当开展网络教育课程或线上展示交流活动，确需开展现场活动的，需按规定向学校相关部门申请。开展健康教育与技能培训，将新冠肺炎及传染病防控知识与技能等纳入开学第一课内容；关注师生员工的心理状况，通过开展心理健康知识培训、开设心理咨询、公布心理求助热线等方式给予适当心理援助。对未能及时开学的师生员工，更要做好心理疏导。加强家校联动。提醒家长加强自我防护，避免不必要外出活动，做好亲子沟通。学生在校外出现发热等可疑症状，家长要及时、如实报告学校，并送医就诊。在学校正式通知返校前，不得提前返校，安心居家，做好线上教学或学习、返校前物资准备。

5月9日

农历庚子年四月十七
星期六
温度：24℃～33℃
多云

●市委常委会召开会议，学习贯彻习近平总书记在中央政治局常委会会议、党外人士座谈会上的讲话和给郑州圆方集团全体职工的回信、寄语新时代青年的指示精神以及省委常委会扩大会议、全省视频会议精神，部署抓好常态化精准化疫情防控和经济社会发展工作。

●市委理论学习中心组学习会召开，学习《习近平在厦门》《习近平在宁德》《习近平在福州》三部系列采访实录。

●市教育局转发国家卫健委办公厅通知明确，学校应控制校内人员密度，错时安排各班级作息，人与人之间保持安全距离，所有可能引起人员排队聚集的场所均设置1米线，引导学生不追逐打闹、不握手、不拥抱。

●由市卫健委、市总工会、市人力资源和社会保障局主办的泉州市医院新冠肺炎感染预防与控制技能竞赛举行，全市二级以上公立医院40名护理人员和18支队伍参赛。

5月10日

农历庚子年四月十八
星期日
温度：22℃～33℃
中雨转小雨

●主题为“中国品牌，世界共享；全面小康，品质生活；全球战‘疫’，品牌力量”的云上2020年中国品牌日活动开幕，采用全程在线形式举办云上中国品牌发展国际论坛和云上中国自主品牌博览会。云上福建展馆同步开启，部分知名泉州企业集中亮相。

●2020中国品牌价值评价信息在北京发布。安溪铁观音在800多个品牌中脱颖而出,以1426.86亿元的品牌价值位列区域品牌（地理标志产品）价值第一。

泉州品牌集中亮相“云上福建”

中国品牌日，主题为“中国品牌，世界共享；全面小康，品质生活；全球战‘疫’，品牌力量”的云上2020年中国品牌日活动开幕，采用全程在线形式举办云上中国品牌发展国际论坛和云上中国自主品牌博览会。云上福建展馆同步开启，部分知名泉州企业集中亮相，向世界展示泉州品牌的魅力。云上福建展馆以“福来福往”为主题，寓意福建注重以自贸区开拓国际市场，以21世纪海上丝绸之路核心区为新载体，助力福建企业品牌“走出去”；打造贸易畅通的前沿平台，推进优化营商环境工作，力争把全球行业龙头企业“引进来”，做好改革开放的排头兵、创新发展的先行者。展馆设置“丝路扬帆 开放福建”“创新驱动 活力福建”“勇立潮头 数字福建”“品质生活 幸福福建”“绿色发展 生态福建”五个板块展示福建省自主品牌。经省发改委会同省直相关部门及各设区市发改委等共同筛选审核，全省遴选出40家品牌企业参展（不含厦门），包括信和新材料、盼盼食品、八马茶业、九牧集团、柒牌、南威软件等在内的多家泉州企业在列。其中，柒牌、九牧、盼盼等部分在新冠肺炎疫情防控中做出贡献的企业品牌，还在云上自主品牌博览会福建展馆“全球战‘疫’ 福建力量”特别展区中被予以重点展示。

相关链接：泉州市历来高度重视发挥品牌引领作用，出台一系列政策措施引导企业加强品牌建设，走出一条“品牌产品—品牌企业—品牌产业—品牌经济—品牌城市”的发展之路。全市发展形成纺织服装、鞋业、石油化工、机械装备、建材家居、食品饮料、工艺制品7个超千亿产业集群，拥有上市企业104家、中国名牌产品46项、中国驰名商标159件，涌现出安踏、恒安、九牧、特步、匹克、361°、七匹狼、达利、柒牌等一批享誉海内外的知名品牌，斩获“中国鞋都”“中国休闲服装名城”“中国建材之乡”“中国乌龙茶（名茶）之乡”等众多国家级区域品牌，以及“世界藤铁工艺之都”“世界石雕之都”“世界陶瓷之都”等多个世界级区域品牌。

中国品牌日活动福建分会场（图/泉州品牌发展中心）

安溪铁观音登上中国区域品牌价值榜首

2020中国品牌价值评价信息在北京发布。安溪铁观音在800多个品牌中脱颖而出,以1426.86亿元的品牌价值位列区域品牌（地理标志产品）价值第一。此系安溪铁观音首次登上区域品牌（地理标志产品）价值榜首，也是连续第五年领跑全国茶叶类区域品牌价值。安溪县委、县政府在安溪铁观音品牌建设战略上深耕细作。以品质护牌，安溪县打出质量管控、贯标用标、链条延伸等一系列组合拳。安溪严格地理标志认证使用，全县有安溪铁观音地理标志产品专用标志准用企业132家。安溪还专门成立打假小组，到各地打假，遏制“劣币驱逐良币”怪象，引导消费者认标消费、认牌选购。在区域品牌的支撑带动下，历经多年发展，安溪铁观音企业领军品牌逐渐壮大。龙头企业融入“一带一路”建设，抱团将安溪铁观音品牌营销中心布局到法国、德国、美国、加拿大、墨西哥、新加坡、马来西亚等国家和地区。

全市小作坊小加工厂安全隐患排查处置工作会议召开

全市小作坊小加工厂安全隐患排查处置工作会议召开，部署全市小作坊小加工厂安全隐患排查处置工作。会议强调，要落实属地责任，把职责扛起来、把工作盯下去，建立工作专班，细化工作方案，明确任务目标，摸清辖区小作坊小加工厂的“安全家底”，迅速在全市范围内打一场小作坊小加工厂安全隐患排查处置硬仗。要迅速组织有效力量，集中攻坚，盯紧房屋安全、消防安全、生态环境等关键部位，将隐患排查处置与保住市场主体有机结合起来，做到既将隐患查出来、整下去，又规范市场主体生产经营行为。要坚持守土有责、守土尽责，发挥职能作用和专业优势，运用好联合惩戒措施，形成各司其职、齐抓共管、全面推进的工作局面，为泉州市安全生产形势持续稳定好转、推动社会经济发展添砖加瓦。

泉州市实施特色现代农业增产增效行动

市农业农村局印发《实施特色现代农业增产增效行动方案》（以下简称“方案”），以特色现代农业产业体系、生产体系和经营体系建设为重点，突出抓好一批农业重点产业和重点项目建设，力争农业全产业链产值得到较大幅度增长。春节以来，泉州市贯彻落实上级有关疫情防控、“三农”工作等系列政策措施，制定农业复工复产9条措施、春季农业生产12条措施等，一季度农业农村经济保持增长势头。为引领农业全产业链发展，助力“菜篮子”稳产保供，市农业农村局制定该方案，围绕强化产业体系建设促增产、强化生产体系建设促增效、强化经营体系建设增动能三个工作重点，推出13条具体措施。

产业体系建设方面，稳定粮食播种面积8.65万公顷、产量12.4万吨；新增设施标准钢架温室大棚66.67公顷以上，设施蔬菜种植规模超4533公顷；加快恢复生猪生产，确定安溪、洛江、永春、德化、南安、泉港为生猪、特色畜禽工程县；推进一、二、三产业多元融合发展，确保十大特色产业全产业链年产值增长6.7%。生产体系建设方面，建设高标准农田1.1万公顷；上半年新建项目15个、改扩建项目45个，新增产值12亿元，全年产值增加30亿元以上；建立“产加销”联盟平台，推动农产品生产企业同“中国农产品市场协会”“中国优质农产品开发服务协会”“拼多多”“一亩田”和“阿里巴巴”建立产销对接渠道。经营体系建设方面，巩固土地确权成果，在10个县（市、区）建立完善工商企业等社会资本流转取得土地经营权的资格审查、项目审核和风险防范制度；全年新建培育10家市级、7家省级农业产业化联合体，联结合作社106个、家庭农场57个、农户7900户，联合体经营规模7.5万亩，预计年产值13亿元；建立15家规范的农业社会化服务组织，全年完成2200公顷的服务面积。

全市中小学多个年级复学

全市初一、初二、高一、高二年级开学，逾30万名学生返回校园，至此中学全面复学。小学六年级同时开学，12万多名小学生返回校园。邀请援鄂英雄到校开讲、准备开学爱心大礼包、线上线下同升旗、错时错峰入学和用餐、做好线上线下教学衔接……全市各中小学备足“功课”，上好“开学第一课”，确保疫情防控和复学工作统筹推进，开学第一天平稳而有序。

泉州一中东海校区高一年级复课学生进校前接受体温测量

（图/陈晓东）

5月11日

农历庚子年四月十九

星期一

温度：22℃～27℃

阴转小雨

●全市小作坊小加工厂安全隐患排查处置工作会议召开，部署全市小作坊小加工厂安全隐患排查处置工作。

●市农业农村局印发《实施特色现代农业增产增效行动方案》，以特色现代农业产业体系、生产体系和经营体系建设为重点，突出抓好一批农业重点产业和重点项目建设。

●全市初一、初二、高一、高二年级开学，逾30万名学生返回校园，至此中学全面复学。小学六年级同时开学，12万多名小学生返回校园。

5月12日

农历庚子年四月二十
星期二
温度：21℃~28℃
阴转多云

●副省长林宝金到中化泉惠石化园区、福建联合石油化工有限公司，检查石化园区安全生产工作。

●康涛到市防汛抗旱指挥部，与相关部门会商研判泉州市2020年防汛形势，研究部署防汛减灾工作。

●市应急管理局组织开展多项防灾减灾日活动周专题宣传活动，提高群众的防灾减灾意识。

●国际护士节，泉州市东南公益协会和爱心企业等，在泉州市第一医院城东院区举行“致敬逆行妈妈 关爱抗疫天使”爱心活动。

林宝金到泉州检查石化园区安全生产工作

副省长林宝金到中化泉惠石化园区、福建联合石油化工有限公司，检查石化园区安全生产工作。林宝金指出，要把安全生产落实到企业的主体责任上，督促企业业主履行安全责任，健全完善安全生产规章制度，加大安全设施设备投入，做好人员安全培训和应急演练，确保安全隐患早发现、早处置、早消除。要把安全生产落实到科学规划布局上，抓紧制定和细化工作方案，突出重点，确保石化产业安全环保、可持续发展。要推进园区标准化建设，促进工业园区集约、绿色、创新发展。要加大自主创新力度，加强区域、企业、科研机构间的战略合作，培育发展战略性新兴产业，加快石化产业转型升级步伐。

康涛部署防汛减灾工作

市委书记康涛到市防汛抗旱指挥部，与相关部门会商研判泉州市2020年防汛形势，研究部署防汛减灾工作。会商会上，应急管理、水利、气象、水文、自然资源、城市管理等部门分别作汇报。市委常委、常务副市长洪自强参加会议。康涛强调，要树牢底线思维，克服麻痹思想和厌战情绪，立足防大汛、抗强台、抢大险、救大灾，落实责任、落细措施，保障人民群众生命财产安全。要加强统筹协调，理顺防汛抗旱指挥体系和工作机制，抓紧修订完善预案，细化部门职责分工，确保各项工作无缝衔接、精准落实。要紧盯重点区域、重点部位、薄弱环节，细之又细开展隐患排查整治，做好问题整改、验收、销号，形成闭环管理。要加强水库、堤坝、山围塘等防洪工程巡查值守，做好气象、洪涝、地质灾害等监测预警，果断有序组织应急避险，特别关注贫困群众安全度汛。要开展防灾减灾宣传活动，增强群众应急避险和自救互救能力。要压紧压实责任链条，强化会商研判，加强值班值守，科学精准调度，保障度汛安全。要加强应急救援队伍建设，开展实战演练，做好应急物资储备，夯实基层基础，提升防灾减灾救灾能力水平。

康涛在市防汛抗旱指挥部部署防汛减灾工作
（图/市防汛抗旱指挥部）

泉州市开展防灾减灾日活动周专题宣传活动

是日为第12个全国防灾减灾日，2020年的主题是“提升基层应急能力，筑牢防灾减灾救灾的人民防线”。9—15日为防灾减灾日活动周。市应急管理局组织开展多项防灾减灾日活动周专题宣传活动，提高群众的防灾减灾意识。市应急管理局利用移动信息平台进行主题宣传，向全市各部门、行业的主要负责人及成员发送近80万条主题宣传标语短信和超级短信，营造防灾减灾社会宣传氛围。

市应急管理局联合市教育局、市自然资源和规划局、市地震局、市气象局等部门举行形式新颖、主题鲜明的防灾减灾知识视频讲解比赛。比赛要求参赛选手紧扣防灾减灾这一主题，在自然灾害防御治理、安全生产风险管控处置、灾害及事故应急救援、校园防灾减灾教育等相关范畴内拟定参赛作品题目及内容。比赛采用选手报送“PPT课件+讲解视频”作品的方式进行，比赛获奖者被授予荣誉证书及“泉州市防灾减灾科学传播师”称号。比赛旨在发挥对泉州市防灾减灾知识宣教师资的发现、培养及队伍建立的导向和推动作用。此外，市应急管理局还组织人员到重点国有企业及相关下属单位分发自然灾害防御救助相关宣传材料500多份，现场向企业员工进行宣讲，指导企业制作防灾减灾宣传标语等，引导企业提高防灾减灾意识，做好日常灾害风险防范工作。

泉州市部署统筹常态化疫情防控和经济社会发展工作

全市视频会议召开，学习贯彻习近平总书记讲话指示批示精神，贯彻落实国务院联防联控机制常态化精准化做好疫情防控相关政策规定，按照全省视频会议精神，部署抓实抓细常态化疫情防控、加快推进经济社会发展各项工作。会议强调，要引导群众做好必要防护，保持良好卫生习惯和生活方式。要精准落实重点场所、重点机构、重点人群防控措施，加快推动“应检尽检”“适时抽检”“愿检尽检”。要科学细化防控区域范围，加强网格化管理，严防非法入境。要落实属地责任、主管责任，靠前下移、上下联动。要细化实化12个专项追赶行动，保中小企业、稳市场客户、稳工人队伍、畅通金融血脉。要推进复工复产复商复市，突出抓好线上销售、办会办展、刺激需求。要加大项目谋划招引建设，用好用足指挥部体系和专班工作机制，逐个抓包装、盯签约、推落地、促转化。要稳住拓展产业链供应链，引导企业危中抢机、逆周期投资，加快产业数字化改造和产业生态圈整合提升。要守牢安全生产底线红线生命线，把百日攻坚与安全生产专项整治三年行动有机衔接，盯紧节点、分类分期抓整改。要聚焦如期高质量打赢脱贫攻坚战，查缺补漏，巩固提升，确保实效。

全市公务员工作推进会召开

在全省公务员工作推进会后，泉州市随即召开公务员工作推进会，以视频会议形式部署2020年重点任务。会议指出，要落实“思想建党、理论强党”要求，坚持用习近平新时代中国特色社会主义思想武装公务员队伍。要强化体制优势、系统推进，提高公务员管理科学化水平。要坚持考在平时、考用结合，构建知事识人的综合考评体系。要突出事业为上、选贤任能，优化公务员队伍结构。

泉州市核酸检测价格标准出炉

市发改委、市财政局、市卫健委、市医保局印发通知，泉州市新冠肺炎病毒核酸检测收费标准最高限价115元/人次，自15日起执行。为提高泉州核酸检测能力，扩大核酸检测范围，做到应检尽检、适时抽检、愿检尽检，持续巩固疫情防控向好态势，市发改委牵头召集相关部门及部分承接新冠肺炎病毒核酸检测任务的医疗机构，协商并报市防控新型冠状病毒感染的肺炎疫情应急指挥部同意后，制定泉州市核酸检测收费标准。此次调整大幅降低原有核酸检测收费标准，极大减轻医保和财政负担以及“愿检尽检”单位和个人的负担，预计节约资金4845万元。通知要求，各医疗机构应遵循《新型冠状病毒肺炎实验室检测机关技术指南》，在标本采集阶段按规范流程和防护要求，做好标本的采集、处理、包装、保存和送检等工作；在检测阶段按规定方法、项目、流程和相关安全要求，做好新型冠状病毒核酸检测工作，并在最高限价内确定本医疗机构的新冠肺炎病毒核酸检测收费标准，按规定进行价格公示，严禁自立项目收费、分解项目重复收费、变相提高标准收费、扩大收费范围、强制服务收费等违反价格管理规定的行为，主动接受各相关部门的监督检查。

12家泉州籍企业上榜福布斯全球企业2000强

福布斯发布第18期全球企业2000强榜单。12家泉州籍企业上榜，分别位于中国、新加坡和菲律宾，在泉州本土的企业有安踏体育、恒安国际和达利食品。该榜单分析企业销售额、利润、资产和市值，评选全世界规模最大、影响力最强、价值最高的企业。按照公司规模对其排名时，榜单赋予各指标的权重相等。每家公司按照每个指标分别得到一个分数。然后，福布斯将各项分数汇总，形成一个复合分数。复合分数最高的公司排名也最高。

5月13日

农历庚子年四月廿一
星期三
温度：21℃～28℃
多云

●全市视频会议召开，学习贯彻习近平总书记讲话指示批示精神，贯彻落实国务院联防联控机制常态化精准化做好疫情防控相关政策规定，按照全省视频会议精神，部署抓实抓细常态化疫情防控、加快推进经济社会发展各项工作。

●在全省公务员工作推进会后，泉州市随即召开公务员工作推进会，以视频会议形式部署2020年重点任务。

●泉州市召开部分公立医院党建工作座谈会，交流贯彻落实中央《关于加强公立医院党的建设工作的意见》和省委《加强公立医院党的建设工作实施办法》工作情况，分析存在问题，听取意见建议，并部署下阶段公立医院党建工作。

●市发改委、市财政局、市卫健委、市医保局印发通知，泉州市新冠肺炎病毒核酸检测收费标准最高限价115元/人次，自15日起执行。

●第18届世界中学生运动会官方网站（https://www.jinjiang2020.cn）中英文版上线运行。

●福布斯发布第18期全球企业2000强榜单，12家泉州籍企业上榜。

5月14日

农历庚子年四月廿二
星期四
温度：22℃～29℃
多云

●全市脱贫攻坚工作专题会议召开，分析攻坚形势，细化压实责任，对推动全市脱贫攻坚再部署、再落实。

●泉州市“阳光1+1”（社会组织+老区村）牵手计划视频签约仪式举行，全市13家优秀的社会组织（协会、商会、非营利性社会服务机构）与13个老区村共同签约。

●惠安县税务部门全省首创上线试运行“e链式”办税平台。

全市脱贫攻坚工作专题会议召开

全市脱贫攻坚工作专题会议召开，分析攻坚形势，细化压实责任，对推动全市脱贫攻坚再部署、再落实。会议指出，要坚持问题导向，集中攻坚补上短板弱项。要加强动态监测帮扶，基层干部要带着感情、带着责任经常上门走访，帮助贫困群众正确使用“一键报贫”服务热线等平台，第一时间掌握贫困户动态，第一时间发现苗头问题，第一时间采取措施帮扶解决。要全面查缺补漏，开展脱贫成效“回头看”，针对扶贫领域易出现的苗头性、普遍性问题，分批开出问题清单，指导基层对账整改销号，并举一反三健全长效机制，一级盯一级，形成闭环管理。要千方百计巩固好脱贫攻坚成果，有效衔接乡村振兴，拓展提升脱贫攻坚进程中行之有效的机制办法。

泉州市“阳光1+1”牵手计划视频签约仪式举行

福建省“阳光1+1”（社会组织+老区村）牵手计划视频签约仪式举行，标志福建省“阳光1+1”牵手计划进入实质性实施阶段。仪式采取省主会场与各市分会场视频连线方式进行。在泉州市“阳光1+1”（社会组织+老区村）牵手计划视频签约仪式上，全市13家优秀的社会组织（协会、商会、非营利性社会服务机构）与13个老区村共同签约，他们将以“一家帮一村”方式开展结对帮扶。“牵手”成功后，社会组织根据自身能力和特点，结合革命老区村的资源禀赋和合作意愿，发挥在产业、资本、市场、技术、管理、服务等方面的优势，以务实举措帮助老区村实现脱贫、巩固脱贫成果。双方就促进党建联建共建、开展村庄建设、发展村庄产业、推进村庄文化、帮助村民就业、帮助村民脱贫等方面进行商议，订立切实可行的协作措施。省委、省政府高度重视老区扶建工作，已将“阳光1+1”牵手计划写入2020年省政府工作报告，并作为年度重点工作。2月，市老区办便开始动员泉州市社会组织参与老区村脱贫奔小康，引导市、县两级有意愿、有条件的社会组织以村企共建为主要形式，参与开展老区村的结对帮扶和深度合作，促进社会帮扶资源向贫困地区、贫困人口汇聚，实现老区村全面振兴发展。截至4月底，全市135对社会组织与老区村达成结对共建意向。

惠安在全省首创“e链式”办税平台

惠安县税务部门全省首创上线试运行“e链式”办税平台。为落实好国家税务总局“非接触式”办税要添力的要求，惠安县税务局梳理出纳税人仍须上门办税、尚无法在线办理和虽已实现在线办理但线下办理频次仍相对较高的事项，创新性引入“互联网+物流链”办税理念，通过第三方物流的介入，彻底打通线上线下融合“堵点”，推进单位纳税人所有涉税事项“一趟不用跑”。平台依托“福建省税务局第三方接入平台”对接物流服务平台的系统渠道，创新“线上受理、内部流转、线上出件、智能投递、快递送达”的办税流程，既提高电子税务局涉税业务覆盖面，又拓宽“非接触式”办税渠道，有效提升办税效率。以前纳税人必须进实体办税服务厅提交税务人员审核办理的事项，现可通过线上填单申报，税务人员线上视频辅导、线上受理办结，并直接推送至物流公司下单邮寄。办税方式由纳税人和税务人“面对面”转为“网对网”，实现“在线窗口”替代实体窗口。该平台系统一期预计开发17个事项，其中第一批先行上线的业务包括发票管理、跨区域涉税事项、申报征收、管户调整、涉税信息查询申请五大类10项。

国家税务总局惠安县税务局“税e链”办税服务中心
（图/市税务局）

市委常委会学习习近平总书记讲话指示精神

市委常委会会议暨市防控新冠肺炎疫情应急指挥部会议召开，学习贯彻习近平在中央政治局常务委员会会议、在山西考察时的讲话和在国际护士节做出的指示精神以及省委常委会（扩大）会议精神，部署统筹推进常态化疫情防控和经济社会发展以及脱贫攻坚工作；市委常委会会议暨市中央环境保护督察整改工作领导小组会议召开，传达全省党政领导干部学习习近平生态文明思想专题培训班开班式精神，研究《泉州市贯彻落实第二轮中央生态环境保护督察反馈意见整改方案》。

泉州惠民消费季活动启动

由市商务局指导，泉州邮政公司、泉州晚报社主办的“夏日飞券、全民欢购”泉州惠民消费季活动启动，活动平台同步上线。活动联合泉州市餐饮食品、商超百货、教育培训、家装家居、运动健身等行业商家，面向全体市民发放消费券。第一轮发放的消费券分为无门槛消费券和有门槛消费券（消费满额抵扣），面值从20元到388元不等，还有超值折扣券、出行大礼包、加油券，可以在线领取，数量有限，先到先得。此外,首次进入活动平台即可参与砍价活动，领取限量礼品。第一轮消费券于下午4点在活动平台上线，通过抢券、砍价等形式发放。市民通过微信扫码或通过活动链接进入消费券平台专属界面，即可参与准点抢券、砍价等活动，获取电子消费券。领取的电子消费券可存放于活动平台内“我的奖品”处，在有效期内随时调取使用。此次活动在泉州网（www.qzwb.com）首页、“泉州邮政”官微、“东南早报”官微均开设平台入口，消费者可通过登录网站或线上关注公众号，也可线下到合作商家门店，通过扫描商家海报二维码进入活动平台。活动持续一个月，推出四轮消费券发放活动。此外，活动商家入驻征集也持续进行，有意向合作的商家通过活动平台联系方式向主办方提交申请，即可参与消费券活动。

全市首场退役大学生士兵专场视频招聘会举行

由市退役军人事务局、市人社局、泉州军分区政工处主办的全市首场退役大学生士兵专场视频招聘会在泉州消防救援支队举行。三部门在前期广泛收集企事业单位用工信息的基础上，有针对性地挑选一些适合退役大学生士兵的岗位，并首次以视频的形式进行退役大学生士兵专场招聘。除泉州消防救援支队，视频招聘会还吸引泉州保利城、万科物业服务有限公司泉州分公司、泉州顺丰运输有限公司、泉州三安半导体科技有限公司、福建盼盼食品有限公司、福建晶安光电有限公司、福建德邦物流有限公司、玖龙纸业有限公司等336家知名大型企业（事业）单位，提供涵盖政府专职消防员、电子信息、电气自动化、建筑工程管理、茶艺师、检验医学技术、鞋类设计与工艺、法律事务、金融保险、财务管理、行政管理、网络科技、教育培训、物流配送、项目管理等多个领域的就业岗位5782个。

省应急设备商会人民调解委员会在南安成立

省应急设备商会人民调解委员会暨公共法律服务中心成立大会在南安市溪美街道闽消工业园举行。省应急设备商会人民调解委员会的成立，旨在有效化解涉及应急设备商会会员的各类民间纠纷，包括商会会员之间、会员企业与职工之间、会员与生产经营关联企业或个人之间的矛盾纠纷，以及其他适合人民调解的民间纠纷，这是商会协助会员单位排忧解难，为会员单位营造和谐的经营环境的重要举措。

5月15日

农历庚子年四月廿三
星期五
温度：24℃～32℃
多云

●市委常委会会议暨市防控新冠肺炎疫情应急指挥部会议召开，学习贯彻习近平在中央政治局常务委员会会议、在山西考察时的讲话和在国际护士节做出的指示精神以及省委常委会（扩大）会议精神，部署统筹推进常态化疫情防控和经济社会发展以及脱贫攻坚工作等。

●泉州市召开视频会议，总结前阶段安全隐患大排查大整治工作，听取各县（市、区）排查整治工作汇报，部署下阶段工作。

●由市商务局指导，泉州邮政公司、泉州晚报社主办的“夏日飞券、全民欢购”泉州惠民消费季活动启动，活动平台同步上线。

●由市退役军人事务局、市人社局、泉州军分区政工处主办的全市首场退役大学生士兵专场视频招聘会在泉州消防救援支队举行。

●省应急设备商会人民调解委员会暨公共法律服务中心成立大会在南安市溪美街道闽消工业园举行。

5月16日

农历庚子年四月廿四
星期六
温度：24℃～33℃
多云

●中国工程院院士、传染病学专家、国家卫健委高级别专家组成员李兰娟到晋江，参加该市卫健系统有关活动，就疫情常态化防控提出一系列最新建议。

●王永礼到南安、永春检查房屋安全隐患排查整治工作进展，了解企业运营和安全生产情况。

●《泉州市2020年数字新基建工作清单》《泉州市第一批数字新基建重点项目库》发布。

中国工程院院士李兰娟到晋江参加卫健系统活动

中国工程院院士、传染病学专家、国家卫健委高级别专家组成员李兰娟到晋江，参加该市卫健系统有关活动，就疫情常态化防控提出一系列最新建议。李兰娟参加晋江市卫健系统“院士大讲坛”。在主题演讲中，李兰娟肯定晋江的隔离防控措施到位。李兰娟还分享一些科学救治、从死亡线上拉回重症病人的经历。李兰娟表示，要严防境外输入传播，外防输入、内防反弹是疫情防控的重点。国内疫情已处于常态化防控阶段。控制传染源、传播途径，保护易感人群，是预防和控制传染病的根本。建议各家医院要对发热患者进行常态化检测；按照“平战结合”的模式，每个综合性医院都要建一栋楼，平时作为普通病房使用，突发情况下快速改变用途，收治传染病人；加强公共卫生和传染病学科的基础设施和人才队伍建设；此外，要对过往的经验和研究进行及时总结。李兰娟还在晋江市医院分会场参加上海合作组织医院合作联盟抗疫国际远程研讨会，向世界各国参会者分享中国抗疫经验。

李兰娟在晋江作抗疫经验分享报告（图/张九强）

王永礼到南安永春调研企业运营和安全生产情况

市长王永礼到南安、永春检查房屋安全隐患排查整治工作进展，了解企业运营和安全生产情况。在南安市洪濑镇东大路，王永礼采取“解剖麻雀”式调研，检查一处存在安全隐患的房屋前期摸排情况、实际整改措施。王永礼指出，要牢记安全使命，按照市委统一部署，从建筑结构、消防安全、用电用气和建设经营合法性、安全性等方面，加大对钢结构房屋、铁皮房等的排查整治力度，彻底消除安全隐患。要担起责任，排查隐患敢于较真，分门别类、科学精准施策，同时加大督查力度，盯紧阶段性进展，督促整改工作抓紧抓实抓细抓到位，防止走过场、搞形式，保障人民群众生命财产安全。在位于永春县的博纯材料一、二期项目现场，王永礼勉励企业要提前谋划布局，抢抓机遇趁势而为，加强与省内高校、科研实验室等对接交流，打通科技成果转化链条，提高产品附加值和科技含量，提升企业核心竞争力；要严把安全生产关，增强安全意识，把安全生产责任落实到每个环节、每个岗位，确保管理规范化、生产安全化。

《泉州市2020年数字新基建工作清单》发布

《泉州市2020年数字新基建工作清单》《泉州市第一批数字新基建重点项目库》发布，涉及5G基站网络建设、数据中心建设、产业链发展、产业应用工程、数据信息服务支撑工程、大数据创新应用提升工程、县城区智慧化改造提升工程七大类型63个项目，总投资约611.5亿元，推动未来投资需求最迫切、潜力最大的5G网络和大数据中心建设，加速数字新基建布局和发展。根据发布的数字新基建工作清单，2020年泉州市实施“12345”行动计划，推动首批63个数字新基建重点项目建设，确保到年底建成超过1万个5G基站，打造全国首批“双千兆城市”，力争2020年数字新基建领域完成投资额超过30亿元，打造4个大数据应用示范标杆项目，加快形成50个5G及大数据应用场景。力争全年协调解决500个以上重点难点场所的开放问题，确保年底前完成建设超过1万个5G基站的任务目标，完成投资额超过15亿元。

泉州市发布100个农业对外招商项目

为拓展泉州和台湾农业合作交流的领域和层次，促进全市农业向产业化、标准化、外向化方向发展，市农业农村局围绕农业农村发展的四大重点领域开展招商，完成100个泉州市农业对外招商项目的筛选、论证和收集汇总，建立项目储备库，项目总投资52.2亿元。100个对外招商项目涉及四方面农产品精深加工、农产品电子商务及冷链物流、生态循环农业、休闲观光农业和田园综合体。

“抗疫助残 与爱同行”爱心慰问活动举行

第30个“全国助残日”，由市委文明办、市残联、市文联主办的“抗疫助残 与爱同行”爱心慰问活动举行。各主办单位人员、党员志愿者和部分爱心人士走访慰问鲤城、丰泽、洛江、惠安、安溪、永春、德化等地困难残疾人家庭，为他们送去党和政府的关怀以及社会各界的关爱。此次爱心慰问活动收到爱心企业和社会各界人士捐助的价值20多万元的爱心物资。这些物资用于帮助400多个困难残疾人家庭。活动结合疫情防控工作要求，开展进村入户走访慰问活动，做好疫情防控期间困难残疾人家庭的社会救助工作。此外，泉州市还组织开展慰问帮扶、志愿服务、康复服务、就业服务、权益保障、文体活动等七大类24项线上线下扶残助残活动，营造全社会关爱帮扶残疾人的氛围。

泉州开发区引进国际品牌运营商

泉州开发区管委会与国际时尚潮牌运营企业奥儿品牌管理公司举行项目签约仪式，联手打造国际潮牌谷及IP动漫产业。签约仪式上，“The Champion is NO.1——Champion 2020品牌盛典暨Q3Q4新品发布会”举行，成为国际潮牌谷项目的首次亮相。入驻泉州开发区后，国际一线潮牌Champion在中国的运营团队——奥儿将启动与全球高端潮流品牌及IP联合战略部署，在泉州开发区2.5产业园建设国际潮牌谷，聚集国际潮牌、动漫IP产业资源，为泉州传统鞋服产业转型升级提供更多机遇。泉州开发区2.5产业园在加快转型升级，推动服务业与制造业融合发展的大背景下应运而生。2020年以来，泉州开发区制定出台多项服务政策，引进研发设计、文化创意、现代物流、媒体动漫、创新金融、检验检测认证、互联网经济等2.5产业业态，以及场外市场挂牌上市及后备企业小总部等。此次入驻的奥儿正是其中的佼佼者。泉州开发区相关负责人表示，奥儿在潮流服饰领域拥有品牌、渠道、运营的专业经验，以及众多的国际潮牌资源，泉州开发区将与奥儿在打造国际潮牌以及IP动漫产业衍生等方面进行合作，共同赋能泉州鞋服制造业。奥儿服饰运营副总马晓东表示，泉州鞋服产业转型升级有得天独厚的优质资源，同时开发区对项目给予大力支持，希望与泉州伙伴一起合作，撬动潮流服饰百亿产业，共同实现更好的发展。

除国际潮牌谷项目的签约，奥儿还分别与世像传媒旗下的美国黑马漫画、伊藤忠纤维贸易（中国）有限公司签订战略合作协议，开启新一阶段的国际化发展战略，也为泉州嫁接高端国际品牌资源。黑马漫画是世像传媒旗下的知名漫画公司，在美国其漫画销量排行仅次于漫威和DC，旗下拥有300多个IP、3000多部漫画作品，与2000多位漫画家合作，参与《变相怪杰》《泰山归来》等多部电影、电视剧制作。通过此次合作，奥儿将引进黑马漫画的知名IP，开展联名款以及IP动漫产业授权。世像传媒创始人、首席执行官何晓辉表示，黑马漫画将与奥儿开展合作，在泉州开发区设立IP授权业务中心，把全球超级IP的商业化模式、IP内容释放带入泉州，为当地制造业赋予更多IP价值，同时也会与泉州品牌企业合作，讲好品牌故事，将泉州IP传播到全球。此外，奥儿还将与伊藤忠纤维贸易（中国）有限公司合作，在国内引入BAPE、川久保玲、OFF WHITE等多个国际顶级潮牌，推动国际潮流与中国文化的融合碰撞，带动国内潮流产业链的迭代升级，促进中国本土鞋服市场的壮大发展。

5月17日

农历庚子年四月廿五
星期日
温度：25℃～34℃
多云转小雨

●泉州市发布100个农业对外招商项目。

●由市委文明办、市残联、市文联主办的“抗疫助残 与爱同行”爱心慰问活动举行。

●泉州开发区管委会与国际时尚潮牌运营企业奥儿品牌管理公司举行项目签约仪式，联手打造国际潮牌谷及IP动漫产业。

5月18日

农历庚子年四月廿六
星期一
温度：23℃～26℃
大雨转阴

●第二季度全省重大项目视频连线集中开工活动举行，泉州（南安）高端装备智造园项目参加现场开工。康涛在泉州分会场通过视频向省委、省政府报告泉州市重点项目集中开工情况。

●市十六届人大常委会第五十一次主任会议召开，讨论市政府关于提请审议《泉州市市容和环境卫生管理条例（草案）》的议案，关于泉州市养老服务体系建设情况的调研报告和审议意见稿等。

●王永礼与纺织鞋服行业企业家座谈，听取民营企业家对市政府工作的意见和建议。

●全市小学三到五年级返校复学。

●国际博物馆日，全市各大博物馆举行形式多样的线上线下展览、活动。

●由市残联主办的“文化助残 与爱同行”残疾人艺术作品网络直播义卖活动在市残疾人康复中心举行。

●“源头好货 晋江制造”——晋江市产业直播节在晋江产业直播基地启动。启动仪式上，晋江市政府与阿里巴巴签署战略合作协议，并为淘宝直播基地和天猫服务站授牌。

市十六届人大常委会第五十一次主任会议召开

市十六届人大常委会第五十一次主任会议召开。会议讨论市政府关于提请审议《泉州市市容和环境卫生管理条例（草案）》的议案，关于泉州市养老服务体系建设情况的调研报告和审议意见稿；讨论市人大常委会调研组关于泉州市促进畜牧业健康发展情况、泉州市非物质文化遗产保护工作情况的报告；提出第五十二次主任会议建议议题，初定市十六届人大常委会第二十九次会议的召开时间和建议议程。

市十六届人大常委会第五十一次主任会议现场
（图/王虎文）

王永礼与纺织鞋服行业企业家座谈

市长王永礼与纺织鞋服行业企业家座谈，听取民营企业家对市政府工作的意见和建议。企业家代表畅所欲言，辨形势、谈机遇、提诉求，王永礼听取企业家的意见建议，协调解决企业家的困难和问题。王永礼强调，各级政府各部门要把民营企业家当成“自己人”，把企业家的事当作分内事，遇到困难大家一起面对、一起扛。对部分企业家反映的人才需求、库存积压、政策对接、外贸影响、融资困难等产业链共性问题，相关部门、行业协会要分行业梳理、研究对策，对于个性问题，职能部门要跟进服务、逐一协调解决。

全市博物馆举行国际博物馆日活动

国际博物馆日，2020年主题为“致力于平等的博物馆：多元和包容”。全市各大博物馆举行形式多样的线上线下展览、活动。是日起至8月16日，泉州海外交通史博物馆举行“丝路锁钥——敦煌历史文物精品展”。泉州华侨历史博物馆与西夏博物馆合作，举行“探寻逝去的天书——西夏文字图片展”，展览时间持续至5月31日。中国闽台缘博物馆举行线上展览“法相仙踪——中国闽台缘博物馆馆藏宗教造像集萃”；举行网络直播“‘照’像与‘造’像——闽台宗教艺术之旅”，此外还有“艺揽闽台——福建省工艺美术大师杨峰峪（锡雕）、郑银聘（木雕）、程力钦（石雕）专场线上展示”。泉州博物馆举行线上展览：馆藏书画修复成果展（5月18日至7月18日），馆藏精品文物展持续至6月29日。各县（市、区）活动亦丰富多彩。泉港区博物馆是日举行“海丝之光·闽南记忆”暨海丝非遗馆开馆活动。石狮市博物馆“浮想联翩：石狮古厝楹联拓片展”持续至8月8日。安溪县博物馆“茶韵遗风”茶文物展持续至6月25日。永春县博物馆永春书院文化藏品展持续至5月20日。由于疫情防控需要，进入博物馆仍采用网上实名预约、每日限额参观方式，观众需预约并携带身份证，出示健康码方可入馆参观。

泉州海外交通史博物馆“丝路锁钥——敦煌历史文物精品展”现场

泉州华侨历史博物馆“探寻逝去的天书——西夏文字图片展”现场（图/吴寿民）

王永礼会见省广电网络集团总经理蔡琳

市长王永礼会见省广电网络集团党委副书记、总经理蔡琳。王永礼感谢集团长期以来关心支持泉州发展，并表示，泉州经济总量、常住人口、市场主体数量全省居首，5G产业应用场景多，希望双方在文化大数据、工业互联网等领域开展合作，实现共赢发展。蔡琳表示，集团将发挥党媒政网优势，推进“5G+智慧广电网络”深度融合，更好服务地方经济社会发展。

全市各地举行中国旅游日活动

中国旅游日，泉州文旅系统策划推出25项文旅优惠措施、12项主题活动，以及10条“泉州文博奇妙之旅”旅游线路。由市文旅局主办、泉州海外交通史博物馆承办的2020年“‘5·18’寻觅刺桐——博物馆奇妙夜探馆直播”在抖音平台上线。在两个小时的直播中，泉州海外交通史博物馆馆长与“金牌”导游一起，通过直播带领“线上”的市民游客一起走进“刺桐：古泉州的故事”展厅和“泉州宗教石刻陈列馆”展厅，向大家讲述古泉州海外交通发展的那些事。直播吸引近万名网友线上收看，得到20多万次“点赞”。泉州建旅国际旅行社“全域旅游生活购物平台”公众号推出本地工业旅游预约通道，让市民、游客通过自驾的方式到全市各大工业旅游点参观，既可以让市民有一个新的释放旅游需求的地方，同时又让游客在参观和体验式旅游过程中领略到泉州的工业魅力和产品特色。

为迎接中国旅游日，全市各地推出丰富多彩的文旅主题活动。“悠游洛江”景区志愿共建项目启动仪式、洛阳桥讲解志愿服务培训活动、“悠游洛江”景区文明旅游宣传党建活动在洛阳桥举行。“山海有约·云游泉港”泉港区助力文旅行业复工复产主题活动在泉港区涂岭镇黄田村举行，活动以直播形式在线推介泉港文化旅游资源，带领网友隔屏领略泉港魅力。19—30日，“狮来运转·云游石狮”石狮网红旅游短视频大赛举行。“文旅局带你游晋江”直播采风活动在梧林古村落举行，主播和行业达人带观众感受晋江丰富的历史文化、民俗风情及自然景观。2020年“海丝南安·又见美好”纪念“5·19”中国旅游日主题活动在南安举行，第三届南安特色伴手礼征集评选活动同时启动。惠安文创旅游商品设计大赛、惠安县线上旅游节系列活动举行。

全市数十家景区（点）和旅游企业实施文旅优惠措施，推出景区门票全免、打折等多种形式优惠措施。是日起至12月31日，泉州市A级景区、泉州海丝野生动物世界、后深溪景区、石狮世茂茂险王主题乐园、石狮海洋世界、惠女风情园、永春县桃城镇南星谷、德化桃仙溪等，对全国医护工作者实行门票免费。牛姆林、永春县桃城镇南星谷、北溪文苑生态旅游区，对全国警务工作者免票。是日生日的游客凭身份证，可免费游览崇武古城风景区；北溪文苑生态旅游区是日免费；九仙山景区成人票享半折优惠；永春县桃城镇南星谷还对全国医护工作者免票；泉州石狮海洋世界和石狮茂险王主题乐园推出成人特价票；是日游览惠女风情园，在游客中心观海品茶区可获赠特色茶点；到惠安闽台文化创意园，可免费参观创意环保艺术展，儿童乐园专区免费开放。

游客在府文庙景区游览（图/吴寿民）

5月19日

农历庚子年四月廿七
星期二
温度：22℃～27℃
阴转小雨

●王永礼会见省广电网络集团党委副书记、总经理蔡琳。

●中国旅游日，泉州文旅系统策划推出25项文旅优惠措施、12项主题活动，以及10条“泉州文博奇妙之旅”旅游线路。

5月20日

农历庚子年四月廿八
星期三
温度：22℃～22℃
小雨

●20—21日，陈灿辉带领调研组到宁德开展产业发展建设专题调研。

●全市视频会议召开，部署暴雨防御工作，落细落实各项措施。

●泉州海外交通史博物馆第一届理事会成立，成为全市首个博物馆理事会。

●泉港区与中国海峡人才市场签署人才合作框架协议，并举行中国海峡人才市场泉港分部揭牌仪式。

泉州市人大调研组到宁德开展产业发展建设专题调研

20—21日，泉州市人大常委会主任陈灿辉带领调研组到宁德开展产业发展建设专题调研。调研组察看宁德新能源科技有限公司、宁德时代新能源科技股份有限公司、宁德市摆脱贫困主题展览、上汽宁德基地、八都溪池村美丽乡村建设、九都国家水土保持科技示范园等，了解宁德市新兴主导产业发展、乡村振兴、脱贫攻坚等情况。

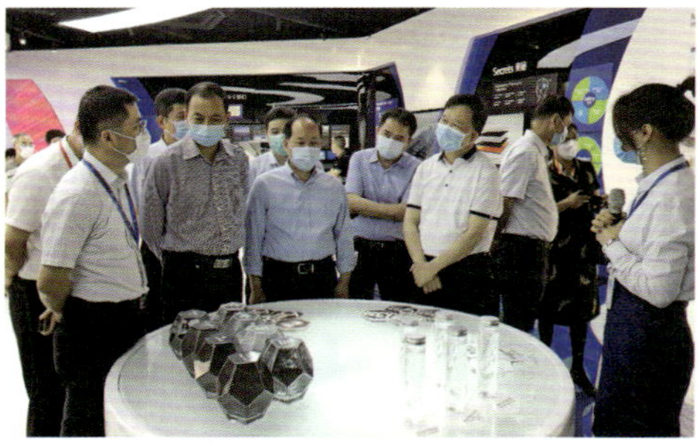

陈灿辉（右四）在宁德考察（图/陈意鸣）

泉州市部署暴雨防御工作

全市视频会议召开，部署暴雨防御工作，落细落实各项措施。会议要求，要强化预警调度，科学研判、周密部署，加强暴雨预测预报、水雨工情监测，第一时间发布预警信息。要突出防范重点，聚焦小流域山洪、地质灾害、城镇内涝、雷雨大风和房屋安全问题，加强低洼地带、地灾隐患点、高陡边坡、危旧房屋、下穿隧道、水利工程设施等的监测巡查。要果断转移避险，进村入户，提前转移前期降雨量大且气象预报后续仍有强降雨乡镇的危险区域建档立卡群众。要做好应急准备，做好应急抢险队伍、物资、器材、车辆等抢险救援力量准备，确保随时能投入抢险救灾。

全市暴雨防御视频会议现场（图/市防汛抗旱指挥部）

全市首个博物馆理事会成立

泉州海外交通史博物馆第一届理事会成立，成为全市首个博物馆理事会。泉州市陆续推动各大博物馆成立理事会，纳入政府部门与有影响力的社会力量，推动博物馆各项工作向前发展，更好实现其社会公益职能。理事会制度是国有博物馆一种新的管理模式。2018年，泉州海外交通史博物馆被确定为泉州市博物馆建立法人治理结构的试点单位。泉州海外交通史博物馆首届理事会成员，来自政府相关部门以及有影响力的社会人士，标志泉州海外交通史博物馆在法人治理结构建设上迈出重要一步。理事会的建立，将极大拓宽博物馆听取民意、吸收民智的渠道，推动博物馆文化普及发扬，助推形成全社会关心、关注中华优秀传统文化的风气。

中国海峡人才市场泉港分部揭牌

泉港区与中国海峡人才市场签署人才合作框架协议，并举行中国海峡人才市场泉港分部揭牌仪式。中国海峡人才市场是省政府与人社部组建的国家级人才市场，是全省规模最大、综合服务功能最完善、市场化程度较高的政府人才服务机构。泉港区正加快实施“双创泉港”人才发展战略，亟须加快人才资源聚集、开发。中国海峡人才市场在泉港成立分部，不但能为本地的企业、高校毕业生解决用工和就业问题，还能为人才的交流和培训提供平台，同时还能促进海峡两岸的人才交流。泉港分部成立后，将围绕该区石化主导产业引才聚才，聚焦拓展人才招引服务、人才创业载体开发运营、人才项目孵化投资、人才教育培训、人才数据开发利用等业务板块，为该区企事业单位职工人才测评等提供便利。同时，双方还将共同组建精干的业务团队，搭建紧缺急需高层次人才引进、高校毕业生就业和人才公共服务信息平台。

泉州市部署疫情防控、安全生产和防御强降雨等工作

市委、市政府召开全市视频会议，对疫情防控、安全生产和防御强降雨等有关工作进行再强调、再部署、再落地。会议指出，要把保安全、护稳定工作抓得更实。要确保生产安全，对市安办梳理下发需要强化管控的安全生产重大问题、重点部位，要按照急重轻缓第一时间集中力量推动解决，尤其是对没有整改或整改不到位的要确保整改到位；要聚焦危化品、群租房、“多合一”场所、交通运输、施工工地等重点行业领域，分门别类建立隐患整改台账，加强动态监测管理。要确保防汛度汛安全，立足防大汛、抢大险、救大灾，坚持预警要准，防范在前，严防死守重大隐患点，高效有序应对短时极端天气。要确保疫情防控安全，抓好常态化疫情防控措施落地见效，完善开放场所疫情防控，持续盯紧外防输入、内防反弹，加强对重点地区、重点人群的核酸检测排查。要确保社会稳定安全，开展涉稳问题隐患排查化解活动，把隐患消除在萌芽状态。要把保安全、护稳定责任落实更到位，各级各部门要立即行动起来，明确职责、分工协作，加强值班值守，把安全稳定各项工作抓紧抓细抓实抓到位。

全市创城工作专题会议召开

全市创城工作专题会议暨市创城办全体成员会议召开，对创城工作进行再强调、再部署。会议指出，创建全国文明城市工作是提升城市管理水平和城市文明程度的重要抓手，事关泉州高质量发展大局，对增强群众获得感、幸福感和安全感具有重要意义。各区各单位要坚持目标导向、问题导向，聚焦重点难点，狠抓落实；要补齐创城工作短板，着眼市容环境、交通秩序、背街小巷卫生保洁管理等方面，开展专项整治攻坚行动；要营造氛围，激发群众共建共享意识，让城市展现更多人文之美、和谐之气。要落实市创城指挥部运作机制，层层压实责任，形成工作合力；各区各单位要强化“一盘棋”思想，扛起主体责任，建立常态长效机制，对照任务单、路线图有条不紊高效推进，为泉州市实现全国文明城市“三连冠”做出贡献。

游宇飞调研泉州信息工程学院复学复课工作

市委常委、市纪委书记游宇飞到泉州信息工程学院，检查上次调研发现的安全隐患问题整改落实情况。游宇飞察看学院校区二期和三期连接通道安全隐患问题的整改情况，对丰泽区、北峰街道推动校区达到防疫封闭式管理表示满意。同时，询问了解该校物资储备情况，要求做好返校复学前的各项准备工作。

泉州市全面开放室内场馆

即日起，泉州市全面恢复场所开放和活动举办，各图书馆、博物馆、文化馆（站）、科技馆、艺（美）术馆、青少年宫、百姓书屋、体育场馆、沐足场所等室内场馆全面恢复开放。市防控新型冠状病毒感染的肺炎疫情应急指挥部办公室下发《关于恢复场所开放和活动举办的通告》，要求有序恢复开放文化演出、体育业余训练活动等；恢复开放因疫情暂未开放的景区（包括其中的室内场所、儿童游乐区域、动物展示区域等）；可举办各类必要的会议、会展活动和体育赛事等。对于举办跨省、跨境人员参加的大规模会议、会展和体育赛事，要报当地防控新冠肺炎疫情应急指挥部批准。

市图书馆东海新馆恢复开馆，市民在馆内借阅图书（图/陈智勇）

5月21日

农历庚子年四月廿九
星期四
温度：21℃～22℃
中雨

●市委、市政府召开全市视频会议，对疫情防控、安全生产和防御强降雨等有关工作进行再强调、再部署、再落地。

●市政协党组理论中心组学习会议召开，传达学习习近平在中央政治局常委会会议上的讲话，以及在陕西、山西考察时的讲话、给郑州圆方集团全体职工的回信、寄语新时代青年的指示、在党外人士座谈会上的讲话、在国际护士节做出的指示精神等。

●全市创城工作专题会议暨市创城办全体成员会议召开，对创城工作进行再强调、再部署。

●游宇飞到泉州信息工程学院，检查上次调研发现的安全隐患问题整改落实情况。

●泉州市全面开放室内场馆。

●联合国确定的“国际茶日”，由安溪县茶业管理委员会主办的“安溪铁观音·健康软黄金”国际茶日暨感德铁观音2020年春季茶王品鉴周系列活动在安溪县感德镇举行。

5月22日

农历庚子年四月三十
星期五
温度：21℃~22℃
中雨转多云

●泉州市有效保护生物多样性。

●中心市区城市内涝监测数据共享系统上线。

●18—22日，由市民族与宗教事务局、市委文明办主办的“中华民族一家亲，同心共筑中国梦”民族理论政策法规暨精神文明知识网络有奖竞答活动举行。

●由市生态环境局、市纪委监委、市林业局、市湿地学会、市观鸟学会等主办的常见鸟类科普宣传及“泉州飞鸟精灵”精彩图片展示等活动在泉州市森林公园举行。

市林业局建成野生动植物保护网络

第27个国际生物多样性日，全市各级林业主管部门通过加强野生动植物保护、湿地保护和自然保护地建设管理，建成布局合理、功能完备、管理高效的野生动植物保护网络，有效保护泉州市生物多样性。市林业局组织开展森林资源清查、陆生野生动物资源调查、珍稀野生植物资源调查、全国水鸟同步调查、珍稀野生植物极小种群调查、古树名木调查、湿地资源调查等专项调查，布设红外相机自动监测，摸清泉州市野生动植物资源现状，及时掌握资源本底和动态变化情况。随着生态环境的不断改善，泉州市野生动植物的种类、数量都有很大增加。与20年前相比，仅鸟类就由原来的260种增加到302种。国家一级重点保护野生动物有蟒蛇、云豹、中华白海豚、红珊瑚等11种；国家二级重点保护动物有蛇雕、大灵猫、穿山甲等57种；省重点保护39种；列入《濒危野生动植物种国际公约》的59种。为做好野生动物栖息环境保护，市林业局加强体系建设，通过科学建立自然保护地，落实网格化、智慧化巡护监测，划定禁猎区、禁猎期，维护野生动物种群安全。一方面，在重要野生动物集中分布地和主要繁殖地推进自然保护地体系建设。另一方面，集中调配力量，组织林业站人员、镇村护林员和自然保护地管护人员，以野生动物重要栖息地、迁徙通道为重点，在巡护力量、巡查密度、巡查频次上下功夫，筑牢织密网格化巡护网络。

中心市区城市内涝监测数据共享系统上线

中心市区城市内涝监测数据共享系统上线。此后，市民在雨天出行时可通过线上查询道路积水情况，有效避开积水路段，制定合理出行路线。市防汛办有关负责人介绍，中心市区城市内涝监测数据共享系统通过安装地面取孔嵌入式设备，实时监测道路积水数据。中心市区19个易涝区域及4个重点防范区域安装64套监测设备，市民通过系统可实时了解中心市区道路积水点，还能根据积水的水位情况判断道路积水程度。该系统搭载于“泉州防汛”微信公众号，具体操作方式为：关注“泉州防汛”微信公众号，点击进入公众号—汛情在线—内涝查询。

民族理论政策法规暨精神文明知识网络竞答举行

18—22日，由市民族与宗教事务局、市委文明办主办的“中华民族一家亲，同心共筑中国梦”民族理论政策法规暨精神文明知识网络有奖竞答活动举行。活动在泉州民族宗教和泉州市委文明办官网和公众号同步进行。竞答活动设置学习和答题两个阶段，竞答以选择题、拼图题、选字题为主，知识面涉及民族理论政策法规、精神文明创建应知应会、移风易俗、中华文化知识和泉州民族知识等方面。活动期间，全市各相关部门干部职工带头学习活动题库中的知识点，并到辖区各乡镇（街道）、村（社区）开展宣传发动，营造活动氛围。据不完全统计，此次活动约有38.2万人通过不同形式关注，其中通过报刊类了解活动人数约20万人，通过网站了解活动人数约15万人，通过公众号了解活动人数约2万人，通过线上答题活动了解活动人数约1.2万人，活动成效明显。此次活动通过网上答题形式，推进民族团结进步创建工作和群众性精神文明创建活动的开展，推动各民族文化交往交流交融，培育和践行社会主义核心价值观，推进泉州市民族工作和精神文明创建工作。

泉州市举行国际生物多样性日活动

由市生态环境局、市纪委监委、市林业局、市湿地学会、市观鸟学会等主办的常见鸟类科普宣传及“泉州飞鸟精灵”精彩图片展示等活动在泉州市森林公园举行。活动旨在倡导市民提升生物多样性保护意识，共同构建人与自然和谐发展的美丽家园。

泉州市加强十类食品风险排查

市市场监管局发布《关于开展2020年食品生产安全风险排查整治工作的通知》（以下简称“通知”），旨在提高泉州市食品生产环节风险发现与处置能力，排查整治食品安全风险隐患，推动全市食品生产安全形势持续稳定向好。根据通知，市场监管部门开展全市性食品生产安全风险大排查，排查工作以重点区域、重点品种、重点问题和大型食品生产企业风险防控为工作中心，以最严格的监管守住不发生系统性区域性食品生产安全风险为底线，排查整治工作以严防区域风险、严防系统风险、严防品种风险为主线。2020年，泉州市对十类食品开展风险排查。这十类食品包括炒货食品及坚果制品、糕点、方便食品、蜂产品、包装饮用水五类2019年度福建省抽检不合格率较高的食品，以及乳制品、肉制品、酒类、食用油、油脂及其制品、粮食加工品五类人民群众消费量较大的食品。

在严防区域风险方面，市场监管部门对边远山区、农村和城乡接合部进行梳理排查，对疫情期间及疫后可能存在的食品生产安全风险进行重点排查，重点对四类风险点开展排查整治：一是市场竞争的风险，如企业规模小、生产成本高、竞争能力低，企业为生存，存在偷工减料、采购价低质劣的原辅材料用于食品生产等风险；二是交叉污染的风险，如企业生产设备陈旧、工艺流程相对落后，存在未能持续保持生产许可条件、擅自改变生产工艺流程、生产卫生条件差、清场不到位等引发的交叉污染风险；三是产品同质化风险，如具有影响力的自主品牌少，产品档次比较低，存在山寨傍名牌、假冒名牌、掺杂掺假以及接受委托加工违法违规生产食品等风险；四是企业管理的风险，如企业管理人员法制和食品安全意识不强，不能持续合规按标准组织生产，存在原料进货把关不严、关键控制点没有得到有效控制、成品未严格检验或未经检验出厂等风险。在严防系统风险方面，泉州市对部分重点问题开展排查整治，严防系统性食品生产安全风险。如检查食品生产企业在疫情防控期间积压的原材料和成品的处置情况，严防使用变质过期原料生产加工食品及过期食品出厂或经返工后出厂的风险；检查油脂类、酒类食品生产者塑化剂防控措施落实情况，严查原辅料采购、生产加工、贮存等环节是否存在塑化剂污染风险，严查食品包装材料和盛放食品的容器是否含有塑化剂。

全市1镇14村入选省乡村振兴重点特色乡（镇）和实绩突出村名单

2019年度福建省乡村振兴重点特色乡（镇）、实绩突出村名单公布，晋江市英林镇入选重点特色乡（镇），洛江区罗溪镇新东村等14个村庄入选实绩突出村。省委乡村振兴办要求，各地要落细落实政策举措，打造乡村振兴特色乡（镇）、村级乡村振兴示范样板，立足资源禀赋，发挥特色优势，推动乡村全面振兴。

泉州市启用1916创客直播基地开拓销售新模式

由泉州市老字号企业协会、泉州旅游商品（伴手礼）分会创办的1916创客直播基地首场直播举行，泉州市老字号企业协会会长尤文辉在直播间为顾客推介泉州老字号产品。此系鲤城区首个特色产品直播基地。尤文辉表示，受疫情影响，泉州一些老字号企业、旅游商品企业的线下门店销售业绩受到较大冲击。老字号所传承的产品、技艺和经营理念，极具品牌价值、经济价值和文化价值，老字号品牌是泉州重要的文化符号，服务好老字号企业，对带动泉州文化旅游业发展大有裨益。为帮助企业转危为机，引导企业共同探索直播带货这一新兴销售模式，寻找新增长点，3月，直播基地启动建设，历时两个多月，基地建设完成。1916创客直播基地占地面积约3000平方米，设有直播间8间。基地以“线上直播带货+培训带货线上授课+实战”的新模式，聚合老字号企业、旅游商品优质产品，形成完整直播及短视频产业形态。尤文辉介绍，通过直播带货，可以更有效地推介泉州老字号产品，实现与消费者的深度互动，有助于迅速打开销售市场，推动网络零售经济发展。此外，该直播基地还开展培训课程，由专业网红主播对新人进行直播带货课程培训，课程内容包括直播脚本撰写、直播前准备流程以及直播带货实战等。

5月23日

农历庚子年闰四月初一
星期六
温度：21℃～26℃
阴转多云

● 市市场监管局发布《关于开展2020年食品生产安全风险排查整治工作的通知》。

● 2019年度福建省乡村振兴重点特色乡（镇）、实绩突出村名单公布，晋江市英林镇入选重点特色乡（镇），洛江区罗溪镇新东村等14个村庄入选实绩突出村。

● 由泉州市老字号企业协会、泉州旅游商品（伴手礼）分会创办的1916创客直播基地首场直播举行。

● 《泉州画院1984—2019藏画集》首发。

5月24日

农历庚子年闰四月初二
星期日
温度：22℃～29℃
多云

●泉州市印发《进一步加快2020年度批而未供与闲置土地处置工作专项行动方案》。

●福建省出台《实施一二三产业“百千”增产增效行动方案》，支持推动优势特色产业和优势企业满产超产。省服务业发展厅际联席会议办公室公布福建省第一批服务业企业名单，泉州市167家企业入列。

●经过中国合格评定国家认可委员会评审，泉州海关综合技术服务中心及其下属食品、纺织品、石化、动植检疫及医学等8个实验室通过实验室认可、资质认定“二合一”复评审现场评审。

泉州市加快处置批而未供与闲置土地

根据自然资源部土地市场监管系统统计，2019年泉州市处置批而未供土地面积1733.33公顷，处置率36.5%，位居全省第一。泉州市印发《进一步加快2020年度批而未供与闲置土地处置工作专项行动方案》（以下简称“方案”），要求年底前，在2019年处置工作的基础上，加快完成处置现有批而未供与闲置土地不低于1/4的存量。根据方案，对片区规划调整无法及时供地的，加快落实规划调整，按程序报县（市、区）政府（管委会）批准实施；对征地拆迁或“三通一平”（水通、电通、道路通和场地平整）未完成无法及时供地的，加大征迁扫尾力度，确保用地尽快达到“净地”条件；对招商引资进展较缓暂时无法供地的，加快二次招商或调整安排给其他急需的建设项目使用；对边角地、代征道路等用地未办理供地手续的，如项目实际已建成，在对立项、环评等手续采取“容缺预审”方式办理的基础上，按程序补办划拨供地手续；对部分项目供地数据未及时录入备案的，加快数据录入备案，确保已供地数据及时备案成功。泉州市将实行存量土地盘活与新增建设用地审批联动制度、土地利用计划“增存挂钩”制度，对超额完成年度处置任务、土地利用成效明显的，在年度土地利用计划指标等方面给予奖励；对供地率达不到70%的，暂停受理其除省及省以上重点项目、民生工程外的新增农用地转用和土地征收申请；年度批而未供、闲置土地处置任务未完成的县（市、区），核减其下一年度20%的新增建设用地计划指标。

全市167家企业入选省“百千”增产增效行动首批名单

福建省出台《实施一二三产业“百千”增产增效行动方案》（以下简称“行动方案”），支持推动优势特色产业和优势企业满产超产，引领产业上下游联动发展，实现疫情防控和经济社会发展双胜利。省服务业发展厅际联席会议办公室公布福建省第一批服务业企业名单，泉州市167家企业入列。行动方案明确，在全省实施“百个以上农业特色产业和企业”增产增效行动、“千个以上制造业优势产业和企业以及建筑业企业”增产增效行动、“千个以上服务业重点产业和企业”增产增效行动。其中，“千个以上服务业重点产业和企业”增产增效行动重点推动商贸服务业持续发展、促进文旅产业加快复苏、支持现代物流业做大做强、培育发展软件信息和科技服务业、引导体育服务业创新发展。此次公布的全省首批服务业企业名单共1000家，泉州入选企业数量位居全省第二。

泉州海关综合技术服务中心通过复评审

经过中国合格评定国家认可委员会（简称CNAS）评审，泉州海关综合技术服务中心及其下属食品、纺织品、石化、动植检疫及医学等8个实验室通过实验室认可、资质认定“二合一”复评审现场评审。标志着泉州本土检测能力大为提升，为海关把关服务提供更强有力的执法技术支撑。CNAS是国内唯一一家进行实验室认可的权威组织机构。通过CNAS认可，可在认可的范围内使用CNAS国家实验室认可标志和ILAC国际互认联合标志，并获签署互认协议方国家和地区认可机构的承认，有机会参与国际合格评定机构认可双边、多边合作交流。泉州海关综合技术服务中心相关负责人介绍，此次CNAS及CMA二合一评审通过，扩大泉州海关综合技术服务中心在食品、石油及其制品、纺织品、陶瓷等检验检测领域资质认定认可能力范围，检测能力覆盖生物、化学、动植物检疫、消费品、医学五大认可领域，涉及食品、纺织品、原油、陶瓷、植物及其产品、血清、鼠等71类，扩大检测检疫能力350项，扩项新标准216个，实验室认可检测能力达1992个项目，1057个检测标准。

市政府党组（扩大）会议召开

市政府党组（扩大）会议召开，传达学习《中共中央办公厅关于持续解决困扰基层的形式主义问题为决胜全面建成小康社会提供坚强作风保证的通知》（以下简称“通知”）和省委常委会会议、市委常委会会议精神，研究市政府党组贯彻意见。会议强调，要把通知要求落实到具体行动中，深化拓展基层减负工作，让政府系统干部有更多时间和精力抓执行抓落实。要紧盯政府工作中的形式主义、官僚主义老问题新表现，主动对标对表，认真剖析检视，靶向精准发力，纠治贯彻落实党中央决策部署中的形式主义问题，防止文山会海反弹回潮，改进督查检查考核方式，提高调查研究实效，推动中办通知各项部署落地落实。要强化责任落实和担当作为，党员领导干部率先垂范，一级做给一级看，应用绩效考评、效能督查等手段，树立正确用人导向，提振干部干事创业精气神，推动政府系统作风持续好转。

泉州市2020年生活垃圾分类工作意见出台

《泉州市2020年生活垃圾分类工作意见》（以下简称“意见”）出台。意见明确，2020年的工作目标是普遍推行垃圾分类、完善终端设施建设。意见还明确生活垃圾的前端分类、投放模式、分类收集、收运体系、设施建设、资源化利用等环节的任务。

2020年将进一步扩大试点范围，丰泽区、泉州开发区实现全覆盖，基本建成生活垃圾分类处理系统；鲤城区开元、鲤中、海滨、临江4个街道，其余各县（市、区）1个街道（镇）实现全覆盖；年底前，全市新增22个街道（镇）实现全覆盖。全市公共机构基本实现生活垃圾分类全覆盖。加强各级各类学校的生活垃圾分类教育，实现学校生活垃圾分类覆盖率100%，准确投放率80%。完成《泉州市生活垃圾分类知识读本》编印工作，将生活垃圾分类相关知识纳入幼儿园、小学、中学以及其他教育机构教学内容。年底前，鲤城区、丰泽区、洛江区各1个街道基本建成生活垃圾分类示范片区。各小区逐步推行楼道撤桶、撤桶并点、定时定点等举措，按平均每300户居民配1名督导员的标准配备督导员，因地制宜确定定时定点投放的分类投放点设置、投放时间安排及分类投放规范等，分类达标投放户数占总户数比例达50%以上。鼓励沿街不设置垃圾桶，沿街商铺实行定时定点分类投放各类垃圾。将生活垃圾分类纳入物业服务企业的信用管理，形成约束机制。各县（市、区）餐厨垃圾处理设施建成后，生活垃圾分类基本类别新增厨余垃圾。确保有害垃圾单独投放，逐步做到厨余垃圾、其他垃圾分开投放，提高可回收物的单独投放比例。鼓励居民在家庭滤出厨余垃圾水分，采用专用容器盛放厨余垃圾，减少塑料袋使用。完善特殊垃圾收集点，中心市区以外各县（市、区）至少建成1个有害垃圾归集点，并相应配套收集转运体系。规范居住小区大件垃圾、园林垃圾、建筑垃圾（装修）等特殊垃圾收集点设置，加强装修垃圾管理，实行袋装堆放。合理设置分类投放点、收集容器等分类收集的设施，原有标志标识的垃圾分类收集容器结合更新逐步淘汰。

市人大常委会举行廉政警示教育活动

市人大常委会机关党委组织机关全体干部职工到鲤城区开展廉政警示教育活动。图为活动现场。（图/陈意鸣）

5月25日

农历庚子年闰四月初三
星期一
温度：23℃～29℃
阴转小雨

●市人大常委会机关党委组织机关全体干部职工到鲤城区开展廉政警示教育活动。

●市政府党组（扩大）会议召开，传达学习《中共中央办公厅关于持续解决困扰基层的形式主义问题为决胜全面建成小康社会提供坚强作风保证的通知》和省委常委会会议、市委常委会会议精神。

●《泉州市2020年生活垃圾分类工作意见》出台。

5月26日

农历庚子年闰四月初四
星期二
温度：23℃～29℃
阴

●省人大常委会党组副书记、副主任梁建勇到泉州开展禁毒工作调研。

●市未成年人思想道德建设工作联席会全体成员会议暨市创城指挥部未成年人思想道德建设工作职能组会议召开，部署下一步具体工作。

●市委文明办、市教育局、团市委、市妇联、市关工委发布第二届泉州市“新时代好少年”名单。

●由洛江区总工会主办，福建特检院国家特种机器人中心承办的焊接技术产业应用交流座谈会在福建省特检院国家特种机器人中心举行。

梁建勇到泉州调研禁毒工作

省人大常委会党组副书记、副主任梁建勇到泉州开展禁毒工作调研。部分省人大常委会委员、省人大代表和市人大常委会主任陈灿辉参加调研。调研组察看泉州市禁毒教育基地、丰泽区泉秀街道华丰社区禁毒品牌社区创建、丰泽公安分局禁毒合成作战中心，并召开座谈会，听取泉州市禁毒工作情况汇报。会上，与会人员还就禁毒工作面临的主要困难问题、《中华人民共和国禁毒法》和《福建省禁毒条例》实施中存在的问题等交流意见、建议。梁建勇肯定泉州市在完善禁毒工作机制、打击毒品违法犯罪、毒品问题整治、禁毒宣传教育、戒毒康复等方面取得的成效。梁建勇强调，各级各部门要深化认识，学习贯彻习近平关于禁毒工作的讲话指示精神，增强做好戒毒工作的责任感和使命感；要预防为先，强化禁毒宣传教育，把加强青少年毒品预防教育作为重中之重，建立青少年涉毒情况排查和信息互通机制，推动禁毒宣传进社区、进学校、进单位、进家庭、进场所，营造禁毒声势和舆论氛围；要完善机制，统筹运用多种措施构建禁毒工作的社会治理体系，提升治理能力。人大及其常委会要发挥立法主导作用，通过立法对现有的禁毒工作体制机制、队伍建设、基层基础建设给予更多支持，将禁毒工作的好做法用法规形式加以固定，推进禁毒工作治理体系和治理能力现代化。

市未成年人思想道德建设工作联席会议召开

市未成年人思想道德建设工作联席会全体成员会议暨市创城指挥部未成年人思想道德建设工作职能组会议召开，部署下一步具体工作。会议要求，下阶段各级各部门要强化未成年人道德实践，推动学校、家庭、社会共同落实立德树人根本任务，携手培育社会文明的新生力量；规范文明校园创建活动，推动民办学校参与创建活动，实现全市中小学校（中职）、幼儿园文明校园创建活动全覆盖，各级各类文明校园占比达50%以上的目标；推进学校少年宫项目普及，探索乡村（城市）学校少年宫项目与学校课后服务有机结合，提升学校少年宫“建、管、用”水平。加强未成年人文体活动设施场所、社区家长学校建设，加强爱国主义教育基地和公益性文化设施建设管理，加强校外未成年人心理健康辅导站建设，常态化开展各种公益活动，促进未成年人形成良好的心理品格，向上向善。

第二届泉州市“新时代好少年”名单揭晓

市委文明办、市教育局、团市委、市妇联、市关工委发布第二届泉州市“新时代好少年”名单。4月26日，主办方启动第二届泉州市“新时代好少年”推荐活动。在各级各部门认真组织、宣传发动下，各地和市属学校推荐报送“新时代好少年”人选47名，经资格审查，符合条件的有43名。5月19日，市委文明办牵头召集主办单位市教育局、团市委、市妇联、市关工委部门分管负责人及主管科室负责人召开协调会议，组成第二届泉州市“新时代好少年”推荐评议组，推选10名泉州市“新时代好少年”。

他们分别是：鲤城区实验小学五年3班学生林呈锴、泉州市实验小学洛江校区四年4班学生王宥淇、石狮市灵秀镇港塘小学五年3班学生苟晓敏、晋江市第二实验小学六年1班学生许苡晗、南安侨光中学初二1班学生叶一勤、惠安荷山中学702班学生陈怡灵、安溪县少年业余体育学校九年级学生谢雪婷、德化一中高一1班学生涂澜露、泉州师范学院附属小学四年8班学生黄馨怡、泉州市第二实验小学六年4班学生李致君。为在全社会营造学习、崇尚、争当“新时代好少年”的氛围，泉州市在泉州文明网设立第二届泉州市“新时代好少年”先进事迹展示活动专页，引导全市中小学生和未成年人学习观看事迹，掀起向榜样学习的热潮。市委文明办还从第二届泉州市“新时代好少年”中，选送数人参与2020年全国、全省“新时代好少年”推选活动。

泉州市防洪工程获中央资金补助9500万元

省发改委会同省水利厅转下达国家补助福建省“五江一溪”（闽江、九龙江、晋江、汀江、赛江、木兰溪）防洪工程、坡耕地水土流失综合治理项目2020年第一批中央预算内投资4.05亿元。其中，泉州市获中央资金补助9500万元，占全省总额近四分之一，其中仅晋江防洪工程（二期）单个项目就获补助9000万元。晋江防洪工程是泉州市最大的堤防建设项目，拆分为试验段、一期、二期进行建设。此前，试验段、一期工程已全部完工，2020年加速推进二期工程建设。按计划，2020年晋江防洪工程（二期）工程完成投资2.5亿元。1月以来，各建设单位利用水利施工黄金季节，在做好疫情防控的同时，加快推进工程项目建设。其中，安溪美仙堤段、魁斗堤段、蓬莱鹤前堤段和南安英溪墩坂堤段、洪濑前峰堤段，以及永春蓬壶美山堤段6个堤段先行完工。其余堤段建设同样推进，例如安溪南翼新城上苑至恒美堤段已完成主体工程量81%，安溪罗内堤段完成主体工程量74%，永春蓬壶堤段完成主体工程量89%。中央资金的注入将促使项目建设再提速。市发改委相关负责人表示，发改部门将会同水利等有关部门，按照“五江一溪”中央预算内投资计划绩效目标，督促建设单位加强项目资金使用管理，及时落实投资计划，加快项目建设进度，发挥该项目提升晋江流域沿岸城镇防洪能力的作用，保护人民生命财产安全。

泉州市开展表格填报乱象问题整治工作

2020年以来，市纪委监委在全市部署开展表格填报乱象问题整治工作，督促各地各单位对各类防疫报表和业务报表进行再精简、再整合，让基层干部减负增能。其中，疫情防控表由原来的88项精简整合为5项，减少94.32%。市纪委监委驻市财政局纪检监察组根据基层和服务对象财务人员反映，针对财政部门相关报表多、杂、重等现象，及时督促驻在部门对业务报表进行全面排查清理，减少表格数量，归并报送时限，明确填报要求，建立共享机制，减轻基层和服务对象的负担。泉港区纪委监委开展专项治理，督促区直各部门降低镇级报送频率，表格月报转季报的有3种，减少镇级报表43种，降幅34.68%，推动减少镇级要求村级填报表格事项20项，精简43.68%。同时，针对部门间因信息隔阂产生的“谷仓效应”，全市各级纪检监察机关督促职能部门创新方式，优化流程，加强信息共享，避免基层多头报送、重复报送。

建筑科技成就影像作品巡回展开幕

由泉州市土木建筑学会、黎明职业大学建筑工程学院主办，福建昌铭建筑工程技术公司等承办的建筑科技成就影像作品巡回展在泉州海外交通史博物馆开幕，集中展示中国新时期建筑精品影像作品。主办方从全国大量建筑科技成就的影像资料中挑选有代表性的作品，以“主题展示”和“综合展示”两大部分内容汇编。第一部分“主题展示”包括科技抗疫、脱贫攻坚、城市发展、“一带一路”、绿色人居五方面题材。第二部分“综合展示”，首先以醒目的篇幅介绍获得“建筑学界的诺贝尔奖”——普利兹克奖的美籍华人建筑师贝聿铭、中国建筑师王澍及其作品，介绍2019年获世界结构大奖的5个中国项目。同时，还展示2019年外媒评选的中国最美十大现代建筑。

建筑科技成就影像作品巡回展现场（图/陈智勇）

5月27日

农历庚子年闰四月初五
星期三
温度：22℃～26℃
阴转小雨

●省发改委会同省水利厅转下达国家补助福建省“五江一溪”防洪工程、坡耕地水土流失综合治理项目2020年第一批中央预算内投资4.05亿元。其中，泉州市获中央资金补助9500万元，占全省总额近四分之一。

●市纪委监委在全市部署开展表格填报乱象问题整治工作，督促各地各单位对各类防疫报表和业务报表进行再精简、再整合，让基层干部减负增能。

●由泉州市土木建筑学会、黎明职业大学建筑工程学院主办的建筑科技成就影像作品巡回展在泉州海外交通史博物馆开幕。

●德化第二季度重点建设项目开（竣）工仪式举行，7个项目参与活动，涉及学校、医院、社会福利中心、陶瓷智能制造业等，开工奠基项目有凤池楼、社会福利中心、华晨陶瓷，竣工（或投产）项目有第二实验小学鹏祥分校、中科陶瓷智能装备研究院、全丰陶瓷、德化县医院医技楼。

5月28日

农历庚子年闰四月初六
星期四
温度：22℃～26℃
小雨转阴

●省政协委员泉州小组召开助力出口企业发展协商座谈会，听取政协委员、企业家代表、界别群众代表的意见建议，共商疫情影响下企业发展大计。

●福建省支持工业（产业）园区标准化建设融资对接视频会举行。在泉州市中小企业公共服务平台分会场上，17家工业（产业）园区、企业与9家银行举行银企合作签约，签约总金额超100亿元，占全省签约总额515亿元的19.51%，居全省前列。

省政协委员泉州小组协商座谈会召开

省政协委员泉州小组召开助力出口企业发展协商座谈会，听取政协委员、企业家代表、界别群众代表的意见建议，共商疫情影响下企业发展大计，协力共克时艰、创新发展。这也是省政协委员泉州小组议政厅的首次活动。市政协主席李转生指出，2020年以来，面对疫情冲击，各级各部门和企业学习贯彻习近平总书记关于统筹推进疫情防控和经济社会发展的指示精神，按照中央和省委、市委的决策部署，同心协力、有为应对。各级各部门要增强大局意识，为出口企业发展提供高效优质的服务和制度保障，同时全方位宣传中央、省、市扶持政策，让企业知晓、用好政策。企业要坚定信心、顽强拼搏、化危为机，练好内功，在提升质量、培育品牌、开拓市场等方面发力，寻找企业发展的新机遇、新路径。全市各级政协组织和政协委员要发挥优势，帮助解决实际困难，运用“互联网+”、大数据平台等技术手段，为企业间的交流和合作牵线搭桥，为企业复工复产和平稳运行献计出力。

泉州市17个项目参加全省融资对接

福建省支持工业（产业）园区标准化建设融资对接视频会举行，全省九地级市和平潭分别设立分会场。在泉州市中小企业公共服务平台分会场上，南安芯谷分园区、晋江经济开发区、鲤城高新区、九牧厨卫、福海粮油等17家工业（产业）园区、企业与9家银行举行银企合作签约，签约总金额超100亿元，占全省签约总额515亿元的19.51%，居全省前列。为确保此次工业（产业）园区银企对接的成效，市工信局联合财政局、金融局、人民银行泉州中心支行、银保监局等部门做了大量前期工作。为促进企业增产增效、提质扩量，为工业（产业）园发展加码助力，市工信局多维度推出精准服务：首先牵头组建7个服务企业专业小分队，挂钩服务工业和信息化企业，到13个县（市、区）企业开展服务，帮助企业解决“防控疫情”与“复工复产达产”遇到的难题。其次，组织企业向上争取省中小微企业纾困专项资金、省技改基金支持；帮助龙头企业上下游企业缓解融资难题，联合财政、金融和人行等部门开展2020年省级应收账款试点项目奖励资金申报工作。

市工信局还牵头组织市中小企业服务中心、市物流与供应链协会、邮储银行等多家金融机构组建“金融服务队”到物流企业开展送金融服务入企业、进园区活动，分别走访15家企业，在南安市滨江机械装备制造基地和传化公路港物流园区开展两场行业性政银企对接会活动，帮助企业搭建政银企对接平台，把金融服务送到企业家门口，较好帮助缓解企业融资困境。同时，泉州人行也与工信、财政、金融、银监等部门配合，运用创新货币政策工具和高效金融服务，为疫情防控和实体经济恢复发展提供支持。市工信、人行等部门多措并举，推动产融对接，支持实体经济尤其制造业、小微企业融资效果显著。前4个月全市企事业单位新增贷款239.31亿元，占全部贷款增量的近六成，比上年同期多增132.51亿元；制造业新增正向贷款73.7亿元，比上年同期增加120.58亿元，扭转近几年来负增长态势；普惠小微贷款新增76.38亿元，比上年同期增加52.28亿元。在供应链融资领域，泉州不断加码推进，以此撬动各个园区、龙头企业协同产业上下游共同发展。截至4月末，各类模式实现应收账款融资余额12.88亿元，较年初增加4.38亿元。

相关链接：泉州市围绕“扶引大龙头、培育大集群、发展大产业”工作思路，以培育发展工业（产业）园区为抓手，推动主导产业发展壮大、新兴产业占比提升，促进传统产业转型升级。全市拥有省级以上工业（产业）园区15个，核准面积131.19平方千米，其中国家级园区4个、省级园区11个，主要产业包括纺织鞋服、机械装备、建筑建材、陶瓷、食品饮料、工艺制品、纸业印刷等传统产业，以及石油化工、集成电路、生物医药、光伏光电等新兴产业。

市委常委会贯彻落实习近平总书记讲话和全国“两会”精神

市委常委会召开会议，研究部署泉州市贯彻落实习近平总书记讲话和全国“两会”精神以及省委常委会（扩大）会议精神。

会议强调，要按照省委要求，常态化跟踪推进，确保中央及省委决策部署抓紧抓实抓细抓到位。要细化落实“两会”审议通过的各项报告文件，分口组织研究，贯穿到各项具体工作中。要实施12项追赶专项行动，稳住经济基本盘。要政企合力保有生力量，建立密切及时的直达帮扶渠道和反馈机制，与企业想在一起，开拓市场、对接产能，稳住队伍、练好内功，建好用好供应链金融平台，以保促稳、稳中求进。要危中抢机，大抓逆周期投资，实施产业基础再造和产业链提升工程，系统研究专项突破，找准新一轮产业投资着力点，巩固优先产业领先地位，加紧布局抢占新兴产业、未来产业空间；加快项目谋划，用好用足指挥部体制和各项政策措施，健全全周期跟踪落实服务机制，加快项目落地转化。要坚持人民至上，织密防线，兜住底线，守好红线。要绷紧疫情防控这根弦，抓实抓细核酸检测、社区管理、健康码查验等常态化防控措施，筑牢境外疫情输入防线。要完成脱贫攻坚硬任务，全面查缺补漏，动态监测帮扶，确保全面建成小康社会成色。要过紧日子保民生，抓好财政支出压减、资金盘活，“紧平衡”提高使用质效。要落实中央生态环保督察各项要求，逐项推进问题整改销号，深化系统治理、源头治理，增进百姓生态福祉。要紧抓安全生产不放松，盯紧风险点加强专项核查、分类处置，举一反三健全排查整治的长效机制。

兴泉铁路全线最长隧道——戴云山一号隧道提前贯通

历经三年多施工，由中铁十八局集团有限公司承建的兴泉铁路全线最长隧道——戴云山一号隧道贯通，较计划工期提前90天。自3月初全员复工以来，中铁十八局宁泉铁路6标项目部在抓实抓细常态化疫情防控的同时，落实安全生产责任制，以“劳动竞赛”为抓手，推进隧道开挖进度，实现隧道安全贯通，为兴泉铁路2021年全线通车奠定基础。戴云山一号隧道全长13.72千米，最大埋深527米，隧道进口位于德化县美湖镇，出口位于德化县盖德镇，是兴泉铁路全线最长单线隧道，也是高风险重难点咽喉控制性工程。该隧道洞身穿越浅埋风化层，下穿公路、水渠、河道、4条断层，存在瓦斯、突水突泥、岩爆等诸多不良地质，是全线重难点工程。自2017年4月开工以来，参建人员克服各种困难，采取盖挖法施工以及超前周边注浆等有效措施，超时序完成隧道贯通施工。

相关链接：兴泉铁路（宁泉段）正线全长298.87千米，设计时速160千米，为国家一级铁路，宁泉段于2017年4月1日开工建设，建设工期4.5年。该条线路由京九铁路江西兴国站引出，进入福建三明境内途经宁化、清流、明溪、永安、大田、德化、永春等县（市），终至泉州，全线设33个车站，其中新建车站29个。兴泉铁路建成通车后，将结束江西宁都、石城和福建宁化、清流、明溪、大田、德化、永春8个县不通火车的历史，对于完善区域路网布局、提高路网密度，联通浩吉铁路煤运通道与泉州港更好地融入“一带一路”建设，形成连接东南沿海与华中、西南、西北等内陆地区的铁路通道具有重要的意义和作用。

第六批市级非物质文化遗产代表性项目名录公布

市政府公布第六批市级非物质文化遗产代表性项目名录，全市新增38项非物质文化遗产项目。至此，全市共有市级非物质文化遗产262项，省级98项，国家级34项。第六批市级非物质文化遗产代表性项目包括泉州古琴艺术、安溪茶歌（褒歌）、泉州少林罗汉拳等38项，涵盖传统音乐、传统戏剧、传统美术、传统技艺、传统医药、民俗、传统体育、游艺与杂技等近10个类别。其中，新增项目名录29项，第一至第五批市级非物质文化遗产代表性项目名录的扩展项目名录9项。

5月29日

农历庚子年闰四月初七
星期五
温度：24℃～27℃
阴转小雨

●市委常委会召开会议，研究部署泉州市贯彻落实习近平总书记讲话和全国“两会”精神以及省委常委会（扩大）会议精神。

●历经三年多施工，由中铁十八局集团有限公司承建的兴泉铁路全线最长隧道——戴云山一号隧道贯通，较计划工期提前90天。

●市政府公布第六批市级非物质文化遗产代表性项目名录，全市新增38项“非遗”项目。

5月30日

农历庚子年闰四月初八
星期六
温度：25℃～29
阴

●由中国侨联主办，省侨联、泉州市侨联、南安市侨联、安溪县侨联承办的“亲情中华·为你讲故事”网上夏令营——泉州营（第3期）线上开营式举行。

●位于泉州府文庙的泉州正音书院揭牌落成，系泉州市启动复建书院工作以来投用的首个书院。

●“以惠安民，就惠玩”2020年中国（惠安）线上旅游节启动。

●市政协原副主席、民进泉州市委员会原主委、泉州市戏剧研究所原所长、国家一级编剧王仁杰逝世，享年78岁。

网上夏令营——泉州营（第3期）线上开营式举行

由中国侨联主办，省侨联、泉州市侨联、南安市侨联、安溪县侨联承办的“亲情中华·为你讲故事”网上夏令营——泉州营（第3期）线上开营式举行，英国、爱尔兰、马来西亚的199名营员和老师相聚线上，开启中华文化之旅。疫情期间中国侨联推出网上夏令营活动，广受欢迎。泉州市侨联协办的泉州营第1期有1个营，营员40人；第2期2个营，营员68人；第3期增加到5个营，营员增至199人。英国家长代表曹雪梅表示，网上夏令营是一个有创造力、凝聚力、生命力的中文学习和交流平台，每天老师在网上课堂讲的小故事，由浅入深，引人入胜，让孩子了解传承中华文化精髓。

泉州正音书院揭牌

位于泉州府文庙的泉州正音书院揭牌落成，系泉州市启动复建书院工作以来投用的首个书院。是日上午10点半，“启院入门”仪式揭开正音书院面纱。10名身穿汉服的儿童现场演绎“画诗”，发出“正音第一声”；融媒体产品《心声》上线。一座与众不同的书院展现在市民面前。书院揭幕活动由泉州古城办、泉州文旅集团主办，泉州正音书院承办。正音书院典自清初朝廷设立的语音训练班。复建正音书院，正是为传承沿袭正音书院的文化功效，依托古城千年文脉，延展尚学文风，结合“润物无声·古城悦读”公益活动推广计划，营造千年古城、万人悦读的全民阅读氛围。

走进书院，设置在里面的是“名人之声”体验区，市民可扫二维码聆听名家对泉州的祝福之声，还可以在“有声明信片”体验区，现场录制想要说的话，生成有声明信片，投寄邮筒寄出。泉州正音书院以多种文学体验为活动载体，整合多方面的资源优势，致力于打造泉州青少年文学素养提升基地。书院还携手新华书店入驻，为市民构建多面的新型文学空间，助推书香泉州建设。活动现场，“润物无声·古城悦读”公益推广计划启动。公益计划以“千年古城 万人悦读”为主题，通过每年至少10场的线上线下公益活动，以走读、诵读、写读、画读、品读为创新形式，覆盖万人群体，引领泉州读书新风，增强城市人文底蕴和创新动力，助力建设有文化活力的泉州。泉州古城办负责人介绍，根据市委、市政府统一部署，泉州市拟在全市范围内复建一批书院。泉州市将根据“提质、惠民、兴文”等原则，推动古代书院向现代新型书院发展和创新，为书院注入新的活力、功能、业态，焕发新的生命力。

泉州正音书院揭牌（图/泉州文旅）

2020年中国（惠安）线上旅游节启动

“以惠安民，就惠玩”2020年中国（惠安）线上旅游节启动。旅游节采用线上形式，包括旅游节云启仪式、直播间互动、与福州厦门泉州三地旅行商战略合作和集中采购签约、全省六市“福建人游惠安”旅游直通车首发等。在直播间互动环节中，惠安原副县长直播带货并送出直播间福利——1元秒杀。线上观众反响热烈，千份旅游产品一售而空。是日，直播活动同步在抖音、趣看、无线泉州、就想订四大平台全程直播，观看和互动量超50万人次。据统计，此次线上旅游节推动旅游大巴直通车进入惠安52趟次、自驾进入惠安156车次，是日旅游直接创收超200万元；发售自由行组合优惠套餐5000多单，直接带货数额300多万元。崇武区域接待团队的餐厅爆满，酒店入住率90%。

康涛调研古城街巷综合提升工程

市委书记康涛到鲤城调研古城街巷综合提升工程。康涛一行骑着“小黄人”共享自行车，到花巷、通政巷等老街巷，察看古城街巷现状，了解综合提升前期工作进展。康涛强调，要把高标准精心守护、永续传承历史文脉作为重要政治责任，加强古城文化前瞻性保护、整体性传承。古城街巷综合提升是古城保护发展的关键环节，与文化传承和百姓民生息息相关。要按照“见人、见物、见生活”“留人、留形、留乡愁”的要求，做实做细规划设计等前期工作，结合交通组织、立面整治、景观绿化、基础设施提升等，高标准推进古城街巷综合提升；要遵循微干扰、低冲击，保留老习俗，保留原生态生活场景、公共活动空间，推动生活方式、风俗习惯活态传承，让活态文化走入市民生活。康涛到复建后的“小山丛竹”察看，肯定修复成效，叮嘱相关部门做好古城生态修复城市修补工程，整合周边文化资源，发挥古城文化的最大功效，让更多的人感受古城之美。康涛还察看南外宗正司遗址、市舶司遗址和正音书院。

康涛（前排左三）一行骑自行车调研古城街巷综合提升工程（图/陈英杰）

泉州市在全省率先出台学前教育改革方案

泉州市在全省率先出台《泉州市推动学前教育深化改革规范发展的十条措施》（以下简称“措施”），为幼儿提供更加普惠、更加安全、更加优质的成长环境。在坚持政府主导、改革创新和规范管理的原则下，措施亮出新目标——到2020年，全市学前教育三年入园率达到98%以上，公办幼儿园在园幼儿数占比原则上达到50%，学前教育普惠率达到85%，各级示范性幼儿园在园幼儿数占比达到40%。到2035年，建成覆盖城乡、布局合理的学前教育公共服务体系，形成完善的学前教育管理体制、办园体制和政策保障体系。措施提出，要完善经费投入保障机制。2020—2022年，对近三年公办幼儿园在园幼儿占比、学前教育普惠率提高幅度等综合排名前三的县（市、区），在学前教育发展资金中按“以奖代补”的方式分别给予第一名100万元、第二名60万元、第三名20万元的奖励；市级财政对当年创建的省、市示范性幼儿园分别给予20万元、15万元的奖励；统筹考虑各县（市、区）公办幼儿园在园幼儿数、普惠性民办幼儿园在园幼儿数和生均公用经费落实情况等给予奖补。

泉州市下达一批扶贫专项补助资金

泉州市下达一批市级扶贫专项补助资金，共计9740万元。根据安排，1840万元用于贫困户住房改善提升项目；1200万元用于贫困户产业发展项目，其中30万元用于补助受疫情影响的贫困户发展产业项目；3700万元用于支持低收入村（原薄弱村）发展村集体经济创收项目；3000万元用于建档立卡贫困村、市级扶贫开发重点乡镇、重点村基础设施建设项目。市财政局、市农业农村局要求，要按相关规定管理使用各专项资金，加强全过程绩效管理，确保专款专用。细化落实公办幼儿园建设资金保障，即2020年市级安排2000万元资金，补助20所公办幼儿园开工建设。强化建设时限保障，省、市级补助的公办幼儿园须在次年9月1日前建成并投入使用。公办幼儿园在园幼儿数占比低于50%的县（市、区），小区配套幼儿园产权移交后应办成公办幼儿园，具备事业单位法人登记条件的，可给予办理统一社会信用代码证。落实小区配套幼儿园规划、建设、移交、办园等情况专项治理。

5月31日

农历庚子年闰四月初九
星期日
温度：25℃～31℃
阴转中雨

●康涛到鲤城调研古城街巷综合提升工程。

●泉州市在全省率先出台《泉州市推动学前教育深化改革规范发展的十条措施》。

●泉州市下达一批市级扶贫专项补助资金，共计9740万元。

6月1日

农历庚子年闰四月初十
星期一
温度：24℃～30℃
小雨

●市人大常委会党组扩大会议召开，传达学习贯彻习近平总书记讲话指示批示和全国“两会”精神，以及省委、市委有关会议精神；学习习近平关于学习马克思主义经典的论述等。

●市政府党组（扩大）会议召开，研究部署市政府党组贯彻落实习近平总书记讲话指示批示和全国“两会”精神以及省委常委会（扩大）会议、市委常委会（扩大）会议精神。

●由市安委会办公室、市应急管理局主办的以“消除事故隐患，筑牢安全防线”为主题的“安全生产月”活动启动。

●团市委、市教育局、市少工委举行泉州市少先队“迎接少代会，争做好队员”主题“云”队会。

市人大常委会党组学习全国“两会”精神

市人大常委会党组扩大会议召开，传达学习贯彻习近平总书记讲话指示批示和全国“两会”精神，以及省委、市委有关会议精神；学习习近平关于学习马克思主义经典的论述，传达贯彻省委常委会会议暨省委全面依法治省委员会第六次会议精神，以及市委有关会议精神。会议指出，习近平总书记在全国“两会”上发表的一系列讲话，为做好新时代人大工作指明方向、提供遵循。要把学习贯彻落实好全国“两会”精神，特别是习近平总书记讲话指示批示精神，作为人大首要政治任务，贯彻落实省委关于加强人大工作和建设的决定，高质量推进新时代人大工作；要按照中央部署和全国人代会的新要求，结合泉州市12个专项追赶行动，找准工作切入点、结合点，助推疫情防控和经济社会发展“两手抓”“两不误”；要以党的建设为引领，强化责任担当，提升履职能力，为“两会”精神的全面落地见效提供保障。要坚持科学立法、民主立法，创造良法善治的新经验；要结合泉州实际，做好《中华人民共和国民法典》《关于建立健全香港特别行政区维护国家安全的法律制度和执行机制的决定》的宣传工作。

泉州市“安全生产月”活动启动

6月是全国第19个“安全生产月”，市安委会办公室、市应急管理局举行以“消除事故隐患，筑牢安全防线”为主题的“安全生产月”活动，通过开展教育培训、隐患曝光、问题整改、经验推广、案例警示、监督举报、知识普及等既有声势又有实效的宣传教育活动，增强全民安全意识，提升公众安全素质，促进安全生产水平提升和安全生产形势持续稳定好转。活动于1—30日在全市范围内统一开展，各县（市、区）、各有关部门和单位采取多种形式开展“安全生产月”活动。活动紧密结合《全市安全生产专项整治三年行动实施方案》明确的工作任务，按照国务院安委会开展“排查整治进行时”专题活动的要求，对排查整治工作广泛宣传发动，持续深入推进，反映工作进展，及时报道成效。

活动加强典型事故案例剖析，组织人员观看警示教育片，吸取教训，引以为戒。发动企业员工，开展安全生产知识科普活动，推动企业对重点场所、关键环节安全风险隐患进行排查整治，从源头上防范生产安全事故发生。发动城乡社区居（村）委会、物业公司和居（村）民，开展“查找身边隐患”活动，排查风险隐患，依法举报安全违法违规行为。组织干部职工、企业员工观看“安全生产大家谈”云课堂培训课程。围绕企业复工复产、隐患排查整治、安全风险防范、安全指导服务等，利用线上线下等方式开展对企业主要负责人、安全管理人员、特种作业人员、其他从业人员的安全培训，辅导安全生产法律法规和安全生产业务。企业开展员工大培训、安全大讲堂等活动，提高职工安全意识和操作能力。

泉州市少先队主题“云”队会举行

国际儿童节，团市委、市教育局、市少工委举行泉州市少先队“迎接少代会，争做好队员”主题“云”队会。为落实疫情防控相关要求，此次活动创新采用多会场视频连线+多机位网络直播的模式，让少先队员在“云端”集会，一起度过一个难忘又有意义的节日。湖北宜昌、洛江区、晋江市、南安市、惠安县、德化县6个分会场通过视频连线全程同步参与主题队会，全市少先队员、少先队辅导员在线上通过网络观摩活动。约有7.5万人在线观看。“云”队会设“小小少年”“致敬先锋”“成长1+1”“放飞梦想”四个篇章，少先队员在一起分享自己在居家抗疫和复学复课期间的所思所想所悟，通过视频连线与结对学校湖北宜昌兴山县外国语小学的少先队员对话，在“云端”合诵两地少先队员手拉手原创主题诗歌《致敬先锋，携手成长》。泉州市援鄂医疗队的医护人员代表作为“神秘嘉宾”到活动现场，为队员讲述自己的抗疫心得并送出节日祝福和寄语。

王光远到泉州开展“进一步优化营商环境”专题调研

2—3日，省政协副主席王光远到泉州就“进一步优化营商环境，激发创新创业创造活力”议题开展专题调研，市政协副主席骆沙鸣参加调研。王光远走访晋江豪新食品市场、惠安城南工业园区高端芯片项目、回头客食品集团、达利集团，了解常态化疫情防控背景下泉州如何依靠科技驱动、全面深化改革等营造良好发展环境。

市领导看望慰问少年儿童

1—2日，市四套班子领导张永宁、张建生、周真平、洪川夫等，分两组到泉州市实验小学、鲤城区通政中心小学、泉州师范学院附属小学、泉州幼儿师范学校附属幼儿园、泉州市青少年宫、泉州市妇女儿童活动中心，与孩子欢度节日，向全市少年儿童致以节日祝福，向辛勤耕耘在教育一线的教育工作者致以敬意。每到一处，市领导都走到孩子身边，与他们亲切交流互动，勉励他们志存高远、刻苦学习、磨炼意志、加强锻炼，成为德智体美劳全面发展的好学生。其间，市领导还了解学校复学复课、疫情防控、校园文化等工作情况并指出，少年儿童是祖国的未来、民族的希望，各级各相关部门要学习贯彻落实习近平寄语精神，关心关爱少年儿童，为他们的健康茁壮成长创造良好条件。教育部门要开拓创新，提高教育教学质量，为祖国培育栋梁之材。

全市17家县域公立医院联合向医用耗材供应商采购防控物资

全市17家县域公立医院组成医用耗材采购联盟，与66家提供防控物资的医用耗材生产商进行长达12个小时的竞价谈判。此举不仅节省各家医院的成本，也实现采购信息的共享，一年可为17家医院节约近2000万元的防控物资支出。采购联盟成立后，首先将较为紧俏的防控物资作为首批集中采购对象，包括一次性医用防护服、一次性医用隔离衣/手术衣、一次性医用外科口罩、一次性医用防护口罩（医用N95）、一次性医用口罩、一次性防护面屏、一次性医用帽、一次性橡胶检查手套、一次性靴套、一次性鞋套10个品种。采购联盟采用联合带量、以量换价、集中采购模式，在保证医用耗材质量和临床使用安全有效的前提下，以较低价格进行医用耗材的采购。是日共有66家医用耗材生产商进入遴选环节，仅医用外科口罩参与遴选的企业就有23家。17家医院派出39名专业人员组成遴选评审小组，小组成员比对各厂商提供的产品，检查质量、货比三家。产品质量与价格是竞价的焦点所在，每个产品的遴选包括综合评比及带量谈判两个环节，两个环节综合评估后确定得分最高者。在谈判现场，不少厂商代表在第二轮的带量谈判中，数次现场致电“一把手”征求意见，将价格一降再降，以争取更高得分。

2020年“书香小芽儿”亲子系列活动颁奖

泉州市庆祝“六一”国际儿童节暨2020年“书香小芽儿”亲子系列活动颁奖仪式在泉州市妇女儿童活动中心举行。主办方授予王俊翔等25位小朋友泉州市“小小阅读推广大使”称号，并为“故事爸妈同阅读 童心童行抗疫情”亲子线上阅读分享活动获奖家庭颁奖。每位获奖的小朋友不仅获得荣誉证书，还有一张全省通用的新华书店书香悦读卡和“六一”欢乐礼包。王祎宸家庭创作的视频作品《自以为是的下场——新型冠状病毒的自述》获一等奖。疫情期间“停课不停学”，市妇联联合有关单位，开展以“童心抗疫 阅动全城”为主题的2020年“书香小芽儿”亲子系列活动。宅家的少年儿童和家长通过视频、音频、绘画、手抄报、写作、手工、书法等不同方式创作出2万多个作品，凝聚起儿童及家庭支持抗疫、主动防疫的氛围。

6月2日

农历庚子年闰四月十一
星期二
温度：25℃～32℃
阴

●2—3日，省政协副主席王光远到泉州就“进一步优化营商环境，激发创新创业创造活力”议题开展专题调研。

●1—2日，市四套班子领导张永宁、张建生、周真平、洪川夫等，分两组到泉州市实验小学、鲤城区通政中心小学、泉州师范学院附属小学、泉州幼儿师范学校附属幼儿园、泉州市青少年宫、泉州市妇女儿童活动中心，与孩子欢度节日。

●全市17家县域公立医院组成医用耗材采购联盟，与66家提供防控物资的医用耗材生产商进行竞价谈判。

●泉州市庆祝“六一”国际儿童节暨2020年“书香小芽儿”亲子系列活动颁奖仪式在泉州市妇女儿童活动中心举行。

●全市小学一年级、二年级和幼儿园复学。

6月3日

农历庚子年闰四月十二
星期三
温度：25℃～32℃
多云转阴

●市委书记康涛到南安市水头镇调研房屋安全隐患排查整治工作。

●市禁毒委举行“全民禁毒宣传月”活动云启动仪式暨全市禁毒工作新闻发布会，介绍2019年以来泉州市禁毒工作情况，宣布启动“全民禁毒宣传月”活动。

●由市工商联社会组织行业党委、泉州晚报社机关党委主办的泉商党建“1+2+3N”同心圆活动启动。

●福建（泉州）哈工大工程技术研究院与永春县签署合作框架协议，成立福建（泉州）哈工大工程技术研究院永春工作站。

泉州市“全民禁毒宣传月”活动启动

民族英雄林则徐“虎门销烟”181周年纪念日，市禁毒委举行“全民禁毒宣传月”活动云启动仪式暨全市禁毒工作新闻发布会，介绍2019年以来泉州市禁毒工作情况，宣布启动“全民禁毒宣传月”活动。

发布会透露，2019年以来，全市各级禁毒职能部门打击毒品犯罪、挽救吸毒人员、防范毒品蔓延、减少毒品危害，推动新时代禁毒人民战争深入开展。全市破获各类毒品案件1056起，抓获毒品犯罪嫌疑人1145人，打掉制贩毒团伙14个，缴获一大批毒品和易制毒化学品。2019年8月5日，泉州市公安机关联合越南警方破获公安部督办“6·26”跨国制造毒品案，捣毁数个制毒工厂及藏毒仓库，缴获大批毒品、制毒原料和设备，该案是中越两国首次在联合打击跨国制毒犯罪上取得重大成果。全市查处吸毒人员2222人次，正在执行社区戒毒社区康复1623人，执行率99.8%。推进强制隔离戒毒工作，依法强制隔离戒毒460人。建成泉州市第三医院等6所戒毒医疗机构，为自愿戒毒的吸毒成瘾人员提供专业的戒毒康复治疗。泉州市将推进专项行动，保持严打高压态势，打好禁毒合成战、整体战；落实吸毒人员动态管控、风险评估、分级分类管控工作，最大限度发现隐性吸毒人员和复吸人员并纳入管控；推进全省“十百千万”工程（打造十个林则徐禁毒教育基地、建设百个省级禁毒品牌社区、建设千个林则徐禁毒宣教室、开展万场禁毒宣传活动），提升禁毒宣传教育的覆盖面和影响力；健全完善禁毒工作机制制度，做好人、财、物等方面保障。

泉商党建“1+2+3N”同心圆活动启动

由市工商联社会组织行业党委、泉州晚报社机关党委主办，市工商联社会组织基层党支部、泉州晚报社机关党委第一党支部承办的泉商党建“1+2+3N”同心圆活动启动。会上，双方代表签订战略合作协议，正式宣告泉商党建“1+2+3N”同心圆系列活动启动。社会组织是新形势下党和政府联系、服务群众的重要载体和渠道。市工商联所属社会组织已实现党的组织、党的工作全覆盖，泉州籍商协会党建工作呈现新局面。主办方介绍，泉商党建“1+2+3N”同心圆是指政媒企一心，发挥市工商联社会组织行业党委和泉州晚报社机关党委的优势，服务N家商协会、N家企业、N个企业家。活动主要包括到商协会开展党建工作调研、组织微党课进商协会和会员企业、支部联建共建、开展“党旗领航·大爱泉州”活动、党员联培活动五大项目，旨在形成党委搭台、互联互动、共建共享和融合发展的格局，探索泉州市社会组织党建新模式。泉州晚报社派采编队伍到商协会等社团组织调研，挖掘商协会和企业家携手共克时艰，战疫情、抓生产的典型事例，同时为泉商党建发展营造舆论氛围。是日，双方联办单位的党员共上党课、共学新思想，听取题为《深入学习领会习近平强军思想》的党课。

福建（泉州）哈工大工程技术研究院永春工作站成立

福建（泉州）哈工大工程技术研究院（以下简称“工研院”）与永春县签署合作框架协议，成立福建（泉州）哈工大工程技术研究院永春工作站，双方将在智能制造、机械装备等永春主导产业的技术服务与人才引进培养等方面开展合作。根据协议，在技术服务方面，该站将围绕永春企业转型升级需求，以项目为牵引，负责自动化产品、高端装备设计开发、技术改造提升、指导生产应用和产业化，并共同申报国家及省、市科技项目。在人才引进培养上，该站将吸引具有专业特长的哈尔滨工业大学本科生、研究生加入工作站，协助对哈尔滨工业大学优秀学生的招聘和引进工作。此次工作站的设立，是永春“高位嫁接”“借智登高”人才战略的一大举措，也是纵深推进人才“港湾计划”的缩影。工研院常务副院长蔡宇祥表示，此次合作将推动永春县企业在高端装备开发、智能制造、自动化技术，自动化方案设计、技术支持等方面上新台阶，及时对接消化国内外先进技术。已有两名工研院技术人员入驻该站，开展相关的技术对接。

市法学会第五次会员代表大会召开

市法学会第五次会员代表大会召开，市委书记康涛出席会议并讲话。康涛强调，要肩负职责使命，在全面依法治市中展现担当作为，聚焦市委、市政府中心工作，深化理论研究、精准建言献策、开展普法宣传，提供优质法律服务，加大对民法典宣传解读、贯彻实施等，营造遵法守法的氛围。各级党委要加强对法学会的领导，支持法学会依法依章开展工作。各级法学会要保持和增强政治性、先进性、群众性，完善人才培养、会员服务、工作运行等机制，把法学会建成“法学法律工作者之家”。大会听取并审议市法学会第四届理事会工作报告，选举市委常委、政法委书记林锦明为新一届泉州市法学会会长，选举产生泉州市法学会第五届理事会理事，并召开第五届理事会第一次会议，选举产生新一届理事会组成人员。

市法学会第五次会员代表大会现场（图/洪 泓）

“重视低视力，提高视觉质量”助残云服务活动举行

市残联联合福建医科大学附属第二医院和中国辅助技术研究所福建医大视障辅助技术研究中心开展“重视低视力，提高视觉质量”助残云服务活动。此次云服务依托“福建视障儿童康复项目实施”微信群开展，福建医科大学附属第二医院眼科主任医师、博士生导师胡建民在线作《视障康复技术现状与发展》专题讲座，让视障患者和家长了解视力康复辅助器具对低视力人群康复、提高生活质量的有效作用。讲座后，省内外100多位视障人士、视障儿童家长向眼视光医师进行咨询。低视力是指不能通过医学或外科治疗或传统眼镜矫正的视力丧失。低视力人士必须学会适应它。视觉康复有助于患者学习新的策略并找到可以帮助他们的设备，提高功能性视力和生活质量，减轻家庭负担。

市青年志愿者协会在西藏成立公益站

泉州市青年志愿者协会洛隆公益站在西藏洛隆揭牌。洛隆公益站成立后，将发挥泉州援藏力量助推脱贫攻坚的作用，创新帮扶模式，实现精准帮扶。泉州市青年志愿者协会于1995年6月在市民政局注册成立，是团市委领导的，由全市志愿从事社会公益、社会服务和社会保障事业的各界青年组成的联合性、非营利性社会团体。协会有基层志愿者服务队3000多支，注册志愿者82.8万名，每年向社会提供超过200万小时的志愿服务。

丰泽区“平台+”产业项目集中“云签约”活动举行

丰泽区“平台+”产业项目集中“云签约”活动举行，签约11个项目，涵盖网红直播、第三方支付、跨境电商、区块链企业等多个领域的平台经济产业项目，总投资约12亿元。新签约项目包括：奇龙网红直播大厦项目、二六向荣品牌直播电商项目、蜂巢“才易通”直播电商生态园项目、爬梯直播短视频数据基地项目、泉州富城数字经济产业园项目、万维区块链电商平台项目、浦西网红时尚基地项目、萨瓦直播广场项目、青年广告设计创意中心二期项目、兰研文创直播孵化基地项目、远兴数字科技产业园项目。

丰泽区“平台+”产业项目集中“云签约”活动现场（图/万代辉）

6月4日

农历庚子年闰四月十三
星期四
温度：25℃～32℃
阴

●市委理论学习中心组学习（扩大）会暨“华大讲堂”第85讲以“云直播”方式举行，中央党校（国家行政学院）社会和生态文明教研部主任、中国应急管理学会副会长龚维斌作《统筹完善两种类型应急管理体系，建设更高水平平安中国——学习贯彻全国两会精神》专题报告。

●市法学会第五次会员代表大会召开，林锦明当选新一届市法学会会长。

●市残联联合福建医科大学附属第二医院和中国辅助技术研究所福建医大视障辅助技术研究中心开展“重视低视力，提高视觉质量”助残云服务活动。

●泉州市青年志愿者协会洛隆公益站在西藏洛隆揭牌。

●中国移动泉州分公司与黎明职业大学签订“党建和创暨5G智慧校园建设校企合作”协议，启动5G智慧高校建设。

●丰泽区“平台+”产业项目集中“云签约”活动举行，签约11个项目，涵盖网红直播、第三方支付、跨境电商、区块链企业等多个领域的平台经济产业项目，总投资约12亿元。

6月5日

农历庚子年闰四月十四
星期五
温度：26℃～32℃
阴转小雨

●泉州市创建全国双拥模范城考评反馈会议召开。

●市政协党组理论中心组（扩大）学习会议召开，传达学习习近平总书记讲话指示批示和全国“两会”精神、省委常委会会议暨省委全面依法治省委员会第六次会议精神，以及省委、市委有关会议精神。

●市中级人民法院召开新闻发布会，公布生态环境司法保护十大典型案例（2018年—2020年）。

●世界环境日，市生态环境局在《泉州晚报》发布《2019年度泉州市生态环境状况公报》。

●由市生态环境局、市文明办、农工党市委会主办的“美丽中国，我是行动者”——泉州市2020年“6·5”环境日宣传活动在晋江南岸生态公园举行。

泉州市创建全国双拥模范城考评反馈会议召开

泉州市创建全国双拥模范城考评反馈会议召开。省考评组通过查阅资料、现场检查、随机抽查、暗访等方式，对泉州市本级及南安、晋江、石狮创建情况进行抽查考评。考评组寄望泉州市做好创建迎检准备，对照新标准，加强考评材料准备、军地联动等方面的工作；提高双拥工作普惠力度，推进退役军人服务保障体系建设运行；研究探索新时代双拥工作新特色，提高双拥工作整体水平。

市政协党组学习习近平总书记讲话和全国“两会”精神

市政协党组理论中心组（扩大）学习会议召开，传达学习习近平总书记讲话指示批示和全国“两会”精神、省委常委会会议暨省委全面依法治省委员会第六次会议精神，以及省委、市委有关会议精神。会议强调，要围绕中心、服务大局，结合政协工作实际，做深做细产教融合、农村饮用水安全、制造业高质量发展等重点协商课题，同时围绕疫情带来的新问题、新挑战开展调研。

2019年度泉州市生态环境状况公报发布

第49个世界环境日，市生态环境局在《泉州晚报》发布《2019年度泉州市生态环境状况公报》。公报显示，2019年，泉州市环境质量状况总体良好，空气、水、声等环境质量持续保持较好水平。全市学习贯彻习近平生态文明思想，推进生态环境保护工作，通过地方立法保护泉州母亲河，打好污染防治攻坚战，推进环保设施与能力建设大会战，建设516个“绿盈乡村”，提升乡村生态宜居环境。生态文明示范区建设持续推进，泉州市第九批“国家节水型城市”命名，鲤城区获第三批国家生态文明建设示范区命名，德化县获中国气象服务协会授予“中国天然氧吧”称号，石狮市、南安市获“福建省森林城市”称号，永春全域生态综合体模式入选国家生态文明试验区（福建）第三批改革成果并复制推广。

市区空气质量状况总体良好，达标天数比例为96.4%。按照《环境空气质量标准》评价，全市11个县（市、区）环境空气质量达标天数比例范围为93.7%～100%，全市平均为97.1%。全市降水pH均值范围在5.44～6.45之间。影响空气质量的主要指标是颗粒物、臭氧。水环境状况方面，自2004年起，晋江水系水质状况连续16年保持优。2019年，泉州市水环境质量总体保持良好，13个县级及以上集中式饮用水水源地水质达标率100%；山美水库和惠女水库总体为Ⅲ类水质，水体均呈中营养状态；小流域水质稳中向好；近岸海域一、二类水质比例87.5%；影响水环境质量的主要指标是总磷、总氮。市区昼间声环境功能区质量监测点位点次达标率93.8%，夜间点次达标率50%，影响声环境质量的主要噪声污染源是乱鸣喇叭等道路交通噪声、社会噪声。全市工业危险废物处置利用率97.4%；全市医疗废物处置率100%；全市城市生活垃圾无害化处理率100%。

泉州市2020年“6·5”环境日宣传活动举行

由泉州市生态环境局、泉州市文明办、农工党泉州市委员会主办，晋江生态环境局、晋江市林业和园林绿化局承办的“美丽中国，我是行动者”——泉州市2020年“6·5”环境日宣传活动在晋江南岸生态公园举行，并同步在泉州通App直播。参与活动的市民、志愿者沿晋江南岸开展公益徒步行，以实际行动践行绿色环保生活理念，倡导大家携手共建天蓝、地绿、水净的美丽泉州。

泉州市2020年“6·5”环境日宣传活动现场
（图/泉州环保）

泉州市新冠病毒核酸检测价格调整

为做好泉州市新冠肺炎疫情防控常态化工作，保障人民群众生命安全和身体健康，根据省医保局通知精神，市医保局出台重新调整新冠病毒核酸检测价格的通知。调整后，全市新冠病毒核酸检测收费标准为每人次95元。该政策从8日起执行，疫情结束时废止。根据通知，新冠病毒核酸检测收费项目在全市相关公立医院按规定检测时收取，收费标准包含样本采集、检测及相关耗材、诊断试剂、提取液等费用。同时，新冠病毒核酸检测临时纳入泉州市住院医保支付范围，不设个人先行自付比例，按职工和城乡居民基本医疗保险政策规定报销。

福建省耕读书院泉州分院成立

福建省耕读书院泉州分院揭牌成立，成为该书院的首个分院。福建省耕读书院是省文联主管下的社会公益组织，由著名学者谢冕、孙绍振、王立根担任名誉院长。福建省语文学会名誉会长、《读写》杂志主编王立根表示，书院传承历史文脉，是一座城市文化的灵魂。泉州文化底蕴深厚，这里的少儿朋友十分聪明、有灵气，鼓励大家做一个热爱生活、热爱社会的好人。对于如何提高少儿朋友的读写水平，王立根表示，成才就是阅读、阅读、再阅读，成才没有捷径，只有通过多阅读。同时，还要真写作，不是为考试而写作，而是为自己成长写作，这样才能提升综合素质。省作家协会原副主席、福建省耕读书院院长陈章汉表示，泉州书院文化发展走在全省前列，历史上曾出现一大批影响深远的书院，在泉州成立分院对书院发展意义深远。耕读书院秉持“承启斯文，耕读传家”的文化理想，将集合福建省文化资源和专家团队，不定期举办文化沙龙、文学对话、艺术展览、研修传习等活动，助推泉州文化教育的交流与发展。耕读书院泉州分院执行院长郭芬表示，通过阅读来提高小朋友的知识储备，提高听、说、读、写等能力，以上能力细化深入就会演变成一个优秀的人必须要具备的重要能力。

上海大学附属南安医院授牌

上海大学附属南安医院在上海授牌，上海大学教育发展基金南安专项基金同时成立。南安将与上海大学共建上海大学附属南安医院，在医疗技术、医院管理、人才培养、科研创新成果转化等方面展开全方位合作。作为南安与上海大学合作的系列项目之一，建设中的南安市医院新院区，将同时作为上海大学附属南安医院。南安市医院新院区项目建设用地约13.33公顷，拟建设成为三级综合性医院，总建筑面积24万多平方米，拥有床位1000张，分两期进行。一期总建筑面积16万多平方米，主要建设内容包括病房楼、门诊、急诊、医技及手术室等，预计2021年完工。项目建成后，可辐射近150万人。新院区建设外，还将同步配套建设健康产业园、人才公寓，开展人才引进培养等工作。除医疗领域，上海大学与南安还拓展多领域合作。教育领域，在学校治理、师资培训、课程研发等方面进行探索。结合科研优势和产业发展实际，围绕机械装备、智能制造、高新产业、文化创意、石材等产业，在应用技术开发、产业技术攻关、科技成果转化、高新企业孵化、产业转型提升等方面开展合作。

安溪铁观音（清香型）茶王赛颁奖典礼举行

由泉州晚报社、安溪县农业农村局主办的2020年春季安溪铁观音（清香型）茶王赛颁奖典礼在安溪县官桥镇举行。大赛收到145份茶样，设金奖1名、银奖2名、铜奖3名、优秀奖4名。经过大赛评委组的层层评选，庆芸茶业获金奖，陈金燕和陈秀钦获银奖，天香魂茶行、黄聪明、翁丽获铜奖，黄培林、陈金志、李育辉、王月梅获优秀奖。

6月6日

农历庚子年闰四月十五
星期六
温度：25℃～30℃
小雨转中雨

●根据省医保局通知精神，市医保局出台重新调整新冠病毒核酸检测价格的通知。调整后，全市新冠病毒核酸检测收费标准为每人次95元。

●福建省耕读书院泉州分院揭牌成立，成为该书院的首个分院。

●上海大学附属南安医院在上海授牌，上海大学教育发展基金南安专项基金同时成立。

●由泉州晚报社、安溪县农业农村局主办的2020年春季安溪铁观音（清香型）茶王赛颁奖典礼在安溪县官桥镇举行。

6月7日

农历庚子年闰四月十六
星期日
温度：24℃～29℃
中雨转大雨

●市委人才工作领导小组印发《“探索激发用人主体活力的有效办法”重点项目实施方案》，突出制度改革、政策服务、平台嫁接、引领示范四个方面，发挥优势产业聚才的“磁场效应”，激发用人主体活力。

●省发改委下达2020年省级预算内投资乡村振兴试点示范资金11275.15万元。其中，泉州市获省级资金支持2432.96万元，居全省之首。

泉州市出台方案激发用人主体活力

市委人才工作领导小组印发《“探索激发用人主体活力的有效办法”重点项目实施方案》，突出制度改革、政策服务、平台嫁接、引领示范四个方面，发挥优势产业聚才的“磁场效应”，激发用人主体活力，从根本上打通泉州人才发展环境的“神经末梢”。泉州市推进人才分类评价机制改革，探索把选人用才的“指挥棒”交到用人主体手里。

根据方案，下阶段，泉州市将跟踪指导113家试点企业开展人才自主评价，严格审定企业自主认定方案，确保对标适度、简便易行、科学有效，用评价“指挥棒”带动企业内部人才工作体系构建持续完善。泉州市一些地方建立以“积分制”为核心的人才认定管理体系，形成涵盖各大领域的积分体系，坚持以贡献论人才，把举荐权交给用人单位。接下来，泉州市将总结石狮市、南安市人才积分制评价经验做法，鼓励县（市、区）推广“人才层次+贡献大小”的积分制评价体系，鲜明树立以实绩贡献论英雄、给激励的导向。职称是衡量专业技术人才学术技术水平和专业能力的主要标志。泉州市将争取承接省级产业职称改革试点，逐步下放中级职称评审权。探索人才智力密集的企事业单位按照管理权限自主开展职称评审。改进非公领域职称评审，突出技能水平、技术创新评价，避免过分强调学术要求。泉州市将整合市、县两级涉才涉企部门政策资源，特别是产业、科技、人才等政策包，引导用人主体用项目引才、用平台聚才。同时，增加研发投入、重视技术改造、开展联合创新，为人才实现价值提供平台。适时研究出台激发用人主体活力的指导性意见。为营造“近者悦远者来”的人才生态，促进人才与发展相适应，泉州市将继续狠抓改进人才服务八条措施，构建“一中心、一专窗、多站点”的服务网络，实现市、县两级高层次人才服务中心联网式运作。推动市级“人才之家”标准化服务，为用人单位引聚人才提供及时周到服务。泉州市将加快打造人才工作信息化云平台，用数字化服务再造流程，实现政策信息“一站通晓”、涉才服务“一码通办”、供需对接“一网匹配”。

方案还明确，泉州市将以落实“新冠肺炎疫情防控期间支持用人单位引聚人才复工复产的十条措施”“吸引国内外高水平高校毕业生专项行动”为抓手，采取云端视频、专场对接等有效方式，分领域策划若干场“用人主体+人才创业项目、人才创新成果、产教融合”等对接活动，重点发挥在泉州“大院大所”、高校（职业院校）、人才创新共享联盟、科技大市场等平台资源作用。泉州市将常态联系100家规模以上企业，精选支持200家战略性成长型中小企业，分类指导加大引聚、成果对接、动能转换，并鼓励建立健全现代企业管理制度，用先进的管理理念、科学的决策机制、规范的人力资源体系，打造成国家级人才以及省级特级后备人才、“雏鹰计划”青年拔尖人才及“创业之星”“创新之星”人才的重要“储备池”，增强各类人才对用人主体健康发展的信心。

泉州市获省级预算内投资乡村振兴试点示范资金支持

为更好地支持乡村振兴试点示范，省发改委下达2020年省级预算内投资乡村振兴试点示范资金11275.15万元。其中，泉州市获省级资金支持2432.96万元，居全省之首。根据2019年10月省委实施乡村振兴战略领导小组印发的《福建省乡村振兴试点示范工作方案》，泉州晋江市、南安市、安溪县、永春县4个县域被列为市级挂钩联系乡村振兴重点县；洛江区虹山乡，泉港区涂岭镇，石狮市永宁镇，晋江市磁灶镇、英林镇，南安市英都镇、水头镇，惠安县崇武镇，安溪县尚卿乡、虎邱镇，永春县五里街镇、玉斗镇，德化县国宝乡13个乡镇入选全省100个乡村振兴特色乡（镇）名单；洛江区河市镇新告村、泉港区南埔镇凤翔村等145个村入选全省1000个乡村振兴试点村名单。这些乡村振兴试点示范力争到2022年探索形成一批具有福建特色的乡村振兴模式和经验。市发改委及时转下达该项资金，资金重点用于支持产业振兴，补齐农村基础设施、生态环境保护修复和公共服务短板等。

泉州市举行世界海洋日主题活动

第十二个世界海洋日和第十三个全国海洋宣传日。2020年世界海洋日的主题是"保护红树林 保护海洋生态"。市自然资源和规划局机关第一支部联合国家海洋局东海分局厦门中心站第四支部党员，在泉州台商投资区洛阳镇洛阳桥举行主题党日活动，清理红树林周边及滩涂的垃圾，并分发宣传单。泉州海事部门组织到乡镇、码头、船舶，通过发放宣传册、展出宣传板、接受咨询等方式，向社会群众宣传世界海洋日。同时，组织人员对水面漂浮垃圾进行打捞清理，清除辖区水域漂浮的矿泉水瓶、塑料泡沫等漂浮垃圾和废弃物。

2020年建筑业银企对接活动举行

由市住建局、金融局、中国人民银行泉州中心支行、泉州银保监分局主办的2020年建筑业银企对接活动在泉州迎宾馆举行。活动现场，泉州市建筑行业协会分别与6家银行机构签订战略合作协议，共获600亿元授信支持；7家会员企业分别与5家银行机构签订战略合作协议，共获授信支持逾60亿元。根据战略合作协议，中国工商银行、中国农业银行、中国银行、中国建设银行、中国邮储银行、泉州银行6家银行机构分别授予泉州市建筑行业协会信用额度各100亿元，用于各会员企业的融资需求，助推泉州市建筑行业快速、健康发展。中国农业发展银行、泉州银行、中国建设银行、中国邮储银行、中国工商银行分别授予福建第一公路集团有限公司、福建路港（集团）有限公司、福建省第五建筑工程公司、福建南建建设发展有限公司、福建东霖建设工程有限公司、中建协和建设工程有限公司和中建富林建设工程有限公司7家企业60.24亿元的信用额度，涵盖流动资金贷款、保函、票据承兑和贴现等业务品种，保障建筑企业对项目的资金需求。

"2020年送政策进高校——高校宣介活动"举行

8—12日，由市人社局主办的"2020年送政策进高校——高校宣介活动"在厦门大学、华侨大学、福州大学、福建师范大学、福建医科大学等20多所省内高校巡回举行，为应届生提供泉州上百个岗位需求，到泉州就业创业高校毕业生可获安居补助等"政策大礼包"。大礼包主要包含到泉州就业创业的高校毕业生安居补助：产业急需的本科高校毕业生每人每月600元安居补助，最多发放24个月；硕士研究生和一流大学、一流学科、中科院大学、中国社科院大学和三大世界大学排名机构发布的最新排名同时排在前500名的大学高校毕业生，每人每月发放800元安居补助。活动吸引泉州市的不动产行业、上市公司、装备制造业、新材料行业、光伏行业、食品行业等各行业十几家重点企业，为应届生提供上百个岗位需求。

安溪在全省率先开通企业开办全链条服务模式

安溪开通企业开办"一窗通办、一日办结"服务模式，成为全省首个企业开办全链条服务"一个工作日内"办结的县（市、区）。安溪将企业注册、公章刻制、税务登记、银行开户、企业社保登记、医保登记六大内容全部纳入企业开办流程进行闭环管理，企业开办时限从原先承诺的4个工作日压缩到1个工作日内。申请人只需在市行政服务中心微信公众号预约后，即可携带企业设立登记所需的材料到县行政服务中心企业开办窗口办理，约40分钟后就能完成企业设立登记并领取营业执照。随后，通过扫描二维码进入"一窗通办"平台电子套餐表填选公章刻制、税务登记、银行开户等服务，数据自动关联企业设立信息，迅速推送至公安刻章、银行、税务、医社保等环节工作人员办理，最快五个小时内，就能完成企业开办的所有手续。

6月8日

农历庚子年闰四月十七
星期一
温度：25℃～27℃
中雨

●泉州市举行世界海洋日主题活动。

●由市住建局、金融局、人行泉州中心支行、泉州银保监分局主办的2020年建筑业银企对接活动在泉州迎宾馆举行。

●8—12日，由市人社局主办的"2020年送政策进高校——高校宣介活动"在厦门大学、华侨大学、福州大学、福建师范大学、福建医科大学等20多所省内高校巡回举行。

●是日起，全市粮油蛋菜的平价销售政策停止执行，但猪肉继续执行政府平价销售政策。

●阿里巴巴1688全球产地嗨播计划暨石狮1688电商直播节启动。

●中国纺织工程学会标准化技术委员会决定成立"校园服饰标准技术工作组"，秘书处设在石狮市中纺学服装及配饰产业研究院。

●安溪开通企业开办"一窗通办、一日办结"服务模式，成为全省首个企业开办全链条服务"一个工作日内"办结的县（市、区）。

6月9日

农历庚子年闰四月十八
星期二
温度：25℃～26℃
中雨转小雨

●泉州市在泉州湾湾外海域举行2020年“放鱼日”活动。

●6日起泉州市出现持续性暴雨过程，市防汛抗旱指挥部9日发出通知，就做好持续性降雨防御工作作出具体部署。

●市委党校2020年春季开学典礼举行。

●由市慈善总会、泉州市社会工作协会创立的“情暖社工·关爱在行动”社会工作人才关怀慈善基金签约启动。

●抗击新冠肺炎疫情档案资料捐赠仪式在市档案馆举行。

●中国连锁经营协会发布“2019—2020年中国时尚零售企业百强榜”，安踏、特步、361°、利郎、七匹狼、九牧王、贵人鸟、卡宾等泉州鞋服品牌入选。

泉州市举行2020年“放鱼日”活动

泉州市在泉州湾湾外海域举行2020年“放鱼日”活动。市领导康涛、王永礼、朱启平，海洋渔业部门、丰泽区负责人以及海洋环保志愿者等登上中国海监8003船到泉州湾湾外海域。船上数口鱼桶中，等待放流的黑鲷鱼苗和黄鳍鲷鱼苗平均体长5厘米。到达指定海域后，放流活动开始，大家提桶将鱼苗缓缓倒入船舷外侧临时安装的导流槽，10多万尾小鱼陆续沿着滑道入海。泉州市贯彻习近平生态文明思想，加快推进水域生态文明建设和水产养殖业绿色发展，常态化组织水生生物增殖放流。市委、市政府每年举行“放鱼日”活动，号召社会各界人士共同养护渔业资源、保护生态环境。

社会工作人才关怀慈善基金启动

由市慈善总会、泉州市社会工作协会创立的“情暖社工·关爱在行动”社会工作人才关怀慈善基金签约启动。泉州市社会工作协会向泉州市慈善总会捐赠善款10万元，成立泉州市社会工作协会“情暖社工·关爱在行动”社会工作人才关怀慈善基金，签订认捐协议书。社会工作人才关怀慈善基金成立后，将为持有国家社会工作者职业水平考试资格证书、在泉州市社会工作人才信息库备案登记并实际从业的社会工作人才及其配偶、子女、父母进行关怀帮助，以实际行动更好地为泉州市社会工作者群体提供支持，推动泉州市社会工作事业发展。

抗击新冠肺炎疫情档案资料捐赠仪式举行

抗击新冠肺炎疫情档案资料捐赠仪式在市档案馆举行。捐赠现场，驰援武汉的4位护士、市邮政管理局等有关单位和个人均为市档案馆捐赠了不少抗疫物品资料，有记录支援武汉的随想，有签满名字的防护衣和冲锋衣，有书法作品，还有记录战疫时刻的照片和视频等，它们将在档案馆永久保存。参加捐赠仪式的4位护士均为1月26日出发的泉州市首批支援湖北医疗队的队员，分别来自泉州市中医院和泉州市光前医院。除护士的捐赠，市邮政管理局也捐赠了泉州市邮政业抗击新冠肺炎疫情档案资料；市文联捐赠了抗击新冠肺炎疫情书法作品档案；泉州工人文化宫捐赠了抗击新冠肺炎疫情文艺作品评选活动优秀作品档案等。此前，市档案馆联合相关部门进行系列疫情档案征集活动。向泉州市援助湖北的医务工作者发出“让历史铭记 为英雄建档”活动邀请，征集援助湖北医疗队员的档案资料；联合市文联、市总工会、泉州工人文化宫等发起抗击新冠肺炎疫情文艺作品档案资料征集、“泉工文艺微声”抗击新冠肺炎疫情优秀文艺作品档案评选活动等。

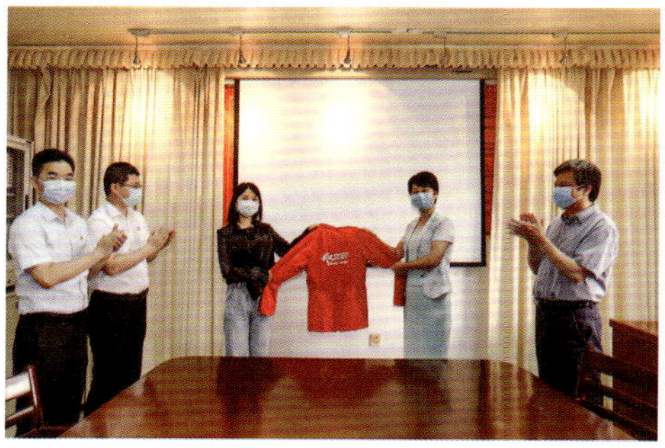

抗击新冠肺炎疫情档案资料捐赠仪式（图/林劲峰）

泉州多家时尚鞋服品牌入选2019年中国时尚零售百强榜

中国连锁经营协会在此前开展“2019—2020年中国时尚零售企业发展情况”调研工作的基础上，根据会员企业调研数据、上市公司财报，依被调查企业2019年营业收入统计数据，发布“2019—2020年中国时尚零售企业百强榜”，安踏、特步、361°、利郎、七匹狼、九牧王、贵人鸟、卡宾等泉州鞋服品牌入选。此次调研主要考察国内时尚零售企业的营业收入总和与同比增长率，并以营收总和进行排名，其中安踏位列第五位，特步、361°、利郎、七匹狼、九牧王、贵人鸟、卡宾等泉州鞋服企业分别位于第21、28、39、40、55、82、89位，2019年中国时尚零售百强最后一位营收为5.33亿元。

市委常委会会议暨市防控新冠肺炎疫情应急指挥部会议召开

市委常委会会议暨市防控新冠肺炎疫情应急指挥部会议召开，学习贯彻习近平在主持专家学者座谈会时的讲话精神和对毛南族实现整族脱贫作出的指示、向首个“国际茶日”致信祝贺、给科技工作者代表的回信、对广大少年儿童的寄语精神以及省委常委会（扩大）会议精神；市委常委会会议召开，听取近期安全生产工作汇报，研究《全市安全生产专项整治三年行动实施方案》。会议强调，要坚持人民至上，织密公共卫生防护网，抓住关键环节补短板、堵漏洞、强弱项，加快推动公共卫生体系建设，提升防控救治能力。要聚焦高质量发展，推进12个追赶专项行动，直通直达帮扶企业，改造提升产业集群，抓好逆周期投资，提振消费信心，稳住外资外贸基本盘，完成发展目标任务。要坚持创新第一动力，围绕产业链布局，建好用好大院、大所、大平台，提升科技创新水平。要扛起责任担当，动态监测、精准帮扶脱贫不稳定对象、受疫情影响困难群众等，有机衔接乡村振兴，巩固脱贫成果。要坚持生命至上、安全第一，把安全生产专项整治作为安全生产工作的“头等大事”，打好消除事故隐患、保障人民生命安全的“安全保卫战”。要衔接“百日攻坚”成果，逐一解决存量风险隐患，立足长远抓机制抓长效，深化源头治理、系统治理和综合治理，推进安全生产治理体系和治理能力现代化。

全市创建全国文明城市和国家卫生城市工作视频会召开

全市创建全国文明城市和国家卫生城市工作视频会召开，对下阶段工作进行再动员、再部署。会议要求，全国文明城市创建要紧抓市容市貌提升、薄弱环节整治，重点开展街道社区、农贸市场、商贸超市、窗口单位、校园周边等整治提升；要创在平时、建在常态，既打好“攻坚战”，更打好“持久战”，从常态长效上发力，提高城市精细管理水平。国家卫生城市创建要紧抓集贸市场、城乡接合部、盲区死角卫生、在建工地、水环境治理等重点薄弱环节整改提升，全面摸排，对标找差，靶向发力。

永春首届“匠艺杯”工艺美术现场技能大赛举行

10—11日，永春首届“匠艺杯”工艺美术现场技能大赛举行，70名工匠参赛，其中包括纸织画工匠8名、雕塑工匠20名、漆艺师19名、制香师12名、竹编工匠11名。赛场分为纸织画、雕塑、竹编、漆艺、篾香五大传统工艺作业区，从获奖选手中评选出若干名永春县工艺美术大师。大赛旨在搭建一个技艺比拼、学习交流、弘扬传统文化的平台，挖掘评选一批优秀的工艺美术后备人才；吸引更多的人关注永春的传统手工艺，让传统文化能够得到更好发展，营造浓厚的发展氛围，提高永春工艺美术的影响力和知名度，推动永春工艺美术产业做大做强。

相关链接：永春高度重视工艺美术产业发展，出台产业扶持政策和人才扶持政策，做大做强传统工艺美术产业，鼓励建立大师（名师）工作室和“名师带徒”，创作氛围浓厚，品质不断提升，特色区域经济初具规模。全县有省级工艺美术大师4名、省级工艺美术名人5名、市级工艺美术大师10名。

永春首届“匠艺杯”工艺美术现场技能大赛启动仪式（图/康庆平）

6月10日

农历庚子年闰四月十九
星期三
温度：25℃～29℃
阴转小雨

●市委常委会会议暨市防控新冠肺炎疫情应急指挥部会议召开，学习贯彻习近平在主持专家学者座谈会时的讲话精神和对毛南族实现整族脱贫作出的指示等。

●全市创建全国文明城市和国家卫生城市工作视频会召开，对下阶段工作进行再动员、再部署。

●位于晋江市深沪镇东海垵工业区的福能晋南热电联产项目1号机组完成“72+24”小时满负荷试运行，标志该项目1号机组顺利投产。

●10—11日，永春首届“匠艺杯”工艺美术现场技能大赛举行。

6月11日

农历庚子年闰四月二十
星期四
温度：25℃~31℃
阴

●康涛、王永礼分别到丰泽、鲤城、洛江察看背街小巷、内沟河、老旧小区、车站、校园和市场周边秩序、环境卫生，以及社区公共安全设施。

●“云上集市·泉州市产业直播购物节”、泉州首届产业直播大赛、京东泉州特产馆上线活动在泉州开发区蒙创伟业共享直播基地同步启动。

●泉州市组织20多位在泉州台湾企业家开展“晋江向金门供水工程——溯源之旅”。

康涛、王永礼检查市区环境卫生情况

市委书记康涛、市长王永礼分别到丰泽区东云路、东干渠、东淮社区、泉州客运中心站，鲤城区培元中学周边、新门市场，洛江区万盛社区、万安农贸市场周边、杏宅社区等关键部位和节点，察看背街小巷、内沟河、老旧小区、车站、校园和市场周边秩序、环境卫生，以及社区公共安全设施，与市直部门和基层干部一起查摆问题、商议对策，并对发现的问题进行现场交办。针对现场发现的情况问题，市领导要求，各区各相关单位要加强协同配合，全面查漏补缺，细化分解落实，明确标准、倒排时间，逐件逐事抓落实、抓销号，健全综合治理长效机制，推动创建工作向纵深发展。同时，要引导居民养成文明生活习惯，共建共享文明城市创建成果。

泉州市产业直播购物节启动

“云上集市·泉州市产业直播购物节”、泉州首届产业直播大赛、京东泉州特产馆上线活动在泉州开发区蒙创伟业共享直播基地同步启动。泉州市产业直播购物节由市商务局、泉州经济技术开发区管委会、泉州广播电视台主办，泉州市跨境电子商务协会协办，持续到20日。在泉州产业直播大赛首日现场，知名歌手关喆、主播许晓兰等50多位达人主播同时进行京东、淘宝、快手、抖音、魔筷等多个平台直播带货，最大限度为泉州好货引流，推动以销促产。2020年以来，泉州开发区紧盯数字经济发展的新潮流新趋势，提升产业基础高级化、产业链现代化、市场开拓多样化水平，推动产业数字化、数字产业化，引进、创设蒙创共享直播、魔筷产业直播等一批基地型、平台型电商直播及网红培训基地。九牧王、特步、安记、友臣、利讯等龙头企业订单逐步攀升；腾趣、雅集等电商企业开展C2M极致爆品反向定制，销售单量同比成倍增长。启动仪式上，京东、魔筷、联想等互联网平台与泉州开发区相关企业签订战略合作协议。

在泉州台湾企业家参观晋江向金门供水工程

泉州市组织20多位在泉州台湾企业家开展“晋江向金门供水工程——溯源之旅”。台湾企业家参观水源地山美水库、金鸡拦河闸、晋江龙湖水库、晋金供水泵站，观看通水视频和工程历程展，重温晋江向金门供水工程走过的23年不平凡历程，了解水源地管护和取水泵站运行情况。据现场工作人员介绍，自通水至今，晋江已向金门供水726万吨，平均日供1.1万吨，保障金门用水高峰不限水。在晋江经营体育用品公司的范春美表示，泉州是水资源紧张地区，但仍然能在加强水资源节约保护的同时，建设晋江向金门供水工程，为金门乡亲提供优质好水，特别令其感动。到大陆30多年，见证广东东江水源源不断供应香港、晋江水喷涌而出流向金门，感动于祖国付出的一切。希望未来两岸还可以通车，有生之年可以开车去台湾。在泉州经营食品公司的杨荣辉表示，晋江向金门供水工程，让人看到同胞之间的诚意善意，感受到真正的获得感。

台湾企业家在龙湖取水泵站了解晋江向金门供水工程情况（图/林劲峰）

市委、市政府动员部署新基建新经济基地建设比拼活动

市委、市政府召开新基建新经济基地建设比拼活动动员部署会。会议指出，新基建新经济是国家重大战略布局，是赋能未来的重要风口，也是弯道超车的关键窗口。全市要学习贯彻习近平总书记讲话指示批示精神，按照中央及省委部署要求，增强机遇意识和紧迫感，以大视野大格局，迅速抢滩新基建新经济。要发扬泉州干部和企业家“两支队伍”拼搏精神、务实作风，全面比学赶超，拼出气势拼出速度拼出空间，高标准打造新基建新经济基地平台，加快推动成链成群、成形成势，努力把“产业前景”变成“产业胜景”。

要围绕产业链推进项目链，培育懂策划、会服务、能跟进的招商团队，加快招引落地更多高质量项目，打造一批未来明星梯队企业。要围绕产业链布局创新链，加快平台赋能和人才赋能，引进有分量的大院大所大平台，吸引高端人才集聚入驻，推进产学研用一体创新。要围绕产业链配置要素链，细化完善产业规划，建设一批特色园区平台，用好专项债、产业基金、国企融资等，探索老旧园区“工改工”等模式，盘活资源有效保障。要围绕产业链落实责任链，市领导挂帅调度，市直部门和园区、属地、国企一体运作，并通过比拼锤炼干部队伍，全面营造干事创业的氛围。各级各相关部门要振奋“爱拼敢赢”“输人不输阵”精气神，全身心投入比拼活动中，以实际行动助推泉州全方位高质量发展和新福建建设。要八方比拼，比前期进展、比招商签约、比开工建设、看投入产出，加速抢滩布局新基建新经济。要上下联动，落实好领导、属地、部门、企业等职责，开启基地建设加速度、新热潮，力促各基地每季有进展、每年有成效。要推动优惠政策再落实、再叠加，坚持老政策倾斜、新政策加码，注重奖励先进、鞭策后进。

全市网络人士统战工作会议召开

全市网络人士统战工作会议暨新的社会阶层人士统战工作联席（扩大）会议召开，传达学习全国、全省网络人士统战工作会议精神和省委、市委工作要求，研究部署今后一个时期相关工作的总体思路和具体措施。会议指出，网络人士是社会主义事业建设者，是推动中国经济建设和社会发展不可缺少的力量，也是需要团结和依靠的重要力量。做好网络人士统战工作是新时代统一战线服务党和国家工作全局的一项战略性工作。要加强对网络人士的思想教育，凝聚政治共识；要做好服务与管理，加强网络代表人士队伍建设；要引导网络人士在网上弘扬主旋律、宣传正能量，在“网下”服务社会、促进发展。要加强党的领导，发挥各级党组织的主体作用，健全工作机制，配齐配强工作力量，形成强大工作合力，推进网络人士统战工作创新发展，为泉州建设凝聚新力量、作出新贡献。

泉州市14个保障性安居工程项目获资金支持

省发改委、住建厅转下达全省保障性安居工程专项2020年第一批、第二批中央预算内投资计划，泉州市14个项目获批资金2.45亿元，占全省24%。其中，棚户区改造配套基础设施项目3个，获批资金1.74亿元，占全省62.5%；老旧小区改造配套基础设施项目11个，获批资金7119万元，连同2020年提前批已获批的22个项目，泉州市已有33个老旧小区配套基础设施项目获批中央预算内资金1.98亿元，占全省的30%。相关资金重点支持小区内的道路、供排水、供电、绿化、照明等配套基础设施以及与小区直接相关的道路和公共交通、通信等城镇基础设施项目建设。市发改委会同有关部门，加强项目监管，督促项目单位按照批复内容加快组织实施，促进未开工项目尽快开工、已开工项目加快建设，确保获批项目如期保质保量建成，逐步改善群众生活环境。

6月12日

农历庚子年闰四月廿一
星期五
温度：26℃～34℃
晴

●市委、市政府召开新基建新经济基地建设比拼活动动员部署会。

●全市网络人士统战工作会议暨新的社会阶层人士统战工作联席（扩大）会议召开，传达学习全国、全省网络人士统战工作会议精神及省委、市委工作要求，研究部署今后一个时期相关工作的总体思路和具体措施。

●省发改委、住建厅转下达全省保障性安居工程专项2020年第一批、第二批中央预算内投资计划，泉州市14个项目获批资金2.45亿元，占全省24%。

●首届“吉祥泉港·云购节”启动，首轮同步发放500万元消费券，活动行业覆盖商场超市、餐饮酒店、泉港名优、家电建材、通信加油、汽车母婴等。

6月13日

农历庚子年闰四月廿二
星期六
温度：26℃～32℃
多云转阴

●泉州市以“文物赋彩 全面小康”“非遗传承 健康生活”为主题，分别在洛阳桥、清源山举行2020年“文化和自然遗产日”系列主题活动。

●晋江安海颜氏后人向中国闽台缘博物馆捐赠珍贵文物——“明崇祯十三年诰授颜克英为镇国将军”诰命。

●鲤城区古城文化传播人才培训班开班，并举办西街实地讲解基础课。

●南音新剧《玉兰花开的地方》在晋江戏剧中心首演，拉开晋江市第十四届南音演唱节序幕。

●第十六届中国（南安）国际水暖泵阀暨消防器材交易会在南安·福建成功国际会展中心开幕。

泉州市举行2020年“文化和自然遗产日”系列主题活动

文化和自然遗产日，泉州市以“文物赋彩 全面小康”“非遗传承 健康生活”为主题，分别在洛阳桥、清源山举行2020年“文化和自然遗产日”系列主题活动。市委书记康涛、市长王永礼参加相关活动。市领导周真平等在洛阳桥参加活动。

康涛到洛阳古街、清源山等地，围绕文物和历史文化街区保护、“非遗”传承等展开调研。康涛要求，要守护好泉州宝贵的文化和自然遗产，坚持系统整体、修旧如旧，做好文物及周边环境保护，完善保护利用机制，做到“见人、见物、见生活”“留人、留形、留乡愁”；要在严格保护基础上，挖掘文物蕴含的文化内核与精神价值，与街区业态发展、人居环境提升、乡村振兴等有机融合，推动合理利用与创新转化，做到在保护中发展、在发展中保护；要加强对非物质文化遗产的保护，突出活态传承，丰富实践活动，培养一代又一代传承人。

在清源山老君岩，数十项非物质文化遗产集中亮相。现场还举行第六批市级“非遗”项目授牌仪式及泉州市首次举办的“非遗购物节”。在洛阳桥，市中级人民法院、市人民检察院分别与市文旅局签订文化遗产保护联合行动备忘录，并宣布加强文物保护相关工作意见；市文旅局发布10条“光明之城祈福游”线路。根据签订的文化遗产保护联合行动备忘录，市中级人民法院、市文旅局将通过建立健全长效联络机制，定期开展交流合作，构建联动保护的工作平台，化解文化遗产、文物资源保护和利用过程中发生的纠纷。同时，协调探索开展涉文化遗产案件复合型审判，严惩危害文化遗产、文物资源的犯罪行为，依法妥善扩大司法保护覆盖面。通过签订文化遗产保护联合行动备忘录，市人民检察院与市文旅局将携手推动文化遗产保护传承，通过实行联席会议制度，研究和协调文化遗产保护法律监督相关工作。同时，建立常态化协作机制及重大问题磋商机制，加强文化遗产保护监管信息共享，共同研究文化遗产保护难点焦点问题的解决办法。

2020年“文化和自然遗产日”活动在清源山老君岩举行。图为活动现场（图/吴寿民）

第六批市级“非遗”项目授牌仪式（图/吴寿民）

中国闽台缘博物馆获捐珍贵涉台文物

晋江安海颜氏后人向中国闽台缘博物馆捐赠珍贵文物——“明崇祯十三年诰授颜克英为镇国将军”诰命。该诰命系明代崇祯皇帝，诰授首次打败荷兰侵略者及消灭海盗刘香的郑芝龙部下颜克英为“镇国将军”，诰封颜克英正妻陈氏为“夫人”。2015年，颜氏后人在整理故居时，在横梁上发现这份重要的涉台文物。这封诰命残长206.5厘米、宽29.2厘米，墨书于黄地祥云纹锦上，首尾两条上下翻飞的双龙图案及文字均已缺失。

安海颜氏后人向中国闽台缘博物馆捐赠“明崇祯十三年诰授颜克英为镇国将军”诰命（图/黄善哲）

泉州市数字共享与保障领先全省

福建省经济信息中心发布2019年福建省数字经济发展指数（简称FJDEI指数）评价结果，全省数字经济发展指数达72.09，数字经济规模突破1.7万亿元，增速近20%，占全省GDP比重超40%，数字经济成福建省经济高质量发展的新引擎。报告显示，泉州市数字经济发展指数77.78，位列全省第三位。2019年FJDEI指数评价由省经济信息中心牵头，联合福建师范大学经济学院开展，指标体系由5个一级指标、16个二级指标和48个三级指标组成，从数字发展基础、数字技术创新、数字社会应用、数字治理水平和数字产业发展五个方面，评估全省九市一区的数字经济发展状况，为数字经济高质量发展提供参考。

在数字技术创新方面，泉州市数字技术创新评价结果位列第一梯队，在数字创新项目和数字社会应用两项上位居全省第二。在数字产业发展方面，泉州市数字产业发展位列第一梯队，在产业数字化方面居全省第二。在数字治理水平方面，泉州市位于第一梯队，在数字共享与保障上全省领先。泉州市加速数字赋能实体经济发展，全面实施智能制造示范项目建设，成为数字经济发展的一大亮点。泉州市以创建国家数字经济创新发展实验区为契机，围绕产业数字化和数字产业化融合发展，抓住以5G、云计算、人工智能为代表的数字技术创新及国家政策红利风口，推动传统制造业改造升级、新兴产业茁壮成长，形成数字经济与传统产业融合创新，传统产业和新兴产业协同发展的新格局。同时，泉州市紧抓数字新基建发展机遇，制定数字泉州建设三年行动方案，并发布《泉州市推进5G建设工作方案》，数字经济重点项目中新基建项目总投资190亿元，2020年年度投资超80亿元，数字经济重点项目年度投资计划占比超三1/3。

泉州市部署清理整治涉企收费工作

泉州市印发《进一步清理整治涉企收费工作方案》，部署按照“依法依规、公开透明、系统清理、健全机制”的总原则，坚持清理与规范相结合、阶段整治和长效管理相结合，通过全面清理整治涉企收费，减轻企业负担，助力供给侧结构性改革。该轮涉企收费清理整治执行七项标准：一是严禁超越权限擅自设立收费项目、制定或调整收费（价格）标准；二是严禁将应由审批部门承担的检验检测评估等中介服务事项费用转嫁或变相转嫁企业承担；三是严禁强制或变相强制企业购买、接受指定的设备或服务；四是严禁下属单位、中介机构或第三方借用行政资源捆绑服务、搭车收费；五是严禁收费项目取消、减免后仍继续收费或按原标准收费；六是严禁行业协会、商会重复收取会费、只收费不服务；七是严禁实施违反法律、法规、政策规定的其他涉企收费行为。其中，国家、省、市、县各级制定实施的疫情防控期间减税降费惠企政策的落实执行情况列入重点关注项目。清理过程中，泉州市按照“分级清理、归口管理”“谁主管、谁负责”“谁收费、谁负责”的原则，对照法律法规、政策规定和清理整治标准，梳理相关收费项目、收费内容、收费依据、收费主体、收费对象、收费标准、收费金额等情况，对涉嫌违规收费项目需研究制定具体清理整治意见，明确取消收费、简化合并收费、降低收费标准等措施，确定整改时限，及时清理纠正。

世界献血者日线上主题宣传活动举行

世界献血者日，2020年的主题为“安全血液，拯救生命”，市卫健委与市红十字总会举行“热血跑·为爱行动”世界献血者日线上主题宣传活动。全市近260位符合献血条件的运动爱好者，通过一次热血捐献、参与一次六千米跑步以及分享感动的方式，为无偿献血事业贡献一份力量。

相关链接：泉州市开展无偿献血以来，年献血人数从1995年的143人增加到2019年的61029人，献血量达95084单位，临床用血100%来自自愿无偿献血。

6月14日

农历庚子年闰四月廿三
星期日
温度：25℃～32℃
阴转多云

●福建省经济信息中心发布2019年福建省数字经济发展指数评价结果。报告显示，泉州市数字经济发展指数77.78，位列全省第三位。

●泉州市印发《进一步清理整治涉企收费工作方案》，部署按照“依法依规、公开透明、系统清理、健全机制”的总原则，坚持清理与规范相结合、阶段整治和长效管理相结合，通过全面清理整治涉企收费，减轻企业负担，助力供给侧结构性改革。

●市卫健委与市红十字总会举行“热血跑·为爱行动”世界献血者日线上主题宣传活动。

6月15日

农历庚子年闰四月廿四
星期一
温度：25℃～31℃
小雨转多云

●市委中心组（扩大）学习会暨市县乡三级领导干部城镇化融资专题视频会召开，邀请福建中咨工程咨询有限公司罗桂连博士作《疫情冲击和新基建背景下城镇化投融资的工具与要点》专题讲座。

●市政府第八十八次常务会议召开，听取安全生产专项整治工作进展情况汇报，研究部署统筹推进常态化疫情防控和经济社会发展各项工作，研究并通过《泉州市加强滨海湿地保护严格管控围填海实施方案》等。

●第127届中国进出口商品交易会开幕，泉州市578家企业参展，总展位数1529个。

●泉州市举行高层次人才对接会，8家银行机构、3家基金公司和60多名高层次人才参加。

●由惠安县政府、泉州晚报社主办的首届惠安消费节暨千万消费券上线启动仪式在惠安宏毅百汇广场举行。

市县乡三级领导干部城镇化融资专题视频会召开

市委中心组（扩大）学习会暨市县乡三级领导干部城镇化融资专题视频会召开，邀请福建中咨工程咨询有限公司罗桂连博士作《疫情冲击和新基建背景下城镇化投融资的工具与要点》专题讲座。市领导康涛、王永礼、孔繁军、游宇飞、林万明、杯锦明、季翔峰、洪自强等，市直有关部门、市属国有企业主要负责人等在主会场参加。

市政府第八十八次常务会议召开

市政府第八十八次常务会议召开，听取安全生产专项整治工作进展情况汇报，研究部署统筹推进常态化疫情防控和经济社会发展各项工作，研究并通过《泉州市加强滨海湿地保护严格管控围填海实施方案》等。

会议指出，要坚持“严”字当头、“实”字挂帅，统筹抓好眼前和长远安全生产工作，继续摸清底数，加强监督检查，精准对症施策，推动房屋安全“百日攻坚”和安全生产大排查大整治走深走实；细化专项整治三年行动目标，真抓实干，杜绝形式主义、官僚主义。要坚持“以案为鉴”、改革创新，聚焦本质安全水平提升、群众安全感增强、市场主体质量提升，为泉州市全方位高质量发展提供支撑。要在市委统一部署下，落实“外防输入、内防反弹”要求，抓好疫情防控工作，对重点地区、重点人群实行“应检尽检”，严把农贸市场疫情防控关，围绕机场、港口、运输、仓储、市场、零售等一条线，抓好进口冷链生鲜产品检测检验，落实好常态化精准化疫情防控措施，保障人民群众身体健康和生命安全。要保住有生力量，谋划推进逆周期投资，稳外贸稳外资促消费，坚持守底线保运转防风险。要加强海岸线保护管理，严守禁止违规填海造地的底线红线，依法依规妥善处置历史遗留问题，加快海洋生态保护修复，压紧压实中央生态环境保护督察反馈问题整改责任。

578家泉州企业参加线上广交会

第127届中国进出口商品交易会（以下简称“广交会”）开幕。该届广交会为期10天，在线上举行。此系自首届广交会举办以来，六十多年来头一次完全以互联网形式进行。泉州市578家企业参展该届广交会，总展位数1529个。一期43家企业97个展位，二期247家企业733个展位，三期288家企业699个展位，参展商品以纺织服装、鞋、陶瓷、箱包、家居用品和机电等商品为主。泉州外贸企业尝试以直播、短视频等新形式，与全球客商共掘商机。

泉州市举行高层次人才对接会

泉州市举行高层次人才对接会，8家银行机构、3家基金公司和60多名高层次人才参加。此系全市规模最大的一场高层次人才融资对接会。为精准解决人才的资金需求，会前，市金融监管局收集各高层次人才的需求信息并发到各家金融机构。对接会现场，8家银行机构轮番上台推介服务人才的金融产品。在随后的人才“一对一”融资对接服务环节中，与会的高层次人才带着各自的项目和疑问，主动和金融机构对接咨询。现场，金融机构为人才意向提供融资1.5亿元。星图人工智能研究所所长刘荣山入选泉州市首批第三层次高层次人才，他带着自主研发的无人机侦测防控系统到场咨询。刘荣山与多家金融机构交流，有的金融机构已邀约进一步洽谈。泉州木雕艺术研究院院长张红苹是福建省工艺美术大师，为将自己的雕刻艺术发扬光大，希望在对接会上寻找到资金“活水”。

高层次人才融资对接会现场（图/泉州金融）

安全生产专项整治三年行动工作部署推进会召开

市安委会召开安全生产专项整治三年行动工作部署推进暨第三季度防范重特大生产安全事故视频会议，对全市安全生产工作再动员、再部署、再落实。会议要求，要抓好3个专题和12个行业领域专项治理，紧抓问题不放，分清急重轻缓，分类处置整改。紧盯安全信息化、安全基础建设、安全社会治理等环节，加大力度补短板、堵漏洞、强弱项，推进安全生产治理体系和治理能力现代化。深化细化安全生产监管工作的九项措施，着力风险隐患管控、监督执法、社会化服务等长效体制机制建设，推动解决安全生产深层次矛盾和问题。各地各部门要压紧压实“第一责任人”责任，落实一票否决和终身追责，杜绝形式主义官僚主义，拉紧企业主体责任链条。要把党委、政府领导责任、部门监管责任、企业主体责任抓紧抓实抓细抓到位，推动安全生产专项整治三年行动落到边落到角。要统筹兼顾、长短结合，巩固好房屋安全百日攻坚和安全隐患大排查大整治成效，实施好12个重点行业领域专项整治，加快建立问题隐患排查整改长效机制，提升专项整治三年行动实效。

泉州市首次在安全宣传咨询日开展直播活动

全国安全宣传咨询日，市安办和市应急管理局开展首次直播互动咨询活动，通过泉州晚报社所辖泉州通直播平台，邀请安全生产专家开展线上安全知识讲座和互动咨询。直播吸引9.66万人次观看，获2.02万点赞、324人留言评论。直播中，泉州市安全生产专家吴艳强以“扎实开展安全生产专项整治三年行动——企业如何开展隐患排查”为主题，结合自身实战经验，从人的不安全行为、物的不安全状态和管理上的缺陷等方面讲解企业开展隐患排查的要点，并对参与者的咨询进行答疑解惑。此次直播互动咨询活动为泉州市2020年泉州市“安全生产月”和“安全生产万里行”的系列活动之一。活动还在泉州通开设“安全生产泉州行”移动端专题，集纳全市安全生产月相关活动报道。

石井港海上溢油、消防船岸联合演习

由泉州南安海事处、南安市海上搜救分中心、泉州港口发展中心围头湾港务站、石井镇政府组织的“2020年石井港海上溢油、消防船岸联合演习”在石井龙田油码头举行。演习紧扣“提升应急处置能力，筑牢海上安全防线”主题，历时一个多小时，参演人数60余人，出动两艘海巡艇、两艘清污作业船。泉州南安海事处相关负责人介绍，通过此次演习，评估船舶与企业的事故应急处置能力、明确相关岗位责任分工、提升应急救援的协同能力，取得预期效果。

石井港海上溢油、消防船岸联合演习现场（图/徐建伟）

石狮民警入选中国慈善榜

第十七届（2020年）中国慈善榜在北京发布，石狮市公安局永宁派出所教导员蔡海炳被授予“年度慈善榜样最美志愿者”称号。2020年的中国慈善榜采取线上线下全网直播的形式举办，超过2000万人次的网友共同见证中国公益的力量。蔡海炳坚持每天至少捐10元，一捐就是8年多。从网络发起“壹起捐”，到几百元上千元现金地捐，其捐献款项达10多万元；自2011年开通个人工作微博“狮城苍狼”后，已发布友善类微博1.3万多条，联合公益机构发起近百次“微公益”活动，带动2万多人参与助弱救残，募集善款2000多万元。

6月16日

农历庚子年闰四月廿五
星期二
温度：26℃～34℃
晴转多云

● 市安委会召开安全生产专项整治三年行动工作部署推进暨第三季度防范重特大生产安全事故视频会议，对全市安全生产工作再动员、再部署、再落实。

● 全国安全宣传咨询日，市安办和市应急管理局开展首次直播互动咨询活动，通过泉州晚报社所辖泉州通直播平台，邀请安全生产专家开展线上安全知识讲座和互动咨询。

● 由泉州南安海事处、南安市海上搜救分中心、泉州港口发展中心围头湾港务站、石井镇政府组织的“2020年石井港海上溢油、消防船岸联合演习”在石井龙田油码头举行。

● 第十七届（2020年）中国慈善榜在北京发布，石狮市公安局永宁派出所教导员蔡海炳被授予“年度慈善榜样最美志愿者”称号。

6月17日

农历庚子年闰四月廿六
星期三
温度：25℃～34℃
阴转多云

●康涛会见由河南焦作市委书记王小平带领的党政代表团。

●市委实施乡村振兴战略领导小组会议召开，分析泉州市推进乡村振兴战略工作中存在的问题和不足，研究部署下阶段重点工作。

●市防控新型冠状病毒感染的肺炎疫情应急指挥部办公室发布《关于进一步加强重点人员健康管理的通知》，要求强化重点人员摸排、重点地区进入泉州返回泉州人员健康管理以及健康码核验等措施。

●全市驻村第一书记示范培训班在安溪县乡村振兴学院开班，市派驻村第一书记28人参加培训。

●由市委文明办、市市场监督管理局、市卫健委、市林业局等主办的“诚信经营创城有我”主题志愿宣传活动举行。

康涛会见河南焦作市党政代表团

市委书记康涛会见由河南焦作市委书记王小平带领的党政代表团。泉州市领导王永礼、陈灿辉、李转生、季翔峰、洪自强参加会见。康涛希望双方以此次考察交流为新起点，在优化营商环境、项目招商对接、传统产业转型升级、新产业新经济培育、文化旅游发展等方面互学互鉴、优势互补、合作共赢。

市委实施乡村振兴战略领导小组会议召开

市委实施乡村振兴战略领导小组会议召开，分析泉州市推进乡村振兴战略工作中存在的问题和不足，研究部署下阶段重点工作。会上，市委乡村振兴办分析2019年度省对市考核存在问题，总结2020年以来的工作，部署下阶段重点工作；市委实施乡村振兴战略领导小组12个专项小组的牵头单位汇报2020年以来工作进展、存在不足以及下一步工作计划。会议指出，要创新思路举措，紧盯十大行动重点任务，拎出具体抓手，调动资源力量，推动工作深入开展，抓紧抓实抓细抓到位。打赢脱贫攻坚收官之战，推进乡村全面振兴，下足功夫分类指导推进，鼓励基层探索乡村振兴的路径模式，培育各具特色的乡村示范样板，推动“盆景”变“风景”，形成串点成线、集中连片的示范效应。要激发乡村动力活力，既注重抓当前，拿出阶段性成效，又注重管长远，形成长效工作机制，加强涉农资金统筹整合使用，聚集盘活要素资源，以更精准更精细的政策措施，推动乡村振兴高质量发展。要强化组织领导，把实施乡村振兴战略的政治责任扛在肩上、抓在手上、体现到具体工作中，盯紧各项任务落细落实，层层细化压实责任，健全推进机制，加强考核督促，推动乡村振兴取得新进展、新成效。

泉州市强化重点人员健康管理

市防控新型冠状病毒感染的肺炎疫情应急指挥部办公室发布《关于进一步加强重点人员健康管理的通知》（以下简称“通知”），要求强化重点人员摸排、受疫情突袭重点地区进入泉州、返回泉州人员健康管理以及健康码核验等措施。通知强调，要强化重点人员摸排。各县（市、区）要开展网格化摸排，对5月31日起有进出过北京新发地市场和京深海鲜市场或与市场相关人员有过接触的人员全面登记造册，落实核酸检测、健康管理等防控措施。强化重点地区进入泉州返回泉州人员健康管理是通知的又一重点内容。6月15日起，对凡是近14天内有北京等国内高风险地区（可通过国务院客户端查询）旅居史的进入泉州、返回泉州人员，抵达泉州后须落实核酸检测和集中医学观察14天；对有中风险地区旅居史的，须落实核酸检测和居家医学观察14天，不符合居家医学观察条件的进行集中医学观察14天；解除医学观察前须再进行1次核酸检测，检测呈阴性后方可解除。从北京非中高风险地区进入泉州、返回泉州人员，鼓励进行核酸检测。此外，通知要求，各县（市、区）要强化健康码核验，督促公共场所、公共交通、企事业单位、小区等各类场所落实“八闽健康码”核验，实行“一码通行”，并引导市民群众主动申领“八闽健康码”在相关场所配合出示。

全市驻村第一书记示范培训班举办

17—19日，全市驻村第一书记示范培训班在安溪县乡村振兴学院开班，市派驻村第一书记28人参加培训。培训班以专题讲座、现场教学等方式，让驻村第一书记更快地了解掌握脱贫攻坚的形势任务、政策业务和农村基层工作方式方法，更好地融入基层、融入群众，适应脱贫攻坚工作；搭建起交流互动的平台，让驻村干部经验互学、资源共享、优势互补，提升驻村帮扶工作水平。

市委常委会学习习近平总书记讲话以及省委常委会精神

市委常委会会议暨市防控新冠肺炎疫情应急指挥部会议召开，学习贯彻习近平总书记在宁夏考察时的讲话精神以及省委常委会（扩大）会议精神。会议要求，要抓紧抓实抓细常态化疫情防控，压紧压实属地、部门、单位、个人"四方责任"，织密织牢精准防控，守住不发生本土病例这个底线，扩大核酸检测范围，加强环境监测消杀，做好人员摸排管理。要高质量完成脱贫攻坚目标任务，加强动态监测、跟踪帮扶，推进全面脱贫与乡村振兴战略有机衔接；深化对口支援和山海协作，加快推进各项支援项目落地落实。

泉州营商环境列百座经济活跃城市第15名

由中央广播电视总台编撰的《2019中国城市营商环境报告》发布。报告显示，泉州营商环境走在全国前列，在百座经济活跃城市综合排名中列第15名。《中国城市营商环境年度报告》是第一份由国家主流媒体发布的第三方营商环境权威报告，2020年为第二次发布。该报告在坚持对标世界银行营商环境评价体系标准、参照国际同行的评价指标、兼顾中国特色的原则的基础上，重点围绕与市场主体密切相关的指标维度，构建起中国城市营商环境的评价体系。2020年的报告按照"要素+环境"的理论框架，设计由五个维度构成的评价体系，包括基础设施、人力资源、金融服务、政务环境、普惠创新，覆盖制度、市场、资源、技术、人才、资金等影响企业经营发展的关键环节，全方位评价各城市营商环境状态水平。《2019中国城市营商环境报告》在原有评价范围之上，首次增加对经济总量居前100名活跃城市的评价。作为经济活跃城市之一，泉州以66.4分的总分，在100座城市中综合排名中列第15名。

市直中小学法治副校长座谈会召开

市直中小学法治副校长座谈会召开，交流通报2019年工作情况，研讨部署2020年法治校园、平安校园建设。会议强调，要以更高的政治站位和战略高度，统筹落实法治副校长选派、校园安全建设，科学分析研判、纾解学生困惑、化解校园矛盾、破解治安难题、建立长效机制。要上好法治宣传、生命教育、疫情防控三堂课，推进"平安校园""法治进校园""护校安园"三项活动，帮助完善校园安全形势分析、安全信息摸排报送、安全稳定责任等三项机制，深耕细作做好各项工作。

泉州"6·18"网上卖货超178亿元

"6·18"购物节，泉州实现网络零售额178.6亿元，位居全省第一位，零售额占全省比重44%。分县（市、区）看，排名前三的分别为石狮、晋江和丰泽，占比分别为33.9%、14.2%和13.7%；分行业看，排名前三的分别为服装鞋帽、针纺织品、日用品和家具，占比分别为72.9%、10.7%和4.6%。2020年"6·18"购物节，是新冠肺炎疫情防控进入常态化之后的首个大规模电商购物节，泉州市、县两级商务部门发动和引导企业在天猫、淘宝、拼多多、京东、快手、抖音等平台上开展特色产业直播和网上促销系列活动，带动产品网络零售实现快速增长。各大电商平台也通过有效整合资源，加大补贴力度，推出百亿补贴、千亿优惠和百亿消费券等活动，同时结合各地开展的线下促消费，形成线上与线下互动氛围，拉动消费增长。此外，随着直播经济持续火爆，2020年"6·18"购物节加入直播营销方式，为电商发展带来新的亮点和增长点。购物节期间，泉州淘宝直播活跃达人主播数175个，活跃自播店铺数1941家，上架商品100.3万次，直播2.7万场，观看3919.5万人次。分商品类型看，泉州淘宝达人主播或自播店铺更倾向于选择上架服装鞋帽、针纺织品、日用品和粮油、食品等。其中，上架服装鞋帽、针纺织品商品达41.6万次。

6月18日

农历庚子年闰四月廿七
星期四
温度：26℃~33℃
阴转多云

●市委常委会会议暨市防控新冠肺炎疫情应急指挥部会议召开，学习贯彻习近平总书记在宁夏考察时的讲话精神以及省委常委会（扩大）会议精神。

●市政协组织机关全体党员到南安开展主题党日活动。

●全市农村人居环境整治推进会在石狮召开，研究部署加快推进2020年全市农村人居环境整治各项工作。

●市疫情应急指挥部办公室印发通知，明确强制核验"八闽健康码"的场所，特别是聚集、密闭性场所，并纳入巡回督导组督导内容。

●由中央广播电视总台编撰的《2019中国城市营商环境报告》发布。报告显示，泉州营商环境走在全国前列，在百座经济活跃城市综合排名中列第15名。

●市直中小学法治副校长座谈会召开，交流通报2019年工作情况，研讨部署2020年法治校园、平安校园建设。

●截至是日，全市24家公立医院通过省临检中心PCR实验室备案，具备开展新型冠状病毒核酸检测资质，实现全市县域定点医疗机构、疾控机构检测能力全覆盖。

●"6·18"购物节，泉州实现网络零售额178.6亿元，位居全省第一位，零售额占全省比重44%。

6月19日

农历庚子年闰四月廿八
星期五
温度：26℃～36℃
阴转多云

●部分市人大代表、政协委员和道德模范受邀参加创建全国文明城市工作现场巡查。

●泉州市全面推进建筑施工安全整治三年行动，构建工程质量安全管理长效机制，加强信用体系建设。

●由市工信局支持，泉州装备协会主办，装备智造人才之家协办的泉州工程机械配件产业提质升级交流座谈会在宏盛兴工程机械召开。

●由泉州晚报社主办的“我们的节日·端午社区文化节”在鲤城区开元街道西湖社区举办。

市人大代表政协委员和道德模范参加创建全国文明城市巡查

部分市人大代表、政协委员和道德模范受邀参加创建全国文明城市工作现场巡查。代表、委员和道德模范巡查丰泽区北峰社区、后坂菜市场、津坂路和鲤城区红梅社区、东菜市场及周边。每到一处，大家都对照创建全国文明城市要求，查看背街小巷、老旧小区、小餐饮店和市场周边秩序、基础设施、环境卫生，以及社区公共安全设施，并对存在的问题进行现场点评。市人大代表郑芳卉表示，泉州整体市容市貌虽然不错，但是卫生保洁、垃圾桶分类规范等还没做到位，应该进一步整治。每一个公民都要行动起来，尽自己的一份责任。违章乱停车现象也受到关注。在巡查中，车辆没有按照划定的停车位置和方向停放的情况比较普遍。市政协委员徐挚明表示，市场外围的停车秩序还是比较乱，相关部门要加大管理和投入力度，但最重要的是加强市民的主人翁意识，将文明行为变成由内而外的一种自发意识。

越来越多市民主动加入文明城市创建工作，自愿成为“信息员”“监督员”。为更广泛发动群众参与，市创城办成立一支由35位热心市民组成的市民文明巡访团，鼓励他们通过“随手拍”形式，将发现的公共秩序、环境卫生等问题，随时随地通过创城工作微信群传给市创城办批转督促整改。此外，为帮助解决群众身边的市容市貌问题，市城市管理局考评中心也通过“泉州考评”微信公众平台和24小时“114”热线，主动邀请市民群众举报井盖缺失、路灯不亮、污水溢流、垃圾堆积等问题，经核实给予第一举报人电话费奖励，形成“你来揭短处，我来改问题”的良性互动机制。

泉州市全面推进建筑施工安全整治三年行动

泉州市全面推进建筑施工安全整治三年行动，构建工程质量安全管理长效机制，加强信用体系建设。对未履行安全责任的企业，采取纳入建筑施工领域不良信用记录和“黑名单”等措施进行惩戒，依情形纳入部门联合惩戒范畴。市住建系统开展全市建筑施工领域安全生产隐患大排查大整治工作，印发《致全市房屋建筑和市政基础设施工程责任主体安全隐患大排查大整治的公开信》，督促各在建项目责任主体开展自查自纠，强化建筑施工脚手架、建筑起重机械等专项治理。同时，采取突击检查、专项抽查、“双随机”动态考评等多种形式，检查在建项目2385个次，发出责令整改通知单1297份，责令其中24个项目停工整改，对19个责任主体的违法违规行为依法进行立案。

泉州工程机械配件产业提质升级交流座谈会召开

由市工信局支持，泉州装备协会主办，装备智造人才之家协办的泉州工程机械配件产业提质升级交流座谈会在宏盛兴工程机械公司召开。劲工机械、恒通机械、宏盛兴机械、巨力重工、煌盛达汽配、骏德机械、联骏机械、泉禹机械、科力机械、上明机械、江新机械、翔泰机械、创盛机械、铭烽机械、奥兴德机械、特慧公司等工程机械及配件行业人士与会，共同探讨疫情当下，产业如何提质升级。泉州机械装备制造业产业规模大、贡献率高，在福建省经济发展占有重要位置。其中，工程机械“四轮一带”（驱动轮、引导轮、支重轮、托链轮、履带）是泉州机械装备的重要组成部分，是全国乃至全球最大的生产基地之一。疫情当下，泉州“四轮一带”面临海外市场需求疲软、国内市场低价恶性竞争的双重困境。为加强建链、强链、补链，泉州装备协会组织召开此次座谈会，倾听与会企业家的意见建议。会上，泉州装备协会秘书长还就泉州装备协会十大服务平台及换届工作进行介绍，表示将针对到场企业的发言进行梳理，由协会向行业发出助力产业高质量发展的倡议书，同时就企业在发展中的需求制订细化的服务方案，推动服务落地，共同提振泉州工程机械配件产业的知名度和影响力。

康涛到鲤城调研新区城市现代化建设情况

市委书记康涛到鲤城调研新区城市现代化建设情况。康涛强调，要把握国家政策机遇窗口期，加快布局建设城市新区，大抓逆周期投资、弯道超车，加快提升城市综合能级。要更加重视科学规划，完善城市体系、优化格局形态，统筹抓好重点区域、城市业态、交通网络、景观风貌等建设，构建山水田园城市，完善城市安全治理体制机制，提升新城人居环境和创业环境。

2020年泉州爱国主义教育国防兵器展开幕

由市委宣传部、市双拥共建办、泉州军分区政治工作处、泉州晚报社主办，泉州台商投资区党工委党群工作部承办的“大国重器 保国利民”2020年泉州爱国主义教育国防兵器展，在泉州台商投资区保利·时光印象广场开幕。包括“辽宁号”航空母舰（模型）、歼10C战斗机、“功臣号”坦克等12件大型国防兵器集中亮相，展品的规格高、数量多，吸引众多市民慕名到场参观。此次活动还有小小解说员、少儿现场绘画大赛、老兵讲述红色记忆等系列活动。兵器展持续至7月5日，旨在加强国防军事教育，弘扬爱国主义精神，培养青少年的民族自豪感、使命感。

市民参观“辽宁号”航空母舰模型（图/林劲峰）

华侨大学和泉州师范学院举行“云上”毕业典礼

华侨大学在泉州校区体育场举行2020届毕业典礼。此次毕业典礼采用“线上+线下”的模式，泉州校区2018名毕业生在现场参加典礼，世界各地2780名毕业生在线同时参加“云典礼”。泉州师范学院在东海校区举行2020届学生毕业典礼。此次毕业典礼采用“云直播”方式，邀请全体毕业生通过手机端或电脑端收听收看现场直播。截至是日上午11点，共有近4万人在线观看毕业典礼。2020年该校共有4293名毕业生，其中硕士毕业生35名、本科毕业生4258名。

华侨大学泉州校区毕业典礼现场（图/张为健）

“泉州建材网上行”直播活动举行

20—21日，由市工信局主办，泉州晚报社、泉州市建材和散装水泥管理中心、泉州居然之家承办的“泉州建材网上行”直播活动在泉州居然之家商场举行，近30家建材知名生产企业以“直播带货+品牌展销”的方式参加，活动收获线上点赞数超过50万次。除九牧厨卫、申鹭达、名奇、丹豪、天恩等水暖卫浴、石材、建陶的龙头企业之外，还有聚丰、固美、南烽漆、美乐富、泉工、三联等家居、涂料、建材设备等多个细分领域的标杆性企业，近30家企业参与情景式布展推介拳头产品。活动现场，各参展企业轮流登台进行直播带货，三名网红主播以向厂家代表现场砍价的方式，向网友推介低价、爆款产品。自2015年以来，泉州市举办的“泉州建材中国行”走过长沙、合肥、沈阳、昆明、南宁等国内近10个知名城市。2020年，在疫情防控常态化背景下，为有效促进建材行业增产增效，泉州市策划“泉州建材网上行”活动，将“泉州建材中国行”这一品牌活动“搬”到网络上。通过“政府搭台，行业推动，企业唱戏”的模式，带动建材企业拓展线上品牌宣传和销售渠道。

6月20日

农历庚子年闰四月廿九
星期六
温度：26℃~35℃
阴转多云

●康涛到鲤城调研新区城市现代化建设情况。

●由市委宣传部、市双拥共建办、泉州军分区政治工作处、泉州晚报社主办的“大国重器 保国利民”2020年泉州爱国主义教育国防兵器展，在泉州台商投资区保利·时光印象广场开幕。

●华侨大学和泉州师范学院举行“云上”毕业典礼。

●由市住建局、市建设工程质量安全监督站、市建设工程质量安全协会、福建省第五建筑工程公司主办的“福建五建杯”建设工程安全知识竞赛活动举行。

●市安全生产委员会办公室、丰泽区安全生产委员会办公室在市区西湖公园举行安全生产进社区活动。

●20—21日，由市工信局主办的“泉州建材网上行”直播活动在泉州居然之家商场举行。

●泉州市演讲与口才学会成立。

6月21日

农历庚子年五月初一
星期日
温度：26℃～34℃
阴转多云

●市统计局、鲤城区统计局与清正社区组成普查指导员与普查员队伍到居民家中，进行人口普查登记，标志泉州市第七次全国人口普查综合试点入户登记工作启动。

●泉州市统一战线启动“同心就业促进行动”，计划促进和帮助5000名以上毕业生实现就业。

●由泉州市慈善总会、泉州市社会工作协会创立的“情暖社工·关爱在行动”社会工作人才关怀慈善基金在泉州市慈善总会签约启动。

●国家发改委发布《关于加快开展县城城镇化补短板强弱项工作的通知》，发布全国县城“新型城镇化建设示范县”名单，永春县位列其中。

泉州市第七次全国人口普查综合试点入户登记工作启动

市统计局、鲤城区统计局与清正社区组成普查指导员与普查员队伍到居民家中，进行人口普查登记，标志泉州市第七次全国人口普查综合试点入户登记工作启动。试点入户登记工作开始后，泉州市普查员手持智能电子设备，现场采集，并实时上报普查数据。鲤城区鲤中街道清正社区的五个普查小区，是泉州市第七次全国人口普查综合试点区域。在接下来十多天时间里，泉州市普查指导员和普查员按要求，统一佩戴工作证件和持“闽政通”的“绿码”陆续入户登记。此次人口普查须登记居民身份证号码，普查人员严格履行保密义务，对相关普查资料严格保密，仅限定用于普查相关目的。人口普查综合试点是整个人口普查工作的重要环节，是普查的一次实战演练。泉州市第七次全国人口普查的标准时点为11月1日零时，普查内容主要调查人口和住户的基本情况。

泉州市统一战线启动“同心就业促进行动”

泉州市统一战线启动“同心就业促进行动”，计划促进和帮助5000名以上毕业生实现就业。该行动由市委统战部、市人社局、市工商联、泉州中华职教社等10多家单位开展，分调研、对接、落实3个阶段实施，精准调研泉州市行业企业用工和高等院校、职业院校毕业生就业的实际需求，精准运用各项政策措施和服务手段开展对接，精准跟踪毕业生的就业质量和企业的用工质量状况；整合政府、企业、院校和社会组织等多方面资源，开展网上专场招聘、就业辅导讲座、直播电商公益培训等活动。该行动还举行泉州市留学人员“同心杯”创新创业大赛，引导和支持优秀留学人员到泉州创业、同心报国。大赛设置初创组和孵化组2个组别，分别评出金、银、铜奖和优秀奖项目若干，给予5000元到50万元的项目资金奖励。

泉州市成立社会工作人才关怀慈善基金

在市民政局推动和指导下，由泉州市慈善总会、泉州市社会工作协会创立的“情暖社工·关爱在行动”社会工作人才关怀慈善基金在泉州市慈善总会签约启动。签约仪式上，泉州市社会工作协会向泉州市慈善总会捐赠善款10万元，成立泉州市社会工作协会“情暖社工·关爱在行动”社会工作人才关怀慈善基金，签订认捐协议书。

永春入选全国县城“新型城镇化建设示范县”

国家发改委发布《关于加快开展县城城镇化补短板强弱项工作的通知》，发布全国县城“新型城镇化建设示范县”名单，永春县位列其中。永春县深化县城新型城镇化建设，推进供水管网、污水管网、环卫一体化等建设，强化完善市政交通管网格局，完善城市建设各项基础设施，生态环境日益得到改善，居民幸福指数日渐提高。永春县完成城区供水管网普查长度129.3千米，加快管网智能化平台建设，建立现代化管网漏损监测体系；可日处理污水6万吨，出水水质达到一级A标准，同时，采用雨污分流排水体系，新建、雨污分流改造管道37千米；推进县城区5G试点建设，完善数字基础设施建设，逐步推进智慧城市管理建设；推进“厕所革命”三年行动和老旧小区天然气建设改造三年行动，优化人居环境和完善民生基础设施建设；推进环卫一体化，稳步推进垃圾分类试点。

永春县城镇居民生活区屋顶经过绿化，成为一道别致的景观（图/康庆平 陈小阳）

刘献祥到泉州调研寺庙医药文化遗产

22—24日，省政协副主席刘献祥到泉州，开展“福建寺庙医药文化遗产保护和发展”调研活动。刘献祥走访永春县岵山镇清水祖师故里、泉州花桥慈济宫、泉州少林寺、晋江灵源寺等，了解寺庙传统中医药文化在疾病防治中的作用，并强调推动中医药传承创新的同时，要以寺庙中医药文化为载体，深化两岸交流合作与融合发展。

康涛到晋江调研推动乡村振兴工作

市委书记、市委实施乡村振兴战略领导小组组长康涛到晋江，查摆乡村振兴工作的短板不足，研究针对性措施。康涛与基层干部就管理细节展开交流。康涛强调，要学习贯彻习近平关于“三农”工作的论述，落实中央、省委部署要求，从农村千差万别的实际出发，找准薄弱环节和工作难点，因地制宜推进乡村全面振兴。要加强党对乡村振兴的领导，选好配强党组织带头人，强化村级班子建设，发挥基层战斗堡垒作用。要一件一件落实，一年一年推进，提升农村人居环境，把乡村产业上下游串联起来，把村民向心力凝聚起来，确保乡村振兴战略在泉州得到高质量的实施、呈现高质量的成色。

康涛（前排右二）在晋江农村集体资产资源资金监管服务中心调研

康涛（右四）在内坑镇黎山村调研（图/陈起拓）

市十六届人大常委会第五十二次主任会议召开

市十六届人大常委会第五十二次主任会议召开。会议讨论关于《泉州市市容和环境卫生管理条例（草案）》的初步审查报告，关于2019年度全市环境状况和环境保护目标完成情况、泉州市2019年市本级财政收支决算报告与2019年市本级预算执行和其他财政收支审计工作报告、泉州市地方政府性债务管理情况的审议意见稿，关于高新、传统、重化三大板块“建链、强链、补链”情况、泉州市城乡居民基本医保基金使用管理情况、加快城市快速通道规划建设推动重大交通设施互联互通情况、市人民检察院民事检察工作情况、《泉州市海上丝绸之路史迹保护条例》《泉州市市区内沟河保护管理条例》《泉州市中山路骑楼建筑保护条例》配套制度及基础性工作落实情况的调研报告和审议意见稿，关于泉州市健全师德建设长效机制情况、文化旅游融合发展情况、生态公益林保护管理情况的调研报告，关于政务数据汇聚与共享应用平台建设情况工作评议方案，关于公立医院“暖心服务”工作情况、石化工业园区生态环境保护工作整改情况、泉州和台湾人才交流工作情况的专题调研方案，关于开展《中华人民共和国食品安全法》《福建省食品安全条例》《中华人民共和国道路交通安全法》和《中华人民共和国道路交通安全法实施条例》执法检查方案，关于开展农村人居环境整治情况专题询问工作方案。

市十六届人大常委会第五十二次主任会议现场（图/王虎文）

6月22日

农历庚子年五月初二
星期一
温度：27℃～34℃
阴转多云

●22—24日，省政协副主席刘献祥到泉州，开展“福建寺庙医药文化遗产保护和发展”调研活动。

●康涛到晋江查摆乡村振兴工作的短板不足，研究针对性措施。

●市十六届人大常委会第五十二次主任会议召开，讨论关于《泉州市市容和环境卫生管理条例（草案）》的初步审查报告、关于2019年度全市环境状况和环境保护目标完成情况等。

●第二届闽台两岸拳击运动泉州研讨会以线上会议的方式，在鲤城区金山社区举行。

6月23日

农历庚子年五月初三
星期二
温度：27℃～34℃
阴转多云

●“申遗”和遗产保护推进专题会召开，对“申遗”和遗产保护工作再部署再落实再推进。

●全市视频会议召开，对疫情防控、安全生产等工作进行再部署、再落实。

●道路交通领域安全隐患大排查大整治百日攻坚行动小结暨道路运输安全生产专项整治三年行动动员部署视频会议召开。

●2020年普通高考组织考试疫情防控专题工作培训视频会议举行，市招生考试委员会就高考疫情防控卫生保障工作进行部署，并开展相关业务培训。

●由市委统战部、市民宗局等主办的“文明泉州 爱卫同行”走进民族乡村活动在市区大坪山公园成功驿站山线绿道举行。

“申遗”和遗产保护推进专题会召开

“申遗”和遗产保护推进专题会召开，对申遗和遗产保护工作再部署再落实再推进。会议强调，要把保护放在第一位，落实“应保尽保”原则，抓实抓细遗产保护、展示、考古、阐释、环境整治提升等，完善常态长效管理机制，严守遗产安全底线，守护好历史文脉根基。要突出价值发掘和传承保护，用好专家研究成果，培育专业人才队伍，宣传引导群众参与保护，把珍贵的遗产守护好、传承好。会前，市委还召开中心组学习（扩大）会，邀请中国社会科学院考古研究所研究员汪勃作《泉州城：传承有序协同发展的典范》专题讲座，从考古视角介绍泉州古城规划、建设及文化传承历史脉络，为保护和发展古城文化遗产提供崭新视野和研究路径。

全市视频会议部署疫情防控和安全生产等工作

全市视频会议召开，对疫情防控、安全生产等工作进行再部署、再落实。会议强调，要抓紧抓实抓细常态化防控具体工作，把属地、部门、单位、个人“四方责任”压紧压实，巩固疫情防控持续向好态势。要对农贸市场、冷链行业、远洋渔船从业人员等应检尽检，突出做好重点场所防控监测、卫生整治，落实人员摸排、健康管理、密集场所防控等措施。要推广运用“八闽健康码”，加大健康教育和宣传力度，开展爱国卫生运动，引导群众增强防护意识。要紧抓涉水安全、道路交通、危化品、建筑施工、消防安全、工矿商贸等重点领域，查找薄弱环节，完善各类安全防护措施，加强安全监管和日常巡查，堵住安全漏洞。要开展安全生产隐患大排查大整治和房屋安全“百日大整治”行动，用好“查得上来、整得下去”机制，有序衔接好安全生产专项整治三年行动，持续发力、摸清底数，分类整改、一抓到底，从根本上消除事故隐患。中考、高考即将来临，要把防疫、保障措施落实到位，为考生创造便利条件，营造关爱考生的氛围。

道路运输安全生产专项整治三年行动动员部署视频会议召开

道路交通领域安全隐患大排查大整治百日攻坚行动小结暨道路运输安全生产专项整治三年行动动员部署视频会议召开。会议要求，各地各部门要以对党和人民高度负责的态度，认识加强道路运输安全管理的极端重要性和现实紧迫性，坚持底线思维、问题导向，防止重特大道路运输事故，确保道路运输安全形势持续向好。要突出以安全为最终目标，梳理好各项目标任务，善于抓住重点环节，统筹抓好推进落实。要强化组织领导、严明责任要求，确保各项任务措施落到实处、见到实效。要以高度的责任心和使命感，开展好专项整治三年行动，为维护好人民群众生命财产安全和经济高质量发展、社会和谐稳定提供更加安全有序的道路交通环境。

普通高考组织考试疫情防控专题工作培训视频会议召开

2020年普通高考组织考试疫情防控专题工作培训视频会议召开，市招生考试委员会就高考疫情防控卫生保障工作进行部署，并开展相关业务培训。会议要求，各地卫健部门要及时关注国内外疫情形势，动态掌握重点地区人员进入情况，加强突出公共卫生事件（含夏季高发传染病等）监测、评估、预警，各级疾控中心要对当地考点、考场落实防控措施提出专业指导意见，适时开展学校外环境卫生学监测等，确保考生安全。各地各校要细化预案，完善工作机制，落实各环节防控措施。落实到具体面、线、点上，要做到有机构、有人员、有机制、有评估。各地要根据预案，制订可操作的演练脚本，要结合防控风险点，开展应急演练，提高实战针对性。

6月24日

农历庚子年五月初四
星期三
温度：26℃～34℃
阴转晴

●市委理论学习中心组学习会召开，集中学习研讨《习近平在福建》采访实录。

●康涛、王永礼会见到访的世界晋江青年联谊会一行。

●市委中心组（扩大）学习会召开，邀请福州大学法学院叶知年教授作《改善营商环境 发展社会经济——民法典解读》专题讲座。

●市政协党组理论中心组（扩大）学习会议召开，传达学习习近平总书记在宁夏考察时的讲话精神、在主持专家学者座谈会时的讲话精神和对毛南族实现整族脱贫作出的指示等。

●市委宣传思想工作领导小组贯彻落实《中国共产党宣传工作条例》视频会议召开。

●全省首个地市级政法融媒体中心——泉州市政法融媒体中心成立。

●泉州市关注“特殊困难群体”公益救助项目签约仪式举行。

●泉州和台湾人力资源服务产业园项目运营合作签约仪式在泉州台商投资区举行。

市委理论学习中心组集中学习《习近平在福建》

市委理论学习中心组学习会召开，集中学习研讨《习近平在福建》采访实录。会议强调，要践行以人民为中心的发展思想，打好三大攻坚战，保障和改善民生，办好群众关切实事要事。要及时跟进、认真学习《习近平在福建》，与学习宣传贯彻习近平新时代中国特色社会主义思想和中共十九大精神，学习贯彻习近平对福建工作的讲话指示批示精神结合起来，做到真学真信真用。领导干部要发挥示范引领作用，以身作则、先学一步、学深一层，一级带着一级学、一级带着一级干，把学习成果转化为推进工作的动力。

市委贯彻落实《中国共产党宣传工作条例》视频会议召开

市委宣传思想工作领导小组贯彻落实《中国共产党宣传工作条例》视频会议召开。会议学习宣传贯彻习近平新时代中国特色社会主义思想，学习贯彻习近平关于宣传思想工作的思想和对福建工作的讲话指示批示精神，落实中宣部和省委、市委部署要求，推进条例贯彻落实。会议强调，各级党委（党组）要强化责任担当，压紧压实主体责任，加强党对宣传工作的全面领导，构建大宣传工作格局。要围绕首要政治任务，兴起新一轮“大学习”热潮，深化系列采访实录的学习，跟进学习习近平最新讲话指示批示精神，推动学习宣传贯彻习近平新时代中国特色社会主义思想走深走实。

全省首个地市级政法融媒体中心在泉州成立

全省首个地市级政法融媒体中心——泉州市政法融媒体中心成立。当天还为7家泉州市政法融媒体中心首批战略协作媒体单位、7个“2018—2019年度政法‘平安’宣传示范单位”及首批加盟的7名“泉州政法网红”进行授牌。泉州市政法宣传工作亮点纷呈、成果丰硕。以“平安泉州”微信公众号为龙头的泉州政法新媒体矩阵影响力越来越大，“石狮法院”“鲤城检察”“晋江公安”“丰泽普法”等一批政法新媒体账号在全国各类选评中屡获荣誉，国家、省、市级报台网不断涌现泉州市政法宣传精品力作和“爆款”文章。泉州市政法融媒体中心将借助政法媒体的专业优势，协同全市政法各单位新媒体平台共同发展，打造以“平安泉州”为轴心、以市级政法官微为骨干、辐射带动县（市、区）、乡镇近百个政法新媒体账号的泉州政法新媒体矩阵联盟，加深与媒体的良性互动，把传统媒体的内容深度优势与新媒体的传播扩散优势深度有机融合，从而实现资源通融、内容兼融、宣传互融，释放“政法+新媒体”宣传效应的“最大增量”。

泉州市政法融媒体中心揭牌（图/肖　赣）

泉州市关注“特殊困难群体”公益救助项目签约

泉州市关注“特殊困难群体”公益救助项目签约仪式举行。该项目立足于为罹患重大疾病或遭遇意外伤害的特殊困难群体解决基本生活保障问题，救助范围覆盖全市特困供养人员和60周岁以上低保对象，涵盖23000余人。该公益救助项目是市民政局、中国人民财产保险股份有限公司泉州市分公司，为开展2020年市委、市政府为民办实事“救急难”项目共同成立的公益救助项目，项目为期一年。此次签约标志项目正式启动。

6月25日

农历庚子年五月初五
星期四
温度：27℃～34℃
多云

●康涛到德化、安溪调研窑址、冶铁遗址保护工作情况。

●全市各地举行端午节活动。

●25—28日，由晋江市政府、泉州晚报社支持，泉州汽车同业协会、晋江市贸促会主办的第二十七届中国泉州国际汽车展在晋江国际会展中心（新馆）举行。

康涛到德化安溪调研窑址冶铁遗址保护工作

市委书记康涛到德化、安溪调研窑址、冶铁遗址保护工作情况。在德化，康涛到尾林—内坂山坡林间考古工地、屈斗宫窑址点，查看窑炉遗址、作坊区、加工区、出土物，了解古代窑炉类型特征、陶瓷生产流程、营造技术等。康涛强调，要做好保护棚、标识、环境提升等，在保护的基础上把宋元明清陶瓷发展的历史脉络、丰富内涵发掘好展示好，把生产享誉世界的“中国白”瓷土这一不可再生的资源保护好；要推动遗产保护进校园，让中小学生从小了解历史，增强文化自信；要推进历史文化遗产保护利用，加强陶瓷文创产品研发、文旅融合发展等，让遗产活起来、绽放新光彩。在安溪，康涛到青阳下草埔冶铁遗址考古工地、古代矿洞，以及与冶铁生产有关的余氏祖厝遗址，了解冶铁生产环节、工序、技术特征、生产能力以及在中国古代冶铁业的地位和贡献。康涛要求，要专人专班加强考古工地、遗迹保护，做好与遗址元素衔接、景观风貌协调、体现风格特色的展示工作，加强与北京大学专业团队合作，吸纳专家意见建议，提高保护专业化水平。

康涛（左二）在安溪青阳下草埔冶铁遗址考古工地听取北京大学文博学院考古队介绍（图/苏连锦）

全市各地举行端午节活动

由市古城办、市文旅局主办，市旅游发展服务中心承办的“海丝泉州、粽情古城”泉州古城文化旅游资源宣传推介活动举行。活动旨在宣传推介泉州文化旅游资源，增强泉州海外知名度，推广“海丝泉州”品牌，展示古城文化旅游魅力。活动路线为通淮关岳庙—清净寺—厚城祖师宫—明伦堂—崇圣祠—大成殿—庄际昌祠—蔡清祠—泮宫—金鱼巷—中山路—玉犀巷—新府口—元妙观，由第五期泉州古城英文讲解学员带领，全程英文讲解，让外国友人了解泉州古城的历史故事，并沿路品尝泉州古早味特色美食，观看南音、木偶戏等“非遗”演出。20名来自美国、俄罗斯、也门、埃及、意大利、约旦等国的友人参加活动。5名英文讲解员接龙介绍，希望通过活动更好地向外国友人推介泉州古城，同时也让英文讲解员有实战经历，展示古城讲解员的风采。主办方还别出心裁为外国友人准备了亲手包烧肉粽的体验活动。

鲤城区启动“守护古城·红色力量”志愿服务活动。6支志愿服务队分为三组，同步开展“端午情志愿红”困难户慰问、美丽古城志愿服务、“古城新遇”党建路线讲解等志愿服务活动。“海峡第一村”晋江金井镇围头村举行为期七天的“线下线上”互联互通送爱心活动。线下部分在围头村幸福院举行，巾帼志愿者将村里的鲍鱼特产包入粽子，分三批向全村80岁以上的老人和海峡通婚家庭赠送；线上部分则通过现场直播和微信交流，让对岸的“围头新娘”感受来自家乡的暖心行动。由晋江东石镇龙江吟社、龙江畔读书社、青年书画协会承办的“端午”朗诵会在青年书画社举行，或读经典诗文，或诵本土作品。

外国友人在清净寺外聆听泉州古城英文讲解员讲解古城文化（图/李芸生）

泉州市部署防暑降温工作

高温天气持续，市政府办印发通知，动员各级各部门齐心协力战高温，解决高温天气给人民群众生产生活带来的困难和问题。防暑降温是一项季节性很强的劳动保护工作，直接关系到劳动者身体健康和企业生产安全。根据通知要求，各地各有关部门要针对高温天气带来的不利影响，对本地区本行业防暑降温工作作出周密细致的安排部署，制定出具体的工作方案和措施，加强宣传引导，狠抓责任落实。同时，要督促用人单位做好防暑降温工作，严防高温酷暑引发各类事故。各地各行业管理部门还要按照职责分工加强监管，特别是以建筑施工、交通运输、环境卫生、加工制造等行业为重点，到高温作业场所开展监督检查，对检查中发现有违反国家有关规定、危害职工身体健康的行为，依法进行查处，责令用人单位整改，并加强对整改情况的跟踪检查，确保整改措施落实到位。

通知还明确，用人单位必须强化防暑降温第一责任人意识，及时调整高温、露天作业人员的劳动强度和作息时间，严格执行新的高温津贴标准（标准为：按月计发的，每人每月260元；按天计发的，每人每天12元），做好各项防暑降温工作。日最高气温达到40℃以上时，用人单位应当停止安排劳动者当日室外露天作业；日最高气温达到37℃以上、40℃以下时，全天安排劳动者室外露天作业时间累计不得超过6小时，连续作业时间不得超过国家规定，且在气温最高时段3小时内不得安排室外露天作业；日最高气温达到35℃以上、37℃以下时，用人单位应当采取换班轮休等方式，缩短劳动连续作业时间，并且不得安排室外露天作业劳动者加班。市人社局有关负责人提醒，若发现用人单位存在未按规定发放高温津贴等侵犯劳动者合法权益行为，劳动者可通过举报投诉窗口、“12333”电话、“12345”平台等渠道进行咨询和维权，各级劳动保障监察机构依法严肃查处。

泉州市20家企业入选省百家重点内贸企业名单

为推动福建省内贸流通发展，加强内贸运行监测和调度工作，省商务厅发布百家重点内贸企业名单，其中泉州市20家。分别是中石化森美（福建）石油有限公司泉州分公司、中石油福建泉州销售分公司、中闽百汇、泉州新华都、中化（泉州）石油销售有限公司、中化石油成品油销售有限公司、福建苏闽石油有限公司、南安市华龙石油有限公司、福建达利发展有限公司、泉州苏宁易购、多一度（泉州）电子商务有限公司、泉州鹏润国美、泉州元泽汽车有限公司、泉州市东南医药连锁有限公司、泉州福宝汽车销售服务有限公司、福建世腾汽车销售服务有限公司、泉州之星汽车销售服务有限公司、福建魏氏茶业有限公司、日春股份公司、福建省泉州百泰汽车销售服务有限公司。

“益棵树”公益网络服务平台预约活动启动

由市林业局、市委文明办主办的“益棵树”公益网络服务平台预约活动启动。活动旨在动员社会各界参与到“互联网+全民义务植树”行列中。通过泉州“益棵树”公益网络服务平台完成义务植树尽责或相关正能量行为，即可转化为义务植树尽责积分，换取网上泉州市全民义务植树尽责纪念证书。根据全国绿化委员会印发的《全民义务植树尽责形式管理办法（试行）》，全民义务植树的尽责形式不再停留在单纯的种树层面，群众的一切有利于生态环境建设的植树护绿、低碳生活、节能减排、抚育管护、认种认养、关爱自然等行为，都属于义务植树的尽责形式。“益棵树”公益网络服务平台是泉州市为拓宽义务植树的内涵和外延，适时推出的一个新型网络互动平台。该平台最大的创新是开设一套实体参与和网络互动系统，引导群众将自主开展的各类线下义务植树尽责行为和网络互动结合起来，改变人们以为只有“3·12”义务植树节期间才可履行义务植树职责的固有认识，倡导常年尽责、形式多样、网络互动的新型义务植树尽责方式。

6月26日

农历庚子年五月初六
星期五
温度：26℃～32℃
中雨转多云

●市政府办印发通知，动员各级各部门齐心协力战高温，解决高温天气给人民群众生产生活带来的困难和问题。

●为推动福建省内贸流通发展，加强内贸运行监测和调度工作，省商务厅发布百家重点内贸企业名单，其中泉州市20家。

●由市林业局、市委文明办主办的“益棵树”公益网络服务平台预约活动启动。

●由泉州古城保护发展工作协调组办公室、市文旅局、1915艺术空间主办的“有物混成——德化当代陶瓷艺术展”在西街1915艺术空间举行。

6月27日

农历庚子年五月初七
星期六
温度：26℃～33℃
阴转多云

●康涛到石狮调研爱国卫生运动和城乡人居环境整治工作情况。

●泉州市端午假期旅游市场回温。

●福建省气象学会、福建省旅游协会发布2020年“清新福建·气候福地”认定结果，泉州市7地入选。

康涛到石狮调研爱国卫生运动工作情况

市委书记康涛到石狮调研爱国卫生运动和城乡人居环境整治工作情况。在永宁镇沙美村，康涛指出，农村既要有乡土气息，又要干净整洁。各镇（街道）、村（社区）要广泛动员、迅速行动、对标找差，开展互学互促，营造良好氛围，把农村人居环境整治变成服务群众、改善民生的过程，让更多群众参与、受益。在石狮湿地公园项目现场，康涛指出，生态公园建设是展现城市形象、提升城市品质的重要载体，集健康、休闲、旅游等功能于一体。要扛起生态文明建设和生态环境保护治理的政治责任，改善生态环境质量，统筹推进公园项目建设，依托优质海岸带资源，完善公园规划布局，增强公园服务功能，更好地造福市民、惠及群众。调研中，康涛强调，要把人民群众的生命安全和身体健康放在首位，坚持预防为主的卫生与健康工作方针，开展爱国卫生运动，深化城乡人居环境综合整治，倡导文明健康、绿色环保生活方式，增进群众健康福祉。

泉州市端午假期旅游市场回温

端午小长假期间，泉州市在继续抓实常态化疫情防控的同时，加大旅游市场监管力度，加快推进旅游市场复苏，各地推出丰富多彩的民俗文化旅游活动和惠民措施，为市民游客营造热闹又安全的旅游环境，端午假期旅游市场呈现有序回温态势。 为推进常态化疫情防控，保障市民游客出行安全，泉州市继续坚持“限量、预约、错峰”，已恢复开放的42家A级旅游景区在“泉州市智慧旅游云平台”开通分时段预约功能，每天预约容量不超过景区日最大承载量的30%，“无预约、不旅游”成为疫情期间出游的新风尚。全市旅游景区端午假期流量管控良好，文化和旅游市场秩序井然，没有发生涉疫事件，没有出现安全事故。因疫情带来的心理影响，以及受长途与出境游限制，端午假期周边短线游是出行主流选择。游客抽样调查结果显示，端午假期泉州市接待的国内游客中，有95.9%选择个人或与亲友结伴方式出游，选择自驾车出游的为77.6%。

此外，与孩子互动共游的家庭游产品受到市民游客追捧。永春北溪文苑举办“‘粽’享温情 寻宝大作战”活动，吸引一批亲子游客开启寻宝之旅；德化云龙谷景区在节前盛大迎客，飘雪狂欢、欢乐海洋球，云龙谷漂流、萌宠乐园让众多家庭乐在其中；主打亲子旅游的石狮茂险王主题乐园推出儿童免费换装活动，吸引众多家庭参与。而随着气温不断升高，市民游客夏日看海热情也逐渐升温，惠安崇武古城、风车岛、青山湾、金沙湾、石狮黄金海岸等均吸引不少市民游客。

端午假期，全市各地挖掘端午文化内涵，开展民风民俗、体育健身活动，并推出多样的惠民措施，加快旅游市场复苏，让市民感受传统节日的魅力。受疫情影响，石狮千年古镇蚶江镇延续百年的海上泼水节转战“云端”，在线上举办“闽台对渡文化节暨蚶江海上泼水节”活动，让网友感受到王爷船巡海、海上捉鸭、赛龙舟、攻城炮等民俗文化魅力。线下，晋江安海的“嗦啰嗹”、水上捉鸭，泉港沙格村的龙舟赛，鲤城笋江的扒龙船等习俗活动也让市民游客体会到传统节日的气息。此外，各类文化演出接连上演。闽南婚俗歌舞《古厝娶亲》于端午假期首寻在泉州南音艺苑上演，泉州南音、高甲戏、梨园戏、木偶戏等闽南文化精髓受到观众欢迎。

泉州市七地入选2020年“清新福建·气候福地”

福建省气象学会、福建省旅游协会发布2020年“清新福建·气候福地”认定结果，泉州市七地入选。其中，德化县赤水镇、桂阳乡，永春县呈祥乡，安溪县湖上乡入选“避暑清凉福地”；石狮市永宁镇、晋江市金井镇，惠安县崇武镇西沙湾入选“滨海休闲度假福地”。“清新福建·气候福地”是由独特气候条件决定的、具有地域特色的优质气候品牌的统称，是衡量一地气候生态资源综合禀赋的权威认定。

市人大常委会党组理论学习中心组学习会议召开

市人大常委会党组理论中心组学习会议召开。会议传达学习习近平关于巡视工作的讲话精神，中央、省委巡视巡察有关会议精神，以及市委有关会议精神；传达学习省委常委会关于进一步统筹做好常态化疫情防控和经济社会发展工作的会议精神；研究市人大常委会党组2020年上半年意识形态工作情况、成立宣传思想工作领导小组有关事项，以及机关党委2019年度落实全面从严治党主体责任整改情况；传达全省宣传工作会议精神；听取2020年全省人大侨台民宗工作座谈会精神汇报、2020年市人大常委会机关党建半年工作总结。

市人大常委会党组理论中心组学习会议现场（图/陈意鸣）

泉州市出台《房屋安全隐患处置指导意见》

泉州市出台《房屋安全隐患处置指导意见》（以下简称“意见”）。意见明确，重大安全隐患房屋（含D级危房）应立即停止使用，撤出人员，腾空封房，拉好警戒线，禁止人员靠近，挂贴警示牌，乡（镇、街道）属地政府应加强日常巡查和监测，防止人员回流。6月底前，按清单逐一提出加固补强或实施拆除处置方案。其中，拟加固补强的，设计方案应委托有相应资质的设计单位进行设计，并满足现行规范标准和当地抗震设防烈度要求，先实施加固补强后再进行结构安全性鉴定，符合房屋结构安全标准后才能投入使用。加固补强处置工作于12月底前完成。拟实施拆除的，应落实拆除工程安全生产责任，加强拆除工程安全管理。实施拆除处置于10月底前完成；教育用房若因影响教学和校园安全问题无法及时拆除的，报市教育主管部门同意后，可延迟到12月底前完成。对于两层及以上“两无”（无资质设计、无资质施工）的钢结构建筑，经鉴定后可加固补强的，应按照钢结构建筑设计规范出具设计方案后实施；若钢柱需要加固补强的，原则上按钢砼框架体系进行加固；不具备加固条件的，一律予以拆除。

根据要求，下列5种类型房屋，应委托有相应资质的专业机构进行结构安全性鉴定，并于9月底前提交鉴定报告、提出处置意见：一是两层及以上（夹层计入层数）钢结构房屋或者单台吊车起重量大于20吨的门式刚架轻型钢结构厂房；二是擅自改变结构和功能布局的建筑；三是违法改扩建（含加层夹层）的建筑；四是擅自对地下空间进行开挖的建筑；五是其他需要鉴定的房屋。这些需重点鉴定的房屋，经鉴定后应及时进行分类处置，其中经鉴定为D级危房的，应按“重大安全隐患房屋”的处置要求和时限处置到位。经鉴定为C级危房的，可实行拆除，或按照规范标准和抗震要求实行加固补强，应于12月底前处置到位。此外，经鉴定为A、B级，可正常观察使用。存在消防安全隐患的房屋，应按消防安全要求及时予以整改。属未经有资质单位设计施工（特别是加层、扩建、拆改主体结构），或有所列裂缝、变形等情形之一的一般安全隐患房屋，应及时委托专业机构进行安全性鉴定，并根据鉴定结论分类处置。对存在一般隐患的群租房，由各县（市、区）开展专项处置。属文物建筑、历史建筑、已列入历史建筑普查成果的建筑以及有保护价值的传统风貌建筑，要“应保尽保”整体保护，按照相关保护要求采取修缮加固等处置办法，不得擅自拆除。

6月28日

农历庚子年五月初八
星期日
温度：26℃～34℃
阴转多云

●市人大常委会党组理论学习中心组学习会议召开，传达学习习近平关于巡视工作的讲话精神，中央、省委学习巡视巡察有关会议精神，以及市委有关会议精神；传达学习省委常委会关于进一步统筹做好常态化疫情防控和经济社会发展工作的会议精神。

●泉州市出台《房屋安全隐患处置指导意见》。

●由市委文明办、市市场监督管理局主办的文明餐桌暨移风易俗志愿服务活动举行。

●由市商务局、泉港区政府主办的泉港区首届“6·28”电商直播节活动暨东青泉港电商直播基地揭牌仪式在泉港区锦川商业城举行。

6月29日

农历庚子年五月初九
星期一
温度：27℃～34℃
阴转多云

●市委召开政党协商专题座谈会，就统筹疫情防控和经济社会发展，听取各民主党派、市工商联、无党派人士代表的意见、建议。

●康涛、王永礼到部分省、市重点项目施工现场，推动项目加快建设步伐，并代表市委、市政府看望慰问坚守在高温一线的劳动者。

●市十六届人大常委会第二十九次会议召开，听取和审议市政府关于提请审议《泉州市市容和环境卫生管理条例（草案）》的议案，关于高新、传统、重化三大板块“建链、强链、补链”情况的报告等。

●市委全面依法治市委员会守法普法协调小组第一次会议暨“七五”普法总结检查验收工作动员部署会召开，研究部署泉州市2020年守法普法相关工作，对“七五”普法检查验收工作进行动员。

●全省首个以机关党建为主题的党建展馆——泉州市机关党建体验馆（泉州台商投资区）开馆。

●市政府节能办发布“泉州市2019年节能技术和产品推荐目录”，此系泉州市发布的首批节能技术和产品推荐目录，全市9家企业的节能技术和产品入列。

●安溪在全省率先同步成立中国共产党安溪县物业服务行业委员会、安溪县物业管理发展交流促进会，并全省首发“红色物业十条公约”。

市委召开政党协商专题座谈会

市委召开政党协商专题座谈会，就统筹疫情防控和经济社会发展，听取各民主党派、市工商联、无党派人士代表的意见、建议。座谈中，各民主党派、工商联和无党派人士围绕加强公共卫生管理、关注师生心理健康、推广使用公筷公勺、精准扶持产业发展、抢滩新基建新经济、促进旅游消费回暖、加强务工人员转岗服务等方面提出建议。市委书记康涛指出，希望各民主党派、工商联和无党派人士携手并肩同行，发挥优势作用，协助营造舆论氛围，推动健全卫生体系、防控机制，为防疫贡献力量；深入调查研究，在扶企业、稳链条、拓市场等方面，继续贡献经验智慧；参与新基建新经济、新材料、新片区、新交通水利四个新领域投资和八个千亿集群改造提升，加强前瞻性谋划和规律性思考，提供更多专业性、针对性的帮助。

康涛王永礼慰问坚守高温一线的劳动者

市委书记康涛、市长王永礼到部分省、市重点项目施工现场，推动项目加快建设步伐，并代表市委、市政府看望慰问坚守在高温一线的劳动者。康涛、王永礼强调，要科学指挥调度，强化施工管理，保质保量完成建设任务，争取项目早日建成投用，补齐住房、交通、医疗等民生领域短板，让老百姓从中获益。要落实安全生产责任制，防范应对高温、雷雨、强风等极端天气，落实防暑降温和劳动保护有关规定措施，科学合理安排户外工作时间，保障劳动者的生命安全和身心健康。

市十六届人大常委会第二十九次会议召开

市十六届人大常委会第二十九次会议召开。会议听取和审议市政府关于提请审议《泉州市市容和环境卫生管理条例（草案）》的议案，关于高新、传统、重化三大板块“建链、强链、补链”情况的报告，关于加快城市快速通道规划建设、推动重大交通设施互联互通情况的报告，关于《泉州市海上丝绸之路史迹保护条例》《泉州市市区内沟河保护管理条例》《泉州市中山路骑楼建筑保护条例》配套制度、基础性工作落实情况的报告；听取和审议市政府关于2019年市本级决算草案的报告、关于2019年市本级预算执行和其他财政收支的审计工作报告，审查和批准2019年本级决算；听取和审议市政府关于地方政府性债务管理情况、泉州市养老服务体系建设情况、泉州市城乡居民基本医保基金使用管理情况、2019年度环境状况和环境保护目标完成情况的报告，市人民检察院关于民事检察工作情况的报告，市人大常委会关于泉州市健全师德建设长效机制情况、文化旅游融合发展情况的报告；听取和审议市政府关于研究处理市人大常委会关于《中华人民共和国传染病防治法》实施情况的审议意见情况的报告，并进行满意度测评，测评结果为满意。

泉州市机关党建体验馆开馆

全省首个以机关党建为主题的党建展馆——泉州市机关党建体验馆（泉州台商投资区）开馆。泉州市机关党建体验馆（泉州台商投资区）总面积630多平方米，设有展陈区、体验区、宣誓区、组织生活室、党建书吧等功能区，全面展现机关党建发展历程，系统呈现习近平在福建工作期间对机关党建的探索实践，以及中央到地方探索形成的一系列行之有效的机关党建工作机制和方法载体等内容，打造具有时代性、示范性和体验性的机关党组织活动平台和党员党性教育基地。体验区中的红色教育VR体验、党员承诺区、学习强国挑战答题区、以图为鉴、初心接龙等互动体验环节，体现出“情景模拟+互动体验”功能，推动基层党建传统优势与信息技术深度融合。

市委市政协专题协商会议召开

市委、市政协召开“加快推进泉州市制造业高质量发展”专题协商会议。会上，市政协课题组、委员代表围绕协商主题，从编制制造业发展规划、帮扶困难企业、传统产业转型升级、石化产业高质量发展、高新技术产业跨越发展、优化要素保障等方面建言，提出针对性建议。在听取发言后，市委书记康涛指出，委员代表要发挥智力密集、人才荟萃、联系广泛等优势，在稳产业链供应链、促逆周期投资、造“产城人”大环境等方面，开展专题协商、对口协商、界别协商，共同把产业发展好、把城市打造好。各级党委、政府要完善协商平台机制，主动征求和听取意见建议，同心同向同频共振，更好推动协商民主深入发展。市政协主席李转生指出，要围绕传统产业转型升级，抓好信息化、智能化建设，培育新兴产业拓展发展空间，把相关内容纳入“十四五”规划。

市委、市政协“加快推进泉州市制造业高质量发展”专题协商会议现场（图/市政协）

市政府党组（扩大）会议召开

市政府党组（扩大）会议召开，研究《中共泉州市人民政府党组落实全面从严治党主体责任清单》，部署市政府党组全面从严治党工作；传达贯彻《新时代爱国主义教育实施纲要》《新时代公民道德建设实施纲要》文件精神及省委常委会会议、市委常委会会议精神。会议强调，要知责明责尽责，对照市政府党组责任清单，主动认领任务、逐项细化研究、合力推动落实，扛起全面从严治党政治责任、主体责任、第一责任。要发挥带头示范作用，注重管在日常、严在经常，在狠抓落实中完善机制、形成制度，推动政府系统全面从严治党取得过硬成果。

2019年泉州经济年会年度峰会举行

由市委宣传部、市发改委、科技局、工信局、商务局、金融监管局等主办的2019年泉州经济年会年度峰会举行。该届经济年会年度峰会因疫情防控原因推迟至是日举办，以“创新转型 行稳致远”为主题，共商时代机遇下如何为泉州经济发展添动力、增实力，全方位推动高质量发展超越。市委副书记、宣传部部长张永宁，市人大常委会副主任吴汉宗，市政协副主席林志建等出席会议。张永宁在致辞中表示，历经15载，泉州经济年会一直是泉州市经济界的年度盛事，是党委、政府、企业和媒体的良好互动平台，为推动泉州产业创新转型和高质量发展积蓄正能量。泉州正奋力夺取疫情防控和经济社会发展的“双胜利”，机遇多、空间大、前景好，希望广大追梦人、奋进者继续在泉州深耕热土、播撒希望、实现梦想。市委、市政府将一如既往优化服务，与企业和企业家共担风雨、共谋发展。峰会现场，2019年度经济人物、2019年泉州市优化营商环境“最具获得感”十大举措、2019年度企业社会责任奖等十项榜单揭晓；中国创新设计产业联盟副理事长、师董会主席胡海平作《疫情下的产业数字化进程》主题演讲，与泉州企业界探讨分析如何抢先布局疫情后的产业数字化时代。

2019年泉州经济年会年度峰会现场（图/陈小阳）

6月30日

农历庚子年五月初十
星期二
温度：27℃～34℃
阴转多云

●市委、市政协召开“加快推进泉州市制造业高质量发展”专题协商会议。

●市政府党组（扩大）会议召开，研究《中共泉州市人民政府党组落实全面从严治党主体责任清单》，部署市政府党组全面从严治党工作；传达贯彻《新时代爱国主义教育实施纲要》《新时代公民道德建设实施纲要》文件精神等。

●市政府党组理论学习中心组学习会召开，集中学习研讨《习近平在福建》采访实录。

●由市委宣传部、市发改委、科技局、工信局、商务局、金融监管局等主办的2019年泉州经济年会年度峰会举行。

●2020年泉州“文明创城 志愿同行”主题活动启动。

●致敬“城市最美逆行者”公益交响音乐会在泉州大剧院举行。

●丰泽区第二季度部分重点项目集中开（竣）工仪式举行，丰泽区实验小学毓才校区、泉州菲莉喜来登酒店、泉州奇龙物流电商大厦、力标·新都汇4个项目开工，丰泽区档案馆项目竣工。

7月1日

农历庚子年五月十一
星期三
温度：26℃～32℃
阴转小雨

●康涛调研泉州市疾控工作，并以普通党员身份，参加所在的市委办党支部和市疾控中心党总支开展的主题党日活动，庆祝中国共产党成立99周年。

●市政府办第一党支部举行“重温‘晋江经验’ 加快发展超越”七一主题党日活动，王永礼以普通党员身份参加活动。

●是日起，泉州市调整职工医保缴费上下限基数，调整后，每月最低缴费基数不低于3488.4元，最高缴费基数不超过17442元。

●全市首个“学习强国”线下体验中心在洛江区马甲镇永安村揭牌。

●福建新时颖电子商务有限公司申报的295件、货值3485美元的服装，以“9810”方式报关出口。此系厦门海关等全国十个海关被列入开展跨境电商B2B出口监管改革试点以来，泉州市首次以跨境电商B2B出口货物。

康涛调研疾控工作

市委书记康涛调研泉州市疾控工作，并以普通党员身份，参加所在的市委办党支部和市疾控中心党总支开展的主题党日活动，庆祝中国共产党成立99周年。康涛到市疾控中心实验室了解核酸采样、检测等工作，听取防控工作情况汇报。在主题学习讨论中，康涛与市疾控中心党总支党员一起学习领会习近平总书记讲话指示批示精神，共同交流加强和改进疾控工作的思路。康涛指出，要绷紧疫情防控这根弦，风险再排查、责任再抓实、重点再加固，抓好核酸检测、环境消杀整治，推广使用“八闽健康码”，专业指导公共场所等做实防控措施，织密公共卫生防护网。要加紧补短板堵漏洞强弱项，在构建更加有效的治理体系上下更大功夫，抓紧完善医防协同、监测预警、应急管理指挥、城乡社区联动机制等，加强人才培养、梯队建设，提升应对突发公共卫生事件的能力水平。

康涛（左二）参加市委办党支部和市疾控中心党总支开展的主题党日活动（图/陈起拓）

王永礼参加市政府办第一党支部“七一”主题党日活动

市政府办第一党支部举行“重温‘晋江经验’ 加快发展超越”七一主题党日活动。市委副书记、市长王永礼以普通党员身份参加活动。党员干部到晋江市展馆，听取晋江经济发展、城市变迁、文化传承、生态建设和党建引领等方面的讲解，再次重温习近平七下晋江总结提炼的“晋江经验”。参观结束后，王永礼与市政府办第一党支部党员分享心得体会。

泉州市调整职工医保缴费上下限基数

是日起，泉州市调整职工医保缴费上下限基数。根据《国务院办公厅关于印发降低社会保险费率综合方案的通知》和《福建省人民政府办公厅关于印发福建省降低社会保险费率综合工作方案的通知》精神，结合省统计部门提供的2019年度全省全口径城镇单位就业人员年平均工资为69768元的情况，从是月起，泉州市按2019年度全省全口径城镇单位就业人员年平均工资的60%至300%调整泉州市职工医保参保人员缴费基数，调整后，每月最低缴费基数为3488.4元，最高缴费基数为17442元。

泉州市启动跨境电商B2B出口监管改革试点

由福建新时颖电子商务有限公司申报的295件、货值3485美元的服装，以“9810”（跨境电商出口海外仓）方式报关出口。此系厦门海关等全国十个海关被列入开展跨境电商B2B（企业对企业的电子商务模式）出口监管改革试点以来，泉州市首次以跨境电商B2B出口货物。跨境电商B2B出口监管试点在泉州的启动，将便利众多传统外贸企业快速进入跨境电商“航道”，为跨境电商企业提供更多通关、物流模式的选择。这一试点政策对作为跨境电子商务综合试验城市的泉州而言，更是重要加持和利好。6月12日，海关总署发布《关于开展跨境电子商务企业对企业出口监管试点的公告》，决定厦门海关等10个海关于7月1日起开展跨境电商B2B出口监管改革试点。泉州海关作为厦门海关的隶属海关，被列入此次试点。此次改革考虑到跨境电商新业态信息化程度高、平台交易数据留痕等特点，采用企业一次登记、一点对接、便利通关、简化申报、优先查验、允许转关、退货底账管理等针对性的监管便利化措施，给企业带来很多红利。

市委常委会学习习近平讲话精神

市委常委会召开会议，学习贯彻习近平在中央政治局第二十次集体学习时的讲话精神以及省委常委会会议、省委理论学习中心组学习会会议精神；传达中央全面深化改革委员会第十三次会议和省委常委会会议、省委全面深化改革委员会第十次会议精神；学习贯彻习近平对禁毒工作的指示精神以及全国禁毒工作先进集体和先进个人表彰会议、省委常委会会议精神；传达省委常委会会议精神，听取食品安全工作汇报，研究《2020年全市治理“餐桌污染”建设“食品放心工程”工作方案》。

会议强调，要认识民法典颁布实施的重大意义，抓紧抓好民法典的学习、宣传、实施，提升全面依法治市工作水平。要把民法典实施纳入法治泉州建设总体部署，把民法典各项规定要求贯穿依法行政全过程，提高运用民法典维护人民权益、化解矛盾纠纷、促进社会和谐稳定的能力和水平。要开展民法典普法宣传教育，让民法典走进群众、更接地气。要深化改革、健全制度、完善治理体系，善于运用制度优势应对风险挑战，抓紧抓实抓细统筹推进常态化疫情防控和经济社会发展各项工作。要加强前瞻性谋划、重点性突破，集中力量推进有助于稳定产业链供应链、兜牢民生底线等关键性改革举措，精准解决一批痛点堵点，巩固拓展改革成果。要开展禁毒严打整治专项行动，健全常态化、动态化排查管控机制，形成“有毒必肃、肃毒必严”的强大威慑。坚持把青少年毒品预防教育作为重中之重，开展形式多样的禁毒宣传教育，营造全社会抵制毒品、远离毒品的氛围。要统筹做好疫情防控和食品安全监管，落实食品安全责任制，加强重点场所的食品安全检查，防范食品领域重大风险，抓牢关键环节管控，提升食品安全现代化治理能力。

市领导与重庆市荣昌区调研考察组座谈

1—2日，重庆市荣昌区区长高洪波带队到泉州调研考察。2日，泉州市市长王永礼同调研考察组座谈，推动两地交流合作。泉州市副市长吕刚，重庆市荣昌区委常委李皓、副区长张凯等参加活动。在泉州期间，调研考察组走访晋江市展馆、“泉州芯谷”南安分园区、海峡科技生态城、南安英良石材自然历史博物馆等。

王永礼表示，希望大家常到泉州走走看看，从纺织服装、建材家居、食品饮料、工艺制品等优势产业及市场采购贸易方式试点、国家跨境电商综合试验区等政策红利中，寻找合作商机，提出意见建议，深化两地产业、文旅、商贸、人才等各领域交流合作，携手推动泉州、荣昌高质量发展迈上新台阶。高洪波表示，此次到泉州学习考察，无论是丰富发展的“晋江经验”、高度发达的制造业、迸发活力的民营经济、积淀深厚的历史文化，还是泉州人爱拼敢赢、热情好客的精神，都给大家留下深刻印象。荣昌将抓住用好国家城乡融合发展试验区和成渝地区双城经济圈建设重大战略机遇，学习借鉴泉州改革创新的宝贵经验和“亲”“清”新型政商关系，与泉州建立更加紧密的互利合作关系，抓产业、抓品牌、抓质量，坚定不移发展制造业，把所学所获转化为推动荣昌培育经济新增长极的动力。

全市首个清华大学乡村振兴远程教学站揭牌

全市首个清华大学乡村振兴远程教学站揭牌仪式在洛江区职工活动中心举行。首期远程教学课邀请到清华大学航天航空学院副教授由小川，以远程视频授课方式作《人工智能算法原理与实践应用》主题讲座，从人工智能概念、整体应用及思路等方面结合具体事例，为学员进行讲解与辅导。作为全国首批232家建站单位之一，清华大学乡村振兴远程教学洛江站也成为全市第一个建站单位。建设清华大学乡村振兴远程教学站是洛江区实施校地合作引智工程的重要抓手，通过借力清华大学的人才优势和学术优势，整合教学资源，为高质量推进智造生态新城区建设提供人才培养、科学研究、社会服务、文化传承创新等战略支撑。

7月2日

农历庚子年五月十二
星期四
温度：27℃～33℃
阴

●市委常委会召开会议，学习贯彻习近平在中央政治局第二十次集体学习时的讲话精神以及省委常委会会议、省委理论学习中心组学习会会议精神等。

●1—2日，重庆市荣昌区区长高洪波带队到泉州调研考察。2日，王永礼同调研考察组座谈，推动两地交流合作。

●全市首个清华大学乡村振兴远程教学站揭牌仪式在洛江区职工活动中心举行。

7月3日

农历庚子年五月十三
星期五
温度：26℃～33℃
小雨转多云

●市疾病预防控制中心发布《就做好疫情防控给高考考生朋友的一封信》，对即将参加高考的2020届考生提出疫情防控建议。

●由市文旅局、市金融监管局主办的2020年泉州文旅行业银企对接会召开，现场举行集中签约活动。

●由市委文明办、市交警支队主办的“给文明交通点赞，为泉州创城添彩”文明交通倡议活动举行。

●泉州市新能源汽车行业协会成立仪式举行。

泉州市发布《就做好疫情防控给高考考生朋友的一封信》

市疾病预防控制中心发布《就做好疫情防控给高考考生朋友的一封信》，对即将参加高考的2020届考生提出疫情防控建议，要求考生遵守以下要求：保证日常防护和体温监测。坚持做到每天测量体温并记录。提前准备好口罩、手套、纸巾、速干手部消毒剂等防护物品。赴考时如乘坐公共交通工具，须全程佩戴口罩。进出考点时应佩戴口罩，自觉接受体温检测，注意与他人保持1米以上距离。“四类考生”需进行核酸检测。“四类考生”签领准考证时，须提交考前7天内核酸检测阴性报告单。“四类考生”包括：高中风险地区或有高中风险地区旅居史、境外返回、有境外人员接触史或有疑似症状等情况的考生，以及考前14天体温异常的考生；考前14天在居住地被隔离或曾被隔离且未做过核酸检测的考生；共同居住的家庭成员中有以上情况的考生；考前14天工作（实习）岗位属于医疗机构医务人员、公共场所服务人员、口岸检疫排查人员、公共交通驾驶员、铁路航空乘务人员的考生。考生如有异常需报告。考前3天内，如出现体温异常、健康码为非绿码等情况的考生，在校应届毕业生应立即向所在学校报告，非应届毕业生立即向报名所在的招生考试机构报告。体温异常者进入隔离考场考试。进入考点时，对于出现发热等身体异常症状的考生，医务人员将进行体温复检。复检体温正常的考生，可进入考场参加考试；复检仍发热的考生，将被安排在隔离考场考试。对于在考试期间出现发热等身体异常情况的考生，也将进行体温复检。复检体温正常者继续考试；复检仍发热的考生，将被安排到隔离考场继续考试。

2020年泉州文旅行业银企对接会召开

由市文旅局、市金融监管局主办的2020年泉州文旅行业银企对接会召开，现场举行集中签约活动，中国银行、农业银行、工商银行、泉州银行、兴业银行5家银行与泉州文旅集团、八仙过海等9家文旅企业进行现场签约，融资授信合作意向近105亿元。签约活动后，农业银行、工商银行等7家银行分别上台推介金融产品业务。参会银行机构与有融资意向的文旅企业“1对1”洽谈、面对面互动交流，打通信贷资金供给方与需求方对接的“最后一公里”，帮助解决文旅企业合理融资需求，为文旅企业提供个性化金融服务。参会各方表示，将以此次银企对接会为新的合作起点，加强交流、沟通，互惠、互利，对接更多更好的融资项目。市文旅局、市金融监管局将加强协作，创造条件，搭建融资平台，畅通融资渠道。驻泉州银行机构将发挥金融服务实体经济的主力军作用，创新金融服务，促进融资落地。

2020年泉州文旅行业银企对接会现场（图/泉州金融）

泉州市新能源汽车行业协会成立

泉州市新能源汽车行业协会成立仪式举行。协会将以“加强政企沟通，服务会员企业，规范协调会员企业，维护会员合法权益，促进新能源汽车行业的健康有序发展”为宗旨，推动增强企业群体的凝聚力，促进泉州市新能源汽车行业的可持续性发展。协会推举福建世腾新能源汽车有限公司为第一届会长单位，杨坚为第一届会长。业内人士表示，泉州市新能源汽车行业协会对泉州市新能源汽车行业实现信息互通、资源共享、平台共建并加强行业自律，提高泉州市新能源汽车行业的凝聚力和竞争力具有重要意义。

泉州市全面推广汽车“电子病历”

2020年泉州市全面推广汽车维修电子健康档案系统。全市一、二类维修企业已在2019年实现系统对接100%覆盖。汽车维修电子健康档案系统可以说是车辆的“电子病历”，该系统以车辆识别码（VIN码）作为身份标识，覆盖汽车从购置到报废全过程的电子维修记录，能为车主提供“一车一档”的维修档案查询服务。也就是说，有车一族可以自行通过网络平台查询自己的车辆进厂维修的历史记录，包括何时维修、在哪维修、维修项目等。维修企业通过每辆车的“电子病历”，也可以查询既往的维修情况，就像医生诊断病情一样，更好“对症下药”。

泉州市强化大气污染监督帮扶

市生态环境局印发《“长空亮剑”大气污染强化监督帮扶工作方案》，即日起至“十四五”期间，针对泉州市部分县（市、区）空气质量长期排名全省靠后、局地大气污染突出等问题，以每年臭氧污染突出的春末夏初、夏末秋初时节和颗粒物污染突出的冬春季为重点，每个时期开展两周左右的“长空亮剑”大气污染强化监督帮扶工作。行动中，市生态环境部门将创新采用走航观测、网格化精准监测等先进技术为辅助支撑，以化工制药、工业涂装、印刷、制鞋、家具、建材、建陶、铸造、垃圾焚烧发电等行业为重点，分析研判晋江、南安、惠安、泉港等重点区域大气污染的症结，以精准下沉监督和专家定点帮扶的方式，指导地方制定更加科学合理的空气质量提升改造方案，落实“一区一策”“一厂一策”，解决群众身边存在的大气环境问题逐步解决区域突出环境问题，促进空气质量持续改善。

泉州市市民文明巡访团座谈会举行

泉州市市民文明巡访团座谈会举行。各行各业的35位寻访团成员重新“集结”，承担起城市文明监督员的使命，不间断巡访城市的各类不文明现象，助力泉州市全国文明城市创建工作的有序推进。巡访团成员均拿到聘任书，任期从2020年7月1日起至2023年7月1日。巡访团成员郑重承诺，将尽自己的一份力量，当好宣传员、巡查员和巡访员。巡访时间分7月中旬至下旬、8月上旬至中旬、8月中旬至下旬三个阶段，巡查任务有道路基础设施，包括主次干道、商业大街、背街小巷的路面、明沟排水设施等情况；有交通乱象，如主次干道、背街小巷及公园广场门口、市场周边等重点部位车辆是否违章停放，共享单车是否有序停放、车辆是否线内停放等；有乡镇（城乡接合部）环境秩序，如卫生是否干净整洁、垃圾是否及时清运、河（湖）面是否存在污染现象等。

泉州市14家企业 7项产品入选省第三批绿色制造名单

省工信厅组织开展福建省第三批绿色制造名单推荐工作。经企业申报、各设区市工信部门推荐、专家评审、公示、复核并征求相关部门意见，确定福建省第三批绿色制造名单，包括绿色工厂64家、绿色供应链18个、绿色园区6个、绿色设计产品20款。其中，泉州市有14家企业7项产品入选。泉州市入选的企业、产品有：九牧王股份有限公司、泉州福海粮油工业有限公司、雀氏（福建）实业发展有限公司等8家泉州企业入选2020年省级第三批绿色工厂名单；九牧厨卫股份有限公司、福建西河卫浴科技有限公司、福建晶安光电有限公司等6家泉州企业入选2020年福建省第三批绿色供应链名单；福建省百川资源再生科技股份有限公司的再生原液着色涤纶DTY、福建凤竹纺织科技股份有限公司的6款针织成品布入选2020年福建省第三批绿色设计产品名单。列入绿色制造名单的企业单位将持续改进提升绿色制造和绿色发展水平，发挥绿色制造示范带动作用，引领本领域制造业绿色转型。

7月4日

农历庚子年五月十四
星期六
温度：27℃~34℃
阴转多云

●2020年泉州市全面推广汽车维修电子健康档案系统。

●市生态环境局印发《“长空亮剑”大气污染强化监督帮扶工作方案》。

●泉州市市民文明巡访团座谈会举行。

●省工信厅确定福建省第三批绿色制造名单，包括绿色工厂64家、绿色供应链18个、绿色园区6个、绿色设计产品20款。其中，泉州市有14家企业7项产品入选。

7月5日

农历庚子年五月十五
星期日
温度：27℃~35℃
阴转多云

●泉州市印发《公职人员政商交往负面清单》，针对公职人员与民营企业及其经营管理人员交往行为，明确提出“八个不得”，细化政商交往规范。

●省科技厅发布有关项目立项批复的通知，泉州市8个项目被列入国家重点研发计划“科技助力经济2020”重点专项并获立项，数量居全省第三位。

●由市委文明办、市委网信办指导，东南早报、泉州市东南公益协会等主办的“文明创城 志愿同行”——东南公益2020年“爱心冰柜·全城送清凉”特别行动启动仪式暨“同心同行 我们在一起”致敬高温工作者活动在泉州商城广场举行。

泉州市发布政商交往负面清单

为贯彻落实习近平关于构建亲清新型政商关系的论述，传承弘扬“晋江经验”，打造一流营商环境，泉州市印发《公职人员政商交往负面清单》，针对公职人员与民营企业及其经营管理人员交往行为，明确提出“八个不得”，细化政商交往规范。

不得利用职权收取民营企业及其经营管理人员赠送的礼品、礼金、消费卡和有价证券、股权、其他金融产品等财物，接受可能影响公正执行公务的宴请、娱乐、旅游、博饼等活动安排，违规向民营企业及其经营管理人员放贷、借款、借物，或者变相占用车辆、机器、房产等资产。不得在招商引资、市场准入、审批许可、执法监管、财政奖补、减税降费等涉企服务中推诿扯皮，对企业合理诉求置之不理。不得插手和干预工程招投标、项目建设、物资采购等企业经营活动，损害民营企业合法权益，违规在民营企业兼职取酬、挂靠证书、持有干股或股份。不得官商勾结，经营政商小圈子，在落实惠企政策、获取荣誉资格、干部选拔任用等方面搞不正当交易。不得对民营企业乱检查、乱处罚、乱收费、乱摊派、乱募捐，或者超权限、超范围、超时限查封、扣押、冻结民营企业及其经营管理人员的合法财产。不得未经批准，参加商会、协会的成立、换届等活动，出席企业举办的商业性剪彩、奠基、庆典等活动。不得纵容、默许配偶、子女及其配偶等亲属、身边工作人员和其他特定关系人在本人管辖区域或影响范围内的企业谋取不正当利益。不得在政商交往中有其他违反党规党纪和法律法规的行为。

泉州市8个项目入选“科技助力经济2020”重点专项名单

省科技厅发布有关项目立项批复的通知，泉州市8个项目被列入国家重点研发计划“科技助力经济2020”重点专项并获立项，数量居全省第三。“科技助力经济2020”专项是国家重点研发计划启动实施的一项重点专项。该专项定位于支持一批覆盖国民经济主要行业的技术创新项目，特别是短期内能见到实效、对复工复产有直接带动作用的技术成果转化落地项目，以帮助一批优秀科技型中小微企业克服疫情带来的短期困难。该专项项目申报通知发布后，泉州企业积极申报，经过泉州市择优遴选推荐、省科技厅评审推荐、科技部审核批复等程序，8个项目获立项支持，涉及高端装备、先进材料、新一代人工智能、电子信息、社会事业与公共安全等产业领域。8个项目分别为针对伞用面料自动轧边的自动化装置研究开发及应用、红点智慧社区协同治理平台、第三代高可靠长寿命强化起动机的研发及产业化、新型耐高温尼龙的制备、精制有机山茶油口服精华研发项目、惰性气体逆流式节能加热技术研究及装备产业化、智能化花岗岩矿物复材高精度五轴车铣磨复合加工中心机研发、北斗/AIS多功能船载设备的研制与产业化。

2020年“爱心冰柜·全城送清凉”特别行动启动

由市委文明办、市委网信办指导，东南早报、泉州市东南公益协会等主办的“文明创城 志愿同行”——东南公益2020年“爱心冰柜·全城送清凉”特别行动启动仪式暨“同心同行 我们在一起”致敬高温工作者活动在泉州商城广场举行。启动仪式上，交警巡警、环卫工人、公交司机、快递员、微笑单车维护员等百名高温下坚守岗位的一线劳动者，收到主办方准备的大礼包，里面装有菊花茶、正气水、蜂蜜、口罩等防暑降温物资。主办方还向新加入的“爱心冰柜”服务点授牌，并表彰一批“爱心单位”。太平洋人寿保险的爱心大使代表所有爱心人士宣读送水倡议书。泉州市公交集团温陵分公司安排公交车和志愿者一起上街，为一线劳动者送上防暑物品。东南公益2020年“爱心冰柜·全城送清凉”活动从7月持续到10月上旬，在中心城区人流量密集的公共场所设置冰柜，放置矿泉水等饮料，免费提供给高温下坚守一线的劳动者。

康涛王永礼检查高考考前准备工作

高考前夕，市委书记康涛、市长王永礼分别检查高考考前准备工作，就强化疫情防控等重点任务，确保高考安全平稳有序进行部署落实。受疫情影响，高考推迟一个月，为降低高温天气对考生的影响，所有考场均按要求安装空调设备。康涛到泉州五中城东校区，检查视频指挥调度、试卷保管、交通疏导、考场布置、体温检测、应急处置等工作准备情况，叮嘱学校及相关负责人要坚持考生为本，周密细致做好组织保障和疫情防控工作，确保高考健康顺利。在市教育招生考试指挥中心，康涛视频连线部分县（市、区）指挥中心，了解各地高考考前准备情况，就可能出现的突发状况提前分析研判，现场研究细化防疫、考务等工作方案和应急预案。王永礼到泉州一中（学府校区）及市教育招生考试中心，查看考场布置、应急隔离考场等重点区域，检查部署疫情防控、安全保密、考务管理、考生服务及应急突发事件处置等考前准备工作。

康涛、王永礼指出，做好高考各项工作是一次大考，容不得丝毫疏漏，决不能掉以轻心。各级各相关部门要贯彻习近平指示精神，落实党中央、国务院及省委、省政府决策部署，以最高标准、最严要求，压实疫情防控和高考组织的各方责任，确保高考工作万无一失。要强化安全意识，做好交通组织、食品安全、心理疏导、安保维稳等各项服务保障工作，抓好试卷流转全过程管理，严厉打击考试作弊行为，确保考试安全，体现教育公平。要制定周密的高考防疫预案和指引，细化全链条防疫措施，科学精准、灵活有序应对各类突发情况。要加强统筹协调，各有关部门各司其职、各负其责，形成合力、协同做好服务保障，精准精细抓好各环节工作任务落实，用心用情营造温馨的考试环境，确保2020年高考安全、平稳、有序进行。

康涛（左二）在泉州五中城东校区检查高考考场各项工作准备情况（图/泉州网）

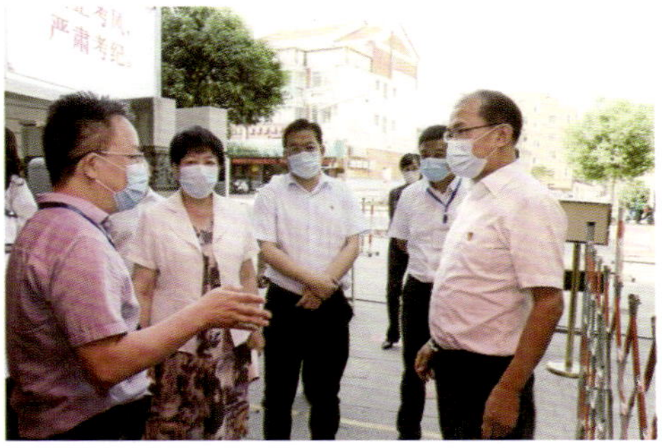

王永礼（右一）在泉州一中学府校区检查高考考前准备工作（图/泉州网）

市人大常委会党组理论学习中心组学习会议召开

市人大常委会党组理论学习中心组学习会议召开，传达学习习近平在中央政治局第二十次集体学习时的讲话精神，习近平对禁毒工作的指示精神，全国禁毒工作先进集体和先进个人表彰会议，以及省委、市委有关会议精神；传达学习中央全面深化改革委员会第十三次会议精神，省委全面深化改革委员会第十次会议精神，全国、全省开展领导干部个人有关事项报告专项整治工作会议精神，以及市委有关会议精神；传达学习省委常委会、市委常委会有关食品安全工作的会议精神。

华侨大学领导班子调整

根据中央统战部安排，华侨大学召开干部大会，宣布中央统战部关于华侨大学领导班子调整的决定。中央统战部副部长、国务院侨务办公室主任许又声主持大会并讲话。中央统战部干部局副局长任允辉宣读中央统战部关于徐西鹏任华侨大学党委书记、副校长，吴剑平任华侨大学校长、党委副书记；因年龄原因，关一凡不再担任华侨大学党委书记、副校长职务的决定。

7月6日

农历庚子年五月十六
星期一
温度：27℃～34℃
阴转多云

●康涛、市长王永礼分别检查高考考前准备工作，就强化疫情防控等重点任务，确保高考安全平稳有序进行部署落实。

●市人大常委会党组理论中心组学习会议召开，传达学习习近平在中央政治局第二十次集体学习时的讲话精神，习近平对禁毒工作的指示精神，全国禁毒工作先进集体和先进个人表彰会议，以及省委、市委有关会议精神等。

●根据中央统战部安排，华侨大学召开干部大会，宣布中央统战部关于华侨大学领导班子调整的决定。徐西鹏任华侨大学党委书记、副校长，吴剑平任华侨大学校长、党委副书记。

7月7日

农历庚子年五月十七
星期二
温度：27℃~34℃
阴转多云

●7—8日，2020年全国统一高考，全市4万多名考生在12个考区、48个考点、1493个考场参加高考。

●市创卫办邀请全国爱卫专家对国家卫生城市复审迎检事宜进行全方位解读培训。

●泉州市新增10家经营性人力资源服务机构。

全市4万多名考生参加高考

7—8日，2020年全国统一高考，全市4万多名考生在12个考区48个考点1493个考场参加高考。全市共有44387人报考。全市为发烧发热、残疾等特殊照顾的考生专门安排隔离、备用考场各2个，为9名残疾考生提供考试便利服务。全市各地考试秩序井然，没有出现试答卷失泄密事件，没有出现突发、偶发事件，没有接到举报电话，实现2020年健康高考、公平高考、平稳高考、温馨高考、诚信高考目标。

泉州市高度重视疫情、高温背景下的高考工作。市教育局与卫健、公安、保密、网信、电力、无线电等有关部门协同配合，以最高标准、最严要求，压实疫情防控和高考组织责任，抓早抓细抓实各项工作。市教育局和卫健委制定周密的高考防疫预案和指引，细化全链条防疫措施，派出10个督导检查组，进行考前准备工作督导检查，并督促各地逐项抓好整改。落实保密措施，加强对高考试题运送、分发和保管等每个环节全面梳理过细，查漏补缺，确保不留安全隐患和工作死角；保持对违纪舞弊行为的高压态势，重点防范、严厉打击，确保不发生群体舞弊事件。全市高考考场空调实现全覆盖，各地各校开展爱心送考、爱心助考活动，特别是为残疾、患有疾病以及家庭经济困难考生提供全面个性化贴心服务。

考生进入丰泽考区泉州九中考点（图/吴寿民）

全国爱卫专家到泉州指导创卫工作

市创卫办邀请全国爱卫专家对国家卫生城市复审迎检事宜进行全方位解读培训。培训会上，还公布专家组对泉州市工作情况进行模拟测评的结果。模拟测评对泉州市近期取得的成绩进行肯定，主要体现在三个方面：一是长效机制效果明显；二是主次干道绿化、亮化水平高、效果好；三是国家卫生城市管理与历史文化名城保护结合效果好。

模拟测评中也发现一些存在的问题。针对这些问题，专家组建议，各级领导要重视，制定完善工作方案，调动行政、市场等各种手段，形成迎审工作的合力；发动要广泛，国家卫生城市复审是一项群众性工作，要通过宣传发动，让群众成为复审工作的局内人；党群组织和社会团体要组织开展以国家卫生城市复审为主题的宣传教育活动，营造舆论氛围，提高群众的知晓率和参与度；措施要强化，强化督导检查，强化行政推动，要加强对复审难点区域工作的倾斜，确保这些区域工作不落后，不拖全市复审工作的后腿；标准要严格，要熟练掌握创建工作业务知识，集中整治工作要一次性到位；整治要彻底，杜绝侥幸心理，把所有暗访必查点位和区域进行地毯式排查梳理，不留盲区、盲点，开展全面、彻底整治，在此基础上，有重点地打造部分亮点和特色，提升复审工作水平。

泉州市新增10家经营性人力资源服务机构

为做好稳就业保就业工作，促进用人单位招工引才和求职人员就业创业，2020年以来，泉州市纵深推进人才“港湾计划”，突出体系构建、激发市场活力，提升人力资源市场化配置水平。2020年泉州市新增10家取得行政许可或者书面报告的经营性人力资源服务机构，全市累计已有63家经营性人力资源服务机构。泉州市把加快发展人力资源服务业摆到人才工作的突出位置，鼓励引才引智组织与经营性人力资源服务机构合作开展引才引工业务，扶持政策做到全覆盖。

黄琪玉到泉州开展高温慰问活动

8—9日，省人大常委会副主任、省总工会主席黄琪玉到南安、晋江等地开展高温慰问活动。市领导孔繁军、肖汉辉参加活动。每到一处，黄琪玉都向克服酷热天气、坚持生产的一线工人表示感谢和慰问，叮嘱他们做好自身防护工作，并要求各级工会把职工防暑降温工作作为重点，督促用人单位履行主体责任，落实防暑降温各项政策，保障高温作业的一线职工平安度夏。

市委常委会学习习近平讲话精神

市委常委会召开会议，传达学习习近平在中央政治局第二十一次集体学习、中央政治局会议审议《中国共产党基层组织选举工作条例》时的讲话和给复旦大学青年师生党员的回信精神，以及省委常委会会议精神；市委常委会会议暨市防控新冠肺炎疫情应急指挥部会议召开，传达贯彻省委常委会会议精神，部署统筹推进常态化疫情防控和经济社会发展有关工作。

会议强调，要贯彻落实新时代党的组织路线，坚持和完善党的领导，在加强科学理论武装、组织体系建设、组织制度建设和干部人才队伍建设等方面下功夫，把全市各级党组织锻造得更加坚强有力。要把条例学习好贯彻好执行好，落实党委主体责任，提升工作规范化水平，提高党内选举质量，提升基层党组织的政治功能和组织力。要抓实抓细高校党的建设和思想政治工作，教育引导党员特别是青年党员在学思践悟中坚定理想信念，在奋发有为中践行初心使命。要更加精准有效做好常态化疫情防控，压实辖区、行业部门、单位和家庭个人“四方”责任。针对夏季天气炎热、中高考、暑假等情况，盯紧重点部位和关键环节，落实防控要求、防疫措施。要加强分析研判和运行调度，紧抓投资增长、消费回补，稳外贸、扩内销，强化民生重点领域保障。要开展比拼活动，加强项目协调调度，发挥优势精准招商，盯紧抓实抓出成效。要加强安全生产工作，抓好学生暑期安全、消防安全、防汛防台风等工作，深化安全隐患大排查大整治，从根本上消除事故隐患。

泉州银行发行10亿元小微金融债券

8—9日，泉州银行发行10亿元3年期小微金融债。此举旨在响应国务院常务会议关于支持金融机构发行3000亿元小微金融债券的号召，支持小微企业复工复产和达产，债券募集资金全部用于发放小微企业贷款，重点向新冠肺炎疫情防控领域及受疫情影响较大的小微企业发放贷款。由于资本实力与经营能力持续增强，债券簿记期间，泉州银行吸引了市场投资者的广泛关注，全场认购倍数1.45倍，参与申购的投资人范围覆盖城商行、农商行、证券公司、基金公司等多层次机构投资者。发行利率3.48%，低于全国市场同期同评级金融机构发行利率水平，创下福建省AA+评级商业银行金融债券发行历史新低。此系泉州银行自2012年作为全省首家地方法人银行获准发行小微金融债以来，第四次发行小微金融债，融资规模50亿元，全部用于支持小微企业发展。

服务实体经济、助力复工复产，泉州银行一直在行动。继2020年落地省内首笔疫情防控专项再贴现业务、在全省城商行中率先发行2亿元疫情防控同业存单、对接央行支持小微企业再贷款推出“复工助力贷”专项产品等亮点举措后，泉州银行落实党中央、国务院部署的系列金融纾困政策，按照“应延尽延”要求，通过贷款展期、调整贷款合同要素、续贷等方式给予企业一定期限的延期还本付息安排；着力储备、投放省中小微企业纾困专项资金贷款，投放专项贷款1000余万元，贷款利率低至3.35%；发挥地方法人银行优势，向人民银行申请信用贷款支持计划，加大对普惠型小微信用贷款的投放力度；执行减费让利优惠政策，针对受疫情影响暂遇困难的企业，通过利率下调和手续费优惠等措施，减费让利降低企业经营成本。

7月8日

农历庚子年五月十八
星期三
温度：27℃～32℃
阴转多云

●8—9日，省人大常委会副主任、省总工会主席黄琪玉到南安、晋江等地开展高温慰问活动。

●市委常委会召开会议，传达学习习近平在中央政治局第二十一次集体学习、中央政治局会议审议《中国共产党基层组织选举工作条例》时的讲话和给复旦大学青年师生党员的回信精神等。

●8—9日，泉州银行发行10亿元3年期小微金融债。

7月9日

农历庚子年五月十九
星期四
温度：27℃～29℃
阴转多云

●陈灿辉开展城市快速通道规划建设进展情况调研，协调解决项目具体困难和问题。

●市政府党组（扩大）会议召开，传达学习习近平对防汛救灾工作做出的指示精神、李克强批示要求以及省委常委会会议精神，研究部署泉州市防汛防台救灾工作等。

●市政府第九十一次常务会议召开，研究并通过《关于泉州市政府质量奖评选管理的实施意见》《泉州市“教育世家”申报与公布程序规定》。

●市档案馆入藏摄影书法长卷《泉州长卷》。

陈灿辉开展城市快速通道调研

市人大常委会主任陈灿辉开展城市快速通道规划建设进展情况调研，协调解决项目具体困难和问题。调研组考察沈海高速公路东星互通、城东至北峰快速通道、刺桐路北拓、中环城路池峰路南延伸段、凤池路和刺桐大桥南节点改造、一重环湾快速路等项目，了解各个项目的规划、建设情况，询问项目推进过程中存在的困难，现场帮助协调，推动问题解决。

陈灿辉（前排左三）调研城市快速通道规划建设进展情况（图/王虎文）

市政府党组（扩大）会议学习习近平指示精神

市政府党组（扩大）会议召开，传达学习习近平对防汛救灾工作做出的指示精神、李克强批示要求以及省委常委会会议精神，研究部署泉州市防汛防台救灾工作；传达贯彻习近平在中央政治局第二十一次集体学习时的讲话精神，以及省委常委会会议、市委常委会会议精神。会议指出，要压紧压实防汛救灾工作责任，完善应急预案，做好监测预警，加强隐患排查，提升防汛救灾综合能力水平。要强化统筹协调，抓好防汛救灾与常态化疫情防控工作，抓细抓实进港避风船只安全、桥区水域水上交通安全、汛期文物保护等具体事项，推动防汛防台各项措施落细落实落到位。要把坚持和完善党的领导贯穿政府工作始终，强化理论武装，抓好政府系统党的组织建设，提高政府干部治理能力和水平，确保政府各项工作始终沿着正确方向前进，为全方位推动高质量发展超越提供组织保障。

市政府第九十一次常务会议召开

市政府第九十一次常务会议召开，研究并通过《关于泉州市政府质量奖评选管理的实施意见》《泉州市“教育世家”申报与公布程序规定》。会议指出，要坚持公平、公开、公正原则，细化评选标准，严格评审程序，优化奖项设置，完善奖励机制，选出高质量的标杆和样板。要扩大申报范围，放宽申报门槛，引导和鼓励不同规模、业态和性质的企业和组织参与，同时实行动态管理，严格退出机制。要坚持“教育世家”评选这一好的传统做法，组织好表彰奖励活动，激励提升教师从教热情；要完善评选机制，明确申报主体、申报条件及评定细则，严把评选审核关，把师风师德考核作为评审的重要依据，提高评选的示范性和代表性，扎实细致地把好事做实。要加强宣传引导，弘扬人民教师高尚师德，营造尊师重教社会风尚，增强教育工作者的荣誉感、责任感。

22米摄影书法长卷《泉州长卷》入藏市档案馆

市档案馆入藏摄影书法长卷《泉州长卷》。这是一幅由36幅RAW原片连接而成，长22米、宽1.2米的摄影书法长卷。作品由市档案馆永久性收藏。作品以晋江流域为主线，涵盖泉州市区的鲤城、丰泽、洛江、台商投资区等区域，还融入泉州湾、南安、晋江、石狮等地元素。该作品由泉州市摄影家协会主席洪宗洲拍摄、泉州市书法家协会主席李德谦题额，洪凯撰文、王志安书写。早在5年前，洪宗洲就萌生拍摄该作品的想法，然而因为天气等原因，一直没能完成拍摄，直到2020年6月12日终于如愿以偿。作品完成后便送往深圳装裱，7月8日装裱好的作品送回泉州，9日便捐赠给市档案馆。市档案馆接收征集科有关负责人介绍，该作品生动记载、宣传、展示“历史文化名城”泉州日新月异的发展变化，是一件摄影与书法合一的文化精品。

市领导督导检查全国文明城市创建工作

9—10日，市创建全国文明城市指挥部领导分组到一线督导检查全国文明城市创建工作。

市委副书记、市创建全国文明城市指挥部常务副总指挥张永宁到鲤城、丰泽，对市第一医院城东院区周边、泉州动车站、新门市场、丰泽区东涂社区、新华都超市润华店等地进行督导检查。张永宁强调，创城工作是提升城市管理水平和城市文明程度的重要抓手，事关泉州高质量发展大局，对增强群众获得感、幸福感和安全感具有重要意义。各级各有关部门要各司其职、协调配合，提高思想认识，强化责任担当，聚焦重点难点，狠抓落实；要坚持目标导向，解决市容乱象、交通乱象等不文明行为，对各种影响创城的违章违规行为，坚决曝光、严肃查治、及时整改；要加大宣传，激发群众共建共享意识，提升文明素养，倡导文明新风，把创城各项工作抓紧抓细抓实，为泉州市实现全国文明城市“三连冠”做出贡献。

市委常委、统战部部长林万明到洛江进行督导检查。林万明要求，全市党员干部要带头干在一线，主动作为，带领群众参与创建活动；各类点位要注意公益广告、行业规范等刊播位置是否显著，营造文明城市创建宣传氛围；要针对创城工作薄弱环节和城市管理短板，以问题为导向，对标测评体系找差距，精准发力、及时整改；要加大管理力度，加大主次干道、农贸市场、城市社区、背街小巷等重点区域、重点场所的环境综合整治力度，提高城市建设和管理水平。

市委常委、常务副市长洪自强到鲤城、丰泽督导检查，现场协调解决相关问题。洪自强要求，要建立常态长效机制，按照责任分工抓好各项工作落实，形成推进工作的强大合力；要加大管理力度，针对文明教育宣传、公益广告、城市管理、文明交通、消防安全、环境卫生等方面工作中存在的薄弱环节；要抓关键、补短板，精准发力、及时整改；要保持攻坚斗志抓创城，及时总结创城工作好经验好做法，以绣花功夫推进城市精细化管理，巩固和扩大创城成果。

市领导周真平、李伙金、肖汉辉、朱启平分别到鲤城、丰泽等地督导检查。

白濑水库移民安置工作启动

泉州白濑水利枢纽工程建设征地移民安置工作动员会和培训会在安溪召开，标志近10年来全省移民体量最大的项目启动移民安置工作。白濑水利枢纽工程是国务院确定的国家重大水利工程，也是福建省“十三五”期间投资最大、库容最大、大坝最高的水利工程。历经70余年、几代人共同努力的白濑水利枢纽工程，于2019年年底开工建设，施工总工期为54个月，建成后将是仅次于山美水库的泉州第二大“水缸”，在解决泉州中长期水资源紧缺问题、为晋江向金门供水提供“另一水源地”中，都起着至关重要的作用。白濑水利枢纽工程建设征地涉及安溪、永春两县，其中安溪工程建设用地涉及4个乡镇19个行政村和1个集镇，征地面积2121.53公顷，涉及搬迁安置人口41041人。移民搬迁安置采取外迁城镇化安置、进集镇安置、就近后靠安置、自主安置等4种形式，规划8个移民安置点，由移民户根据自身实际，自主选择具体安置方式。

根据动员会部署，此次建设征地移民安置工作历时四个半月时间，分5个阶段持续推进。其中，月底前，一线干部成建制进村入户，完成枢纽工程建设区和淹没影响区实物核定确权和企业、水电站资产评估工作。8月31日前，全面完成行政机关及事业单位征收补偿工作。9月30日前，完成枢纽工程建设区、淹没影响区土地现状调查及征收补偿80%；完成房屋征收补偿60%；完成企业征收处理80%。10月31日前，全面完成枢纽工程建设区、淹没影响区土地现状调查及征收补偿工作，完成枢纽工程建设征地影响区用地报批相关组卷材料收集整理工作，同时完成房屋征收补偿85%。11月30日前，基本完成房屋征收补偿协议签订工作。

7月10日

农历庚子年五月二十
星期五
温度：27℃～33℃
阴转多云

●9—10日，市创建全国文明城市指挥部领导分组到一线督导检查全国文明城市创建工作。

●泉州白濑水利枢纽工程建设征地移民安置工作动员会和培训会在安溪召开，标志近10年来全省移民体量最大的项目启动移民安置工作。

●国家卫生城市复审迎检工作推进会召开，通报工作存在的短板问题，对下一步工作做出具体部署。

●2020年福建省“惠企政策进百园入万企”走进泉州暨专题线上宣讲活动举行。

●市营商办、泉州晚报社主办的“千家企业评泉州营商环境”阶段性调查结果出炉。

7月11日

农历庚子年五月廿一
星期六
温度：26℃～34℃
阴转多云

●7月中旬起至9月15日，泉州市在全市范围内组织开展夏季高温天气劳动保护专项执法行动。

●泉州市（中心市区）民办初中招生电脑随机派位结果出炉，并通过泉州市义务教育招生信息管理平台发布。

●2020泉州市中青年演员比赛暨第十届福建省中青年演员比赛（泉州）预选赛举行。

●第31个世界人口日，泉州市开展形式多样的“世界人口日·第七次全国人口普查”主题活动。

●由华侨大学主办，华侨大学青年联合会、台湾“中华青年创新网络协会”承办的第十届海峡两岸高校文化与创意论坛“观家乡景·诉两岸情”两岸青年云上直播会举行。

泉州市开展夏季高温天气劳动保护专项执法行动

7月中旬起至9月15日，泉州市在全市范围内组织开展夏季高温天气劳动保护专项执法行动。此次专项执法行动检查对象是在高温天气安排劳动者室外露天作业的建筑施工、交通运输、环境卫生、加工制造等用人单位，以及其他涉及高温作业的用人单位。检查内容包括用人单位按规定支付高温津贴情况、用人单位落实高温天气期间工作时间规定情况、用人单位落实高温天气期间女职工和未成年工特殊劳动保护规定情况等。

2020年民办初中招生电脑随机派位举行

泉州市（中心市区）民办初中招生电脑随机派位结果出炉，并通过泉州市义务教育招生信息管理平台发布。2020年泉州市民办初中学校报名人数22226人，其中，中心市区报名人数5036人。全市民办初中学校照顾对象有三类：一是符合相关规定条件的烈士子女、现役军人子女、因公牺牲和病故军人子女、高层次人才子女、公安英模和因公牺牲伤残公安民警子女、国家综合性消防救援队伍人员子女等对象；二是民办学校举办者直系亲属；三是经民办学校董事会研究确认的本校教职工子女。经教育主管行政部门审核，全市民办初中学校政策照顾生对象140人。学校随机派位录取计划数为扣除政策照顾生对象后的剩余计划数。全市申请以捆绑方式参加民办初中学校电脑派位的双胞胎学生共79对，其中，中心市区民办初中学校电脑派位的双胞胎学生25对。全市民办初中学校提前批和第一批第一志愿报名人数超过招生计划数的有9所，其中，中心市区的泉州外国语学校学府校区、泉州实验中学圣湖校区、泉州实验中学滨江校区、泉州实验中学鲤城附属学校等4所学校第一志愿报名人数超过招生计划数。

2020泉州市中青年演员比赛举行

2020泉州市中青年演员比赛暨第十届福建省中青年演员比赛（泉州）预选赛举行。此次比赛颁奖典礼及汇报演出在市区梨园古典剧院举行，女声独唱《来生来世把你爱》、梨园戏《御碑亭》（选段）、双人舞《乡愁》、提线木偶表演《目连救母·抓魂托梦》、男声独唱《黄河颂》、二胡独奏《我的祖国》、高甲折子戏《打黄盖》等节目先后上演。此次比赛吸引11家单位91名选手参赛，经评委会评选出49名（其中15人为一等奖、34人为二等奖）选手，参加9月举行的福建省第十届中青年演员比赛。

海峡两岸青年云上直播会举行

由华侨大学主办，华侨大学青年联合会、台湾“中华青年创新网络协会”承办的第十届海峡两岸高校文化与创意论坛“观家乡景·诉两岸情”两岸青年云上直播会举行。直播会上，泉州市云游直播由论坛营员郑行健、尤杰平担任导游，分别向观众展示泉州洛阳桥和五店市，介绍洛阳桥的建筑特点及历史，展现五店市闽南特有的红砖建筑。而台中市云游直播由论坛营员范家玮、陈奕翔、杨孟璇、林靖伟等担任导游，重点带观众领略审计新村与望高寮的风貌，直播讲解结合审计新村店面及建筑改造情况、望高寮夜游赏景路线及周边特色，向两岸营员做介绍。此外，云上直播会还介绍厦门、福州两地的城市美景。论坛营员代表讲述所在家乡的故事及美食，共叙两岸情谊，蕴含闽台两岸相似韵味和共同情思。参与此次云上直播会的师生纷纷表示，虽然隔海相望，但这次直播展示自己家乡，仿佛置身四城市，与其他营员的情感更浓厚，对中华优秀传统文化的传承之心更坚定。直播会在论坛活动前期“闽台云游记”线上营部分结束基础上特别开展，邀请论坛营员代表分别在台中、厦门、福州、泉州同时进行直播，“云”游两岸美景，讲述闽台故事，共话两岸情。

泉州市扩大失业保险保障范围

为强化对失业人员的基本生活保障，泉州市发文要求扩大失业保险保障范围，提高补贴标准，优化简化经办流程，确保失业人员待遇应发尽发、应保尽保。根据要求，对参保缴费满1年、非因本人意愿中断就业、已办理失业登记并有求职要求的失业人员，应及时足额发放失业保险金，代缴基本医疗保险费，按规定发放价格临时补贴、丧葬补助金和抚恤金。自2019年12月起，延长大龄失业人员领取失业保险金期限，对领取失业保险金期满仍未就业且距法定退休年龄不足1年的失业人员，可继续发放失业保险金至法定退休年龄。从2020年3月至12月，领取失业保险金期满仍未就业的失业人员、不符合领取失业保险金条件的参保失业人员，可申领6个月的失业补助金。参保缴费6个月（含）以上的失业补助金发放标准为当地月人均失业保险金（按当地最低工资标准的75%测算）的80%，参保缴费不足6个月的失业补助金发放标准为当地月人均失业保险金（按当地最低工资标准的75%测算）的40%。

针对失业农民工，泉州市阶段性扩大保障范围。对《失业保险条例》规定的参保单位招用、个人不缴费且连续工作满1年的失业农民工，及时发放一次性生活补助。从2020年5月至12月，对2019年1月1日之后参保不满1年的失业农民工，参照参保地城市低保标准，累计参保缴费6至11个月的，发放3个月临时生活补助，累计参保缴费不足6个月的，发放2个月临时生活补助。与城镇职工同等参保缴费的失业农民工，按参保地规定发放失业保险金或失业补助金。补贴标准方面，从2020年3月至6月，泉州市对领取失业保险金和失业补助金人员发放的价格临时补贴，补贴标准在现行标准基础上提高1倍。市就业和人才人事公共服务中心相关负责人表示，参保失业人员可凭社会保障卡或身份证件申领失业保险金、失业补助金、一次性生活补助或临时生活补助。泉州市经办流程有所简化，从2020年3月至12月领取失业保险金期满仍未就业的失业人员，通过内部比对直接发放，不再另外填表；申领人员涉及跨区域多个参保单位的，凭本人身份证件到最后一家参保单位所属地失业保险经办机构申领。

83家泉州企业获评省级龙头企业

省工业和信息化厅发布2020年福建省工业和信息化省级龙头企业名单，全省518家企业获评2020年省级龙头企业，其中泉州市83家企业榜上有名，获评企业涉及能源、纺织服装、体育用品、纸制品、食品、石材、装备制造等行业。根据《福建省人民政府办公厅关于印发新一轮促进工业和信息化龙头企业改造升级行动计划（2018—2020年）》（以下简称“行动计划”），福建省将推动龙头企业改造升级、持续做大做优做强，促进经济稳定增长、实现产业高质量发展。根据行动计划，福建省将鼓励龙头企业并购扩张，如鼓励龙头企业参与全球资源整合配置，实现国外高端品牌并购，并在省内设立该高端品牌的营销总部，统一经营和运营。对龙头企业兼并重组项目发生的评估、审计、法律顾问等前期费用及并购贷款利息，省级财政予以适当补助，单个项目最高不超过300万元。对龙头企业并购境外或省外科技型企业，分别按照不超过并购金额10%和5%的比例给予补助，单项最高不超过1000万元。

爱国主义教育主题活动首场报告会举行

“我为祖国抗击疫情骄傲，争做新时代优秀青少年”爱国主义教育主题活动首场报告会在泉州市实验小学举行。报告会上，市关工委特邀报告员作“弘扬抗疫精神 当好时代新人”主题宣讲，从抗击新冠病毒众志成城、抗疫斗争彰显中国力量、抗疫精神丰富中国精神、学习弘扬传承抗疫精神四个方面进行讲述，勉励学生以英雄为榜样，努力学习成才，培养爱国之情、砥砺强国之志、实践报国之行，把敬仰和感动转化为努力学习、报效祖国的实际行动，争做新时代好少年。

7月12日

农历庚子年五月廿二
星期日
温度：27℃～36℃
多云

●泉州市发文要求扩大失业保险保障范围，提高补贴标准，优化简化经办流程，确保失业人员待遇应发尽发、应保尽保。

●省工业和信息化厅发布2020年福建省工业和信息化省级龙头企业名单，泉州市83家企业入选。

●“我为祖国抗击疫情骄傲，争做新时代优秀青少年”爱国主义教育主题活动首场报告会在泉州市实验小学举行。

7月13日

农历庚子年五月廿三
星期一
温度：27℃～36℃
多云

●泉州市积极融入闽西南协同发展区建设，推动区域合作互惠共赢。

●市委、市政府研究通过《关于认真学习“三明经验”深化医药卫生体制改革的意见》和4份配套文件。

●全市防汛救灾工作视频会召开，就如何做好各项防御工作进行部署。

●在省公安厅和泉州市公安局指导下，即日起，石狮全市14个派出所都可实现户政办事窗口网上预约，该项户政便民服务为全省试点首推。

泉州市积极融入闽西南协同发展区建设

泉州市积极融入闽西南协同发展区建设，推动区域合作互惠共赢。2020年闽西南协同发展区重点推进124个重大项目，总投资约10687.32亿元。泉州市29个项目列入其中，总投资3455.71亿元。基础设施互联互通迈开大步，不少交通项目拉近兄弟市距离。其中，备受关注的泉厦漳城市联盟路泉州段加快构建起泉厦漳核心区“1小时交通圈”、闽西南协同发展区“2小时交通圈”；兴泉铁路泉州段、福厦客专泉州段建设进展顺利，征地拆迁工作走在全省前列；泉州轨道交通集团有限公司成立。产业对接合作方面，泉州—厦门科技创新走廊加快对接，摸清泉厦接壤区高新技术产业发展基础，推动接壤区高新技术带连片发展。“飞地经济”合作模式下的厦门—泉州（安溪）经济合作区思明园和湖里园已入驻企业43家，投产企业17家，总投资额51亿元以上，预计入驻企业全部投产后年产值可达91亿元，提供上万个就业岗位。同时，晋江（长汀）工业园区、鲤城与明溪规划共建的奋发山海协作产业园、泉港宁化华侨经济开发区、泉三高端装备产业园等多个园区扎实推进，吸引企业巢聚耕耘，生成一大批好项目。

泉州市推出深化医改“1+N”文件

为落实习近平关于卫生健康、深化医改工作的论述和对福建医改的新要求，贯彻省医改“1+8”政策文件，推动泉州市深化医改工作，市委、市政府研究通过《关于认真学习“三明经验”深化医药卫生体制改革的意见》（以下简称“意见”）和《泉州市紧密型县域医疗卫生共同体建设实施方案》《关于加快泉州市医疗卫生信息化建设工作方案》《泉州市属公立医院政府投入暂行规定》《泉州市疾病诊断相关分组（DRG）付费方式改革试点工作方案》4份配套文件。意见结合泉州实际，推动医疗、医保、医药“三医”向全联深动迈进，推出跟进药品集中带量采购等12项深化医改的纲领性举措，推动泉州市医药卫生体制改革走向深入。

全市防汛救灾工作视频会召开

全市防汛救灾工作视频会召开，就如何做好各项防御工作进行部署。会议指出，上半年，泉州市平均降雨量较2019年同期偏少三成多，特别是6月高温天数为1961年以来同期最多，高温少雨、旱兆显现。进入台风多发季后，预计登陆或影响泉州市的台风5～6个，加之常态化疫情防控，复工复产安全的压力，各级各部门要全力以赴做好各项防御工作，预防旱涝急转。要前移预防关口，紧盯监测预警、指挥调度、避险转移、抢险救灾、宣传发动“五个关键环节”，落实协同联动、风险预警、避险转移工作机制。要全面消除隐患，做到“零容忍，全覆盖，无死角”，深化细化自然灾害领域安全生产隐患排查整治三年行动。

石狮公安在全省试点首推户政办事窗口网上预约

在省公安厅和泉州市公安局指导下，即日起，石狮全市14个派出所都可实现户政办事窗口网上预约，该项户政便民服务为全省试点首推。办事群众可在“闽政通”App上进行户政办事窗口预约，然后在预约时间段内到派出所激活，便可享受优先办理服务。整个流程操作下来，前后只需10秒不到即可完成预约。凡群众按预约时间段到派出所户籍窗口办理业务，户籍民警处理完正在办理的业务后，第一时间优先叫网约号进行快速办理。开通户政办事窗口网上预约服务后，还将减少和避免群众排队聚集的现象，有助于疫情防控。同一个身份证号码同一天同一个业务只能预约一次；同一个身份证号码30天内同一个业务只能预约三次；同一个身份证号码30天内预约成功后取消三次的30天内无法预约。

于伟国到泉州检查全面从严治党主体责任落实情况

省委书记于伟国对泉州市委领导班子及其成员履行主体责任情况进行检查，并开展集体约谈。泉州市领导康涛、王永礼、陈灿辉、李转生、张永宁等参加会议。此前，省委第一检查组对泉州市委落实全面从严治党主体责任情况进行全面检查，形成5个方面25个问题清单，包括有的党员干部学习习近平新时代中国特色社会主义思想不够扎实，有的党组织管党治党政治责任落实不到位、执行党的纪律和规章制度不够严格，有的意识形态责任制落实有待深化，有的秉承弘扬“晋江经验”有待进一步拓展，有的形式主义官僚主义问题突出，国有资产等领域反腐败工作有待加强等。

于伟国强调，要聚焦强化政治领导，落深落细贯彻落实习近平总书记讲话指示批示精神和党中央决策部署的政治责任、主体责任、领导责任、工作责任，严明政治纪律政治规矩。要聚焦坚定政治信仰，学懂弄通做实习近平新时代中国特色社会主义思想，组织学习《习近平谈治国理政》第三卷，用好《习近平在福建》《习近平在厦门》《习近平在宁德》《习近平在福州》等教材。要聚焦提高政治能力，贯彻新时代党的组织路线，突出政治标准选人用人，增强基层党组织政治功能和组织力，抓好组织制度建设，引导党员干部加强思想淬炼、政治历练、实践锻炼、专业训练，提高政治站位、站稳政治立场、强化政治担当。要聚焦净化政治生态，深化党风廉政建设和反腐败斗争，加强作风建设、力戒形式主义官僚主义，整治群众反映强烈的突出问题，一体推进不敢腐不能腐不想腐。要按照国务院调查组关于泉州市欣佳酒店“3·7”坍塌事故的调查报告要求，吸取惨痛教训，树立“生命至上、安全第一”的理念，担负起防范化解重大风险的重大责任，抓紧抓实抓细抓到位安全生产各项工作。

市委常委会学习“3·7”坍塌事故调查报告

市委常委会召开会议，传达学习国务院批复的福建省泉州市欣佳酒店“3·7”坍塌事故调查报告和省委批准、中央纪委国家监委同意的追责问责处理意见，研究部署贯彻落实工作。

会议强调，要全面对标对表，抓住6个方面的防范和整改措施建议，逐项制定整改措施，高标准、严要求抓好事故处置后续工作。要扛起责任担当，把安全生产摆在重要位置，把群众安危冷暖放在心上，举一反三、综合施策，筑牢安全根基、守好安全底线。要彻底整改事故暴露出的突出问题和薄弱环节，加强和改进安全生产工作，从根本上消除事故隐患，推进安全生产治理体系和治理能力现代化。要紧抓问题整改，将全市房屋安全“百日攻坚”和安全隐患大排查大整治与安全生产专项整治三年行动有机衔接，解决历史遗留问题。要紧抓责任链条，督促党政领导干部以极端负责的态度抓好安全生产，落实属地管理责任、部门监管责任和企业主体责任。要紧抓管理常态长效，防止“一刀切”，把“百日攻坚”成效固化下来，深化建设施工领域“打非治违”和安全隐患排查治理，提升本质安全。

福建医科大学与泉州医学高等专科学校合作办学协议签约

福建医科大学与泉州医学高等专科学校合作办学协议签约仪式举行，签署联合办学协议书。市领导王永礼、陈灿辉、周真平见证签约。两校将采取“强强联合”的方式，联合开办四年制护理学、四年制医学检验技术和五年制影像学3个本科专业，为泉州医疗卫生事业发展注入新动力。

福建医科大学与泉州医学高等专科学校合作办学协议签约仪式（图/姜学瑞）

7月14日

农历庚子年五月廿四
星期二
温度：27℃~35℃
阴转多云

●省委书记于伟国对泉州市委领导班子及其成员履行主体责任情况进行检查，并开展集体约谈。

●市委常委会召开会议，传达学习国务院批复的福建省泉州市欣佳酒店“3·7”坍塌事故调查报告和省委批准、中央纪委国家监委同意的追责问责处理意见，研究部署贯彻落实工作。

●福建医科大学与泉州医学高等专科学校合作办学协议签约仪式举行，签署联合办学协议书。

●阿里研究院、浙江大学中国农村发展研究院联合发布《2020阿里农产品电商报告》，报告显示，2019年安溪县农产品电商销售居全国县域第二位。

7月15日

农历庚子年五月廿五
星期三
温度：28℃～35℃
多云

●康涛到市信访局接访群众。

●市政协党组理论学习中心组（扩大）学习会议召开，传达学习习近平关于巡视工作的讲话精神和中央、省委巡视巡察有关会议精神、在中央政治局第二十次集体学习时的讲话精神等。

●泉州市2020年“志愿服务集中活动周”启动。

●泉州市服刑人员未成年子女关爱保护试点项目工作推进会暨“蔷薇花”守护行动启动仪式在市民政局举行。

●市企业与企业家联合会举办外向型工业企业座谈会，全市30多家外向型企业代表与会，共同研判外贸形势，分享应对经验，商讨对策措施。

市政协党组理论学习中心组（扩大）学习会议召开

市政协党组理论中心组（扩大）学习会议召开，传达学习习近平关于巡视工作的讲话精神和中央、省委巡视巡察有关会议精神、在中央政治局第二十次集体学习时的讲话精神、对禁毒工作的指示以及全国禁毒工作先进集体和先进个人表彰会议精神；传达学习中央全面深化改革委员会第十三次会议精神，省委全面深化改革委员会第十次会议精神，全国、全省开展领导干部个人有关事项报告专项整治工作会议精神，以及省委、市委有关会议精神。会议强调，要把学习宣传贯彻民法典与依法履职、实际工作、群众关心的热点问题紧密结合，提高建言资政和凝聚共识双向发力水平。要围绕市委、市政府的重大改革部署，深入协商建言、提出意见建议，抓细抓实下半年各项工作。

泉州市2020年“志愿服务集中活动周”启动

泉州市2020年“志愿服务集中活动周”启动。市委副书记、市创城指挥部常务副总指挥张永宁参加启动仪式并讲话。活动以“文明创城 志愿同行”为主题，设置泉州主会场和县（市、区）12个分会场。7—11月主题活动期间，集中开展宣传宣讲、精准帮扶、美丽泉州、文明交通、文明旅游、平安社会、文明新风、大型赛会、应急救援、注册培训十大志愿行动。全市3000多个团队报名参与。张永宁指出，泉州市创建全国文明城市进入最关键的决战决胜阶段，各地创城指挥部、文明办，市直各有关单位，有关志愿服务团队要将“文明创城 志愿同行”主题活动与各类道德实践、节庆活动结合起来，宣传奉献、友爱、互助、进步的志愿精神，推动形成志愿服务人人愿为、时时能为、处处可为的局面。同时通过志愿活动，引导市民群众感知泉州城市发展变化，增强市民群众参与感归属感，激发市民群众由心而生的行动自觉，为全国文明城市创建营造更加文明和谐的社会氛围。

相关链接：泉州市志愿服务工作成效显著，全市注册志愿者达137万人，数量占全省的1/4，每10名常住人口中，就有1.5名志愿者。

泉州市2020年“志愿服务集中活动周”启动仪式
（图/谢晓艺）

泉州市“蔷薇花”守护行动启动

泉州市服刑人员未成年子女关爱保护试点项目工作推进会暨“蔷薇花”守护行动启动仪式在市民政局举行。“蔷薇花”守护行动是通过联合多部门形成合力，整合守护单位/守护员、社工、热心公益单位、热心公益个人等资源，由市民政局牵头、守护单位/守护员提供精准帮扶、社工提供专业服务、志愿者提供社会支持的方式，结合各单位与个人发挥各自优势，形成“政府+社会+社工”的服刑人员未成年子女服务新模式。泉州市服刑人员未成年子女关爱保护试点项目自启动以来，已帮助不少服刑人员未成年子女解决落户、救助补贴申请、志愿者结对帮扶等实际困难，取得初步成效。

市企业与企业家联合会举办外向型工业企业座谈会

市企业与企业家联合会举办外向型工业企业座谈会，全市30多家外向型企业代表与会，共同研判外贸形势，分享应对经验，商讨对策措施。座谈会还邀请市政府办、市政府发展研究中心、市工信局、市商务局的相关负责人参加，大家听取和收集企业建议，为政府决策提供参考。

市委常委会学习习近平指示精神

市委常委会召开会议，传达学习习近平对防汛救灾工作做出的指示以及省委常委会会议精神；传达贯彻省委常委会会议精神、省委省政府工作调研检查组到泉州开展调研检查精神、省委全面从严治党主体责任落实情况检查集体约谈会议以及省纪委监委调研组到泉州调研有关工作精神，研究统筹推进常态化疫情防控和经济社会发展工作。

会议要求，要学习贯彻习近平对防汛救灾工作做出的指示精神，坚持人民至上、生命至上，做好防汛防台风各项工作，把确保人民生命安全放在第一位落到实处。要强化隐患排查整治，坚持预防预备与应急处突相结合，开展实战应急演练，精准监测预警，科学统筹调度，严格值班值守，确保责任到位、工作到位。要学习贯彻习近平总书记讲话指示批示精神，规范落实疫情防控措施，时刻保持高度警惕，推进爱国卫生运动、环境卫生整治、食品监测常态化，做好中考期间疫情防控工作。要抓好泉州市12个专项追赶行动，加快产能恢复释放、增产增效，抓好内贸外贸、线上线下市场拓展，加快推进“新”“老”万亿投资盘子项目落地，加强重要民生保障。要坚持以习近平新时代中国特色社会主义思想为指导，传承弘扬“晋江经验”，继续爱拼会赢、化危为机、开拓新局。要落实省委、省政府工作调研检查精神，逐项梳理研究细化实化，把高质量发展要求贯穿到产业升级、城市管理、城乡建设、生态环保、社会民生和各行各业，全方位推动高质量发展超越。领导干部要带头抓、具体抓、持续抓，突出抓细节抓深入，把责任扛好、把工作抓实。要提振干部精气神，大比拼见行动，迸发出凝聚力、战斗力、创造力，奋发有为完成各项目标任务。要全面贯彻新时代党的建设总要求，坚持以党的政治建设为统领，聚焦强化政治领导、坚定政治信仰、提高政治能力、净化政治生态，推进党的各方面建设，通过见人见事一级抓一级、层层抓落实，把全面从严治党引向深入。要抓好问题清单整改，逐条逐项研究细化，不折不扣整改落实到位。要剖析根源，坚持举一反三，补短板、强弱项、堵漏洞，健全完善制度机制。要履行管党治党政治责任、主体责任，加强党员干部教育监督管理，把全市各级党组织锻造得更加坚强有力。

泉州市签发全省首个流域河长令

泉州市西溪流域河长签发全省首个流域河长令——晋江西溪流域1号河长令，该河长令主送鲤城区政府、鲤城段流域河长，要求提高政治站位，强化责任担当，限期整改晋江西溪鲤城段“河滩地建有1座两层建筑物”“河滩地有水泥硬化的驾校训练场”2个突出河湖“四乱”（乱占、乱采、乱堆、乱建）问题。随后，市河长办、晋江西溪流域河长办加强监督检查，及时跟进整改进展情况，会同鲤城区河长办、浮桥街道办事处到实地查看，督促限期整改到位。29日，挖掘机开始作业，拆除鲤城区浮桥街道新步村段河滩地苗圃场中的违法建筑物，有水泥硬化的驾校训练场也进行阻隔，完成整改。从指令发布到完成整改，前后不到半个月。

36家泉州企业进入防疫物资出口“白名单”

中国医药保健品进出口商会更新《取得国外标准认证或注册的医疗物资生产企业清单》，新增多家进入商务部出口“白名单”的泉州医用口罩生产企业。据市商务局统计，全市已有36家防疫物资相关企业进入商务部出口“白名单”，其中包括美佳爽、恒安、劲霸、七匹狼等多家品牌企业。“白名单”指的是经商务部确认的具备新型冠状病毒检测试剂、医用口罩、医用防护服等防疫物资出口资质的企业清单。企业进入“白名单”，需要全部完成美国FDA或欧盟CE有关医疗器械的认证程序，满足这两个市场的准入条件。越来越多的泉州企业进入“白名单”，意味着泉州产业将为全球抗疫提供更大的助力。

7月16日

农历庚子年五月廿六
星期四
温度：27℃～34℃
小雨转多云

●市委常委会召开会议，传达学习习近平对防汛救灾工作做出的指示以及省委常委会会议精神等。

●泉州市西溪流域河长签发全省首个流域河长令——晋江西溪流域1号河长令。

●中国医药保健品进出口商会更新《取得国外标准认证或注册的医疗物资生产企业清单》，泉州市36家防疫物资相关企业进入商务部出口“白名单”。

7月17日

农历庚子年五月廿七
星期五
温度：27℃～35℃
多云

●省旅游资源规划开发质量等级评定委员会发布《2020年福建省4A级旅游景区和省级旅游度假区名单公告》，泉州古城文化生态旅游度假区获评省级旅游度假区。

●福建省2020年液化天然气储备站泄漏事故应急救援暨燃气场站反恐应急演练在泉州燃气公司高压管线门站举行。

●市防汛抗旱指挥部举行2020年泉州市、洛江区市、县两级防汛抢险救援综合演练。

●2020年省科技小巨人领军企业新增培育名单公布，泉州市新奥交通能源发展有限公司等141家企业入选，占全省26.75%。

泉州古城获评省级旅游度假区

省旅游资源规划开发质量等级评定委员会发布《2020年福建省4A级旅游景区和省级旅游度假区名单公告》，泉州古城文化生态旅游度假区获评省级旅游度假区。泉州古城文化生态旅游度假区位于鲤城区，以古城6.41平方千米为核心，拓展笋江公园、接官亭等绿地，总面积计8.37平方千米。按照“品牌塑造、遗产保护、主客共享、全域旅游、休闲集聚”等发展原则，树立入“城”即入景、旅游即生活的理念，泉州古城美好生活方式已成为一道吸引外地游客的靓丽风景。截至6月，全国有国家级旅游度假区30家，全省有省级旅游度假区8家，多数依托山水自然资源创建，以古城文化生态创建旅游度假区，在省内乃至全国具有一定的示范引领作用。随着生态修复城市修补工作的深入、闽南文化生态保护区入选首批国家级文化生态保护区，泉州古城作为文化旅游资源集聚区、旅游集散地，未来将成为泉州市文旅发展引擎。

福建省2020年液化天然气储备站应急演练在泉州举行

福建省2020年液化天然气储备站泄漏事故应急救援暨燃气场站反恐应急演练在泉州燃气公司高压管线门站举行。演练检验城镇燃气行业在突发紧急状态下快速反应、应急处理和协调处置能力，提高应急救援水平。

泉州市开展防汛抢险救援联合演练

市防汛抗旱指挥部举行2020年泉州市、洛江区市、县两级防汛抢险救援综合演练，各有关成员单位180余人参加。演练模拟做好常态化疫情防控下的抢险救灾工作，提前制定密集人群管理方案，做好避灾点、临时安置点的检测、消杀，配足防疫物资，落实防范措施。现场指挥部与洛江区防汛抗旱指挥部进行同步联动，演练采用异地指挥的方式，区防汛抗旱指挥部通过现代的视频传输技术实现全方位、多视角的远程指挥。演练内容包括群众转移安置、冲锋舟编队搜救被困群众、水下溺者搜救、应急救护、内涝应急排水、山体塌方道路疏通、大坝险情（管涌）抢修、索降救援等。演练既考验各级各部门应对突发性防汛应急抢险工作综合指挥、协同作战和应急处置能力，也为泉州市各地在突发自然灾害事件下如何组织指挥、如何进行抢险、如何有效应对提供实践经验。

141家泉州企业入选省科技小巨人领军企业

2020年省科技小巨人领军企业新增培育名单公布。527家企业被列入“科技小巨人领军企业培育发展库”。泉州市新奥交通能源发展有限公司等141家企业入选，占全省26.75%。入选企业可获得加大研发支持力度、加快研发机构建设、推进重大科技成果落地转化和产业化、支持市场开拓、加强知识产权工作、强化创新人才支撑、健全科技金融服务体系、完善科技中介服务体系等方面政策支持。对培育对象在福建省转移转化的重大成果项目，分阶段给予资金资助，单个项目最高资助总额可达2000万元；培育对象为规模以上工业制造业企业，参与省外公开招标项目中标并单个中标合同金额600万元以上，且实际履行合同收付款项已达合同总金额60%以上的，按合同金额的3%给予奖励，单个企业同一项目累计奖励金额最高可达300万元，单个企业年度签约项目奖励金额最高可达500万元等。科技小巨人领军企业遴选以新一代信息技术、高端装备制造、新能源汽车、生物与医药、节能环保、新能源、新材料、海洋高新等战略性新兴产业领域为重点，遴选具有较强创新能力、高成长性、良好发展潜力和后劲、良好市场前景，在当地行业内有代表性和领头示范作用的科技型中小企业。

全市上半年经济运行分析视频会召开

全市上半年经济运行分析视频会召开，分析上半年经济运行情况，部署下半年经济社会发展各项工作。

会议强调，各级各部门要坚持以习近平新时代中国特色社会主义思想为指导，把思想和行动统一到党中央及省委、省政府决策部署上来，传承发展“晋江经验”，咬定目标不放松，一心一意抓发展，努力育新机开新局，全方位推动高质量发展超越。要坚定信心稳当前，突出保主体、保金融、保市场，稳住经济基本盘，实现全年经济社会发展目标任务。要着力谋长远，着眼“十四五”规划，站位全省大局，抓实抓好“新”“老”两方面逆周期投资，高起点规划加快城市新区现代化建设，提升城市综合能级，争取新一轮弯道超车。要打好打赢防范化解重大风险、精准脱贫、污染防治三大攻坚战，抓紧补短板、堵漏洞、强弱项，决胜全面建成小康社会。要坚持人民至上，守底线防风险，抓好疫情防控、安全生产、防汛防台风、安定稳定等各项工作，保障人民群众生命财产安全。党员干部要提振精气神，勇于担当作为，拧成一股绳齐心协力抓落实，力戒形式主义官僚主义，更加奋发有为干事创业。各级政府各部门要紧盯省委、省政府和市委既定的决策部署、市人代会确定的任务、“十三五”规划目标、“十四五”规划编制、全方位推动高质量发展超越，全力抓好落实。要紧盯政策走向、政策争取、政策兑现等，主动对接衔接，吃透用好政策红利。要紧盯业态培育，开展招商季活动，推进项目建设，强化用地、融资、平台等要素服务保障。要紧盯民生领域补短，着眼就业、教育、卫生、养老等民生关切，把民生兜底保障落到实处。要紧盯红线底线，打好打赢三大攻坚战，做好安全生产、疫情防控、防汛防台风、生态环保等各项工作。

泉州市2020年初中学生毕业和高中阶段招生考试举行

18—20日，泉州市2020年初中学生毕业和高中阶段学校招生考试举行。2020年泉州中考初三报考91814人，比2019年增加11386人，增幅14.16%；初二报考102744人，比2019年增加8486人，增幅9%。全市设12个考区、103个考点，初三设3109个考场，初二设3480个考场。其中，全市试卷过午考点24个，过夜考点5个，为55名申请考试便利的残疾考生提供考试便利服务。2020年中考是在高考之后的常态化疫情防控下的最大规模考试。在考试过程中，市教育局和卫健委参照高考要求，落实防疫闭环运作；要求各地各考点开展疫情防控和考试安全全员培训，总结高考防疫成功经验，加强对全市61个非高考考点的指导和模拟演练；组织考前突击检查部分考点，在中考前处理好发现的问题。根据疫情影响和参加中考考生年龄小，特别是初二考生是人生第一次参加这种大规模考试的情况，泉州市要求各考区、考点坚持以人为本，做好心理指导工作，帮助学生调整好心态。在为申请考试便利考生和突发情况考生提供便利服务的同时，为全体考生提供普遍性服务，做好安全、出行、食宿、卫生、防暑降温等方面综合保障，为考生创设良好、温馨的环境。

福建省区块链产业生态发展恳谈会在泉州举行

福建省区块链产业生态发展暨工业和信息化区块链产业人才能力提升恳谈会（泉州场）在泉州信息工程学院举行。政府、企业、高校等区块链行业专家、学者与会，就“福建省区块链产业生态发展暨人才队伍建设”议题开展交流和探讨，呼吁更多关注区块链产业生态发展和产业人才队伍建设的企业、组织和个人，共同推动实施工业和信息化区块链产业人才能力提升工程。福建省区块链协会秘书长陈一彬表示，希望政府加大对相关人才的吸引和培养，并对现有行业内人才进行培训，其中，又以技术人才和运营人才培训的需求最为迫切。产业人才队伍的建设、留存、培育成为制约福建区块链产业发展最大的痛点。

7月18日

农历庚子年五月廿八
星期六
温度：27℃～34℃
阴转多云

●全市上半年经济运行分析视频会召开，分析上半年经济运行情况，部署下半年经济社会发展各项工作。

●18—20日，泉州市2020年初中学生毕业和高中阶段学校招生考试举行。

●福建省区块链产业生态发展暨工业和信息化区块链产业人才能力提升恳谈会（泉州场）在泉州信息工程学院举行。

7月19日

农历庚子年五月廿九
星期日
温度：27℃～34℃
多云

●19—20日，市领导康涛、王永礼分别到安溪、永春、南安现场督查防汛备汛、防灾减灾工作。

●泉州市实现主城区、各县城城关及重点乡镇5G信号连续覆盖。

康涛王永礼到安溪永春南安现场督查防汛备汛工作

19—20日，市领导康涛、王永礼分别到安溪、永春、南安现场督查防汛备汛、防灾减灾工作。

市委书记康涛到安溪县龙门镇，察看仙西村后堀角落地灾隐患点治理和防汛备汛情况。康涛要求，各地要赶在台风前，组织镇村干部和专业力量开展全面排查、解剖“麻雀”，逐镇逐村排查，对每个风险点都要逐个制定治理方案和应急预案，全面消除隐患。随后，康涛察看龙门镇物资仓库，并与基层干部会商。康涛强调，要强化隐患排查整治，重点关注地灾点、山围塘、尾矿库、地下空间、工地工棚、工程施工等，组织行业部门、属地政府交叉巡查，加强巡堤查险，台风期间对风险点要“点对点”监测，干部要及时到位，把力量压上去。乡镇要加强驻薄弱村的工作力量，组织对干部特别是新任干部的培训，向群众普及防灾减灾知识，预警信息要到户到人。要坚持预防预备与应急处突相结合，做好防汛物资储备，开展实战应急演练，结合疫情防控工作，加强集中安置点的服务管理，确保转移人员“转得出、留得住”，把“保障人民生命财产安全放在第一位”落到实处。

市长王永礼到永春县锦斗镇珍卿村8组2户屋后地灾点、玉斗铅锌选矿有限公司尾矿库、玉斗镇美村坂仔山尾塘重大隐患整改点、南安市梅山乡卫生院屋后边坡除险点及眉山防汛物资应急中心等地检查防汛准备工作。每到一处，王永礼都询问当地备汛相关工作，强调要杜绝麻痹思想和侥幸心理，时刻关注雨情汛情，坚持把隐患排查整改贯穿整个汛期，开展“雨前排查、雨中巡查、雨后核查”，落细落小落实各项防御措施；要因地制宜地完善各类防汛应急预案，以自然村为单位，组织开展防汛应急演练，提高干部群众防汛自救意识和能力；要定期检查防汛救援物资储备，确保物资在关键时刻能拿得出、用得上。

康涛（右三）在安溪县龙门镇察看地灾隐患点治理和防汛备汛情况（图/谢 曦）

王永礼（右一）在南安市眉山乡检查边坡除险备汛工作（图/张九强）

泉州市主城区和各县城城关实现5G信号连续覆盖

泉州市实现主城区、各县城城关及重点乡镇5G信号连续覆盖。泉州市出台《泉州市推进5G建设工作方案》《泉州市2020年春季5G建设项目攻坚活动方案》《关于成立泉州市5G网络建设和应用协调工作组的通知》等政策文件，明确5G建设的工作思路和具体措施，免费开放公共资源，做好要素保障，为5G建设保驾护航。泉州市5G基站建设进度全省排名第一。以入选全国首批50个5G商用城市为契机，三大运营商泉州公司及时总结2019年5G建设各环节时长，倒排此次5G工程时间点，制定分专业进度表及攻坚节点清单，按照“全专业一张图”整网统筹理念，采取“成熟一批、下达一批、采购一批”方式，争取集团公司支持，紧盯设备齐套到货，跟踪基站设备出厂、物流配送等时间节点，精准做好台账管控，科学调优施工方案，确保第一时间安装开通。

第四届海峡两岸食品交易会在晋江举行

20—22日，第四届海峡两岸食品交易会、第七届闽台（泉州）食品交易会暨首届线上食品交易会在晋江举行，693家企业参会。该届食品交易会是2020年疫情期间如期举办的国内第一个食品专业展会，展会规模、参展企业创历届之最。主会场首次移师全省规模第三大的晋江市国际会展中心，同时延续上一届做法设置豪新食品市场分会场，参展面积5万平方米。探索“双线会展”模式，实现线下-线上的“双线融合”，线上参展企业1000多家。展会在做好疫情防控基础上，配套举办“中华之星 食尚盛典——海峡两岸食品行业2020年颁奖晚会”、中国休闲食品工艺技术高峰论坛、抖音食交会带货节、名优食品对接会等活动，将食品交易会从食品展会升格为国际食品产业综合性交流平台。

市民参观糖果展区（图/张鹏志）

全市首个新型环保防腐涂料工程中心成立

全市首个新型环保防腐涂料工程中心成立。该中心由信和新材料股份有限公司和中国科学院宁波材料技术与工程研究所共建。2019年，泉州石墨烯及相关产业产值突破10亿元，带动形成产值超50亿元的产业链体系。信和新材料公司是泉州市石墨烯产业的龙头企业，研发的石墨烯防腐涂料打破市场被国外涂料巨头垄断的局面。中国科学院宁波材料技术与工程研究所在人才队伍、科研攻关、成果产出等方面表现突出，在石墨烯研制领域更是走在全国前列。双方此次“联姻”，将利用各自在科研技术、人才培养、市场信息、科技转化能力方面的优势，推动石墨烯在防腐涂料领域的应用。致力于为经济高质量发展提供强有力的科技支撑，泉州市已引进中科院装备制造研究所、海上丝绸之路时间中心、天津大学泉州集成电路及人工智能研究院、华中科大智能制造研究院等一大批“国字号”科研平台落地建设。

市残联举办第十四次全国特奥日活动

由市残联主办，市残疾人托养中心、市智力残疾人及亲友协会承办的“参与特奥·促进健康”第十四次全国特奥日活动在市残疾人托养中心举行，智力障碍残疾人、残疾人家属及助残志愿者等80余人参加活动。活动中，托养中心的智力类学员表演舞蹈《小苹果》、非洲鼓《布谷鸟》《小星星》和歌曲演唱《365个祝福》，展示自己制作的面点、手工艺品，还在工作人员和志愿者的帮助下，完成手语操、团体体操、套圈圈、小沙包投框等活动。在水龙头组装和扣子组装比赛现场，学员独立完成组装任务。裁判员根据他们在限定时间内完成组装物品的质量和数量评出一、二、三等奖及优秀奖。活动主办方表示，希望通过此次活动，展示智力障碍残疾人多才多艺及具备一定劳动技术和可塑性的方面，改变社会对智力障碍残疾人的印象。

7月20日

农历庚子年五月三十
星期一
温度：27℃～35℃
阴转多云

●市十六届人大常委会第五十三次主任会议召开，讨论市政府关于提请审议《泉州市机动车停车条例（草案）》的议案、关于2019年度行政事业性国有资产管理情况的专题调研方案等。

●20—22日，第四届海峡两岸食品交易会、第七届闽台（泉州）食品交易会暨首届线上食品交易会在晋江举行。

●即日起至12月31日，市房屋安全隐患大排查大整治指挥部综合协调组抽调市住建、资规、城管等部门精干力量，组成12个工作指导组，到全市各县（市、区）对人员密集场所房屋等安全隐患处置工作进行督促指导。

●全市首个新型环保防腐涂料工程中心成立。该中心由信和新材料股份有限公司和中国科学院宁波材料技术与工程研究所共建。

●由市残联主办，市残疾人托养中心、市智力残疾人及亲友协会承办的“参与特奥·促进健康”第十四次全国特奥日活动在市残疾人托养中心举行。

7月21日

农历庚子年六月初一
星期二
温度：26℃～35℃
阴转晴

●全市扫黑除恶专项斗争重点行业领域突出问题专项整治工作推进会召开，传达贯彻上级扫黑除恶有关会议精神。

●为推动兴起学习《习近平在福州》新热潮，推动学习宣传贯彻新思想走深走实，泉州市新华书店第一时间上架该书，并举行《习近平在福州》读者见面会，邀请读者代表畅谈学习感想。

●《新编泉州本草》出版。

全市扫黑除恶专项斗争重点行业领域整治推进会召开

全市扫黑除恶专项斗争重点行业领域突出问题专项整治工作推进会召开，传达贯彻上级扫黑除恶有关会议精神，推动重点行业领域突出问题集中整治，建立健全扫黑除恶长效机制，铲除黑恶势力滋生土壤。会议要求，要对标找差，增强专项整治的责任感和紧迫感，认识开展此次专项整治是推动收官之年专项斗争取得全面胜利的关键抓手，是专项斗争所要、当前形势所需、群众愿望所盼。要打防并举，提升专项整治的靶向度和精准度，紧盯城乡结合“高危地区”、农村宗族“复杂地区”、校园周边“重点地区”、重点人群“灰色地区”等地区，聚焦社会治安、乡村治理、工程建设、信息网络等十大领域，集中火力挖根源、严整治、强监管，从源头上防范黑恶势力滋生。要融合联动，凝聚专项整治的组织力和战斗力，将专项整治行动纳入行业部门整体工作内容，构建党委领导、政府行业部门具体负责、社会力量广泛参与的工作体系，打赢扫黑除恶专项斗争，为全面建成小康社会创造安全稳定的社会环境。

泉州新华书店举行《习近平在福州》读者见面会

为推动兴起学习《习近平在福州》新热潮，推动学习宣传贯彻新思想走深走实，泉州市新华书店第一时间上架该书，并举行《习近平在福州》读者见面会，邀请读者代表畅谈学习感想。《习近平在福州》采访实录的发行在泉州市引发热烈反响，党员干部群众纷纷表示，要通过读原著、学原文、悟原理，理解领会习近平新时代中国特色社会主义思想，万众一心、共战疫情，为决胜全面建成小康社会、决战脱贫攻坚贡献智慧和力量。泉州师范学院马克思主义学院党总支书记颜水发表示，对思想政治理论课教师来说，要先学一步，致力于学懂弄通做实。要教育和引导师生从访谈录中汲取信念力量，校正人生航向，为实现中华民族伟大复兴的中国梦而不懈奋斗。泉州新华书店温陵门市部负责人表示，新华书店将采取多种形式，组织到基层社区、农村、党政机关、企事业单位、大专院校、部队开展宣传征订工作，保证全市党员干部群众能够及时购买阅读到《习近平在福州》采访实录，推动学习宣传贯彻新思想走深走实。

《新编泉州本草》出版

《新编泉州本草》出版。这是一部闽南地方性植物类本草学专著，是政协泉州市委员会组织中药学、中医学、药用植物学专家团队等集体编撰的成果。该书由福建科学技术出版社出版，以历史沿革性、地方性、科学性、创新性、公益性为原则，秉承中西医结合理念，研究和总结泉州中药专家和地方名医长期应用天然药物防治疾病的理论与实践，突出对中药资源的现代认识和实际应用，精选地方性植物类本草图谱和本地生长、经临床运用的中草药1096种及方例11000条，体现50多年来泉州中医药学在吸收、融合、创新发展中形成的医学认知，从一个侧面展现泉州本草学乃至中医药事业的发展与进步。该书内容丰富、分类详细、条目清晰、图文并茂、繁简适宜，既保持本草特色，又反映时代特征，传承和光大传统中医药学专著，颇具科研和应用价值，将起到地方史料和药典的作用。

泉州中药资源丰富，中医药历史悠久，孕育了许多熟知民俗医风、地域特色疾病谱与天然药物特点的地方名医。1963年编撰的《泉州本草》，成为极为宝贵的地域性本草荟萃及临床中医药学资料。但是，随着中医药研究应用的快速发展和观念的不断更新，泉州本草相关的古典述录和时代局限的内容，已不能满足临床、教学、科研等工作实践的需要。为助力泉州中医药传承、创新和发展，2016年以来，政协泉州市委员会将《新编泉州本草》作为公益性项目，列入工作计划，组成编委会，相关部门、单位和社会有识之士热心参与，专家组成员通力协作、披沙拣金、无私奉献，依照中医传统理法方药理论推进编撰工作。

许维泽到泉州专题调研城乡基层社会治理制度创新

22—23日，省政协副主席许维泽到泉州开展“加强城乡基层社会治理制度创新”专题协商调研。市领导李转生、刘文儒、王瑞强参加有关活动。调研组到洛江、丰泽调研，了解并肯定两地城乡基层社会治理的经验和做法，鼓励继续创新方式方法，加强党建引领，提高现代化水平，完善共建共治共享的城乡基层社会治理新格局。调研组还到晋江开展“推动社区养老保障老年生活”重点提案督办调研。

泉州市举办乡村振兴融资对接会

由市金融监管局、市农业农村局、中国农业银行泉州分行主办的乡村振兴融资对接会举行，旨在推进金融支持乡村振兴战略，化解新型农业经营主体融资难问题。对接会吸引全市50家新型农业经营主体负责人参加，意向合作金额15亿元，晋江、南安、安溪、石狮、惠安、永春、洛江等地10家企业分别与中国农业银行各地支行签订融资合作协议。对接会上，农业银行工作人员介绍量身订制的乡村振兴重点产品及服务，并就企业关心的贷款程序、准入门槛、信贷额度、审批时限、利率水平等问题作讲解，随后还举行“一对一”融资对接咨询服务。

在市委、市政府统筹部署下，全市紧抓金融服务乡村振兴战略工作，推出一系列惠及“三农”的政策文件，实施金融服务乡村振兴重点项目46个。截至6月末，全市涉农贷款余额3939.19亿元，同比增长9.03%，新增涉农贷款269.62亿元，占新增各项贷款的51.9%，提前完成“3年新增涉农贷款300亿元”目标，全市金融服务乡村振兴战略取得阶段性成效。其中，中国农业银行泉州分行瞄准面向“三农”的市场定位，加大服务乡村振兴力度，截至6月底，该行涉农贷款余额693.48亿元，比年初增加40.49亿元。市农业农村局相关负责人认为，此次乡村振兴融资对接会开得很及时，有效解决金融服务乡村振兴中银企信息不对称、企业“贷款难”、银行“放款难”等问题。市金融监管局相关负责人表示，将聚焦金融服务乡村振兴战略的关键点，把乡村振兴多元化融资需求与提升金融供给能力有机连接起来，完善相关政策措施，加大资源配置力度和倾斜力度，加大力度打通涉农企业的融资通道。

泉州市乡村振兴融资对接会现场（图/泉州金融）

阶段性降低企业用电成本政策延长至年底

根据《国家发展改革委关于延长阶段性降低企业用电成本政策的通知》精神，市发改委转发省发改委通知要求，将阶段性降低企业用电成本政策延长至年底。通知要求，全市执行工商业用电单一制电价（一般工商业及其他电价）和工商业用电两部制电价（大工业电价）的电力用户，除高耗能行业用户外，7月1日至12月31日，电网企业在计收电费时，延续按原到户电价水平的95%结算。经测算，下半年可减轻泉州市企业用电成本负担约3.5亿元。

全省首个乡镇级新媒体人才之家在洛江成立

作为全省首个乡镇级新媒体人才之家，洛江区罗溪镇新媒体人才之家成立。成立仪式上，泉州晚报社新媒体中心等10个顾问单位接受授牌。罗溪镇新媒体人才之家将通过新媒体方式打造面向全国的罗溪IP，探索以“互联网+”方式助推乡村振兴新模式。

7月22日

农历庚子年六月初二
星期三
温度：27℃～36℃
晴转多云

●22—23日，省政协副主席许维泽到泉州开展“加强城乡基层社会治理制度创新”专题协商调研。

●由市金融监管局、市农业农村局、中国农业银行泉州分行主办的乡村振兴融资对接会举行。

●根据《国家发展改革委关于延长阶段性降低企业用电成本政策的通知》精神，市发改委转发省发改委通知要求，将阶段性降低企业用电成本政策延长至年底。

●作为全省首个乡镇级新媒体人才之家，洛江区罗溪镇新媒体人才之家成立。

7月23日

农历庚子年六月初三
星期四
温度：27℃～37℃
阴转多云

●市委常委会召开会议，传达学习习近平在中央政治局常委会会议上关于防汛救灾工作的讲话和给中国石油大学（北京）克拉玛依校区毕业生的回信精神等。

●市委常委会会议暨市委全面深化改革委员会会议召开，传达中央全面深化改革委员会第十四次会议、省委全面深化改革委员会第十一次会议精神。

●市委理论学习中心组学习会召开，专题学习研讨《习近平谈治国理政》第三卷。

●继国务院、省政府廉政工作视频会议后，泉州市随即召开市政府廉政工作暨政府机关作风建设视频会议。

●泉州市建筑服务产业园开园。

●由市商务局等指导，福建海西国家广告产业园（泉州园）管委会、领SHOW天地文创产业园主办的以“播+时代，联结产业新动力”为主题的泉州“短视频+直播”基地揭牌仪式在泉州影像中心举行。

市委常委会学习习近平讲话精神

市委常委会召开会议，传达学习习近平在中央政治局常委会会议上关于防汛救灾工作的讲话和给中国石油大学（北京）克拉玛依校区毕业生的回信精神，学习贯彻《中华人民共和国公职人员政务处分法》以及省委常委会会议有关精神。会议指出，要严密排查消除隐患，盯紧重点无缝隙“点对点”排查巡查，及时排危除险。要精准预警严密防范，提高预测预报水平，做实做细预防预备，做足救援力量和应急物资储备。要做好就业创业公共服务，实施好扩岗行动，多渠道深挖就业岗位资源，精准帮扶就业困难重点群体。要把法律要求转化为日常习惯和自觉遵循，依法加强对公职人员的管理监督，促使公职人员依法履职、秉公用权、廉洁从政。

市政府廉政工作暨政府机关作风建设视频会议召开

继国务院、省政府廉政工作视频会议后，泉州市随即召开市政府廉政工作暨政府机关作风建设视频会议。会议指出，要树立政治机关意识，把党的政治建设摆在首位，严明政治纪律和政治规矩，把习近平新时代中国特色社会主义思想作为政府工作的根本指针，确保政府各项工作抓紧、抓实、抓细、抓到位。要贯彻落实党中央、国务院《法治政府建设实施纲要》和省、市实施方案，绷紧依法行政这根弦，编好政府权责清单，推行行政服务路线图，深化政企互动机制，一项一项抓进度、抓落实，依法全面履行政府职能。要营造积极作为、敢于担当氛围，杜绝“弱、松、庸、慢、散、推”现象，从整体上推动解决一些地方和部门不想为、不能为、不作为问题，执行上级决策部署，兑现惠民惠企政策。要守住底线、把握分寸，执行政商交往负面清单。加强审计监督，支持配合纪检监察机关履职尽责，做好重点领域日常监管，深化地方金融、国企领域反腐败工作，查处三大攻坚战中发生的违法违规行为，惩治涉黑涉恶腐败和“保护伞”。

泉州市建筑服务产业园开园

泉州市建筑服务产业园开园。该园区已吸引涵盖施工、监理、咨询、招投标、施工劳务等行业的29家建筑业企业入驻。该园区位于丰泽区成洲工业区，项目规划用地面积约4公顷，改造建设面积约10万平方米，采用“政府主导、企业主体、市场运营”的模式。丰泽区政府有关人士表示，该园区既是建筑产业园，将搭建各类建筑行业企业、专业技术人才集聚发展平台，汇集和整合施工、监理、设计、咨询、劳务等建筑行业企业，建立和完善“服务、管理、协调”的建筑行业自律体制，形成专业化的建筑产业链，打造区域性现代建筑产业协同发展的产业园区，也是服务产业园，集办公、交流、展示、科研于一体，同时融合政务服务、行业服务、金融服务、信息服务、人才服务等各种专业服务，构建特色的建筑产业服务生态圈。该园区还将构建“城建项目平台”“政企银对接平台”“企业协同平台”三大服务平台，推动形成集聚效应，打通建筑产业上下游；突出对企业资质升级、产值提升、人才培育、科研创新等的支持保障，使园区成为建筑行业“产、学、研、商”一体化发展示范基地。

泉州“短视频+直播”基地揭牌

由市商务局等指导，福建海西国家广告产业园（泉州园）管委会、领SHOW天地文创产业园主办的以“播+时代，联结产业新动力”为主题的泉州“短视频+直播”基地揭牌仪式在泉州影像中心举行。主办方为10家企业授予“短视频+直播示范企业”牌匾。授牌后，一场直播行业沙龙分享会在领SHOW天地百姓书房举行。分享会上，业界精英围绕直播业态发展前景、网红经济、人才孵化、直播玩法分享等话题展开分享、交流。

泉州市优化科技特派员工作

泉州市出台进一步坚持和深化科技特派员制度的行动方案，推动全市科技特派员工作不断深化、拓展、提升。方案拓宽科技特派员的选认渠道和范围。打破行业、地域、身份等限制，不拘一格选认科技特派员，实现创业和技术服务乡镇全覆盖，带动行政村服务全覆盖。泉州市将以高校、科研院所、龙头企业和乡镇（街道）服务中心等为载体，逐年扩增科技特派员服务站，每年计划设立10个以上。科技特派员的服务方式也得到优化。方案明确以用为导向，鼓励科技特派员跨区域、跨单位服务，明确建立科技特派员间的合作联动机制，组建多学科融合的技术团队，推动“单人单点”服务向“组团联动”服务转变。为增强科技特派员服务供给的有效性和精准度，将建立“基层提出需求、市县主动认领”的“订单式”需求对接机制。其中，将嫁接“云服务”平台，通过需求导向、自下而上的方式，为农户和经济实体提供“菜单式”服务。

为激发创新服务动能，方案鼓励科技特派员在符合条件的前提下，以项目、技术、信息、管理、资金等方式与服务对象结成风险共担、收益共享的利益共同体。科技特派员在兼职服务期间，领取服务对象给予的合法报酬或从利益共同体获得的收益，属于合法收益，归科技特派员个人所有，不受本单位绩效工资总量限制，不计入本单位绩效工资总量。泉州市将鼓励特色乡镇开展先行先试，引导高校、科研院所为推动乡村产业转型升级提供技术支撑，定向为贫困地区和贫困农户开展产业帮扶和创业指导服务。在工作保障方面，除完善科技特派员工作联席会议制度，泉州市还从2020年起，市级每年从科技创新专项中安排1000万元科技特派员专项资金，实行正向激励，将县（市、区）科技特派员工作纳入实施乡村振兴战略综合考核，实行绩效考核，分级分类进行扶持。

泉州市建立产业引导优选合作基金资源库

为贯彻《中共中央、国务院关于构建更加完善的要素市场化配置体制机制的意见》，引导资本要素投入实体经济，支持泉州产业转型升级，由市地方金融监督管理局牵头、泉州市产业股权投资基金有限公司和泉州市海丝基金小镇负责，发起设立泉州市产业引导优选合作基金资源库，为全国各类基金机构与泉州辖内政府引导基金、国有资本、优势产业项目搭建更为直接便捷的交流平台，创新金融资本、优质项目进入泉州的双向融通机制。入库基金管理机构分为创业投资类（天使投资、VC）、股权投资类（PE）、产业投资类三大类，分别锁定具备孵化早中期项目、赋能成长期企业、联合地方政府及国企为产业发展提供融资支持等专长的优质机构。根据各机构的专业发展领域和储备项目定向匹配优质项目、产业合作以及政府支持等重要资源，提高资本助力地方发展、赋能实业的推进和转化效率。鼓励入库机构推荐契合泉州产业发展方向的已投、拟投项目进入项目培优资源库，通过定向推送、融资对接、业务资源导入等方式共同支持企业协同泉州产业发展迅速做大做强。

华侨大学签订多个校地合作项目

为服务地方发展，促进校地合作，华侨大学与全市各地各部门签订多个项目建设合作协议，以更好发挥高校科研、人才与平台优势，助力泉州经济社会高质量发展。华侨大学与丰泽区政府共建“侨泽园”项目，结合华侨大学和丰泽区共有的“侨”“创”特色，建成文化展示与创投交流基地、产教融合与人才培养基地和知识产权运营公共服务平台。华侨大学与市大数据局合作，提供泉州市数字服务产业发展情况技术咨询服务，并绘制《泉州市数字服务产业发展路线图》，助力泉州市数字经济发展。此外，华侨大学还与地方银行、科技企业等签订合作协议，开展“智慧校园”建设、系统开发、人才培养等多领域合作。

7月24日

农历庚子年六月初四
星期五
温度：28℃～37℃
多云

●泉州市出台进一步坚持和深化科技特派员制度的行动方案，推动全市科技特派员工作不断深化、拓展、提升。

●由市地方金融监督管理局牵头、泉州市产业股权投资基金有限公司和泉州市海丝基金小镇负责，发起设立泉州市产业引导优选合作基金资源库。

●为服务地方发展，促进校地合作，华侨大学与全市各地各部门签订多个项目建设合作协议，以更好地发挥高校科研、人才与平台优势。

7月25日

农历庚子年六月初五
星期六
温度：27℃～30℃
阴转多云

●市委文明办、市市场监督管理局、泉州外烩餐饮行业协会、泉州市餐饮用具消毒行业协会举行公益宣传活动，从即日起，泉州市外烩餐饮行业全面推广“文明用餐，公筷公勺”。

●25—27日，由福建省篮协主办、泉州市篮协承办的2020年福建省三对三篮球联赛泉州市级决赛举行。

●23—25日，由中华全国工商业联合会纺织服装业商会等主办的上海国际校服·园服展在上海世博展览馆举行，泉州市好田服饰、季季红、飞扬服饰、校园大道、钻石伙伴等几十家校服企业首次抱团参展，全方位展示泉州市校服、园服产品的时尚魅力和新形象。

全市外烩餐饮行业全面推广公筷公勺

市委文明办、市市场监督管理局、泉州外烩餐饮行业协会、泉州市餐饮用具消毒行业协会举行公益宣传活动，从即日起，泉州市外烩餐饮行业全面推广“文明用餐，公筷公勺”。为巩固新冠肺炎疫情防控成果，倡导文明健康生活方式，提升市民文明素质，助推文明城市建设和爱国卫生运动，根据前期泉州市相关部门发布的《“文明用餐 公筷公勺”倡议书》和《泉州市“文明用餐 使用公筷公勺”专项行动工作方案》的要求，针对泉州市餐饮外烩和集中消毒餐饮用具行业的经营特点，通过发出倡议和自愿承诺的方式，引导餐饮外烩和餐饮用具消毒经营者主动提供公筷公勺、规范使用公筷公勺、倡导推广公筷公勺，营造全行业响应、全社会参与的氛围。

是日活动主题为“倡导文明用餐 行业垂范先行 使用公筷公勺 共享美好食光”。城乡红白事宴请办桌，许多事主会请外烩餐饮从业者主厨，而消毒餐具也是许多消费者外出就餐时经常使用的。这两个行业协会，面对的消费者较广，倡导文明用餐、推广公筷公勺具有一定的社会责任和推广优势。活动现场，泉州外烩餐饮行业协会、泉州市餐饮用具消毒行业协会代表宣读《“文明用餐 公筷公勺”倡议书》，同时，几十名行业协会代表在承诺墙上签名。主办单位向协会代表发放第一批文明用餐桌牌。这些文明用餐桌牌，将在外烩餐饮单位到城乡提供服务时，立在餐桌上，提醒消费者使用公筷公勺。主办单位呼吁，每个市民从自身做起，每个企业从自身立足，以实际行动推广使用公筷公勺，用新风尚带动大文明，让大家共同养成文明健康的生活习惯。相关人士介绍，为落实倡导文明用餐、推广公筷公勺活动，外烩餐饮协会在申报国家团体标准时，考虑适当增补关于“文明用餐、使用公筷公勺”的相关内容，行业领军企业带头提供公筷公勺，做出表率；而餐饮用具消毒协会针对餐饮外烩的聚餐特点，在原本一人一副餐具的基础上，在产品包装膜上宣传使用公筷公勺，增加提供独立包装的公筷公勺，做到“一菜一筷、一汤一勺”，有条件的考虑通过样式、颜色、大小、标识等方式，使公筷公勺区别于普通餐具，便于用餐人员识别。

2020年福建省三对三篮球联赛泉州市级决赛举行

25—27日，由福建省篮协主办、泉州市篮协承办的2020年福建省三对三篮球联赛泉州市级决赛举行。138支球队报名参加泉州中心市区、晋江、安溪、南安四个分赛区预选赛，各分赛区27支男、女优胜队晋级市级决赛。整个联赛共进行282场比赛。

泉州校服企业首次组团到上海参展

23—25日，由中华全国工商业联合会纺织服装业商会等主办的上海国际校服·园服展（简称“上海校服展”）在上海世博展览馆举行，泉州市好田服饰、季季红、飞扬服饰、校园大道、钻石伙伴等几十家校服企业首次抱团参展，全方位展示泉州市校服、园服产品的时尚魅力和新形象。上海校服展是中国学校服饰业榜首品牌展会。该届展会以“以服育人，质与美结合，创校园文化新生力”为主题。国内外400家校园服饰品牌企业参展，全国5万个中小学学校、幼儿园、教育集团后勤采购人员及教育后勤主管部门负责人、经销渠道商等相关人士参观采购。石狮展团展位面积近1000平方米，并以“石狮市儿童产业联合会”“中国（石狮）校园服饰专业市场”的形式出现，打响石狮校园服饰产业和专业市场品牌。

相关链接：惠安、石狮两地都高度重视校服市场以及校服产业的发展，将校服产业作为服装产业创新转型的发力点，尤其石狮还出台《石狮市校服订制生产服务企业订制生产实施细则》，在全国首次通过细则规范校服市场，打造校服产业发展新业态。与中国服装协会、中国教育装备行业协会学校后勤装备管理分会、福建省教育装备行业协会主办的2019首届中国校园服饰国际博览会也在石狮举行，使泉州校服产业站到行业最前沿。

古城数字文创动漫基地建设启动

古城数字文创动漫基地建设启动，该项目将推动古城文旅产业转型升级，使之成为重振古城经济的重要支点。古城数字文创动漫基地项目将立足古城海丝文化和闽南文化资源，围绕打造数字文创集聚地，吸引影视短视频、工业设计、数字博物馆、动漫及文化旅游等数字创意企业或平台入驻古城，催生出数字文化产业的新业态、新模式并推动传统产业转型升级；依托源和1916创意产业园、东亚之窗文创园、新门文旅街区等载体，打造数字文创园区、街道、青年社区等实体平台及人才交流、企业交流、行业服务等网络平台，逐步形成数字文创动漫产业集群。基地分三期建设。第一期利用文旅集团产业基地，充实完善泉州文旅App数字平台，打响“源和1916文创园”品牌，推动源和1916二期建设和招商工作，加快推进龙头山文旅街区建设步伐。第二期以建设动漫基地为核心，以功夫动漫为龙头，建设泉州动漫基地。第三期建设泉州数字文创中心和古城游客集散中心，创建以泉州各遗产点为全要素的实景、线上、虚拟旅游项目，创设宋元时期中国的世界商贸中心大型手游、动漫项目，挖掘古城文化遗产，建设全要素数字文创产业生态圈，助力打造国内一流文创名城。

“践行社会主义核心价值观争做新时代好公民”宣传活动举行

由市委文明办主办，市纪委监委、泉州市税务局、福医大附属第二医院协办的“践行社会主义核心价值观、争做新时代好公民”宣传活动在泉州森林公园举行。活动现场，红领巾通讯社小书童朗诵市民文明公约；组织单位向小书童赠送公筷公勺，提倡文明用餐；参与单位在背景板“市民文明公约之书”上签名。最后，志愿者在公园捡垃圾，用行动清洁家园。泉州市全方位多角度运用公益广告、微博、微信、微视、微电影对社会主义核心价值观进行宣传，开展移风易俗、学雷锋志愿服务、文明旅游、道德模范评选、文明家庭、文明单位等精神文明创建活动，引导人们加深对社会主义核心价值观的理解，使之融化在心灵里、体现在行为中。市委文明办相关负责人介绍，践行社会主义核心价值观，做遵守《市民文明公约》的新时代好公民，第一要增强价值观自信，要立足于中国特色社会主义伟大实践，使文化建设与时代进步同行、与实践发展同步，为实现中华民族伟大复兴的中国梦提供坚强思想道德支撑。第二要主动参与，做《市民文明公约》的践行者，从自身做起，从点滴做起，将文明公约渗透到实际工作中和点滴言行里，营造文明和谐的社会氛围。第三要率先垂范，做《市民文明公约》的引领者，机关干部、医务人员要将文明公约“内化于心，外化于行”，带头弘扬文明新风。

丰泽在全省首创推出“智能电子告知单”

为深化“放管服”改革，推进“智慧丰泽”项目建设，推动民生“XIN”行动，丰泽区行政服务中心在全省首创“智能电子告知单”便民新举措。过去，窗口一次性告知单停留在纸质手填或固定格式印刷，不仅耗时耗力，还不能全面准确告知问题，且群众容易对窗口工作产生误解。丰泽区行政服务中心创造性推出“电子一次性告知单”，工作人员及智慧政务技术团队深入调查分析，通过遍及窗口的多功能一体机，实现申报事项量身定制“一事一单”，准确告知事项不能受理的原因详情，实现告知单电子化智能化，让办事群众更清楚了解缺少材料细节或相关事宜，还能通过手机“微服务”随时随地查看告知单内容，为群众补齐补正材料提供更贴心更便捷的服务。通过窗口多功能一体机，窗口人员根据办理实际出具告知清单，针对性极强，与服务对象核对清楚，详尽解答事项疑难，任何材料修改细节均可体现在告知单上，告知信息体贴细致。同时，能通过点选欠缺的材料和常见问题说明模板，能快速精确填写并生成电子告知单，减少服务对象等待时间。

7月26日

农历庚子年六月初六
星期日
温度：27℃～36℃
阴转多云

●古城数字文创动漫基地建设启动。

●由市委文明办主办，市纪委监委、泉州市税务局、福医大附属第二医院协办的“践行社会主义核心价值观、争做新时代好公民”宣传活动在泉州森林公园举行。

●为深化“放管服”改革，推进“智慧丰泽”项目建设，推动民生“XIN”行动，丰泽区行政服务中心在全省首创“智能电子告知单”便民新举措。

7月27日

农历庚子年六月初七
星期一
温度：27℃～36℃
多云

●康涛、王永礼分别到安溪、德化、泉港基层一线调研督查防灾减灾工作。

●市人大常委会党组理论中心组学习会召开，专题学习《习近平谈治国理政》第三卷。

●王永礼到泉港区南埔镇察看石化安控区安征迁工作进展，并召开座谈会，协调解决安征迁工作中存在的困难和问题。

●中国轻工业联合会发布2019年度轻工业二百强企业、轻工业科技百强企业、轻工业食品行业五十强企业、轻工业装备制造行业五十强企业名单，五家泉州企业入选2019年度中国轻工业二百强企业。

●2020年晋江海峡两岸大学生线上设计营启动，海峡两岸50多所高校300多名设计专业学生报名，最终确定28所高校80名设计专业学生和5名指导教师在线上参与活动。

康涛王永礼到基层一线调研督查防灾减灾和应急演练

市委书记康涛、市长王永礼分别到安溪、德化、泉港基层一线调研督查防灾减灾工作，市委常委、常务副市长洪自强参加活动。

康涛到距安溪县蓬莱镇区10多千米的上西村和植洋村，了解地质灾害点群众转移避险和基层防灾减灾工作情况。随后，康涛与当地镇、村干部座谈，了解基层防灾减灾工作存在的突出问题和薄弱环节，商议解决之策。康涛强调，要克服麻痹思想和侥幸心理，时刻保持临战状态，组织无缝隙、“点对点”排查巡查。党委、政府要把主体责任落实到每一天工作、每一个岗位，特别是分管领导要具体抓落实、抓到底、盯到位。要因地制宜完善应急预案，组织应急演练，让群众明白紧急转移路线，增强群众防灾自救的意识和能力。要强化值班值守，密切监测、动态掌握现有的和新增的地灾点，遇有突发情况要果断有序组织应急避险，特别要关注贫困群众，落细落实防御措施，消除各类隐患。康涛还观摩德化县上涌镇曾坂村群众自主转移避险演练，并到安置点查看物资储备、人员安置、卫生防护等情况，叮嘱负责人要坚持预防预备与应急处突相结合，加强集中安置点服务保障，解决好群众财产、家禽家畜等后顾之忧，让群众吃得放心、住得舒心，确保转移人员“转得出、留得住”。随后，康涛到刘坑村查看安全生态水系河道运行现状，要求做好河道清障，确保行洪安全，加强预警监测，完善应急预案，严防次生灾害，确保安全度汛。

王永礼到泉港区涂岭镇，观摩涂型村高陡边坡群众自主转移避险演练，并随机走访南埔镇塘头村群众，检查基层防汛备汛工作落实情况。王永礼询问群众自主转移避险各项细节，并与市直部门负责人、当地村干部共同商讨如何完善应急预案。王永礼指出，要按照市防汛抗旱指挥部防汛应急预案的要求，从“险在哪里”“险情怎么排除”“险情过后还要做些什么”三个维度出发，结合村情实际，因地制宜做好村一级的防汛应急预案。要考虑不同险情可能造成的影响，发动各自然村的力量，加强“雨前排查、雨中巡查、雨后核查”，明确相应的责任人、避险通道、抢险措施，提高防汛演练实效和应急处置水平，科学、灵活地安排好转移人员的安置方式，确保人民群众生命财产安全。

王永礼到泉港察看石化安控区安征迁工作进展

市长王永礼到泉港区南埔镇察看石化安控区安征迁工作进展，并召开座谈会，协调解决安征迁工作中存在的困难和问题。市委常委、常务副市长洪自强参加座谈。王永礼指出，要加强组织领导，激励干部主动担当作为，紧盯目标、攻坚推进石化安控区建设；要坚持以人民为中心，统筹抓好安征迁、环境整治和再生资源的利用等工作。

五家泉州企业入选中国轻工业二百强

中国轻工业联合会发布2019年度轻工业二百强企业、轻工业科技百强企业、轻工业食品行业五十强企业、轻工业装备制造行业五十强企业名单。安踏（中国）有限公司、特步（中国）有限公司、福建省闽华电源股份有限公司、福建雨丝梦洋伞实业有限公司、舒华体育股份有限公司五家泉州企业入选2019年度中国轻工业二百强企业。轻工业二百强企业依据轻工企业2019年度的营业收入、实现利润、科研投入、营业收入增长速度、营业收入利润率及税收占利税总额比重六项指标进行量化评分评出。这些企业分布在全国24个省（市、自治区），涉及皮革、家电、食品、酿酒、造纸等41个轻工行业。轻工业前100家企业的营业收入总额3.14万亿元，占轻工规模以上企业营业收入的15.87%；实现利润总额3144亿元，占轻工规模以上企业利润的24.27%。轻工业前100家企业营业收入利润率达到10%，是高质量发展的先进典范。

康涛到晋江查核督办生态环境领域信访问题

市委书记康涛到晋江，就群众举报的非法洗砂、锅炉废气污染等生态环境领域信访问题进行现场查核督办。泉州市委常委、晋江市委书记刘文儒参加活动。康涛强调，各级各相关部门要落实责任，抓好问题整改，打好污染防治攻坚战，督促企业落实环保主体责任、合法合规生产，解决好群众反映强烈的突出生态环境问题。

市总工会十六届四次全委（扩大）会议召开

市总工会十六届四次全委（扩大）会议召开，总结回顾2019年以来工会工作，部署下半年工作。就下半年工作，会议要求，各级工会组织要坚定政治方向，团结带领职工听党话、跟党走。要围绕发展大局，发挥工会的组织和阵地优势，突出技能素质提升，促进劳动者多渠道就业，同时继续服务支持企业复工复产。要坚持以职工为中心的工作导向，开展城市困难职工解困脱困工作，推行劳动纠纷多元化解机制，加大对职工群众的维权服务力度。

“烟头不落地 泉州更美丽”专项志愿活动启动

由市创城办、市委文明办、市志愿者协会等主办的2020年泉州市“烟头不落地 泉州更美丽”专项志愿活动启动。活动持续至11月。启动仪式上，主办方为洛江区文明行为引导志愿服务队授旗，为洛江区安吉路城市服务志愿驿站授牌，并向全市发出《“烟头不落地 泉州更美丽”倡议书》。主办方发动党员干部、市民群众、学校师生，开展“烟头不落地”专项劝导活动，鼓励市民群众从自身做起，宣传“烟头不落地”，加强良好习惯和文明行为教育，并渗透到社会和个人生活的每个角落，推动市民文明素质提升、城市文明程度提高。

全市首个台胞医保服务中心揭牌

泉州台商投资区台胞医保服务中心（泉州市医疗保障基金管理中心台胞医保服务中心）揭牌仪式在泉州台商投资区德润产业园举行，此系全市首个台胞医保服务中心，也是大陆首个在台商投资区设立的台胞医保服务中心，让在泉州台胞享受到医保双向服务。泉州市有台属近16万人。市医保局探索惠台举措，放宽台胞在泉州参加基本医保的条件。泉州台商投资区被定位为“两岸交流合作先行区”，吸引越来越多台湾同胞到此投资创业、生活发展。

台胞医保服务中心负责人介绍，此前参加台湾健康保险的台胞，产生的医疗费只能回台湾报销，存在程序不明、手续繁杂、期限较长等因素。泉州市第一个台胞医保服务中心挂牌成立，将有效解决台胞在就医报销中遇到的问题，特别是由台胞医保服务中心指派专人帮助台胞代办大陆医疗费用在台湾健保部门的报销手续，解决台胞在大陆就医后回台报销“路途不便、手续不清”等困难，为台胞带来极大便利，让台湾同胞到泉州发展没有后顾之忧。泉州市参加大陆基本医疗保险的台胞有504人，享受即时刷卡结算等与大陆同胞一样的医保待遇。服务中心为台胞提供“一站式”医保报销服务，报销费用可从台湾保险机构直接汇入台胞个人银行账户。泉州高品医学检验实验室负责人、台湾大学医学院博士后研究员何国鼎表示，公司陆续引进不少台湾人才，但遇到生病就医问题，大家对医保报销都不太了解，今后有医保专业人员可以咨询和代办就方便多了。

全市首个台胞医保服务中心揭牌仪式（图/市医保局）

7月28日

农历庚子年六月初八
星期二
温度：27℃~34℃
阴转晴

●康涛到晋江就群众举报的非法洗砂、锅炉废气污染等生态环境领域信访问题进行现场查核督办。

●市总工会十六届四次全委（扩大）会议召开，总结回顾2019年以来工会工作，部署下半年工作。

●由市住建局主办、市建筑行业协会承办的2020年泉州市建筑企业与房地产企业对接活动举行，8家建筑企业与8家房地产开发企业分别签订项目建设合作协议，项目合同额近40亿元。

●由市创城办、市委文明办、市志愿者协会等主办的2020年泉州市“烟头不落地 泉州更美丽”专项志愿活动启动。

●泉州台商投资区台胞医保服务中心（泉州市医疗保障基金管理中心台胞医保服务中心）揭牌仪式在泉州台商投资区德润产业园举行，此系全市首个台胞医保服务中心，也是大陆首个在台商投资区设立的台胞医保服务中心。

●泉州市2020年残疾人电子商务培训班在泉州高级技工学校开班。

7月29日

农历庚子年六月初九
星期三
温度：27℃～34℃
多云

●29—31日，省人大常委会党组副书记、副主任雷春美到泉州，开展历史文化名城名镇名村和传统村落保护、慈善工作情况调研。

●29—30日，省人大常委会副主任吴洪芹到南安开展促进科技成果转化一法一例执法检查，并调研水土流失治理、信访积案化解攻坚等工作情况。

●市委召开政党协商专题座谈会，听取各民主党派、工商联、无党派人士代表对《泉州市市容和环境卫生管理条例（草案）》的修改意见、建议。

●市委、市政府召开上半年工作通报会，向老干部通报上半年全市工作情况。

雷春美到泉州调研历史文化名城名镇名村

29—31日，省人大常委会党组副书记、副主任雷春美到泉州，开展历史文化名城、名镇、名村和传统村落保护、慈善工作情况调研。市领导陈灿辉、蔡思红、吴汉宗分别参加相关活动。到德化、石狮了解并肯定两地历史文化名城、名镇、名村和传统村落保护的好经验好做法，鼓励继续加大对优秀历史文化资源的保护力度，加强规划引领，坚持保护弘扬与适度活化利用有机结合，因地制宜做好保护提升工作。

吴洪芹到南安开展促进科技成果转化执法检查

29—30日，省人大常委会副主任吴洪芹到南安开展促进科技成果转化一法一例执法检查，并调研水土流失治理、信访积案化解攻坚等工作情况。市领导陈灿辉、张建生参加有关活动。吴洪芹强调要发挥企业主体作用，将科技“势能”转化为发展“动能”；要加大生态建设和修复力度，因地制宜，实现治理效益最大化；要持续推动有效化解息访信访积案。

市委召开政党协商专题座谈会

市委召开政党协商专题座谈会，听取各民主党派、工商联、无党派人士代表对《泉州市市容和环境卫生管理条例（草案）》的修改意见、建议。市委书记康涛出席会议并讲话。各民主党派泉州市委员会、市工商联有关负责人和无党派人士代表，围绕共享交通、噪声油烟、宠物管理、垃圾分类等，以及执法主体、法律责任、公众参与等规定，分析问题，提出建议。康涛指出，要落实习近平讲话指示批示精神，坚持以人民为中心，着眼全方位推动高质量发展超越，抓常态促长效，推进城市治理体系和治理能力现代化。要完善法规制度体系，把执法监管、宣传教育等各环节抓细抓实抓到位，推动城市管理法治化规范化。要结合创建全国文明城市、国家卫生城市，加快补齐城市管理短板，根治顽疾痛点，推动智慧城市建设，汇聚各方力量参与，从根本上提升城市管理和服务水平。要把政党协商这一社会主义民主的重要形式坚持好、发展好、运用好，提高协商议政水平，画出最大“同心圆”。各级党委要加强对政党协商的领导，搭建知政知情平台，加快协商成果转化，创造良好的协商环境。

上半年工作通报会召开

市委、市政府召开上半年工作通报会，向老干部通报上半年全市工作情况。市长王永礼指出，面对新冠肺炎疫情，泉州市因时因势施策，建立“市级+基层”工作体系，构筑“线上+线下”严密防线，强化“检测+治疗”健康服务，调动“境内+境外”泉州人力量，打好疫情防控阻击战；实施追赶行动，稳市场主体、稳就业、稳市场、稳资金链、稳供应链，经济秩序加快恢复回升；以战时体制推进项目建设，从新基建新经济、新材料、新组团、新交通四个领域和纺织服装、鞋业、建材家居、食品饮料等八个产业集群策划实施逆周期投资盘子，力争实现弯道超车；聚力全面小康，打好三大攻坚战，抓好安全隐患排查整治，开展“强基促稳”专项行动，做好医疗、教育、公共文化、老旧小区改造等民生事业，守牢民生底线和安全红线。下一步，泉州市将深入实施12项追赶行动，全方位推动高质量发展超越，希望老领导、老干部一如既往地为泉州建设发展献高策、开良方、做指导。

上半年工作通报会现场（图/市老干局）

市委理论学习中心组学习（扩大）会召开

市委理论学习中心组学习（扩大）会召开。会上，市四套班子领导康涛、王永礼、陈灿辉、李转生等，观看由中国社会科学院学部委员、国家金融与发展实验室理事长李扬教授所作的《疫情下的宏观经济形势分析》专题报告视频。该专题报告为“华大讲堂”第八十六讲授课内容。

全市首个保税物流中心动工

全市首个保税物流中心——泉州石湖港保税物流中心（B型）（以下简称“B保”）进场动工，表明B保进入实质性建设阶段。项目建成运行后，将为泉州市服装纺织、鞋业、建材家居、食品饮料、工艺美术等多个千亿产业集群结构调整、转型升级提供贴合的新型国际业务服务支撑，推动传统企业和跨境电商融合发展，提高港口综合经济效益，助推泉州外贸高质量发展。保税物流中心（B型），简称物流中心，是指经海关批准，由中国境内一家企业法人经营，多家企业进入并从事保税仓储物流业务的保税监管场所，功能主要包括保税仓储、流通性简单加工和增值服务、全球采购和国际分拨配送、转口贸易和国际中转等，从某种意义上保税物流中心（B型）就是一个小型的“自由贸易区”。石湖港B保项目建设后，企业进口商品可保税存储在物流中心内，使用时再报关缴税进口。出口商品进入物流中心即视同出口，即时享受出口退税。国际中转货物也可在物流中心内进行简单加工和分拨配送，B保起着“国际窗口”的功能。

泉州海关相关负责人表示，该项目将使本地生产企业在进口保税和出口退税方面直接获得优化资金流的红利，也将有效降低物流成本，促进当地物流服务体系走向专业化、国际化。泉州B保项目位于泉州石狮港口大道石湖港区，项目占地17.05公顷，总投资额7.27亿元。前期建设主要包括1号保税物流仓库、2号跨境电商物流仓库、3号文化产业库、4号保税冷库、5号保税物流仓库等，预计项目2021年下半年建成后，物流中心仓储面积将超过7.5万平方米，年货物周转量预计可达200万吨。2019年12月26日，海关总署、财政部、国家税务总局、国家外汇管理局四部委发文同意设立该项目以来，泉州海关重点就如何发挥项目保税、仓储、拆拼箱、简单加工、入区退税等功能，推动区港联动、支持泉州服务实体企业、对接市场采购、跨境电子商务新业态业务发展等方面进行前瞻性研究，引导相关方面做好项目的科学规划和设计，争取项目按时建成、推动通过验收并尽快投入使用。

泉州市普惠金融服务乡村振兴融资对接会举行

由市地方金融监管局、市农业农村局和省农信联社泉州办事处主办的泉州市普惠金融服务乡村振兴融资对接会（农信系统专场）举行。会上，市农业农村局、市供销社分别与省农信联社泉州办事处签约，8家农商银行、农信联社与行业协会、特色乡村及重点企业的21名代表进行融资对接，授信金额超40亿元。2020年以来，泉州农信系统坚持疫情防控和业务发展两手抓、两促进，截至6月底，实际贷款净投放86.39亿元，特别是疫情期间，为3493户客户实施临时性延期偿还的贷款本金近40亿元，支持实体经济复工复产。

泉州市普惠金融服务乡村振兴融资对接会签约现场
（图/泉州金融）

7月30日

农历庚子年六月初十
星期四
温度：28℃～35℃
阴转多云

●市委理论学习中心组学习（扩大）会召开，市四套班子领导康涛、王永礼、陈灿辉、李转生等，观看由中国社会科学院学部委员、国家金融与发展实验室理事长李扬教授所作的《疫情下的宏观经济形势分析》专题报告视频。

●全市首个保税物流中心——泉州石湖港保税物流中心（B型）进场动工。

●由市地方金融监管局、市农业农村局和省农信联社泉州办事处主办的泉州市普惠金融服务乡村振兴融资对接会（农信系统专场）举行。

●鲤城区、丰泽区公办初中招生电脑派位举行。此次电脑派位邀请公证机构参加，并组织公民办中小学校校长、小学毕业生家长等代表及新闻媒体参加，全程接受社会监督。

7月31日

农历庚子年六月十一
星期五
温度：27℃～36℃
阴转多云

●7月31日至8月1日，副省长李德金参加在泉州举行的全省防汛防台风工作视频会暨常态化疫情防控下防台风转移避险综合演练活动，并检查泉州白濑水利枢纽工程建设情况。

●市政府第九十三次常务会议召开，研究部署落实代省长王宁到泉州调研工作要求，研究2020年泉州市未成年人思想道德建设有关工作。

●泉州市组织收听收看全国安全生产电视电话会议。会议贯彻落实习近平关于安全生产工作的指示精神和李克强批示要求，总结分析安全生产情况和面临形势任务，部署下半年安全生产各项重点工作。

●市政协党组理论学习中心组学习会议召开，传达学习习近平在中央政治局第二十一次集体学习、中央政治局会议审议《中国共产党基层组织选举工作条例》时的讲话，给复旦大学青年师生回信精神及对防汛救灾工作做出的指示、讲话精神等。

●市政协党组理论中心组（扩大）学习会议召开，专题学习研讨《习近平谈治国理政》第三卷。

●张永宁到部队某医院，慰问部队医院及驻泉州部队住院伤病员。

●全市首条公交“退役军人服务专线”开通。

市政府第九十三次常务会议召开

市政府第九十三次常务会议召开，研究部署落实代省长王宁到泉州调研工作要求，研究2020年泉州市未成年人思想道德建设有关工作。会议指出，各级政府各相关部门要在市委统一领导下，鼓足干劲、迎难而上、深挖潜力、提质增效。一是坚持“经济要稳”，保护和激发市场主体活力，坚定不移兴产业，加快指标追赶回升；二是坚持“城市要聚”，抓好中心城区组团更新改造，发展新交通，实施“聚城畅通”工程；三是坚持“民生要实”，打好打赢决胜全面小康三大攻坚战，加快补齐民生社会事业短板，守住安全底线；四是坚持“机制要活”，弘扬“晋江经验”，推广基层改革的好经验、好做法，推动各项改革举措落地见效。要从关心下一代和创建全国文明城市的大局出发，拿出扎实举措，加强协同配合，推动全市未成年人思想道德建设工作再上新台阶。要对标对表把握重点工作，坚持目标导向和问题导向，对照测评体系，逐条逐项精准落实。要多方联动形成合力，抓好属地和部门行业管理责任落实，完善学校、家庭、社会“三结合”教育网络，共同担负起促进和保障未成年人健康成长的责任。

市政协党组理论学习中心组学习会议召开

市政协党组理论学习中心组学习会议召开，传达学习习近平在中央政治局第二十一次集体学习、中央政治局会议审议《中国共产党基层组织选举工作条例》时的讲话，给复旦大学青年师生回信精神及对防汛救灾工作做出的指示、讲话精神；传达学习中央全面深化改革委员会第十四次会议、省委全面深化改革委员会第十一次会议精神，《中华人民共和国公职人员政务处分法》，省委全面从严治党主体责任落实情况检查集体约谈会议和省纪委监委调研组到泉州调研有关工作精神，省委常委会会议精神及省委、市委有关会议精神。会议强调，要践行新时代党的组织路线，坚持以党的政治建设为统领，推进政协党的建设，一以贯之、坚定不移推进全面从严治党。要围绕全面深化改革的重点领域和关键环节，紧密结合年度重点工作，开展协商议政、精准建言献策。

全市首条公交“退役军人服务专线”开通

全市首条公交“退役军人服务专线”开通。市退役军人事务局联合市公交集团，在公交东海分公司602路公交线专设“退役军人示范岗”，推出“退役军人服务专线”。“退役军人服务专线”共有8部车辆，均为全新纯电公交车。车厢内张贴张思德、董存瑞、邱少云、雷锋、林俊德等十位全军挂像英模画像的窗花，在每个座位椅背，还印有“富国要强兵 爱国当拥军”“让军人成为全社会尊崇的职业”等宣传语。在专线驾驶员选拔上，公司优先选择优秀退役军人驾驶员，并且专设“退役军人示范岗”，提升退役军人荣誉感和自信心，更好地为乘客提供优质服务。

公交“退役军人服务专线”司机在做发车准备（图/市退役军人事务局）

王永礼检查口岸入境人员集中医学观察场所管理工作

根据全省统一部署，泉州市开始承接部分厦门口岸入境人员的集中医学观察工作。市长王永礼到晋江、石狮，检查集中医学观察场所管理工作，慰问驻点保障人员与医务工作者。副市长周真平参加检查。王永礼强调，要落实集中医学观察各项措施，以高度的政治责任感守好防控关口、服务好集中医学观察人员。要全面落实责任，按照防疫要求，提前做好应急预案，优化入境人员运送流程，细之又细抓好场所安全管理，加强日常消杀、工作防护，做到有序接转、科学监测、闭环管理。要提供人性化暖心服务，及时了解集中医学观察人员的思想动态，做好心理疏导，鼓励他们放松心态，配合医学观察工作。相关部门要为一线工作人员提供充足保障，统筹安排好值班轮换工作。

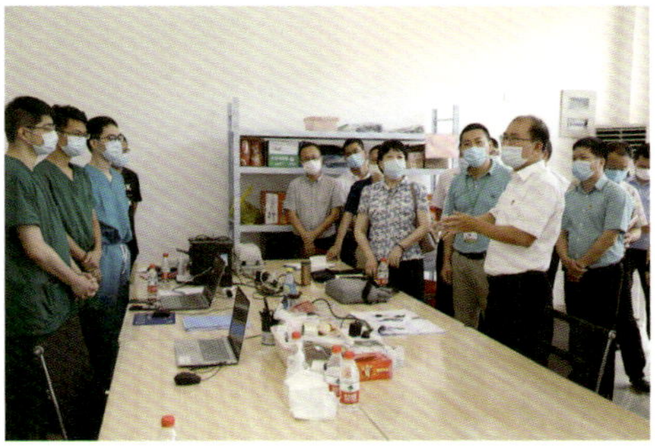

王永礼（右五）在位于晋江的集中医学观察场所，检查管理工作并慰问驻点保障人员与医务工作者（图/陈晓东）

泉州市部署热带风暴“森拉克”防御工作

继全省会议后，泉州市召开全市防御工作视频会议，部署2020年第3号热带风暴“森拉克”和台湾以东洋面热带低压防御工作。市防汛抗旱指挥部发出通知，要求沿海各县（市、区）、乡（镇）和海洋渔业部门要在3日8时前督促位于闽东、闽外、钓鱼岛海域作业的渔船全部撤离到安全区域，其他各大渔场作业渔船务必做好安全防范措施，沿海养殖渔排人员做好撤离准备。滨海旅游景区景点、渡口，各地要视风浪情况适时自行采取关闭、停运等措施，沿海各类在建工地要适时停工、人员撤离上岸。强化值班值守，突出重点防范。各县（市、区）、各乡镇相关防汛责任人要在2日19时前上岗到位，落实24小时值班和领导带班制度，加密会商分析，及时发布预警，果断转移危险区域群众。

全市1457艘渔船结束休渔

全市参加伏季休渔的第一批1457艘渔船结束休渔恢复生产，主要包括灯光围（敷）网、张网、刺网、桁杆虾拖和笼壶等作业方式。泉州市伏休期间秩序总体稳定。泉州市海岸线长541千米，伏休渔船数量多，分布在沿海62个渔港、澳口、避风锚地，涉及渔民众多，伏休监管压力较大。市、县两级渔业部门早动员、早宣传，通过伏休通知书、短信、微信公众号、电视、报纸、宣讲会等途径全面宣传伏季休渔政策，提高渔民休渔的自觉性。市、县两级渔业部门对伏休渔船实施动态监管，组织人员定期到沿海各渔港、码头、澳口开展清点巡查工作，结合北斗示位仪等定位设备24小时监控渔船船位，确保渔船在港休渔。伏休期间，泉州市涉海部门还组织开展“中国渔政亮剑2020”等专项执法行动，查获违规违法案件22起，处罚款4.27万元。伏休期间，市海洋与渔业局船检部门完成新船检验、营运检验900多艘，完成渔船更新改造标准化项目验收158艘，并对辖区内7家渔船第三方检测检修服务机构开展监督检查，核实渔船救生、消防、航行和无线电通信设备检测检修质量情况，确保渔船各项设备处于适航状态。

结束伏季休渔的渔船出海复产（图/陈起拓）

8月1日

农历庚子年六月十二
星期六
温度：26℃～35℃
多云

●根据全省统一部署，泉州市开始承接部分厦门口岸入境人员的集中医学观察工作。王永礼到晋江、石狮，检查集中医学观察场所管理工作，慰问驻点保障人员与医务工作者。

●继全省会议后，泉州市召开全市防御工作视频会议，部署2020年第3号热带风暴“森拉克”和台湾以东洋面热带低压防御工作。

●全市参加伏季休渔的第一批1457艘渔船结束休渔恢复生产，主要包括灯光围（敷）网、张网、刺网、桁杆虾拖和笼壶等作业方式。

8月2日

农历庚子年六月十三
星期日
温度：26℃～35℃
多云

●王永礼到南安检查征兵体检工作。

●《泉州市促进家庭农场发展行动方案》印发。

●泉州市开展农村人居环境示范提升和重点整治专项行动。

王永礼到南安检查征兵体检工作

市征兵领导小组组长、市长王永礼到南安检查征兵体检工作。在体检站内，王永礼与应征青年交谈。王永礼表示，部队是个大熔炉，是个锻炼人的地方。参军既能练就强健体魄，又能培养坚韧不拔、吃苦耐劳的优秀品质，对未来人生道路发展具有十分积极的意义。希望应征青年把握机遇、投身军营，用自己的聪明才智为国防事业贡献力量。随后，王永礼到体检科室，了解征兵体检项目开展情况，并向医务人员表示慰问和感谢。王永礼指出，征兵体检事关兵员质量，是征兵工作的重要关口，一定要坚持标准，严格程序，廉洁征兵，确保高质量完成2020年征兵任务。各级各相关部门要按照上级精神和市委统一部署，紧抓大学生征集、征兵体检等关键环节，做好各项征兵保障工作，为应征青年及家属提供周到服务，为部队输送更多优质兵员；要主动落实各项优抚政策，把优抚对象工作生活保障好，让他们感受到党和政府的关怀，让军人家庭感到温暖和荣耀。

王永礼（左六）在南安检查征兵体检工作（图/林劲峰）

《泉州市促进家庭农场发展行动方案》印发

《泉州市促进家庭农场发展行动方案》（以下简称“方案”）印发，按照“发展一批、规范一批、提升一批、推介一批”的思路，加快培育规模适度、生产集约、管理先进、效益明显的家庭农场，使家庭农场成为泉州市发展特色现代农业的主力军，至2022年年底，全市新增家庭农场1500家，总数达4000家以上。根据方案要求，泉州市提出，将突出技术先进、生产绿色、产品安全、管理规范、规模适度的发展要求，建立家庭农场辅导员制度，支持省级家庭农场整县推进试点，鼓励家庭农场创建省、市、县三级示范农场，打造一批具有当地特色、引领省、市品牌的示范家庭农场。方案提出，将家庭农场主作为新型职业农民素质提升工程的重要对象。分级建立示范农场名录台账，组织开展县级以上示范家庭农场摸底工作，摸清全市家庭农场发展底数。加强家庭农场名录系统管理，将符合条件的种养大户、专业大户纳入家庭农场名录系统，及时采集、更新家庭农场信息，促进全市家庭农场管理规范化、制度化。

泉州市开展农村人居环境示范提升专项行动

为落实《泉州市2020年农村人居环境整治工作要点》，确保不折不扣完成三年行动目标任务，泉州市按照“抓两头带中间，推动后进赶先进、中间争先进、先进更前进”工作思路，突出抓好全市23条乡村振兴示范线人居环境示范提升和100个农村人居环境整治薄弱村集中整治。实行挂钩帮扶。23条示范线由市直部门挂钩指导；100个农村人居环境整治薄弱村，实行“3+1”挂钩帮扶，即1名县（市、区）领导、1个县（市、区）直部门、1个整治成效突出的先进典型村挂钩帮扶1个薄弱村。实行单列考评督促。从8月开始，将23条示范线列入道路日常考评必检路段，100个薄弱村列入农村人居环境整治日常考评必检村，每月考评成绩分别由市委乡村振兴办、市人居办进行通报。落实财力保障。从市级财政乡村振兴专项资金中调剂部分资金专门用于支持薄弱村开展农村人居环境整治。其中，安排300万元，每个薄弱村补助3万元；在年底根据薄弱村整治工作考核结果，采取“以奖代补”方式，对整治成效明显的30个薄弱村给予适当奖励。

8月3日

农历庚子年六月十四
星期一
温度：26℃~33℃
小雨

●康涛、王永礼到市防汛抗旱指挥部，与市直相关部门负责人会商，对防汛防台风工作提出要求。

●市人大常委会和市政府联席会议召开，互相通报2020年以来工作情况，并围绕“做好常态化疫情防控”主题展开座谈。

●全市年轻干部培养工作视频座谈会召开，围绕如何做好年轻干部培养工作交流谈心、进行动员。

●市防汛抗旱指挥部召开全市乡镇防汛防台风视频会议，专题会商部署台风“黑格比”防御工作，组织防台风期间海上应急处突工作业务培训。

康涛王永礼研判会商防汛防台风形势

市委书记康涛、市长王永礼到市防汛抗旱指挥部，与市直相关部门负责人会商，对防汛防台风工作提出要求。市委常委、常务副市长洪自强参加会商。市领导了解4号台风“黑格比”路径走向及可能造成的影响，要求各级各部门强化值班值守，密切关注海上风浪、潮位和局地短时强降雨信息，做好监测预报预警工作。要把问题想得更周全，防止强降雨情况下因前期干旱、土壤疏松引发的滑坡、崩塌等地质灾害，做好海上防风防浪、陆上防暴雨山洪地质灾害和城乡低洼地带内涝等防御工作，并及时有序组织海上作业船只撤离。

市人大常委会和市政府联席会议召开

市人大常委会和市政府联席会议召开，互相通报2020年以来工作情况，并围绕“做好常态化疫情防控”主题展开座谈。

市长王永礼指出，市政府将在市委领导下，与市人大常委会保持更加常态化、制度化的联系，一项一项抓好工作落实。要统筹眼前目标和长远目标，紧盯中央、省、市既定的决策部署、市人代会确定的任务、“十三五”规划目标、“十四五”规划编制、全方位推动高质量发展超越，促进任务落实。坚持“经济要稳”，组织实施好12个专项追赶行动和“新”“老”两方面逆周期投资，稳主体、兴产业、促园区提升。坚持“城市要聚”，站位海丝起点城市、全省三大中心城市、台胞台企登陆的第一家园、闽西南协同发展区、制造业大市等定位，提高中心集聚度、交通快捷度、环境宜居度。坚持“民生要实”，既守底线促发展又促发展守底线，加快补齐教育、卫生、养老等民生短板，打好打赢三大攻坚战，落细落实安全生产、疫情防控、防汛防台等各项工作。坚持“机制要活”，弘扬“晋江经验”，推动各项改革举措落地见效。

市人大常委会主任陈灿辉指出，下阶段，市政府及其组成部门要解放思想，立足泉州实际，对城市、产业、民生配套建设深入研究，做好“十四五”规划编制。要全方位推动高质量发展超越，持之以恒抓好“新”“老”两方面逆周期投资，在以国内大循环为主体、国内国际双循环相互促进的新发展格局中找准泉州位置，大干快上。要高起点规划建设城市，提升教育、医疗、养老、交通等服务配套，升级城市生活品质。要结合《泉州市市容和环境卫生管理条例》《泉州市机动车停车条例》立法，提升城市精细化、智能化管理水平。要对标先进城市，优化营商环境，解决政府投资建设项目存在的突出问题，用心用情帮助企业纾困解难，激发泉州创新创业创造活力。

市人大常委会和市政府联席会议现场（图/陈意鸣）

全市年轻干部培养工作视频座谈会召开

全市年轻干部培养工作视频座谈会召开，围绕如何做好年轻干部培养工作交流谈心、进行动员。会议强调，要加强思想淬炼、政治历练、实践锻炼、专业训练，鼓励年轻干部到疫情防控、三大攻坚战、强基促稳、新基建新经济基地建设大比拼等一线磨炼，在干事创业中锤炼培养“百搭”型、专技型干部队伍。要坚持数量充足与质量优良相统一，拓宽年轻干部来源渠道，一线选“苗子”、拔“尖子”。要突出长远规划和动态管理，着眼近期需求和长远战略需求，站位为全市、全省乃至大局事业发展需要，发现培养一批有潜力的年轻干部。

8月4日

农历庚子年六月十五
星期二
温度：26℃~29℃
阴转大雨

●市政府党组（扩大）会议召开，传达全国、全省扫黑除恶专项斗争重点行业领域突出问题专项整治推进会和市委常委会会议精神，学习贯彻《中华人民共和国公职人员政务处分法》以及省委常委会、市委常委会会议精神。

●市政府党组理论学习中心组学习会召开，学习研讨《习近平谈治国理政》第三卷。

●市政府第九十四次常务会议召开，研究部署加快“十四五”重大项目策划工作，研究并通过《鼓励在泉设立大区公司专项扶持措施》等。

市政府党组（扩大）会议召开

市政府党组（扩大）会议召开，传达全国、全省扫黑除恶专项斗争重点行业领域突出问题专项整治推进会和市委常委会会议精神，学习贯彻《中华人民共和国公职人员政务处分法》以及省委常委会、市委常委会会议精神。会议指出，市政府党组、政府各部门党组（党委）要提高站位，把思想和行动统一到中央、省委、市委决策部署上来，把重点行业领域整治作为扫黑除恶决战决胜的重要举措，向顽症痼疾动刀，巩固拓展专项斗争成果。要强化措施，聚焦社会治安、乡村治理、工程建设等十大重点领域，加强源头治理，完善工作机制，打好重点行业领域突出问题专项整治攻坚战。要压实责任，形成部门联动、整体推进、深度打击的强大合力，针对重点行业领域存在的黑恶势力，痛下决心、一追到底，为全面建成小康社会创造安全稳定的社会环境。市政府各位党组成员、政府各部门党组（党委）要带头学习贯彻《中华人民共和国公职人员政务处分法》，带动政府系统党员干部全员覆盖学习，提升依法行政水平，把法律要求转化为日常习惯和自觉遵循。要带头落实管党治党主体责任，依法加强日常监督管理，促进政府系统党员干部依法履职、秉公用权、廉洁从政。

市政府党组理论学习中心组学习会召开

市政府党组理论学习中心组学习会召开，学习研讨《习近平谈治国理政》第三卷。会上，市政府党组成员围绕学习《习近平谈治国理政》第三卷，结合泉州实际和各自工作实际进行发言交流。大家一致表示，《习近平谈治国理政》第三卷是全面系统反映习近平新时代中国特色社会主义思想的最新权威著作，要坚持知行合一、学以致用，以高度的政治自觉和行动自觉，把学习成效转化为政府应对风险挑战、推动事业发展的治理能力和工作水平。会议强调，市政府党组成员要发挥“关键少数”作用，把学习贯彻《习近平谈治国理政》第三卷作为重大政治任务，示范带动政府系统党员干部带着感情、带着责任、带着信仰真学深学实学，为全方位推动高质量发展超越提供强大动力和思想保证。要在学习中找指针、找方法、找思维、找路径，汲取抓好政府工作的政治力量、思想力量和行动力量。要坚持学以致用，把学习贯彻《习近平谈治国理政》第三卷与贯彻落实习近平总书记讲话指示批示精神结合起来，与统筹推进常态化疫情防控和经济社会发展、科学谋划“十四五”规划、完成全年各项目标任务结合起来，抓好防台防汛救灾、安全生产、生态环保等工作，把确保人民生命安全放在第一位落到实处。

市政府第九十四次常务会议召开

市政府第九十四次常务会议召开，研究部署加快“十四五”重大项目策划工作，研究并通过《鼓励在泉设立大区公司专项扶持措施》等。会议指出，“十四五”时期是由全面建成小康社会向基本实现社会主义现代化迈进的关键时期，是事关泉州未来发展至关重要的五年。要高度重视“十四五”重大项目策划、生成、申报工作，真行动、真策划一批能够支撑经济社会长远发展的大项目、好项目。要紧盯“十四五”发展目标，上接天线，下接地气，在对接国家和省重大战略机遇和政策中挖掘项目，立足泉州发展定位强化项目支撑，力争更多项目纳入国家和全省规划盘子。各级政府各部门要提高政治站位，把项目策划作为重大任务来抓、“一把手”亲自抓，层层压实责任，加强跨地区、跨部门、跨流域统筹，做好要素服务保障，共同描绘好“十四五”时期全市经济社会发展的宏伟蓝图。研究出台《鼓励在泉设立大区公司专项扶持措施》，就是要鼓励和吸引更多泉州市域外企业在泉州市设立大区公司、扩大经营规模，要细化保障扶持政策条款，明确奖励资金兑现标准，完善创新激励机制，做好服务保障和配套扶持等工作，实现企地长效合作、互利共赢。

市管干部学习贯彻中共十九届四中全会精神轮训主题报告会召开

市管干部学习贯彻中共十九届四中全会精神轮训主题报告会召开，市委书记康涛作主题报告。

康涛指出，学习贯彻习近平关于坚持和完善中国特色社会主义制度、推进国家治理体系和治理能力现代化的论述，贯彻落实中共十九届四中全会精神，要认识和把握中国特色社会主义制度和国家治理体系具有强大生命力和巨大优越性，坚定制度自信；认识和把握中国共产党领导是中国特色社会主义的最本质特征，是中国特色社会主义制度的最大优势，坚持党的集中统一领导；认识和把握国家治理体系和治理能力是中国特色社会主义制度及其执行能力的集中体现，与时俱进完善和发展，把思想和行动统一到中央、省委决策部署上来。要推进泉州治理现代化，为全方位推动高质量发展超越提供坚强制度保证。要坚持和完善党的领导制度，把党的领导落实到治理实践全过程各方面，加强党的全面领导、推进全面从严治党。要抓牢创新创业创造发展环境，完善高质量发展长效机制，千方百计保住市场主体，实施城市、产业提升战略，稳当前、谋长远。要推深做实“强基促稳”专项行动，滚动摸排基层治理难点堵点，策划重点专项突破，完善共建共治共享社会治理长效机制。要坚持人民至上生命至上，完善为民惠民长效机制，推进富民增收，巩固提升脱贫成果，守牢安全生产底线，系统推进生态环境保护。要着眼建设第一家园，深化探索泉州和台湾融合发展新路。全市各级领导干部要自觉加强思想淬炼、政治历练、实践锻炼、专业训练，带头坚定制度自信、维护制度权威、提升制度效能，提高制度执行力和治理能力，引导党员干部在制度创新和治理实践中展现更大作为。

8月5日

农历庚子年六月十六
星期三
温度：26℃～32℃
阴转多云

●市管干部学习贯彻中共十九届四中全会精神轮训主题报告会召开，康涛作主题报告。

●陈灿辉到丰泽检查全国文明城市创建工作。

●由泉州城建集团主办的“文明创城 你我同行——泉州城建集团致敬城市守护者公益赠饮特别行动”暨免费赠饮仪式在泉州商城广场举行。

●由鲤城区总工会、区城管局共同建设的全市首个户外劳动者服务驿站在该区新天城市广场揭牌。

●根据泉州台商投资区作家协会主席陈祥江同名小说改编的电影《家福人生》杀青仪式在泉州台商投资区作家协会秀涂创作基地举行。

陈灿辉到丰泽检查全国文明城市创建工作

市人大常委会主任陈灿辉到丰泽，检查推动全国文明城市创建工作。陈灿辉到浦西万达广场、云谷小区等地，检查广场周边停车乱象整治、老旧小区改造提升等方面工作，并听取丰泽区创城工作情况汇报，协调解决无序管线拉接、闲置空地腾挪等具体问题，明确由市直有关部门牵头、丰泽区政府指定相关负责人，通过会商等方式，快速有效推动问题解决。陈灿辉指出，要坚持问题导向，找准弱点、聚焦难点、疏通堵点，不折不扣抓好整改提升；要坚持标本兼治，立足为民创城，做到长短结合，探索建立长效管理机制；要坚持依法依规，增强法治思维和能力，确保城市管理的法律法规和政策落实到位；要坚持压实责任，加强组织领导，用心抓好各环节工作的落实。

陈灿辉（右八）在丰泽区检查全国文明城市创建工作
（图/陈意鸣）

全市首个户外劳动者服务驿站启用

由鲤城区总工会、区城管局共同建设的全市首个户外劳动者服务驿站在该区新天城市广场揭牌，吸引不少户外劳动者参观体验。驿站约9平方米，外墙设有交警、环卫工人、外卖小哥等户外劳动者的卡通形象，内部配有空调、饮水机、微波炉、桌椅、医药箱、雨伞、充电器、维修工具、书刊等，户外劳动者可在此享受饮水、医疗应急、缝补衣物、维修器具等服务。驿站揭牌后由区城管局工作人员负责日常管理工作，开放时间为每天的8:00～18:00。

8月6日

农历庚子年六月十七
星期四
温度：26℃~35℃
阴转多云

●国际中学生体育联合会官方网站宣布，受到新冠肺炎疫情影响，原定于2020年10月17—24日在晋江举行的第18届世界中学生夏季运动会延期至2021年10月16—23日举行。

●5—6日，省政协副主席薛卫民带领调研组到泉州，就“加大老年教育供给”开展重点提案督办调研。

●市生态环境局启动全市危险废物专项整治三年行动，排查整治危险废物环境风险隐患，遏制重大涉危险废物环境违法犯罪行为，确保生态环境安全。

●由市总工会主办的“凝聚职工力量 助力创城创卫”进企业宣传活动在泉州开发区孵化基地广场举行，宣布成立泉州市创城创卫职工志愿服务队。

第18届世界中学生夏季运动会延期举行

国际中学生体育联合会官方网站宣布，受到新冠肺炎疫情影响，原定于2020年10月17—24日在晋江举行的第18届世界中学生夏季运动会延期至2021年10月16—23日举行。国际中学生体育联合会、中国中学生体育协会、第18届世界中学生运动会执行委员会在联合声明中表示，各赛事组织方都把运动员和所有参与者的安全摆在首位，将及时更新最新情况，并与有关各方密切关注卫生安全形势的发展。

相关链接：2017年10月，晋江获得2020年第18届世界中学生运动会举办权。世界中学生运动会是国际中学生体育联合会主办的最高水平赛事。该赛事创办于1974年，中国上海于1998年举办第11届世界中学生运动会。

薛卫民到泉州督办“加大老年教育供给”重点提案

5—6日，省政协副主席薛卫民带领调研组到泉州，就“加大老年教育供给”开展重点提案督办调研，市政协副主席王春金参加。薛卫民走访泉州老年大学（新校舍）、石狮市老年大学等，并召开座谈会了解泉州市老年教育工作的做法和成效，针对存在的困难和问题找原因、寻对策，与相关部门、学校负责人围绕加大老年教育供给、助力终身教育进行探讨。

泉州老年大学新校舍（图/吴寿民）

全市危险废物专项整治三年行动启动

市生态环境局启动全市危险废物专项整治三年行动，排查整治危险废物环境风险隐患，遏制重大涉危险废物环境违法犯罪行为，确保生态环境安全。此次专项整治行动从是月起持续到2022年12月。整治范围包括五类企业：一是危险废物焚烧、填埋、水泥窑协同处置单位（含自建焚烧等设施的危废产生单位）和医废处置单位；二是精炼石油产品制造、煤炭加工、化学原料和化学制造业、医药制造业、化学纤维制造业、常用有色金属冶炼、金属表面处理及热处理加工、电子器件制造、电子元件及电子专用材料制造、皮革鞣制加工、合成革制造、铅酸蓄电池制造、有色金属矿山采选、环境治理行业等重点行业企业；三是危险化学品生产单位；四是化工园区和以化工企业为主的工业园区或聚集区，以及化工园区内的所有危废产生单位；五是生活垃圾填埋场、焚烧厂，机械制造业、金属制品业等涉爆粉尘重点企业。

泉州市成立创城创卫职工志愿服务队

由市总工会主办的“凝聚职工力量 助力创城创卫”进企业宣传活动在泉州开发区孵化基地广场举行，宣布成立泉州市创城创卫职工志愿服务队。职工志愿服务队旨在通过志愿服务活动，引导职工群众感知泉州城市发展的变化，增强职工群众参与感归属感，激发职工群众由心而生的行动自觉。志愿者组成多个小分队，开展入企宣传和“烟头不落地 泉州更美丽”志愿服务宣传。围绕创城创卫，市总工会抓好职工的文明习惯养成、文明志愿服务、文明宣传引导、文明诚信建设“四大行动”，开展“文明诚信、创城有我”志愿服务活动。3万多人次职工参与“创城创卫·工会在行动”应知应会知识网上答题。市总工会号召全市职工主动参与，做《市民文明公约》的践行者；提倡职工志愿服务队先行先试，做《市民文明公约》的引领者，一起为泉州创建全国文明城市和国家卫生城市贡献职工力量。活动现场，泉州晚报社东南公益志愿者为市民免费剪发、赠水，并分发相关调查问卷以及创城创卫应知应会相关知识宣传材料。

市委常委会（扩大）会议学习习近平讲话精神

市委常委会（扩大）会议召开，学习贯彻习近平在中央政治局会议和中共中央党外人士座谈会上的讲话、在吉林考察时的讲话、在企业家座谈会上的讲话以及省委常委会（扩大）会议精神，研究部署统筹推进常态化疫情防控和经济社会发展工作；传达学习习近平致中国少年先锋队第八次全国代表大会的贺信精神，听取团市委工作情况汇报；学习贯彻《中国共产党基层组织选举工作条例》。

会议强调，要学习贯彻习近平总书记讲话指示批示精神，融入以国内大循环为主体、国内国际双循环相互促进的新发展格局，做好常态化疫情防控和经济社会发展工作，统筹兼顾抓当前、谋长远、守底线。要抓好12个专项追赶行动，完成全年目标任务。要聚焦全方位推动高质量发展超越，抓紧谋划"十四五"发展，育新机开新局。要发扬政企互动好传统，落实好惠企纾困政策措施，保护和激发市场主体活力。要毫不放松抓好常态化疫情防控，做好外防输入工作，落实各项防控措施，强化监测预警处置，盯住重点环节，巩固疫情防控成果。要做好民生保障，抓好重点群体就业工作，巩固提升脱贫成果，推进特色现代农业发展，抓紧抓牢生态环境保护，守住安全生产底线，落细落实防汛防台风各项措施。要学习贯彻习近平关于少年儿童和少先队工作的论述，落实第八次全国少代会部署，担负起为党育人的职责使命。要更加重视支持少先队事业发展，加强组织领导，创新活动载体，发挥少先队在立德树人中的重要作用，共同为少年儿童提供安全健康的成长环境。要做好新时代共青团工作，加强思想政治引领，推进全面从严治团，永葆共青团生机活力。要贯彻落实新时代党的组织路线，学深悟透《中国共产党基层组织选举工作条例》，增强贯彻落实的思想自觉和行动自觉。要加强宣传解读、学习培训，轮训党组织书记和党务骨干，确保掌握条例内容，提高换届选举工作质量。要压实党委主体责任，落细落实条例各项规定，加强督促指导，提升基层党组织选举工作的制度化、规范化和科学化 水平。

泉州市"创文明城市、做文明网民"志愿服务活动启动

由市委网信办、市委文明办等主办的泉州市"创文明城市、做文明网民"志愿服务活动暨网络不文明行为整治启动。活动旨在引导全市网络文明志愿服务者传播文明理念、倡导文明新风，培育新时代中国好网民，助力泉州市文明城市创建工作，并提出三点要求：1.要认清形势，做文明新风的传播者。2.要迅速行动，做社会责任的践行者。3.要齐心协力，做网络文明的捍卫者。活动现场，市公安局通报泉州市净网等专项整治工作情况，市教育局、总工会、团市委等单位发起网络文明志愿服务倡议，致力推进网络文明规范，引领网民崇德向善、文明上网、文明用网，弘扬社会主义核心价值观。市委宣传部、市委网信办负责人为"古城青新网络"文明志愿服务队授旗。授旗仪式上，网络文明志愿者代表进行表态发言，表示将继续做大做强志愿服务活动，从自己做起，从身边做起，从点滴做起，共同建设和维护清朗网络空间。

2020年泉州市线上电竞比赛启动

由市体育局主办、泉州市电子竞技协会承办的2020年泉州市线上电竞比赛启动。2020年，电子竞技继续被列入泉州市全民健身月系列活动之中，旨在发挥政府主导作用，动员社会力量参与，推动泉州市电竞事业取得新发展。比赛采取线上竞技的形式，涵盖时下热门的电竞项目，在确保疫情防控不松懈的情况下，组织社会各界电竞爱好者共同参与到全民健身活动之中，为泉州电竞事业发展再添新动力。

8月7日

农历庚子年六月十八
星期五
温度：27℃～35℃
多云

●市委常委会（扩大）会议召开，学习贯彻习近平在中央政治局会议和中共中央党外人士座谈会上的讲话、在吉林考察时的讲话、在企业家座谈会上的讲话以及省委常委会（扩大）会议精神等。

●由市委网信办、市委文明办等主办的泉州市"创文明城市、做文明网民"志愿服务活动暨网络不文明行为整治启动。

●由市体育局主办、泉州市电子竞技协会承办的2020年泉州市线上电竞比赛启动。

8月8日

农历庚子年六月十九
星期六
温度：27℃～36℃
多云

●由市政府主办，丰泽区政府、市体育局承办的2020年泉州市第十二个“全民健身日”启动仪式在丰泽区浦西万达广场举行。

●由泉州少林寺、泉州农商银行主办的“战疫情 爱同行”日行一善·观音卡爱心助学活动在泉州少林寺举行。

●由石狮市政府与福建中医药大学合作共建的福建中医药大学（石狮）医疗保障研究院揭牌。

●德化县石牛山景区经改造提升后重新开放。

泉州市第十二个“全民健身日”启动

由市政府主办，丰泽区政府、市体育局承办的2020年泉州市第十二个“全民健身日”启动仪式在丰泽区浦西万达广场举行。泉州市第十二个“全民健身日”以“推动全民健身，助力全面小康”为主题，准备形式多样的全民健身系列活动，借此营造“人人参与、人人健身、人人受益”的社会氛围，让市民享受健身运动带来的快乐与活力。

泉州市第十二个“全民健身日”启动仪式文艺表演（图/李冠鹏 林楷煜）

市纪委监委举行“共筑健康梦 清风海丝行”全民健身徒步活动。图为活动现场（图/张九强）

福建中医药大学（石狮）医疗保障研究院揭牌

由石狮市政府与福建中医药大学合作共建的福建中医药大学（石狮）医疗保障研究院揭牌。该研究院下设医疗保障（中医药）研究中心、中医药产品研发中心、中医药信息研究中心、中医药人才培训中心、中医现代医院管理研究中心和中医药产品互联网（直播）营销中心6个中心，主要从事医疗保障政策研究、中医药关键技术装备研发、中医药人才培养、合作办学、医疗合作、中医药产品研发等内容。合作双方将以医疗保障、中医药现代装备产业为突破口，全面加强“产、学、研、政、企、商”深度合作，通过平台建设、项目培育、人才引进、科技成果转化、企业自主创新等方式，吸引全国优质的中医药资源入驻石狮。双方还将探索与民营学校开展合作办学，拟在石狮开设医疗保障、健康管理等中医药相关专业学科。

德化县石牛山景区开园

经过三年改造，德化县石牛山景区开园迎客，超长索道、玻璃观景台、悬崖栈道等项目，吸引众多游客到场体验。2016年，德化启动国家全域旅游示范区创建工作。石牛山景区作为龙头核心景区，于2017年启动改造提升工程，建成总长度7168米超长索道、“天空之心”玻璃观景台、悬崖栈道、“天下第一牛馆”、岱仙瀑布、竹筏漂流等众多旅游体验项目，打造集亲子、科研、探险、观光、休闲、娱乐功能于一体的综合旅游景区。2020年是德化的全域旅游呈现年。该县紧抓三大核心景区建设，打造东线山水休闲游、西线生态栖养游、中线陶瓷文化游，形成以县城陶瓷文化景区为主体，石牛山、九仙山两个AAAA级旅游景区为两翼的全域旅游格局。

德化石牛山景区开园启动仪式（图/瓷都德化报）

全市安全生产警示教育视频会议召开

省政府召开防范重特大生产安全事故暨警示教育视频会议，泉州市随即召开全市安全生产警示教育暨消防安全紧急排查整治视频会议，学习贯彻习近平关于安全生产工作的论述和李克强批示要求，贯彻落实省委、省政府部署要求，对安全生产工作进行再部署、再落实。

会议指出，全市各级各部门要学习习近平关于安全生产的论述，拿出对党和人民高度负责的态度，坚持生命至上、安全第一，把安全生产这根弦绷得紧而又紧。要落实地方党政领导责任、部门监管责任和企业主体责任，以永远在路上的决心和担当，守好底线、红线、生命线，为全方位推动高质量发展超越营造安全稳定的社会环境。要拿出最严格的尺度和标准，抓紧抓实排查整治，堵塞漏洞消除隐患。以极端负责的态度，把安全生产摆在更加重要位置来抓，结合安全生产事故剖析反思，把安全发展理念树得更牢、扎得更深。以铁的手腕，推进大排查大整治和三年专项行动，盯紧事故多发的危化品、厂房分租、电气设施等重点领域、薄弱环节，既深查、细查、严查，又防止“一刀切”，分类处置、综合施策。以深入扎实的举措，健全安全生产长效机制，提升完善、推广落实安全生产监管措施，开展“回头看”，防止“只开单不落实”“一罚了之”，防止问题反弹回潮。

会议强调，要扛起促一方发展、保一方平安的重大政治责任。各级领导干部要警钟长鸣，用大概率思维应对小概率事件，把隐患当成事故对待，保持底线思维、戒惧之心、忧患意识；要担当作为，始终绷紧“党政同责、一岗双责、齐抓共管、失职追责”链条，确保安全生产责任传导到“神经末梢”“最后一公里”；要扎实整改，反对形式主义、官僚主义，各级领导干部要当好一线“施工队长”，沉下去与基层干部一起解剖麻雀，以过细的工作确保各项整改措施落地见效。各级政府各部门要汲取教训，以案示警、以案示己，思想上真触动、行动上真落实，把习近平关于安全生产的论述落到实处。要层层细化、压紧压实安全生产责任，各司其职、各负其责，守好各自责任田，做好各自分内事。要动真碰硬抓整改，拿出敢于善于斗争的精神，迎难而上，攻坚克难，推动安全隐患清除清零。

泉州市电力工程破路“一窗式”审批获全省推广

为推动全省营商环境持续优化提升，省发改委（省营商办）印发推广全省各地各有关单位16个典型经验做法。泉州市在全省首创政企联署办公新模式，开拓电力工程占用挖掘道路“一窗式”联审通道的做法入选其中，继2019年获省发改委、省审改办、国网福建省电力有限公司发文推广后，再次面向全省分享经验。

此前，国网泉州供电公司深入调研泉州市获得电力流程，发现原有电力工程占用挖掘道路需向多个部门提交申请材料，多次配合相关管线产权单位和审批单位进行图纸会审、现场勘察，总审批时长达30天以上，客户体验感不佳。为此，市营商办（市发改委）积极推动，协调国网泉州供电公司、市行政服务中心管委会、城管局、资源规划局、公路局首创政企联署办公新模式，创新建立电力工程占用挖掘道路“一窗式”联审，在市行政服务中心设立电力工程服务专窗统一收件，在联审专用会议室由泉州供电公司牵头组织相关行政主管单位及有可能涉及的管线单位及企业项目业主，收件后2个工作日内即完成联审、3个工作日内完成联勘，当天出具审查意见。2019年5月底，这一机制进一步优化，推行短距离承诺备案制。10千伏及以下的电力工程，且长度小于50米的破路项目，免联合会审，由城市管理局直接办理；长度大于50米的，实行联合会审，由泉州供电公司牵头组织实施，在电力工程服务专窗统一办理。400伏以下的低压用电工程，且长度在200米以下的项目，实行承诺报备制，一次交互、一次办结。2019年全年电力工程占用挖掘道路许可联审办结50件，总平均时长从30天以上大幅压降到5天以内，审批时长压降80%。

8月9日

农历庚子年六月二十
星期日
温度：27℃～32℃
阴转多云

●省政府召开防范重特大生产安全事故暨警示教育视频会议，泉州市随即召开全市安全生产警示教育暨消防安全紧急排查整治视频会议，学习贯彻习近平关于安全生产工作的论述和李克强批示要求，贯彻落实省委、省政府部署要求，对安全生产工作进行再部署、再落实。

●为推动全省营商环境持续优化提升，省发改委（省营商办）印发推广全省各地各有关单位16个典型经验做法。泉州市在全省首创政企联署办公新模式，开拓电力工程占用挖掘道路“一窗式”联审通道的做法入选其中。

8月10日

农历庚子年六月廿一
星期一
温度：26℃～34℃
阴转大雨

●康涛、王永礼到市防汛抗旱指挥部，与市直相关部门负责人会商、部署台风“米克拉”防御工作。

●市人大常委会党组理论学习中心组学习会议召开，传达学习习近平在中央政治局会议和中共中央党外人士座谈会上的讲话、在吉林考察时的讲话、在企业家座谈会上的讲话以及省委、市委有关会议精神等。

●市人大常委会党组理论中心组举办《民法典时代价值、新规解读与实施》专题讲座。

●市中级人民法院、泉州仲裁委员会、市劳动人事争议仲裁院派驻市企联工作室在泉州市企业与企业家联合会挂牌。

●由市创城办、市委市直机关工委、市委文明办、市教育局、市志愿者协会主办的泉州市“讲普通话 用文明语”主题活动启动。

●由市委网信办、市教育局指导，泉州市北渠管理处和泉州市助学帮扶协会等主办的爱心救生圈发放启动仪式，在丰泽区东海街道东梅水库举行。

康涛王永礼会商部署防汛防台风工作

市委书记康涛、市长王永礼到市防汛抗旱指挥部，与市直相关部门负责人会商、部署6号台风“米克拉”防御工作。市领导要求，相关部门要做好雨情、水情、险情的分析研判，加密会商，预报周期尽可能短，第一时间向基层、向社会预警。要按照“海上防风、陆上防雨”的要求，组织渔船避风避险、渔排作业人员撤离，加强对临海临岸临崖在建工程的防台风安全管理，关停关闭沿海景点景区、在建工地、大排档等，港口要停二停业并加固岸吊、集装箱等设备；加强对地灾点、高陡边坡点、水库山塘、中小河流、低洼地带、桥涵隧道、工棚板房、老旧危房等重点部位的巡查，做好道路安全和交通疏导工作。要针对前期降水少、土壤疏松，突出防范在强降雨情况下易引发的滑坡、崩塌等，对重点区域及时加固防护。

市人大常委会举办民法典专题讲座

市人大常委会党组理论学习中心组举办《民法典时代价值、新规解读与实施》专题讲座。图为讲座现场。（图/陈意鸣）

市中院和仲裁委派驻市企联工作室挂牌

市中级人民法院、泉州仲裁委员会、市劳动人事争议仲裁院派驻市企联工作室在泉州市企业与企业家联合会（以下简称“泉州市企联”）挂牌。泉州市企联相关负责人表示，此举可更好地解决用工纠纷，让员工就业更稳，让企业生产更顺。作为拥有600多家企业会员的企业之家——泉州市企联一直以维护企业和企业家合法权益为宗旨，创新工作思路，完善工作机制。此次以建立诉调对接多元化解企业矛盾机制为切入点，联合市中级人民法院、市劳动人事争议仲裁院在原有泉州仲裁委、泉州市企业与企业家联合会仲裁调解中心的基础上，设立派驻工作室，是服务会员企业的又一创新举措。派驻工作室的设立可整合各方权威资源，发挥司法审判与劳动人事争议仲裁调解机制优势，推进会员企业纠纷多元化解机制建设，建立多元化调解平台，致力于预防和化解企业劳资纠纷、商事纠纷，促进社会和谐稳定。为优化营商环境，泉州市企联还聘请退休法官、庭长作为调解员，逐步提升工作室的服务水平。同时，适时组织企业家代表观摩典型涉企纠纷案件的庭审，提升企业应诉能力和商业风险防范能力。

泉州市“讲普通话 用文明语”主题活动启动

由市创城办、市委市直机关工委、市委文明办、市教育局、市志愿者协会主办的泉州市“讲普通话 用文明语”主题活动启动。启动仪式上，志愿者代表宣读“讲普通话 用文明语”倡议书。泉州市创城指挥部、创城办、市直单位干部职工志愿服务队及市区民间志愿服务团队共56支队伍参加。开展“讲普通话 用文明语”主题活动，旨在要求各级党政机关、服务行业、窗口单位及工作人员，从身边推广做起，做好示范引领，用语言和行动，去影响身边的人；号召全市志愿服务团队，开展“文明创城 志愿同行”主题活动，推动“讲文明、树新风”活动常态化、持久化、规范化，提升城市文明水平；同时，鼓励每个市民在日常生活中，讲普通话，将“请”“您好”“谢谢”“对不起”“再见”等文明用语记在心里、说在嘴上，做文明礼貌用语的使用者、传播者、监督者，使文明用语得到普及，并内化为内在素质。

2020年泉州市产业链招商季启动

市委办、市府办印发行动方案，启动2020年泉州市产业链招商季，推动全市“大招商、招大商”。此次行动根据全市产业发展规划布局，围绕12个新基建新经济基地、新材料六大重点领域发展方向和八大千亿产业集群升级提升（纺织服装、鞋业、石化、机械装备、建材家居、食品饮料、工艺制品7个超千亿产业，以及纸业印刷1个准千亿产业），结合重点产业转型升级路线图推进实施，对标产业链发展方向，瞄准产业链关键环节及建链强链补链目标，确立招商方向和重点。构建产业发展生态，推动数字经济、石油化工、传统制造转型升级、文化旅游等重点产业方向招商工作，引进与主导产业关联度高、协调性强的现代服务业项目。

2020年菲律宾华文教师培训班开班

由省侨办主办，市侨办、泉州师范学院承办，菲律宾华教中心协办的“丝路华教·云上课堂”——2020年菲律宾华文教师培训班开班。华文教育是一项面向海外华侨华人传扬中华优秀文化的工作，是海外华侨华人形成中华民族精神、增强自身竞争力的重要途径。此次培训班是省侨办为助力菲律宾华文学校在疫情防控期间“停课不停学”“停课不停教”，首次以线上模式面向菲律宾本土教师举办的培训。菲律宾23所学校52名华文教师学员参加培训。学员代表蔡慧民表示，此次培训可以更好地帮助菲律宾各华校的华文一线教师掌握线上华文教学的相关知识和技术，应对线上教学新常态带来的挑战，掌握新常态下线上华文教学的相关知识和技术。承担教学任务的泉州师范学院，是福建省最早向菲律宾选派国际汉语教师中国志愿者的两所高校之一，有丰富的对外汉语教学经验。

泉州市“邮储银行专场”乡村振兴融资对接会举行

市金融监管局、市农业农村局和邮储银行泉州市分行举行乡村振兴融资对接会，旨在化解新型农业经营主体融资难问题，助力乡村振兴战略的深入实施。42家家庭农场（专业大户）、农民合作社等新型农业经营主体负责人参加对接会。邮储银行各地支行现场分别与晋江土坑村、南安新明村、安溪金狮村、永春溪源村签署乡村振兴合作协议，并授予各村“信用村”称号及预授信。各支行还与晋江、石狮、南安、惠安、安溪、德化的多家家庭农场和农民专业合作社签署授信意向书。会上，邮储银行泉州市分行的代表还就该行“三农”系列产品进行重点介绍。现场达成意向授信金额16亿元。邮储银行泉州市分行坚持“党建+信用村（社区、镇）”模式，与当地党政部门签订合作协议，派驻农村金融顾问，搭建“政银合作”模式，携手市邮政公司与市农业农村局下发《泉州市共同促进新型农业经营主体质量提升实施方案》，共同促进新型农业经营主体提质增效。据统计，截至7月底，邮储银行泉州分行全行贷款余额270.09亿元，涉农贷款余额147.54亿元，比上年增长10.02%。

泉州市“邮储银行专场”乡村振兴融资对接会现场（图/泉州金融）

泉州市脊髓损伤者希望之家成立

第十一个全国“肢残人活动日”，泉州市脊髓损伤者希望之家在泉州市残疾人康复中心二楼揭牌成立。泉州市脊髓损伤者希望之家针对脊髓损伤导致下肢瘫痪的残疾人设置专业康复训练项目，其中运动康复生活训练馆设有模拟生活馆、物理治疗区、运动康复区。力量训练区放置两台大型的专业运动器材。

8月11日

农历庚子年六月廿二
星期二
温度：26℃～29℃
中雨转大雨

●康涛、王永礼到市防汛抗旱指挥部，对泉州市防御台风暴雨后续工作作出部署。

●2020年泉州市产业链招商季启动。

●由省侨办主办，市侨办、泉州师范学院承办，菲律宾华教中心协办的“丝路华教·云上课堂”——2020年菲律宾华文教师培训班开班。

●市金融监管局、市农业农村局和邮储银行泉州市分行举行乡村振兴融资对接会。

●泉州市脊髓损伤者希望之家在泉州市残疾人康复中心二楼揭牌成立。

8月12日

农历庚子年六月廿三
星期三
温度：26℃～32℃
阴转多云

●康涛到丰泽检查创城创卫和安全生产工作开展情况。

●2020年科技文化拥军集中现场办公会召开，军地双方共同研究推动科技文化拥军项目。

●全市建筑施工安全生产工作视频会召开，部署建筑施工领域安全生产工作。

●全市小作坊小加工厂安全隐患排查处置专项工作视频会召开，通报全市小作坊小加工厂安全隐患整治情况、消防安全隐患“回头看”情况，听取各县（市、区）整治工作汇报，部署下阶段工作。

●由市委市直机关工委、市法学会主办的泉州市民法典专场暨机关大讲堂第三十二讲“民法典”专课开讲。

●“后疫情时代的政社协同与社会工作发展”社会工作专业人才主题沙龙在晋江致和三社共享园举行，并为泉州市社会工作人才书苑揭牌。

●以“传承北管文化，演绎两岸情缘”为主题的2020年两岸北管交流活动以视频连线的方式举行。

康涛到丰泽检查创城创卫和安全生产工作

市委书记康涛到丰泽检查创城创卫和安全生产工作开展情况。康涛指出，要强化指挥部运作机制，落实属地责任、主体责任，对照要求，针对街道、社区、商超、农贸市场、主次干道等点位类型，逐个列出问题清单、责任清单、综合整治方案和时间表，限期整改销号。要紧盯长期整改不到位、反弹回潮问题和重点薄弱环节，理顺体制机制，加强协同配合，确保各个终端工作落实到“最后一米”，提升精细化管理水平。要补短板、强弱项，长短结合、标本兼治，提高群众的思想认识和文明素养，健全综合治理长效机制，引导居民养成文明生活习惯，共建共享文明城市创建成果。要绷紧安全生产这根弦，落实地方党政领导责任、部门监管责任和企业主体责任，提升各类安全主体的安全意识，盯紧危化品、群租房、厂房分租、电气设施等重点领域、薄弱环节，推进房屋安全、消防安全、道路交通等重点领域排查整治。

康涛（左五）在丰泽街道东美农贸市场检查创城创卫工作（图/陈起拓）

泉州市部署建筑施工领域安全生产工作

全市建筑施工安全生产工作视频会召开，部署建筑施工领域安全生产工作。会议提出，在开展隐患排查整治的同时，要强化建筑市场“全链条”监管。住建部门要加强对审批、设计、施工、监理、验收等各环节的全链条监管，实行项目安全责任终身制，建立责任可追溯的监管体系。严格建设项目基建手续，从源头上防范违法建设行为。要开展建筑市场专项整治，每半年组织不少于一次全覆盖检查，打击不按设计施工方案组织施工、出具检测鉴定虚假报告、违法分包转包挂靠等违法违规行为，公布一批建筑市场主体信用“黑名单”。

泉州市开展小作坊小加工厂安全隐患整治

全市小作坊小加工厂安全隐患排查处置专项工作视频会召开，通报全市小作坊小加工厂安全隐患整治情况、消防安全隐患“回头看”情况，听取各县（市、区）整治工作汇报，部署下阶段工作。会议要求，要压紧压实市、县两级行业主管部门、乡镇（街道）、村（社区）等监管责任，做到应查尽查、应整改彻底整改。底数要再摸清再查实，强化问题综合分析和解决力度，全面比对筛查月用电异常用户，再次比对连续6个月用电量超过2000千瓦时的8.8万家企事业单位，做到个性问题逐一解决、共性问题集中处理。要推动分级分类处置到位，强化属地管理职责，建立清单，销号处置，适时开展“回头看”工作。要加强指导督导，增强企业安全意识，落实企业主体责任，加强对从业人员的消防安全教育培训、安全作业培训和灭火疏散应急预案演练，严肃追究该排查未排查、该整改未整改的相关领导和工作人员责任。

2020年两岸北管交流活动举行

以“传承北管文化，演绎两岸情缘”为主题的2020年两岸北管交流活动以视频连线的方式举行。图为活动现场。（图/市委台港澳办）

市创建全国文明城市工作指挥部专题会议召开

市创建全国文明城市工作指挥部专题会议召开，部署推进下阶段工作。会议强调，要聚焦重点难点，开展专项整治，长短结合、标本兼治，明确任务单、路线图、时间表，采取针对性措施，逐条逐项落实到位。要全面查缺补漏，认真对照标准，梳理细化落实，精准发力补短板、强弱项、提质量。各级各部门要树牢“一盘棋”思想，密切协调配合，把责任落实到“最后一公里”。要强化指挥部运作机制，理顺体制机制，加强督查指导，确保抓紧抓实、抓出成效。要健全综合治理长效机制，提升外在颜值、管理水平、市民素质，让群众参与受益、可感可知，让经济高质量与城市高颜值、治理现代化互促互进。

市政府召开“十四五”规划专家座谈会

市长王永礼主持召开座谈会，邀请相关领域专家对泉州市“十四五”规划编制工作把脉问诊、建言献策。14位与会专家围绕泉州“十四五”时期经济社会发展总体思路、空间布局、发展路径，从迈向经济强市、推动民营经济高质量发展、提升科技创新核心竞争力、提升城市综合能级、打造区域中心城市、深化两岸融合发展、优化营商环境等方面，提出一系列有价值、有深度的意见建议。王永礼表示，将学习贯彻习近平对“十四五”规划编制工作作出的指示精神，按照市委部署要求，传承、弘扬、发展“晋江经验”，梳理研究吸纳大家的意见建议，体现到泉州“十四五”规划编制和今后传统产业转型升级、新经济新业态培育、城市现代化建设、民生领域补短板、推进社会治理现代化等工作中。各级政府各有关部门要坚持开门问策、集思广益，把加强顶层设计和坚持问计于民统一起来，与干部群众、专家学者建立更加紧密联系的长效机制，谋划重大支撑，为全方位推动高质量发展超越提供强大动能。

全市建成省级技能大师工作室56家

市人社局举行2019年福建省技能大师工作室、泉州市技能大师（名师）工作室和泉州市技能大师授牌仪式。2019年以来，全市新增12家省级技能大师工作室、26家市级技能大师（名师）工作室，以及30位泉州市技能大师。

评选技能大师工作室、技能大师是贯彻落实人才“港湾计划”，实施技能人才支撑工程的具体举措。全市各级人社部门紧扣全市经济社会发展需要，坚持以传统优势产业、装备制造业和战略新兴产业为重点，推进技能人才支撑工程，出台泉州市技能大师和技能大师（名师）工作室等奖励政策，开展技能大师和工作室评选活动。工作室由具有绝技绝活的技能大师领衔，注重在传授技艺、技术创新、技术交流、技能攻关和实现绝技绝活代继传承等方面发挥独特作用，技能人才队伍建设取得显著成效。全市建成国家级技能大师工作室4家、省级技能大师工作室56家、市级技能大师（名师）工作室26家，评选120名市级技能大师，涉及机械制造、电气工程、汽车维修、社会服务、传统工艺等60余个职业工种。培养技能人才85万人，其中高级工以上24万人。

2020年泉州市农业行业职业技能竞赛举行

由市农业农村局、市人社局、市总工会主办的2020年泉州市农业行业职业技能竞赛举行。此次技能竞赛旨在提高动物疫病防治员业务水平，打造优秀动物疫病防治员队伍，为备战全省农业行业职业技能大赛做好人才储备。大赛采取现场技能操作和理论知识考试相结合的方式，要求参赛选手在规定时间内以最快速度完成规范操作。全市12个县（市、区）12支队伍39名选手参赛，参赛选手均为长期从事动物疫病防控工作的基层工作人员。

8月13日

农历庚子年六月廿四
星期四
温度：25℃～34℃
多云转晴

●市创建全国文明城市工作指挥部专题会议召开，部署推进下阶段工作。

●王永礼主持召开座谈会，邀请相关领域专家对泉州市“十四五”规划编制工作把脉问诊、建言献策。

●市人社局举行2019年福建省技能大师工作室、泉州市技能大师（名师）工作室和泉州市技能大师授牌仪式。

●由市农业农村局、市人社局、市总工会主办的2020年泉州市农业行业职业技能竞赛举行。

●由市残联主办的泉州市2020年残疾人中国象棋比赛在金山干休所举行。

●石冻王（棘胸蛙）全基因组测序成果发布会暨福建师范大学与双全农业有限公司校企合作签约活动在德化举行。

8月14日

农历庚子年六月廿五
星期五
温度：26℃～35℃
晴

●省政府审议通过《福建省乡镇便捷通高速工程实施方案》，泉州市规划新增4个高速互通。

●市委常委会召开会议，传达学习习近平对“十四五”规划编制工作作出的指示以及省委常委会会议精神，部署统筹常态化疫情防控和经济社会发展工作等。

●市政协主席李转生带领省政协委员泉州小组围绕“妇女儿童保护”开展专项视察。

●2020年市区民办小学招生电脑派位举行，系泉州民办小学首次实行电脑派位录取。

泉州市规划新增4个高速互通

省政府审议通过《福建省乡镇便捷通高速工程实施方案》。泉州市规划新增4个高速互通，分别是沈海高速东星互通、泉厦漳城市联盟路彭田互通、沈海高速紫山互通、泉南高速锦斗互通，占全省11个新增高速互通总数的36.4%，总投资67.1亿元。此外，还计划改造既有互通及接线项目3个，占全省总投资的11%。

市委常委会学习习近平指示精神

市委常委会召开会议，传达学习习近平对“十四五”规划编制工作作出的指示以及省委常委会会议精神，部署统筹常态化疫情防控和经济社会发展工作；传达学习习近平对研究生教育工作作出的指示以及省委常委会会议精神，传达学习《习近平谈治国理政》第三卷出版座谈会以及省委常委会会议、全省发行工作座谈会议精神。会议指出，要推动经济加快回升向好，对照指标逐项梳理、加强调度，抓好12个追赶行动、百千增产增效行动等，完成全年目标任务。要抓好常态化疫情防控，开展流调溯源工作，做好核酸检测、健康管理、场所消杀等，及时发布信息，指导群众加强个人防护。要做好秋冬季防控准备工作，严防聚集性疫情，加强“八闽健康码”查验、监测预警、医疗保障等，开展爱国卫生运动，有力有效应对疫情风险。

省政协委员泉州小组开展“妇女儿童保护”专项视察

市政协主席李转生带领省政协委员泉州小组围绕“妇女儿童保护”开展专项视察。市政协副主席骆沙鸣、洪川夫等参加。视察组察看泉州市中级人民法院家事审判庭、石狮宝盖镇“咱厝边”家庭服务中心、石狮市妇女援助中心，了解泉州市在促进妇女创业就业、加强妇女儿童活动中心建设、实施基层妇联改革“破难行动”、完善妇女儿童权益保障体系等方面的情况。视察组指出，发展妇幼保健事业是一项重要的民生工程。要增强做好这项工作的责任感和使命感，贯彻中央、省委和市委的决策部署，探索维权新架构，保障妇女儿童合法权益，完善留守流动儿童、困境儿童关爱机制，构建覆盖城乡的家庭教育指导服务体系，创新农村留守妇女关爱服务项目，以更加扎实的举措推进各项工作开展，提高妇女儿童的获得感、幸福感、安全感。全市各级政协组织和政协委员要深入基层，摸清摸透新形势下妇女儿童的利益诉求，围绕保障他们的合法权益和相关政策措施落实情况开展调研，为促进社会和谐进步贡献智慧和力量。

市区民办小学首次举行电脑派位

2020年市区民办小学招生电脑派位举行。2020年市区民办小学的招生方式进行了改革，由自主招生改为超计划电脑派位录取。报名人数大于招生计划的民办学校，实行分批次电脑派位录取。鲤城全区4所民办小学中，报名人数超过招生计划数的有2所，即泉州市第三实验小学和泉州实验中学鲤城附属学校。其中，泉州市第三实验小学计划招生数240人，扣除政策照顾对象13人，剩余227个学位由电脑派位产生；泉州实验中学鲤城附属学校计划招生数200人，扣除政策照顾对象6人，剩余194个学位由电脑派位产生。派位结果公布在鲤城区民办小学招生信息管理平台，学生及家长可通过账号和密码登录查询。丰泽区4所民办小学有3所小学报名人数没有超过计划数，实行直接录取。泉州实验中学丰泽附属小学报名人数超过计划数，通过电脑随机派位方式招收学生。泉州实验中学丰泽附属小学的计划招生数是350人，扣除政策性照顾对象直接录取的30人，剩余的320个学位在本次摇号当中产生。

康涛到永春德化检查安全生产等工作

市委书记康涛到永春、德化检查安全生产、防汛防台、脱贫攻坚等工作。康涛到永春县桃城镇部分“五小”（小食品经营及加工单位、小理发美容店、小旅店、小浴室、小歌舞厅）行业商铺、德化县契合陶瓷有限公司，检查消防安全排查整治情况，叮嘱要强化正面宣传教育和反面典型警示，引导企业群众安全用火用电用气，及时清理易燃物品，配齐配足消防设施，确保疏散通道畅通。要坚持问题导向，指导企业开展多种“情景式”安全生产事故应急演练，提高职工应急处置能力。康涛还分别与两县党政领导干部座谈，听取近阶段安全生产、防汛防台、脱贫攻坚工作情况汇报，一起剖析问题，协调解决实际困难，研究抓常态促长效的体制机制。

康涛指出，安全生产形势依然严峻，不容丝毫侥幸和懈怠。各级各部门要学习习近平关于安全生产的论述，落实地方党政领导责任、部门监管责任和企业主体责任，守好底线、红线、生命线。要推进大排查大整治和三年专项行动，探索政府购买安全生产服务机制，明确第三方专业技术服务机构职责，盯紧危化品、群租房、厂房分租、电气设施等重点领域、薄弱环节，长短结合、分类处置，防止“一刀切”“只开单不落实”“一罚了之”。要全面彻底排查整治房屋安全隐患，做到隐患不消除决不放过，杜绝问题反弹回潮，保障群众生命财产安全。要主动扛起防汛抗旱防台风保安全的政治责任，防止麻痹松懈思想，压实各级干部责任，因地制宜有效组织群众开展自主转移避险演练，增强群众防灾自救的意识和能力。要下沉力量、压实责任，盯紧盯牢地灾点、山围塘、尾矿库、地下空间、工地工棚、工程施工等重要环节，强化隐患排查整治，严防次生灾害，确保安全度汛。要打赢脱贫攻坚收官之战，补短板强弱项，把防返贫控新贫稳脱贫长效机制落实到“最后一公里”，基层干部要多沾点“泥土味”，带着感情、带着责任经常上门走访，加强动态监测帮扶，确保脱贫成果、小康成色经得起历史和人民的检验。

王永礼到市信访局接访

市长王永礼到市信访局接访。王永礼要求政府部门换位思考、主动作为，站在群众角度，对群众反映的急忧盼问题，要明确责任分工，厘清问题症结，依法依规从速解决，及时反馈答复，维护群众的合法权益。

“闽南方言传承实践基地”授牌

由泉州晚报社、团市委、华侨大学文学院主办的聚龙小镇、泉州市青少年宫“闽南方言传承实践基地”授牌仪式及文艺演出、公益讲座举行。此次授牌仪式是泉州晚报《清源》副刊“咱厝俗语话”栏目获评“泉州市优秀传统文化传承专项资金项目”后，开展的延伸、落地活动。该栏目每期向读者推介一句闽南俗语话，采取一段会话带出一句俗语话的方式，力求做到通俗易懂、学完能用。栏目音频在手机App“泉州通”专页同步发布，便于读者跟读应用。为让这一闽南传统文化成果的传播更为广泛、扎实，主办方分别在聚龙小镇、泉州市青少年宫设立“闽南方言传承实践基地”，推动“咱厝俗语话”走进校园、落户社区。

活动现场，除授牌仪式以外，还有融合众多高甲戏经典剧目元素的新编高甲戏《梨园初盛》，泉州市青少年宫的孩子们用生动活泼的表演演绎这一闽南独特剧种，展示闽南方言之美；泉州市青少年宫教师柯舒萍特别为活动编导妙趣横生的闽南语童谣《老鼠游街巷》，让观众跟随孩子们朗朗上口的童谣走遍泉州老街古巷；福建省语言协会常务理事、华侨大学文学院原院长王建设教授分别用普通话、泉州话和唐朝古音诵读唐诗《送友人》，让观众领略闽南话原汁原味的古风古韵；活动压轴节目是王建设的《咱厝俗语跟阮学》公益讲座，他以闽南俗语为媒介，巧妙融入闽南地域的家风家教故事，为“聚龙小镇闽南方言传承实践基地”上了生动有趣的“开学第一课”。

8月15日

农历庚子年六月廿六
星期六
温度：25℃~33℃
阴转多云

●康涛到永春、德化检查安全生产、防汛防台、脱贫攻坚等工作。

●王永礼到市信访局接访。

●由泉州晚报社、团市委、华侨大学文学院主办的聚龙小镇、泉州市青少年宫“闽南方言传承实践基地”授牌仪式及文艺演出、公益讲座举行。

8月16日

农历庚子年六月廿七
星期日
温度：26℃～34℃
多云转晴

●泉州市晋江蓝色海湾综合整治行动工程项目入围2020年中央财政支持海洋生态保护修复项目，项目总投资3.51亿元，申请中央资金1.87亿元。

●市教育系统新型冠状病毒感染的肺炎疫情防控工作领导小组发布《关于切实做好各级各类学校2020年秋季开学疫情防控工作的通知》明确，自17日起，全市各级各类学校师生员工原则上不离开泉州。

●由华侨大学承办的第22届中国大学生篮球一级联赛全国大赛（男子组）比赛在泉州海峡体育中心开幕。

泉州湾晋江段生态修复保护获中央资金支持

经自然资源部、财政部组织遴选，泉州市晋江蓝色海湾综合整治行动工程项目入围2020年中央财政支持海洋生态保护修复项目，项目总投资3.51亿元，申请中央资金1.87亿元。财政部下达2020年海洋生态保护修复资金预算9660万元。泉州湾晋江段历史上是特色产品“陈埭蛏”的传统养殖基地，20世纪80年代引种互花米草后滩涂被其侵占，挤占红树林和陈埭蛏的生存空间，鸟类失去栖息和觅食基地。部分海岸防护带脆弱，护岸硬质化，影响海岸防护能力与生态功能。项目主要包括互花米草整治335公顷、红树林生态修复194公顷、鸟类栖息地营造25公顷、海岸生态化改造6.2千米等，实施时间40个月，届时将恢复滨海湿地生态功能，保护海洋生物多样性，提高海岸防护能力，促进区域经济发展。

泉州湾河口湿地自然保护区（图/连玲玲）

泉州市部署2020年秋季开学疫情防控工作

市教育系统新型冠状病毒感染的肺炎疫情防控工作领导小组发布的《关于切实做好各级各类学校2020年秋季开学疫情防控工作的通知》（以下简称“通知”）明确，自17日起，全市各级各类学校师生员工原则上不离开泉州。确需离开泉州的，必须向学校请假。返回后要按属地疫情防控要求，自觉做好医学观察等措施。通知要求，各学校要从开学前14天开始，每日监测掌握师生员工及其共同居住人员的健康状况和出行轨迹，继续严格执行“日报告”“零报告”制度，落实“一人一档”“人盯人”健康管理，及时掌握师生员工健康动态，杜绝任何一个人带病、带隐患返校到岗。要梳理校园出入通道，校外人员非业务必须一律不准进校，师生员工进校门一律核验身份、检测体温，凭“八闽健康绿码”通行。境外师生未接到学校通知一律不返校，返校前确保身体状况良好，返校途中做好个人防护和健康监测。返校时按照有关要求向学校出示核酸检测证明材料。

各学校要在总结春季学期疫情防控经验的基础上，制定2020年秋季开学工作方案、应急处置预案和工作制度。要重新参照春季复学复课准备工作评估导则，逐条逐项对开学准备工作进行全面细致的自查自纠，对于学校自查发现的、上级督导检查指出的问题，需在开学前3天全部整改到位，做到全部问题清零归零，确保各项工作符合要求。对来自疫情中高风险地区或旅居史、境外返回、有境外亲戚接触史、体温有异常或有疑似症状等重点人员，要“一人一档”建立动态跟踪表册，严格执行相关管控措施，落实“应检尽检”要求。根据实际需要对复课学生进行“适时抽检”，引导和鼓励学生、幼儿进行核酸检测，做到“愿检尽检”；暑假期间有到省外探亲、旅游等活动的师生员工以及新上岗、在春季学期未进行核酸检测的教职员工（包括学校食堂、安保、物业等后勤聘用人员以及校内工程人员），须在返校（上岗）前7天内进行核酸检测；对有集体配餐的学校，还应要求配餐单位落实相关从业人员核酸检测工作，并将检测结果提交到学校，做到“应检尽检”，确保检测合格、无风险后方可进校。各学校在学生集中返校前3天要开展一次全方位、全覆盖、无死角的校园消杀，做好各类教学和生活、工作场所的通风换气，保持室内空气流通；要开展校园食品安全守护行动，落实校园食品安全管控。

市十六届人大常委会第五十四次主任会议召开

市十六届人大常委会第五十四次主任会议召开。会议讨论关于《泉州市机动车停车条例（草案）》的初步审查报告，《泉州市市容和环境卫生管理条例（草案二审稿）》，关于泉州和台湾人才交流工作情况、公立医院“暖心服务”工作情况、石化工业园区生态环境保护工作整改情况的调研报告和审议意见稿，1—7月国民经济和社会发展计划、预算执行情况的审议意见稿，关于2020年地方政府债券转贷和抗疫特别国债收支相应调整市本级预算的审查报告，关于检查《中华人民共和国食品安全法》和《福建省食品安全条例》实施情况、《中华人民共和国道路交通安全法》和《中华人民共和国道路交通安全法实施条例》实施情况、《中华人民共和国野生动物保护法》及福建省实施办法实施情况的报告和审议意见稿，市人大常委会关于调整市十六届人大常委会代表资格审查委员会主任委员的决定（草案），关于对市十六届人大五次会议代表建议办理情况开展满意度测评的实施方案，关于“十四五”规划编制情况、《加快全市垃圾分类处理利用的决议》执行情况的专题调研方案。

福建省区域协调发展专题培训班在泉州开班

第二期福建省区域协调发展专题培训班在泉州市委党校开班，泉州、龙岩两地相关领导干部参加。培训主题为“扶贫攻坚、乡村振兴”。培训设泉州和龙岩两个专场，以专题讲座、现场教学、学员交流等形式进行，围绕扶贫攻坚、实施乡村振兴战略、基层组织建设、提升基层治理能力等专题，通过山海协作方式，创新开展跨区域培训合作试点，相互借鉴各自经验做法，推动区域优势互补、协调发展。

相关链接：泉州市扎实有序推进乡村振兴战略实施，形成书记抓振兴、市县同推进、部门合力共为、责任层层压实的工作格局。在干部培训方面，市委党校突出党的理论教育和党性教育，开设近百个教学专题和特色课程，建设20多个现场教学基地。在完成处级班、中青班、科级班、任职班、初任班、军转班等主体班培训任务的同时，开展在职干部教育培训、专题培训和社会合作培训，年均办班80多个班次，培训学员8000多人。

海峡两岸新兴产业中小企业创新创业大赛在泉州启动

由工信部网络安全产业发展中心（工信部信息中心）、市政府和中国投资协会新兴产业中心主办，泉州台商投资区、市工信局、中新创客（北京）咨询管理有限责任公司承办的2020年“创客中国”海峡两岸新兴产业中小企业创新创业大赛在泉州启动。2019年，主办单位举办“创客中国”海峡两岸暨港澳地区新兴产业中小企业创新创业大赛，吸引第三代半导体“碳化硅”晶圆项目、“捷绿木”项目、新兴产业示范基地项目等一批参赛获奖项目落户泉州。在此基础上，主办单位再次启动大赛，旨在激发海峡两岸创新潜力，为中小微企业和创客们打造交流展示、产融对接、项目孵化的平台，推动台资优质项目和台胞优秀团队落户泉州。海峡两岸200个项目参赛。主办方还策划一系列的考察对接、交流合作活动。

2020年泉州市红领巾云端研学营开营

由市委宣传部、市委文明办、市教育局、团市委、市关工委、市少工委等主办的2020年泉州市红领巾云端研学营暨网上少年军校活动开营仪式在泉州市青少年宫举行。往年少年军校均以线下活动为主，2020年首次创新开设“云端”研学营地，运用“互联网+”思维，利用AR技术结合动漫效果，以军事博物馆、红色革命纪念馆、红色旅游景点等为主要站点设计路线，让全市少年儿童通过网络平台进行360°全景参观学习和答题测试，扩大参与范围，提升活动体验。

8月17日

农历庚子年六月廿八
星期一
温度：27℃～34℃
晴转多云

●市十六届人大常委会第五十四次主任会议召开，讨论关于《泉州市机动车停车条例（草案）》的初步审查报告、《泉州市市容和环境卫生管理条例（草案二审稿）》等。

●市政协党组理论中心组（扩大）学习会议召开，传达学习习近平在中央政治局会议和中共中央党外人士座谈会上的讲话、在吉林考察时的讲话和在企业家座谈会上的讲话精神等。

●第二期福建省区域协调发展专题培训班在泉州市委党校开班。

●由工信部网络安全产业发展中心（工信部信息中心）、市政府和中国投资协会新兴产业中心主办的2020年“创客中国”海峡两岸新兴产业中小企业创新创业大赛在泉州启动。

●由市委宣传部、市委文明办、市教育局、团市委、市关工委、市少工委等主办的2020年泉州市红领巾云端研学营暨网上少年军校活动开营仪式在泉州市青少年宫举行。

●由市文化改革发展工作领导小组办公室主办、泉州网承办的第二届泉州市文化创意产品展启动。

●由泉州市委政法委指导，南安市委宣传部和福建西窗文化有限公司联合出品摄制，福建知名青年导演杨木生执导的本土亲情电影《莲荷村的故事》首映典礼在南安举行。

8月18日

农历庚子年六月廿九
星期二
温度：27℃～34℃
多云

●省安委会派巡查组对泉州开展2019年度安全生产和消防安全考核巡查，并召开会议，听取泉州市相关情况汇报。

●由市委统战部主办、泉州台商投资区党工委党群工作部、泉州市留学人员联谊会等承办的2020年泉州市首届“同心杯”留学人员创新创业大赛启动。

●市卫健委、市公安局、市文旅局下发通知，推出维护医疗秩序保障医疗安全、加强医务工作者待遇保障、优化医疗工作环境、A级旅游景区优惠等各项惠医政策，营造全社会尊医重卫的氛围。

省安委会巡查组到泉州考核安全生产和消防安全

省安委会派巡查组对泉州开展2019年度安全生产和消防安全考核巡查，并召开会议，听取泉州市相关情况汇报。会议指出，2019年，泉州市加强安全生产和消防工作，压实政府属地责任、部门监管责任和企业主体责任，建立齐抓共管的安全生产格局。加强安全生产监管执法，开展系列专项整治行动，并适时开展“回头看”，保持严查严处的高压态势。开展宣教活动，发动社会单位参与，强化专业技术服务购买，推进智慧用电安全建设，夯实安全生产基层基础。强化应急值守，加强应急救援能力建设，开展各类应急演练活动，提升应急保障能力水平。开展安全生产专项整治三年行动，建立健全指挥体系，明确系统治理思路，坚持宣传引导与曝光教育相结合。

泉州市首届“同心杯”留学人员创新创业大赛启动

由市委统战部主办、泉州台商投资区党工委党群工作部、泉州市留学人员联谊会等承办的2020年泉州市首届“同心杯”留学人员创新创业大赛启动。泉州市有留学归国人员2万多人，活跃在各行各业前沿领域，不少成为行业翘楚。大赛以赛代评、以赛聚才、以赛引项目，面向国内外优秀留学人员征集优秀创业项目，重点关注在技术创新、管理创新、机制创新、业态创新等方面具有前瞻性和创新性的项目，分为初创组与孵化组，邀请院士专家、著名企业家、创投机构知名投资人等担任评委。获奖人员除分享79万元奖金外，金银铜奖核心人员还将纳入泉州市人才“港湾计划”高层次人才建议人选，享受相应的资金、安居补助、进修培训、金融服务、子女入学等政策支持。大赛还同步举办创业培训、高峰论坛、投融资对接等活动。大赛启动仪式上，安腾集团董事长许清水、福建约克新材料有限公司董事长曾福泉、泉州师范学院（石狮）生态智能织物产业工程技术研究院院长张初阳教授分别作“留学报国 创新创业”主题报告。

泉州市出台惠医政策

市卫健委、市公安局、市文旅局下发通知，推出维护医疗秩序保障医疗安全、加强医务工作者待遇保障、优化医疗工作环境、A级旅游景区优惠等各项惠医政策，营造全社会尊医重卫的氛围。2020年以来，以医师为代表的全市医务工作者贯彻习近平指示批示精神和党中央、国务院决策部署，坚持人民至上、生命至上，白衣执甲、逆行出征，义无反顾冲上疫情防控第一线，彰显“敬佑生命、救死扶伤、甘于奉献、大爱无疆”医务工作者的职业精神。为给全市医务工作者营造更安全、更有序的工作环境，通知明确，泉州市将加大对医疗机构安全保卫基础设施设备的投入，加大急诊、门诊、医技、重症医学等重点区域安保巡查力度，提高突发事件的先期处置和控制能力。公安机关将指导、督促医院落实“人、物、技”安全防范系统建设，完善安全管理制度。同时，辖区公安机关将强化对医院周边的巡逻防控，对涉医案事件做到快速出警、妥善处置，净化医疗机构及周边环境。

医务工作者是战胜疫情的中坚力量，是建设健康中国、推动卫生健康事业改革发展的主力军，要从各方面提供支持保障。通知提出，全市二级及以上公立医院将设立“医生舒缓室”，改善艰苦岗位医务人员的工作环境和条件，让医务人员可以利用空闲时间休息，保证良好的精力，确保诊疗更加安全有效。有条件的医院可开设医务人员心理问题咨询电话，设立医务人员“心理辅导室”，定期调查医务人员的心理状况，及时介入医务人员心理问题的处理，指导医务人员做好自我调节和自我保健，促进心理健康。通知还明确，12月31日前，全市医护人员凭个人有效工作证件，可享受清源山、仙公山、五店市、红星生态园、九日山、天柱山香草世界、崇武古城、惠女风情园、清水岩、凤山旅游区、牛姆林等部分A级旅游景区免门票及相关优惠政策。

泉州市参加第三季度全省重大项目视频连线集中开工活动

第三季度全省重大项目视频连线集中开工活动举行，泉州市新基建新经济基地之一——泉州传感智能制造基地项目参加现场视频连线。市委书记康涛在泉州分会场通过视频向省委、省政府报告泉州市重大项目集中开工情况。市领导王永礼、洪自强、吕刚参加活动。泉州市列入三季度全省集中开工重大项目25个、总投资263亿元，其中产业项目16个、总投资131亿元。除这批列入全省集中开工活动的项目外，三季度泉州市还开工重大项目85个、总投资230亿元。此次参加全省视频连线集中开工活动的泉州传感智能制造基地项目，总投资50亿元，实行“龙头+基地+产业链”运作，已入驻一批核心龙头企业，将打造从高端传感器、数控机床、自动化生产系统到物联网应用产业链。

市委理论学习中心组专题学习会召开

市委理论学习中心组专题学习会召开，省纪委副书记、省监委副主任黄汉升作《中华人民共和国公职人员政务处分法》专题辅导报告。6月20日，第十三届全国人民代表大会常务委员会第十九次会议通过《中华人民共和国公职人员政务处分法》，自7月1日起施行。这是新中国成立以来第一部全面系统规范公职人员惩戒制度的国家法律。为学习宣传和贯彻执行好政务处分法，省纪委监委专门成立宣讲团，到全省各地开展宣讲。会上，黄汉升解读政务处分法的出台背景、重大意义和主要内容，并就学习宣传和贯彻执行工作提出要求。报告主题鲜明、内容丰富、脉络清晰，既有条规释义，又有翔实案例，阐释法律内涵、传递法治精神。

市委书记康涛在主持讲话中指出，政务处分法的施行，对于推进政务处分的规范化、法治化，实现全面从严治党治吏，推进国家治理体系和治理能力现代化，具有重要意义。要把学习宣传贯彻政务处分法作为一项重要政治任务抓紧抓好，与学习贯彻习近平总书记讲话指示批示精神、中共十九届四中全会精神，以及党章党规、宪法监察法等结合起来，把握精神实质，推动法律要求转化为日常习惯和自觉遵循。要在全市开展全覆盖宣讲，分层分类精准宣传，让每位公职人员熟悉法律条文、守好原则底线。要用准用好《中华人民共和国公职人员政务处分法》，推动主体责任和监督责任贯通协同、形成合力，依法加强对公职人员的日常教育管理监督，规范开展政务处分活动，坚定不移正风肃纪反腐，促使公职人员依法履职、秉公用权、廉洁从政。

泉州已签约58个PPP项目

至是月，泉州市已签约58个PPP（政府和社会资本合作，是公共基础设施中的一种项目运作模式）项目，数量居全省首位，PPP模式成效明显。58个PPP项目包含市本级和全市多地。项目涵盖教育、垃圾处理、交通、生态建设与环境保护、智慧城市、市政工程、水利建设、城镇综合开发、文化、能源、农业等多种行业领域。如晋江市第二体育中心PPP项目、泉州台商投资区百崎湖东片区实验学园PPP项目、泉港区新能源公交车和充电站设施PPP项目、泉州五中桥南校区PPP项目、惠安县崇武渔港及产业融合示范区PPP项目、永春县马跳水库及新建自来水厂PPP项目等。其中，泉州市工业废物综合处置中心成为全省唯一同时获评国家发改委和财政部双示范PPP项目。不少项目积极探索创新投资与运营模式，确保项目顺利实施的同时，发挥规模效应、节约运营成本，实现资金利用效益最大化。南安市城乡生活垃圾环卫一体化PPP项目，探索将南安市中心城区及各乡镇所辖村庄道路、水域保洁、公厕保洁、海洋垃圾运收等同类项目捆绑为一个工程包，实行一体投资和运营，发挥规模效应。泉州台商投资区农村污水收集处理工程PPP项目，系统考虑和把握镇村布局、城镇污水收集处理、美丽乡村建设、黑臭水体治理等关键点之间的效用平衡度，利用原有的市政管网，节约建造成本和后期运管成本。

8月19日

农历庚子年七月初一
星期三
温度：26℃～34℃
多云转晴

●第三季度全省重大项目视频连线集中开工活动举行，泉州市列入三季度全省集中开工重大项目25个、总投资263亿元。

●市委理论学习中心组专题学习会召开，省纪委副书记、省监委副主任黄汉升作《中华人民共和国公职人员政务处分法》专题辅导报告。

●泉州市已签约58个PPP项目，数量居全省首位。

8月20日

农历庚子年七月初二
星期四
温度：26℃～33℃
多云转晴

●市委常委会召开会议，传达贯彻省委十届十次全会精神。

●市委理论学习中心组学习（扩大）会召开，省委宣传部部务会议成员、省委讲师团团长陈辉宗应邀作“深入学习习近平总书记关于意识形态工作的重要论述，全面落实《中国共产党宣传工作条例》和意识形态工作责任制”专题讲座。

●康涛到洛江检查创城创卫和安全生产工作。

●张永宁到鲤城检查创城工作开展情况。

●由省侨联、市侨联指导，福建省侨商会主办，泉州市侨商会承办的“抗击疫情、发展经济”省市侨商企业交流座谈会在泉州举行。

●20—22日，由市人社局主办、泉州市高级技工学校承办的2020年泉州市技工院校教师职业能力竞赛举行。

●人民银行惠安县支行在惠安主要渔区——小岞镇启动创建全市首个“信用渔区”。

市委常委会传达省委十届十次全会精神

市委常委会召开会议，传达贯彻省委十届十次全会精神。会议指出，要落实省委全会部署，传承发展“晋江经验”，继续当好“主力军”。要围绕省委全会部署的九项重点任务，逐条逐项梳理细化，分口组织研究，结合“十四五”规划编制，科学谋划战略目标、重点任务、政策举措。要精准具体，分析泉州特色优势和短板弱项，长期化短安排，制定实施一系列重实效、易操作、可落地的具体举措，为全省多作贡献。要把12个专项追赶行动、畅通“内循环”秋季攻坚行动等组织实施好，抓实抓细秋冬季疫情防控、创城创卫、安全生产、防汛防台风等工作，完成全年目标任务。要加强党的领导，把党的政治建设摆在首位，推进全面从严治党，以坚强有力的党组织确保工作任务落到实处。要发扬斗争精神，力戒形式主义、官僚主义，开展大比拼、年度目标追赶等活动，激励引导党员干部勇担当善作为。

省市侨商企业交流座谈会在泉州举行

由省侨联、市侨联指导，福建省侨商会主办，泉州市侨商会承办的“抗击疫情、发展经济”省市侨商企业交流座谈会在泉州举行。此次座谈会旨在凝聚侨商力量，共同把脉经济形势，商讨应对措施。会上，省侨商会及各设区市侨商会会长围绕落实助企纾困政策、推动企业参与“一带一路”建设等问题建言献策。会议指出，疫情发生以来，在各地侨联引导下，福建省各侨商会找准定位、顾全大局，动员侨商在内的侨界力量，在抗击疫情、复工复产等方面作出贡献。面对国内外经济形势的变化，希望侨商继续在爱国、创新、诚信、社会责任和国际视野等方面提升自我，坚定发展信心，创造新辉煌，为中华民族伟大复兴奉献力量。与会侨商代表还观看泉州市招商引资、人才“港湾计划”宣传片。会后，大家到福建永信数控科技股份有限公司、福建信同信息科技有限公司、福建省三星电气股份有限公司等泉州侨商侨资企业参观，交流发展经验。

2020年泉州市技工院校教师职业能力竞赛举行

20—22日，由市人社局主办、泉州市高级技工学校承办的2020年泉州市技工院校教师职业能力竞赛举行。竞赛以“德才双馨展风采、工学一体育英才”为主题，6所技工院校33名教师参赛，选手紧扣技工教育发展主线，做好教学设计，准备说课与答辩。经过比拼，参赛选手吴文理、禾草获一等奖。

惠安创建全市首个“信用渔区”

为改善渔区信用环境，助力渔民农户缓解融资难、融资贵问题，推动金融支持渔民农户复工复产，人民银行惠安县支行在惠安主要渔区——小岞镇启动创建全市首个“信用渔区”。“信用渔区”是指将“信用”创建从陆地向海上延伸，加大对渔区信贷投入，提高信用贷款投放比例，尽量降低渔民、养殖户融资成本，对渔民、养殖户贷款做到应延尽延，被授予信用户的海上养殖户可享受优先放款、利率优惠等政策。为加快“信用渔区”落地，人民银行惠安支行联合地方政府部门、涉农金融机构在小岞镇开展信用户、信用村、信用镇创建工作，发挥信用信息服务渔区经济主体融资功能，提升金融扶持渔区渔船捕捞、海水养殖、建筑石材、旅游文化等多项产业发展的能力。对信用示范创建工作开展较好、工作效果明显的信用户、信用村、信用镇，给予额度、利率、期限等方面的倾斜，提高信用贷款比重。人民银行惠安支行相关负责人表示，预期通过打造“信用渔区”，在小岞镇力争新增“农e贷”授信100户，授信金额1000万元，实现银行、渔民（及养殖户）、渔区“三赢”。

8月21日

农历庚子年七月初三
星期五
温度：26℃～34℃
多云

●市政府党组（扩大）会议召开，传达贯彻习近平对“十四五”规划编制工作作出的指示和7月30日中共中央政治局会议精神，以及省委十届十次全会、省政府党组（扩大）会议、市委常委会会议精神等。

●王永礼与中国篮协主席姚明座谈。

●市政府、市政协开展“提升老旧小区改造和全面脱贫质量方面”5件重点提案督办活动。

●晋江“百家拥军优属联盟单位”活动在晋江万达广场启动，泉州市首个拥军优属商家联盟成立。

●2020年CBA（中国男子篮球职业联赛）选秀大会在泉州进行。

市政府党组（扩大）会议召开

市政府党组（扩大）会议召开，传达贯彻习近平对“十四五”规划编制工作作出的指示和7月30日中共中央政治局会议精神，以及省委十届十次全会、省政府党组（扩大）会议、市委常委会会议精神；传达贯彻《习近平谈治国理政》第三卷出版座谈会以及省委常委会会议、全省发行工作座谈会、市委常委会会议精神。会议指出，要找准泉州在全省、全国发展中的定位，不等不靠、主动作为，抓紧谋划一批具有牵引性、带动性的重大项目，以“十四五”规划的高水平编制推动全方位高质量发展超越。要坚持前瞻谋划、整体推进，按照市委统一部署，抓好省委全会提出的9项重点任务推进落实，为全方位推动高质量发展超越多作贡献。要注重发挥对台优势，积极先行先试，探索两岸融合发展新路，致力打造台胞台企登陆第一家园。

王永礼与中国篮协主席姚明座谈

市长王永礼与中国篮协主席姚明座谈，市委常委、常务副市长洪自强参加座谈。王永礼代表市委、市政府向姚明一行表示欢迎。王永礼表示，泉州文体资源丰富、运动品牌云集，正以筹办世界中学生运动会为契机，提升体育产业，打响城市品牌。希望中国篮协在赛事举办、品牌建设、城市推介等方面多给予指导帮助，深化交流合作，共同推动泉州体育事业取得新突破。

全市首个拥军优属商家联盟成立

晋江“百家拥军优属联盟单位”活动在晋江万达广场启动。在泉州、晋江两级退役军人事务部门、晋江市爱国拥军促进会以及商家代表、部分现役军人和退役军人代表见证下，泉州市首个拥军优属商家联盟成立。拥军优属商家联盟依托“百家拥军优属联盟单位”，将动员社会力量，构建以晋江中华品牌街、晋江万达商城和晋江居然之家商贸城为主体的“一街两城”拥军优属联盟，旨在为全市现役军人、退役军人、烈军属提供优质优惠服务。已有228户商家加入联盟单位，涵盖家居建材、厨电卫浴、品牌鞋服、餐饮服务和商品零售等。

2020年CBA选秀大会在泉州进行

2020年CBA（中国男子篮球职业联赛）选秀大会在泉州进行，来自NCAA（美国大学体育协会）一级联赛的区俊炫当选状元，来自北京大学的祝铭震和中国台湾的林庭谦分别当选榜眼和探花。华侨大学男篮孟翔以第一轮第七顺位被深圳新世纪俱乐部选中，成为华侨大学男子篮球队历史上首位进入CBA联赛的球员。在选秀大会上，共有19名球员被12支球队选中，被选中球员人数创下历年选秀大会的新高。第一轮共有13名球员被12支球队选中，第二轮共有6名球员被5支球队选中，其中来自CUBA联赛被选中的球员多达11人。手握四个选秀权的江苏队没有浪费任何一次机会连选4人，是该届选秀大会招揽球员最多的球队。广东、新疆、浙江、广厦、青岛男篮和吉林男篮全部弃权，没有选择任何球员。根据CBA官方公布的2019/2020赛季选秀办法，八一队不再拥有CBA选秀大会的选秀权，其余19家俱乐部采用“倒摘牌”方式进行选秀。上海男篮获第1顺位选秀权，广州队和天津荣钢队分获第2和第3顺位，而第4～7位的选秀顺位根据常规赛排名倒序产生，分别是四川、江苏、南京队和深圳队。

2020年CBA选秀大会现场（图/陈晓东）

8月22日

农历庚子年七月初四
星期六
温度：26℃～34℃
阴转晴

●康涛到鲤城检查创城创卫和安全生产工作。

●“全闽乐购”泉州促消费系列活动启动。

●由市纪委监委、市中级人民法院、泉州清源山风景名胜区管理委员会主办的“读懂民法典，约绘清源山”主题公益活动在清源山天湖举行。

●由市文旅局、泉州古城保护发展工作协调组办公室主办的“志愿讲解，有你有我”分享会暨第五届古城讲解员聘用仪式举行。

“全闽乐购”泉州促消费系列活动启动

“全闽乐购”福建省促消费行动启动，“全闽乐购”泉州促消费系列活动同步启动。从即日起到2021年第一季度，泉州市线上线下融合，结合传统消费旺季和重点节假日，举办100场线下促销，开展500次线上直播，各方共同让利10亿元。根据市商务发展服务小组印发的实施方案，“全闽乐购”泉州促消费活动包括：

“全闽乐购嘉年华”系列活动。举办超100场各类线下促销，发动超万家商户参与，如“幸福鲤城”购物节、丰泽购物节、“洛阳桥”夜生活节、永春“好物节”等。“全闽乐购”消费券发放系列活动。通过福建银联“云闪付”支付平台，举办“全闽乐购”消费券发放活动，分批、分区域多次发放电子消费券。消费券使用涵盖购物、餐饮、娱乐、休闲、文旅、体育等各类消费场景。产业直播系列活动。深化线上“海丝精品·好货不贵”泉州产业直播活动。在天猫、淘宝、京东、快手、抖音等全平台开展各类品牌企业直播活动500场次以上，集中展示泉州优势产业、品牌企业及优质产品。名优特产品促销系列活动。精选100个泉州品牌男装、运动装备、卫浴建材、纸巾、茶叶等，进驻“福建精品馆”，做大商品网上销售。组织30家以上知名建材家居生产企业到省外重点城市开展专场推介活动。餐饮消费系列活动。9月起至年底，在泉州源和1916创意产业园举办“八闽美食嘉年华泉州分会场”活动、“城市活力复苏，‘泉州味道’回归”主题美食活动等。汽车乐购节系列活动。8月底起至年底，在安溪、永春、德化等地举办5～8场汽车销售和服务下乡系列活动，挖掘乡村汽车消费潜力；在泉州市区、晋江、南安举办5场车展、汽车文化节活动，拉动汽车消费。文创市集系列活动。在领SHOW天地、源和1916创意产业园、泰禾广场、新门街区等地，每月举办一场文化市集活动，繁荣夜间经济。同时，依托泉州文化惠民卡平台，组织120～150家企业（商家）共1500～2000款产品，实行不间断线上展销。文旅消费系列活动。开发推广10条一日游、10条多日游精品线路、20条自驾游泉州网红打卡线路，加强营销推广，全方位讲好“泉州故事”“世遗故事”。

“读懂民法典，约绘清源山”主题公益活动举行

由市纪委监委、市中级人民法院、泉州清源山风景名胜区管理委员会主办的“读懂民法典，约绘清源山”主题公益活动在清源山天湖举行。活动现场，市中级人民法院的法官志愿者重点就旅游者隐私权保护、在旅游过程中遭遇霸王条款怎么办、旅游经营管理者如何维护自身合法权益等问题，为市民游客及旅游经营管理者进行宣传、普法。市中级人民法院民事审判第四庭高级法官陈鹏腾表示，对旅游业来讲，民法典平等保护旅游业从业者及旅游者的合法权益。对涉及旅游业的相关经营者，如景区经营管理、住宿、餐饮、交通运输、中介服务等民事主体的权利义务也作出明确规范。

陈鹏腾介绍，旅游住宿被偷拍、手机App订票个人信息被泄露等侵权行为频发。民法典对于包括旅游者在内的自然人的隐私权保护更详细、更具体、更有力度。在民法典人格权编中，对自然人的隐私权及其保护作出详尽规定，明确任何组织或者个人不得以刺探、侵扰、泄露、公开等方式侵害他人的隐私权。因此，除权利人明确同意外，任何组织或者个人不得以短信、电话、即时通信工具、传单、电子邮件等方式侵扰他人的生活安宁；不得进入、窥视、拍摄他人住宅、宾馆房间等私密空间。民法典不仅保护旅游者的合法权益，同时也对旅游者的不文明旅游行为进行规范，旅游从业者只有学法、懂法，才能按照法律的规定合法经营、健康发展，同时也懂得运用法律武器，保障企业的合法权益。

活动现场设置的民法典宣传展板（图/清源山管委会）

泉州市人才创新共享联盟成果“云端展会”上线

2020年福建省科技活动周开幕，由市科技局、市委人才办、泉州市人才创新共享联盟主办，丰泽区委人才办、泉州华中科技大学智能制造研究院协办的泉州市人才创新共享联盟成果“云端展会”上线。此系泉州市人才创新共享联盟首个被搬上云端的展会，是共享联盟的一次大胆尝试和探索。25家共享联盟成员单位的近百种成果参与展示，集中展现装备制造产业、新材料与环保产业、科技与创新服务等各领域的新产品、新技术、新项目和新模式。在疫情防控常态化的形势下，展会应用5G、3D、VR等新技术手段，利用云端展示共享联盟单位的各种成果、服务内容和解决方案，促进技术成果转移与交流，开启共享联盟与外界沟通的又一个窗口。市科技局相关负责人表示，该展会将搭建成一个集产品展示、成果交流、技术服务于一体的线上展示平台。展会保持长期在线，参展单位可定期更新及扩展参展内容，共同打造一个“永不落幕”的展览，让更多人“足不出户”，尽览共享联盟成果。

泉州市推进“门前三包”责任制

泉州市出台举措，动员市民和机关企事业单位承担好“门前”包卫生、包秩序、包设施的责任，营造“人人参与、齐抓共管、共治共享”的氛围。鲤城、丰泽、洛江和泉港4个建制区范围的机关、团体、部队、学校、医院、企事业单位（包括动车站、长途汽车站、建筑施工现场、商场等），社会各类个体工商户，均为“门前三包”责任单位和个人。所有责任单位和个人，要自觉履行“门前三包”责任，接受监督检查，自觉遵守城市市容和环境卫生管理法律法规规章，履行法定清扫保洁义务，尽责劝阻和制止损害城市市容市貌的行为，及时向街道办事处和相关职能部门举报不听劝阻、无法制止的违法违规行为。

机关志愿者向个体工商户宣传“门前三包”（图/谢晓艺）

安溪永春入选全国“互联网+”农产品出村进城工程试点县

农业农村部官网发布“互联网+”农产品出村进城工程试点县名单，泉州市安溪县、永春县位列其中。安溪、永春以“互联网+”为抓手，加快互联网与特色优势农业产业、特色农产品融合。2019年，安溪电商交易额107.92亿元，比上年增长30.54%，全县共有9个淘宝镇、27个淘宝村。2019年，永春电商销售额21亿元，比上年增长17%，湖洋镇湖城村等5个村获“省级农村电商发展示范村”称号；在苏坑镇、蓬壶镇成立镇级电商协会，构建多层次的电子商务集聚发展平台。

省妇幼与安溪县妇幼医疗联合体签约

省妇幼保健院与安溪县妇幼保健院妇幼专科医疗联合体签约授牌、福建省儿科专科联盟合作仪式、福建省妇幼保健院精准妇科联盟（名医工作室）揭牌仪式在安溪妇幼保健院举行。通过妇儿专科医联体、专科联盟的紧密建设，双方将在医疗资源共享、远程诊疗、双向转诊、疑难病例会诊、技术扶持、学科建设、学术讲座等方面进行深层次的交流与合作，不仅能快速提高安溪妇幼的综合医疗水平，完善区域医疗资源，更能实际解决安溪老百姓看病难的大问题，让老百姓在家门口享受到省级优质、高端的三级医疗资源和多元化服务，推动安溪县医疗卫生健康事业再上新台阶。

8月23日

农历庚子年七月初五
星期日
温度：27℃～36℃
晴转多云

●2020年福建省科技活动周开幕，由市科技局、市委人才办、泉州市人才创新共享联盟主办的泉州市人才创新共享联盟成果“云端展会”上线。

●泉州市推进“门前三包”责任制。

●农业农村部官网发布“互联网+”农产品出村进城工程试点县名单，泉州市安溪县、永春县位列其中。

●省妇幼保健院与安溪县妇幼保健院妇幼专科医疗联合体签约授牌、福建省儿科专科联盟合作仪式、福建省妇幼保健院精准妇科联盟（名医工作室）揭牌仪式在安溪妇幼保健院举行。

8月24日

农历庚子年七月初六
星期一
温度：27℃～35℃
小雨转晴

●全省网络信息内容综合协调管理工作现场会在泉州召开，推动落实全省网络综合协调管理工作机制，总结推广泉州市创新网络执法联动模式的经验做法。

●泉州海关在石狮市场采购渠道查扣一批涉嫌侵权货物，货物数量102万件，成为历年来泉州关区查扣数量最大的日用品类货物侵权案件。

●由泉州市新闻工作者协会与泉州晚报社主办的泉州市新闻战线学习《习近平谈治国理政》第三卷辅导讲座举行。

●2020年福建省农机新机具推广项目甘薯移栽现场演示在惠安举行。

●泉台工业设计人才服务中心在泉州台商投资区揭牌。

全省网络信息内容综合协调管理工作现场会在泉州召开

全省网络信息内容综合协调管理工作现场会在泉州召开，推动落实全省网络综合协调管理工作机制，总结推广泉州市创新网络执法联动模式的经验做法。会议强调，要把握网络综合治理体系的各项重点任务，构建全省“一张网，一盘棋”的工作格局，以开阔视野把握发展大势、以改革精神推进事业发展、以务实态度落实工作任务，推动构建更加系统完备、科学规范、运行有效的综合治网体系，为全方位推动高质量发展超越营造清朗的网络空间。

泉州海关查扣102万件涉嫌侵权货物

泉州海关在石狮市场采购渠道查扣一批涉嫌侵权货物，货物数量102万件，成为历年来泉州关区查扣数量最大的日用品类货物侵权案件。海关查验人员在对石狮市某贸易有限公司申报出口的一批货物执行查验时发现，该批货物中有100万片刀片标有“DORCO”，涉嫌侵犯韩国株式会社多乐可“DORCO”商标专用权；3024个剃须刀标有“Gillette”，涉嫌侵犯美国吉列有限责任公司“GILLETTE”商标专用权；17280个电池标有“EVEREADY”，涉嫌侵犯美国能量品牌公司“EVEREADY”商标专用权。经组织鉴定并发函征求相关权利人意见后，海关初步认定上述货物涉嫌侵犯知识产权海关保护，依法对涉案货物予以扣留并立案调查。此举有效维护知识产权权利人的合法权益，优化口岸营商环境，维护“中国制造”的良好形象。

为加强知识产权海关保护，有效打击进出口侵权货物违法行为，为实现经济高质量发展营造良好营商环境，按照海关总署、厦门海关有关部署，自2月15日至12月31日，泉州海关组织开展代号为“龙腾行动2020”的知识产权保护专项行动。泉州海关结合关区业务特点、航线分布等要素，通过分析进出口数据、总结侵权案件规律等方式，聚焦鞋类、服装、包袋、日用品等重点商品，重点关注市场采购、跨境电商等新兴贸易形态，因地制宜制订行动方案，对进出口侵犯知识产权行为实施精准打击。“龙腾行动2020”开展以来，泉州海关查获侵犯知识产权案件13起，查扣货物102.23万件，涉及Nike（耐克）、Adidas（阿迪达斯）、DORCO（多乐可）等9项商标专用权，涉及货物种类为刮胡刀、鞋、包袋、拖鞋等。

市新闻战线学习《习近平谈治国理政》第三卷辅导讲座举行

由泉州市新闻工作者协会与泉州晚报社主办的泉州市新闻战线学习《习近平谈治国理政》第三卷辅导讲座举行。讲座指出，学好用好《习近平谈治国理政》第三卷，必须在学懂弄通做实上下功夫。首先在习近平新时代中国特色社会主义思想体系中，把握该书的总体框架和理论脉络；其次要在百年未有之大变局和中国特色社会主义事业进入新时代的历史背景下，把握其中蕴含的鲜明问题意识；再者，要把握观点背后的理论精髓、精神实质与方法论意义，做到学思用贯通、知信行统一。

泉台工业设计人才服务中心揭牌

泉台工业设计人才服务中心在泉州台商投资区揭牌。为推动泉州和台湾资源共享、借力发展，吸引泉州和台湾设计力量落地，助力传统产业转型升级、新兴产业腾飞，泉州台商投资区在海丝艺术公园设立泉台工业设计人才服务中心，致力为泉州和台湾工业设计人才搭建高质量创新平台，提供活动、交流和服务，打造“人才之家”。2020年年初，泉州台商投资区确定区人才工作重点项目——“聚焦姓‘台’属性，建设泉台工业设计人才服务中心”，按照打造“一个网络频道、一批创客基地、一系列精品活动”新模式，为泉州和台湾工业设计人才提供培训交流、展示推广等定向服务，营造“设计赋能·新城创未来”的氛围。

市委常委会学习习近平讲话精神

市委常委会召开会议，传达学习习近平在安徽考察和主持召开推进长三角一体化发展座谈会时的讲话精神、在中国医师节到来之际向全国医务工作者致以节日祝贺和诚挚慰问时的指示精神以及省委常委会会议精神，研究部署统筹推进常态化疫情防控和经济社会发展工作；传达学习习近平对制止餐饮浪费行为作出的指示及省委常委会会议精神。会议指出，要全力稳当前谋长远，推进12个专项追赶行动，组织好开展好秋季攻坚，大抓新经济拓展、老产业链提升，推进逆周期投资，完成全年目标任务。要继续加强外防输入工作，落实入境人员闭环管控和常态化防控措施，做好应对秋冬季疫情准备，做好秋季学期学校防控工作。

泉州市精神文明教育讲座开讲

由市创城办与市文明办主办的泉州市精神文明教育讲座开讲，首场讲座以“文明健康 人人重视”为主题，由市第一医院主任医师、副教授、硕士生导师黄子成授课。首场讲座详细介绍人体消化系统结构，讲解疾病易发部位及该部位引起疾病的原因，阐述绿色、文明、健康生活方式和生活习惯对市民的影响，提高大家对消化系统结构的认知和疾病预防意识。系列讲座是一项面对市直及驻泉州省部属有关单位的文明传播项目，重点关注形势政策、社会热点、法治知识、道德文明、历史文化、文学艺术、人生修养和健康养生等内容，不定期邀请名家、专家、名师、名医及各领域的领军人物作为主讲嘉宾，打造宣传普及精神文明知识的大舞台。

第六届海峡两岸七夕返亲节举办

由省妇联、泉州市妇联、晋江市政府主办的第六届海峡两岸（晋江金井·围头）七夕返亲节在晋江围头举办，两岸近百个家庭相聚云端。该届返亲节首次采取“线上直播+线下互动”“主会场+台湾分会场”模式。在云签约环节，两岸企业就文化创意交流合作、食品行业市场拓展、妇幼用品购销等签订合作协议；在“云上鹊桥·两岸家园”直播活动中，围头村村支书、“围头新娘”代表、两岸家庭成员与海峡对岸的亲属跨海连线，“云泡茶”话家常，同时通过“云旅游”带领网友领略金井、围头特色旅游资源。夜晚，77对情侣、两岸家庭共放祈福灯，围头、金门两地乡亲共赏“同心·相望”焰火表演。

第六届海峡两岸七夕返亲节开幕式（图/市委台港澳办）

七夕海峡两岸“鲎保育日”宣传活动举行

由市林业局、泉州湾河口湿地保护区管理处、泉州市湿地学会主办的“爱鲎及栖”七夕海峡两岸“鲎保育日”保护中国鲎科普宣传活动在市区清源山举行。2019年3月，世界自然保护联盟将中国鲎确定为世界性濒危物种。由于鲎总是成双成对出现，因此海峡两岸相关专家将七夕节选定为“鲎保育日”，希望以此为中国鲎祈福，倡导口下留情，拒售拒食中国鲎，保护栖地环境。活动现场，主办方准备了保护中国鲎大型系列科普海报展、保护湿地海报展、中国鲎实物标本展、“同心守鲎 共护湿地家园”专家论坛视频科学传播等科普宣传活动，同时结合泉州“非遗”项目“猜拳”美食文化，组织“保护湿地、保护中国鲎、保护野生生物”民俗和科学知识猜谜、美丽七夕“拳谱不一定管用、酒量不一定够用、爱鲎却一定有用”泉州爱鲎巨型海报免费拍照冲洗等体验活动。

8月25日

农历庚子年七月初七
星期二
温度：27℃～36℃
小雨转多云

●25—26日，由中国科协党组副书记、副主席徐延豪带队的中国科协“科创中国”调研组到泉州，调研泉州市建设中国科协“科创中国”试点城市情况。

●市委常委会召开会议，传达学习习近平在安徽考察和主持召开推进长三角一体化发展座谈会时的讲话精神等。

●由市委宣传部、市委市直机关工委、市委文明办、泉州晚报社、泉州新华书店主办的“讲文明、守礼仪、树形象”文明礼仪进机关网络知识竞答活动启动。

●由市创城办与市文明办主办的泉州市精神文明教育讲座开讲。

●由省妇联、泉州市妇联、晋江市政府主办的第六届海峡两岸（晋江金井·围头）七夕返亲节在晋江围头举办。

●由市林业局、泉州湾河口湿地保护区管理处、泉州市湿地学会主办的“爱鲎及栖”七夕海峡两岸“鲎保育日”保护中国鲎科普宣传活动在市区清源山举行。

8月26日

农历庚子年七月初八
星期三
温度：26℃～31℃
小雨转大雨

●市人大常委会第五十五次主任会议召开，讨论有关人事任免事项，提出第五十六次主任会议建议议题。

●26—27日，市十六届人大常委会第三十次会议召开，听取市人大法制委关于《泉州市市容和环境卫生管理条例（草案一审稿）》修改情况的报告，审议通过《泉州市市容和环境卫生管理条例（草案表决稿）》等。

●由市委组织部、市委宣传部、市委市直机关工委、福建新华发行集团泉州分公司主办的《习近平谈治国理政》第三卷读书分享会在市区府文庙正音书院举行。

●2020年泉州市二级社会体育指导员培训（健身气功）暨全民健身展示与指导进乡村活动在晋江市永和镇举行。

●兴业银行泉州分行通过省金融服务云平台为石狮市祺明纸业有限责任公司发放全省首笔“商贸贷”。

●中国共产党党员、泉州市公安局原副处级侦察员、离休干部陈德馨逝世，享年90岁。

市十六届人大常委会第三十次会议召开

26—27日，市十六届人大常委会第三十次会议召开。会议听取市人大法制委关于《泉州市市容和环境卫生管理条例（草案一审稿）》修改情况的报告，审议通过《泉州市市容和环境卫生管理条例（草案表决稿）》；听取和审议市政府关于《泉州市机动车停车条例（草案）》的议案，关于公立医院“暖心服务”工作情况、泉州和台湾人才交流工作情况、石化工业园区生态环境保护工作整改情况的报告，关于1—7月泉州市国民经济和社会发展计划、预算执行情况的报告；听取和审议市政府研究处理市人大常委会关于开展扫黑除恶专项斗争工作情况的审议意见情况的报告，并进行满意度测评，测评结果为满意；听取市政府关于提请审议2020年地方政府债券转贷和抗疫特别国债收支市本级预算调整方案的议案，审议通过有关议案的决议；听取和审议市人大常委会执法检查组关于检查《中华人民共和国野生动物保护法》及福建省实施办法实施情况，《中华人民共和国道路交通安全法》《中华人民共和国道路交通安全法实施条例》实施情况，《中华人民共和国食品安全法》《福建省食品安全条例》实施情况的报告。

市十六届人大常委会第三十次会议现场（图/陈意鸣）

全民健身展示与指导进乡村活动在晋江举行

2020年泉州市二级社会体育指导员培训（健身气功）暨全民健身展示与指导进乡村活动在晋江市永和镇举行。此系泉州市首次在乡镇一级举办二级社会体育指导员培训活动。泉州市每年定期召开社会体育指导员培训班，截至2019年年底，全市已有社会体育指导员15355人。这些社会体育指导员遍布城乡各地，既是体育部门联系群众的“桥梁与纽带”，也是健身者的良师与益友。此次培训的健身气功八段锦功法，是国家健身气功协会大力推广的功法。结业仪式当天，泉州市体育局邀请健身气功、体育舞蹈、太极拳等市级协会团体，联合永和镇举办全民健身活动会演。

兴业银行泉州分行发放全省首笔“商贸贷”

兴业银行泉州分行通过省金融服务云平台为石狮市祺明纸业有限责任公司发放全省首笔“商贸贷”。石狮市祺明纸业有限责任公司主营纸品批发贸易，受疫情影响，白卡纸、铜版纸等原材料价格下降，是企业增加囤货的良好时机，加之为及时满足下游客户的订单需求，企业流动资金出现暂时性短缺。兴业银行泉州分行营销人员在了解到企业情况后，立即主动上门推介“商贸贷”业务，并指导企业完成“商贸贷”入池名单申请。该企业在金服云平台发布“商贸贷”融资需求后，兴业银行泉州分行采用绿色通道快速审批，在该企业“商贸贷”资格审核结束后一日内，立即为企业发放220万元贷款，期限1年，贷款利率较同期市场利率报价（LPR）下调35BP，及时解决企业流动资金周转问题，并降低财务成本。

相关链接：“商贸贷”旨在帮助福建省中小微企业解决融资难、融资贵问题，是银行等金融机构依托福建省金服云平台，借助省级政策性优惠贷款风险分担资金池提供贷款风险补偿作为增信手段，为符合条件的批发、零售、住宿、餐饮及其他生活性服务业等中小微商贸服务企业提供流动性融资服务的信贷产品。单户企业贷款规模最高可达1000万元，并享受优惠贷款利率。符合条件的企业申请进入企业池成功后即可在金服云平台上发布“商贸贷”融资需求。

市委十二届十二次全会召开

市委十二届十二次全会召开，学习贯彻习近平对福建工作的一系列讲话指示批示精神，落实省委十届十次全会部署，研究部署全方位推动高质量发展超越目标和举措，审议通过《中共泉州市委关于深入学习贯彻习近平总书记重要讲话重要指示批示精神，全方位推动高质量发展超越的决定》和《中国共产党泉州市第十二届委员会第十二次全体会议决议》，讨论全方位推动高质量发展超越《科技创新行动计划》《优化产业结构行动计划》《促进居民增收行动计划》。

全会指出，全市各级党组织和党员干部要站位服务全党全国大局，把握新福建建设重大历史机遇，铆足干劲再出发，苦干实干、久久为功，在新起点上开创新局面。全方位推动高质量发展超越，总的要求是以习近平新时代中国特色社会主义思想为指导，贯彻中共十九大和十九届二中、三中、四中全会精神，学习贯彻习近平对福建工作的一系列讲话指示批示精神，坚持稳中求进工作总基调，坚持新发展理念，坚持以供给侧结构性改革为主线，坚持以改革开放为动力，满足人民群众对美好生活的需要，保持战略定力，增强机遇意识和风险意识，发扬斗争精神，勇于担当作为，更好统筹常态化疫情防控和经济社会发展工作，常学常新“晋江经验”，全方位推动高质量发展，推进科技创新、产业结构、居民收入等方面超越，深化对台各领域融合，推进省域三大中心城市建设，当好新时代新福建建设和全方位推动高质量发展超越的主力军。

全会要求，要坚定全方位推动高质量发展超越的信心决心，传承弘扬“晋江经验”，创造性贯彻党中央决策部署，调动干部和企业家两支队伍顽强拼搏、政企互动、坚守实业；系统研究战略蓝图，把新发展理念贯穿全过程和各领域，更好地站位全局、统一步调、聚集要素，实现规模、速度、质量、结构、效益、安全相统一；稳当前谋长远，发扬斗争精神，抓紧一批符合长远发展、短期能够启动的重要工作，争取再弯道超车。要强化战略谋划、抓手拓展，推进全方位高质量发展超越重点任务。要着眼科技创新超越，抓产业创新生态布局，建设具有全国影响力的制造业创新中心。要着眼产业现代化发展超越，抓新经济拓展、老产业链提升，建设全国一流的先进制造业中心、全球“新制造”重要基地。要着眼经济内生动力超越，抓逆周期投资，推动“泉州造”品牌线上线下互动、内贸外贸融合。要着眼民生社会事业超越，抓民生XIN行动滚动增效，推进富民增收，健全公共卫生应急管理体系，实现幼有善育、学有优教、劳有厚得、病有良医、老有颐养、住有宜居、弱有众扶。要着眼城乡协调发展超越，主动融入闽西南协同发展区，高标准高起点推进“跨江发展、跨域融合”。要着眼对外开放超越，抓“海丝”重要门户打造。要着眼生态文明超越，以生态连绵带为抓手，抓山水田园城市构建。要着眼文化软实力超越，抓文化遗产活态保护传承，打响“世界的古城、活着的古城”。要着眼社会治理效能超越，抓“强基促稳”机制拓展，织密安全生产责任网、防护网、监管网。

全会强调，要推动融合发展，发挥泉州独特优势，做好“通”“惠”“情”三篇文章，建设台胞台企登陆的第一家园。深化经济领域融合，探索产业协作新路径；深化基础设施领域融合，落实应通尽通新任务；深化社会领域融合，推出便利就业创业新举措；深化文化领域融合，赋予文化交流新内涵。

市委十二届十二次全会现场（图/陈英杰）

8月27日

农历庚子年七月初九
星期四
温度：26℃~31℃
小雨转大雨

●市委十二届十二次全会召开，学习贯彻习近平对福建工作的一系列讲话指示批示精神，落实省委十届十次全会部署，研究部署全方位推动高质量发展超越目标和举措等。

●市人大常委会第五十六次主任会议召开，讨论《泉州市市容和环境卫生管理条例（草案建议表决稿）》等。

●《泉州白濑水利枢纽工程建设征地移民安置协议书》签约仪式举行。

●省工商联发布“2020年福建省民营企业100强”榜单，泉州市22家企业上榜，涉及传统鞋服、食品、日用品、厨卫等行业。

●“我们一起走过”福建工会“金秋助学”20周年分享会在泉州举行。

8月28日

农历庚子年七月初十
星期五
温度：26℃～34℃
多云

●市政府公布《泉州市文明行为促进办法》，自9月28日起施行。

●全市自建房加工场所火灾警示现场会暨消防安全整治攻坚行动部署视频会召开，部署自建房加工场所消防安全整治攻坚行动，遏制火灾事故频发势头，确保全市火灾形势持续平稳。

●由市民政局、市妇联、市妇儿工委办公室主办的"小橘灯曙光行动"泉州市关爱困境儿童主题活动在市区城东万达广场启动。

●第十六届海峡旅游博览会在厦门开幕，泉州市上百家旅游景区、旅行社、旅游商品企业参展。

●泉州市快递行业工会联合会和保安行业工会联合会成立。

《泉州市文明行为促进办法》出台

市政府公布《泉州市文明行为促进办法》（以下简称"办法"），自9月28日起施行。该办法由市文明办负责起草，市司法局全程参与起草和组织审查，邀请华侨大学法学院参与制定。办法倡导文明交谈、文明上网、文明出行、文明邻里、文明经营、文明就医、文明旅游、文明用餐、移风易俗等行为，对公共场所、公共环境卫生、交通秩序等领域的基本行为进行规范。鼓励市民参与文明行为促进工作。办法最大的亮点是将避免餐饮浪费和移风易俗两方面纳入。在避免餐饮浪费方面，从消费者、经营者、行业协会等多角度倡导合理消费，适量点餐，不铺张浪费；在移风易俗方面，通过在时代要求与传统习俗之间找准结合点，倡导"婚事新办、丧事简办、喜事俭办"，革除大操大办、海吃海喝、跟风攀比等旧俗，更加突出仪式感、民俗氛围。

泉州市关爱困境儿童主题活动启动

由市民政局、市妇联、市妇儿工委办公室主办的"小橘灯曙光行动"泉州市关爱困境儿童主题活动在市区城东万达广场启动，通过助养、助学、助教等方式帮扶118名困境儿童。活动现场，主办方联合爱心企业、公益团队为75名困境儿童发放成长金、儿童成长礼包；市中级人民法院干部职工代表为33名困境儿童发放助学金；新东方泉州学校为鲤城和丰泽的10名困境儿童提供助教培训课程。参加活动的泉州市真情在线公益协会有关负责人表示，此次协会对接帮助25名困境儿童，除在学习、生活上予以关注、帮扶之外，还将联合心理咨询机构，跟踪孩子的心理健康成长，设立特别奖项，鼓励他们德智体美劳全方面发展。"小橘灯曙光行动"后续拓展活动还包括：夜市义卖捐助活动，义卖所得全部捐献给受助儿童；打造"童心益角"儿童之家体验区，开展假期关爱课程及为部分儿童之家添置读书角等；举办"呵护健康 相伴成长"儿童心理健康沙龙，开通心理咨询热线引导家长树立正确家庭教育观，陪伴孩子健康快乐成长；征集困境儿童的助学、助养需求，进行"圆梦在线"认捐、认领活动。

上百家泉州企业参展第十六届旅博会

第十六届海峡旅游博览会（以下简称"旅博会"）在厦门开幕。泉州市上百家旅游景区、旅行社、旅游商品企业参展，此系跨省团队游恢复后，泉州市组织参加的首个文旅展销盛会。2020年旅博会泉州馆的设计围绕"全福游 有全福·海丝泉州"文化旅游品牌，造型融合泉州红砖古厝、福船造型等元素，寓意扬帆启航，彰显"泉州：宋元中国的世界海洋商贸中心"的文化魅力。展馆内，各县（市、区）文旅部门、旅游企业等参展方展示各自的特色伴手礼、旅游产品。除展馆静态展示以外，馆内还组织惠安女民俗展示、掌中木偶、电音三太子等民俗文化表演，吸引许多观展群众。不少旅行商还现场开起直播，通过线上线下结合的方式，扩大此次展会的推广效果。为吸引更多年轻人的目光，展馆内还设置独立VR体验区，通过VR技术复原骑游海丝古城的场景，吸引许多群众体验。此次旅博会以"融合发展·合作共赢"为主题，内容涵盖八大主题，覆盖主题度假、研学、蜜月婚旅、养生康养、智慧旅游、生活休闲、文旅商贸等产业，展期持续至30日。

第十六届海峡旅游博览会泉州馆惠安女民俗展示
（图/王娜艳）

泉州市产业链招商推介会暨项目集中签约活动举行

泉州市产业链招商推介会暨项目集中签约活动举行。市领导康涛、王永礼、张永宁、洪自强、吕刚等在主会场参加活动。此次活动联动“线上”“线下”，采取“主会场+13个县域分会场+北京、上海、深圳等驻外分会场+现场直播”方式进行，通过“现场签约”“云上签约”，共有158个重大项目落户泉州，总投资超1000亿元。现场还“屏对屏”向客商推介泉州产业布局发展情况及重点产业链招商项目。

市委书记康涛代表市委、市政府向签约的企业家表示祝贺和感谢。康涛表示，2020年以来，泉州学习贯彻习近平总书记讲话指示批示精神，落实中央、省委部署，紧抓大产业大项目，稳当前谋长远，育新机开新局。签约落户的项目，增强了泉州变中抢机的底气，将有力赋能产业升级、产城融合，让泉州发展家底更实、后劲更足、前景更广。市委十二届十二次全会对全方位推动高质量发展超越作出具体部署。泉州将抢抓窗口机遇，大抓逆周期投资，加快新经济拓展、老产业链提升，布局新基建新经济、新材料、新组团、新交通，提升传统千亿产业集群，构建更紧密产业生态圈；高标准高起点推进“跨江发展、跨域融合”，推动城市由散到聚。全方位推动高质量发展超越需要更多硬核项目、有力支撑。各级各部门将把签约项目纳入“一把手”工程，量身定制“政策包”，“一企一策”专人专班、精准服务，用心用情造好环境，确保项目早投产、早见效。

市长王永礼在致辞中表示，此次活动是2020年启动产业链招商季以来的再动员，也是项目比拼阶段性成果的集体晾晒、“新”“老”两方面逆周期投资的云上推介和服务招商服务项目的公开承诺。各级政府各部门要昂扬敢拼、会拼、精准拼的精气神，拿出泉州人的闯劲，比前期进展、比招商签约、比项目开工，跑出发展加速度，掀起比学赶超火热氛围。要狠抓惠企政策兑现落地，以最大的诚意、最高的效率、最务实的作风，把每个项目服务好、保障好，让企业家在泉州这片热土投资有更大的回报、更广的空间、更好的体验。

泉州市产业链招商推介会暨项目集中签约活动现场
（图/陈英杰）

美丽河湖志愿服务活动举行

由市生态环境局、丰泽区委文明办等主办的美丽河湖志愿服务活动在市区西湖公园举行。市生态环境局志愿服务队、泉州中保公益义剪队、中国闽台缘青年志愿者服务队等12支队伍的100多名志愿者，拿着钳子、垃圾袋等工具，沿湖边道路，清理西湖公园内道路、花圃边、湖边的纸屑、塑料袋等垃圾。志愿者还沿公园外围沿街商家，挨家挨户对经营业主宣传“门前三包”（包卫生、包绿化、包秩序）政策，提醒、引导出店、占道经营业主、店主文明规范经营；还有的志愿者重新整齐摆放公园周边的非机动车、共享单车，引导市民众有序停放好电动车、自行车。

泉州市第三届红十字应急救护大赛举行

由市卫健委、市总工会、市红十字会主办的以“‘救’在企业”为主题的泉州市第三届红十字应急救护大赛暨世界急救日主题宣传活动举行。市直及各县（市、区）11家企业55名员工组成参赛。经过理论笔试、成人心肺复苏、创伤救护处置、救护主题演讲、模拟灾害事故现场救援演练等环节的角逐，最终9人获个人全能奖，6个企业参赛队获团体奖。

8月29日

农历庚子年七月十一
星期六
温度：26℃～33℃
多云

●泉州市产业链招商推介会暨项目集中签约活动举行，158个重大项目落户泉州，总投资超1000亿元。

●由市生态环境局、丰泽区委文明办等主办的美丽河湖志愿服务活动在市区西湖公园举行。

●由市卫健委、市总工会、市红十字会主办的以“‘救’在企业”为主题的泉州市第三届红十字应急救护大赛暨世界急救日主题宣传活动举行。

8月30日

农历庚子年七月十二
星期日
温度：26℃～33℃
多云转晴

●泉州市下达2020年市级节能与循环经济专项资金，117家企业获649万元专项资金补助。

●位于南安市石井镇的福厦客专重点工程——南清隧道贯通。

●凌晨，泉州深沪籍渔船“闽晋渔05119”在距平潭岛正东45海里海域沉没，泉州市第一时间成立指挥和救援组，要求协调各方力量开展搜救工作。

泉州市下达2020年市级节能与循环经济专项资金

泉州市下达2020年市级节能与循环经济专项资金，117家企业获649万元专项资金补助。2020年市级节能与循环经济专项分节能技改、循环经济、绿色制造项目、重点用能企业能耗在线监测四个方面。其中，18家企业获节能技改专项补助，项目涵盖锅炉（窑炉）改造、能量系统优化等类型；3家企业获循环经济专项补助，主要为资源综合利用、再生资源回收利用等项目类型；19家企业获绿色制造项目，包括绿色工厂、绿色供应链等项目类型；77家企业获重点用能企业能耗在线监测。

根据市工信局、市财政局《关于组织申报2020年市级节能循环经济专项资金奖励项目的通知》（以下简称“通知”），资金支持范围主要为：符合国家产业政策，项目依附或改造的主体不属于国家产业政策明令淘汰目录。示范和带动作用明显，项目实施后具有较好的节能、节水、节材等提高能源资源利用效率和减少污染物排放的效果，对节能循环经济工作有较好的示范带动作用；优先支持建筑废弃物、石粉碎石和尾矿尾渣资源化利用项目。项目为2018年1月1日以后建成投产，且申报时已稳定运行3个月以上（更换高效电机项目，购买日期须在2019年1月1日以后且申报时稳定运行3个月以上）。同时，工业领域节能技改项目年节能量在300吨标准煤及以上或节电量达80万千瓦时及以上，非工业领域节能技改项目节能量应在100吨标准煤及以上。循环经济项目投资额必须在200万元及以上，其中建筑废弃物资源化利用项目年产量在20万吨以上，石粉碎石资源综合利用项目年利用量10万吨以上，尾矿尾渣资源化利用的项目年产量在10万吨以上。

福厦客专重点工程——南清隧道贯通

位于南安市石井镇的福厦客专重点工程——南清隧道贯通。是日上午10时，新建成的福厦客专南清隧道出口，随着一声巨响，负责隧道进、出口掘进施工的两支队伍在洞内会师。经过现场检查，最后一排炮定位精确，光爆效果好，实现无缝对接。南清隧道全长2656米，进口位于南安市石井镇，出口位于厦门市翔安区。项目部在隧道掘进过程中，克服浅埋、偏压以及围岩破碎等难题，科学引进新工艺、新技术、新设备，综合应用三维激光扫描仪、三臂凿岩台车、湿喷机械手、专用锚杆钻机、防水板自动挂布台车、液压式二衬台车，以及仰拱轻便弧形腹膜与定型组合钢端模等先进工艺、工装，采用超前地质预报、光面爆破、湿喷法工艺、监控量测等技术，按照开挖、出渣、喷锚、衬砌四条作业线，有序组织流水施工，达到爆破面整洁，掘进方向精准，掘进速度快的效果。

多方力量海空救援遇险深沪籍渔船

凌晨，泉州深沪籍渔船“闽晋渔05119”在距平潭岛正东45海里海域沉没，渔船上14人遇险，2名船员被周边作业渔船“闽晋渔05769”救起，其余12人失联。据向获救船员询问，“闽晋渔05119”疑似与一艘外国籍商船发生碰撞。事发后，省、市领导高度重视，泉州市第一时间成立指挥和救援组，要求协调各方力量开展搜救工作。省海上搜救中心调派泉州海事局海事巡逻船“海巡0806”、东海救助局专业救助船“东海救116”、省海洋与渔业局船只“海监8001”和“海监8002”赶赴事发海域；福建海事局播发航行警告，要求过往船舶加强瞭望，协调过往商船前往事发海域参加救助；省海洋与渔业局通过手机、电台和北斗终端向附近海域渔船发出事故信息，组织附近17艘渔船参与搜救。同时，省海上搜救中心向台湾海上搜救部门通报相关情况。台湾有关方面出动救援力量参与搜寻求助。9时55分，东海救助局第二救助飞行队救助直升机“B—7345”从福州长乐机场起飞参与搜寻救助；13时15分，专业救助船“东海救116”抵达事发海域。

上海大学与南安签署3个产学研合作项目

28—31日，上海大学校长刘昌胜带队到南安考察产学研合作项目进展情况。考察期间，双方签署3个产学研合作项目，并举办九日山医学论坛，开展医疗帮扶系列活动，推进校地合作项目。30日，集中签约（揭牌）仪式举行，上海大学美术学院与南安市签订南安市“十四五”文化产业发展规划编制合作协议、工艺美术高级研修班合作协议，上海大学科技合作处与泉州市三联机械制造有限公司签订战略合作框架协议。上海大学—三联先进环保设备工程技术研究中心揭牌。

31日，泉州市委书记康涛、市长王永礼与刘昌胜一行座谈。市领导指出，泉州经济社会有活力，发展前景可期。泉州全力稳当前谋长远，勇当全方位推动高质量发展超越主力军，大抓科技创新、高端要素集聚、医疗教育配套等。希望双方深化拓展合作领域，发挥优势、共赢发展。在泉州期间，刘昌胜获颁泉州市高层次人才举荐专家证书。市领导孔繁军、蔡思红、周真平参加相关活动。

相关链接：自2019年9月以来，南安市与上海大学创新“校地合作”人才工作机制，多次开展项目合作专题研究，开展对接工作，签订《南安市人民政府与上海大学战略合作框架协议》《高层次卫生人才引进及医学人才培养帮扶协议》《上海医学专家定向帮扶委托协议》等一揽子合作协议，携手缔结一系列合作项目，推动上海大学附属南安医院、三联机械合作项目、文化产业发展规划、《石头记》纪录片等系列项目落地南安。

九日山医学论坛现场（资料图片）

市人大常委会党组扩大会议召开

市人大常委会党组扩大会议召开，传达学习省委十届十次全会和市委十二届十二次全会精神，研究市人大常委会党组贯彻意见。会议指出，要把学习贯彻全会精神与学习《习近平谈治国理政》第三卷、《习近平在福建》结合起来，提高政治站位，把握全会的新精神新要求，把全方位推动高质量发展超越作为人大工作最鲜明的主线和最大特色。要以市委全会精神为指导，围绕全方位推动高质量发展超越的重点任务，从立法、监督、重大事项决定和代表工作等方面拿出时间表、施工图，项目化、具体化推进，增强监督工作的针对性和有效性，动员各级人大代表投身高质量发展超越实践。要以全会精神为动力，完成全年各项工作任务，做好“十四五”规划编制调研，提前谋划新一年的立法、监督工作计划，体现人大履职担当、贡献人大力量。

泉州市多个项目被列入省2020年物流园区提升实施方案

省工信厅印发《2020年物流园区提升工程包实施方案》（以下简称“实施方案”），明确目标任务，细化项目分解，部署相关工作要求，发挥工程包带动作用，提升福建省物流园区发展水平，促进现代物流业高质量发展超越。根据任务分解，2020年泉州市重点推进洛江新宜泉州枢纽物流中心项目、乔丰品牌工业物流项目、泉州顺丰创新产业园项目、特步现代化智能物流仓储及生产车间项目、安恒物流生产项目、九牧王智慧物流园项目建设，全年完成投资4亿元以上。实施方案提出，依托物流节点城市和交通枢纽，结合产业结构和区位条件，重点推进综合服务型、货运枢纽型、商贸服务型、生产服务型、口岸服务型物流园区建设，完善园区配套设施建设，提高园区信息化水平。该项目全年完成投资21亿元以上。

8月31日

农历庚子年七月十三
星期一
温度：26℃～35℃
晴转多云

●28—31日，上海大学校长刘昌胜带队到南安考察产学研合作项目进展情况。考察期间，双方签署3个产学研合作项目。康涛、王永礼与刘昌胜一行座谈。

●市人大常委会党组扩大会议召开，传达学习省委十届十次全会和市委十二届十二次全会精神，研究市人大常委会党组贯彻意见。

●泉州市多个项目被列入省2020年物流园区提升实施方案。

●安溪举行部分学校建设项目集中奠基落成剪彩活动。

9月1日

农历庚子年七月十四
星期二
温度：27℃～37℃
多云转晴

●市委常委会召开会议，传达学习习近平在中央第七次西藏工作座谈会上、在经济社会领域专家座谈会上的讲话精神和《不断开拓当代中国马克思主义政治经济学新境界》文章以及省委常委会会议精神等。

●市政府第九十七次常务会议召开。会议听取全市房屋安全隐患整治情况汇报。

●王永礼会见到泉州考察的法国凯辉基金董事总经理陈斯琪。

●由市总工会、市人社局和市消防救援支队主办的2020年度泉州市消防救援支队职业技能竞赛在晋江举行。

市委常委会学习习近平讲话精神

市委常委会召开会议，传达学习习近平在中央第七次西藏工作座谈会上、在经济社会领域专家座谈会上的讲话精神和《不断开拓当代中国马克思主义政治经济学新境界》文章以及省委常委会会议精神，研究部署有关工作，传达学习习近平致全国青联十三届全委会、全国学联二十七大贺信以及省委常委会会议精神，研究《泉州市突破“难、硬、重、新”工作行动实施方案》。

会议指出，要拓展交往交流的广度深度，细化实化民族一家亲系列活动，深化产业合作，加强援藏队伍建设，高质量编制“十四五”对口援藏规划，提高对口支援西藏工作的质量和水平。要以当代中国马克思主义政治经济学为指导，科学谋划泉州市“十四五”发展，全方位推动高质量发展超越。要辩证看待新发展阶段的新机遇新挑战，抢抓窗口机遇，大抓逆周期投资，育新机开新局。要落实省委全会、市委全会部署，项目化清单化推进，把九方面重点任务等转化为具体行动。要更好统筹推进常态化疫情防控和经济社会发展，盯紧抓好畅通“内循环”秋季攻坚行动，做好秋冬季疫情防控工作，抓牢抓实抓细安全生产工作。要做好新时代青年工作，团结带领青年和青年学生坚定跟党走、奋进新时代。各级党委、政府要加强对青年工作的领导，为青年和青年学生成长成才、施展才华创造条件，为促进青联、学联事业发展营造环境。各级共青团和青联、学联组织要强化政治引领、深化改革创新，更好团结、服务、引导青年。要按照省委、省政府部署要求，开展突破“难、硬、重、新”工作行动，扛起政治责任，化解老问题和新挑战，确保取得实实在在成效。要聚焦重点任务，细化实化项目抓手，精准摸排问题，建立攻坚机制，拉紧责任链条，一项一项抓落实。要发扬充沛顽强的斗争精神，破解工作中面临的问题挑战，大胆推动改革创新。

市政府第九十七次常务会议召开

市政府第九十七次常务会议召开。会议听取全市房屋安全隐患整治情况汇报。会议强调，各级政府各部门要吸取教训，以案为例、举一反三，聚焦重点部位、薄弱环节，推动房屋安全隐患排查再过细、再复盘，确保房屋安全隐患摸排全覆盖、无缝隙；要完善处置机制，明确整改责任人、整改措施和整改时限，加快分类处置步伐，确保整治到位。会议听取2020年度泉州市“教育世家”审核工作汇报。会议指出，评选公布“教育世家”，对于激励提升教师从教热情、营造尊师重教的社会风尚具有重要意义。要坚定“教育大计，教师为本”站位，按照“教育世家”申报与公布相关规定做好审核，把好事办好、实事办实；要保障教师合法权益，关心教师的工作、学习和生活，营造良好环境，提高教师的政治地位、社会地位、职业地位，让教师享有应有的社会声望。

王永礼会见法国凯辉基金董事总经理陈斯琪

市长王永礼会见到泉州考察的法国凯辉基金董事总经理陈斯琪，市领导肖汉辉参加会见。王永礼指出，泉州正处于转型升级“后半场”、争取新一轮弯道超车的关键时刻，投资前景广阔，营商环境优良。希望大家在泉州多走走看看，在深化交流合作中实现互利共赢,为泉州全方位推动高质量发展超越做出更大贡献。

2020年度泉州市消防救援支队职业技能竞赛举行

由市总工会、市人社局和市消防救援支队主办的2020年度泉州市消防救援支队职业技能竞赛在晋江举行。此次职业技能竞赛的科目包括3000米跑、枪炮协同操、纵深灭火救人、400米疏散物资救人、百米障碍救助操、绳索攀爬等项目。

王永礼与西门子交通大中华区首席执行官莫德座谈

市长王永礼与到泉州考察的西门子交通大中华区首席执行官莫德座谈。王永礼指出，泉州实体经济根基深厚，城市营商环境优良，正抢抓“两新一重”（新型基础设施建设，新型城镇化建设，交通、水利等重大工程建设）投资窗口，策划实施万亿逆周期投资盘子，前景广阔。希望双方深化合作、互补优势，推动更多项目落地，在更广领域实现互利共赢，助力泉州全方位推动高质量发展超越。

泉州市推行政务服务“好差评”制度

泉州市出台推行政务服务“好差评”制度工作方案，要求全市各级政务服务机构、各类政务服务平台开展“好差评”工作，线上线下全面融合，实现“三个全覆盖”，即政务服务事项全覆盖、评价对象全覆盖、服务渠道全覆盖。根据方案工作目标，年底前，泉州市全面建成政务服务“好差评”制度体系，对接省级政务服务“好差评”管理系统，各级政务服务机构（含大厅、中心、站点、窗口等）、各类政务服务平台（含业务系统、热线电话平台、移动服务端、自助服务端等）全部开展“好差评”，线上线下全面融合。确保每个政务服务事项纳入评价，每个政务服务机构、政务服务平台和人员都接受评价，每个办事企业群众都能自愿自主真实评价，每个差评都得到整改，形成评价、反馈、整改、监督闭环衔接，企业群众积极参与、社会各界广泛评价、政府部门及时改进的良性互动局面，促进政务服务质量持续提升。

在工作协调机制方面，方案明确，市行政服务中心管委会、发改委（审改办）、效能办组织协调全市“好差评”工作，承担政务服务“好差评”的协调指导、差评核实、督促整改、绩效考评、数据应用以及建立相关配套制度等职责。各县（市、区）行政服务中心管委会、审改办、效能办负责组织协调本辖区“好差评”工作。“好差评”评价指标包括各级政务服务机构的服务事项管理、办事流程、服务效率、服务便民度、政务服务平台的便捷性和完善性、工作人员的服务态度和服务水平等。“好差评”评价分为“非常满意”“满意”“基本满意”（统称为“好评”），“不满意”“非常不满意”（统称为“差评”）五个等级。在具体评价场景方面，方案明确，现场服务“一次一评”，各级政务服务机构办结政务服务事项，应当通过文明用语主动提醒评价人进行评价，不得以自我评价代替群众评价；网上服务“一事一评”，各类政务服务平台完成政务服务事项办理，应当提示企业群众利用包括网上政务服务平台及政务服务移动端、扫码、短信等方式开展评价。线上评价渠道包括省网上办事大厅、移动端政务服务应用，部门政务服务系统和“12345”便民服务平台。

华侨大学登上2021年泰晤士世界大学排名

《泰晤士高等教育》发布2021年泰晤士高等教育世界大学排名，华侨大学位列中国内地高校第76位（并列），此系华侨大学连续第五次登上该世界排名。此次共有93个国家和地区的1527所高校上榜，比2019年增加130所。其中有137所中国高校上榜，包括91所内地高校、6所香港高校、2所澳门高校和38所台湾高校。泰晤士世界大学排名由《泰晤士高等教育》独立发布，与QS世界大学排名、上海软科世界大学学术排名一道被公认为最具影响力的全球性大学排名之一。

华侨大学陈嘉庚纪念堂（图/吴寿民）

9月2日

农历庚子年七月十五
星期三
温度：27℃～36℃
中雨转多云

●王永礼与到泉州考察的西门子交通中国大中华区首席执行官莫德座谈。

●泉州市出台推行政务服务“好差评”制度工作方案。

●《泰晤士高等教育》发布2021年泰晤士高等教育世界大学排名，华侨大学位列中国内地高校第76位（并列），此系华侨大学连续第五次登上该世界排名。

9月3日

农历庚子年七月十六
星期四
温度：26℃～33℃
晴转小雨

●李转生带队到晋江、石狮、泉州台商投资区，开展“加强国土空间规划，推动环湾城市发展”重点视察活动。

●全市各条战线的党员干部群众通过电视、网络等多种方式，收听收看纪念中国人民抗日战争暨世界反法西斯战争胜利75周年向抗战烈士敬献花篮仪式。

●3—12日，由泉州军分区、市委宣传部、市国防教育办公室、市文旅局、市文联主办的纪念中国人民抗日战争暨世界反法西斯战争胜利75周年国防教育中国画展在泉州海外交通史博物馆举行。

●“共同托起他们的理想·2020行动”助学金发放仪式举行。

●全市“百名专家百场健康科普宣讲 万众参与共享健康”启动仪式在泉港区举行。

市政协开展国土空间规划重点视察活动

市政协主席李转生带队到晋江、石狮、泉州台商投资区，开展“加强国土空间规划，推动环湾城市发展”重点视察活动。视察组视察晋江两岸生态连绵带项目、晋江市第二体育中心、石狮湿地公园、海上丝绸之路生态公园等，并召开座谈会，了解泉州市国土空间规划的实施进展情况和生态连绵带建设的亮点。

全市党员干部群众收听收看向抗战烈士敬献花篮仪式

中国人民抗日战争暨世界反法西斯战争胜利75周年纪念日，全市各条战线的党员干部群众通过电视、网络等多种方式，收听收看纪念中国人民抗日战争暨世界反法西斯战争胜利75周年向抗战烈士敬献花篮仪式。大家表示，必须铭记历史，珍爱和平。要学习贯彻习近平新时代中国特色社会主义思想，紧跟新时代、适应新时代、展现新作为，以新面貌、新作为、新业绩，为泉州全方位推动高质量发展超越做出更大贡献。

驻晋江某部四级军士长曾凡淋表示，作为新时代的革命军人，要发扬“一不怕苦、二不怕死”的战斗精神，紧盯强敌抓备战，聚焦打赢练精兵，完成上级赋予的使命任务，不负时代和人民的重托。市退役军人局办公室干部黄秀错表示，今天的和平是先烈流血牺牲换来的，要珍惜现在来之不易的美好生活。作为一名退役军人事务系统的年轻党员干部，更要以“让军人成为全社会尊崇的职业”为己任，锤炼好自己的干事本领，履职尽责，担当作为，维护好烈士纪念设施，学习好革命先烈英雄事迹，讲好英烈故事，传承弘扬烈士精神，激发全市人民的爱国之情、强国之志。

晋江市围头村党支部书记洪水平表示，从战地走来的围头村将利用清明节、烈士纪念日、建军节等节日，开展爱国拥军、革命传统、拥政爱民教育进村、进校、进部队等系列宣传教育活动，更好发挥围头村爱国主义教育基地的功能作用。泉州一中党委书记、校长徐明杰表示，学校将举行学生主题教育活动，通过历史课、政治课等课程对学生进行正确历史观教育，强化学生的爱国主义教育，将社会主义核心价值观落到实处，激励学生为实现中华民族伟大复兴的中国梦而奋斗。

纪念抗战胜利75周年国防教育中国画展举行

3—12日，由泉州军分区、市委宣传部、市国防教育办公室、市文旅局、市文联主办的纪念中国人民抗日战争暨世界反法西斯战争胜利75周年国防教育中国画展在泉州海外交通史博物馆举行。画展展出书画作品100余件，由知名画家、国家一级美术师杨幸郎创作。作品以抗战胜利为主题、以弘扬时代主旋律为导向，集时代性、思想性、艺术性于一体。画展面向大众免费开放。市国防教育办公室有关负责人表示，此次中国画展既是一次爱国主义主题教育活动，又是一次文化交流活动，既有利于陶冶市民的国学情操，培养对书画的兴趣，也将增强市民的民族自豪感和民族自信心，对传承爱国主义精神、共筑中国梦发挥积极作用。

“共同托起他们的理想·2020行动”助学金发放仪式举行

“共同托起他们的理想·2020行动”助学金发放仪式举行。因疫情防控需要，此次助学金发放仪式以小规模的座谈会形式举行。热心助学事业的爱心人士、企业家代表和17名受助贫困学子代表参加座谈。座谈会上，爱心人士、企业家向结对帮扶的学子发放助学款，主办方市慈善总会、泉州晚报社相关负责人向各县（市、区）的优秀贫困学子代表发放助学款。至此，“共同托起他们的理想”助学活动已连续举办18年，筹得善款2128.6万余元，帮助6893名学子圆了大学梦。

市政协党组理论中心组学习会议召开

市政协党组理论中心组学习会议召开，传达学习中共福建省委十届十次全会和中共泉州市委十二届十二次全会精神，研究市政协党组贯彻意见。会议指出，要聚焦科技创新、产业优化、居民增收等目标任务，积极主动协商议政，把专门协商机构的制度优势转化为全方位推动高质量发展超越的效能。要更好凝聚共识，通过人民政协制度运行、民主程序和有效工作，把全会的决策部署转化为社会各界的普遍共识和自觉行动。

市政协党组召开理论中心组（扩大）学习会议召开，传达学习习近平对“十四五”规划编制工作、对研究生工作做出的指示精神，在安徽考察和主持召开推进长三角一体化发展座谈会时的讲话精神，在中国医师节到来之际向全国医务工作者致以节日祝贺和诚挚慰问以及对制止餐饮浪费行为做出的指示精神；传达学习《习近平谈治国理政》第三卷出版座谈会和全省发行工作座谈会精神，以及省委常委会、市委常委会会议精神。会议强调，要贯彻新发展理念，坚持建言资政和凝聚共识双向发力，促进政协工作提质增效。要加强宣传教育，发挥示范表率作用，杜绝餐饮浪费行为。

市政协开展企业融资问题重点提案督办活动

市政协开展“破解企业融资难问题”重点提案督办活动。督办组调研品尚电子商务有限公司和泉州银行的企业融资服务平台，并召开座谈会，围绕“缓解我市民营企业融资难”“提升我市中小企业金融资金运行效能”两个提案开展调查研究，了解泉州市中小微企业的运行与发展、企业金融信贷服务与运作等现状，研究探讨对策措施。

“八闽家政嘉年华”泉州分会场活动举行

3—4日，由省商务厅、市商务局、市人社局、市总工会、市妇联等承办的“八闽家政嘉年华”泉州分会场活动暨2020年福建省家庭服务业职业技能竞赛泉州选拔赛在丰泽举行。大赛设理论知识考试、家政诚信建设知识测试和实操技能考核三部分。全市17家家政企业42名家政服务从业人员参赛。比赛中，选手比知识、赛技术，从操作顺序、技能手法、熟练程度、安全意识、服务态度等各方面展示育婴技巧和素养。

工业锅炉物联网战略合作协议在泉州签约

市市场监督管理局、省锅炉压力容器检验研究院、泉州市燃气有限公司签订工业锅炉物联网战略合作协议。三方将以泉州地区为试点，建设省级工业锅炉物联网平台，该平台将依托泉州燃气智慧运营中心，利用物联网、信息化、大数据等手段，初步实现区域工业锅炉能效在线监测，从而提高泉州市工业锅炉安全水平，降低工业锅炉能源消耗，同时为全省工业锅炉物联网建设提供可参考的标准体系和政策配套。

市市场监管局相关负责人表示，作为全省第一个试点，泉州将利用市燃气有限公司的用气信息，搭建工业锅炉大数据服务平台，实时动态监控区域内的工业锅炉能效，从而指导企业有效降低工业能耗，提升工业锅炉安全监察水平。泉州市燃煤锅炉逐渐淘汰，燃气锅炉逐渐增多，虽然全市工业锅炉总量在减少，但总吨位在增加，集中供热且清洁能源比重也在逐年增大。然而，因锅炉安全联防联控相关数据无法及时采集，能耗信息传输滞后，全市工业锅炉污染物排放控制工作亟待通过物联网等技术手段，实现节能环保安全的全链条管理。工业锅炉物联网平台的建设已被列为省市场监管局2020年重点工作之一。该平台将以促进工业锅炉物联网规模化应用为主线，构建有竞争力的工业物联网产业生态，为经济增长方式转变、人民生活质量提升以及经济社会的可持续发展提供支撑。

9月4日

农历庚子年七月十七
星期五
温度：25℃～32℃
多云转阴

●市政协党组理论中心组学习会议召开，传达学习中共福建省委十届十次全会和中共泉州市委十二届十二次全会精神，研究市政协党组贯彻意见。

●市政协党组理论中心组（扩大）学习会议召开，传达学习习近平对“十四五”规划编制工作、对研究生工作做出的指示精神等。

●市政协开展“破解企业融资难问题”重点提案督办活动。

●3—4日，由省商务厅、市商务局、市人社局、市总工会、市妇联等承办的“八闽家政嘉年华”泉州分会场活动暨2020年福建省家庭服务业职业技能竞赛泉州选拔赛在丰泽举行。

●市市场监督管理局、省锅炉压力容器检验研究院、泉州市燃气有限公司签订工业锅炉物联网战略合作协议。

●中国共产党党员、市人大常委会原主任涂瑞南逝世，享年82岁。

9月5日

农历庚子年七月十八
星期六
温度：24℃～32℃
阴转晴

●是月起，市委、市政府围绕泉州市“十四五”规划编制，召开多个领域专项工作座谈会，征集社会各界意见建议。是日，市委、市政府聚焦社会治理领域召开座谈会，邀请专家学者和基层代表献计献策。

●2020年尊师重教座谈会在市区府文庙明伦堂召开。

市委、市政府征求“十四五”规划编制意见建议

是月起，市委、市政府围绕泉州市“十四五”规划编制，召开多个领域专项工作座谈会，征集社会各界意见建议。是日，市委、市政府聚焦社会治理领域召开座谈会，邀请专家学者和基层代表献计献策。市领导康涛、王永礼、林锦明、季翔峰、李伙金等参加会议。与会市领导、专家学者和基层代表围绕基层社会治理、加强食品安全、预防化解基层矛盾、疫情防控常态化后社会管理、智慧城市建设等方面，提出意见建议。

会议要求，要适应新时代发展要求，多用改革思维、法治思维，因地制宜解决深层次体制机制问题，巩固拓展行之有效的实践成果，推动“盆景”变“风景”。“十四五”时期是中国乘势而上开启全面建设社会主义现代化国家新征程、向第二个百年奋斗目标进军的第一个五年，也是泉州继续当好新时代新福建建设和全方位推动高质量发展超越主力军、争取新一轮弯道超车的关键时期。全市要学习贯彻习近平关于“十四五”规划编制的讲话和指示精神，主动融入以国内大循环为主体、国内国际双循环相互促进的新发展格局，育新机开新局，更有前瞻性地编制好规划。要系统整体谋划，落实省委、市委全会部署，把全方位推动高质量发展超越九个方面重点任务细化实化到“十四五”规划中，实现更高质量、更有效率、更加公平、更可持续、更为安全的发展。要注重开门问策、集思广益，把加强顶层设计和坚持问计于民统一起来，对接衔接国家、省规划，组织专班和专家一起研究，对标先进地区创造性转化应用，确保规划制定可操作、可落地、可实现。

2020年尊师重教座谈会召开

2020年尊师重教座谈会在市区府文庙明伦堂召开。市领导康涛、王永礼、张永宁、张建生、周真平、王春金出席会议，与全国教育系统先进个人、省市优秀教师、“桐江学者”、“泉州市教育世家”、离退休教师以及学生代表等进行交流。

会上，师生代表围绕“立德树人奋进担当、教育脱贫托举希望”主题谈感受、提建议。大家表示，教育的本真在于爱，对老师而言，引导学生德智体美劳全面发展，让山区孩子共享城市教育资源，让困难学生没有后顾之忧，再辛苦也值得；对学生而言，老师的鼓励是成长的动力，喜欢一个老师，可能就喜欢上一门学科，愿意去努力、愿意变得更好，要把老师的爱传承下去，把感受到的温暖传播开来。

市委书记康涛指出，教育是国之大计、党之大计。要学习贯彻习近平关于教育的论述，把握《习近平总书记教育重要论述讲义》提供的“桥和路”，把正确的政治方向、价值导向贯穿教育教学全过程，勇于担当培育时代新人的重任。教师的一言一行，对学生的影响可能就是一生一世。要担起立德树人职责使命，始终有理想信念，做好学生奉献祖国的引路人；始终有道德情操，做好学生锤炼品格的引路人；始终有扎实的学识，做好学生学习知识的引路人；始终有仁爱之心，做好学生创新思维的引路人，在促进学生全面发展上取得新成绩。2020年是决胜脱贫攻坚的关键之年，教育脱贫不仅是扶贫开发的重要任务，也是阻断贫困代际传递的根本之策，各级党委、政府和相关部门要坚持教育均衡发展，托举教育脱贫新希望。要突出问题导向，结合“十四五”规划编制，统筹考虑、系统谋划、补齐短板，加快推进教育事业发展。要守牢“有学上、能上学”底线，完善控辍保障机制，支持欠发展贫困村培育特色产业、扶持贫困户子女就业和成长成才，用教育让贫困家庭充满阳光活力。要满腔热情关心教师，在全社会营造尊师重教氛围，探索用事业留人、用待遇留人、用真情留人的机制，整合社会力量支持教育发展，办好人民满意的教育。

会前，市领导与师生代表一起，参观在明伦堂举办的“泉州教育史话展”，回顾泉州市教育发展史，传承尊师重教传统。

台商台胞可在泉州申请金融信用证书

为探索对台金融服务机制，扶持台商台胞在泉州就业创业发展，中国人民银行泉州市中心支行会同市台港澳办制发《泉州市台商台胞金融信用证书颁发工作方案》，启动台商台胞金融信用证书颁发工作。金融机构将根据市场化原则，为获颁金融信用证书的台商台胞逐步提供与大陆企业、居民同等待遇金融服务。凡在泉州依法注册登记，具有持续经营能力和良好的财务状况，无重大违法违规记录，企业法人或负责人非失信被执行人的台资企业；凡在泉州创业满一年且企业现金流无异常、在泉州就业并缴纳社医保满一年的台胞，或是在泉州高校就读的全日制本科及以上台生，均可申请金融信用证书。符合条件的台商台胞只需向所在地金融机构提出申请并提供真实有效的证件等材料，金融机构受理申请后做出初审意见，中国人民银行泉州市中心支行及市台港澳办综合初审意见，共同做出是否予以颁发金融信用证书的决定。证书有效期三年，有效期截止后如需继续使用需重新颁发。取得金融信用证书的台商台胞，可获诸多金融服务。中国人民银行泉州市中心支行表示，将围绕“畅通金融服务渠道”“加大利率优惠”“优化担保服务”等重点环节，指导金融机构根据市场化原则对符合条件的持证台商台胞提供差异化信贷、利率、担保政策优惠和优先办理柜台服务等金融服务。同时，强化政策宣传和解读，不定期汇编、推送《持证台商台胞金融优惠措施》，促进持证台商台胞知悉政策、用好政策，扩大金融惠台的深度和广度。

泉州市道德模范先进事迹抖音微视频展播启动

2020年泉州市道德模范、文明家庭先进事迹系列抖音微视频展播活动启动。此次系列微视频不仅在市委文明办官方抖音号（文明泉州）推出，还在泉州文明网及其微信公众号、新浪微博，东南网泉州频道，泉州公交电视同步播出。展播通过“身边人讲身边事，身边事教育身边人”的形式，更加具体地讲述模范典型的感人事迹，引导市民从身边做起、从小事做起、从基本的道德规范做起，把良好道德行为落实到日常生活和工作之中。展播故事的主角来自各行各业，遍布全市各地，他们当中有从狂涛怒海中抢回8名群众生命的见义勇为模范吴奕澈，有坚强乐观的文明家庭连美华家庭，有爱岗敬业的模范医生王耀国，有诚信办企业、把员工当家人的诚实守信模范杨宝贵，有为贫困学子助学奔走的助人为乐模范胡云豹，有热心公益的志愿者黄明水等。

泉州市大力扶持农民工创业

市总工会、人社局、农业农村局等发文，将53个农民工创业项目列入2020年示范基地培育项目。2020年以来，在县级工会推荐申报的基础上，市总工会通过走访、调研，了解各创业项目受新冠肺炎疫情影响，以及生产销售、发展建设、项目投入、促进就业、助力精准脱贫、农民工入会、工会服务阵地建设等工作情况。经过综合评定，确定53个项目为市级示范基地培育对象。这些项目涉及泉州市多个产业链，有以农民工创新创业为主体，推动“乡村振兴”战略的项目，如现代生态观光农业、综合养殖场、花卉种植、果蔬专业合作社等；有涉及泉州本地非遗技艺、传统手工业的项目，如大福古船模制作、木雕等。此外，还有新兴文化创意项目。鼓励农民工创业，相关扶助措施由来已久。2015年，由市总工会牵头，联合相关部门在全省率先组织实施农民工创业扶持工作。2020年，这些被纳入示范基地培育工作的农民工创业项目，均为泉州工会历年来扶持的优秀创业项目。市、县工会除在资金、技术、政策等方面，给予创业示范基地培育项目全方位支持，还通过创业培训、就业指导、互动交流等形式，推动创业项目抱团发展、创新发展，培育扶持一批具有本地特色的创业项目，带动更多农民工增收致富。

9月6日

农历庚子年七月十九
星期日
温度：25℃～33℃
多云

●中国人民银行泉州市中心支行会同市台港澳办制发《泉州市台商台胞金融信用证书颁发工作方案》，启动台商台胞金融信用证书颁发工作。

●2020年泉州市道德模范、文明家庭先进事迹系列抖音微视频展播活动启动。

●市总工会、人社局、农业农村局等发文，将53个农民工创业项目列入2020年示范基地培育项目。

9月7日

农历庚子年七月二十
星期一
温度：25℃～30℃
中雨转小雨

●市委理论学习中心组学习会召开，围绕“学习《习近平在福建》等系列采访实录 传承弘扬‘晋江经验’”进行交流研讨。

●王永礼到位于洛江区罗溪镇的泉州市区中心粮库，研究推动粮食安全工作。

●全市乡镇（街道）安全生产“1+X”全交叉专项督导动员部署会召开。

●7—9日，第十三届海峡两岸（泉州）农产品采购订货会在南安·福建成功国际会展中心举行。

王永礼到泉州市区中心粮库调研粮食安全工作

市长王永礼到位于洛江区罗溪镇的泉州市区中心粮库，研究推动粮食安全工作。王永礼听取粮库规划建设情况汇报，察看储备粮入库现场，了解智能化信息化管理技术。随后，王永礼主持召开座谈会，与有关部门及三个区的干部，面对面亮家底、算“明白账”，协调解决粮食安全保障存在的困难问题。王永礼强调，各级政府各有关部门要学习贯彻习近平关于粮食安全和制止餐饮浪费的指示精神，按照市委部署要求，提高政治站位、强化危机意识，绷紧粮食安全这根弦，立足全市大局，自觉承担起地方粮食安全主体责任，加强粮食储备能力建设，提升粮食应急保障能力。要建立长期稳定的粮食产销协作关系，有效保供稳价，保持粮食供需平衡。要提高粮库科学规范管理和智能化管理水平，做好防虫害、防潮防霉、防火、安全生产等工作，为群众守好“米袋子”。

泉州市区中心粮库俯瞰（图/林劲峰）

全市乡镇安全生产“1+X”全交叉专项督导动员会召开

全市乡镇（街道）安全生产“1+X”全交叉专项督导动员部署会召开。会议指出，要坚持效果导向，抓好督导检查，做到加强集成联动、聚焦重点关键、突出务实导向、强化整改落实、深化成果运用，为党委、政府提高安全生产治理能力、完善监管机制、优化政治生态等提供重要参考。要发扬斗争精神，从严履行督导职责，做到讲政治、强本领、守纪律，既抓工作、也带队伍，及时纠正干部身上的苗头性、倾向性问题，严肃查处以督谋私、超越权限、跑风漏气等行为。即日起至9月20日，督导组对全市163个乡镇（街道）开展“1+X”全交叉专项督导，督导检查房屋安全、危险物品及工矿企业、交通运输、自然灾害、消防安全、小作坊小加工厂整治专项等。

第十三届海峡两岸（泉州）农产品采购订货会在南安举行

7—9日，第十三届海峡两岸（泉州）农产品采购订货会（以下简称“农订会”）在南安·福建成功国际会展中心举行。该届农订会有采购商团组32个、参展团组12个，参展企业逾470家，参展范围涉及粮油、农特产品、水果、水产品、食品、农产品加工机械、涉农电商等，更借助线上展会、直播带货模式，为参展商提供线上参展、直播推介平台。各类展区丰富多元，既有台湾精品、大陆农特精品、山海福建、泉州特色农产品等传统展区，又有泉州老字号、南安风味小吃、直播精品等独特展区。受新冠肺炎疫情影响，该届农订会在招商招展方向上做出调整，主要面向6个台湾农民创业园、大陆台企和协会，以及其他疫情低风险地区企业。同时，打造直播带货的创新展会。采用“线上展会+直播推介”模式，设立线上展位，将中国台湾地区、港澳地区、大陆中高风险地区及“一带一路”沿线国家等参展及采购企业邀请至线上参展。联合知名电商平台打造“海峡两岸农产品线上云购直播节活动”，现场设置直播间，提供设备与平台实时直播。

第十三届海峡两岸（泉州）农产品采购订货会直播带货现场（图/林劲峰）

泉州市四位抗疫功臣获全国表彰

全国抗击新冠肺炎疫情表彰大会在北京人民大会堂举行。大会对全国抗击新冠肺炎疫情先进个人、先进集体，全国优秀共产党员、全国先进基层党组织进行表彰。泉州市四名抗疫一线的工作者获表彰：福建医科大学附属第二医院护理部副主任、副主任护师谢宝缘，泉州市传染病防治医院副院长、泉州市第一医院医务科副科长、主任医师庄锡彬，泉州市丰泽区丰泽街道丰泽社区党委书记、居委会主任杨婷婷，福建柒牌时装科技股份有限公司常务副总裁洪炳文获“全国抗击新冠肺炎疫情先进个人”称号，杨婷婷同时获“全国优秀共产党员”称号。

谢宝缘于2月20日主动报名驰援武汉抗疫，成为福建省第十一批支援湖北医疗队的一员。2月24日医疗队整建制接管武汉市金银潭医院两个重症病区。谢宝缘和战友累计管理患者134人，治愈出院96人，死亡0人，累计护理人数134人；做到患者“零死亡、零事故、零投诉”，医护人员“零感染”。庄锡彬，泉州市新冠肺炎医疗救治专家组副组长，泉州集中收治新冠病毒感染患者定点医院市传染病防治医院执行院长。新冠肺炎疫情来袭，庄锡彬主动请战担任定点收治医院负责人。面对筹备初期定点医院缺医少药、设施不齐等困难，庄锡彬一方面组建团队、完善架构，建章立制、明确职责。成立救治组、物资组、协调组，制定32项医治防的规章制度和预案，组织25场业务培训；另一方面参照“火神山医院”标准，多举措、多渠道紧急筹措医疗、生活物资，在12日内建成符合疫情防控、救治病患需求的环境。防疫号令刚发布，丰泽社区党委书记、居委会主任杨婷婷就与社区两委探讨分析应对之策，建立24小时值班制度，组织社区工作人员“包网格、包楼栋、包住户”。在其带领下，社区党委第一时间把社区党员、网格员、楼栋长、在职党员等各方力量动员起来，组成8支志愿服务队，沉到社区各个网格一线，开展入户走访排查、楼道消杀等工作。依托LED屏幕、横幅标语和小区业主群等全方位做好防控宣传，最大限度确保居民群众疫情防控知识入脑、入心。农历正月初一，福建柒牌时装科技股份有限公司常务副总裁洪炳文接到泉州市要求柒牌集团临时转产生产医用防护服的指令。柒牌集团紧急调回版师、技术工人，抓紧研究医用防护服版型。为加大产能、加快生产，将1条生产线增加到4条，从1个车间增加到2个车间。防护服的生产也从最初的一天几件，到了高峰期的一天5万件。

泉州市外资项目集中签约仪式在厦门举行

泉州市在厦门举行外资项目集中签约仪式，22个外资项目签约，投资总额203.7亿元，拟利用外资119.3亿元。其中，合同项目17个，投资总额161.6亿元，合同外资105.4亿元。投资领域主要涉及卫生医疗、文化创意、机械装备等。

泉州市外资项目签约仪式（图/商务局）

泉州市第十三个民族团结进步宣传月启动

以“同舟共济·守望相助·团结奋斗”为主题的泉州市第十三个民族团结进步宣传月启动仪式在石狮举行。此次宣传月活动围绕活动主题，把机关、企业、乡村、社区、学校、宗教活动场所等作为民族团结进步创建的主阵地、主渠道，在保证常态化疫情防控安全的前提下，创新活动形式和载体，运用新技术、新媒体，宣传党和国家的民族理论政策、法律法规和基本知识，宣传民族团结进步模范事迹，宣传泉州市少数民族和民族乡村发展成就。启动仪式上，大家观看“走进少数民族乡村”宣传片，领略泉州不同民族村落演绎的别样精彩。

9月8日

农历庚子年七月廿一
星期二
温度：25℃～30℃
小雨转中雨

●全国抗击新冠肺炎疫情表彰大会在北京人民大会堂举行。大会对全国抗击新冠肺炎疫情先进个人、先进集体，全国优秀共产党员、全国先进基层党组织进行表彰。泉州市四名抗疫一线的工作者获表彰。

●十二届市委第十轮巡察工作动员部署会召开。

●泉州市在厦门举行外资项目集中签约仪式，22个外资项目签约，投资总额203.7亿元，拟利用外资119.3亿元。

●以“同舟共济·守望相助·团结奋斗”为主题的泉州市第十三个民族团结进步宣传月启动仪式在石狮举行。

●由市文旅局、市教育局主办，泉州市艺术馆承办的泉州市第三十届中小学生南音比赛决赛在泉州艺术馆举行。

9月9日

农历庚子年七月廿二
星期三
温度：25℃～32℃
阴转小雨

●市委常委会召开会议，传达学习习近平向中国人民警察队伍授旗时的训词以及省委常委会会议精神，传达贯彻闽宁互学互助对口扶贫协作第二十四次联席会、省委常委会会议等有关会议精神等。

●康涛到华侨大学，看望慰问教师代表，并为师生上思政课。

●市人大常委会党组理论中心组学习会召开，围绕"学习《习近平在福建》等系列采访实录 传承弘扬'晋江经验'"进行交流研讨。

●市政府党组（扩大）会议召开，贯彻省委全会、市委全会精神，传承弘扬"晋江经验"，研究市政府突破"难、硬、重、新"工作安排。

●市政府第九十八次常务会召开，听取中央生态环境保护督察反馈意见（含信访件）整改及2020年度泉州市党政领导生态环境保护目标责任书推进落实情况汇报。

●泉州市体育惠民消费券发放活动启动仪式在市体育中心举行。

●市关工委爱心助学金发放仪式举行，250多名困难学子获得爱心助学金。

市委常委会学习习近平训词精神

市委常委会召开会议，传达学习习近平向中国人民警察队伍授旗时的训词以及省委常委会会议精神；传达贯彻闽宁互学互助对口扶贫协作第二十四次联席会、省委常委会会议等有关会议精神，研究部署泉州市对口支援工作；研究《进一步学懂弄通做实〈习近平谈治国理政〉第三卷的具体措施》。会议指出，要加强和改进新时代人民警察工作，履行好党和人民赋予的使命任务，为全方位推动高质量发展超越营造安定稳定的政治社会环境。要铸牢对党忠诚的政治灵魂，坚持政治建警方针，确保绝对忠诚、绝对纯洁、绝对可靠。要践行服务人民的根本宗旨，在共建共治共享中推进平安泉州建设，增强人民群众获得感、幸福感、安全感。要坚守执法公正的价值取向，严格规范公正文明执法，提升执法司法公信力。要落实全面从严管党治警要求，健全严管厚爱、激励约束机制。要落实闽宁互学互助对口扶贫协作第二十四次联席会议部署，高质量完成好对口扶贫协作任务。要健全协作对接机制，调动各方资源力量，深化产业合作、产销对接、劳务协作、结对帮扶等，携手奔小康。要拓展广度深度，谋划好"十四五"对口协作，推动脱贫攻坚与乡村振兴相衔接。要弘扬闽宁对口扶贫协作援宁群体的"时代楷模"精神，总结成功经验，宣传对口协作的先进典型。

康涛到华侨大学看望慰问教师代表

市委书记康涛到华侨大学，看望慰问教师代表，并为师生上思政课。市领导张永宁、周真平参加活动。康涛到工学院和数学学院计算科学省重点实验室，与学校领导、教职工、科研人员交流。在陈嘉庚纪念堂，康涛为师生上题为"学习贯彻党的十九届四中全会精神，加快推进泉州治理体系和治理能力现代化"的思政课。康涛指出，思想政治工作是学校各项工作的生命线，各级党委要把思政课建设摆上重要议程，学校要旗帜鲜明办好思政课，配齐建强教师队伍，引导老师当好学生健康成长的指导者和引路人。青年学子要投身坚持和完善中国特色社会主义制度伟大实践，激发爱党爱国爱社会主义深厚感情，加强理论学习，锤炼过硬本领，砥砺品德修养，成长为合格的社会主义建设者和接班人。

康涛为华侨大学师生上思政课（图/华侨大学）

市政府党组（扩大）会议贯彻省委全会精神

市政府党组（扩大）会议召开，贯彻省委全会、市委全会精神，传承弘扬"晋江经验"，研究市政府突破"难、硬、重、新"工作安排。会议要求，要坚持分级管理、分类推进，立足部门职能定位，按照"难、硬、重、新"四个类别精准摸排问题，制定实施细案，强化协调督办，确保各类项目分得清、分得准，有人抓、有人管，以实实在在的成效，落实全方位推动高质量发展超越。

泉州市体育惠民消费券发放活动启动

泉州市体育惠民消费券发放活动启动仪式在市体育中心举行。市体育局从2020年市级体育产业发展专项资金中专项列支200万元发放惠民体育消费券，时间从9月9日至12月15日。此次体育消费券的发放，将恢复并激发泉州体育市场活力，鼓励体育企业继续迎难而上，在危机中育新机、于变局中开新局，弥补因新冠肺炎疫情造成的损失，争取下半年经营取得良好成效，为泉州市体育产业发展做出新贡献。

国家发改委共建“一带一路”推进会在泉州召开

10—11日，国家发改委共建“一带一路”推进会在泉州召开。国家发改委副主任兼国家统计局局长宁吉喆，代省长王宁，省委常委、副省长赵龙，市长王永礼，市委常委、常务副市长洪自强等出席全体会议。宁吉喆在讲话中指出，“一带一路”建设在稳妥有序应对疫情、着力凝聚合作共识、加强六廊六路建设、推进规则标准法律对接、提升贸易自由化便利化水平、加强产业投资合作、提升金融服务能力、促进民心相通等方面取得令人瞩目的成就。要推进构建人类命运共同体伟大实践，推进“一带一路”建设高质量发展。

受省委书记于伟国委托，王宁代表省委、省政府向国家发改委和兄弟省市长期以来对福建发展的关心支持表示感谢。王宁表示，福建将学习借鉴兄弟省市的好经验、好做法，秉持共商共建共享原则，发挥独特优势，实施丝路海运、丝路飞翔、数字丝路、丝路投资、丝路贸易、人文海丝、生态海丝、海丝茶道八大工程，推进海上丝绸之路核心区建设走深走实，为共建“一带一路”高质量发展、加快形成新发展格局做出新贡献。会前，王宁与宁吉喆一行就经济形势、共建“一带一路”、统计普查调查工作进行交流。双方表示，将贯彻习近平总书记讲话指示批示精神，共同推动福建在区域开放合作、“海丝”核心区建设、统计改革创新等方面先行先试，全方位推动高质量发展超越，更好服务全国大局。

受市委书记康涛委托，王永礼代表市委、市政府向来宾表示欢迎。王永礼表示，泉州将以这次会议为契机，推进“一带一路”重点工作和重点项目建设，打造海上丝绸之路综合交通、经贸合作、文化交流展示、华人华侨民心相通、海上丝绸之路城市联盟五个“重要门户城市”，加快全方位推动高质量发展超越。在泉州期间，与会人员走访调研泉州海外交通史博物馆、石狮市石湖港区、南安市泛家居英良体验馆。

党外年轻干部培养工作专题座谈会召开

市委统战部牵头召开党外年轻干部培养工作专题座谈会，贯彻中央、省、市关于加强年轻干部培养的具体要求，部署下阶段党外年轻干部培养工作。会议要求，要围绕市委提出的发现培养选拔优秀年轻干部的目标任务，结合实际制定党外年轻干部培养计划，拓宽选人视野和渠道，加快人才储备；要强化对党外年轻干部的实践锻炼，加大选派党外年轻干部双向交流挂职和驻村蹲点挂职等工作的力度，推动实践锻炼制度化和规范化；要把党外年轻干部的管理监督与培养教育、选拔任用有机结合，为党外年轻干部健康成长“保驾护航”；要健全长效机制，相关部门要形成工作合力，抓紧抓好党外年轻干部培养工作。会上，泉州师范学院党委统战部，市发改委、市科技局以及泉港、晋江、南安、安溪四地统战部门分别介绍党外年轻干部培养工作的经验与做法。

昆曲青春版《牡丹亭》在泉州演出

10—11日，由江苏省苏州昆剧院表演的昆曲青春版《牡丹亭》在泉州大剧院演出。青春版《牡丹亭》由知名作家白先勇主持创排，被众多戏迷誉为“此生必看的昆曲典范”“昆曲入坑之作”。这一版本的《牡丹亭》将原本五十五折的戏浓缩精华删减为二十七折。此次为泉州观众表演的精华版《牡丹亭》选取其中最为精华的八折——“惊梦”“言怀”“道觋”“离魂”“冥判”“忆女”“幽媾”“回生”。该剧领衔主演、国家一级演员、中国戏剧梅花奖获得者俞玖林表示，《牡丹亭》是中国戏曲史上最杰出的作品之一。精华版围绕《牡丹亭》最关键的所在——花园为中心点旋转、展开，使得无论是表演还是观赏都更加脉络分明。昆曲青春版《牡丹亭》在创排过程中不仅注重情节，还兼顾审美和生趣，在继承原著精华的同时融入当代的审美需求，受到新老观众喜爱。

9月10日

农历庚子年七月廿三
星期四
温度：25℃～32℃
暴雨转阴

●10—11日，国家发改委共建“一带一路”推进会在泉州召开。

●市委统战部牵头召开党外年轻干部培养工作专题座谈会，贯彻中央、省、市关于加强年轻干部培养的具体要求，部署下阶段党外年轻干部培养工作。

●10—11日，由江苏省苏州昆剧院表演的昆曲青春版《牡丹亭》在泉州大剧院演出。

9月11日

农历庚子年七月廿四
星期五
温度：25℃～34℃
阴转中雨

●泉州市组织收听收看全国深化“放管服”改革优化营商环境电视电话会议。

●全市用人主体和人才代表座谈会召开。

●2020厦门国际投资贸易洽谈会暨丝路投资大会闭幕，泉州市签约外资项目42个，投资总额192.7亿元，拟利用外资110.8亿元。其中，合同项目35个、意向项目7个。

●泉州市“同心工程”捐赠仪式举行，表彰为“同心助医助学助困”行动慷慨解囊的统一战线各界人士。

●京东旗下社交电商平台京喜落地南安家装产业带，成为该平台在福建省内落地的首个产业带，也是平台在国内落地的首个家装类产业带。

全市用人主体和人才代表座谈会召开

全市用人主体和人才代表座谈会召开。会议强调，市委十二届十二次全会明确全方位推动高质量发展超越的重点任务，泉州正策划新一轮弯道超车，人才是先导要素。要强化企业的人才工作意识，坚持问题导向，增强人才工作的紧迫感和责任感。要发挥企业主体作用，精准发力引才聚才，探索强化更好的机制，让人才引得进、留得住、价值能实现，特别要打造具有强大向心力和认同度的公司治理体系，并把平台与人才、技改与研发“深度捆绑”，促进人才落地、成果转化。要提升政企互动的质量合格效率，做到政策引导有力有效、放权松绑大胆先行、要素补齐协同发力，筑优“近悦远来”人才生态，为泉州高质量发展、人才价值实现、企业健康成长砥砺奋进。

泉州市在厦洽会上签约外资项目42个

2020厦门国际投资贸易洽谈会暨丝路投资大会（以下简称“厦洽会”）闭幕，泉州市签约外资项目42个，投资总额192.7亿元，拟利用外资110.8亿元。其中，合同项目35个、意向项目7个。据组委会统计，该届厦洽会吸引1018个客商团组参会，包括来自69个国家、地区的境外驻华客商团组248个。大会期间有2300多个项目达成合作协议，协议总投资额超8000亿元。线下展览面积11万平方米，“云上投洽会”3D展厅亮相，近千家境内外投资机构共觅商机。

为聚焦疫后风向，把握经济脉动，该届厦洽会联合权威机构打造中国国际工业互联网展、中国国际绿色创新技术产品展、高新技术暨未来产业展、新兴产业展、智慧城市暨应急保障展等展区；通过主旨大会及9场平行论坛，境内外重量级嘉宾、业界专家等围绕新基建、数字经济、金融科技、工业物联网、智慧城市等主题贡献智慧。2018年起，福建省推进海上丝绸之路核心区建设，率先开行“丝路海运”。该届厦洽会上，福建省九市一区均组团参展，“丝路海运”馆为“丝路”投资与合作交流培育新引擎、新业态。值得一提的是，该届厦洽会携手阿里巴巴集团，与大会同步开启“云上投洽会”，让全球客商突破时空限制，在更广范围、更深层次进行洽谈互动。

泉州市“同心工程”捐赠仪式举行

泉州市“同心工程”捐赠仪式举行，表彰为“同心助医助学助困”行动慷慨解囊的统一战线各界人士。会上分别为“同心救护车”“同心安居工程”“同心助学工程”的捐赠代表颁发捐赠证书。此次活动以视频形式举行，各县（市、区）、泉州台商投资区、泉州开发区设分会场。泉港分会场受助代表和安溪分会场受助学生代表发言。受助对象深切的感恩之情、不畏艰难的坚强意志感染现场许多人。统一战线历来长期活跃在泉州市慈善公益事业一线。特别是2020年，面对突如其来的新冠肺炎疫情，统一战线成员众志成城、同心抗疫，投身医疗救助、捐款捐物、复工复产、建言献策、援外抗疫等各项工作，为疫情防控工作做出贡献。得知“第二批同心安居”“2020年同心助学”活动启动后，统一战线各界人士纷纷响应，奉献爱心。119万元的助学金短短几天迅速到位，238名贫困学生得到帮助；第二批“同心安居工程”708万元帮扶资金也迅速筹集到位并下拨，177户困难群众搬进新房。

全省首个京喜产业带落地南安

京东旗下社交电商平台京喜落地南安家装产业带，成为该平台在福建省内落地的首个产业带，也是平台在国内落地的首个家装类产业带。通过12项具体帮扶措施，京喜将重点帮助南安外贸工厂型企业打开“出口转内销”通道，并在南安产业带培育出2～3家千万级的样板卖家。

“泉州：宋元中国的世界海洋商贸中心”讲解培训班开班

由市文旅局主办，泉州市申遗中心、市旅游发展服务中心承办的“泉州：宋元中国的世界海洋商贸中心”系列遗产讲解培训班开班，200多位讲解员参加培训。泉州是10—14世纪世界海洋贸易网络中高度繁荣的商贸中心之一，作为宋元中国与世界的对话窗口，展现中国完备的海洋贸易制度体系、发达的经济水平以及多元包容的文化态度。泉州“申遗”的遗产整体由22处代表性古迹遗址及其关联环境构成，分布在自海港经江口平原一直延伸到腹地山区的广阔空间内，完整体现宋元时期泉州富有特色的海外贸易体系与多元社会结构，多维度地支撑“宋元中国的世界海洋商贸中心”这一价值主题。培训班旨在学习贯彻习近平关于文化遗产保护的论述精神，迎接第44届世界遗产大会在福建省召开，更好地宣传、阐释“泉州：宋元中国的世界海洋商贸中心”的普遍价值，组建一支能够熟练讲解泉州系列遗产的队伍。

围绕“守护文化遗产、讲好泉州故事”主题，培训班邀请中国社会科学院汪勃研究员、北京大学考古文博学院副院长沈睿文教授、中国古陶瓷学会副会长栗建安研究员、福建博物院考古所所长楼建龙研究员等专家授课。培训采取理论授课和实地培训相结合的方式进行。第一阶段进行室内培训，安排四天半时间。第二阶段在9月底和10月组织实地训练培训。参加培训的讲解员包括全市相关单位、大中专院校、各县（市、区、管委会）文旅局选派的优秀人员，旅行社推荐的优秀导游，古城讲解员队伍中的优秀讲解员，市留联推荐的留学生，以及向社会公开招募的志愿者等。其中，原计划向社会公开招募20名志愿者参加培训，由于群众参与热情较高，实际报名人数370人，最后主办方根据报名者讲解经验、可参与时间等综合情况把公开招募人数增加到50名。

“泉州：宋元中国的世界海洋商贸中心”系列遗产讲解培训班现场
（图/市申遗办）

中国唐宋名篇音乐朗诵会在泉州举行

“但愿人长久——中国唐宋名篇音乐朗诵会”在泉州大剧院举行。中国唐宋名篇音乐朗诵会于1999年首次上演，此系该朗诵会首次在泉州举行。朗诵会由知名演员、中国戏剧家协会主席濮存昕朗诵的《将进酒》拉开序幕，紧接着一首首唐宋时期最有代表性的诗词文赋先后上演，有借景抒怀的《蜀道难》，有历史感极强的《长恨歌》，有伤时悯人的《琵琶行》。此次朗诵会名家云集，除濮存昕外，还有知名演员、中国演员工会副会长张凯丽，知名抒情花腔女高音歌唱家、中央音乐学院博士生导师迪里拜尔，知名表演艺术家、中华文化促进会朗读专业委员会名誉主席乔榛，知名主持人、中央歌剧院歌剧演员康庄，旅美知名男中音歌唱家、中央音乐学院声乐歌剧系博士生导师袁晨野，中央广播电视总台新闻主播玉蕾，山西省话剧院国家一级演员张晶等。他们都是全国文艺界的精英，对古诗词有独到的认识，用最动人的声音演绎诗词魅力，打动现场观众。此次音乐朗诵会与以往音乐会“诗文加配乐”的形式有所不同，朗诵会的音乐是由10多位活跃在严肃音乐创作领域的作曲家，包括顾冠仁、叶小纲、莫凡、赵季平等人专门创作的，力争做到诗与乐浑然一体。此外，舞台上运用多媒体手段将《清明上河图》《洛神赋图》等经典画作呈现出来。

9月12日

农历庚子年七月廿五
星期六
温度：25℃～29℃
阴转小雨

●由市文旅局主办，泉州市申遗中心、市旅游发展服务中心承办的“泉州：宋元中国的世界海洋商贸中心”系列遗产讲解培训班开班。

●“但愿人长久——中国唐宋名篇音乐朗诵会”在泉州大剧院举行。

●《人民日报》微信公众号发文《小伙自驾游西藏还顺手做了这件事，网友怒赞！》，讲述石狮市民蔡良剑8月中旬自驾到西藏旅行，用袋子把所到之处能见到的垃圾都打包带走，载到附近垃圾箱或县城垃圾站集中处理。

9月13日

农历庚子年七月廿六
星期日
温度：25℃～29℃
阴转多云

●省发改委批复同意成立2家“6·18”协同创新院产业技术分院，其中1家落地泉州市，将依托位于德化县的陶瓷工业设计研究院（福建）有限公司成立协同创新院陶瓷产业分院。

●为纵深推进人才“港湾计划”，泉州市出台文件，鼓励社会机构为泉州市举荐引进高层次人才（团队）。

●泉州市深化“一键报贫”等核实结果运用，完善民生兜底保障协作机制。

●泉州市松材线虫病防治管理工作被省林业局列为2020年省级试点，3～5年防治绩效承包、重点生态区位防御和检疫联防联控多项经验举措在全省推广。

泉州市再添“6·18”协同创新院产业技术分院

省发改委批复同意成立2家“6·18”协同创新院产业技术分院，其中1家落地泉州市，将依托位于德化县的陶瓷工业设计研究院（福建）有限公司成立协同创新院陶瓷产业分院。至此，包括微电子分院、先进高分子材料分院在内，泉州市已获批成立3家“6·18”协同创新院产业技术分院，数量位居全省前列。协同创新院陶瓷产业分院参与单位包括迪特国家级工业设计中心、清华大学美术学院、中科院宁波材料技术与工程研究所、华侨大学工业设计研究院等，逐步搭建起服务整个陶瓷产业链的平台。已建立起陶瓷检验检测平台、知识产权保护平台、网络交易平台、“无花果”3D打印网络平台、中国陶瓷产业工业设计大数据云平台、清华大学美术学院成果转化基地等。其中，从设计大数据、产品大数据、供应链大数据、消费大数据四个维度建构的中国陶瓷产业工业设计大数据云平台，已集成1167家企业、121位大师与新秀、18500件陶瓷产品基础数据图文资料库。2019年10月，多个机构在北京国家会议中心发布《2020—2021中国日用陶瓷设计流行趋势》，开行业先河，引起热烈反响。协同创新院陶瓷产业分院已集聚创新资源包括科研院所17家、科技服务机构8家、创新型企业15家、专家近80名，推介项目成果63项，服务企业127家。

泉州市出台政策奖励社会机构引才

为纵深推进人才“港湾计划”，泉州市出台文件，鼓励社会机构为泉州市举荐引进高层次人才（团队）。根据文件，适用对象是为泉州市用人单位推荐并引进高层次人才（团队）的经营性人力资源服务机构、相关社会团体以及海内外引才机构。其中，人力资源服务机构应符合《人力资源市场暂行条例》有关规定，具有营业执照；相关社会团体应在泉州市、县（市、区）民政部门依法登记且近三年年检结论合格；海内外引才机构应与泉州市签订合作协议或建立引才合作关系。

泉州市深化“一键报贫”等核实结果运用

2020年以来，泉州市深化“一键报贫”等核实结果运用，完善民生兜底保障协作机制，做到兜底保障“不漏一户、不落一人”，编密织牢基本民生兜底保障网。全市各级扶贫部门用好“一键报贫”、扶贫服务热线电话受理核查、入户走访帮扶、部门信息排查等核实结果，对符合建档立卡标准的对象，确保按规定程序应纳尽纳，及时开展挂钩帮扶；对不符合建档立卡标准但疑似低于当地低保标准的家庭、低保补差与收入情况存在不一致的家庭以及再次遭受自然灾害、因病因残、突发重大事故的脱贫监测户等贫困线边缘困难群众，扶贫部门及时将信息反馈当地民政部门核实确认，确保“不漏一户”“不落一人”。同时，各级民政、扶贫经办人员加强政策交流学习，共同研究解决工作中遇到的困难问题，提高协作能力，建立扶贫、民政部门常态化信息共享、协作机制,将兜底保障政策落实到位。

泉州市松材线虫病防治经验在全省推广

泉州市松材线虫病防治管理工作被省林业局列为2020年省级试点，3～5年防治绩效承包、重点生态区位防御和检疫联防联控多项经验举措在全省推广。泉州市高度重视松材线虫病防治工作，开展松材线虫病防治攻坚行动，落实疫病防控主体责任，把握源头治理、疫木清理两个关键，通过推广“3～5年防治绩效承包机制”、重点生态区位防御、到一线开展技术指导、扶持防治服务组织等，开展防治攻坚，加强联防联控和检疫执法，全市松材线虫病防治取得新成效。全市全面完成省上下达的年度防控目标任务，实现疫情面积和枯死松树数量“双下降”。

泉州市2020年国家网络安全宣传周活动启动

由市委网信办等主办的泉州市2020年国家网络安全宣传周活动启动。宣传周以“网络安全为人民，网络安全靠人民”为主题，开展网络应急安全处置现场观摩、主题日活动、网络安全进基层等多项线下活动。同时，发挥互联网优势，动员互联网企业、行业机构力量，采取云展览、线上论坛、虚拟课堂、在线答题、网络直播间等方式，运用网络新媒体，延长宣传周期，扩大覆盖范围，打造“永不落幕”的网络安全宣传周。2019年以来，市委网信办会同公安、卫健、教育、通管等有关部门，创新网络联合执法经验。同时，强化网络安全警示约谈、预警和应急处置等，组织遴选一批网络安全技术支撑单位，指导成立应急指挥中心和网络与信息安全产业发展促进会，在网络安全建设管理方面成效显著，为全方位推动高质量发展超越营造清朗的网络空间。

全市退役军人工作业务培训班举办

14—15日，全市退役军人工作业务培训班举办。各县（市、区）退役军人工作部门分管负责人、市县乡三级退役军人服务中心（站）负责人参加。培训班邀请省、市两级退役军人事务部门相关业务科室负责人主讲，重点组织学习移交安置、就业创业、抚恤优待、褒扬纪念、思想政治、权益维护、服务保障体系等业务知识，突出针对性、实践性和操作性。2018年，党和国家机构改革，将退役军人管理、服务、保障等方面的职能集中到一起，成立贯穿到县一级的退役军人事务部门。在精简机构的情况下，又特别将服务工作单列出来，从中央到行政村，成立六级服务中心（站）。此次培训班旨在学习贯彻习近平关于退役军人事务工作指示批示精神，强化退役军人服务领域对形势任务的认知和理解，统一思想、凝聚力量，明确方向、聚焦任务，为推进服务保障体系建设、推动实体化运行打下基础。

泉州市建立28个相邻区域河湖治理保护协调联动机制

2020年以来，泉州市加强跨区域、跨流域协调监督能力，统筹上下游、左右岸协调机制，协调联动机制的建立，让跨境河湖的接边区域由从前的“无人管”变成“多头护”。全市建立28个相邻区域河湖治理保护协调联动机制，其中11个与三明、福州、厦门、莆田等兄弟市共同建立，基本覆盖全市重要跨市域、跨县域的河流河段，编制了一张互联、互动、互惠的生态环境保护网。

泉州市3所高校项目入选省高校科技创新团队立项名单

省教育厅公布2020年度福建省高等学校科技创新团队（产业化专项）立项建设名单，全省24个项目入选，泉州市华侨大学、泉州师范学院、泉州信息工程学院3所高校申报的项目榜上有名。泉州市入选项目为：华侨大学的“功率半导体器件与电气传动技术创新团队”（新能源产业领域），项目带头人郭新华；泉州师范学院的“高端专用精细化学品创新团队”（新材料领域），项目带头人卓东贤；泉州信息工程学院的“精密陶瓷科创团队”（新材料领域），项目带头人张舜德。泉州信息工程学院的“精密陶瓷科创团队”带头人张舜德教授，是国内第一个系统深入研究氧化锆陶瓷插芯超精密加工技术的博士后。团队的主要研究方向为：高性能氧化锆粉的制备；工程陶瓷结构件的关键制造技术；工程陶瓷结构件制造专用装备开发。该团队攻克陶瓷手机背板制造领域有关高性能纳米超细陶瓷粉末制造技术、陶瓷手机背板增韧强化技术及工艺、陶瓷手机背板高效精加工技术及装备等核心关键技术，解决陶瓷手机背板生产瓶颈，提升产品质量及产能。

9月14日

农历庚子年七月廿七
星期一
温度：25℃～30℃
多云

●由市委网信办等主办的泉州市2020年国家网络安全宣传周活动启动。

●14—15日，全市退役军人工作业务培训班举办。

●泉州市建立28个相邻区域河湖治理保护协调联动机制。

●省教育厅公布2020年度福建省高等学校科技创新团队（产业化专项）立项建设名单，泉州市华侨大学、泉州师范学院、泉州信息工程学院3所高校申报的项目入选。

●泉州市民营企业学习《习近平谈治国理政》第三卷读书分享会在晋江恒安管理学院举行。

9月15日

农历庚子年七月廿八
星期二
温度：25℃～32℃
多云

●泉州市举行系列活动，纪念“惠安暴动”90周年。

●商务部、发改委、财政部等七部委下发《关于加快推进市场采购贸易方式试点工作的函》，决定在全国新设17家市场采购贸易方式试点单位，晋江国际鞋纺城在列。

●泉州海关向晋江某企业发出2020年首张《认证企业证书》，泉州市新增一家海关AEO高级认证企业。至此，泉州关区海关AEO高级认证企业达到17家。

●福盐集团生态海盐授牌仪式暨新品发布会举行。中国盐业协会生态海盐评审管理技术委员会将全国首张“生态海盐”产品审定证书颁发给隶属于福盐集团旗下的食盐定点生产单位——泉州晶海轻化有限公司。

●泉州海警局石狮工作站无人机首飞仪式举行。

●由泉州国际商会、德化县陶瓷发展委员会和中东欧—中国进出口商会主办的“世界陶瓷之都——德化陶瓷（波兰）线上经贸对接会”通过直播+视频会议的形式举行。

泉州市举行纪念“惠安暴动”90周年系列活动

是日起，泉州市在惠安、泉港和市区举行泉州市党史教育基地授牌，泉州市红色文化、廉洁家风旅游经典线路启动仪式，《陈平山》资料专题片开机仪式等活动，并组织参观屿头山战斗指挥部旧址、陈平山烈士陵园和故居、林权民烈士纪念馆等革命史迹，纪念“惠安暴动”，缅怀先烈，传承和弘扬先辈勇于担当、艰苦奋斗的精神。市委党史和地方志研究室、泉州市闽浙赣边区革命史研究会举行纪念“惠安暴动”90周年座谈研讨会，专家学者就“惠安暴动”的历史背景、重大意义与影响，烈士英勇斗争的感人事迹、历史贡献等进行分享交流。活动期间，泉州市还授予13处革命遗址为第二批“泉州市党史教育基地”，包括泉港区陈平山故居、陈平山烈士纪念碑、惠安暴动红一团集结地旧址、吴敦仁烈士纪念碑，惠安县的红二团军事会议旧址、五陈乡苏维埃政府旧址、惠东暴动革命烈士墓、蓝飞鹤革命烈士陵园、湖埭头村苏维埃政府纪念碑、惠安暴动屿头山战斗临时指挥部旧址、龙江小学、林权民故居、林权民烈士陵园等，丰富新时代爱国主义教育、党史教育实践载体。

相关链接：1930年9月15日凌晨，在中共福建省委领导下，泉州特委和惠安县委组织发动震撼八闽的“惠安暴动”。这是土地革命时期，福建省发生的规模较大的农民武装暴动，“惠安暴动”沉重打击国民党在惠安的反动统治，为之后泉州地区此起彼落的武装斗争揭开革命序幕。

泉州市红色文化、廉洁家风经典旅游线路启动仪式

陈平山铜像揭幕（图/吴寿民）

晋江国际鞋纺城获批国家市场采购贸易方式试点

商务部、发改委、财政部等七部委下发《关于加快推进市场采购贸易方式试点工作的函》，决定在全国新设17家市场采购贸易方式试点单位，晋江国际鞋纺城在列。至此，加上2018年获批的石狮服装城，福建省两个国家市场采购贸易方式试点均落地泉州。晋江国际鞋纺城是全省优先打造的4个千亿元大型市场项目之一，总规划面积526公顷，其中专业市场占地146公顷，致力于打造中国乃至亚太地区最大鞋纺专业市场、鞋纺产销链集成服务平台、生产性服务贸易重点基地。

泉州山腰盐获国家首个“生态海盐”认证

福盐集团生态海盐授牌仪式暨新品发布会举行。中国盐业协会生态海盐评审管理技术委员会将全国首张“生态海盐”产品审定证书颁发给隶属于福盐集团旗下的食盐定点生产单位——莆田市晶秀轻化有限公司和泉州晶海轻化有限公司。其中，晶海轻化食用盐产地就是泉港区山腰盐场。泉州盐务局有关负责人介绍，泉州市按照福建省部署要求，实施“增品种、提品质、创品牌”三品战略，严把食用盐品质，用好福建海盐盐田保护政策，发挥闽盐天然优势，打造原生态、纯天然、高品质的生态山腰日晒海盐，年产日晒原盐近7.5万吨，其中生态海盐核准产量2.88万吨。同时，推动产品追溯体系建设，形成生产销售的全流程监管，保障市民食用盐安全。

泉州市与菲律宾怡朗市缔结友好城市

福建—东盟友城大会省市长论坛暨线上签约仪式，通过多点连线的方式在福州和东盟各地举行。签约环节中，泉州市与菲律宾怡朗市签署建立友好城市关系协议书，正式结为友城。在新冠肺炎疫情防控常态化背景下，大会采取网络视频连线形式举行。议程包括携手合作抗疫论坛、深化经贸产能合作论坛、扩大文化旅游合作论坛三场专题论坛，以及省市长论坛暨线上签约仪式。大会旨在与东盟携手应对疫情，共享发展机遇，深化互利合作，实现共同发展。怡朗市系菲律宾怡朗省首府，位于菲律宾米沙鄢群岛西部，面积1100平方千米，人口95万人。怡朗市是西米沙鄢群岛的商贸、工业、金融、教育和旅游中心，还拥有闻名遐迩的历史文化遗迹。怡朗市教育较发达，是地区性教育中心，拥有32个高等教育机构（包括5所大学）和3所华文学校。

菲律宾怡朗市城区一角（资料图片）

市政协听取市人民检察院工作情况通报

市政协召开会议听取市人民检察院工作情况通报。市政协主席李转生，副主席骆沙鸣、王祖耀、陈益、洪川夫、林志建、刘志平，秘书长陈伟平参加会议。市人民检察院检察长傅建飞通报2020年以来全市检察机关工作情况。与会委员围绕司法办案、改革创新、未成年人保护等议题建言献策。李转生指出，各级检察机关要更加坚定信心，用全新视野，找准法律监督与服务大局的结合点、着力点，主动把检察工作融入全方位推动高质量发展超越中；打好扫黑除恶收官战，聚焦民生重点领域，为经济社会发展保驾护航；坚持以人为本，做好检察供给侧结构性改革，丰富检察产品内涵；落实政法领域全面深化改革精神，自觉推进执法司法制约监督体系改革和建设。

“见义勇为·民族团结”天马捐赠仪式在晋江举行

由省见义勇为基金会、市见义勇为协会主办的“见义勇为·民族团结”天马捐赠仪式在晋江深沪华庆马术俱乐部举行。来自新疆维吾尔自治区伊犁哈萨克自治州昭苏县的两匹“天马”，历经四天四夜，跨越万里，在各级见义勇为基金会（协会）见证下，捐赠给晋江两名策马进海救人的英雄。7月26日傍晚6时许，在晋江市龙湖镇衙口海边，一名12岁男孩下水游玩时不慎被卷入海中。情况危急，在沙滩上游玩的蔡良兴、施国庆等骑马冲进大海救起男孩。事后，他们的义举被晋江市公安局确认为见义勇为。不幸的是，随主人下海救人的两匹马肺部呛入海水染病去世，晋江市见义勇为协会追授两匹马“勇为功勋马”称号。此次捐赠的两匹马，一匹由省见义勇为基金会和市见义勇为协会捐赠，取名“勇勇”；另一匹由新疆马主巴哈木拉提·铁列吾哈孜捐赠，取名“为为”。马名寓意见义勇为精神的延续。

第三届省陶瓷艺术名人和艺术大师陶瓷技能比赛在晋江举行

由福建省陶瓷行业协会、晋江市磁灶镇政府主办的第三届福建省陶瓷艺术名人、艺术大师推荐学习活动（晋江）现场陶瓷技能实操比赛在晋江市磁灶镇举行。比赛旨在培育和弘扬工匠精神，引领陶瓷行业从业工作者追求技艺精益求精，树立爱岗敬业的奉献精神，促进福建省陶瓷技能在传承和创新上取得明显提升。来自泉州、莆田、厦门、建阳、永春等地的47名选手参赛。其中陶瓷雕塑组23人、现代生活陶艺组（装饰、瓷花、瓷画、产品设计等）17人、手拉坯成型组7人。

9月16日

农历庚子年七月廿九
星期三
温度：25℃～34℃
多云

●福建—东盟友城大会省市长论坛暨线上签约仪式，通过多点连线的方式在福州和东盟各地举行。签约环节中，泉州市与菲律宾怡朗市签署建立友好城市关系协议书，正式结为友城。

●市政协召开会议听取市人民检察院工作情况通报。

●由省见义勇为基金会、市见义勇为协会主办的“见义勇为·民族团结”天马捐赠仪式在晋江深沪华庆马术俱乐部举行。

●由福建省陶瓷行业协会、晋江市磁灶镇政府主办的第三届福建省陶瓷艺术名人、艺术大师推荐学习活动（晋江）现场陶瓷技能实操比赛在晋江市磁灶镇举行。

9月17日

农历庚子年八月初一
星期四
温度：26℃～34℃
多云

●市委常委会召开会议，传达学习习近平在全国抗击新冠肺炎疫情表彰大会上的讲话精神；在8月31日中共中央政治局会议审议《黄河流域生态保护和高质量发展规划纲要》时的讲话、给建设和守护密云水库的乡亲们的回信精神等。

●市委理论学习中心组学习会召开，专题学习研讨《习近平在福州》采访实录。

●省公安厅牵头金融机构、电信运营商、网络安全企业等部门，在晋江举行国家网络安全宣传周法治日主题活动。

●全国城投公司协作联络会、中国建设会计学会发布“2019年度全国城投公司总资产百强榜单”，泉州城建集团以总资产762.3亿元跻身百强榜第79位。

●省教育厅、省财政厅完成福建省示范性现代职业院校项目建设终期评估验收工作，并公布“福建省示范性现代职业院校”名单。泉州市15所中高职院校入选。

●以女子特战队员为主人公的电影《中国兵王·绝密任务》，在南安市水头镇五里桥文化公园举行开机仪式。

市委常委会学习习近平讲话精神

市委常委会召开会议，传达学习习近平在全国抗击新冠肺炎疫情表彰大会上的讲话精神；在8月31日中共中央政治局会议审议《黄河流域生态保护和高质量发展规划纲要》时的讲话、给建设和守护密云水库的乡亲们的回信精神；在纪念中国人民抗日战争暨世界反法西斯战争胜利75周年座谈会上的讲话、在科学家座谈会上的讲话、在2020年中国国际服务贸易交易会全球服务贸易峰会上的致辞、在教师节到来之际向全国教师和教育工作者致以节日祝贺和诚挚慰问时的指示精神；以及省委常委会会议精神。

福建省国家网络安全宣传周法治日主题活动在晋江举行

省公安厅牵头金融机构、电信运营商、网络安全企业等部门，在晋江举行国家网络安全宣传周法治日主题活动，通过线上展览、线下宣传的方式，普及网络安全知识，提升群众网络安全意识。为扩大活动影响，全省公安机关同步采取网络短视频、广播电视台现场直播、交通LED大屏幕宣传、运营商发送安全宣传短信、微信公众号集体发声等形式，宣传公安机关开展互联网安全治理、打击网络违法犯罪方面的成效。

泉州城建集团跻身全国城投公司百强

全国城投公司协作联络会、中国建设会计学会发布“2019年度全国城投公司总资产百强榜单”，泉州城建集团以总资产762.3亿元跻身百强榜第79位。同时，主办单位还发布“2019年度全国城投公司主体信用评级排名”，仅38家获AAA资信评级的城投公司入围，泉州城建集团同样榜上有名。全国城投公司百强榜单已连续发布7年，受到行业内外广泛关注，成为不少地方政府和金融机构进行相关决策的参考。此次榜单涉及全国各地市级城投公司共225个样本，百强榜入围门槛为570亿元，较上年提高116亿元。总资产百强榜、主体信用评级榜显示，福建仅3家城投公司入围，分别为厦门建发集团、福州城投集团、泉州城建集团。

相关链接：自2017年成立以来，泉州城建集团呈现出“资本有增长、资信有突破、项目有担当、产业有提升”的高质量发展态势。资产总额由成立之初的546亿元增长至870亿元，增长59%，占市属国企比重达52.7%，系全市资产规模最大的市属国企；发行债券77亿元，可节省融资成本3亿元。

泉州市15所中高职院校获评“省示范性现代职业院校”

省教育厅、省财政厅完成福建省示范性现代职业院校项目建设终期评估验收工作，并公布“福建省示范性现代职业院校”名单。泉州市15所中高职院校入选。经过网络评审、实地核查、综合评议以及公示程序后，全省19所高职院校获评“福建省示范性现代高等职业院校”，其中泉州市4所，分别是黎明职业大学、泉州幼儿师范高等专科学校、泉州轻工职业学院、泉州医学高等专科学校；55所中职学校获评“福建省示范性现代中等职业学校”，其中泉州市11所，分别是晋江华侨职业中专学校、南安职业中专学校、泉州华侨职业中专学校、晋江晋兴职业中专学校、安溪华侨职业中专学校、晋江职业中专学校、晋江安海职业中专学校、石狮鹏山工贸学校、德化职业技术学校、惠安开成职业中专学校、南安市工业学校。

黎明职业大学校门（图/吴寿民）

泉州市第23次防空警报试鸣暨人口疏散演练举行

泉州市第23次防空警报试鸣暨人口疏散演练举行。2020年泉州市防空警报试鸣暨人口疏散演练的重点是把人民防空的组织动员落实到基层末端，增强社区、学校和基层单位安全意识和应急突发事件响应能力，构建城市应对空袭的第一道屏障。结合常态化疫情防控需要，2020年的疏散演练不再设置主会场、分会场，而是采取“1+N”模式组织开展，“1”即全市统一的警报试鸣，“N”即由各县（市、区）根据本辖区实际情况，结合各自优势条件创造性开展形式多样的演练活动。市人防办还在线上线下同步开展人防宣传活动。在市区泉州商城广场，200多名周边社区居民、泉州师范学院附属中学师生参加人民防空知识有奖征答活动。其间，当“预先警报”“空袭警报”“解除警报”先后响起时，市民在市人防办工作人员的指导下有序疏散撤离。据不完全统计，是日全市有2万余人在不同地点参与演练。

防空警报试鸣（图/彭　勇　陈晓东）

泉州市10名医护人员启程援非

市卫健委为援助博茨瓦纳医疗队举行欢送仪式。作为中国第16批援助博茨瓦纳医疗队成员，泉州市10名医护人员是日起开启长达两年的援非征程。此行援非10人，来自市第一医院、市儿童医院、市中医院、光前医院、市正骨医院、晋江市医院、石狮市医院、南安市医院等，涉及肿瘤内科、儿科、针灸、骨科、放射科、泌尿外科、麻醉科等专业。丰泽、晋江、石狮、南安是首次接受援非医疗任务的县（市、区）。博茨瓦纳位于非洲南部，与南非接壤，地广人稀，医疗相对落后，又遇到新冠肺炎疫情，生活条件更差，医疗风险更高。而且博茨瓦纳是全球艾滋病感染率最高的国家之一。在医院里，医生日常接触的患者，很多是艾滋病病毒携带者。

相关链接：自20世纪70年代初开始，泉州市就派员参加援外医疗队。1989年更是以泉州市为主组织援助塞内加尔医疗队。2005年以来，泉州市派出对口支援非洲博茨瓦纳医疗卫生人员8人。泉州市援外医疗队员在援外期间，除推进当地传染病、常见病和多发病防治外，还为受援国引进最新的医学临床技术，并通过临床带教、学术讲座等形式为受援国培训大批医务人员，留下一支“不撤离的医疗队”。

2020年泉州市“全国科普日”活动启动

由市全民科学素质工作领导小组主办，以“决胜全面小康·践行科技为民”为主题的2020年泉州市“全国科普日”启动仪式暨主题科普广场活动在安溪县湖头镇文贞公园举行。活动现场准备了科普剧《全民战疫》、科学表演秀《科学大爆炸》、机器人表演等科普文艺表演。2020年“全国科普日”活动，泉州市围绕“弘扬科学精神，展现科学价值”“助力疫情防控，推动健康科普”“聚焦脱贫攻坚，决胜全面小康”“加强科技志愿，彰显科技为民”“加强基层科普，服务文明实践”五大内容，组织开展400多项科普活动，以多媒体展示、实物或模型展示、虚拟现实、互动体验等“线下+线上”结合形式，把科普活动融入公众日常生活。

2020年泉州市“全国科普日”启动仪式（图/李绍清）

9月18日

农历庚子年八月初二
星期五
温度：25℃~34℃
阴转大雨

●市委理论学习中心组学习（扩大）会召开，邀请中国工程院院士倪光南作《在双循环新发展格局下推进新基建》专题讲座。

●泉州市第23次防空警报试鸣暨人口疏散演练举行。

●市防汛抗旱指挥部召集气象、水利、应急、水文等部门会商分析强降雨天气情况，并视频连线各地部署强降水防范应对工作。

●市卫健委为援助博茨瓦纳医疗队举行欢送仪式。

●由市全民科学素质工作领导小组主办，以“决胜全面小康·践行科技为民”为主题的2020年泉州市“全国科普日”启动仪式暨主题科普广场活动在安溪县湖头镇文贞公园举行。

●市消费者权益保护工作局际联席会议办公室通报2019年度泉州市消费者满意度测评数据情况。2019年度泉州市消费者满意度得分为75.97分，比2018年高出2.49分，比2017年高出4.82分，成绩稳步前进，处于良好水平。

●由泉州市见义勇为协会主办的纪念抗日战争胜利75周年暨“文艺抗疫 致敬英雄”——歌颂逆境前行英雄文艺演出在市区万达百姓大舞台举行。

9月19日

农历庚子年八月初三
星期六
温度：25℃～31℃
阴转小雨

●康涛到石狮企业、产业园等，对房屋安全、消防安全等环节进行检查，推动安全生产工作落深落细落实。

●王永礼到南安成功国际会展中心，检查卫浴直播节活动准备工作。

●17—19日，泉州市优秀青年人才学习弘扬“晋江经验”专题研讨班在市委党校举办。

●市工商联社会组织行业党委组织党务工作者培训班举办。

康涛到石狮开展安全生产工作检查

市委书记康涛到石狮企业、产业园等，对房屋安全、消防安全等环节进行检查，推动安全生产工作落深落细落实。康涛强调，各级各部门要学习贯彻习近平关于安全生产的论述，坚持人民至上、生命至上，树牢安全发展理念，把安全生产各项工作抓紧抓实抓细抓到位。要压实地方党政领导责任、部门监管责任和企业主体责任，紧盯合租厂、群租房、自建房加工场所、海洋渔业安全生产、秋冬季森林防火等重点领域、薄弱环节，深查细找规律性问题，举一反三推进源头治理、综合治理，创造更多可推广的鲜活经验，形成长效管理机制，防止问题反弹回潮。越是棘手的难题，越考验干部的政治责任感、群众观念、政策把握能力和综合素质。要迎难而上，一级带一级，层层抓落实，在打硬仗中锤炼干部、提升本领，为老百姓营造安全和谐的生产生活环境。

康涛（前排右二）在豪德盛（中国）有限公司车间检查（图/陈林森）

王永礼检查卫浴直播节活动准备工作

市长王永礼到南安成功国际会展中心，检查卫浴直播节活动准备工作。王永礼强调，各级政府各部门要搭好平台促消费，将政府引导与商家促销相结合，鼓励县（市、区）、行业协会、重点商贸流通企业共同发力，促进消费提档升级、稳步回升。要落实政策促消费，加强分类指导，做好跟踪服务，加快兑现政策。要帮扶企业促消费，主动做好精准服务，为企业排忧解难，实现促消费、惠民生、保主体、稳就业。要推动消费升级，培育消费热点，拓展消费空间，打造更多消费场景，加快形成新的消费增长点。

泉州市优秀青年人才学习弘扬“晋江经验”专题研讨班举办

17—19日，泉州市优秀青年人才学习弘扬“晋江经验”专题研讨班在市委党校举办。来自全市高校、科研院所、行政机关等的40多名优秀青年人才参加研讨。研讨班以市委党校副教授齐延生的《学习弘扬“晋江经验” 努力开创“五个泉州”新局面》主题分享开始。齐延生从“晋江经验”形成背景和意义、主要内容及如何学习弘扬等方面，为在场青年人才上了一堂内容丰富、深入浅出、通俗易懂的理论课。听完分享后，青年人才表示，要传承好和发展好“晋江经验”这一思想财富，以“敢为天下先，爱拼才会赢”的姿态，把个人价值追求、爱国之情融入泉州高质量发展之中。除到企业和研究院考察外，青年人才还到西街、五店市等地，走街串巷体验闽南文化、感悟千年古风。

市工商联社会组织行业党委组织党务工作者培训班举办

市工商联社会组织行业党委组织党务工作者培训班举办。市直统战系统各支部组织委员，市工商联社会组织行业所属各支部组织委员、党务工作者等120多人参加培训。该活动为“泉商党建‘1+2+3N’同心圆”系列活动之一。泉商党建“1+2+3N”同心圆是市工商联社会组织行业党委、泉州晚报社机关党委主办的特色党建项目，开展党员联培活动是其中的一项重要内容。培训班旨在提升泉州市工商联社会组织党务工作者的业务素质和工作能力，提高基层党的建设质量。培训班邀请市直机关工委委员王志强作《基层党组织标准化规范化建设》主题分享；市委党校刘燕凌副教授和泉州晚报总编室副主任颜鹏分别作《常用公文写作与处理》和《新闻是怎样炼成的》专题分享。

王永礼调研打通“断头路”工作及新片区建设情况

市长王永礼到丰泽、南安、洛江，调研打通“断头路”工作及新片区建设情况。王永礼到城东至北峰快速通道古塔山隧道、五台尾隧道施工现场以及滨江大道与324国道交叉口改造工程现场，了解项目进度，询问存在的困难问题。王永礼强调，要提高认识，加强协调配合，倒排项目工期，科学有序统筹，加快项目推进。坚持问题导向，针对不同道路不同情况分析研判，一个问题一个问题地解决处理，在保证安全质量的前提下，有目标、有方法、有分工、有时序地持续推进，确保“断头路”尽早打通投用。在南安征迁分指挥部，王永礼听取项目进展汇报，了解项目规划设计、拆迁补偿、招商计划等情况。王永礼指出，要坚持以人民为中心的发展思想，按照市委统一部署，加强沟通协调，明确职能分工，深化细化规划设计方案，着眼科学定位，统筹优化片区道路、学校、商业、文化等功能布局，实现经济效益、社会效益和文化效益的有机统一。要树立务实为民的工作作风，形成工作合力，拿出“比拼”劲头，挂图作战推进，力促项目早完工、群众早受益。

泉州道德模范馆开馆

全国第18个公民道德宣传日，泉州道德模范馆在泉州市公共文化中心泉州市图书馆一层开馆。市委副书记、宣传部部长张永宁，副市长周真平为泉州道德模范馆揭牌。泉州道德模范馆分序言区、国家级道德模范区、省级道德模范区、道德典型荣誉榜区、影视教育交流区以及图书馆内的道德讲堂区。全馆通过图片、影音、文献资料，结合多媒体手段，增加参观者的体验感，展现道德模范的生动事迹和高尚情操。在道德典型荣誉榜区，市民可依次浏览“市级道德模范”“中国好人、福建好人”“省、市级新时代好少年（美德少年）”“国家级、省级文明家庭”“全国‘四个100’先进典型、省五星级志愿者”“省、市级最美人物”等700余名道德典型榜单。泉州道德模范馆5月起开始设计筹建，旨在全面展示新时代道德模范风采，弘扬模范精神，培育文明新风，为加快建设现代化泉州提供精神力量和道德支撑。

2020年公交出行宣传周暨世界无车日宣传活动举行

由泉州市公交集团有限责任公司、泉州微笑自行车公司、泉州真情在线公益协会等主办的“践行绿色出行 建设美丽中国”2020年公交出行宣传周暨世界无车日宣传活动在市区笋江公园举行。活动现场，代表泉州“多彩公交”布局的常规公交“小蓝”、社区巴士“小白”、三轮车“小红”以及公共自行车“小黄人”等依次排开，趣味问答、游戏等环节的安排更是吸引不少市民参与。为倡导绿色出行，现场还安排“小红”“小白”“小黄人”的骑乘体验。作为泉州公共交通重要组成部分的公共自行车“小黄人”已经成为市民生活中不可分割的一部分。全市已有1046个“小黄人”站点，投入3.12万辆自行车，会员达88万，总骑行次数达1.27亿人次。从88万名骑行会员中脱颖而出的5名“低碳达人”也到现场参加活动。74岁的杨振声是其中年纪最大的一位。在他看来，“小黄人”已是他每天进行身体锻炼不可或缺的伙伴。杨振声表示，这个自行车质量好，骑行舒适度高，如果碰到异常，可以就近找站点归还或者马上跟客服联系处理，“小黄人”让其有满满的安全感。

相关链接：泉州公交构建起常规公交、社区巴士、公共自行车和人力三轮车组成的“公交+慢行”系统，满足市民和游客多样化出行需求。公交车辆更是在绿色交通方面带头示范，中心市区已投入1372部清洁新能源公交车，实现公交运营车辆绿色清洁化。多条惠民便民举措的推出得到市民赞誉，如开通307等4条公交线路解决偏远山区群众的出行需求，儿童免费乘车身高标准由1.2米提高至1.3米，加装部分线路车辆小键盘，实现乘客一次性付费等。

9月20日

农历庚子年八月初四
星期日
温度：24℃~29℃
阴转小雨

● 王永礼到丰泽、南安、洛江，调研打通“断头路”工作及新片区建设情况。

● 泉州道德模范馆在泉州市公共文化中心泉州市图书馆一层开馆。

● 中化泉州石化乙烯第一批八套乙烯项目装置实现一次开车成功，生产出合格乙烯，标志中化泉州石化公司实现炼化一体化转型。

● 由泉州市公交集团有限责任公司、泉州微笑自行车公司、泉州真情在线公益协会等主办的“践行绿色出行 建设美丽中国”2020年公交出行宣传周暨世界无车日宣传活动在市区笋江公园举行。

9月21日

农历庚子年八月初五
星期一
温度：24℃~27℃
多云

●市人大常委会党组扩大会议召开，传达学习省十三届人大四次会议精神，研究市人大常委会党组贯彻意见。

●市委党校2020年秋季学期中青年干部培训班开班。恰逢市委党校建校70周年，康涛出席开班式并作动员讲话。

●泉州市召开创建国家公共文化服务体系示范区迎检动员部署会，部署落实各项创建工作。

●由团省委主办，团市委、市农业农村局、惠安县委、惠安县政府承办的“青春奋进小康年 八闽‘惠’聚庆丰收”庆祝2020年“中国农民丰收节”活动启动仪式在惠安县聚龙小镇举行。

●由市体育局、泉州市企业与企业家联合会主办的泉州企业与企业家联合会首届篮球联赛在市区侨乡体育馆开幕。

市人大常委会党组传达学习省人代会精神

市人大常委会党组扩大会议召开，传达学习省十三届人大四次会议精神，研究市人大常委会党组贯彻意见。会议指出，要组织学习贯彻省十三届人大四次会议精神，提高政治站位，把全方位推动高质量发展超越作为人大工作最鲜明的主线和最大特色，从立法、监督、重大事项决定和代表工作等方面主动作为、积极作为，以真抓实干、狠抓落实的精气神和贯彻落实的实际成效，体现人大履职担当、贡献人大力量。要加强对决议执行情况的督促落实，发挥人大制度的特点和优势，综合运用工作评议、专项调研等监督方式，推动相关目标任务落实到位；要动员各级人大代表发挥模范带头作用，倾听民声、汇聚民智，投身全方位高质量发展超越实践，当好党和政府联系群众的桥梁纽带。

市委党校2020年秋季学期中青年干部培训班开班

市委党校2020年秋季学期中青年干部培训班开班。恰逢市委党校建校70周年，市委书记康涛出席开班式并作动员讲话。康涛强调，要加强思想淬炼，坚定理想信念，学懂弄通做实习近平新时代中国特色社会主义思想，原汁原味学、知行合一学，把学习同研究解决改革发展稳定、党的建设等领域具体问题结合起来，提高运用党的创新理论指导实践、推动工作的能力。要加强政治历练，把参加党内政治生活作为必不可少的政治锻炼，把遵守纪律落到日常工作中、生活小节上。要加强实践锻炼，坚持在一线锤炼成长、建功立业，在关键时刻、重大任务面前，敢于冲锋在前；树立正确的政绩观，涵养“功成不必在我”的精神境界和“功成必定有我”的责任担当，持之以恒、脚踏实地把各项战略任务、工作蓝图变成现实。要加强专业训练，练就过硬本领，保持本领恐慌的危机感、能力不足的忧患感，提升把握大局大势、统筹协调、狠抓落实的能力，心无旁骛钻研业务，干一行、爱一行、精一行，使自己成为行家里手。

市委党校2020年秋季学期中青年干部培训班现场
（图/市委党校）

国家公共文化服务体系示范区迎检动员部署会召开

泉州市召开创建国家公共文化服务体系示范区迎检动员部署会，部署落实各项创建工作。会议指出，创建好国家公共文化服务体系示范区有利于创新制度、整合资源，以点带面推进公共文化服务的各项政策制度落地落实，为国家决策提供科学依据和实践经验，是满足人民群众美好精神文化需求的有效途径，也是彰显泉州文化特色、提升城市竞争力的有力抓手。要提高政治站位，树立必胜信心，落实各项重点任务和关键措施，为丰富百姓精神文化生活提供普惠资源，为泉州市文化事业长足发展奠定坚实基础，为全方位推动高质量发展超越凝聚精神动力；要坚持问题导向，对标补缺补漏，对照国家验收标准和兄弟城市的创建力度，全力以赴，力争上游，做好各项创建工作；要强化组织保障，形成工作合力，确保各地各部门以守土有责的高度责任感完成既定目标任务，顺利通过考评验收，为全省乃至全国公共文化服务体系建设探索好路子、创造新经验。

相关链接：2018年4月，泉州市获得文化和旅游部、财政部第四批国家公共文化服务体系示范区创建资格。两年来，市委、市政府以高度的政治责任感和文化自觉深入推进创建工作，取得显著成效。

上海市第六人民医院福建医院落户晋江

省委书记于伟国、省长王宁在福州与上海申康医院发展中心、上海交通大学医学院、上海第六人民医院负责人等就深化合作、推动医疗资源共享进行座谈，并共同见证福建省与上海交通大学医学院附属上海市第六人民医院签署合作共建国家创伤区域医疗中心协议。省领导郑新聪、李德金、林钟乐，泉州市领导康涛、刘文儒参加活动。根据协议，双方将在晋江市医院合作建设上海市第六人民医院福建医院，以此为载体在5年内建成集临床诊疗、疑难重症诊断与治疗、教学培训、科技研发、疾病预防、健康管理为一体的创伤区域医疗中心，辐射福建及周边省份乃至“一带一路”沿线国家和地区。

市政协听取市中级人民法院工作情况通报

市政协召开会议，听取市中级人民法院工作情况通报。市政协主席李转生指出，市中级人民法院要忠实履行审判职责，把握国内外疫情防控和经济社会形势变化，因时因势调整工作着力点和应对举措，依法公正高效做好审判执行工作。要深化改革创新，坚持以人民为中心，紧贴民生重点，满足群众多元司法需求。

全市深化“放管服”改革优化营商环境视频会议召开

在收听收看全省深化“放管服”改革优化营商环境电视电话会议后，泉州市立即召开视频会议，部署深化“放管服”改革优化营商环境工作。会议要求，要紧扣中心任务，明确分工责任、具体措施和完成时限，落实减税降费政策，创新信贷服务模式，做好保障和促进就业创业稳岗工作。要坚持问题导向，持续对标对表，围绕营商环境滞后指标，抓紧查缺补漏，逐一制订整改方案，力争指标往前赶、位次向前移。要聚焦改革重点，以标准化、便利化、智能化为抓手，推行行政服务“一套路线图”，打造“一件事”通办模式，推广“互联网+政务服务”体系。

2020年福建省“中国农民丰收节”系列活动在永春举行

主题为“八闽丰收节节高 幸福小康样样红”的2020年福建省“中国农民丰收节”系列活动在永春县岵山镇茂霞村举行。活动以喜庆热闹、贴近生活的农村文艺、农民歌舞、农产品展示为主要形式，营造庆丰收节日氛围，启动全省“丰收节”系列活动，调动福建省农民主体作用和干事创业的激情，展示福建省贯彻“产业兴旺”“生态宜居”“乡风文明”“治理有效”“生活富裕”方针的积极作为，展现鲜明的地域特色、“八闽大地”的农耕文化传承、欣欣向荣的乡村产业、千姿百态的乡村美景、多姿多彩的民俗风情，以及农民的幸福生活和时代风采。

值得一提的是，在此次丰收节活动中，市农业农村局围绕“展一乡一业精品 销农家传统好货”这一主题，牵头组织举办“泉州乡村好货展”活动，把各县（市、区）最具代表性的“一乡一业”“一村一品”和乡村老字号（伴手礼）等农特产品，汇聚在永春县岵山镇茂霞村祥奏小宗、敦福堂、敦好厝、福星客栈、明德堂、殿溪堂和玉溪堂等古大厝里进行集中展销，让观众和游客参观、体验、品尝，并依托农产品电子销售平台，实现农产品的同步在线销售。此外，还开展永春金秋农民运动会、永春创意农产品展示、美丽乡村美食节、“小康生活”永春摄影展、“非遗”展示、直播带货等嘉年华活动。

2020年福建省“中国农民丰收节”系列活动演出现场
（图/陈小阳 林铭珊）

9月22日

农历庚子年八月初六
星期二
温度：25℃～28℃
多云

●福建省与上海交通大学医学院附属上海市第六人民医院签署合作共建国家创伤区域医疗中心协议。根据协议，双方将在晋江市医院合作建设上海市第六人民医院福建医院。

●市政协召开会议，听取市中级人民法院工作情况通报。

●在收听收看全省深化“放管服”改革优化营商环境电视电话会议后，泉州市立即召开视频会议，部署深化“放管服”改革优化营商环境工作。

●市政协党组理论中心组（扩大）学习会议召开，传达学习习近平在中央政治局第二十二次集体学习时讲话精神。

●全市第七次全国人口普查工作推进会暨第七次全国人口普查领导小组成员第二次全体会议召开，通报全市人口普查工作进展情况、下阶段工作思路，以及人口普查宣传、户口整顿、经费保障等工作进展。

●主题为“八闽丰收节节高 幸福小康样样红”的2020年福建省“中国农民丰收节”系列活动在永春县岵山镇茂霞村举行。

●民航机场智能设施工程技术研究中心海西分中心揭牌仪式在泉州晋江国际机场举行。

9月23日

农历庚子年八月初七
星期三
温度：24℃～29℃
阴转小雨

●市委常委会召开会议，传达学习习近平在湖南考察时的讲话、在基层代表座谈会上的讲话、致中国延安精神研究会第六次会员大会的贺信精神以及省委常委会会议精神等。

●王永礼会见到泉州考察的SAP中国区首席运营官李旭东。

●全省秋冬季森林防灭火工作电视电话会议召开，泉州市随即召开会议部署秋冬季森林防火工作。

●在收看收听全省渔业安全生产工作紧急视频会后，泉州市随即召开全市渔业安全生产工作视频会，部署相关工作。

●由泉州台商投资区管理委员会、市科技局主办的首届中国·海丝新材料高峰会议在泉州召开。

●中烯新材料产业项目奠基仪式在泉州台商投资区举行。

市委常委会学习习近平讲话精神

市委常委会召开会议，传达学习习近平在湖南考察时的讲话、在基层代表座谈会上的讲话、致中国延安精神研究会第六次会员大会的贺信精神以及省委常委会会议精神；传达学习习近平对新时代民营经济统战工作做出的指示精神、全国民营经济统战工作会议精神以及省委常委会会议精神。

会议指出，要保持战略定力稳当前谋长远，推进秋季攻坚行动，深化项目攻坚提速，大抓逆周期投资。要把加强顶层设计和坚持问计于民统一起来，系统科学谋划“十四五”，推动规划编制符合人民所思所盼。要坚持以人民为中心的发展思想，用心用情解决群众“急难愁盼”问题，加快补齐民生领域短板，有效衔接推进乡村振兴，做强做优乡村特色产业，改善生态环境质量，加强和创新基层社会治理。要教育引导党员干部牢记初心使命，传承红色基因，用实际行动展现新时代党员的责任担当。要坚持以党的政治建设为统领，推动全面从严治党向纵深发展。要弘扬“马上就办、真抓实干”等优良传统，力戒形式主义官僚主义，开展突破“难、硬、重、新”工作行动，创新机制激励干部一线担当作为。要强化思想政治引领，加强民营企业、商会党建工作，引导民营经济人士争做爱国敬业、守法经营、创业创新、回报社会的典范。要发扬政企互动好传统，落实支持民营经济发展政策措施，优化营商环境。

王永礼会见思爱普中国区首席运营官李旭东

市长王永礼会见到泉州考察的思爱普（SAP）中国区首席运营官李旭东。副市长肖汉辉参加会见。王永礼指出，泉州实体经济根基深厚，工业互联网市场前景广阔，企业数字化转型升级大有可为，城市营商环境优良。希望双方加强交流，开展更多务实合作，共同推进数字经济和实体经济深度融合，助力全方位推动高质量发展超越。

首届中国·海丝新材料高峰会议在泉州召开

由泉州台商投资区管理委员会、市科技局主办的首届中国·海丝新材料高峰会议在泉州召开。会议以“材料创新，造福人类；科技引领，赋能经济”为主题，围绕材料领域的前沿成果、发展趋势和产业化应用展开学术交流、思想碰撞与科研合作。200余名政府部门领导、行内重量级专家学者及企业代表与会，探讨材料领域科学技术的最新进展。与会专家作专题报告，剖析石墨烯的特性及其在电子信息、能源与动力、绿色建筑、船舶、新能源汽车、航空航天、生物医药、功能纤维、海洋工程等战略新型产业中的应用。此外，中烯新材料(福建)股份有限公司分别与福建师范大学化学与材料学院、北京石墨烯研究院、中国某装备集团、南京承霖建筑、全球众企联5家单位签署《项目合作协议》，签约金额9.05亿元，全部用于石墨烯新材料的研究、发展、应用与推广。

首届中国·海丝新材料高峰会议现场（图/市科技局）

中烯新材料产业项目奠基

中烯新材料产业项目奠基仪式在泉州台商投资区举行。中烯新材料产业项目落地张坂镇，总投资15亿元，占地15公顷，分两期进行建设，主要用于建设石墨烯新材料研发、生产和销售企业。建成投产后，将成为国际领先的石墨烯纳米新材料研发基地，打造中烯新材料产业集群及总部经济，助推泉州制造实现技术革新及绿色环保。该项目共建8条生产线，一期先建3条，两年内建成投产，二期建5条，5年内全部建成投产。

康涛到鲤城检查节日安全生产工作

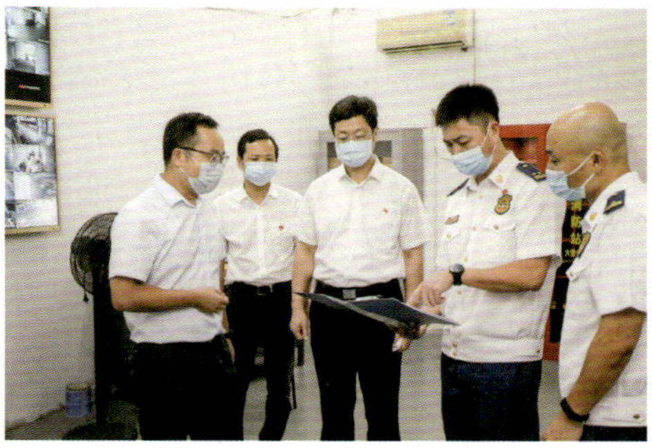

康涛（左三）在海天汽车城消防安全控制室检查消防安全工作（图/陈起拓）

市委书记康涛到鲤城部分重点文物保护单位、城市综合体和汽贸市场，检查人员密集场所安全生产工作。康涛强调，要紧盯重点部位和关键环节，加大对商场、超市、寺庙等人员密集场所的交通疏导、隐患排查、疫情防控，做好应急预案，加强值班值守，强化节日巡查，确保责任到岗到人。要落实安全生产主体责任，加快推进各项安全隐患排查整治工作，建立健全管理调度机制，强化队伍素质建设和人员培训。

“海丝泉州美食文化嘉年华”举办

24—30日，由福建省商务厅、泉州市政府主办，泉州市商务局、泉州文化旅游发展集团有限公司承办“海丝泉州美食文化嘉年华”在市区源和1916创意产业园举办。为贯彻落实《福建省促进消费行动方案》，在常态化疫情防控中进一步提振餐饮消费信心，8月，福建省启动“全闽乐购·八闽美食嘉年华”活动。“海丝泉州美食文化嘉年华”作为泉州分会场活动，设泉州传统美食小吃区、泉州伴手礼商品区、古今茶道文化区、台湾美食展销区、非遗文化体验区五大板块。活动邀请全省各地和台湾地区的美食商家参与，设置上百个独具特色的美食摊位，其中不仅有秉正堂石花膏、东街肉粽等泉州老字号传统美食，更有章鱼小丸子、鸡蛋仔、烤串等受到年轻人喜爱的网红小吃，让市民群众可以“一站式”遍尝海峡两岸美食。活动还特设茶文化区，举办“请茶时间”茶文化主题活动，邀请泉州地区最具影响力的12位茶人围炉煮水斗茶，传播推广茶文化。现场还开展“茶生活美学展演”“茗戏雅玩”等表演及体验活动，演绎传统茶礼，为市民群众提供茶道、花道、香道的体验机会。

“海丝泉州美食文化嘉年华”开幕式（图/吴寿民）

市直机关创建模范机关动员会召开

市直机关创建模范机关动员会暨机关党建重点工作推进会召开，部署市直机关开展创建“让党中央放心、让人民群众满意的模范机关”活动，推动机关党建重点工作落实。会议指出，要围绕目标、强化举措，重点抓好推进机关党的政治建设、推动“大学习”走深走实、夯实基层党组织基础、加强机关作风建设和推进机关文明和谐建设五个方面工作。

2020年泉州市第三产业银企对接活动举行

由市发改委、市金融监管局等主办的2020年泉州市第三产业银企对接活动举行。泉州市6家第三产业企业与4家银行机构签订战略合作协议，获授信支持逾15亿元。此次活动旨在落实中央和省委省政府、市委市政府关于推进经济社会发展的部署要求，加强政银企对接合作，推动全市第三产业市场回暖和加速发展。活动现场还举办银行机构金融产品推介和分展位咨询活动，供有融资意向的参会企业进行“1对1”对接洽谈。2020年以来，泉州市结合省一、二、三产业增产增效工作部署，明确住宿餐饮、商贸服务、现代物流、电子商务、文化旅游、科技和信息服务、软件信息服务、健康养老等重点扶持产业，推出1000家第三产业重点扶持企业，以重点企业突围带动产业全面复苏。

9月24日

农历庚子年八月初八
星期四
温度：22℃～26℃
小雨转多云

●康涛到鲤城部分重点文物保护单位、城市综合体和汽贸市场，检查人员密集场所安全生产工作。

●24—30日，由福建省商务厅、泉州市政府主办，泉州市商务局、泉州文化旅游发展集团有限公司承办“海丝泉州美食文化嘉年华”在市区源和1916创意产业园举办。

●市直机关创建模范机关动员会暨机关党建重点工作推进会召开，部署市直机关开展创建“让党中央放心、让人民群众满意的模范机关”活动，推动机关党建重点工作落实。

●由市发改委、市金融监管局等主办的2020年泉州市第三产业银企对接活动举行。泉州市6家第三产业企业与4家银行机构签订战略合作协议，获授信支持逾15亿元。

●24—25日，由市总工会、市人社局主办，泉州台商投资区总工会等承办的第五届泉州和台湾两岸职工雕艺技能竞赛，在泉州台商投资区和台湾省苗栗县同步举行。

●惠安县总医院成立暨揭牌仪式在县医院举行。

9月25日

农历庚子年八月初九
星期五
温度：23℃～28℃
多云

●24—25日，全国政协副主席何厚铧带领澳门特别行政区全国政协委员考察团到泉州，围绕“深化闽澳合作，共同参与‘一带一路’建设”主题开展考察活动。

●24—25日，省委常委、组织部部长杨贤金到泉州督导中央生态环保督察反馈“近岸海域污染防治不到位问题”整改工作，并调研基层党建和人才工作。

●泉州市第十四届“书香泉州”全民读书月暨线上线下图书展活动在泉州图书馆启动。

何厚铧到泉州考察闽澳合作工作

24—25日，全国政协副主席何厚铧带领澳门特别行政区全国政协委员考察团到泉州，围绕“深化闽澳合作，共同参与‘一带一路’建设”主题开展考察活动。省政协副主席杜源生，市领导康涛、李转生、林万明、刘文儒、洪川夫等参加活动。考察团到泉州海外交通史博物馆、华侨大学、安踏集团、“晋江经验”展馆、泉州轻工职业学院等视察，与泉州干部、企业家、师生等群体进行交流。25日，考察团召开座谈会，听取市委书记康涛介绍泉州经济社会发展、与澳门交流合作、融入“一带一路”建设等工作情况，并就传承弘扬“晋江经验”、深化泉州澳门两地交流互动、人才培养等提出意见建议。在听取大家发言后，何厚铧指出，此次考察团泉州之行、深受启发、收获良多。泉州和澳门两地长期保持紧密合作，敢拼会赢的泉州人为澳门繁荣稳定做出积极贡献。两地要坚持以习近平新时代中国特色社会主义思想为指导，学习领会《习近平谈治国理政》第三卷，传承发展好“晋江经验”这一习近平在福建工作期间留下的宝贵思想和精神财富，发挥“一国两制”制度优势和两地经济社会发展优势，加快推动更深度、更全面的务实合作，为助推闽澳合作、参与粤港澳大湾区建设、促进澳门经济适度多元发展、共建“一带一路”等各领域工作打开新局面、迈上新台阶。

杨贤金到泉州督导近岸海域污染防治整改工作

24—25日，省委常委、组织部部长杨贤金到泉州督导中央生态环保督察反馈“近岸海域污染防治不到位问题”整改工作，并调研基层党建和人才工作。在晋江流域滞洪区水生态工程、安海镇安平公园综合整治项目、泉荣远东污水处理厂提标改造项目等现场，杨贤金指出，针对近岸海域污染防治存在的突出问题，要加大力度、加快进度进行整改，在整改的基础上研究形成长效机制。杨贤金还到泉州（晋江）国际人才港、南安四季家园小区、九牧厨卫股份有限公司、安溪经兜村、泉州芯谷安溪分园区等地调研基层党建和人才工作。

泉州市第十四届“书香泉州”全民读书月活动启动

泉州市第十四届“书香泉州”全民读书月暨线上线下图书展活动在泉州图书馆启动。市委副书记、宣传部部长张永宁参加活动。启动仪式现场，活动主办方组织与会人员收看福建省第十四届“书香八闽”全民读书月活动启动仪式，对获评2020年福建省全民阅读示范点的单位进行表彰授牌，并举行阅读推广分享会直播活动。此次读书月活动以“学习新思想、共圆小康梦、书香伴我行”为主题，组织开展主题演讲、经典诵读、读书征文、知识竞赛、阅读分享等100多项活动。全市各级各部门将以此次全民读书月活动为契机，掀起新一轮“爱读书”“读好书”“善读书”“会用书”热潮，共同推动“书香泉州”建设，为实现市委十二届十二次全会提出的全方位推动高质量发展超越提供更强大的精神动力。活动期间，市委宣传部、市新闻出版局还联合全市7家大型图书发行单位，组织优秀图书线上线下参展，发放总额30万元的公益性惠民购书券，助力全民阅读和“书香泉州”建设。

泉州市第十四届“书香泉州”全民读书月启动仪式（图/吴寿民）

康涛王永礼检查消防安全和房屋安全等工作

市委书记康涛、市长王永礼分别到晋江、南安、鲤城等地，检查消防安全、房屋安全、节日安全生产等工作。

在晋江，康涛到托玛诗鞋业工贸有限公司、星雅公寓和西坂村视频监控室，查看企业车间、仓库、出租屋安全疏散通道、消防设施配备、视频监控等相关措施落实情况。在南安，康涛对水头镇华源电镀厂厂区消防安全工作和官桥镇吉泰钢结构发展有限公司综合楼房屋安全隐患整治情况进行检查，并观摩突发火情模拟演练。康涛强调，要盯紧事故多发的渔船、危化品、厂房分租、电气设施、群租房、钢结构房屋等重点领域、薄弱环节，既深查、细查、严查，又防止“一刀切”，分类处置、综合施策。要按照问题“查得出来、整得下去”的要求，根据阶段性目标，分清急重轻缓，把握工作节奏，明确整改时限，长短结合，确保排查整治依法依规有序推进。要创新工作方法，系统梳理、总结提炼管用举措，摸索出一套务实管用长效的机制办法。在泉州美食城，王永礼要求，要落实安全生产主体责任和监管责任，做好紧急通道标识完善、消防设施配备、应急预案制定、食品安全监测及疫情常态化防控等工作。

康涛（左五）在托玛诗鞋业工贸有限公司检查（图/陈起拓）

泉州市文化进万家文艺志愿服务活动举行

由市委宣传部、市文联主办，市作家协会等承办的“奋进小康路 共筑中国梦”——泉州市文化进万家文艺志愿服务活动在南安市水头镇埕边村举行。40多位作家参加活动。埕边村是著名侨村，拥有20多座保护完整的传统民居和番仔楼，每一座番仔楼都凝聚着华侨华人的心血，飘逸着南洋气息，尽显异域风情，诉说无尽乡愁。在村民介绍中，作家们了解埕边村的红色历史，重温那段远去的岁月；欣赏“非遗”传承剪纸艺术，领略传统工艺带来的视觉冲击力；在双灵寺感受闽南文化，聆听闽南宗教传说故事。

“发现清源山之美”摄影大赛开镜仪式举行

由泉州清源山风景名胜区管委会、泉州晚报社、泉州青年联合会主办的“发现清源山之美”摄影大赛开镜仪式在泉州清源山风景区老君岩举行，全市各地的摄影家和摄影爱好者参加活动。活动以“发现清源山之美”为主题，旨在促进清源山风景名胜区可持续发展，传承和弘扬清源山多元文化，吸引更多摄影家走进清源山，宣传清源山景观及文化。此次系列活动由摄影推荐地征集、摄影主题采风、摄影大赛、签约摄影师发布等多个子活动组成。其中，摄影推荐地征集的内容为清源山风景名胜区内的各种自然景观、人文景观、古迹建筑、多元文化等的摄影作品。活动当天，泉州晚报摄影部还联合福建清源山旅游投资有限公司、泉州市青年摄影家协会举行优秀青年摄影师签约仪式。受聘的摄影师均为全市各条战线的优秀青年摄影家，其作品屡获国内外摄影专业比赛大奖，平均年龄33岁，均是省级以上摄影协会会员。

“发现清源山之美”摄影大赛开镜仪式（图/林劲峰）

9月26日

农历庚子年八月初十
星期六
温度：21℃～27℃
阴转小雨

●康涛、王永礼分别到晋江、南安、鲤城等地，检查消防安全、房屋安全、节日安全生产等工作。

●由市委宣传部、市文联主办，市作家协会等承办的“奋进小康路 共筑中国梦”——泉州市文化进万家文艺志愿服务活动在南安市水头镇埕边村举行。

●由市委人才办、团市委主办的“迎国庆萨克斯专场音乐会”在泉州音乐厅举行。

●由泉州清源山风景名胜区管委会、泉州晚报社、泉州青年联合会主办的“发现清源山之美”摄影大赛开镜仪式在泉州清源山风景区老君岩举行。

9月27日

农历庚子年八月十一
星期日
温度：21℃～21℃
小雨转多云

●市政府、市政协“深化产教融合，助力高质量发展”专题协商会议召开。

●十二届市政协第二十七次主席会召开，协商有关人事事项、个别委员暂停履职相关事宜及十二届市政协常委会第二十三次会议相关事项。

●十二届市政协常委会第二十三次会议召开，传达学习全省市县政协主席工作座谈会暨秘书长工作交流座谈会和市委常委会会议精神。

●由国家制造强国建设战略咨询委员会、中国纺织机械协会、中国电子技术标准化研究院（智能制造系统解决方案供应商联盟）等主办的“智能制造进园区”活动在泉州启动。

●清源创新实验室第一届理事会第一次会议在福州大学石油化工学院泉港校区召开。

●由市委宣传部、市文联、洛江区委、泉州晚报社主办的“万古安澜 幸福小康”洛阳桥诗会在洛江区万安街道桥南社区举行。

市政府与市政协专题协商会议召开

市政府、市政协“深化产教融合，助力高质量发展”专题协商会议召开。市政协课题组、委员代表围绕协商主题，从统筹产教融合发展规划与资源布局、完善产教融合体制机制与政策保障体系、强化学校办学主体功能、发挥企业重要主体作用、凝聚促进产教融合的社会力量等方面建言献策。

市长王永礼指出，各级政府各相关部门要围绕争创“国家产教融合型城市试点”目标，主动对接高等学院、科研院所、职业学校，深化校企合作内涵、提升合作层次，推动教育为泉州产业发展赋能。要加强统筹协调，做深做细规划，通盘考虑教育、产业深度融合需要，发挥企业、学校主体作用，调动社会力量积极性，加大政策支撑保障，共同创造有利于经济社会发展的良好环境。要坚持问题导向，聚焦短板弱项，整理消化吸收，把专题协商会议的意见建议及时转化为政府工作的具体举措。市政协主席李转生指出，要服务发展大局，把握产教融合发展新机遇，抢抓“十四五”规划编制和争创国家产教融合型城市试点的重要契机，理顺发展思路，创新体制机制，使产教融合成为泉州市全方位推动高质量发展超越大局的助推器和新引擎。要贴近产业需求，增创产教融合发展新优势，坚持改革创新、市场导向，凸显特色优势，优化整合资源。

“智能制造进园区”活动在泉州启动

由国家制造强国建设战略咨询委员会、中国纺织机械协会、中国电子技术标准化研究院（智能制造系统解决方案供应商联盟）等主办的“智能制造进园区”活动在泉州启动。泉州是此次活动首站。活动内容包括主题报告、信息发布、经验分享等，并组织业内权威专家、知名解决方案供应商为泉州市纺织鞋服产业智能化改造开展现场问诊、需求对接。市委书记康涛、市长王永礼与到泉州参加活动的国家制造强国建设战略咨询委员会主任周济座谈。市领导感谢大家对泉州的关心支持，表示将贯彻落实制造强国战略，坚定不移加快发展智能制造，大抓新经济拓展、老产业链提升，实现新一轮弯道超车。

清源创新实验室第一届理事会第一次会议召开

清源创新实验室第一届理事会第一次会议在福州大学石油化工学院泉港校区召开。会上，市政府、福州大学、中化能源股份有限公司三方代表签署共建协议。市长王永礼，中国工程院院士、福州大学校长付贤智，市委常委、常务副市长洪自强，中化能源股份有限公司副总裁张强及省直、市直有关部门负责人等参加会议。清源创新实验室（中国福建化学工程科学与技术创新实验室）是由市政府牵头，依托福州大学与中化能源股份有限公司（含下属单位中化泉州石化有限公司）共同建设的四家省创新实验室之一，总部与科研中心位于泉港石化科教园区，小中试研究基地位于中化泉州石化有限公司厂区内。

洛阳桥诗会举行

由市委宣传部、市文联、洛江区委、泉州晚报社主办的“万古安澜 幸福小康”洛阳桥诗会在洛江区万安街道桥南社区举行。数百名文化爱好者参加活动。洛阳桥诗会活动自8月底启动以来，受到社会各界广泛关注，征集到诗词作品568首、经典诵读作品256首。诗词作品经过专家评审，评出一等奖1名、二等奖3名、三等奖5名、优秀奖10名。经典诵读作品通过线上集赞投票，票选出优秀作品5首。诗会为原创诗文大赛获奖者进行颁奖。颁奖后，现场还进行经典诗歌诵读等表演。配乐诗朗诵《诗意中国》《扬帆丝海》，吟诵出爱国爱乡的深情；闽南语版诗朗诵《洛阳桥》，字字句句家乡话更添几分乡愁。在洛阳古桥上，还有童声诵读、古桥旗袍秀、琵琶古筝等快闪表演。

康涛到惠安调研消防和房屋安全等工作

市委书记康涛到惠安调研消防安全、房屋安全等工作，并举行座谈会，与基层干部共同查摆问题、分析难点堵点、研究对策措施。康涛强调，要盯牢重点领域、薄弱环节，结合国庆、中秋节点，排查民宿、客栈等游客聚集场所，做好应急预案，把各项措施落细落实落到位。要强化部门联动、联合执法，依法依规严肃处置排查出的各类隐患。要建立健全长效机制，强化人员培训，提升队伍素质，组织工作专班督查巡查，举一反三推进源头治理。

市政府第九十九次常务会议召开

市政府第九十九次常务会议召开，贯彻落实全省促进增产增效、稳外贸稳外资促消费推进经济发展视频会议精神，研究泉州市攻坚行动推进工作；研究并通过《关于进一步加强农村宅基地管理的通知》《关于支持企业改制挂牌上市实现高质量跨越发展的若干意见》。会议强调，要抓实抓细交通、大型商场超市、旅游景区、自建房加工场所消防、海上生产等各个领域安全生产，加强秋冬季疫情常态化防控，统筹推进国家卫生城市和国家公共文化服务体系示范区创建工作，强化节日期间廉洁纪律，做好值班值守。要落实“严守土地公有制性质不改变、耕地红线不突破、农民利益不受损”三条底线，明确相关部门的法定职责，理顺农村宅基地申请、审核、审批、建设、执法全链条管理体系，加强网格化管理，遏制一户多宅、违章建房、乱占耕地建房等农村建房乱象。要紧抓资本市场改革的重大机遇，结合泉州市实际和企业需求，按照股份制改制、挂牌、上市等不同阶段对企业实施分阶段奖励，加大政策补助和资金奖励力度，引导企业稳步推进改制上市工作。

“泉民开讲”宣讲工作启动

为推动学习宣传贯彻习近平新时代中国特色社会主义思想走深走实，“泉民开讲”启动仪式暨首场宣讲网络直播举行。市委副书记、宣传部部长张永宁在启动仪式上致辞。“泉民开讲”宣讲工作在总结近年工作经验的基础上，统筹全市资源，围绕机关干部、企业职工、社区农村群众、青少年学生、港澳台同胞和海外侨胞五大重点群体，组建“宣讲员库”，采取自上而下策划和自下而上征集两种备课方式，拓展线上线下两个渠道，建立多元立体的宣讲工作体系。

张永宁指出，“泉民开讲”的最大特色在于，注重从基层干部群众的立场、角度、需求出发，创新“让群众讲给群众听”的宣讲方式，变“专家学者主讲”为“专家学者讲理论、领导干部讲政策、行业模范讲事迹、百姓群众讲体会”的宣讲新格局，让新思想与百姓面对面、心贴心。在内容创新上下功夫，从热火朝天的基层生活中挖掘新鲜事例，让身边人说身边事，用“小故事”传播“大道理”；在对象细分上下功夫，针对不同群体的不同关注点，既讲怎么看，又讲怎么办，力求宣讲的针对性和实效性；在方法改进上下功夫，强化“互联网+”思维，用好融媒体技术，增强宣讲的互动性和趣味性，为泉州全方位推动高质量发展超越提供有力的思想保证和强大的精神力量。

第四届“爱我国防”大学生主题演讲大赛总决赛举行

由市委宣传部、市教育局、市退役军人事务局、泉州军分区政工处、团市委等主办的第四届“爱我国防”大学生主题演讲大赛总决赛在泉州师范学院举行。大赛首次采取线上线下的形式同时进行。大赛以“纪念中国人民志愿军抗美援朝出国作战70周年”为主题。自9月开赛以来，吸引全市18所高校的40余名学子参与。经过首轮预赛，全市各高校10名（组）选手进入总决赛。经过角逐，泉州师范学院祝菲洋、傅蓉、冯川组成的联队获一等奖。

9月28日

农历庚子年八月十二
星期一
温度：23℃～24℃
多云

●康涛到惠安调研消防安全、房屋安全等工作。

●市政府第九十九次常务会议召开，贯彻落实全省促进增产增效、稳外贸稳外资促消费推进经济发展视频会议精神，研究泉州市攻坚行动推进工作。

●“泉民开讲”启动仪式暨首场宣讲网络直播举行。

●全市创建国家卫生城市工作推进会召开。

●由市委宣传部、市教育局、市退役军人事务局、泉州军分区政工处、团市委等主办的第四届“爱我国防”大学生主题演讲大赛总决赛在泉州师范学院举行。

●致公党泉州市十一届八次全委（扩大）会召开，传达学习中共泉州市委十二届十二次全会精神。

9月29日

农历庚子年八月十三
星期二
温度：23℃～27℃
阴转小雨

●福建省第十三届人大常委会第二十三次会议对泉州市人大常委会报请批准的《泉州市市容和环境卫生管理条例》进行审查，决定予以批准。

●市委常委会召开会议，传达学习习近平总书记在第三次中央新疆工作座谈会上的讲话、在教育文化卫生体育领域专家代表座谈会上的讲话、对“十四五”规划编制工作网上意见征求活动做出的指示、对供销合作社工作做出的指示精神等。

●市十六届人大常委会第五十七次主任会议召开，讨论通过市人大常委会关于争议较大的重大立法事项引入第三方评估和立法中涉及的重大利益调整论证咨询两个工作规范等。

●市十六届人大常委会第三十一次会议召开，表决通过市人大常委会关于调整市十六届人大常委会代表资格审查委员会主任委员的决定，以及有关人事任免事项。

●全市自建房加工场所消防安全整治现场会暨攻坚行动推进会召开。

●由市侨办、市海外联谊会主办的“共一轮明月”海外泉州籍侨亲代表庆国庆·迎中秋视频座谈会举行。

●市文旅局推荐“全福游、有全福 海丝泉州”精品旅游线路。

●古城泉山门亮灯仪式举行。

《泉州市市容和环境卫生管理条例》获批

福建省第十三届人大常委会第二十三次会议对泉州市人大常委会报请批准的《泉州市市容和环境卫生管理条例》（以下简称“条例”）进行审查，决定予以批准。作为泉州市获得地方立法权后制定的第五部地方性实体法，条例既总结提升泉州市在市容和环境卫生管理方面的好经验，将网格化管理、市容和环境卫生考评、环卫服务市场化等现行有效的政策措施法制化，又结合泉州实际提出责任区三包制度，凸显地方立法特色。条例共七章六十一条，包括总则、市容和环境卫生责任区制度、市容管理、环境卫生管理、环境卫生设施与作业服务管理、法律责任、附则。条例拟于2021年1月1日起施行。

市委常委会学习习近平总书记讲话指示精神

市委常委会召开会议，传达学习习近平总书记在第三次中央新疆工作座谈会上的讲话、在教育文化卫生体育领域专家代表座谈会上的讲话、对“十四五”规划编制工作网上意见征求活动做出的指示、对供销合作社工作做出的指示、在第三个“中国农民丰收节”到来之际向全国农民和工作在“三农”战线上的同志致以节日祝贺和诚挚慰问时的指示精神以及省委常委会会议精神。

海外泉州籍侨亲代表庆国庆·迎中秋视频座谈会举行

由市侨办、市海外联谊会主办的“共一轮明月”海外泉州籍侨亲代表庆国庆·迎中秋视频座谈会举行。座谈会通过云视频方式，连线全球五大洲13个国家的泉州籍侨亲代表，向他们及海外泉州籍乡亲致以节日祝福，并听取他们对住在国疫情情况和工作生活近况的介绍，以及对开展海外联络联谊工作的意见建议。向海外泉州籍华侨华人及社团慷慨解囊、捐资捐物支援家乡防抗疫情表示感谢，同时介绍泉州在驰援海外抗疫，做好本地疫情防控及推动复工复产等方面的情况。期待侨亲一如既往地关心支持家乡的建设与发展，促进泉州与世界在经贸、文化等方面的交流交往。新加坡、菲律宾、马来西亚、印尼、缅甸、日本、孟加拉国、澳大利亚、英国、意大利、美国、巴西、南非的13位侨亲代表纷纷表示，每逢佳节倍思亲，特别是疫情期间，来自家乡的问候和祝福更加令人感动。

泉州城乡融合发展年会峰会举行

由市发改委、市自然资源和规划局、市住建局、泉州晚报社、中国邮政泉州分公司主办的，以“创新协调，绿色发展”为主题的泉州城乡融合发展年会峰会举行，政府、企业、智库机构代表与会，探讨城乡融合发展与乡村振兴大计。年会包含泉州重点项目摄影书法大赛、泉州十佳特色小城镇遴选和泉州十佳城市地标（建筑、公园、桥梁）遴选等项目，旨在搭建沟通交流平台，总结城乡融合发展先进经验，力求从多个维度聚焦泉州城乡融合发展的精彩进程。峰会上，除对外发布上述三大项目的获奖榜单并颁奖外，还邀请清华海峡研究院乡村振兴研究中心主任、九七华夏乡村文旅CEO洪金聪、东南乡建/兑里创生创始人张明珍作关于乡村振兴的主旨演讲。

古城泉山门亮灯仪式举行

古城泉山门亮灯仪式举行。图为活动现场。
（图/孙　虹）

泉州市向革命烈士纪念碑敬献花篮仪式举行

泉州市向革命烈士纪念碑敬献花篮仪式在革命烈士陵园举行。市四套班子领导康涛、王永礼、陈灿辉、李转生、张永宁、孔繁军、林万明、林锦明、刘建军、洪自强等参加仪式。上午9时许，敬献花篮仪式开始，全体人员面向纪念碑整齐肃立，齐唱中华人民共和国国歌，并向革命烈士默哀。接着，少先队员唱响中国少年先锋队队歌《我们是共产主义接班人》。《献花曲》响起，10名武警礼仪士兵抬起5个花篮，缓步走向革命烈士纪念碑，将花篮摆放在纪念碑基座前。市委书记康涛、市长王永礼、市人大常委会主任陈灿辉、市政协主席李转生登上基座，在花篮前驻足凝视。康涛整理花篮缎带。随后，参加仪式人员依次登上基座绕行，瞻仰革命烈士纪念碑。

敬献花篮仪式在泉州市革命烈士陵园举行（图/陈晓东）

首届泉州装备智造云展开幕

由市政府指导，市工信局主办，泉州市装备制造业协会承办的首届泉州装备智造云展开幕。南方路机、泉工股份、铁拓机械、盛达机器、群峰机械、新源重工、佰源机械等近120家泉州机械装备企业进驻展会平台，云上展示设备产品。该云展的线上展示时长为1年。启动仪式现场，泉州市多家机械装备龙头企业发布2020下半年及2021年度采购及外协加工需求，总金额8亿元，在同等质量、同等价格等条件下，优先采购泉州本土企业产品。

“海外嘉宾感知泉州行”茶话会举行

由市政府外事办、市文旅局、市政府新闻办主办的“海外嘉宾感知泉州行”茶话会举行。活动旨在为庆祝中华人民共和国成立71周年，与关心支持泉州各项事业的海外嘉宾共同分享国庆、中秋“双节”同时来临的喜庆。在泉州投资的外商代表、外国专家、港澳台同胞、华侨华人以及高校外教、留学生代表等，一起到泉州非物质文化遗产馆、泉州海外交通史博物馆和九日山参观，并参加茶话会、欣赏泉州传统文艺演出。

泉州师范学院与绿地控股集团海南事业部签订战略合作协议

泉州师范学院与绿地控股集团海南事业部全面战略合作签约仪式举行。双方本着“优势互补、共同发展、合作双赢”的原则，在人才培养、员工培训、就业输出、产学合作、捐资办学、附属学校合作办学等方面建立长期有效的战略合作关系。

“根在固始——豫闽台书画联展”开幕

“根在固始——豫闽台书画联展”在闽台缘博物馆开幕。图为开幕仪式。（图/吴寿民）

9月30日

农历庚子年八月十四
星期三
温度：21℃～22℃
小雨转晴

●泉州市向革命烈士纪念碑敬献花篮仪式在革命烈士陵园举行。

●由市政府指导，市工信局主办，泉州市装备制造业协会承办的首届泉州装备智造云展开幕。

●由市政府外事办、市文旅局、市政府新闻办主办的“海外嘉宾感知泉州行”茶话会举行。

●泉州师范学院与绿地控股集团海南事业部全面战略合作签约仪式举行。

●“根在固始——豫闽台书画联展”在闽台缘博物馆开幕。

●台湾元智大学、健行科技大学、逢甲大学等14所高校的部分师生受邀通过线上直播，与华侨大学的师生以直播带货、闽台传统民俗活动、才艺表演等方式“云端”相聚，共话中秋。

●由丰泽区政府、泉州晚报社主办的第八届丰泽购物节暨“东海·玩聚场”活动在丰泽区东海片区启动。

●全市首家由国有企业创办的公办普惠性幼儿园——丰泽区博泽领海幼儿园开园。

10月1日

农历庚子年八月十五
星期四
温度：22℃~27℃
阴转晴

●市委、市政府在市行政中心广场举行市直机关升国旗仪式。

●王永礼到南安、永春检查节日值守、交通、防疫等工作，并慰问坚守一线的工作人员。

●由市退役军人事务局、市双拥共建办主办的“庆国庆 圆中秋 军民情”军民联欢晚会在惠安聚龙小镇举行。

●由市文旅局主办的泉州市2020年文创市集暨第三届闽南美好生活嘉年华在泉州府文庙前广场启动。

●“中国梦 祖国颂——相约清源山”迎国庆中秋佳节活动在市区清源山老君岩举行。

●1—15日，泉州市非物质文化遗产馆举行“迎中秋、庆国庆”主题灯展活动。

●泉州市博物馆举行“相聚中秋，欢度国庆”活动。

●石狮市部分项目集中开竣工活动举行。

市直机关国庆升国旗仪式举行

为庆祝国庆，市委、市政府在市行政中心广场举行市直机关升国旗仪式。市四套班子领导康涛、王永礼、陈灿辉、张永宁、游宇飞、林万明、林锦明、刘建军、季翔峰、洪自强等，与市直机关干部职工代表、公安干警、武警官兵代表和市民群众近千人参加仪式。上午8:30，升旗仪式开始。由武警官兵组成的国旗护卫队护送国旗走向升旗台。随后，中华人民共和国国歌响起，人们满怀激动，齐声高唱，一起凝视鲜艳的五星红旗冉冉升起，共同祝福祖国更加繁荣富强，祝愿人民生活更加幸福美好。

市直机关国庆升国旗仪式（图/陈起拓）

王永礼到南安永春检查节日工作

市长王永礼到南安、永春检查节日值守、交通、防疫等工作，并慰问坚守一线的工作人员。王永礼到泉厦高速水头征管所、交警执法站、水头镇万佳国际酒店、外山乡卫生院、外山乡中心小学、外山乡政府等地，与工作人员交谈，了解他们的值班轮岗情况和食宿生活情况。王永礼强调，要严把安全生产和疫情防控“两道关口”，落实落细各项安全生产举措，做好疫情常态化防控工作，守好防控的“第一道防线”，守护市民游客出行安全和生命健康安全。

全市举行各种活动庆祝国庆

由市退役军人事务局、市双拥共建办主办的“庆国庆 圆中秋 军民情”军民联欢晚会在惠安聚龙小镇举行。晚会邀请驻泉州部队官兵代表、优秀退役老兵代表、聚龙小镇志愿者服务队、社区居民代表参加。“中国梦 祖国颂——相约清源山”迎国庆中秋佳节活动在市区清源山老君岩举行。71名孩子身穿汉服齐声诵读《道德经》拉开活动序幕。接着，大家合唱《歌唱祖国》等经典红歌，表达对祖国的热爱之情。1—15日，泉州市非物质文化遗产馆举行“迎中秋、庆国庆”主题灯展活动，同步举行“非遗”体验与互动讲座、“非遗”博饼活动。泉州市博物馆举行“相聚中秋，欢度国庆”活动，邀请30名青少年到博物馆体验手工制作冰皮月饼和用陶土制作东西塔。

泉州文创市集暨第三届闽南美好生活嘉年华启动

由市文旅局主办的泉州市2020年文创市集暨第三届闽南美好生活嘉年华在泉州府文庙前广场启动。泉州市2020年文创市集以“创意泉州，惠享生活”为主题，连续举办4场，融线上市集、惠民惠企、夜间经济、文化活动于一体，让更多市民体味文旅消费新热点带动下的美好生活。

石狮市部分项目集中开竣工活动举行

石狮市部分项目集中开竣工活动举行。在鸿山镇，福建兴迅高性能绿色微孔发泡新材料项目投产，建设高性能绿色微孔发泡新材料生产线。锦尚作业区4号泊位竣工，项目将使华锦码头实现集装箱吞吐量60万标箱、散杂货350万吨的综合作业能力。石狮市中医院、石狮市妇幼保健院新业务楼等一批民生补短板项目的竣工，将为市民带来一波生活红利。包括中石光芯项目（二期）、泉州石湖港区保税物流中心（B型）、大长江汽车4S基地、信泰科技项目（一期）等一批项目开工。百丝达无纺布有限公司厂区、百川熔喷纺织品项目、圣洁卫生用品项目、晋晖薄膜生产项目等2020年“云签约”的项目启动建设。中国石狮国际食品城近200家商家500多间店铺同时开业。

泉州市细化部署国庆期间安全防范工作

全省安全生产工作紧急视频会议召开，泉州市随后召开会议，细化部署国庆期间安全防范工作。1日13时许，山西省太原市台骀山滑世界农林生态游乐园有限公司内四季冰灯雪雕馆发生大火灾事故。泉州市转发《福建省人民政府安委会关于深刻汲取山西太原台骀山滑世界农林生态游乐园有限公司“10·1”火灾事故教训做好当前安全防范工作的紧急通知》，要求各县（市、区）政府分析研判本地区、本行业领域安全风险，搞清弄清重点在哪里，还有哪些薄弱点，有针对性地制定防控措施。突出房屋结构安全、建设工地、危化品、道路安全、水上安全、旅游景点、生产企业、特种设备、民爆、城镇燃气、消防火灾、森林防灭火、自然灾害等领域及机场、车站、码头、商业综合体、人员密集等场所安全，立即开展安全风险摸排，及时采取管控措施消除风险隐患，督促企业落实安全生产主体责任。

泉州市确保“两节”期间“菜篮子”商品价稳量足

市发改委多措并举，确保国庆、中秋“两节”期间全市“菜篮子”商品价稳量足。2020年以来，泉州市食品价格指数上涨幅度低于全国、全省水平。全市物价水平总体处于合理区间，后期物价平稳运行的基础依然坚实。为做好“两节”期间市场供应和价格监管，市发改委提早安排部署，会同农业、商务、市场监管等部门落实责任分工，提前谋划、加强调度，保障市场价格维稳工作。节日期间，市发改委继续密切关注市场价格动态，做好节假日监测预警和应急监测值班工作，以便及时掌握市场动态情况，快速做出反应。

泉州市开展旅游场所消防安全隐患排查整治

为做好中秋节、国庆节期间消防安全工作，泉州市结合消防安全专项整治三年行动，集中组织开展旅游场所消防安全整治行动，加强节日期间旅游场所火灾防控工作。市消防救援支队成立检查小组，以突击检查、帮扶指导等方式，统一开展旅游场所及周边环境消防安全检查，重点摸底排查封闭式场馆建筑、人造游乐项目场馆、大型群众性活动、民宿、农家乐等场所。对排查出的火灾隐患，消防监督员一一登记造册，实行隐患整改“实名制”，依法依规督促整改。对大型群众性活动场所，支队还派员驻点执勤巡查火患、指导制定和完善防灭火预案、组织开展疏散逃生演练。截至是日，全市检查旅游行业相关单位等各类场所236家，督促整改火灾隐患43处，开展消防宣传及警示教育35场次，发送消防短信12万余条，每日滚动播放消防公益广告5000余条次。

“新时代好少年”研学之旅举行

由市委文明办主办的“新时代好少年”研学之旅举行。市、县两级2019年、2020年部分“新时代好少年”参加活动。主办方介绍，“新时代好少年”是由市、县两级文明办、教育局、团委、妇联、关工委评选的。他们有志向、有梦想，爱学习、爱劳动、爱祖国，生动展现新时代青少年乐观进取、向上向善的风采，是未成年人的学习榜样。如参加此次研学活动的“新时代好少年”中，苟晓敏体贴父母工作辛苦劳累，十分刻苦学习，课余乐于助人，勇于钻研科学知识，多次在学校活动中获奖；许苡晗学习优秀，热心公益，富有社会责任感，是一名优秀的少先队员，也是一名优秀的社会小公民。参加活动的“新时代好少年”到泉州海外交通史博物馆、中共德化支部旧址、围头“八二三”战地公园、施琅纪念馆等地，体验和感悟红色精神，传承红色基因，更好地弘扬中华优秀传统文化和闽南优秀文化，提升个人综合素质，以自身好榜样引领身边每一个人。

10月2日

农历庚子年八月十六
星期五
温度：22℃～29℃
晴

●全省安全生产工作紧急视频会议召开，泉州市随后召开会议，细化部署国庆期间安全防范工作。

●市发改委多措并举，确保国庆、中秋“两节”期间全市“菜篮子”商品价稳量足。

●泉州市结合消防安全专项整治三年行动，集中组织开展旅游场所消防安全整治行动，加强节日期间旅游场所火灾防控工作。

●由市委文明办主办的“新时代好少年”研学之旅举行。

10月3日

农历庚子年八月十七
星期六
温度：23℃~31℃
多云

●泉州市出台《预防重特大道路交通事故十九项工作措施》。

●市安办组织市直有关部门分成13个督导组对各县（市、区）节日期间安全生产工作进行督导。

泉州市出台十九项措施预防重特大交通事故

泉州市出台《预防重特大道路交通事故十九项工作措施》，工作措施包括六大项十九小项，其中拧紧道路安全责任链条有3项，健全道路安全工作机制有3项，完善道路安全经费保障有2项，深化宣传教育模式有3项，排查整治道路隐患有3项，净化路面交通秩序有5项。泉州市将推进安全生产“党政同责、一岗双责”有关规定和工作机制的落实，将道路安全工作成效纳入各级各部门安全生产责任制、党政领导绩效、精神文明创建等考评体系，并提高道路安全工作项目在考评中的权重分值。对道路安全工作推进不力、事故多发、安全隐患突出的单位，各级道安办要依据有关规定，综合运用警示通报、约谈、挂牌督办、一票否决四种问责措施，压实各级各部门道路安全工作责任。

各地要对2020年以来排查出的各类道路隐患开展一次对单销号。各级道安办要牵头组织交通、公安、城管、公路等部门，对辖区道路开展一次全面排查。电力、通信等部门，要组织对本单位设置在道路沿线的杆件进行一次摸排，对距离主路面过近、影响车辆通行、存在安全隐患的，要负责组织迁移。各地公安机关要牵头统筹辖区交警部门和派出所警力，根据辖区交通管理的特点规律，依托交警执法站和派出所治安岗亭，在重要时段、重点路段增派警力，突出对客车、旅游包车、危化品运输车、货车、农村面包车、摩托车等重点车辆的检查，严查酒驾、醉驾、客车、摩托车、农村面包车超员、货车超载、机动车超速、逆向、摩托车不戴安全头盔、低速货车违法载人、危化品运输车超载、不按规定线路行驶等严重交通违法行为。

各地乡镇（街道）要牵头组织人员，对辖区农村民俗活动和节假日酒驾交通违法行为高发的情况开展一次全面摸排，并依托交警执法站、农村交通安全劝导站等场所，采取重点时段、重点路段有警力管控，重点村（居）有干部驻守劝导的方式，对酒驾交通违法行为高发区域进行严防死守。各级治超办、渣土办，要针对货运车辆超载超限违法行为高发的工地、矿山和货运场站，联合公安、交通、应急管理等部门开展联合整治行动。对安全生产属地责任、源头企业主体责任和主管部门监管责任不落实的，要采取挂牌督办、限期整改的措施，推动安全生产“三个责任”（政府督促责任、部门监管责任、企业主体责任）的落实。对超载超限违法行为高发，经教育、处罚后仍不整改的企业单位，主管部门要将其纳入安全生产重点关注对象和失信行为“黑名单”。

泉州市“全覆盖”排查景区风险隐患

市安办组织市直有关部门分成13个督导组对各县（市、区）节日期间安全生产工作进行督导。即日起，全市对旅游景区和热门景点开展“全覆盖”风险隐患排查和消防安全大检查。对达不到安全要求的停止运营和使用；对存在风险隐患的要求立即整改，没有整改的安排专人盯守，严防擅自运营；对使用彩钢板可燃材料装修的，依法督促拆除；对严重违反消防法律法规的，该关停的关停、该重罚的重罚。同时，加强对已恢复经营的旅游场所监督指导，防止游客瞬时聚集引发拥挤踩踏事故；落实漂流、悬空栈道、热气球、蹦极、索道、滑翔等高风险旅游项目安全措施，履行大型节庆活动的审批和安全管控抓好安全监管责任落实，确保安全有序。

针对节日期间进山入林、野餐露营大幅增加情况，泉州市落实属地管理责任和有关单位主体责任，在路口关隘设卡检查，严防因野外违规用火引发森林草原火灾。泉州市组织人员对开放的各类商场市场、宾馆饭店、文物建筑和多合一场所、仓储堆场等进行再检查，及时消除可燃物堆积、电气线路乱搭、消防通道堵塞等安全隐患。此外，泉州市还紧盯落实路面执法管控措施，加大对重点交通运输企业、重点车船、重点路段（水域）的监督检查和执法力度，打击非法营运、酒驾醉驾等违法行为，严格民航、高铁、普铁、客船等大载客量运输工具安全检查。

市直属运管所新设立并推行“三办”模式

市直属运管所新设立并运行“一件事”服务综合窗口，推行“三办”模式，把企业和群众需跨部门、跨窗口办理的“一件事”整合成套餐，进行联办。“三办”模式，包括套餐式简办、多部门联办、全面邮寄办。套餐式简办中，首批推出的“一件事”套餐服务包括汽车租赁企业、机动车维修、变更普通货物运输经营地址、普通机动车驾驶员培训机构4个套餐，并分线上、线下两种渠道。线上，群众只需要在省网上办事大厅“泉州市‘一件事’套餐”专栏选择要办理的服务套餐，根据需要上传材料，成功提交即可；线下，采取的是“综合受理、分类审批、统一出证”的套餐式审批服务模式。

多部门联办中，该窗口与市场监管局等部门协同整合关联事项，开启“多部门同步办理、分阶段并联审批”模式，即通过实施跨部门流程再造，精细化梳理材料、表单、流程，让申请人办一件事只需一份指南、一次申报、一套材料，使“多次填表、多个流程、多次跑路”转化为“一次填表、一次流转、一次跑路”，有效压减审批流程。全面邮寄办中，申请人可将申请材料直接邮寄至该所综合窗口。窗口工作人员办结时，会将审批结果统一汇集至综合窗口，采取邮政寄递、网上传输等方式送达申请人，将群众办事取证由“上门取”变为“送上门”。如此一来，企业和群众足不出户就可办成事。

泉州乡村好货展在晋江举行

由泉州市农业农村局主办的“泉州乡村好货展——晋江站”在晋江市安海镇新店村举行。35家企业参展，参展产品有新鲜水果、蜂蜜、食用菌、茶叶和粮油、蔬菜、水产加工品等近300种。2020年以来，泉州市农业农村局秉承“公益服务农产品市场开拓，抱团营销好农货产销对接”的宗旨，依托泉州市农产品产销联盟，组织全市各地200多家农业产业化龙头企业、农民专业合作社、家庭农场经营者，开展“泉州乡村好货展”活动，以展示全市各县（市、区）最具代表性的农特产品。此前，已相继在永春、洛江举行两场“泉州乡村好货展”活动，吸引参观者5万多人次。

第二十八届泉州国际汽车展在晋江举行

1—4日，由晋江市政府、泉州晚报社支持，泉州汽车同业协会、晋江市贸促会主办的第二十八届泉州国际汽车展在晋江国际会展中心（新馆）举行。晋江国际会展中心地处泉州核心半小时经济圈，交通便利，会展中心停车位配置充足，是仅次于厦门、福州的全省第三大现代化、专业性展馆。会展中心室内面积有4万平方米，分4个展馆。该届车展展出面积4万多平方米，70多个品牌、近800款车型集中亮相。为确保安全和做好疫情防控工作，晋江市公安局及相关监管部门负责人多次检查车展现场，要求加大智能安防及人流监控系统投入，严格控制车展人流，并增派警力到现场协助维持秩序，为车展保驾护航。

相关链接：泉州国际车展作为福建省三大品牌车展之一，自2004年创办以来，逐渐成为全省规模大、品质高的专业汽车展会标杆。累计展出面积70万平方米、参观人数超332万人次、现场成交车辆121460台。

第二十八届泉州国际汽车展现场（图/张九强）

10月4日

农历庚子年八月十八
星期日
温度：23℃～32℃
多云

●市直属运管所新设立并运行“一件事”服务综合窗口，推行“三办”模式，把企业和群众需跨部门、跨窗口办理的“一件事”整合成套餐，进行联办。

●由泉州市农业农村局主办的“泉州乡村好货展——晋江站”在晋江市安海镇新店村举行。

●1—4日，由晋江市政府、泉州晚报社支持，泉州汽车同业协会、晋江市贸促会主办的第二十八届泉州国际汽车展在晋江国际会展中心（新馆）举行。

10月5日

农历庚子年八月十九
星期一
温度：21℃～26℃
多云

●2020年泉州市“数控一代”示范项目产品名单出炉，全市148个产品确定为2020年泉州市“数控一代”示范项目产品。

●泉州市取消电动自行车目录管理制度。

●由中国国家话剧院创排的话剧《四世同堂》在泉州大剧院演出。

2020年度市级“数控一代”示范项目名单出炉

2020年泉州市“数控一代”示范项目产品名单出炉，全市148个产品确定为2020年泉州市“数控一代”示范项目产品。2020年泉州市“数控一代”示范项目产品涵盖自动化、数控化、智能化装备（工业机器人），智能传感器、控制系统等关键部件。根据《泉州市工业和信息化局 泉州市财政局关于组织申报2020年泉州市“数控一代”示范项目产品的通知》，项目单位为在泉州市行政区域内进行登记注册的企（事）业单位；示范项目的产品具有关键技术的突破，性能和主要技术指标在国内同行业内处于先进水平；申报单位拥有研发技术专业人才，具备较强的产品研发、设计和生产制造能力，具备一定的生产场地与设备。

项目单位须取得相关专利，且专利获得授权或发明专利进入实审时间需是2015年1月1日以后，并满足以下两种条件之一：获得授权的相关发明专利一件以上（含一件）；进入实审阶段的相关发明专利一件以上（含一件）并取得其他相关专利三件以上（含三件）。产品有明确特定的细分领域，名称有具体、明确的表述，体现其主要特点和功能，有具体产品名称、型号范围和价格区间。《泉州市人民政府办公室关于进一步推动智能制造推进智能装备和“数控一代”产品应用快速发展的实施意见》明确，鼓励采购国产智能装备。对企业购置列入泉州“数控一代”示范项目产品的智能装备（含智能传感器、控制系统等关键部件），按采购发票总价（不含税）的20%给予购买企业购置补助；按销售发票总价（不含税）的10%给予生产企业补助。列入名单的企业应规范产品铭牌，在后期申报“数控一代”补助时，明确标明产品名称、型号、生产企业等与示范产品名单内容相符的相关设备信息，否则不予认定。

泉州市取消电动自行车目录管理制度

市市场监督管理局、市公安局发布《关于取消电动自行车目录管理制度的通告》（以下简称“通告”）。通告称，即日起，取消电动自行车销售目录管理制度，市场监管部门与公安交管部门不再受理电动自行车销售目录申报，《泉州市非机动车（电动自行车）产品目录》一并废止，不再作为申请上牌的依据。同时，禁止在本市生产、销售不符合电动自行车强制性国家标准《电动自行车安全技术规范》（GB17761–2018）、未取得CCC认证的电动自行车产品。违者将按照相关法律、法规予以严肃处理。销售企业应通过店堂告示、在销售凭证中注明等方式，向消费者承诺其销售的车辆符合国家相关标准并已获CCC认证。因销售企业未明确告知或告知不真实、不全面，导致消费者购买的车辆未取得CCC认证、不符合国家电动自行车产品标准，不能依法注册登记并上道路行驶的，消费者有权要求销售企业退货或者更换。

中国国家话剧院话剧《四世同堂》在泉州演出

由中国国家话剧院创排的话剧《四世同堂》在泉州大剧院演出。该剧曾获“金狮奖”“文华优秀剧目奖”等诸多大奖。《四世同堂》是一部表现抗战期间北平沦陷区普通民众生活与抗战的长篇小说，被老舍自认为“从事写作以来最长的、可能也是最好的一本书”，文学界将其列入“20世纪中文小说一百强”。话剧《四世同堂》的编剧兼导演田沁鑫，被业界誉为“最有才情女导演”。2011年，她将这部从未被搬上过话剧舞台的著作改编为话剧，搬上舞台。该剧再现抗日战争时期北京城的人文风貌与风土民情，以讲述中国故事特有的文化立场，和坚持精品奉献人民的文化态度与自信，集结中国国家话剧院优秀的演员，生动地展现老舍笔下的这一部浩繁的“平民史诗”。此次到泉州演出的明星版《四世同堂》延续实力派演员班底，段奕宏、邢佳栋参演，段奕宏饰演“说书人”一角，风趣幽默、老派十足，一反荧屏上给人的硬汉形象；邢佳栋饰演“车夫小崔”一角，赋予这个小人物最光芒的灵魂，生动刻画小人物的大情怀。

泉州市构建建设项目全链条环境监管机制

市生态环境局出台《关于构建建设项目全链条环境监管机制的实施意见》（以下简称“意见”），标志环评制度改变“重审批、轻监管”模式，环评监管迈入“全周期、全链条、全要素”监管体系。自2017年环境影响登记表网络备案实施以来，泉州市近七成项目环评实行备案，无须审批，实现“一趟不用跑”，但也给后续环境管理带来压力。2019年起，泉州市在全省率先试点推行环评登记表备案事中事后监管，一年来全市开展约310次专项事中事后检查，撤销已备案登记表项目383个，占同期项目的6.5%。为严把环境监管关，明确事中事后“谁来管”“管什么”和“怎么管”，意见明确市、县生态环境部门、市生态环境保护综合执法支队、网格员的监管责任，并规范监管程序，将监管流程细化为制定监督检查年度工作方案、资料汇总移交、纳入执法计划、现场检查、依法依规处理、信用管理、规范档案管理7个环节，形成闭环式管理模式。

惠安在全市率先出台公共文化专项资金管理暂行规定

惠安在全市率先制定出台《惠安县公共文化专项资金管理暂行规定》，此举完善国家公共文化服务体系示范区建设，加快推动公共文化资源向基层延伸、向农村覆盖、向群众倾斜，为全市提供公共文化资金管理的“惠安样本”。暂行规定设定文体活动经费、村综合性文化服务中心专项资金、培育百千特色文化服务中心资金、扶持基层文化人才专项、乡村民俗馆的运行经费补助、地方剧种公益性演出补助专项等资金安排，从硬件、软件、人才、环境等多方位进行政策扶持和引导。

公共文化专项资金的财政杠杆效应显著：强调普惠性和基本性，专项资金在很大程度上关注镇村综合文化服务中心暨群众的文化载体和文化需求，对镇村按照国家公共文化服务体系示范区的创建标准完善场所内外设施设备进行针对性奖补；打造文化创新标杆，2019年该县在全市率先研究制定《惠安县百千特色文化服务中心管理暂行办法》，2020年在全县范围内评选一批主题突出、设施完善、文化内涵深厚、运营管理良好的特色文化标杆；聚焦人才振兴，注重培育乡土文化人才、艺术人才，同时给予村级文化协管员每人每月100元补贴，激励文化协管员扎根文化土壤，带动村民发展文化事业；繁荣群众性文化活动，为鼓励镇村开展面向基层群众的群众性文化活动，设立文体活动专项资金，补助基层结合各地文化特色和旅游资源策划举办群众喜闻乐见的文化旅游体育活动，促进12镇218个村处处有活动。暂行规定试行期一年，根据实际适时修订。

泉州经济技术开发区创新成立基层治理服务中心

泉州经济技术开发区基层治理服务中心开始实体化运作，通过“中心+片区工作站+基本单元格”，落实网格化服务管理，细化服务范围，明确岗位工作职责，解决开发区困扰多年的基层服务治理“短板”问题。长期以来，开发区没有街道社区组织，基层治理力量较薄弱，为落实“强基促稳”三年行动，提升服务企业、职工群众的覆盖面和精准度，泉州经济技术开发区管委会创新成立区属国企性质的泉州经济技术开发区综合管理服务有限公司（基层治理服务中心），中心下辖崇泰、崇宏、崇文3个片区工作站，每个片区工作站再细分4个网格12个基本单元格，主要负责开展信息登记、政策宣传、隐患巡查等，分类分行业提供专项咨询对接，借助科技手段开展精细化、订单式服务，承接企业服务、安全生产、民生服务和提供法律咨询等。该中心细化网格服务范围，健全完善网格化工作体系，按照社会治理综合网格“一格一员”的标准配齐专职网格员，发动或招募企业员工、热心个体店主、物业或业主代表等担任志愿者和信息员，畅通信息渠道，及时掌握社情民意。

10月6日

农历庚子年八月二十
星期二
温度：21℃～26℃
晴转多云

●市生态环境局出台《关于构建建设项目全链条环境监管机制的实施意见》。

●惠安在全市率先制定出台《惠安县公共文化专项资金管理暂行规定》。

●泉州经济技术开发区创新成立基层治理服务中心。

10月7日

农历庚子年八月廿一
星期三
温度：21℃～26℃
多云转晴

●王永礼到泉州市对口支援的西藏自治区昌都市洛隆县，看望慰问泉州援藏干部人才和组团式援藏教师，推动援藏工作落深落细落实。

●省发改委会同省农业农村厅转下达国家补助福建省2020年农业项目中央预算内投资计划，其中泉州市3个项目获中央预算内投资3390万元。

●由泉州晚报社编撰的《温陵风流——泉州历史名人传略》出版。

王永礼到西藏昌都市洛隆县考察推动援藏工作

市委副书记、市长王永礼到泉州市对口支援的西藏自治区昌都市洛隆县，看望慰问泉州援藏干部人才和组团式援藏教师，推动援藏工作落深落细落实。王永礼到马利镇布许福建新村，洛隆县人民医院、藏医院和昌都经开区洛隆县扶贫（泉洛）特色产业园区、经开区唐卡漆画培训基地等，察看泉州援建项目建设成效，感受洛隆经济社会发展变化，并与洛隆县领导干部和泉州援藏干部座谈交流。

王永礼表示，真心高兴看到洛隆县委、县政府团结带领全县人民，推动经济总量增长、发展质量提升、民生基础改善、社会安定有序，共促民族团结一家亲，为昌都解放70周年献上一份珍贵的贺礼。真诚感谢洛隆长期以来对泉州援藏干部的关心支持，感谢藏族同胞在泉州经商创业，为泉州发展做出的贡献。真诚希望泉州洛隆两地继续昂扬精气神，互学互鉴、携手共进，推动各项事业再上新台阶。王永礼还探访泉州援藏工作队、援藏教师宿舍，了解干部人才工作生活条件和身体健康状况。王永礼代表市委、市政府对全体援藏干部、援藏教师“舍小家顾大家”的付出表示感谢，勉励大家要学习贯彻习近平在中央第七次西藏工作座谈会上的讲话精神，按照省委、省政府和市委的部署要求，在洛隆县委、县政府领导下，铸牢中华民族共同体意识，主动融入民族大家庭，聚焦高质量发展、保障改善民生、推进生态文明建设、加强党的组织建设，一任接着一任、一批接着一批真帮实援，落实好项目援藏、产业援藏、教育援藏、医疗援藏等对口支援洛隆各项任务。要参与高质量编制“十四五”对口援藏规划，既援基建也援人才，既援资源也援业态，既防返贫控新贫稳脱贫也奋力激活当地“造血功能”，提升对口支援精准度和实效性，让老百姓有更多获得感幸福感安全感。要与藏族同胞融为一体、心手相牵，在促进各民族共同团结奋斗、共同繁荣发展中发挥更积极的作用。

泉州市3个农业项目获 3390万元中央资金支持

省发改委会同省农业农村厅转下达国家补助福建省2020年农业项目中央预算内投资计划，其中泉州市3个项目获中央预算内投资3390万元。这3个项目为石狮市水禽品种资源基因库改扩建项目和南安市、安溪县畜禽粪污资源化利用整县推进项目，该笔资金的注入将助推项目建设。石狮市国家水禽品种资源基因库改扩建项目完成项目区临时围墙建设和12栋旧保种舍的拆除工作；南安市畜禽粪污资源化利用整县推进项目完成实施方案编制，主要包括养殖场填平补齐工程、种养结合示范基地工程、畜禽粪便有机肥加工示范工程3个方面内容；安溪县畜禽粪污资源化利用整县推进项目完成项目实施方案的编制并开展细化方案招投标及编制工作。市发改委会同农业等有关部门，按照农业发展专项中央预算内投资计划绩效目标，督促建设单位加强项目资金使用管理，及时落实投资计划，加快项目建设进度。

《温陵风流——泉州历史名人传略》出版

由泉州晚报社编撰的《温陵风流——泉州历史名人传略》出版。泉州古称温陵，向有“海滨邹鲁”之称，历史上涌现了不少炳耀当世、辉映千秋的人物，如欧阳詹、曾公亮、李贽、俞大猷等。这些风流人物绵延于泉州城市历史的经纬之中，厚实了泉州的地域文化和人文积淀。《泉州晚报》记者、编辑自2012年以来，利用该报《温陵志》栏目对泉州历史名人故事进行搜寻、钩沉、梳理、阐发，把散见于庞杂史书经典中的“珍珠”人物串在一起，从而放射出奇光异彩，使读者能领略泉州名人文化的风采与特点。这套集结《温陵志》栏目66篇精华文章的《温陵风流——泉州历史名人传略》，以科学性、学术性和通俗性为本，采经摭传，融人物传记、历史评论为一体。

40家泉州企业入选第九批入库省科技型中小企业名单

福建省2020年第九批入库科技型中小企业名单出炉，共有114家企业入库，其中包括泉州优立佳新型材料有限公司等40家泉州企业。科技型中小企业是指依托一定数量的科技人员从事科学技术研究开发活动，取得自主知识产权并将其转化为高新技术产品或服务，从而实现可持续发展的中小企业。省科技厅在科技创新券补助工作方面支持科技型中小企业。科技创新券专项资金用于补助科技型中小企业、创客在研发过程中，向高校、科研院所、企业等机构购买技术、检验检测、科研仪器设备使用、技术数据分析等科技创新服务的费用，以及大型科研仪器产权单位向相关服务机构支付的设备维修、测试技术咨询等科技创新服务费用。

国庆中秋假期全市实现旅游收入42.47亿元

国庆、中秋假期全市接待游客443.13万人次，恢复到2019年国庆假日的91.1%；实现旅游收入42.47亿元，恢复到2019年同期的92%，文旅市场呈现回暖态势。泉州市加大节假日文旅产品高质量供给，第三届闽南美好生活嘉年华、2020润物无声国庆展之“言吾闽南”、“刺桐遗韵·古琴特展”等105项文化旅游活动贯穿国庆、中秋假期。在泉州古城，多个旅游点依托古城文化内涵举办展览活动及文创集市，吸引众多游客驻足。各县（市、区）也推出许多文旅活动。晋江五店市街区举办“我为吃狂”海丝泉州美食嘉年华，惠安崇武古城举行惠女民俗风情表演和“献金锣”表演，石狮黄金海岸举办第三届石狮动漫节，南安举办“海丝南安 丰美燎原”文旅活动周等系列活动，均受到游客追捧。

泉州市还举办以国庆佳节、中秋团圆为主题的夜间文旅体验活动，吸引许多市民游客“夜游”泉州。泉州市图书馆、“非遗”馆举办“点亮秋夜”活动，推出花灯展览、泉州博饼民俗活动，吸引不少游人参与互动。石狮环塔山水库荧光栈道工程在国庆前夕开放，丰富市民游客户外休闲夜游生活。乡村休闲游是短线旅游新热点。“茶韵安溪”“自在德化”“悠游洛江”“山海泉港”“风情惠安”等15条“全福游、有全福 海丝泉州”乡村休闲游精品路线备受青睐，各类参与性极强的项目拉动旅游人气，樟脚村、围头村、大岞村、蟳埔民俗渔村、乡韵农场等乡村旅游网红打卡地游人如织。

游客在刺桐时代村游览（图/吴炯雯）

首届泉州市中小学“诗词少年”大赛总决赛举行

由市新闻出版局、丰泽区新闻出版局、东南早报主办，泉州市学生记者团、书想所复合书店承办的首届泉州市中小学“诗词少年”大赛总决赛在市区南益广场举行。从海选、半决赛脱颖而出的22名选手分中、小学组进行对决。总决赛分两个赛段，经过五轮比拼和加赛后，中小学组前三名晋级状元赛，由评委现场出题，进行飞花令。大赛由华侨大学文学院原院长王建设教授、福建省诗词协会常务理事戴冠青教授、泉州师范学院文学与传播学院翟勇教授担任评委。三位评委对选手表现进行现场点评，并就题目进行解答，拓展相关知识和典故，为大家上了一堂古诗词课。最终，泉州实验中学李思朋、泉州市实验小学洛江校区唐伊扬分获中学组和小学组“诗词状元”和千元大奖，泉州九中潘珅、泉州实验中学胡靖豪分获中学组亚军、季军，小学组第二、第三名则由安溪龙涓乡崇文小学杨书豪、泉州市台商投资区第七实验小学王煜坤获得。

10月8日

农历庚子年八月廿二
星期四
温度：21℃～27℃
晴

●福建省2020年第九批入库科技型中小企业名单出炉，共有114家企业入库，其中包括泉州优立佳新型材料有限公司等40家泉州企业。

●国庆、中秋假期全市接待游客443.13万人次，恢复到2019年国庆假日的91.1%；实现旅游收入42.47亿元，恢复到2019年同期的92%，文旅市场呈现回暖态势。

●由市新闻出版局、丰泽区新闻出版局、东南早报主办的首届泉州市中小学“诗词少年”大赛总决赛在市区南益广场举行。

●泉州市闽南民间歌舞传承中心在泉州南音艺苑举行“庆国庆”暨“我的中国梦”声乐专场。

10月9日

农历庚子年八月廿三
星期五
温度：21℃~27℃
晴

●泉州市跻身国内最值得一去旅游地前十。

●福建省海上丝路时间中心运营有限公司联合上海市工商联信息技术商会在上海举行时空科创产业链招商推介会。

●全市新增快递包装回收装置332个，总数达到689个，集中在快递末端网点。

泉州市跻身国内最值得一去旅游地前十

国庆、中秋长假，串联中山路、西街片区的泉州古城核心区成为最热流量片区。线下，全市接待游客443.13万人次。线上，抖音话题“抖来泉州游”点击量超过5600万人次。根据第一财经旗下数据型媒体DT财经发布的社交平台讨论国内最值得一去的旅游地Top10，泉州市位列第七，搜索关键词开元寺位居第一，古城位居第三。千年古城焕发出越来越迷人的风采，秘诀在于一个“减”字——国庆期间，对西街东段（影剧院至新华路）适时实行全封闭交通管制，禁止一切车辆（含非机动车）通行。“减”字诀带来难得的“加法效应”：游览体验感上升，吸引超强客流，带动周边背街小巷活化。除中山路和西街，在背街小巷里举行的活动同样让游客的古城之旅充满惊喜。金鱼巷里有“金鱼游3D投影”，充满童趣的“小鱼儿”在巷子里游来游去，受到小朋友喜爱。南音阁里的千年南音在古巷中回响。通政巷的木偶剧和木偶快闪，让游客近距离感受木偶文化魅力。旧馆驿巷的“清源驿”里有古琴展和古琴沙龙，弦歌阵阵。镇抚巷的觅鲤成了年轻人的打卡地，咖啡、民宿、小酒馆热闹非凡。炙手可热的《乘风破浪的姐姐》节目也选择到泉州录制，在府文庙、老茶馆等留下足迹，成为这个长假期间古城里一道靓丽的风景线。广西游客莫康凡表示，无论是古老还是年轻，无论是严肃还是浪漫，都能在泉州古城核心区找到一席之地，尽显包容、多元的文化魅力。这就是文化体验丰富到让人惊喜的古城。

泉州市在上海举办时空科创产业链招商推介会

福建省海上丝路时间中心运营有限公司联合上海市工商联信息技术商会在上海举行时空科创产业链招商推介会，以“双城双园 乘风破浪”为主题，旨在加强上海、泉州两地区域联动，深化科创产业链合作，打造双城双园的时空产业孵化平台。推介会吸引上海市工商联信息技术商会下属科技类相关企业参加。会上，上海市工商联信息技术商会与福建省海上丝路时间中心运营有限公司签署战略合作协议，双方共建“科创产业链孵化中心”，分别在上海、泉州设立基地，先试先行产业链招商合作模式，推动上海、泉州两地高科技企业开展合作；共同梳理时间、频率、北斗、物联网、5G等行业特点与需求，为两地出台时空产业发展扶持政策提供参考。海上丝绸之路时间中心由中国科学院国家授时中心与泉州市政府设立，是中国第一个区域型时间中心，将打造大科学装置、大数据中心、智能制造、文化教育四大核心板块，融入从科学研究、科技交流、运控管理到衍生产业的时空产业全链条。

全市新增快递包装回收装置332个

世界邮政日。泉州市从快件投递多个环节发力，推动快递“绿色”事业发展。2020年以来，全市新增快递包装回收装置332个，总数达689个，集中在快递末端网点。一件快递从商家投递到消费者手中，需用到胶带、纸皮箱、木板、泡沫、纸张等包装物，这些包装如未加以回收，最后都变成垃圾。为减少快递包装垃圾，市邮政管理局推行“9792”工程，即全市快件瘦身胶带封装比例达90%，电商快件不再二次包装率达70%，循环中转袋使用率达90%，新增200个设置标准包装废弃物回收装置的邮政快递网点。该项工作推进顺利，多数指标超过预期目标。其中，按《邮件快件绿包包装规范》规定操作封装胶带的快件比例达94.9%；电商快件不再使用二次包装比例达到81.1%，不再二次包装快件约6.5亿件；按《快递封装》国家系列标准统一采购的包装比例超过80%，循环中转袋使用率达71%，总循环使用次数超过5000万次，瘦身胶带使用比例达95.6%，减少胶带使用量超过6000万米。根据城管、住建部门发文，社区也将在居民小区里配置快递包装回收装置，推进快递包装垃圾的减量化、资源化。

市工商联（总商会）十四届五次常委会议召开

泉州市工商联（总商会）十四届五次常委会议在晋江召开。会议传达学习习近平在企业家座谈会上讲话精神和关于新时代民营经济统战工作指示精神、省委常委会和市委常委会会议精神等，通报全市工商联系统自身建设的相关情况，作泉州市工商联2019年及2020年上半年工作报告，并就企业如何贯彻落实市委、市政府关于秋冬季新冠肺炎疫情防控和安全生产的工作部署作相关说明。会议还邀请专家作5G助力泉州智能制造的前景及展望的主题讲座。会议要求，要学习贯彻习近平总书记讲话指示批示精神和全国民营经济统战工作会议精神，加强自我学习、自我提升，坚守实业、发展主业。要加大科技创新投入，加强产业协同和技术合作攻关，动员全产业链、全体企业等更广泛的力量参与产业转型升级，强化优势产业的领先地位，投身新兴产业，推动泉州实现从制造业大市向制造业强市的转变。要弘扬企业家精神，带头践行新发展理念，保持“有义、有根、有智、有梦”的特质，紧抓新发展格局战略部署的机遇，为全方位推动高质量发展超越贡献力量。会前，与会人员参观七匹狼中国男装博物馆。

泉州市女性高层次人才和女企业家助力高质量发展专题会召开

由市妇联、市人社局主办的泉州市女性高层次人才和女企业家助力高质量发展超越专题会召开。全市纺织鞋服、纸业印刷、机械装备、科教文卫、公共服务等多个领域的女性高层次人才和女企业家代表，围绕支持女性创新创业、促进文化产业发展、提升女性就业能力、完善公共服务短板，以及推动“十四五”妇女儿童事业发展建言献策。

针对女性在创业创新和成长过程中面临的困惑和挑战，泉州海天材料科技股份有限公司总经理王国珍建议，加强宣传和引导，在全社会营造支持女性创业兴业、敢于创新的风尚；创新培训模式，组建创业导师队伍，为女性人才提供系统的技能培训与创业创新辅导；建立泉州市优秀女性人才信息库，引导她们助推女性创业创新；打造女性人才创业创新示范园区，促成企业转型与女性人才创业创新项目有效衔接融合；扶持“家政服务”“社区幼儿托管点”等服务项目，减少女性人才的家务负担和角色冲突。恒安集团共享中心副总裁、集团党委书记刘莹建议，建立女性专业技能人才信息库，动态调整更新，方便企业发现人才使用人才；成立女性专业性人才联谊会，多交流多分享多互动，实现共同成长；加强女性制造业技能人才定向培养，引导企业和职业院校合作设立女职工创新工作室；给予女性更多理解和关爱，让职场女性能够更好地兼顾事业和家庭。就女性科技人才队伍建设，福建天广消防有限公司董事长、泉州市女企业家联谊会会长陈秀玉建议，设立专项计划支持女性科技人才发展，培养创新型女性科技人才。鼓励科研机构、高等学校和企业设立女性科技人才创新专项基金。支持女性创新人才运用自主知识产权创办科技型企业，造就一批具有创新精神的女性科技企业家。泉州君子兰美容美发职业培训学校创始人黄珊珊建议，应重视和加强技能培训，开展系列技能竞赛，为女性专业技术人才和高技能人才搭建舞台，期待更多妇女通过职业技术培训，提升就业竞争能力，走上就业创业的脱贫致富道路。德化金凤祥工艺有限公司艺术总监曾素妹表示，陶瓷工艺流程多，细节复杂，女性可在雕塑、绘画等工序上发挥心灵手巧的特长，实现就业创业。为谋求更好发展，女性陶瓷从业人员应从题材、材质、工艺等方面寻求创新和突破，让作品更有市场，企业更有生命力。就补短板优化妇女儿童服务，泉州市中医院妇科主任、主任医师高丽萍建议，加强妇幼保健机构建设，强化乡镇卫生院、社区卫生服务中心、村级卫生室的妇幼保健服务功能，扶持产科和儿科发展，鼓励社会资本参与妇幼健康服务；通过建设妇幼健康服务联合体，开展远程医疗、对口支援、区域间互助等方式，提高基层医疗卫生机构服务能力；推行“互联网+妇幼健康”服务模式，实现妇幼健康大数据资源共享；加强产科医师、助产士等急需紧缺专业人才培养，壮大妇幼人才队伍，提高服务能力。

专题会上，市人社局和市妇联表示，希望女性人才志存高远、勇于担当，聚焦“推进科技创新、产业结构、居民收入等方面超越和深化对台各领域融合”九大重点任务，在推动泉州高质量发展超越中彰显“半边天”力量。

10月10日

农历庚子年八月廿四
星期六
温度：27℃～30℃
晴

●泉州市工商联（总商会）十四届五次常委会议在晋江召开，传达学习习近平在企业家座谈会上讲话精神和关于新时代民营经济统战工作指示精神、省委常委会和市委常委会会议精神等。

●由市妇联、市人社局主办的泉州市女性高层次人才和女企业家助力高质量发展超越专题会召开。

●新华社播发长篇通讯《拥有上千名会员的县级足协是怎样炼成的》，介绍南安市足球事业发展情况，并配发记者手记《相信足球爱好者的力量》。

10月11日

农历庚子年八月廿五
星期日
温度：22℃～29℃
阴转多云

●市人普办联合丰泽区人普办，在丰泽区源淮社区云谷小区举行人口普查入户摸底启动仪式，标志泉州市第七次全国人口普查入户工作拉开序幕。

●由市应急局等主办的2020年“国际减灾日”宣传暨“防灾减灾知识视频讲解比赛”颁奖仪式举行。

●由市残联和泉州大剧院主办的“让世界听见我——逆光乐队音乐会”公益专场在泉州大剧院举行。

●中央电视台二套财经频道“第一时间”栏目播出《福建安溪：铁观音秋茶上市，量价齐升》，报道安溪铁观音秋茶采制盛况。

泉州市第七次全国人口普查入户工作启动

市人普办联合丰泽区人普办，在丰泽区源淮社区云谷小区举行人口普查入户摸底启动仪式，标志泉州市第七次全国人口普查入户工作拉开序幕。10月11—31日期间，全市5.5万多名普查指导员和普查员，对全市2552个普查区、4.37万个普查小区，逐门逐户勘察，摸清每个区域住房的数量和具体位置、每个住房中住户人数，发放《致住户的一封信》进行普查告知，询问登记方式，为登记打下基础。11月1—15日，普查员入户开展普查短表登记，逐人逐项登记普查信息。11月16—30日，普查指导员对国家随机抽取的10%住户进行普查长表登记，获取教育、就业、婚姻生育、住房、收入、养老等更为详细的人口信息。人口普查能全面查清泉州市人口数量、人口结构、区域分布、城乡住房等基本情况，为制定和完善人口与发展战略及政策体系，提高城市管理水平和服务质量，加快城市治理体系和治理能力现代化建设等，提供科学、准确、完整的基础数据。根据《中华人民共和国统计法》《全国人口普查条例》相关规定，各位居民应当按时提供人口普查所需的资料，如实回答相关问题，不得隐瞒有关情况，不得提供虚假信息，不得拒绝或者阻碍人口普查工作。普查机构和普查员都必须为调查对象的个人信息保密，普查信息不得用于人口普查以外的其他目的。

2020年“防灾减灾知识视频讲解比赛”颁奖

由市应急局等主办的2020年“国际减灾日”宣传暨“防灾减灾知识视频讲解比赛”颁奖仪式举行。5月，市应急局、教育局、自然资源和规划局、地震局、气象局举办2020年“国际减灾日”宣传暨“防灾减灾知识视频讲解比赛”，得到关心支持防灾减灾公益宣传事业人士的支持和参与。活动收到相关作品150件，内容丰富，科普价值较高，体现泉州市参赛选手良好的精神风貌和较高的知识素养。主办方从中择优评出一等奖7名、二等奖16名、三等奖24名、优秀奖48名，并授予“泉州市防灾减灾科学传播师”称号。市应急局有关负责人介绍，举办“国际减灾日”宣传暨“防灾减灾知识视频讲解比赛”颁奖、交流活动，对于泉州市防灾减灾社会宣传普及工作具有十分重要的意义，既检阅泉州市防灾减灾宣教师资队伍的整体水平和人员储备情况，又对防灾减灾知识进行宣传。交流活动中，除继续依托原有的宣教队伍外，还有意识地抽调在视频讲解比赛中表现较好的选手加入授课师资队伍。在为师生传授防灾减灾知识的同时，也给授课老师提供一个展示自我水平和风采的机会。

“防灾减灾知识视频讲解比赛”颁奖仪式（图/市地震局）

“让世界听见我——逆光乐队音乐会”公益专场举行

由市残联和泉州大剧院主办的“让世界听见我——逆光乐队音乐会”公益专场在泉州大剧院举行。残疾人朋友、助残志愿者和热心残疾人事业的爱心人士等200余人，共同欣赏这场由视障人士献上的特别演出。此次公益专场是残障艺术家第一次登上泉州大剧院舞台。演唱会上半场是黑暗音乐会，在遮蔽所有光源的黑暗环境，广播剧带领观众体验盲人的成长经历。其间，六位视障人士组成的逆光乐队，演绎音乐《竹林深处》和原创歌曲《看见》《约好明天的太阳》等。下半场则进入私房音乐会，乐队创办人兼鼓手顾苏强讲述乐队成立的故事，介绍乐队成员，他们分别带来《坚持》、《无人熟识》（闽南语），以及阿卡贝拉合唱《贝加尔湖》和《岁月神偷》等经典曲目。逆光乐队是全省第一支全部由视障者组成的乐队，六名队员中，温晓明、庄少谆、黄小凤三人毕业于泉州市特教学校。

泉州市参与承办第三届数字中国建设峰会智能制造分论坛

由中国科学技术协会、省政府主办，泉州市政府参与承办的第三届数字中国建设峰会智能制造分论坛在福州海峡国际会展中心举办。省委常委周联清，中国工程院院士谭建荣，中国科协智能制造学会联合体常务副秘书长吴幼华，泉州市委副书记、市长王永礼，副市长吕刚等出席活动。论坛主题为“智能制造助力高质量发展超越”，吸引50家国家级行业协会的负责人和高等院校教授专家、超100家智能制造领域知名企业代表、超200家省内智能制造重点企业负责人，以及新闻媒体记者代表等与会。

泉州市数字经济重点项目集中签约仪式（图/市数字办）

王永礼（前排左三）走访华为展位（图/陈起拓）

周联清在致辞中表示，2020年是习近平总书记倡导推动“数字福建”建设20周年。当年，习近平总书记极具前瞻性地提出建设“数字福建”战略构想，开启数字中国建设的思想源头和实践起点。省委和省政府牢记习近平总书记嘱托，围绕产业链部署创新链、围绕创新链布局产业链，以智能制造为主攻方向推动产业技术变革和优化升级，推进互联网、大数据、人工智能同实体经济深度融合，推动生产方式向柔性、智能、精细转变，取得积极成效。当前，福建省正贯彻习近平总书记讲话指示批示精神，加快建设高水平创新型省份，全方位推动高质量发展超越。希望与会专家学者和企业家积极交流思想、推动深化合作，为加快数字中国建设进程、推动智能制造高质量发展做出更大贡献。

王永礼代表泉州市委、市政府感谢主办、协办单位给予泉州难得的展示推介机会。王永礼表示，泉州制造业规模总量大，产业转型升级对包括智能化、数字化、网络化改造在内的智能制造需求十分迫切。泉州各级各有关部门一任接着一任干、一届接着一届推，智能制造发展迈出大步，营商环境赢得良好口碑和舒适体验。欢迎专家学者、企业家多到泉州考察、投资、创业，在泉州找到丰富的应用场景和广阔的市场空间。泉州将用心用情做好每一个企业、每一个项目的政策保障和具体服务工作，推进智能化改造、数字化转型，为福建全方位推动高质量发展超越做出更大贡献。

论坛上，市政府与思爱普（中国）有限公司、华为技术有限公司分别签署战略合作协议。思爱普（SAP）是全球第三大软件公司，此次签署战略合作协议，双方将重点围绕泉州“八大千亿产业集群”转型升级，建设全省首家SAP工业互联网创新中心。市政府与华为签署战略合作协议后，双方将重点加强在数字经济、数字政府、数字城市等领域的合作。15个数字经济重点项目集中签约，项目总投资额86.6亿元，涵盖数字经济园区、工业互联网、人工智能、卫星应用、集成电路、平台经济、5G+智慧工厂、跨境电商等多个领域，包括捷云科创园、云知声智能科技项目、泉港陆地港项目二期、青创城品牌服装网批云市场、晋南新城——云创联航电商数字经济园、安芯半导体装备及耗材研发制造生产线等项目。7位在智能制造领域具有影响力的专家学者和企业家发表主旨演讲。会前，王永礼还与思爱普全球高级副总裁库尔特·鲍尔、华为技术有限公司副总裁杨瑞凯等座谈交流，走访数字泉州、中国移动、华为等展位，推动务实合作，实现互利共赢。

10月12日

农历庚子年八月廿六
星期一
温度：23℃～27℃
阴

●由中国科学技术协会、省政府主办，泉州市政府参与承办的第三届数字中国建设峰会智能制造分论坛在福州海峡国际会展中心举办。

●市政协党组理论中心组（扩大）学习会议召开，传达学习习近平在全国抗击新冠肺炎疫情表彰大会上的讲话、在中共中央政治局会议审议《黄河流域生态保护和高质量发展规划纲要》时的讲话精神等。

●由团市委、市教育局、市少工委主办的“先锋引领薪火相传”泉州市庆祝中国少年先锋队建队71周年主题队日活动在丰泽区第二实验小学举行。

10月13日

农历庚子年八月廿七
星期二
温度：22℃~26℃
阴转多云

●13—15日，受文旅部委托，省文旅厅、财政厅组织验收组对泉州市创建国家公共文化服务体系示范区工作开展现场验收，并召开泉州市创建国家公共文化服务体系示范区现场验收工作汇报会及反馈会，听取创建工作汇报，反馈验收情况。

●第三季度全市经济运行分析视频会召开，分析前三季度经济运行情况，与各级各部门一起找问题、理抓手、明方向、鼓士气。

●13—14日，宁夏回族自治区吴忠市党政代表团到泉州考察，并与泉州市党政领导座谈交流。

泉州市接受创建国家公共文化服务体系示范区现场验收

13—15日，受文旅部委托，省文旅厅、财政厅组织验收组对泉州市创建国家公共文化服务体系示范区工作开展现场验收，并召开泉州市创建国家公共文化服务体系示范区现场验收工作汇报会及反馈会，听取创建工作汇报，反馈验收情况。

在汇报会上，市长王永礼指出，泉州市委、市政府历来高度重视文化发展，两年多来，泉州围绕“共建共享”主题，聚力政府主导、群众主体、制度保障三大抓手，实施文化设施提升、文化惠民服务、公共文化产品数字化、公共文化服务品牌示范、文旅服务融合发展五大工程，探索公共文化服务泉州新亮点，完善提升一大批公共文化设施，丰富公共文化的产品供给，提高公共文化的服务质量，创新公共文化创建的模式，给群众带来实实在在的获得感和幸福感。泉州将按照此次检查验收的反馈意见，巩固国家公共文化服务体系示范区创建成果，建设文化强市。

在泉州期间，验收组听取泉州的创建工作汇报，审阅档案资料、检查市县基层公共文化设施和公共文化活动开展情况。反馈会上，验收组指出，泉州市委、市政府高度重视示范区的创建工作，着眼于共建共享，推进公共文化服务高质量发展，把示范区建设作为推动文化发展、改善民生的重要机遇，建立党委统一领导、政府推动落实，部门联动共创、社会广泛参与的工作机制，创新文旅融合方式、公共文化服务模式，拓宽社会力量参与，共建共享层次不断提高，较好地完成创建规划提出的任务，各项指标均达到优秀档次，创建工作取得显著成效。验收组希望，泉州探索机制体制改革创新，形成具有全国影响的、可借鉴、可复制、可推广的“泉州经验”，更好地发挥示范区的示范引领作用。

第三季度全市经济运行分析视频会召开

第三季度全市经济运行分析视频会召开，分析前三季度经济运行情况，与各级各部门一起找问题、理抓手、明方向、鼓士气。会议要求，各级政府各部门要围绕市委的决策部署、市人代会既定的目标任务，坚定信心、补足短板、迎头赶上。要攻坚增产增效，做好金融扶持、市场销售拓展、保产业链供应链、惠企政策兑现等；要攻坚项目投资，力促重点项目快落地快建设、产业招商再加强再突破、“新”“老”两方面逆周期投资有比拼有晾晒、要素保障更充足更到位；要攻坚内外循环，稳住外贸基本盘，抓住销售旺季促进消费回补、潜力释放；要攻坚新业态新模式，对接上级政策，争取更多红利落地。要对照脱贫攻坚和农村环境整治收官、片区建设开发、安全生产、生态环保、国务院大督查等工作要求，逐项对账收账。要推进“十四五”规划编制和2021年工作谋划，抓好改革试点和政策研究。

宁夏回族自治区吴忠市党政代表团到泉州考察

13—14日，宁夏回族自治区吴忠市党政代表团到泉州考察，并与泉州市党政领导座谈交流。市委书记康涛指出，要健全常态化对接协作机制，加强产业合作、劳务协作、消费扶贫等，争取更多更大实质性成果。要谋划好“十四五”对口协作，推进稳定脱贫与乡村振兴有效衔接，发挥两地优势条件，拓展市场化、社会化、多元化的合作发展路子，携手推动两地高质量发展。吴忠市委书记、市人大常委会主任沈左权表示，吴忠将学习贯彻习近平总书记视察宁夏讲话精神，落实闽宁扶贫协作联席会议精神，深化对口协作，在合作交流上再深入，在合作领域上再拓展，在合作机制上再创新，在合作平台上再提升，以实际行动推进对口协作再上新台阶。在泉州期间，吴忠市党政代表团到晋江，考察安踏一体化项目、晋江五店市传统街区、晋江经验展示馆、福建盼盼饮料有限公司等，了解泉州产业发展、城市建设等情况。

闽西南协同发展区科技合作领导小组第三次工作会议在泉州召开

闽西南协同发展区科技合作领导小组第三次工作会议在泉州召开，总结2020年以来闽西南协同发展区的科技合作情况，并研究下一步工作计划。2020年以来，厦门、漳州、泉州、三明、龙岩五地市共同推进城市群协同创新发展，在创新载体、创新动能、创新要素等方面取得显著成效。如厦门牵头在厦建设“闽西南智能制造共享服务平台”，并牵头筹划建设“闽西南协同发展区科学仪器设备资源共享平台”，初步拟定平台建设方案；泉州建设科技大市场，为协作区内的高校院所与企业搭建交流合作平台；厦门、三明、龙岩在科技特派员工作方面签订合作协议，取得实质性进展；漳州与厦门大学在产业科技服务团等方面达成合作共识。致力于为五地市科研机构搭建集中展示交流的平台，会议还同期举办闽西南协同发展区产业园区技术需求发布和科研院所成果对接会，100多项技术成果在线上线下发布。其中，来自五地市的8个科研平台和产业基地项目在现场推介，泉州市的海上丝绸之路时间中心、中科院海西研究院泉州装备制造研究所、泉州洛江区传感智能制造产业基地、泉州天津大学集成电路及人工智能研究院、泉州中国兵器装备集团特种机器人研发中心、泉州华中科技大学智能制造研究院在会上推介。

公募REITs助力“新基建”转型发展专题培训举行

由市地方金融监管局、市发改委主办的公募REITs助力“新基建”转型发展专题培训举行。培训旨在推动泉州市企业把握国家发改委、证监会推出基础设施领域不动产投资信托（REITs）的新机遇。

培训会上，兴业证券结构融资部副总经理葛骅介绍，4月，证监会和国家发改委发布《关于推进基础设施领域不动产投资信托基金（REITs）试点相关工作的通知》。中国基础设施资产存量规模巨大，发展公募REITs可以盘活优质资产，在防范化解债务风险的同时，更好地发挥政府投资的引领作用，为基础设施建设提供权益性资金，补齐发展短板、稳定经济增长，带动扩大基建领域有效投资。国内已有不少优质基建项目具备持续、稳定的现金流和较好的经营能力及增长潜力，加入试点申报的行列。REITs发行后，可以降低企业负债率、优化财务结构，提高企业再融资能力。此外，企业提前回收资金还可用于投资新项目。上交所储备的项目覆盖各省市，涵盖传统、新基建两大领域内的主要基础设施类型，涉及公共事业基础设施、交通能源、产业园区、仓储物流和数据中心等大类，智慧能源、智慧城市、信息网络等新基建项目也在持续推进。总体来看，公共事业基础设施、交通能源、产业园区类项目以国有企业为主，仓储物流、数据中心类项目以民营经济为主，各类资产现金流稳定、质量较好。基础设施公募REITs试点优先聚焦的领域，包括有条件的国家级经济技术开发区、高科技产业园区等。市地方金融监管局相关负责人表示，泉州市符合条件的项目和企业可向国家发改委和证监会申报基础设施公募REITs试点，探索通过创新融资产品盘活存量基础设施资产的新路径。

泉州市22家建陶企业首批加装企业环保用电监控系统

市生态环境局与国网泉州供电公司经过会商，决定以22家建陶企业为首批试点，加装企业环保用电监控系统。22家试点企业均为混合排放企业，即喷雾干燥塔与窑炉废气合并为一个治理系统。小微企业污染防治如何监管，一直是生态环境部门面临的一道难题，此次选取的22家混合排放的建陶企业就是其中的典型。因为在应急管控期间，混合排放的建陶企业监管存在盲区，且设备改造成本又很高。此次通过小成本投入加装企业环保用电监测系统，利用15分钟级的企业环保设备电压、电流、功率、电量等用电信息收集，生态环境部门将可以及时了解排污企业生产设备运行状态。

10月14日

农历庚子年八月廿八
星期三
温度：21℃～28℃
阴转多云

●闽西南协同发展区科技合作领导小组第三次工作会议在泉州召开，总结2020年以来闽西南协同发展区的科技合作情况，并研究下一步工作计划。

●由市地方金融监管局、市发改委主办的公募REITs助力“新基建”转型发展专题培训举行。

●由泉州市参与承办的2020数字中国创新大赛机器人赛道颁奖仪式，在第三届数字中国建设峰会闭幕式上举行。成年组特等奖由中国科学院海西研究院泉州装备制造研究所获得。

●市生态环境局与国网泉州供电公司经过会商，决定以22家建陶企业为首批试点，加装企业环保用电监控系统，用以辅助对污染天气、重大活动等应急管控期间各企业错峰生产情况的监管。

●许氏瓷塑220周年“非遗”传承展暨“百福”作品首发式系列活动在德化县城市规划馆二楼开幕。

10月15日

农历庚子年八月廿九
星期四
温度：22℃～26℃
阴

●市委常委会召开会议，传达学习贯彻习近平总书记在9月28日中央政治局会议上和中央政治局第二十三次集体学习时的讲话精神以及省委常委会会议精神。

●市委理论学习中心组会议召开，学习《中国共产党农村工作条例》和省委实施办法。

●康涛到市信访局接访群众。

●王永礼会见到泉州访问的新加坡驻厦门总领事吴俊明。

●全市预防重特大道路交通事故专项整治动员部署暨第四季度道安工作视频会议召开，通报2020年以来全市道路交通安全工作情况，分析存在的问题和短板，研究部署下阶段道路交通安全工作。

●全市意识形态工作专题培训班举办。

●针对退役军人的“浪花计划”就业培训班在泉州海洋职业学院开班。

市委常委会学习习近平总书记讲话和省委常委会会议精神

市委常委会召开会议，传达学习贯彻习近平在9月28日中央政治局会议上和中央政治局第二十三次集体学习时的讲话精神以及省委常委会会议精神。

会议强调，要贯彻习近平在中央政治局会议上的讲话精神，认识“十三五”时期中国决胜全面建成小康社会、决战脱贫攻坚取得的决定性成就，把思想和行动统一到党中央决策部署上来。要谋划“十四五”发展，对接中央和省战略规划，吸纳社会期盼、群众智慧、专家意见、基层经验，科学谋划全方位推动高质量发展目标和举措，推出一批战略性、基础性、牵引性项目抓手，高标准、高质量完成好规划编制工作。要强化贯彻《中国共产党中央委员会工作条例》精神的政治自觉，在思想上政治上行动上同以习近平同志为核心的党中央保持高度一致，以实际行动维护制度权威，提升各级党组织建设制度化、规范化、科学化水平。要贯彻落实习近平指示精神，做好外防输入各项工作，盯紧重点人群和关键部位，抓紧抓实抓细核酸检测、健康管理、院感防控、应急准备等；总结梳理好经验好做法，推动建立疫情防控和经济社会发展工作中长期协调机制，机制化巩固防控成果。要学习贯彻习近平在中央政治局第二十三次集体学习时的讲话精神，扛好历史文化遗产保护政治责任，做好“申遗”各项工作，加强考古发掘、遗址保护、文物安全、历史研究等，守护好历史文化遗产；多层次完善制度保障，禁止破坏性开发、防止建设性破坏；支持保障考古和文化事业，加强考古能力建设，整体提升遗产保护利用水平。

市委理论学习中心组学习《中国共产党农村工作条例》

市委理论学习中心组会议召开，学习《中国共产党农村工作条例》和省委实施办法。会议强调，要学习贯彻习近平关于“三农”工作论述，推动条例及实施办法各项规定落地见效，组织抓好农村工作具体任务落实，推进稳定脱贫与乡村振兴有效衔接，确保全面建成小康社会成色和质量。

康涛到市信访局接访群众

市委书记康涛到市信访局接访群众。市领导林锦明、季翔峰参加接访。康涛强调，要树立以人民为中心的发展思想，站在群众立场想问题、做工作，依法依规、用心用情办好群众“急难愁盼”问题；要坚持关口前移，畅通民意渠道，对跨部门、跨区域事项，成立工作专班，加强沟通协调，及时反馈解决，最大限度维护群众合法权益。

王永礼会见新加坡驻厦门总领事吴俊明

市长王永礼会见到泉州访问的新加坡驻厦门总领事吴俊明。市领导肖汉辉参加会见。王永礼指出，长期以来，泉州与新加坡两地经贸往来密切，历史文化渊源深厚。泉州正全方位推动高质量发展超越，欢迎更多新加坡企业到泉州寻觅商机，推动两地在经贸、教育、医疗、文旅、体育、传媒等方面开展多层面深层次合作，共创美好未来。

全市开展预防重特大道路交通事故专项整治行动

全市预防重特大道路交通事故专项整治动员部署暨第四季度道路安全工作视频会议召开，通报2020年以来全市道路交通安全工作情况，分析存在的问题和短板，研究部署下阶段道路交通安全工作。会议决定，即日起，全市以摩托车（含电动自行车）、渣土车、“营转非”客车和酒醉驾交通违法行为为整治重点，采取部门联动、齐抓共管的综合治理措施，开展为期5个月的预防重特大道路交通事故专项整治行动。

全市自建房加工场所消防安全整治转段工作视频会召开

全市自建房加工场所消防安全整治转段工作视频会召开，总结排查摸底第一阶段工作情况，部署下阶段任务。会议指出，各地要提高政治站位，压实各地排查整治责任，发挥督导“撬动”作用，把市里的决策部署落到基层最末端。要完成排查摸底目标任务，对照开展自查，落实计分排名，严格督导问责。要迅速转入评查整改关键阶段，明确评查基本原则，加快评查工作进度，加强评查暨整改环节的组织协调、统筹管理，规范评查秩序，事前要管控评查服务质量，事中加强评查活动监督管理，事后要强化评查结果应用，用扎实的成效来保障人民群众生命财产安全。

泉州市新媒体联盟老区、苏区采风行活动在惠安启动

由市委网信办、惠安县委宣传部、东南网泉州站主办的“决战脱贫攻坚、决胜全面小康”暨泉州市新媒体联盟老区、苏区采风行活动在惠安启动。为围绕脱贫攻坚中心任务，讲好“泉州脱贫攻坚”故事，弘扬主旋律，传播正能量，此次采风行活动走进惠安、永春、德化等地的革命老区、苏区，以文字、图片、视频等形式，记录报道当地脱贫攻坚事迹，围绕脱贫攻坚经验做法、典型案例、先进事迹开展采风调研，以听介绍、看变化的形式展现人民群众共建全面小康、共享幸福生活的生动实践。此外，采风活动还通过形式多样的融媒体产品，推介当地农特产品、旅游资源、产业政策，助力脱贫攻坚。参与采风行的媒体包括泉州网、泉州通、东南早报（公众号）、泉视界（无线泉州）、新华网泉州区、中新网、东南网、闽南网、海都报全媒体中心、新浪泉州、网易泉州等。

2020年世界粮食日暨全国粮食安全宣传周主会场活动举行

第40个世界粮食日（是日所在周是全国粮食安全宣传周），由市发改委（市粮食和物资储备局）、市农业农村局、市教育局、市科技局、市妇联主办的2020年世界粮食日暨全国粮食安全宣传周主会场活动在泉州商城广场举行。2020年世界粮食日的主题是“齐成长、同繁荣、共持续，行动造就未来”；全国粮食安全宣传周的主题是“端牢中国饭碗、共筑全球粮安”。市发改委（市粮食和物资储备局）有关负责人表示，各级各相关部门将扛稳粮食安全重任，加快推进“优质粮食工程”建设，构建更高层次、更加完备的粮食安全保障体系，为服务泉州市经济社会发展做出应有贡献。同时，倡导全社会行动起来，做“厉行节约、反对浪费”的践行者、宣传者、推动者，争当节粮减损、绿色储粮的表率，让节粮爱粮成为一种新风尚。活动中，27家企业现场获授牌“市级放心粮油经销店”；惠农惠粮政策宣讲工作队获授旗，将到基层开展宣讲活动；一批优质粮油产品现场进行展销展示，吸引不少市民驻足了解粮油安全知识、购买放心粮油。

2020年世界粮食日暨全国粮食安全宣传周主会场活动启动（图/市发改委）

10月16日

农历庚子年八月三十
星期五
温度：21℃~25℃
阴转多云

●全市自建房加工场所消防安全整治转段工作视频会召开，总结排查摸底第一阶段工作情况，部署下阶段任务。

●由市委网信办、惠安县委宣传部、东南网泉州站主办的“决战脱贫攻坚、决胜全面小康”暨泉州市新媒体联盟老区、苏区采风行活动在惠安启动。

●市直宣传系统处级干部到南安市东田镇，开展“走在前作表率，助力脱贫攻坚”2020年扶贫日主题活动。

●由市发改委（市粮食和物资储备局）、市农业农村局、市教育局、市科技局、市妇联主办的2020年世界粮食日暨全国粮食安全宣传周主会场活动在泉州商城广场举行。

10月17日

农历庚子年九月初一
星期六
温度：20℃～25℃
阴到大雨

●17—22日，由省体育局、省教育厅主办的2020年福建省青少年校园足球联赛暨中学生足球锦标赛在晋江举行。

●泉州市开展2020年国家扶贫日系列活动。

●由泉州市政府主办，泉州市工信局、财政局、工商联、泉州晚报社等承办的泉州建材中国行系列推介活动在江苏南通举行专场活动。

●“乡愁五店市”海峡两岸（晋江）金秋论坛暨征文大赛文艺采风活动在晋江五店市举行。

●17—19日，由中国陶瓷工业协会、中国茶叶流通协会、中国工艺美术学会主办，德化县陶瓷发展委员会、中国茶具城承办的2020中国德化陶瓷博览会暨茶具文化节在德化中国茶具城举办。

泉州市开展2020年国家扶贫日系列活动

全国第7个扶贫日，泉州市开展2020年国家扶贫日系列活动。在主会场南安市委党校，南安市三明商会、南安市溪美商会、南安市日用轻工商会分别向三个乡镇捐赠3万元资金，用于助学、医疗、住房保障等。南安市慈善总会与中国人民财产保险公司南安支公司签订“慈善+保险”项目合作协议，南安市妇联与闽康职业技术培训学校签订资助困难家庭妇女职业技能培训协议。现场还举行助学志愿者与资助对象结对帮扶仪式、南安市就业扶贫基地授牌仪式、农家书屋捐赠图书仪式。主会场外，主办方组织30家企业开展脱贫攻坚专场招聘活动，组织相关职能部门开展扶贫政策宣传活动，组织医疗部门开展扶贫义诊活动。

泉州市产业链招商洽谈会和建材推介活动在南通举行

泉州市产业链招商洽谈会在江苏南通举行，近300名长三角区域企业家及泉州籍乡贤参加。招商洽谈会现场，泉州市发改委相关负责人介绍泉州市纺织鞋服、建材家居、食品饮料、工艺制品、新一代信息技术、生物医药、石油化工等重点产业发展规划和招商项目。此外，市半导体高新区管委会、晋江市政府、南安市政府、泉港石化工业园区管委会、泉惠石化工业园区管委会等分别作招商推介。此次招商洽谈会洽谈项目25个，总合同投资366.3亿元。现场，有15个项目签约，合同总投资81.2亿元，7个项目计划投资额达5亿元及以上。其中，易渭股权投资合伙企业（有限合伙）项目、新能源汽车综合体项目、中南高科产业园项目三个项目计划投资额达10亿元及以上。市工信局相关负责人表示，通过招商洽谈，深化合作意向、推进合作进程、落实一批合作项目、拓展合作空间，将推动泉州市经济发展和社会进步迈上新台阶。

由泉州市政府主办，泉州市工信局、财政局、工商联、泉州晚报社等承办的泉州建材中国行系列推介活动在江苏南通举行专场活动。申鹭达、华泰陶瓷、铭盛陶瓷、三联机械、艺辉石材、鑫阳光茶具等31家具有代表性的泉州建材家居生产企业参加推介活动，南通石材协会、中南集团、南通二建、方筑装饰等南通本地及周边地区地产、建筑、设计、装潢企业和建材经销商代表近500人次到现洽谈沟通，提升泉州建材家居区域品牌在南通的知名度和美誉度。经现场洽谈和后续对接，预计可带动泉州建材家居产品对外销售额增加19.6亿元。

2020年中国德化陶瓷博览会暨茶具文化节举办

17—19日，由中国陶瓷工业协会、中国茶叶流通协会、中国工艺美术学会主办，德化县陶瓷发展委员会、中国茶具城承办的2020年中国德化陶瓷博览会暨茶具文化节在德化中国茶具城举办，全国625家企业参展。主会场举办多场活动，包括宣布德化“中国瓷都”复评通过、德化县陶瓷发展委员会与清华大学美术学院签订“中国白”中国传统陶瓷艺术双年展学术支持合作协议、中国茶叶流通协会给中国茶具城“最具潜力中国茶具交易市场”授牌、2020年“何朝宗杯”中国（德化）陶瓷工业设计大赛首批战略合作企业授权、“云上一会一节” 平台上线及系列专场商贸对接会。德化县陶瓷博物馆、新秀园、金马车文创基地、顺美陶瓷文化生活馆、龙鹏集团、中国白博物馆、五洲陶瓷公司、如瓷生活馆、三德陶瓷城等分会场同期举办活动。

2020年中国德化陶瓷博览会暨茶具文化节开幕式
（图/瓷都德化）

10月18日

农历庚子年九月初二
星期日
温度：20℃～25℃
多云

●王永礼到安溪县尚卿乡、剑斗镇开展“申遗”点保护和安置点建设调研。

●由省林业局、国家林业和草原局福州专员办、省野生动植物保护协会主办的以“保护野生动植物，养成文明卫生饮食习惯”为主题的保护野生动物宣传月活动在泉州晋江南岸生态公园举行。

●由市体育局主办、泉州市太极拳协会承办的省全民健身运动会泉州市太极拳比赛在泉州市侨乡体育馆开赛。

●18—19日，浙江婺剧精品剧目到泉州巡演。

王永礼到安溪调研“申遗”点保护和安置点建设情况

市长王永礼到安溪县尚卿乡、剑斗镇开展“申遗”点保护和安置点建设调研。在尚卿乡青洋村的青阳下草埔冶铁遗址，王永礼强调，要做好遗址现场保护，科学设计施工防雨防潮等设施，加快展示馆及相关配套设施的建设进度；要挖掘研究遗址之于宋元时期泉州作为海上丝绸之路重要节点和世界海洋商贸中心的历史意义和文化内涵，统筹考虑、串联用好冶炼遗址、古驿道等资源，将遗址打造成集保护、展示、体验等于一体的历史文化景点。在泉州白濑水利枢纽工程剑斗新集镇安置点项目现场，王永礼指出，要听取专家意见、尊重群众意愿，优化规划设计，坚持生态优先，提级建设污水、垃圾处理等基础工程；突出山水相融，科学开展新集镇整体风貌塑造提升；注重产业依托，发展休闲农业、乡村旅游等适合业态，守牢“安全线”、把好“质量关”，加快项目进度，提升项目品质。

王永礼（左五）在安溪县剑斗镇调研白濑水利枢纽工程剑斗新集镇安置点项目（图/陈晓东）

泉州市保护野生动物宣传月活动举行

由省林业局、国家林业和草原局福州专员办、省野生动植物保护协会主办的以“保护野生动植物，养成文明卫生饮食习惯”为主题的保护野生动物宣传月活动在泉州晋江南岸生态公园举行，小学生、志愿者、市民群众等数百人参加。活动旨在贯彻落实习近平生态文明思想，落实全国人大常委会、省人大常委会关于全面禁止非法野生动物交易、革除滥食野生动物陋习、保障人民群众生命健康安全的有关决定，加强全民生态环境保护和公共卫生安全教育。活动现场，小学生在“摒弃滥食野生动物陋习”的签名墙上签下自己名字，许诺要养成文明卫生的饮食习惯，并在志愿者引导下观看泉州湾鸟类摄影展，了解泉州鸟类概况。现场还举办“共建爱鸟护鸟文明乡村”授牌、志愿者宣誓、启动保护野生动植物宣传球、放飞救助鸟类、童声朗诵等活动。

泉州市太极拳比赛开赛

由市体育局主办、泉州市太极拳协会承办的省全民健身运动会泉州市太极拳比赛在泉州市侨乡体育馆开赛，全市各地24支代表队187名运动员参赛。比赛项目包括42式太极拳、42式太极剑和陈式传统拳、杨式老六路传统拳等。图为比赛前的太极拳表演。（图/吴聪伟）

浙江婺剧精品剧目到泉州巡演

18—19日，浙江婺剧精品剧目到泉州巡演，包括《白蛇传》和《忠烈千秋》两场演出。婺剧《白蛇传》取材于民间传说“白蛇传”，是婺剧最具代表性的剧目，其中《断桥》在婺剧传统戏中脍炙人口。《忠烈千秋》为国家艺术基金2018年度资助项目，是一部展现优秀传统文化魅力，弘扬爱国主义情怀的剧作。此次展演由上海白玉兰主角奖得主楼胜领衔主演，陈丽俐领衔出演。《忠烈千秋》讲述唐朝安史之乱时，名将张巡坚守咽喉要道，率领将士为守城流尽最后一滴血，最终烈士忠勇殉国，却保障了大后方黎民百姓免遭兵祸的故事。

10月19日

农历庚子年九月初三
星期一
温度：20℃～24℃
多云转晴

●市十六届人大常委会第五十八次主任会议召开。会议听取市市场监管局关于《市人大常委会关于检查〈中华人民共和国食品安全法〉及〈福建省食品安全条例〉实施情况的审议意见》初步研究处理情况的专项报告等。

●市人大常委会党组扩大会议召开，传达学习习近平在9月28日中央政治局会议上的讲话、在中央政治局第二十三次集体学习时的讲话、在第三次中央新疆工作座谈会上的讲话精神等。

●全市深入推进扫黑除恶专项斗争工作会议召开。

●全市森林防灭火工作紧急会议召开，贯彻落实省、市相关森林火灾的指示精神。

●由福建省对外文化交流协会、福建省闽台交流协会、中国闽台缘博物馆、台湾书院联谊会主办的“朱子文化寻源之旅——海峡两岸文化交流”在泉州开营。

●泉州市举行晋江、长汀、上杭三地山海协作优质农产品展销对接交流活动。

●19—23日，2020年泉州市志愿服务组织负责人培训班在德化举办。

市十六届人大常委会第五十八次主任会议召开

市十六届人大常委会第五十八次主任会议召开。会议听取市市场监管局关于《市人大常委会关于检查〈中华人民共和国食品安全法〉及〈福建省食品安全条例〉实施情况的审议意见》初步研究处理情况的专项报告；讨论关于《泉州市机动车停车条例（草案二审稿）》，关于加快全市垃圾分类处理利用的决议执行情况、农村人居环境整治情况、2019年度行政事业性国有资产管理情况的调研报告和审议意见稿以及政务数据汇聚与共享应用平台建设情况的调研报告和评议意见稿，讨论关于市十六届人大五次会议第1301号和1113号的调研报告，以及市人大常委会关于泉州市宗教人才队伍建设、全民健身工作、《中华人民共和国社会保险法》和《中华人民共和国反不正当竞争法》实施等情况报告。

市十六届人大常委会第五十八次主任会议现场
（图/王虎文）

“朱子文化寻源之旅——海峡两岸文化交流”在泉州开营

由福建省对外文化交流协会、福建省闽台交流协会、中国闽台缘博物馆、台湾书院联谊会主办的“朱子文化寻源之旅——海峡两岸文化交流”在泉州开营，

“朱子文化寻源之旅——海峡两岸文化交流”活动现场
（图/陈智勇）

活动为期5天，闭营仪式于23日在武夷学院举行。因受疫情影响，2020年交流活动采取线上线下相结合的创新方式，台湾的书院联谊会、象山书院、道东书院、兴贤书院、蓝田书院、磺溪书院、明志书院、大观义学等营员通过网络云上平台参加，大陆的山东孔子研究院、江西省书院研究会、铅山县鹅湖书院景区管委会、湖南岳麓书院、浙江余姚市东海城市文化研究院和省内考亭书院、正谊书院、南溪书院、普霖书院、武夷精舍，以及武夷学院朱子学研究中心、南平市朱子文化研究中心、武夷山朱熹研究中心等营员代表30余人线下实地参访。

泉州市举行山海协作优质农产品展销对接交流活动

泉州市举行晋江、长汀、上杭三地山海协作优质农产品展销对接交流活动。活动以“山海合力·协作共赢”为主题，在位于晋江内坑的福建省力豪现代农业有限公司省级现代蔬菜产业园展示中心设置60个展位，三地农产品供销商带来自己的特色农产品，其中，长汀特色农产品有河田鸡、烧大块、红菇、茶油、豆制品等，上杭特色农产品有贵妃鸡养生汤、烤乳鸽、海鲜菇、通贤乌兔等，晋江特色农产品则有牛三宝、灵水菜脯、衙口花生、拳头母、肉粕等。

山海协作优质农产品展销对接交流活动现场
（图/林劲峰）

泉州市获“全国双拥模范城”“九连冠”

全国双拥模范城（县）命名暨双拥模范单位和个人表彰大会在北京举行，泉州市及所辖晋江市、石狮市、南安市获全国双拥模范城称号。泉州市委副书记张永宁等作为全国双拥模范城（县）军地代表在福建省分会场领奖。泉州市获全国双拥模范城“九连冠”，晋江市、石狮市、南安市蝉联“七连冠”“六连冠”和“四连冠”，实现“一带三”目标，受命名表彰数量位居全国设区市前列。

泉州市“全国双拥模范城”牌匾（资料图片）

2020年泉州市社会科学普及宣传周启动

由市委宣传部、市社科联等主办的2020年泉州市社会科学普及宣传周启动仪式在洛江洛阳桥桥头举行。2020年社科普及宣传周主题为“决胜全面小康·决战脱贫攻坚”，采用市、县、乡三级联动举办形式。启动仪式上，主办方向市、区两级社科普及基地代表授牌；向有关社科社团、高校、社科普及基地赠送科普书籍；向“社科专家带你游古城”服务队授旗等。活动现场还开展中共十九届四中全会、“民法典”专题社科知识有奖竞答、“非遗”文化展示、专家义诊等活动。

“社科专家带你游古城”服务队授旗仪式（图/洪 旭）

2020年泉州市食品安全宣传周启动

由市食品安全委员会办公室主办的2020年泉州市食品安全宣传周启动仪式举行。活动以“食品安全，人人有责”为主题，采用视频会议形式在市、县两级同时启动。现场，市食品安全委员会办公室为首批“泉州市食品安全宣传教育基地”授牌，泉州外国语学校、泉州市营养健康协会、泉州市虹岩茶业有限公司等25家企业事业单位、社会团体、公益机构获此称号。市市场监管局还与阿里本地生活服务公司签订智慧监管合作框架协议，通过对大数据、人工智能等新技术的运用，提升食品安全智慧监管服务水平。市食品安全委员会办公室相关负责人介绍，食品安全关系到每一个人的身体健康和生命安全，食品安全宣传周旨在通过科普食品安全知识，动员全社会关心、支持和参与食品安全治理，让全社会督促食品生产经营者依法生产经营，加强行业自律，诚信经营，从而共同推动泉州市食品安全工作。

泉州市文明旅游暨相关主题活动举行

由市文旅局、市文明办主办的泉州市文明旅游暨“反对铺张浪费、提倡勤俭节约”主题活动在惠安聚龙小镇举行。活动现场首先播放文明旅游、反对铺张浪费宣传视频。接着，市文明办相关负责人解读《进一步推动制止餐饮浪费行为的若干措施》。市旅游协会负责人宣读“反对铺张浪费、提倡勤俭节约”倡议书。5家省级骨干旅行社联合签订“文明旅游 健康出行”行业自律协议，缔约各方本着遵循社会效益、经济效益和行业生态效益相统一的原则，共同规范旅游市场行为，净化旅游市场环境，营造文明旅游、诚信经营，培育良好的旅游市场环境。全市各地5家星级饭店代表，上台签订践行“制止餐饮浪费行为”承诺书，表达整治浪费、践行节约的决心。

10月20日

农历庚子年九月初四
星期二
温度：22℃～24℃
多云转阴

●全国双拥模范城（县）命名暨双拥模范单位和个人表彰大会在北京举行，泉州市及所辖晋江市、石狮市、南安市获全国双拥模范城称号。

●李转生带领市政协机关全体党员、干部到泉州台商投资区廉政文化教育馆开展警示教育活动。

●由市委宣传部、市社科联等主办的2020年泉州市社会科学普及宣传周启动仪式在洛江洛阳桥桥头举行。

●市委宣传部与福建新华发行集团签订“全民阅读·书香泉州”战略合作协议。

●由市食品安全委员会办公室主办的2020年泉州市食品安全宣传周启动仪式举行。

●由中国闽台缘博物馆和鸦片战争博物馆主办的“鸦片战争——文物陈列暨战事回顾展”在中国闽台缘博物馆开幕。

●由市文旅局、市文明办主办的泉州市文明旅游暨“反对铺张浪费、提倡勤俭节约”主题活动在惠安聚龙小镇举行。

●安溪县举行“富硒茶、健康品、万人饮”活动。

10月21日

农历庚子年九月初五
星期三
温度：21℃～27℃
阴转小雨

●全市学习《习近平谈治国理政》第三卷和《习近平在厦门》《习近平在宁德》《习近平在福州》《习近平在福建》采访实录座谈会召开。

●市四套班子领导康涛、王永礼、陈灿辉等到驻泉州基层部队参加“军事日”活动。

●21—22日，全市县（市、区）政协工作交流座谈会召开，传达全国地方政协工作经验交流会、秘书长工作交流座谈会和全省市县政协主席工作座谈会暨秘书长工作交流座谈会精神。

●团市委十七届三次全体（扩大）会议暨全市共青团基层建设重点工作推进会召开。

●泉州华光职业学院3333名2020级新生共同创作公共艺术作品——中国汉字“和”。

全市学习《习近平谈治国理政》第三卷和系列采访实录座谈会召开

全市学习《习近平谈治国理政》第三卷和《习近平在厦门》《习近平在宁德》《习近平在福州》《习近平在福建》采访实录座谈会召开。座谈中，尤垂镇、林荣忠、丁鸿雨、吴金辉、许清水、杨婷婷、杨尚斌等老领导和各界各行业各领域代表发言。大家表示，要从中汲取政治力量、思想力量、行动力量，不断砥砺前行，把对习近平的爱戴之情转化为干事创业的动力。

市委书记康涛指出，《习近平谈治国理政》第三卷和系列采访实录，是学懂弄通做实习近平新时代中国特色社会主义思想的重要教材，可以让我们更加深入理解习近平新时代中国特色社会主义思想的核心要义、精神实质、丰富内涵和实践要求，更加深刻感悟和把握习近平新时代中国特色社会主义思想真理力量和实践伟力，更加深刻感悟和把握习近平新时代中国特色社会主义思想所蕴含的马克思主义世界观和方法论。要把学习贯彻习近平新时代中国特色社会主义思想引向深入，结合完善“不忘初心、牢记使命”制度，全覆盖推进常态学习，全方位开展宣传阐释，全过程跟踪督促落实，确保“大学习”有力有序有效深入开展。要把学习成果转化为生动实践和具体行动，常学常新、活学活用“晋江经验”，铸就绝对忠诚的政治品格，激发顽强拼搏的斗争精神，锤炼实干担当的过硬作风，汇聚全方位推动高质量发展超越的磅礴力量。

市领导王永礼、陈灿辉、李转生、张永宁、孔繁军、游宇飞、林万明、刘文儒、季翔峰出席座谈会。市直有关部门、部分高校党委主要负责人，市各民主党派、工商联和各县（市、区）、泉州开发区、泉州台商投资区有关负责人、全市各界代表等参加座谈。

市四套班子领导参加“军事日”活动

市四套班子领导康涛、王永礼、陈灿辉等到驻泉州基层部队参加“军事日”活动。市领导听取部队建设情况介绍，观看国防教育视频，并到部队基层营地参观军事装备、了解军事技能。恰逢部队开展战术科目演练及海上救援、森林灭火等支援地方能力演练，市领导现场观摩。

全市县（市、区）政协工作交流座谈会召开

21—22日，全市县（市、区）政协工作交流座谈会召开，传达全国地方政协工作经验交流会、秘书长工作交流座谈会和全省市县政协主席工作座谈会暨秘书长工作交流座谈会精神。会议指出，要主动担当作为，面向社会广泛传播共识，突出做好台港澳侨凝心聚力工作，在履行凝聚共识重要职责上下功夫；提升整体效能，在强化政协工作制度建设上下功夫；加强联系指导，在推动市、县政协协同联动上下功夫，为全方位推动高质量发展超越做出新的更大贡献。

全市共青团基层建设重点工作推进会召开

团市委十七届三次全体（扩大）会议暨全市共青团基层建设重点工作推进会召开。会议审议通过《共青团泉州市委十七届三次全体（扩大）会议关于团市委委员、候补委员卸职递补确认案（草案）》《共青团泉州市第十七届委员会关于设置专门委员会的决议（草案）》《共青团泉州市委十七届三次全体会议关于团结带领全市广大团员青年为全方位推动高质量发展超越贡献青春力量的决议（草案）》等。会议指出，全市各级团组织要领会全方位推动高质量发展超越的重大意义、总体要求、战略目标和重点任务，找准共青团服务全方位高质量发展超越的切入点、结合点、着力点，团结带领团员青年在全方位推动高质量发展，当好新时代新福建建设和全方位推动高质量发展超越的主力军的实践中展现青春作为。

市委常委会学习习近平总书记讲话批示贺信精神

市委常委会召开会议，传达学习贯彻习近平总书记在深圳经济特区建立40周年庆祝大会上和在广东考察时的讲话、在中央党校（国家行政学院）中青年干部培训班开班式上的讲话、在第七个国家扶贫日到来之际对脱贫攻坚工作做出的指示、致“摆脱贫困与政党的责任”国际理论研讨会的贺信精神以及省委常委会会议精神。会议强调，要紧扣构建新发展格局，畅通内外循环，推进“跨江发展、跨域融合”，加快新经济拓展、老产业链提升，高质量做好“十四五”规划编制。要推进社会治理体系和治理能力现代化，推深做实“强基促稳”，既推动经济高质量发展、又保持社会和谐稳定。要坚持以人民为中心，机制化解决民生热难点问题。要保护历史文化遗产，开展历史建筑修缮、街巷整治提升、“非遗”技艺传承等。要凝聚侨心侨智侨力，推进南洋华裔族群寻根谒祖综合服务平台建设，提高为侨服务能力。

全市互联网行业党委成立

全市互联网行业党委成立大会召开。会议指出，成立全市互联网行业党委，是全面加强互联网行业党建工作的重大举措，是发挥党的政治优势、实现党组织和党的工作全面覆盖的需要，也是促进互联网行业健康发展的根本保证。要提高政治站位，认识抓好互联网行业党建工作的重要性、紧迫性。要强化政治引领，把坚持党的领导、加强党的建设贯穿互联网企业发展全过程，推进互联网企业党建实践创新，推动党建工作与互联网发展同频共振、融合互促。

泉州市举行2020年石化专场招商推介会

泉州市举行2020年石化专场招商推介会暨项目签约活动，18个石化产业投资项目落户泉州，总投资金额502.63亿元。在招商推介会上，泉州市聚焦“打造具有国际竞争力的国家级临港石化基地和技术领先、具有核心竞争力的国家级纺织鞋服新材料重要基地”产业发展目标，根据泉州市石化产业发展规划布局，对石化产业改造提升方向、营商环境进行推介。此次签约的18个项目，涵盖泉州市石化产业链上下游产业。其中，选址惠安的丙烯腈项目，拟规划建设年产26万吨的丙烯腈项目；落户泉港的15万吨/年过氧化氢项目、42万吨级沥青加工项目，将完善泉州市石化产业链，添足发展后劲。

黎明（印度尼西亚）海丝学院合作项目启动

黎明（印度尼西亚）海丝学院启动暨黎明职业大学与印尼雅加达华文教育协调机构（以下简称“雅协”）、巴布亚省政府三方合作培养职业技能人才项目签约仪式在线上举行。根据协议，三方将合作为印度尼西亚最为边远的巴布亚省培养100名熟练掌握汉语和旅游管理技能的职业人才。该批人才由印度尼西亚巴布亚省教育厅选拔，将在黎明（印度尼西亚）海丝学院进行为期一年的培训后，再到黎明职业大学学习至毕业。为主动融入国家新时代教育对外开放战略，推进境外办学，加快培养国际产能合作急需人才，黎明职业大学与雅加达华文教育协调机构合作在印尼雅加达挂牌成立黎明（印度尼西亚）海丝学院，以服务印度尼西亚地方政府、公民、驻印度尼西亚中资企业，实施职业教育与社会培训。经过一年多的筹备，黎明（印度尼西亚）海丝学院首个“中文+职业技能”项目落地，印度尼西亚巴布亚省政府委托黎明职业大学为当地培养百名会汉语、懂技能的旅游管理专业人才。

黎明（印尼西亚）海丝学院启动仪式（图/黎明大学）

10月22日

农历庚子年九月初六
星期四
温度：18℃～20℃
小雨转晴

●市委常委会召开会议，传达学习贯彻习近平总书记在深圳经济特区建立40周年庆祝大会上和在广东考察时的讲话、在中央党校（国家行政学院）中青年干部培训班开班式上的讲话精神等。

●市委理论学习中心组学习会召开，学习《习近平谈治国理政》第三卷和《习近平在宁德》《习近平在厦门》《习近平在福州》《习近平在福建》系列采访实录，围绕“初心坚守”专题开展交流研讨。

●市直老干部祝寿会在市老干部活动中心举行。

●全市互联网行业党委成立大会召开。

●泉州市举行2020年石化专场招商推介会暨项目签约活动，18个石化产业投资项目落户泉州，总投资金额502.63亿元。

●黎明（印度尼西亚）海丝学院启动暨黎明职业大学与印尼雅加达华文教育协调机构、巴布亚省政府三方合作培养职业技能人才项目签约仪式在线上举行。

●2020年全国男子举重锦标赛暨东京奥运会模拟赛在浙江开化举行，代表福建队参赛的南安籍运动员李发彬以175公斤的成绩，创61公斤级别挺举全国纪录，并打破174公斤的世界纪录，同时获挺举和总成绩两项冠军。

10月23日

农历庚子年九月初七
星期五
温度：17℃～23℃
晴转多云

●由市委宣传部（讲师团）、市农业农村局（市扶贫办）主办的“泉民开讲”——“脱贫攻坚的泉州故事”专场宣讲在南安市梅山镇举行。

●23—24日，全市各地举行重阳节活动。

●全市首部移动式机动车尾气遥感监测车在洛江区万虹路上路测试。

●由教育部职业院校文化素质教育指导委员会主办的第二届全国职业院校传统技艺传承与发展研讨会在湖南长沙举行。泉州华光职业学院选送的传承项目“南少林地术拳”获全国二等奖，成为此次传统武术类唯一获奖项目。

全市各地举行重阳节活动

23—24日，全市各地举行重阳节活动。鲤城海滨街道金山社区党建联席会举行“我们的节日·重阳”暨泉州市文明行为促进办法宣传活动。上百名老人参加活动，观看表演，通过猜谜语、知识竞答赢奖品。

鲤城江南街道锦美社区党支部联合区卫健局、区政协办公室举行以“九九重阳·关爱老人·情暖社区”为主题的公益活动，为锦美社区380位60岁以上的老人发放米、油等重阳节慰问品，

由市委老干局、丰泽区委老干局、区老体协、东湖街道党工委等主办的“九九重阳老少乐 邻里共治共享情”文艺联谊活动在丰泽区圣湖社区举行。丰泽区各社区的老年人、丰泽区老体协健身队、丰泽区老干活动中心舞蹈队及丰泽区圣湖幼儿园、丰泽区第二实验小学、泉州市实验中学的学生举行丰富多彩的文艺演出，展现老年人和小朋友的风采。活动现场还设有反诈骗、移风易俗等宣传以及义诊、保健等多项便民服务。

2020“欢聚重阳 邻里同乐”系列活动在丰泽区泉淮社区老年人活动中心举行。泉淮社区老年协会为辖区内200多名老年协会成员送上重阳节礼物。志愿者为老年人免费理发，还开展人口普查、疫情防控、创城知识、综治平安三率等宣传活动。

丰泽区华大社区组织60名老年人在华侨大学校园内开展健步走活动，以运动健康的方式，喜迎重阳节，欢庆华侨大学建校60周年。

“夕阳无限好 劳动最光荣”百名惠女渔具传统手工制作活动在惠安县净峰镇惠女湾畔举行。净峰、小岞的100名中老年惠安女参加活动。活动包括两项内容：一是制作海蛎串壳，二是编织浮球网袋。许多老年人在重阳节到来之际，重温曾经勤劳勇敢、向海而生的岁月。

2020年福建省“我们的节日·重阳”主题系列活动（德化专场）启动仪式和文艺会演在德化瓷都广场举行。启动仪式上，德化各个乡镇推送、评选的7位“幸福老人”上台领奖。

德化县葛坑镇举行“九九重阳节 浓浓敬老情”关爱老人活动。志愿者将爱心午餐送到几位高龄老人以及行动不便的老人家中，并帮他们打扫卫生，同时开展义诊等志愿服务。

“我们的节日·重阳”主题系列活动（德化专场）文艺表演现场
（图/林婉清 连江水）

全市首部移动式机动车尾气遥感监测车上路测试

全市首部移动式机动车尾气遥感监测车在洛江区万虹路上路测试。根据污染防治工作需要，移动式机动车尾气遥感监测车可灵活在高速公路出口、各县（市、区）的主要交通干道和主要运输企业、汽车维修企业开展现场检测工作。遥感监测设备可快速、高效地对行驶车辆尾气成分进行分析，并显示车牌号及尾气中一氧化碳、二氧化碳、碳氢化合物、氮氧化物等各类成分的实时数据。在不影响车辆正常通行的基础上，监测一辆车尾气仅需0.5秒。泉州市2019年起启动建设机动车尾气遥感监控系统，一期项目建设两套固定式机动车尾气遥感监测设备、两套黑烟智能抓拍设备、1辆移动式机动车尾气遥感监测车。2020年5月起，两套固定式机动车尾气遥感监测设备和两套黑烟智能抓拍设备投入试运行。这些监测设备与市机动车尾气遥感监控平台实现联网，信息采集后，可通过平台高效筛查、快速识别尾气超标排放机动车和高污染机动车及车主等信息，精准开展污染治理工作。

泉州市获评全国居家和社区养老服务改革优秀试点城市

民政部、财政部下发通知，公布第四批中央财政支持开展居家和社区养老服务改革试点地区成果验收结果，泉州市被评为优秀试点城市。2019年8月，泉州被确定为中央财政支持的第四批居家和社区养老服务改革试点城市，并获中央下拨试点资金1919万元。试点开展以来，市民政局、市财政局以试点为统领，全市安排配套资金34533万元，健全完善互联网+养老综合服务平台、建设区域性养老服务中心、开展"物业+养老"试点工作、建设长者食堂、探索"1+1+N"中心带站社区养老服务模式、发挥养老专业化服务组织孵化基地作用、做好农村留守老人关爱服务保障示范点、加强养老服务人员队伍建设。全市养老床位4.2万张，每千名老年人拥有床位38.11张，基本形成"低端有保障、中端有市场、高端有选择、医养康养相结合、覆盖城乡"的多层次居家社区养老服务格局。

泉州市试点推广"升级版"食安封签

为保障网络订餐消费群众"舌尖上的安全"，市市场监管局在完成"网络订餐食品安全封签"为民办实事项目基础上，与第三方本地生活服务公司签署网络餐饮智慧监管合作项目，建立客诉联动机制，重点推动食安封签再升级等。泉州市通过政企合作，形成优势互补、信息互通、资源共享、有效协作，以切实有效的举措构建线上线下一体化的数字化食品安全监管新模式，实现监管部门与平台良性互动，提升网络餐饮食品安全管理水平，打造食品安全共治共享格局。该项目将鼓励配送人员对入网商户经营及食品安全、食品包装等问题开展线下监督，扩大监督范围，提升监管准确性；共推网络明厨亮灶，支持入网商户将食品加工制作过程监控画面直接嵌入商户页面并实现网络直播，压实安全责任。

同时，还将共推食安封签，通过宣传、引导、激励等各项措施，推动消费者认可食安封签，入网商户主动使用食安封签，确保网络订餐配送过程"最后一公里"安全，并打通智慧维权绿色通道，建立客诉联动机制，快速处置消费者网络订餐纷争。泉州市将联合第三方本地生活服务公司试点推广升级版食安封签——小票式食安封签。小票式食安封签实现两个"合二为一"，降低使用政府印制或企业自制的食安封签的资金和时间成本。餐饮外卖订单小票与食安封签功能合二为一，依托热敏贴技术，通过一次性当场打印，一张单子既涵盖外卖订单信息，又具备食安封签的粘贴功能，省去商户额外购买食安封签的资金成本。该封签在保障外卖配送食品安全的同时，会随餐打出溯源二维码、实现"一餐一码"，消费者只需扫码即可获得详细订单信息。后续还将录入餐品出品信息、厨师和骑手当日健康情况，让消费者明明白白消费。

泉州市四所学校获2020年数字中国创新大赛奖项

2020年数字中国创新大赛中小学生赛道总决赛获奖名单公布，泉州市四所学校榜上有名，其中石狮市锦峰实验中学的项目《智能医药箱——小药》获小学组三等奖，泉州第一中学的项目《智能钢琴》获初中组三等奖，泉州市第七中学的项目《基于视觉交互的学习型配餐机器人》获高中组三等奖，泉州华侨职业中专学校的项目《基于深度学习的智能电梯控制系统》获中职组三等奖。作为第三届数字中国建设峰会的重要一环，2020年数字中国创新大赛首次增设中小学生赛道，赛事自1月启动后，面向全省中小学生开展人工智能科技创新项目的征集和评比，大赛组委会从各学段参赛队伍及其作品中，发现许多极具发展潜力的科技创新项目和具有科研潜质的优秀学生。经过层层选拔，55支参赛队伍脱颖而出，其中小学组15支、初中组12支、中职组15支、高中组13支，晋级到总决赛。

10月24日

农历庚子年九月初八
星期六
温度：18℃～23℃
多云转晴

●民政部、财政部下发通知，公布第四批中央财政支持开展居家和社区养老服务改革试点地区成果验收结果，泉州市被评为优秀试点城市。

●市市场监管局在完成"网络订餐食品安全封签"为民办实事项目基础上，与第三方本地生活服务公司签署网络餐饮智慧监管合作项目，建立客诉联动机制，重点推动食安封签再升级等。

●2020数字中国创新大赛中小学生赛道总决赛获奖名单公布，泉州市四所学校榜上有名。

●24—25日，新疆喀什报告新冠无症状感染者，为落实"外防输入、内防反弹"常态化防控策略，泉州市疾病预防控制中心提醒市民，如非必要，不要前往新疆。

10月25日

农历庚子年九月初九
星期日
温度：19℃～25℃
晴转多云

●18—25日，泉州市农业农村局牵头组织37家企业到宁夏银川参加“闽宁特色产品展览展示活动”，通过泉州和宁夏两地对口合作，促进两地农产品互销互营，深化两地经济合作的广度和深度。

●由福建省混凝土工程技术研究中心、厦门市硅酸盐学会和泉州市混凝土与水泥制品协会主办的2020年福建省混凝土与外加剂应用技术交流会在泉州举行。

●由市委文明办、惠安县文明委主办的泉州市“我们的节日·重阳”主题系列活动（惠安专场）启动仪式和文艺会演在惠安县小岞镇举行。

●由泉州市体育总会指导的全市首届定向越野赛——2020泉州市雪山定向越野赛在永春县呈祥乡举行。

●“山下山上”——中阮大师冯满天与满天乐队音乐会在泉州大剧院举行。

泉州市组团到银川参加“闽宁特色产品展览展示活动”

18—25日，泉州市农业农村局牵头组织37家企业到宁夏银川参加“闽宁特色产品展览展示活动”，通过泉州和宁夏两地对口合作，促进两地农产品互销互营，深化两地经济合作的广度和深度。展会期间，泉州农产品实现线上线下销售、采购总额3500万元。此次活动旨在贯彻闽宁互学互助对口扶贫协作第二十四次联席会议精神，推进闽宁产业协作、商贸协作、消费扶贫。活动采取“线上+线下”模式进行，设福建特色产品展示馆和福建旅游推介展馆，开展线上展销和采购活动、闽宁协作消费扶贫活动，并举办闽宁对口扶贫协作24年成果展。活动期间，泉州市大部分农产品企业在参展第3天产品就销售一空。其中，福建爱乡亲食品股份有限公司的面包、华夫饼、小蛋糕等产品出现抢购场景；阿一波食品有限公司的紫菜、海苔补货3次。同时，25家农产品企业达成农产品购销合作协议（意向）58笔，总金额8740万元。其中，石狮市尚益源农场同银川品牌商场达成购销合作意向；南安市淘欢喜农业科技有限公司同3家采购商达成肉松购销合作。

2020年福建省混凝土与外加剂应用技术交流会在泉州举行

由福建省混凝土工程技术研究中心、厦门市硅酸盐学会和泉州市混凝土与水泥制品协会主办，科之杰新材料集团福建有限公司承办的2020年福建省混凝土与外加剂应用技术交流会在泉州举行，混凝土与外加剂行业知名专家、应用单位的技术专家及企业代表350人与会。交流会以“混凝土的研究及实践”为主题，与会代表围绕混凝土质量与性能分析、混凝土资源综合利用、搅拌站高效管理及现场施工经验等行业热点问题，展开交流并分享经验。

全市首届定向越野赛在永春举行

由泉州市体育总会指导的全市首届定向越野赛——2020泉州市雪山定向越野赛在永春县呈祥乡举行。作为全民健身系列项目，定向越野是一项集智力与体力并重、兼具竞技性和趣味性的运动，既能强健体魄、锻炼思维，又能磨炼意志、娱乐身心。定向越野在国内蓬勃发展，受到大家的喜爱。百余名定向越野爱好者参赛，体验定向越野的乐趣。比赛分为团队赛和个人赛两大组别。经过2个小时的角逐，永春户外运动协会获团体赛一等奖，选手李振国以40分4秒5的成绩获个人赛一等奖。

知名音乐家冯满天到泉州演出

“山下山上”——中阮大师冯满天与满天乐队音乐会在泉州大剧院举行。冯满天是中央民族乐团中阮演奏家、国家一级演员，还是2014年中央电视台《出彩中国人》第一季年度总冠军，30年来致力于中阮及中国传统音乐与文化的海外推广与普及，这是他首次到泉州演出。此次演出是“山下山上”全国巡演的重要一站，上半场“山下”演出中，冯满天将阮与民谣、摇滚、爵士、戏曲、唐诗等多种艺术形式融为一体，用音乐讲述人生的喜怒哀乐，《将进酒》《信天游》《乌苏里情歌》等作品得到完美演绎。下半场，“山上”音乐会关掉灯光，营造30分钟全黑现场，且没有乐谱，完全靠乐队成员之间的默契、乐队与观众之间的互动以及乐器间的旋律呼应即兴完成，给观众带来全新的艺术体验。冯满天表示，阮是老祖宗留下来的东西，是为数不多在中国本土诞生的乐器，这种乐器的声音，就像是由古汉语的韵味形成了音调，来源于中国几千年的文化DNA。演出临近尾声时，冯满天和乐队即兴演奏《爱拼才会赢》，引爆现场观众的掌声。冯满天用音乐与呐喊表达了对泉州的热爱之情。

泉州市召开全国双拥模范军地代表座谈会

泉州市召开全国双拥模范军地代表座谈会，市领导康涛、王永礼、张永宁、刘文儒、肖汉辉等参加会议。市委书记康涛强调，要调动军地各方面积极性、创造性，深化国防教育、科技拥军、文化拥军、法律拥军、“双拥+”、军民情系列等工作，打造“人无我有、人有我优、人优我精”的泉州双拥品牌，争创全国双拥模范城“十连冠”，争取更多县域迈入全国先进行列。军地双方要围绕发展社会生产力和提升部队战斗力的目标，在支持部队改革建设、解决军人“后路、后院、后代”问题、参与地方社会公益事业建设、支援地方灾害防御、抢险救急等方面合心合力，抓重点难点问题的解决，互办实事、多办实事、办好实事，巩固发展好军政军民团结的大好局面。要扛起使命担当，强化组织保障，把双拥工作纳入地方和部队建设“十四五”总体规划、纳入各级领导班子和党政军“一把手”工程，落实好党委议军会、军地工作例会、走访慰问、现场办公、检查评比、“双清单”等制度，抓好国防教育和双拥宣传工作。

2020年昌吉州文化旅游推介会泉州市专场举行

由新疆昌吉州政府、福建省文旅厅、福建省对口支援新疆工作前方指挥部主办，昌吉州文化体育广播电视和旅游局（文物局）承办的“闽疆情 闽昌行”2020年昌吉州文化旅游推介会泉州市专场举行。推介会上，昌吉方面推介新疆首条跨地州旅游环线“环游天山——千里黄金线”，带领观众领略这条环线上大美昌吉的绝美风景。昌吉是古代举世闻名的“丝绸之路”新北道通往中亚、欧洲的必经之路，是西域汉文化传播最早、历史遗迹最丰富的地区之一，这里天山神秘的自然风光、茫茫北部大漠、普度众生的观音故里，都令人心生向往。随后，泉州旅游协会旅行社专业委员会代表与昌吉州文化旅游联合推广中心代表签署共建协议书；晋江市合唱协会焕之声合唱团和昌吉市丝路之声青年合唱团签署战略合作协议。业界人士表示，此次签约预示着双方建立起旅游发展的纽带，泉州和昌吉再奏“丝路交响”，未来两地旅游业的发展有望达到新的里程碑。

推介会还发布针对福建包机和专列的冬季旅游优惠政策。昌吉州实行大团游（专列、散客）奖励。旅行社组织疆外游客到昌吉州的专列团队，跨昌吉州两个县（市），住宿过夜超过1晚，含规定景区（点）任选2处，其他A级景区任游1处，每团人数300人以上奖励3.5万元、过夜2晚的奖励4.5万元；500人以上奖励6万元，过夜两晚的奖励7.5万元。旅游包机团队也有奖励。针对对口援疆福建省发往昌吉州境内的包机实施特殊政策，跨昌吉州两个县（市），住宿过夜超过2晚，含规定景区（点）任选3处，其他A级景区任游2处，当日人数达50～100人的，每人奖励200元；100～200人的每人奖励300元；200～300人的每人奖励400元；300人以上每人奖励500元。

市总工会开展“关爱环卫送温暖”系列活动

是日是“环卫工人节”，10月是福建省“环卫工人关爱月”。为向坚守在防疫战疫及创建文明卫生城市一线岗位的环卫工人表达感谢和敬意，市总工会组织开展以“关爱环卫送温暖”为主题的系列活动，为环卫工人送上节日祝福。市总工会慰问组到鲤城、丰泽、洛江和泉州开发区等地，到环卫作业现场和环卫工人岗位进行慰问。2020年泉州工会系列关爱活动，不仅有物质关怀，还有精神关爱。包括组织开展“情暖环卫工人”慰问活动、开展“爱心义剪”志愿服务、送“暖心礼物”、组织“免费游泉州”及疗休养活动、征集一线环卫工人“微心愿”、组织免费健康体检等。各县（市、区）工会还结合本地实际，利用职工服务中心等工会服务阵地，开展其他特色关爱服务活动，并发挥“泉工惠”网上工会和微信矩阵的作用，宣传环卫工人权益保障政策，开展志愿服务和公益行动。

10月26日

农历庚子年九月初十
星期一
温度：20℃～27℃
晴

●泉州市召开全国双拥模范军地代表座谈会。

●市人大常委会党组理论中心组学习会议召开，学习《习近平谈治国理政》第三卷和《习近平在福建》等系列采访实录。

●市政府党组会议召开，学习贯彻《中国共产党中央委员会工作条例》以及中央政治局会议、省委常委会会议、市委常委会会议精神等。

●市政府第一百零一次常务会议召开，听取关于推荐评选2020年度泉州市见义勇为模范和推荐参评福建省第二十七次见义勇为英雄模范工作情况的汇报等。

●由新疆昌吉州政府、福建省文旅厅、福建省对口支援新疆工作前方指挥部主办的“闽疆情 闽昌行”2020年昌吉州文化旅游推介会泉州市专场举行。

●全市乡镇（街道）安全生产“1+X”全交叉专项督导问题清单交办会召开。

●市总工会组织开展以“关爱环卫送温暖”为主题的系列活动。

●凤凰数字产业学院开班暨揭牌仪式在黎明职业大学举行。

10月27日

农历庚子年九月十一
星期二
温度：20℃～27℃
晴

●康涛到惠安、洛江调研强基促稳工作。

●王永礼到丰泽调研新基建新经济基地建设工作。

●市政协党组理论中心组学习（扩大）会议召开，传达学习习近平总书记在中央政治局会议上的讲话精神、在中央政治局第二十三次集体学习时的讲话精神和《省委关于贯彻落实〈中国共产党农村工作条例〉的实施办法》。

●由市市场监督管理局主办的，以“安全用药，战疫同行”为主题的2020年“安全用药月”活动在洛江举行。

●由中国纺织工业联合会指导，通用技术集团中国纺织科学研究院有限公司、市发改委、市工信局主办的2020年中国纺织科技成果对接峰会暨第七届“中国十大纺织科技”发布会在泉州举行。

●泉州开发区第四季度重大项目集中签约暨开（竣）工活动举行，8个项目集中签约，6个项目开竣工。其中，作为13个泉州市新基建新经济比拼项目之一——新型显示数字经济产业园开园，京东泉州新型显示馆上线开馆。

康涛到惠安洛江调研强基促稳工作

市委书记康涛到惠安、洛江调研强基促稳工作。在惠安县崇武镇潮乐村，康涛到困难群众哈美华、许雪的家中，看望两位老人的居住条件。康涛叮嘱要发挥基层党组织“当家人”“带头人”的主观能动性，激发内生动力，提振村民发展信心。在洛江区河市镇西片区，康涛指出，要动员离退休老干部、乡贤能人、司法队伍等社会各界力量共同参与，齐心协力把矛盾化解在基层一线。调研中，康涛强调，各级各有关部门要开展强基促稳三年行动，因村制宜推广基层实践探索的好经验、好做法，健全常态长效机制，打通联系服务群众“最后一公里”。

康涛（左三）在惠安县崇武镇潮乐村了解困难群众家庭生活状况（图/陈起拓）

2020年“安全用药月”活动启动

由市市场监督管理局主办的，以“安全用药，战疫同行”为主题的2020年“安全用药月”活动在洛江举行。活动现场，市市场监管局代表与药品生产（经营）企业代表发出《药品安全倡议书》。《药品安全倡议书》提出，认真执行国家法律、法规，以服务公众健康为己任，严格依法开展生产经营活动，维护消费者合法权益，为社会提供安全有效的药品。抗疫药企代表分享疫情期间防控工作经验与成果，开展新药品管理法、疫苗法现场知识问答。现场还设有开放义诊区、药品宣传区、假药鉴定区、现场投诉举报区、战疫科普小课堂、战疫成果展等便民摊位和趣味游戏互动区。市市场监管局药品化妆品监管科相关负责人介绍，上半年，泉州市把药品经营列为重点监管环节，运用多种抽查方式，对药品、化妆品经营使用单位开展日常检查。同时，邀请68名专家，成立泉州市假劣药品认定专家库，对56个品种的药品出具认定意见。

2020年中国纺织科技成果对接峰会在泉州举行

由中国纺织工业联合会指导，通用技术集团中国纺织科学研究院有限公司、市发改委、市工信局主办的2020年中国纺织科技成果对接峰会暨第七届“中国十大纺织科技”发布会在泉州举行。会上发布“中国十大纺织科技”以及“产业推动奖”“新锐科技奖”“抗击疫情技术贡献奖”三个子奖项。其中，泉州迈特富纺织科技公司获“产业推动奖”，海西纺织新材料工业技术晋江研究院获“新锐科技奖”。大会以“追光科技·赋能产业”为主题，采用线下与线上直播相结合的方式。峰会上，中国纺织工业联合会的专家解读纺织产业发展趋势，获奖的部分企业代表分享最新的纺织前沿技术。峰会还举办医用新材料论坛，该领域专家及抗疫过程中表现突出的先进企业代表论道医用新材料应用与发展趋势。大会上有多个产业项目签约落地泉州：通用技术高新材料集团有限公司与福建省晋江产业发展投资集团有限公司签署战略合作协议；凯泰特种纤维科技有限公司与安踏（中国）有限公司签署联合研发实验室合作协议；海西纺织新材料工业技术晋江研究院分别与大发科技集团有限公司、福建凤竹纺织科技股份有限公司签署共建“高端机织面料技术研发创新基地”、共建“高端针织面料染整技术研发创新基地”的合作协议。

市十六届人大常委会第三十二次会议召开

市十六届人大常委会第三十二次会议召开。会议审议《泉州市机动车停车条例（草案二审稿）》；听取和审议市政府关于全市垃圾分类处理利用的决议执行情况的报告，关于2019年度行政事业性国有资产管理情况、2019年度国有资产管理情况的综合报告；听取和审议市政府关于农村人居环境整治情况的报告，并开展专题询问；听取和审议市政府关于政务数据汇聚与共享应用平台建设情况的报告，并进行工作评议，评议结果为“满意”；听取和审议市政府研究处理市人大常委会关于妇女儿童发展纲要实施情况的审议意见情况的报告，并进行满意度测评，测评结果为“满意”；听取和审议市政府研究处理市人大常委会关于全市流域水环境保护情况的审议意见情况的报告，并进行满意度测评，测评结果为“满意”；听取和审议市政府研究处理市人大常委会关于《泉州市海上丝绸之路史迹保护条例》配套制度、基础性工作落实情况的审议意见情况的报告，并进行满意度测评，测评结果为“满意”；听取和审议市政府研究处理市人大常委会关于《泉州市市区内沟河保护管理条例》配套制度、基础性工作落实情况的审议意见情况的报告，并进行满意度测评，测评结果为“基本满意”；听取和审议市政府研究处理市人大常委会关于《泉州市中山路骑楼建筑保护条例》配套制度、基础性工作落实情况的审议意见情况的报告，并进行满意度测评，测评结果为“满意”：听取和审议市政府关于市十六届人大五次会议第1301号代表建议办理情况的报告，并对办理情况开展满意度测评，测评结果为“满意”；听取和审议市政府关于市十六届人大五次会议第1113号代表建议办理情况的报告，并对办理情况开展满意度测评，测评结果为“基本满意”。

市十六届人大常委会第三十二次会议现场（图/王虎文）

2020年泉州电商创新创意创造大赛启动

由市人民政府、省商务厅指导，市商务局、市总工会、市人社局等主办，市电子商务中心和市跨境电商协会协办的2020年泉州电商创新创意创造大赛（以下简称“‘三创’大赛”）暨首届电商主播大赛启动。2020年大赛呈现多个亮点：一是参与面广、分组性强。作为泉州首次电商直播专项赛事，大赛按照电商主播需求和发展方向分成跨境主播、达人主播和新秀主播三个组别进行比拼，让更多成熟的达人主播和刚入行的新人主播都能参赛，不同组别满足泉州电商产业不同发展方向的需求。二是流量加持，阵容宣推。大赛与抖音等具备亿级流量的直播平台合作，通过定向投放对主播进行流量输送扶持，调动超级达人/明星官宣等相关资源位宣传推广。三是政策叠加，重奖人才。首次以“电商主播”行业为比赛主体，根据泉州电商发展趋势，分为跨境主播组、达人主播组和新秀主播组三个组别，通过报名、初赛、复赛、尽职调查和总决赛，每个组别各产生金奖（1名）、银奖（2名）、铜奖（3名）、优秀奖（4名）。

泉州首届电商主播大赛现场（图/刘倩 柯丽萍）

10月28日

农历庚子年九月十二
星期三
温度：20℃~27℃
晴转多云

●市人大常委会第五十九次主任会议召开，讨论有关人事任免事项。

●市十六届人大常委会第三十二次会议召开，审议《泉州市机动车停车条例（草案二审稿）》听取和审议市政府关于全市垃圾分类处理利用的决议执行情况的报告，关于2019年度行政事业性国有资产管理情况、2019年度国有资产管理情况的综合报告等。

●市创建全国文明城市工作指挥部办公室召开会议，研究部署创城常态化工作。

●由市政府、省商务厅指导，市商务局、市总工会、市人社局等主办，市电子商务中心和市跨境电商协会协办的2020年泉州电商创新创意创造大赛暨首届电商主播大赛启动。

●市侨联、华侨大学举办推进“地方侨联＋高校侨联＋校友会”服务地方经济社会发展论坛。

10月29日

农历庚子年九月十三
星期四
温度：19℃～24℃
阴转多云

●全市实施乡村振兴战略暨巩固脱贫成果补齐农村短板现场推进会召开，学习贯彻习近平总书记关于“三农”工作论述，贯彻落实全国、全省现场推进会精神。

●29—30日，市人大常委会对市十六届人大五次会议代表建议办理情况进行视察。

●全市政党协商专题座谈会召开，听取党外人士对泉州市安全生产体系建设的意见建议。

●由市委宣传部指导，市委网信办、市委文明办、市文旅局、鲤城区委宣传部主办的2020年泉州网络文化节开幕启动仪式，在源和1916创意产业园举行。

●由市委人才工作领导小组办公室、中国闽台缘博物馆、市人社局、市文旅局、市城镇集体工业联合社、市总工会、市妇联主办的泉州市第三届巾帼巧匠工艺美术精品（线上）展览在泉州（晋江）国际人才港开幕。

●泉州海西国际地理标志产业联盟成立。

全市实施乡村振兴战略现场推进会召开

全市实施乡村振兴战略暨巩固脱贫成果补齐农村短板现场推进会召开，学习贯彻习近平关于“三农”工作论述，贯彻落实全国、全省现场推进会精神。会议指出，脱贫攻坚要持续发力精准施策，动态监测帮扶，巩固脱贫成果。农村人居环境要一体建好管好用好，攻坚解决难点问题，健全管护长效机制，发挥村民主体作用，让群众参与受益。农村民生领域要加快补短板强弱项，提升农村教育、医疗、文化、养老等保障水平。农业生产要稳供给抓特色保安全，推进重要农产品稳产保供，加快特色现代农业建设，抓好农业生产安全、防灾减灾、动植物疫病防控等工作。

2020年泉州网络文化节启动

由市委宣传部指导，市委网信办、市委文明办、市文旅局、鲤城区委宣传部主办的2020年泉州网络文化节开幕启动仪式，在源和1916创意产业园举行，活动持续到12月底。文化节活动采取线上为主、线上线下相结合的形式开展，分为“决胜小康”“魅力泉州”“网络文明”“网络安全”“县域风采”五个篇章。通过线上开设专题、专栏和#泉州网络文化节#微博话题，组织开展网络主题宣传，网络征文，短视频、动漫、H5、老照片展播宣传活动，线下组织开展网络文创产品展示推广，组织开展网络文明志愿服务、“微公益”等活动，集中展示泉州市网络发展成果和优秀网络文化产品。

2020年泉州网络文化节启动仪式（图/陈小阳）

泉州市第三届巾帼巧匠工艺美术精品（线上）展览开幕

由市委人才工作领导小组办公室、中国闽台缘博物馆、市人社局、市文旅局、市城镇集体工业联合社、市总工会、市妇联主办的泉州市第三届巾帼巧匠工艺美术精品（线上）展览在泉州（晋江）国际人才港开幕。展览以“推动传承创新，助力高质量发展超越”为主题，吸引中国陶瓷艺术大师、福建省工艺美术大师、福建省工艺美术名人、全国技术能手、福建省五一劳动奖章获得者、泉州市高层次人才、泉州工匠、泉州市“非遗”传承人、泉州市工艺美术大师，以及工艺美术行业新秀等参与。活动通过线上展览方式，展示近80名巾帼巧匠创作的200多件作品，涵盖陶瓷、木雕、石玉雕、竹藤编、民间工艺五大类26个艺种。

泉州市第三届巾帼巧匠精品（线上）展览开幕式（泉州文化网）

泉州海西国际地理标志产业联盟成立

为推动泉州地理标志产业发展，南威软件股份有限公司、山天大蓄知识产权咨询服务股份有限公司、中知立德知识产权服务（厦门）有限公司、泉州山天大蓄知识产权代理有限公司、福建师大泉港研究院、福建省农产品流通协会、华侨大学继续教育学院等单位，偕同八马茶叶、盼盼食品、惠安市农果蔬协会、晋江市紫菜加工行业协会、德化陶瓷公会、晋江陶瓷公会、惠安石雕公会等机构，发起成立泉州海西国际地理标志产业联盟。联盟将以地理标志培育为基础，以专利创造运用为手段，从地理标志产品挖掘培育入手，围绕商标、专利、品牌、商业规划、营销模式等开展对地标产品从生产到营销的全产业链服务。

市委常委会学习习近平讲话精神

市委常委会召开会议，传达学习贯彻习近平在22日中央政治局常委会会议和中央政治局第二十四次集体学习时、在纪念中国人民志愿军抗美援朝出国作战70周年大会上的讲话和给四川省革命伤残军人休养院全体人员回信、致第三届数字中国建设峰会的贺信精神以及数字福建20周年座谈会、省委常委会会议精神，研究部署有关工作。会议强调，要找准泉州量子科技发展的切入点和突破口，坚持把创新作为引领发展的第一动力，围绕产业链布局创新链，建好用好大院大所大平台，注重科研成果转化应用。要大抓产业数字化、数字产业化，加快推进智能化改造、工业互联网平台培育、抢占硬件新技术、催生数字新业态等，加强数字新基建建设。

市委全面深化改革委员会第十七次会议召开

市委全面深化改革委员会第十七次会议召开。会议传达中央深改委第十五次会议和省委深改委第十二次会议精神；审议《党的十八届三中全会以来泉州市全面深化改革总结评估报告》《泉州市红十字会改革方案》《泉州市计生协会改革方案》。会议指出，要结合“十四五”规划编制，加强改革前瞻性研究，找准畅通循环的着力点，加快产业链、创新链、供应链协同发展，拓展开放型经济新空间。要在抓落地见成效上加大力度、拓展深度，推进各领域条块改革举措系统集成、协同高效。要加快推进有利于提高资源配置效率、提高发展质量效益、调动各方面积极性的改革，以改革创新赋能高质量发展。要规范压缩行政审批自由裁量权，聚焦痛点堵点难点，实行清单化、项目化推进，盯住落实环节。

第六届中国（泉州）海上丝绸之路国际品牌博览会在石狮举行

10月30日至11月1日，第六届中国（泉州）海上丝绸之路国际品牌博览会在中国石狮国际食品城举行。展会规模扩大到2.6万平方米，吸引30多个国家和地区的400多家企业参展，展品逾万种。

展会设泉州馆、国内馆、境外馆、酒类馆及服贸馆等。泉州馆中轴展区规划一条“海丝”走廊体验区和主题视频展播区，利用多媒体展示方式介绍泉州概况；两侧从海丝史迹、商品流通、技艺传承、多元信仰四大方面，介绍泉州多元文化及悠久的海外通商史。国内馆规划闽西南协同发展区、宁夏特色馆、石狮伴手礼区等。境外馆邀请一批国内代理商通过代理的形式协助国外商品参展，展出“海丝”沿线国家和地区的特色食品上千种。酒类馆吸引厦门自贸区、福州马尾自贸区、山东临沂综合保税区等30家进口酒企代表携美酒参展，酒款来自意大利、法国、西班牙、葡萄牙、智利等。服贸馆涵盖运输服务、分销服务、商业性服务等服务贸易重点领域，通过深入食品行业的上中下游对接需求，打通资源全服务链条。

展会首次尝试“双线会展”模式，将线下“海丝品博会”进行“云上延伸”，线上配对线下洽谈，线下行为线上数字化，线上服务线下有形化。线上展依托官方微信小程序——“泉州海丝国际品牌博览会”，365天不间断地为参展商和上下游企业链品牌企业提供云展示、新品云发布、商贸云对接、云分享等在线服务功能，力求促进更多实质性的交易与合作。展会以主播带货直播、商家自主直播等多种方式，展示企业，推介产品。

第六届中国（泉州）海上丝绸之路国际品牌博览会开幕式（图/吴寿民）

10月30日

农历庚子年九月十四
星期五
温度：18℃～24℃
多云转晴

●市委常委会召开会议，传达学习贯彻习近平总书记在22日中央政治局常委会会议和中央政治局第二十四次集体学习时、在纪念中国人民志愿军抗美援朝出国作战70周年大会上的讲话和给四川省革命伤残军人休养院全体人员回信精神等。

●市委全面深化改革委员会第十七次会议召开，传达中央深改委第十五次会议和省委深改委第十二次会议精神等。

●市委理论学习中心组学习会召开，再次学习《习近平谈治国理政》第三卷和《习近平在厦门》《习近平在宁德》《习近平在福州》《习近平在福建》系列采访实录，围绕“初心坚守”“使命担当”专题开展交流研讨。

●10月30日至11月1日，第六届中国（泉州）海上丝绸之路国际品牌博览会在中国石狮国际食品城举行。

●人民日报海外网·中华文化走出去项目“中华名镇·镇镇有词”开机仪式在惠安县崇武镇举行。

●泉州市文物考古研究所揭牌仪式在市区金鱼巷举行，泉州市成为全省第二个成立考古机构的设区市。

10月31日

农历庚子年九月十五
星期六
温度：18℃～24℃
晴

●泉州市高校马克思主义理论教学研究会2020年年会暨学术研讨会在泉州信息工程学院召开。

●29—31日，由市教育局主办、泉州贤銮福利基金会协办的泉州市第二十五届“贤銮杯”中小学生西洋乐器（钢琴）独奏比赛在惠安县凤凰城实验小学举行。

●由福建志立律师事务所、泉州市土木建筑学会、泉州市建筑行业协会和丰泽区建筑行业协会主办的建设工程法律实务高端论坛在泉州举办。

●由泉州闽南语音乐学会发起的关爱自闭症儿童义演活动在晋江宝龙广场举行。

泉州市高校马克思主义理论教学研究会2020年年会召开

泉州市高校马克思主义理论教学研究会2020年年会暨学术研讨会在泉州信息工程学院召开。华侨大学、泉州师范学院等泉州高校的50余名从事马克思主义理论研究和思想政治理论课教学的专家、学者和一线教师等参加研讨会。与会人员围绕“思政课是落实立德树人根本任务的关键课程”这一主题，以及“习近平总书记在学校思想政治理论课教师座谈会上的重要讲话精神”“马克思主义反贫穷理论及其在中国的生动实践”“制度、治理与疫情防控”“纪念恩格斯诞辰200周年、列宁诞辰150周年”等专题，进行学术交流探讨。年会还邀请华侨大学王辉教授作题为《中国特色社会政治经济学的理论体系》的学术报告；泉州信息工程学院马克思主义学院蔡文桂副教授作题为《海丝文化融入高校思政教育全过程》的经验分享。年会还进行优秀征文评选和颁奖，30篇征文分获一、二、三等奖。参加研讨会的泉州市高校马克思主义理论教学研究会会长、华侨大学马克思主义学院院长林怀艺表示，高校思政课一定要重视读原著、学原文、悟原理，把理论讲深讲透；要重视科研能力的提升，以科研带动教学提质增效。

第二十五届“贤銮杯”中小学生西洋乐器（钢琴）独奏比赛举行

29—31日，由市教育局主办、泉州贤銮福利基金会协办的泉州市第二十五届“贤銮杯”中小学生西洋乐器（钢琴）独奏比赛在惠安县凤凰城实验小学举行。比赛分设小学低年级组、小学高年级组、初中组和高中组（含中职）四个组别，全市177名参赛选手在县（市、区）及市直学校的层层筛选中，脱颖而出参加市级比赛。比赛现场，选手们演奏了《暴风雨奏鸣曲》《辉煌的大圆舞曲》《我的祖国》《新疆幻想曲》等经典作品，曲目中西兼备、丰富多彩。为保证赛事公平，比赛特别邀请5位外市评委，经过角逐，评委现场客观公正打分、赛后专业点评，119名选手分获各组别的一、二、三等奖。

建设工程法律实务高端论坛在泉州举办

由福建志立律师事务所、泉州市土木建筑学会、泉州市建筑行业协会和丰泽区建筑行业协会主办的建设工程法律实务高端论坛在泉州举办，市司法局、市住建局、市律师协会、市科技协会、华侨大学法学院、黎明职业大学土木工程学院、泉州水务工程建设集团有限公司等相关单位和个人出席论坛。论坛以“总承包模式下总包方法律风险之应对”为主题，并由建设工程领域的专家型律师朱树英作主旨报告。他分别从疫情背景下建筑施工企业法律风险之应对、《房屋建筑和市政基础设施项目工程总承包管理办法》七大亮点、建设工程施工合同全过程管理要点、“一带一路”布局下工程总承包模式之发展机遇四个方面，解读建设工程法律实务领域的痛点、难点和热点。论坛的举办，有利于增强泉州市建筑房地产企业在后疫情时期防控风险的能力，有利于提升本土律师办理建设工程案件的水平。

关爱自闭症儿童义演活动举行

由泉州闽南语音乐学会发起的关爱自闭症儿童义演活动在晋江宝龙广场举行。活动中，几十位闽南语音乐人、义工和志愿者准备了三十多个节目，意在让社会各界更了解自闭症儿童群体，支持、关爱这个群体。活动捐款和义卖所得当场全部捐赠给晋江新阳光自闭症儿童康复中心。泉州闽南语音乐学会及“闽南锵锵滚·联盟”聚集全国各地以及海外的闽南音乐爱好者，其创始人许怀造在接受记者采访时表示，希望通过歌声作为爱心纽带去帮助自闭症儿童，希望用歌声、音乐短视频、直播等方式传播闽南音乐文化，并且以每月一场的频率举办公益活动，关爱弱势群体。

11月1日

农历庚子年九月十六
星期日
温度：20℃～27℃
阴转晴

●华侨大学建校60周年纪念大会在泉州召开。

●市委常委会（扩大）会议召开，传达学习中共十九届五中全会和省委常委会（扩大）会议精神。

●泉州市第七次全国人口普查领导小组办公室，面向全市发出《致广大普查对象的一封信》。是日零时起，全市5.5万名普查指导员和普查员深入千家万户开展第七次全国人口普查。

●由团市委主办，泉州市青少年宫、泉州市农业学校承办的“科学与生活”公益宣传体验活动在泉州市青少年宫举行。

●“菊舞斗艳·悦享金秋”2020鲜花港菊花节暨丰泽区汽车“花海”嘉年华在泉州鲜花港开幕。

华侨大学建校60周年纪念大会在泉州召开

华侨大学建校60周年纪念大会在泉州召开。全国人大常委会副委员长、华侨大学董事会董事长蔡达峰，中共中央统战部副部长谭天星，省委常委周联清出席并讲话。市委书记康涛、市长王永礼参加活动。蔡达峰希望学校坚持社会主义、爱国主义办学方向，紧扣经济社会发展和统战工作需要，加快推进国内一流大学建设，为保持港澳长期繁荣稳定，促进祖国和平统一大业，壮大对华友好力量，实现中华民族伟大复兴作贡献。谭天星肯定华侨大学办学成就，希望学校学习贯彻习近平有关讲话和指示精神，坚持党的全面领导，坚持侨校特色，将中华文化传播到五湖四海，为全面建设社会主义现代化国家贡献力量。周联清代表省委、省政府对华侨大学建校60周年表示祝贺，强调要学习贯彻习近平指示批示精神，贯彻党的教育方针，落实立德树人根本任务，服务国家战略，助力地方发展。福建省将为华侨大学创造更加良好的发展环境和办学条件。

华侨大学建校60周年纪念大会现场（图/张　林）

市委常委会（扩大）会议召开

市委常委会（扩大）会议召开，传达学习中共十九届五中全会和省委常委会（扩大）会议精神。会议指出，要逐条逐项细化梳理，分口组织研究，抓紧重点专项课题调研，组织专班专家，多维度多层次研深研透，把全会精神转化落实到各方面全过程。要做好各项工作，逐一对账盘点、查缺补漏，抓紧抓实三大攻坚战、年底冲刺、常态化疫情防控、安全生产等。全市各级党组织要周密部署安排，把全会精神作为党员干部教育培训的重要内容，兴起学习宣传贯彻热潮；各级党员领导干部要当好表率，带头先学一步、学深学透，到基层抓宣讲、抓落实。要加强舆论宣传引导，策划宣传报道，用新时代美好蓝图激励干部群众更有方向、有信心、有力量阔步向前。

第七次全国人口普查启动

泉州市第七次全国人口普查领导小组办公室，面向全市发出《致广大普查对象的一封信》。是日零时起，全市5.5万名普查指导员和普查员深入千家万户开展第七次全国人口普查。根据统一安排，泉州市用1个多月的时间，查清全市人口数量、结构、分布等情况。市统计局相关人士表示，此次入户登记收集人口信息，对制定泉州市经济和社会发展规划，对教育和医疗机构布局、儿童和老年人服务设施建设、城镇住房供给等党和政府科学决策意义重大，最终惠及老百姓。希望市民积极配合，真实、准确、完整、及时地提供人口普查所需的资料，如实回答相关问题，不提供虚假信息，不隐瞒、伪造有关情况。根据《中华人民共和国统计法》《全国人口普查条例》相关规定，各级人口普查机构全流程加强对公民个人信息的保护，严禁任何单位和个人向任何机构、单位、个人泄露公民信息。

“科学与生活”公益宣传体验活动举行

由团市委主办，泉州市青少年宫、泉州市农业学校承办的“科学与生活”公益宣传体验活动在泉州市青少年宫举行。活动内容包括环保科学“跳蚤市场”、无人机科普、绿植培育技术科普、牙科医学“爱牙、护牙课堂”、趣味科学实验室、心理健康科学体验游戏等几大板块，让青少年了解科学知识，体验科学的奥妙和乐趣，帮助青少年从日常生活中发现科学、关注科学、学习科学。

11月2日

农历庚子年九月十七
星期一
温度：19℃～27℃
多云转晴

●泉州市召开工作务虚会，梳理当前和今后一段时期的规划思路和重点抓手，谋划“十四五”和2035年发展愿景。

●在收听收看全省宣传文化系统学习宣传贯彻中共十九届五中全会精神电视电话会议后，泉州市随即召开全市宣传文化系统学习宣传贯彻中共十九届五中全会精神会议，传达学习中共十九届五中全会精神，安排部署学习宣传贯彻工作。

●泉州市重点行业企业用地调查采样完成阶段性任务。

●2—11日，由市文化改革发展工作领导小组办公室、市人社局、市总工会、市城镇集体工业联合社、惠安县政府主办的“丰盈韵”第六届全国高校毕业生石雕创作营大赛在惠安丰盈园林古建公司举行。

全市工作务虚会召开

泉州市召开工作务虚会，梳理当前和今后一段时期的规划思路和重点抓手，谋划“十四五”和2035年发展愿景。

会议强调，各级各部门要学习贯彻习近平总书记讲话和中共十九届五中全会精神，科学把握新发展阶段，贯彻新发展理念，融入新发展格局，准确识变，科学应变，主动求变，全方位推动高质量发展超越，争取再弯道超车。要站位全国全省大局，着眼产业升级、城乡发展、民生服务、体制机制等转型特征，加强前瞻性思考、全局性谋划、战略性布局、整体性推进，在“十四五”时期找准发展位置、展现担当作为。要坚持路线图思维、清单化管理、项目化推进，统筹各级各部门力量，多层次多角度研究推动，细化实化项目、载体、平台等具体抓手，确保各项工作落地见效。要精准对接上级要求，加强规划上下贯通、衔接协调，更广泛深入开门问策、调研走访，编制出遵循客观规律、符合泉州实际、体现人民期盼的高质量发展规划。各级政府各部门要按照党中央、国务院和省委、省政府及市委部署要求，把握后疫情时期、后赶超时期、后申遗时期三个特殊背景，在全国全省发展大格局中找准各自定位。要立足空间布局、业态布局、生态布局三个维度，在百年未有之大变局中通盘统筹。要做大做实“十四五”发展的项目支撑，在推动项目建设和解决历史遗留问题中展现担当。要突破“难、硬、重、新”工作，在用好用活此次务虚会交流成果中见行动、见成效。

泉州市重点行业企业用地调查采样完成阶段性任务

泉州市重点行业企业用地调查采样完成阶段性任务。全市完成65个地块调查采样，布设436个土壤点位、236个地下水点位，采集检测土壤样品7407个，地下水样品1141个，分析上报检测数据60774组。重点行业企业用地调查是国家统一部署的全国性土壤污染状况普查，标准高、要求严。泉州市有65个地块列入调查采样清单，数量位居福建省前列。为按时保质保量完成重点行业企业用地调查采样，市生态环境局成立项目专组统筹协调调查采样工作，对采样调查时间节点、质量要求、人员培训、安全管理进行周密部署，协调布点方案、钻探采样、样品流转、分析检测、质量控制等关键环节，打通工作链条。按照重点行业企业用地采样调查安全风险管理要求，各采样单位制定事故应急管理方案，并开展入场前安全培训。通过物探地下管线探测仪，事先摸清地下罐槽、雨污管线、电力管线、燃气管线、通信管线等地下设施线路的位置、走向，识别出采样区域的危险因素，各采样单位落实风险防控措施，实现钻探采样零安全生产事故目标。此外，质控单位闽东南地质大队采取现场质控、线上质控、实验室检查、数据核对等方式，进行全程质量控制和技术指导。

第六届全国高校毕业生石雕创作营大赛在惠安举行

2—11日，由市文化改革发展工作领导小组办公室、市人社局、市总工会、市城镇集体工业联合社、惠安县政府主办的“丰盈韵”第六届全国高校毕业生石雕创作营大赛在惠安丰盈园林古建公司举行。大赛以“人·自然”为主题，旨在搭建高校学生与企业的互动交流平台，实现理论与实践、人才与基地的深度融合，促进惠安雕艺产业发展。大赛从2020年全国高校毕业生雕塑作品展到稿的40所院校500多件作品中遴选出10所院校 21件作品参赛，毕业生作为第一作者。由雕刻艺术研究会、石雕石材协会、玉石雕刻行业协会、观赏石协会等向业界征集选拔雕艺匠师作为第二作者携手创作完成。创作营在政府、院校、企业、学生之间构建起一个交流分享的互动平台，一个当代艺术高校教育方向和教学成果的研究阵地，一个年轻一代艺术家思想意识与精神面貌的展示窗口，一个全国艺术创作与教育教学业界关注与期待的年度盛会，一个立足于全国文化创意产业会展领域的知名品牌。

市领导参加人口普查登记

市领导康涛、王永礼等分别参加人口普查现场登记。此次普查采取电子化登记方式，在登记现场，市领导按照普查登记要求，逐一回答普查员的询问，普查员使用电子采集设备将信息录入普查系统。市领导核对登记信息后，在申报人一栏签下自己的名字。登记完成后，康涛了解泉州市人口普查工作开展情况。康涛指出，全市各级各有关部门要加强组织领导，在疫情防控常态化条件下，广泛引导、动员和组织社会力量参与配合做好人口普查各项工作。要通过人口普查，摸清泉州市人口基本情况，为制定经济社会发展规划、完善各类政策措施、全方位推动高质量发展超越提供准确统计信息支持。各级普查机构和普查人员要科学依法、精准严密地做好工作，高标准高质量完成普查任务。希望市民遵守常态化疫情防控要求，支持配合普查工作，准确如实申报普查内容，确保普查工作顺利进行。王永礼指出，普查人员要严格执行普查方案，坚持依法普查，科学精准摸清泉州市人口“家底”，确保普查登记不漏一房、不少一人、不错一项。希望市民自觉履行普查义务，如实提供普查信息，共同圆满完成泉州市人口普查任务。

市人大常委会和市政府党组学习中共十九届五中全会精神

市人大常委会党组扩大会议召开，传达学习中共十九届五中全会精神，以及省委、市委有关精神。会议指出，要围绕全会提出的新判断、新目标、新部署、新要求，在全市发展中找准定位，推进地方人大工作，为全方位推动高质量发展超越提供有力的法治保障。要把贯彻落实五中全会精神与发挥人大制度优势、职能优势、工作优势结合起来，聚焦加快构建以国内大循环为主体、国内国际双循环相互促进的新发展格局、实现全体人民共同富裕等重点，汇聚各级人大代表力量，发挥人大职能作用，推动经济赶超发展、社会安定和谐。

市政府党组（扩大）会议召开，传达学习中共十九届五中全会精神以及省委常委会（扩大）会议、市委常委会（扩大）会议精神；传达学习习近平在中央政治局第二十三次集体学习时的讲话以及省委常委会会议、市委常委会会议精神。会议指出，要坚持对标对表，清单化、项目化、系统化抓好全会精神贯彻落实，围绕全会提出的新判断、新目标、新部署、新要求，按照市委统一部署，抓重大举措谋划，抓重点专项研究，高质量编制“十四五”规划，为全方位推动高质量发展超越开好局、起好步。要坚持落地落实，把握新发展阶段、贯彻新发展理念、紧扣新发展格局，抓好十三五“收官”、年度任务冲刺、2021年政府工作谋划，以及常态化疫情防控、安全生产等工作，建设“担当、服务、创新、实干、廉洁”政府。

2020年全市新闻发言人培训班开班

2020年全市新闻发言人培训班开班。市委副书记、宣传部部长张永宁作开班动员。张永宁指出，全市各级各部门要按照中央和省、市关于信息发布、政策解读、新闻报道等工作要求，对标对表抓好落实，维护泉州市意识形态领域安全稳定。要健全完善新闻发言人制度，配强配齐新闻发言人，加强和改进新闻发布工作，坚持不懈建机制、强网络、多实训、增实效。要健全工作机制，坚持线上线下联动，规范信息发布流程，提升媒体协同水平。要把握新时代新要求，围绕增强政治素质、政策素养、媒介素养、应急处置能力和纪律素养五种能力，建设更有战斗力的新闻发言人队伍。培训班以视频会议形式，在市行政中心设主会场，各县（市、区）设分会场。市委、市政府新闻发言人，有关市直部门、省部属机构、高校、金融单位、国有企业以及各县（市、区）的新闻发言人等近1000人参加培训。培训为期半天，邀请有关专家围绕“新闻发布”作专题辅导报告。

11月3日

农历庚子年九月十八
星期二
温度：17℃～23℃
多云转晴

●市领导康涛、王永礼等分别参加人口普查现场登记。

●市人大常委会党组扩大会议召开，传达学习中共十九届五中全会精神，以及省委、市委有关精神。

●市政府党组（扩大）会议召开，传达学习中共十九届五中全会精神以及省委常委会（扩大）会议、市委常委会（扩大）会议精神等。

●市纪委常委会（扩大）会议召开，传达学习中共十九届五中全会精神，学习贯彻省委常委会（扩大）会议、市委常委会（扩大）会议精神。

●2020年全市新闻发言人培训班开班。

●全国百余家旅行商汇聚惠安，参加由惠安县政府主办、县文旅局承办、县工业信息化和商务局协办的全国客源地旅行商“惠安72小时”踩线活动。

11月4日

农历庚子年九月十九
星期三
温度：17℃～22℃
多云转晴

●泉州市召开企业家、专家学者座谈会，学习贯彻中共十九届五中全会精神，围绕科学谋划“十四五”规划和2035年远景目标听取意见建议。

●交通运输部、财政部印发通知，公布深化农村公路管理养护体制改革试点地区名单，泉州市被列为试点城市之一，为福建省唯一入选的设区市。

●泉州市以视频会议形式，举行全市组织人事系统学习贯彻新时代党的组织路线专题培训班开班式主题报告会。

泉州市召开企业家专家学者座谈会

泉州市召开企业家、专家学者座谈会，学习贯彻中共十九届五中全会精神，围绕科学谋划“十四五”规划和2035年远景目标听取意见建议。座谈会上，12位企业负责人、专家学者聚焦推动产业升级、培育新业态新模式、搭建技术成果转化平台、优化营商环境、加大人才培育引进等建言献策。发言过程中，市委书记康涛不时与大家互动交流，要求有关部门逐项梳理，吸纳到规划编制和相关文件中，转化为具体工作举措。

康涛强调，要学习贯彻习近平在中共十九届五中全会上的讲话和全会精神，理解和把握党中央关于国际国内形势的科学判断，增强机遇意识、前瞻视野，谋深谋准谋实发展战略和关键支撑，在危机中育先机、于变局中开新局，全方位推动高质量发展超越。要着眼产业链供应链优化升级，加快推进产业数字化、数字产业化，抓紧关键领域技术研发、产业创新生态布局，做大做强制造业基本盘，争取再弯道超车。要从搭建服务平台、加大实践培训、拓展投资空间等入手，引导“创二代”“创三代”更好地扎根泉州、创新创业创造。要用心用情为企业提供专业化服务，多措并举加大引才聚才留才育才力度，提升教育、医疗等民生服务水平，促进城乡融合发展，千方百计造好营商环境。要把加强顶层设计和坚持问计于民统一起来，鼓励引导企业家、专家学者等出谋划策，发挥好智囊团和思想库作用，为科学谋划全方位推动高质量发展超越凝聚更多智慧力量。

泉州市入选交通部深化农村公路养护体制改革试点

交通运输部、财政部印发通知，公布深化农村公路管理养护体制改革试点地区名单，泉州市被列为试点城市之一，为福建省唯一入选的设区市。这项荣誉背后，是泉州市在农村公路管理和养护上的深耕，举措包括选树“典型示范+补助”推广模式、推行“信用考核+约谈”建设管理机制及探索“自动检测+App”养护管理模式等。选树“典型示范+补助”推广模式方面，市交通运输局每年都会评选若干典型示范项目、标段，给予市级通报表彰，奖励资金达10万～15万元/标段。推行“信用考核+约谈”建设管理机制方面，10月8日起，泉州市开始实施《泉州市小规模农村公路建设项目信用考核暂行规定》，在全省率先将信用评价体系向下延伸至施工合同价400万～1000万元的小规模农村公路项目。此外，泉州市还探索“自动检测+App”养护管理模式，探索实行以信息化采集为手段的农村公路路况检测评定机制，运用智能一体化装备采集路况、识别公路病害。同时，依托“互联网+”，推广集农村公路病害调查、应急处置、路政管理、灾毁理赔为一体的智慧路长App手机应用，将执法末端延伸到乡村“最后一公里”。

全市组织人事系统学习新时代党的组织路线专题培训班开班

泉州市以视频会议形式，举办全市组织人事系统学习贯彻新时代党的组织路线专题培训班开班式主题报告会。会议强调，要把握重大意义，认识新时代党的组织路线是加强党的组织建设的重要指导、贯彻党的政治路线的重要保障、战胜各种风险挑战的重要法宝，以最讲政治的态度贯彻落实新时代党的组织路线。要明确基本要求，贯彻落实“抓好坚持和完善党的领导、坚持和发展中国特色社会主义”“抓好用党的科学理论武装全党”“抓好党的组织体系建设”“抓好执政骨干队伍和人才队伍建设”“抓好党的组织制度建设”，以最讲担当的精神推动新时代党的组织路线全面落实。要注重履职尽责，把抓落实作为开展工作的主要方式，强化末端落实的意识，推动新时代党的组织路线落地见效。要不忘初心、牢记使命，锐意进取、砥砺前行，交出新时代组织工作的满意答卷，在全方位推动高质量发展超越中强化组织担当、发挥组织优势、贡献组织力量。

康涛调研泉州老年大学新校舍

市委书记康涛到泉州老年大学新址调研。市委常委、组织部部长孔繁军参加调研。泉州老年大学新校舍建有综合楼、教学楼和礼堂，内设各类教室48间，可招收容纳2万人次老年人参加学习。康涛了解学校的硬件设施、教学开展情况等，叮嘱把学校管好、用好、办好，更好满足老年人求知求乐的强烈愿望。随后，康涛与在场的老领导老干部座谈，肯定近年来泉州市老年教育工作取得的成果。康涛指出，要多层次扩大养老服务有效供给，用心用情为老年人排忧解难，让老年朋友老有所养、老有所依、老有所乐、老有所安。要发挥好老年大学文化养老主阵地作用，针对老年人的兴趣爱好和身心状态，采取灵活多样的办学方式，创新课程设置、教学内容、教育形式等，推动老年教育顺应时代发展要求、契合老年人期待。要完善教育服务设施功能，做好校园周边环境整治、交通配套等，为老年朋友提供温馨和谐的学习活动场所。要突出示范引领，引导老年人活到老、学到老，发挥自身优势，关心支持泉州各项事业，为全方位推动高质量发展超越贡献力量。

康涛（左二）在泉州老年大学新址调研（图/陈英杰）

“七彩云南 美在德宏——航空旅游招商推介会”在泉州举行

“七彩云南 美在德宏——航空旅游招商推介会”在泉州举行，全方位展示德宏文化旅游品牌形象和旅游线路产品，促进德宏、泉州两地文化旅游交流合作。德宏傣族景颇族自治州位于西南边陲，是美丽的孔雀之乡，全州辖三县两市：梁河县、盈江县、陇川县、瑞丽市、芒市。德宏境内物种资源丰富多样，素有“植物王国”“物种基因库”之美称。德宏与缅甸接壤，从黎明之城芒市到边陲玉都瑞丽，处处是浓郁的边贸氛围和边境风情。德宏世居傣族、景颇族、阿昌族、德昂族、傈僳族等少数民族，各具特色的文化艺术、民居建筑、歌舞、服饰、风味饮食、节日活动、风俗习惯及手工艺品等构成绚丽多姿的民族风情画卷。德宏州文化和旅游局有关负责人表示，德宏州有近5万闽商，其中有三分之二为泉州人，爱拼敢赢的泉州人，为德宏州的发展做出重要贡献。希望双方共同开发旅游市场，营销旅游产品，实现客源互送、市场互推，共同推动双边文化旅游事业的发展。2019年10月底，泉州直飞芒市的航线开通，每周二、四、六执飞往返。自该航线开通以来，已运输游客近4万人次往返于泉州和芒市，方便商务以及游客的出行，促进两地文化旅游交流与合作。

13位（组）泉州籍富豪登上2020年福布斯中国富豪榜

福布斯中国官网发布2020年福布斯中国富豪榜，400位富豪上榜。13位（组）泉州籍富豪上榜。其中，世茂集团许荣茂以787.4亿元列第37位；达利食品许世辉家族以593.9亿元列第52位；安踏集团丁世忠以459.7亿元列第70位，安踏集团丁世家以452.4亿元列第73位；三安光电林秀成家族以265.6亿元列第134位；新华都实业集团陈发树以249.6亿元列第145位；信义玻璃李贤义家族以237.5亿元列第151位；宝龙地产许健康家族以167.5亿元列第228位；恒安集团施文博以148.1亿元列第257位，恒安集团许连捷以144.4亿元列第263位；安踏体育赖世贤以125.4亿元列第320位，安踏体育王文默以122.8亿元列第326位；禹州国际林龙安家族以116.1亿元列第348位。

11月5日

农历庚子年九月二十
星期四
温度：20℃～25℃
多云

●康涛到泉州老年大学新址调研。

●“七彩云南 美在德宏——航空旅游招商推介会”在泉州举行。

●福布斯中国官网发布2020年福布斯中国富豪榜，400位富豪上榜。13位（组）泉州籍富豪上榜。

11月6日

农历庚子年九月廿一
星期五
温度：22℃～28℃
阴

●市委常委会召开会议，传达学习宣传贯彻中共十九届五中全会精神电视电话会议精神，部署全市学习宣传贯彻工作；学习贯彻习近平指示批示精神，研究支持华侨大学发展的具体措施。

●康涛到晋江调研推动强基促稳、乡村振兴、人才工作。

●市委理论学习中心组学习会召开，学习《习近平谈治国理政》第三卷和《习近平在厦门》《习近平在宁德》《习近平在福州》《习近平在福建》系列采访实录，围绕“为民情怀”专题开展交流研讨。

●泉州市新闻界庆祝中国记者节座谈会召开，传达康涛批示寄语，展示2020年以来泉州市新闻宣传事业发展成果。

●全国茶产业标准化高峰论坛暨标准化工作年会在安溪召开。

●由中国陶瓷工业协会、德化县陶瓷发展委员会主办的“何朝宗杯”2020中国（德化）陶瓷工业设计大赛颁奖仪式举行。

市委常委会学习中共十九届五中全会精神

市委常委会召开会议，传达学习宣传贯彻中共十九届五中全会精神电视电话会议精神，部署全市学习宣传贯彻工作；学习贯彻习近平指示批示精神，研究支持华侨大学发展的具体措施。会议要求，要认真对标对表，集思广益、开门问策，科学制定泉州市“十四五”规划，谋深谋准谋实发展战略和关键支撑，全方位推动高质量发展超越。要掀起学习宣传贯彻热潮，周密部署、精心组织，统筹推进新闻宣传、集中宣讲、学习研讨等工作，激励干部群众以更加强劲的信心力量，沿着“十四五”规划阔步向前。要贯彻落实中共十九届五中全会精神，贯彻党的教育方针，构建高质量教育体系，加快推进教育现代化、建设教育强市、办好人民满意教育。要按照“部部省共建”华侨大学的意见，落细落实各方面具体措施，支持华侨大学发展，落实立德树人根本任务，提高办学质量和水平，加快“双一流”建设、发挥优势更好为侨服务。要开展校地合作，优化载体、完善机制，推动产学研融合对接，确保取得更多成果。

康涛到晋江调研强基促稳和乡村振兴等工作

泉州市委书记康涛到晋江调研推动强基促稳、乡村振兴、人才工作。泉州市委常委、晋江市委书记刘文儒参加调研。在金井镇围头村，康涛了解该村综治中心的日常工作开展情况，叮嘱要加强基层党组织建设，建强党支部战斗堡垒，发挥老党员、老干部、企业家、乡贤能人等群体的感召力，夯实多元调解机制。在英林镇三欧村，康涛寄望当地在推进乡村振兴过程中，尊重历史记忆，注意运用地域文化元素或符号，传承挖掘好丰富的乡村文化内涵，带动特色乡村旅游，让游客感受地道乡村味、成为“回头客”。在泉州（晋江）国际人才港，康涛与基层干部、人才港负责人交流探讨，强调要更好发挥平台作用，提升人才服务专员的业务水平和协调能力，探索更多鲜活、特色、亲近、温馨的服务项目，让各类人才愿意来、留得住、过得好。

康涛（左三）在晋江调研（图/陈起拓）

泉州市新闻界庆祝中国记者节座谈会召开

泉州市新闻界庆祝中国记者节座谈会召开，传达市委书记康涛批示寄语，展示2020年以来泉州市新闻宣传事业发展成果。市委副书记、宣传部部长张永宁参加座谈。康涛指出，全市新闻舆论战线和新闻工作者坚持正确政治方向和舆论导向，聚焦泉州发展大局，主动靠前、积极作为，采写、刊发了一批有思想、有温度、有品质的新闻作品，生动记录时代进步的珍贵印痕。希望新闻战线的朋友们学习宣传贯彻习近平新时代中国特色社会主义思想，围绕更好履行“举旗帜、聚民心、育新人、兴文化、展形象”的使命任务，继续聚焦泉州，紧扣中心大局，贴近民生需求，讲好泉州故事、传播泉州声音。张永宁指出，希望在泉州的新闻工作者围绕中心大局，加强组织策划，采写一批清新朴实、生动鲜活的新闻报道，为全方位推动高质量发展超越鼓呼造势。

2020中国（德化）陶瓷工业设计大赛颁奖

由中国陶瓷工业协会、德化县陶瓷发展委员会主办的“何朝宗杯”2020中国（德化）陶瓷工业设计大赛颁奖仪式举行。经初评、人气票选、复评、终评，评出1名特等奖、3名金奖、5名银奖、20名铜奖及5名优秀组织奖，颁出43.5万元奖金。

第八届大中城市联合招聘泉州市高校毕业生专场招聘会举行

第八届大中城市联合招聘泉州市高校毕业生专场招聘会在泉州信息工程学院举行。招聘会吸引近170家企业参加，为高校毕业生提供包括计算机软件、材料工程、机械设计、电子信息等专业的岗位4000多个，吸引2200多名高校毕业生进场参与，初步达成意向700多人。现场还设置就业创业政策咨询处，为毕业生提供专业的现场指导服务。不少科技企业出现在招聘会现场，这些企业更看重高校毕业生的创新能力、实践能力和未来发展潜力。市人社局有关负责人表示，除线下招聘外，受新冠肺炎疫情的影响，泉州市在春节期间线上招聘环节引入视频直播技术，将“网络招聘超市”与“福建省毕业生就业创业公共服务网”链接，在全省率先开通视频面试“云招聘”平台，首次推出线上互动招聘交流平台，让毕业生与用人单位打破地域限制，足不出户就能实现面试招聘。

中国移动泉州分公司举行全省首个5G运动会

中国移动泉州分公司首届“幸福1+1”运动会在泉州侨乡体育馆举行，此系全省首个5G运动会。运动会以“新时代 新基建 新征程”为主题。天上有5G无人机，看台上有VR直播，地上有远程急救车、5G+智能人脸识别温控等，5G网络为运动会提供全方位支持。

移动工作人员在传统无人机身上，搭载5G模块，解决传统无人机传输距离近、远程操控难的问题，拍摄数据可实时回传后台、制作编发。而通过中国移动“凌云平台”，工作人员能对多台无人机进行工作计划编排，机器按照既定计划飞行作业。赛事运用“5G+VR”直播技术，360度全景摄像头采集4K高清画面，实时拼接成VR全景镜头后，利用移动5G网络，同步传输到直播平台上。只要戴上VR眼镜，不论身在何方，都能实现沉浸式观赛。5G直播车是赛事直播的一大利器，现场直播设备回传的高清视频数据，经过后台制作后进行传播，堪称一座移动电视台。手机5G直播小程序让比赛更有趣。比如转瞬即逝的百米短跑，人们一边现场“督战”，一边打开小程序，在5G网络支持下，能实时关注比赛进程、比分情况，参与现场互动，为喜欢的运动员点赞。进入赛场前，全体人员从入口处的中国移动“5G+智能人脸识别温控”门禁前经过，设备检测到的体温、面部数据等，通过5G网络，能够实时加密传输至后台，大大提高人体温度非接触式筛查效率，提升人脸识别准确度。5G远程急救车和5G健康台共同保障比赛现场人员安全。5G远程急救车部署5G通信、音视频会诊、医疗数据采集等设备，通过5G网络，急救车内的病人数据，实时回传至医院，能够支持医院与急救车远程会诊，实现“上车即入院”的急救新模式。5G健康台则是小型急救车。健康台与“微医通”平台连接，实现智能化检测、自动扫描等功能，提供在线视频问诊服务。

泉州提线木偶戏参加戏曲百戏（昆山）盛典

7—9日，泉州提线木偶戏《古艺新姿活傀儡》到江苏参加2020年戏曲百戏（昆山）盛典。此次活动由文化和旅游部、江苏省政府主办，以“汇中国百戏 展戏曲新颜”为主题，从10月11日起至11月下旬在江苏昆山举行，全国25个省（自治区、直辖市）的116个剧种126个剧目集中献演。《古艺新姿活傀儡》是泉州提线木偶戏参加国内外交流最常演出的剧目，荟萃《小沙弥下山》《钟馗醉酒》《元宵乐》等篇章。演出艺术总监王景贤表示，演出由传承久远的科仪表演《相公踏棚·四将开台》拉开序幕，体现泉州提线木偶戏经过千年发展留下的厚重足迹，最后压轴亮相的《元宵乐》以歌舞的形态，展示泉州“海丝”文化和闽南文化。中国木偶皮影艺术学会会长陈迎宪表示，泉州提线木偶戏历史悠久，表演艺术精湛，经过上千年的传承发展形成独特的表演艺术。演出既能让观众感受到厚重的历史，也有新时代木偶艺术的精品，特别是黄奕缺创作的《驯猴》等，感染无数观众。

11月7日

农历庚子年九月廿二
星期六
温度：20℃～23℃
阴转多云

●第八届大中城市联合招聘泉州市高校毕业生专场招聘会在泉州信息工程学院举行。

●7—11日，由泉州市农业农村局主办、石狮市农业农村局承办的“泉州乡村好货展——石狮站”展销活动在石狮国际食品城举行。

●中国移动泉州分公司首届“幸福1+1”运动会在泉州侨乡体育馆举行，此系全省首个5G运动会。

●7—9日，泉州提线木偶戏《古艺新姿活傀儡》到江苏参加2020年戏曲百戏（昆山）盛典。

11月8日

农历庚子年九月廿三
星期日
温度：18℃～24℃
阴转多云

●6—8日，由中国皮划艇协会、省体育局主办，省皮划艇运动管理中心、泉州市体育局、南安市政府承办的2020年全国皮划艇激流回旋秋季冠军赛暨全国皮划艇激流回旋青年锦标赛在南安市梅山镇举行。

●由福建省足球协会主办的2020年中国足协C级教练员培训班开班仪式在泉州市侨乡体育中心举行。

●市营商办、市市场监督管理局、市行政服务中心管委会发文，提出多条举措，优化企业开办服务。

●南音新剧《印象闽南·玉兰花开的地方》在广东深圳上演。

2020年全国皮划艇激流回旋秋季冠军赛在南安举行

6—8日，由中国皮划艇协会、省体育局主办，省皮划艇运动管理中心、泉州市体育局、南安市政府承办的2020年全国皮划艇激流回旋秋季冠军赛暨全国皮划艇激流回旋青年锦标赛在南安市梅山镇举行。福建队在4个项目12个组别中获7金1银4铜，其中17岁的泉州籍选手施宏隆在男子单人皮艇乙组中获得冠军。福建省皮划赛艇运动管理中心副主任王子刚表示，作为东道主，福建选手对赛道更为适应，通过此次比赛，福建队也发现了不少年轻有潜力的新星，比如施宏隆、吴依珊、谢雪婷等都具有很不错的实力。

相关链接：激流回旋运动是奥林匹克运动会正式比赛项目，东京奥运会设置四枚金牌，2024年巴黎奥运会将增加到六枚金牌，不逊于乒乓球和羽毛球项目的金牌数量，该运动“时尚、激情、阳光、精彩”的特点不仅风靡欧美，也越来越受到中国青少年的喜爱。位于南安梅山的福建皮划艇激流回旋训练基地参照伦敦奥运会赛道设计建设，设计工艺、水流落差、水质都达到世界一流水准。基地于2017年8月竣工，设初级、高级两条赛道，主赛道全长300米，落差4.5米，副赛道220米，落差3.5米，可以满足不同运动水平的运动需求。

2020年全国皮划艇激流回旋秋季冠军赛比赛现场
（图/市体育局）

2020年中国足协C级教练员培训班在泉州开班

由福建省足球协会主办的2020年中国足协C级教练员培训班开班仪式在泉州市侨乡体育中心举行。此系疫情防控进入常态化以来全省举办的第一期中国足协C级教练员培训班。培训为期13天，全省各地市协会、中小学、足球俱乐部等推荐的24名教练员参加培训。中国足协技术部委派亚足联A级教练员、中国足协教练员讲师张悦虹，亚足联A级教练员、中国足协教练员讲师陈志辉担任培训班讲师。福建足协技术部派出亚足联B级教练员、福建足协教练员讲师李洋，亚足联B级教练员、福建足协教练员讲师王章宁担任实习讲师，协助开展培训班各项工作。课程分两个周期，每周期末进行实践考试，以此检验阶段性培训成果。全期培训涵盖进攻、传球、头球、防守、比赛阵型等全方面技战术实操课。

泉州市优化企业开办服务

市营商办、市市场监督管理局、市行政服务中心管委会发文，提出多条举措，优化企业开办服务。根据通知要求，各级各有关部门推广企业开办全程网上办理，同时压减企业开办时间、材料和成本，全市实现压缩企业开办时间至2个工作日以内（含设立登记、公章刻制、初次申领发票环节），具备条件的地方压缩至1个工作日甚至更少。企业通过“一网通办”平台及线下“一窗通办”合并申请刻制公章，不再要求企业提供营业执照复印件以及法定代表人（负责人等）的身份证明材料。新开办企业还可免费领取税务Ukey设备。

南音新剧《印象闽南·玉兰花开的地方》在深圳上演

南音新剧《印象闽南·玉兰花开的地方》在广东深圳上演。该剧由晋江市南音艺术团创排，此次到深圳交流，晋江市南音艺术团联合福建省梨园戏传承中心、泉州市闽南民间歌舞传承中心和晋江市高甲柯派表演艺术中心等表演团体的优秀演员参与，携手通过现代舞蹈的形式呈现古老南音的独特魅力。

全省加快机械装备产业发展专题班在泉州开班

全省加快机械装备产业发展专题班在晋江市委党校开班。泉州市领导康涛、孔繁军、刘文儒、肖汉辉出席开班式。除理论课程外，专题班还组织学员到中国科学院海西研究院泉州装备制造研究所、福建省华宝智能科技有限公司、福建晋工机械有限公司等地开展现场教学。培训内容包括学习领会新发展理念，学习掌握有关机械装备产业政策、发展趋势和前沿技术等方面知识，围绕全省机械装备产业供给侧结构性改革，加快产业转型升级等，加强学习研讨，提升领导干部加快推进机械装备产业发展的能力和水平。

跨境电商综试区线上公共服务平台启动

由市商务局、泉州综保区管委会、泉州海关等部门指导建设的跨境电商综试区线上公共服务平台及线下服务窗口，在泉州综合保税区内启动、揭牌。市商务局相关负责人表示，跨境电商综试区线上公共服务平台是在保障数据安全的前提下，打造的基于线上综合服务平台的大数据中枢。借助公共服务平台所建立的数据标准、认证体系和信息共享体系，能够更好地保障海关、外汇管理、税务、市场监管等部门间数据互通和共享，实现监管部门间信息互换、监管互认、执法互助。同时，平台还能承载完善身份认证、安全交易、便利通关、质量溯源、费用支付、信用担保、全程物流等公共服务功能，为跨境电商各类市场主体提供“一站式”综合服务。泉州综保区管委会相关负责人表示，将以跨境电商综试区线上公共服务平台及线下服务窗口落地综保区为契机，发挥出综保区保税备货模式等特殊政策优势，发展跨境电商网购保税进口及保税出口业务；以晋江市创建国家进口贸易促进创新示范区为契机，加快推进综试区政策在综保区的应用和创新发展，力争建成投资贸易便利、监管高效便捷的全国跨境电商保税区创业创新中心、跨境电商服务中心。

知名跨境电商平台“一基地双中心”泉州项目启动

知名跨境电商平台Lazada“一基地双中心”（创业孵化基地、跨境服务中心和物流分拨中心）泉州项目在泉州综保区启动。其中，设计产能15万件/天的泉州物流分拨中心，是Lazada继广东深圳、浙江义乌后设立的国内第三个、福建省首个分拨中心。“一基地双中心”的启动将助力泉州跨境电商产业集群深耕东南亚跨境电商市场，优化本土跨境电商生态环境。

Lazada，中文名为来赞达，成立于2012年，是东南亚领先的电商平台，主要活跃发展于印尼、马来西亚、菲律宾、新加坡、泰国和越南等东南亚市场，平台拥有超过8000万名年度活跃消费者，连续保持五个季度订单增长翻倍的发展势头。落地于泉州综保区内的“一基地双中心”，可谓Lazada布局华东南地区的重要战略支点项目。Lazada跨境业务总经理炜臣表示，泉州产业带十分发达，七大产业带出口产品和东南亚消费习惯息息相关，如鞋服、箱包等在东南亚市场有很强的消费需求。同时，泉州还有庞大的卖家群体。产业带资源加上活跃的商家群体，是Lazada落地的两大必要条件。泉州出口加工区管理局负责人表示，泉州综保区拥有良好的跨境电商产业培育的区位优势，具备发展跨境电商的特殊产业政策优势，加上近年泉州市和晋江市两级政府加大在跨境电商产业领域的扶持优惠力度，这些因素都是吸引该平台落地发展的重要因素。

知名跨境电商平台Lazada泉州分拨中心（图/刘 倩）

11月9日

农历庚子年九月廿四
星期一
温度：16℃～22℃
晴

●全省加快机械装备产业发展专题班在晋江市委党校开班。

●由市商务局、泉州综保区管委会、泉州海关等部门指导建设的跨境电商综试区线上公共服务平台及线下服务窗口，在泉州综合保税区内启动、揭牌。

●知名跨境电商平台Lazada“一基地双中心”泉州项目在泉州综保区启动。

●以“聚势赋能，共赢跨境”为主题的福建“数字海丝”跨境电商大会在晋江举行。

11月10日

农历庚子年九月廿五
星期二
温度：17℃～22℃
多云转晴

●市人大常委会召开泉州市“十四五”规划编制情况调研座谈会。

●自“十三五”以来，全市投入增殖放流资金超2000万元，在泉州湾等主要海湾放流海水苗种20亿尾，在晋江流域放流淡水苗种661.14万尾，取得社会、生态和经济多重效益。

●泉州市举办以“关注消防、生命至上”为主题的“119”消防宣传月暨消防救援文化节活动。

泉州市“十四五”规划编制情况调研座谈会召开

市人大常委会召开泉州市“十四五”规划编制情况调研座谈会。会议听取市发改委关于“十四五”规划编制工作情况的汇报，并围绕“十四五”期间泉州市发展定位、产业发展、城市建设、民生事业、乡村振兴等方面展开座谈，征求意见建议。

市长王永礼指出，“十四五”时期是中国全面建成小康社会、实现第一个百年奋斗目标之后，乘势而上开启全面建设社会主义现代化国家新征程、向第二个百年奋斗目标进军的第一个五年。要学习贯彻习近平总书记讲话和中共十九届五中全会精神，按照省委、省政府和市委的决策部署，提升思想站位，科学谋划泉州未来五年的发展定位，优化空间布局，强化重大项目支撑，增强规划的前瞻性、科学性。要梳理研究吸纳与会人员的意见建议，高标准、高质量科学编制好“十四五”规划，绘就泉州发展新蓝图。市人大常委会主任陈灿辉要求，要把握人大工作定位，发挥人大职能优势，把依法履行重大事项决定权贯穿于“十四五”规划编制的全过程，发挥人大代表主体作用，解放思想，深化对做大中心城市规模、做强做优民营经济、打造一流营商环境、加快补齐民生短板等课题的研究，提好意见建议，为编制好“十四五”规划建言献策，为泉州市全方位推动高质量发展超越做出人大贡献。

泉州市“十四五”规划编制情况调研座谈会现场
（图/陈意鸣）

“十三五”期间全市增殖放流苗种逾20亿尾

自“十三五”以来，全市投入增殖放流资金超2000万元，在泉州湾等主要海湾放流海水苗种20亿尾，在晋江流域放流淡水苗种661.14万尾，取得社会、生态和经济多重效益。泉州市践行“绿水青山就是金山银山”生态理念，以实施增殖放流作为推动渔业资源恢复、促进环境保护的重要抓手，渔业水域生态环境明显改善，渔业资源自然种群得到有效恢复。全市连续多年组织开展“6·6”放鱼日活动，引导社会各界关注、保护海洋生态环境。市海洋与渔业局相关负责人介绍，增殖放流除能够补充渔业资源量，促进渔民增产增收外，还具有重要的生态意义。泉州市增殖放流选择的几种滤食性鱼类苗种，可以消灭水体中的浮游生物和其他腐质物，降低水中的氮磷等污染物含量，抑制水华发生，有较强的水体净化能力，对改善水质、保证水体的良性循环具有重要作用，达到“以鱼清水、以鱼养水”的效果。

泉州市“119”消防宣传月暨消防救援文化节活动举行

泉州市举办以“关注消防、生命至上”为主题的“119”消防宣传月暨消防救援文化节活动。启动仪式上，泉州市社会应急救援联勤中心揭牌，向社会联动单位授牌并颁发证书。此次揭牌的“泉州市社会应急救援联勤中心”，由7支民间应急救援力量组成，将实行合署办公、“联勤”“联训”“联动”实体化运作，打造由政府主导、部门联动、消防主战、社会参与的“专精尖”救援队伍。消防员和社会救援队队员现场进行高空救人、无人机空投、绳索救援和越野车越障等演练。消防救援文化品牌宣传展示、消防科普教育趣味闯关等活动吸引众多市民驻足观看。

泉州市“119”消防宣传月暨消防救援文化节启动仪式
（图 消防支队）

省生态环境保护信息化执法技能竞赛在泉州举行

11—12日，由省生态环境厅、省委省直机关工委、省总工会主办的2020年“践初心·铸铁军·圆使命”福建省生态环境保护执法大练兵信息化执法技能竞赛活动在泉州举行，全省生态环境执法系统10支队伍参赛。此次竞赛是第二届生态环境执法大练兵信息化运用职业技能竞赛，也是对参赛选手执法业务能力水平的一次综合考察。参赛队员接受理论知识考核、环境执法案卷评审和现场执法操作等多重比试。值得一提的是，现场执法操作环节对参赛队员运用无人机、无人船、在线监控、移动执法系统等现代科技手段开展执法的能力进行全面考核，旨在提升执法监管的精准化、智能化水平。

市政府党组会议学习中共十九届五中全会精神

市政府党组会议召开，传达学习宣传贯彻中共十九届五中全会精神电视电话会议以及省委常委会会议、市委常委会会议精神。会议强调，市政府各位党组成员、政府各部门党组（党委）要坚持反复深入研读，全面加深理解，融会贯通运用，示范带动政府系统迅速兴起学习宣传贯彻热潮。要学深悟透，把握新发展阶段，贯彻新发展理念，融入新发展格局，以推动高质量发展为主题，统筹发展和安全，找准政府工作和各自履职的切入点、着力点、落脚点，谋深谋细谋实泉州“十四五”乃至更长一个时期的发展动力、重点领域、要素保障和项目支撑。要真抓实干，把贯彻中共十九届五中全会精神与做好政府各项工作结合起来，把学习成果转化为全方位推动高质量发展超越的担当作为，抓紧抓实产业链供应链优化升级、“十四五”规划编制、秋冬季疫情防控、年底指标冲刺、2021年工作谋划、安全生产等各项任务，确保“十三五”收好官，为“十四五”发展开好局、起好步。

2020年福建省男子篮球联赛在晋江举行

11—15日，由福建省篮球协会主办的2020年福建省男子篮球联赛在晋江举行，泉州队以全胜战绩获得冠军。考虑到防疫需求，此次赛制有所调整，赛程缩短。比赛采用赛会制，9支参赛球队根据抽签落位，分为两个小组，采用分组单循环决出小组排名，小组第三名进行五六名排位赛，小组前两名晋级交叉淘汰赛，决出前四名。比赛期间，泉州、莆田、漳州、厦门、福州、三明、南平、宁德、龙岩9支代表队，在晋江市东石镇灯光球场展开角逐，为球迷带来代表福建篮坛最高水平的21场比赛。

第六届（南安）郑成功文化节开幕

由泉州市政府与福建省闽台交流协会指导，南安市政府、南安市政协主办的第六届（南安）郑成功文化节开幕式在南安举行，大陆、台港澳的400多名嘉宾参加活动。文化节突出“相约成功故里，共叙两岸融合”主题。尽管受到疫情影响，台湾信众无法像往届那样，组团到南安进香、祭拜，但不少在大陆多年的台胞、台商，纷纷从各地赶来参加。而台湾各大宫庙也派出代表，提前抵达，按照疫情防控有关规定进行健康管理后，参加开幕式及相关活动。在主题进香环节，除南安石井郑成功庙，还在台湾分“东、西、南、北、中”五个方位，邀请宜兰礁溪国圣庙、云林五股开台尊王炉主会、台南郑成功庙、台北护国延平宫、台中国圣宫开台圣王庙五间宫庙共同举办，台湾岛内参与的信众达数万人。石井郑成功庙内，不少信众用手机直播方式，向未能参加的台湾信众介绍进展，为将两岸同步“云纪念”郑成功的盛况永久保存，泉州、台湾两地都录制相关视频，以待此后交流分享。

11月11日

农历庚子年九月廿六
星期三
温度：17℃～23℃
多云转晴

●11—12日，由省生态环境厅、省委省直机关工委、省总工会主办的2020年“践初心·铸铁军·圆使命”福建省生态环境保护执法大练兵信息化执法技能竞赛活动在泉州举行。

●市政府党组会议召开，传达学习宣传贯彻中共十九届五中全会精神电视电话会议以及省委常委会会议、市委常委会会议精神。

●市政府党组理论学习中心组学习会召开，学习习近平在中共十九届五中全会上的讲话和全会精神，以及《习近平谈治国理政》第三卷和《习近平在厦门》《习近平在宁德》《习近平在福州》《习近平在福建》系列采访实录，围绕“使命担当”主题开展交流研讨。

●11—15日，由福建省篮球协会主办的2020年福建省男子篮球联赛在晋江举行。

●由泉州市政府与福建省闽台交流协会指导，南安市政府、南安市政协主办的第六届（南安）郑成功文化节开幕式在南安举行。

●以“才汇泉城 可兴州·智造台商筑港湾”为主题的2020泉州台商投资区首届海丝英才月活动启动。

11月12日

农历庚子年九月廿七
星期四
温度：18℃~24℃
多云转晴

●全国总工会法律工作部部长江南带领调研组到泉州台商投资区调研。

●市人大常委会和市政府举行新闻发布会宣布，泉州市第五部实体法《泉州市市容和环境卫生管理条例》于2021年1月1日起施行。

●泉州市管道燃气价格下调。

●泉州市医药行业协会成立大会暨第一次会员大会召开。

全国总工会法律工作部调研组到泉州台商投资区调研

全国总工会法律工作部调研组到泉州台商投资区调研。调研组到区职工法律服务一体化基地，了解各功能室设施排布、日常工作开展情况和制度建设等。调研组肯定泉州台商投资区职工法律服务一体化基地建设工作。在座谈会上，调研组听取泉州台商投资区打造一体化法律服务模式、提升职工权益保障服务的工作汇报，了解区总工会在职工权益保障方面的工作情况。调研组表示，泉州台商投资区在职工法律服务一体化基地建设上理念超前、创新担当，在权益保障工作上真抓实干、成效显著。希望泉州台商投资区继续运用“枫桥经验”，让“园区枫桥”工作模式成为新时代工会服务基层、服务职工的新注解。调研组还到区职工服务中心参观。调研组参观职工服务中心健康小屋、台籍职工之家、服务大厅等场所，并了解区总工会在职工入会建会、就业创业服务、职工维权帮扶、职工教育培训、职工心理调适、职工法律援助、职工文体活动等方面的具体做法和取得的工作成效。

相关链接：泉州台商投资区职工法律服务一体化基地设有“两室两庭”，即职工劳资纠纷调解室、职工法律援助室、劳动仲裁庭和劳动法庭，建立多元化、维权一体化模式，做到“闹心事、烦心事”小事不出门，打造一站式法律服务基地。建立矛盾纠纷繁简分流机制，通过委托仲裁处理简案、劳动法庭介入，一揽子解决服务需求，为职工提供普法、咨询、调解、仲裁、诉讼等一条龙服务。

泉州市管道燃气价格下调

根据省发改委下调中海福建天然气有限责任公司门站价格政策，市发改委迅速行动，及时下调泉州市管道燃气价格每立方米0.176元，经测算，此举每年可减轻企业和群众用气负担约2.3亿元。1日起，非居民用户管道燃气最高销售价格调整为每立方米2.62元,允许供需双方在最高限价范围内协商确定。12日起，则对居民生活用气阶梯价格进行下调。第一档用气价格调整为每立方米2.881元、第二档用气价格调整为每立方米3.457元、第三档用气价格调整为每立方米4.322元，持有民政部门核发的有效证件或证明的低保户，气价水平可按居民第一档气价再下调每立方米0.5元即每立方米2.381元执行。各阶梯的年用气量维持不变。为确保降价红利及时足额传导至终端用户，市发改委要求燃气企业严格执行价格政策，做好抄表和清算等衔接工作，自觉接受有关部门和社会监督，维护天然气市场秩序，保障安全稳定供应。

泉州市医药行业协会成立

泉州市医药行业协会成立大会暨第一次会员大会召开。省药监局厦门稽查办和市民政局、工信局、市场监管局、商务局、医保局、卫健委、红十字会有关负责人以及全市医药行业协会100多位医药企业负责人出席大会。会议通报泉州市医药行业协会筹备工作情况；审议并通过《泉州市医药行业协会章程》和《泉州市医药行业协会财务管理办法》等协会规章制度。选举国药控股泉州有限公司、福建太平洋制药有限公司、福建恒安集团有限公司、福建省民心医药连锁有限公司等40余家单位为协会首届理事会成员；东南医院集团董事长余雄智当选协会会长。余雄智表示，泉州市医药行业发展形势良好，需要一个主心力量推动产业发展。协会成立后，将发挥政府和企业之间的桥梁纽带作用，发挥行业服务、自律、协调作用，促进行业企业有序发展，为泉州市医药行业健康发展贡献力量。各成员将共同努力，把协会建设成相互学习提高、交流合作的平台，为泉州市经济社会发展多做贡献。会上，企业代表全市医药（医疗器械）企业宣读《医药行业自律倡议书》。首航洁能（泉州）医疗科技有限公司、黑天鹅智能科技（福建）有限公司等防疫物资生产企业向市红十字会捐赠一批一次性使用医用口罩。

市委常委会传达学习习近平总书记主旨演讲精神

市委常委会召开会议，传达学习贯彻习近平总书记在第三届中国国际进口博览会开幕式上的主旨演讲、对建设更高水平的平安中国和对推进农村土地制度改革、做好农村承包地管理工作做出的指示精神以及省委常委会会议精神。

会议指出，要贯彻落实习近平总书记讲话指示批示精神和中共十九届五中全会精神，把握新发展阶段，贯彻新发展理念，融入新发展格局，更好统筹常态化疫情防控和经济社会发展，全方位推动高质量发展超越。要贯彻习近平在第三届中国国际进口博览会开幕式上的主旨演讲精神，坚定不移扩大对外开放，推动21世纪海上丝绸之路先行区和战略支点城市建设走深走实。要培育新业态新模式新平台，扩大市场采购贸易规模，挖掘跨境电商潜力，深化服务贸易创新发展。要深化规范自由裁量权、“一趟不用跑”等改革，打造市场化法治化国际化营商环境。要抓好成果跟踪转化落实，更好承接进博会溢出效应。要贯彻习近平总书记关于平安中国建设指示精神，落实总体国家安全观，突出共建共治共享，抓好更高水平的平安泉州建设，围绕防风险、补短板、重长效、建机制，推进市域社会治理现代化。要聚焦重点强化攻坚，加强矛盾纠纷排查化解，防范各类安全风险，维护社会安定稳定。要贯彻习近平指示精神，把依法维护农民权益作为出发点和落脚点，坚持农村土地农民集体所有制不动摇，坚持家庭承包经营基础性地位不动摇。要落实好土地承包到期后再延长30年试点工作，加强农村承包地管理服务，培育新型农业经营主体，推动农民专业合作社高质量发展，提升农村基本经营制度活力。要按照中央及省里部署，守住防控关键时期，做好外防输入、内防反弹工作，坚持人、物同防，抓紧抓实抓细重点人员、进口冷链食品、医疗机构、隔离场所管理等，加强核酸检测、监测预警、应急演练、物资储备，主动做好信息发布。

市委理论学习中心组学习会召开

市委理论学习中心组学习会召开，学习《习近平谈治国理政》第三卷及《习近平在宁德》《习近平在厦门》《习近平在福州》《习近平在福建》系列采访实录。会议强调，要把学习成果体现到抓好“十四五”规划编制、更好统筹常态化疫情防控和经济社会发展、全方位推动高质量发展超越的实际工作中。

泉州市第二届“乡村振兴杯”篮球赛开幕

由市农业农村局、市体育局、市农民体育协会、泉州晚报社主办的泉州市第二届“乡村振兴杯”篮球赛暨泉州市全民健身村级篮球联赛开幕仪式在泉州台商投资区张坂镇玉埕村举行。全市32支村级强队报名参赛，代表泉州基层篮球最高水平。经过抽签，所有参赛球队被分成8个小组，在8个不同的赛区展开交锋。

泉州市第二届“乡村振兴杯”篮球赛比赛现场（图/体育局）

德化设立全市首个河长办警务工作室

德化县公安局河长办警务工作室揭牌仪式在县河长制办公室举行，率先在全市设立“河长办警务工作室”。警务工作室由县公安局派出3名河道警官到河长办集中办公，指导和加强对涉嫌水环境犯罪行为的打击，协助河长制工作相关部门依法、及时、高效惩处破坏水生态环境和水资源的违法犯罪行为，为全面实行河长制保驾护航。

11月13日

农历庚子年九月廿八
星期五
温度：19℃～24℃
阴转小雨

●市委常委会召开会议，传达学习贯彻习近平总书记在第三届中国国际进口博览会开幕式上的主旨演讲、对建设更高水平的平安中国和对推进农村土地制度改革、做好农村承包地管理工作做出的指示精神以及省委常委会会议精神。

●市委理论学习中心组学习会召开，学习《习近平谈治国理政》第三卷及《习近平在宁德》《习近平在厦门》《习近平在福州》《习近平在福建》系列采访实录，围绕“优良作风”专题开展交流研讨。

●由市农业农村局、市体育局、市农民体育协会、泉州晚报社主办的泉州市第二届“乡村振兴杯”篮球赛暨泉州市全民健身村级篮球联赛开幕仪式在泉州台商投资区张坂镇玉埕村举行。

●无锡文化和旅游（泉州）推介会在泉州举行。

●由市文联主办的福建省第五届“金钟花奖”声乐比赛泉州地区预赛在泉州市艺术馆举行。

●德化县公安局河长办警务工作室揭牌仪式在县河长制办公室举行，率先在全市设立“河长办警务工作室”。

11月14日

农历庚子年九月廿九
星期六
温度：18℃～21℃
阴

●市防控疫情应急指挥部召开疫情防控专题视频会，部署进口冷链食品疫情防控，做好常态化疫情防控工作。

●新编高甲戏《范进中举》在浙江金华中国婺剧院演出。

●由福建省传播学会主办的福建省第七届大学生影像大赛在福清闭幕，华侨大学微电影《鹤武永春》和《石上刺绣》分获纪录片一等奖和“非遗”纪录片一等奖。

泉州市部署进口冷链食品疫情防控工作

市防控疫情应急指挥部召开疫情防控专题视频会，部署进口冷链食品疫情防控，做好常态化疫情防控工作。会议指出，各地要压实压紧工作责任，建立健全工作机制，立足防患于未然，迅速组织开展全市范围的进口冷链食品大排查、大检测、大消毒工作，做到进口冷链食品全程溯源监管到位，冷链从业人员全员核酸检测到位，冷链经营场所全面检测消杀到位。要加强风险管控，强化进口口岸冷链食品装卸环节的防疫管控、进口口岸海关检测和全面消毒，严防风险输入。要强化冷库监管，开展防控培训，建立进口冷链食品报告制度。要加强防疫监管，在进口冷链食品进口环节全面检测、消毒的基础上，对从事储存、经营、批发、销售单位的冷链食品落实再抽检，加强进口口岸冷链食品出市、入市、运输环节防控把关和食品质量监管。要加强进口冷链一条线“应检尽检”工作，落实常态化新冠病毒核酸检测“应检尽检”工作责任，组织相关人员做好核酸检测。要强化部门协作，建立和完善进口冷链食品监管防控的信息共享机制和可追溯系统，形成防控工作合力，实现进口冷链食品全流程闭环管控可追溯。

新编高甲戏《范进中举》参演李渔戏剧汇

新编高甲戏《范进中举》在浙江金华中国婺剧院演出。此次演出为第二届中国（金华）李渔戏剧汇的重要内容，泉州高甲戏在著名戏剧家李渔故里，与婺剧、越剧、豫剧等全国10多个优秀剧种同台交流，展示泉州高甲戏的独特魅力。《范进中举》由泉州市高甲戏传承中心创排，取材于《儒林外史》，此前曾参加“2019中国戏曲文化周”等展演，获得多个全国、全省重要奖项。泉州市高甲戏传承中心主任周杰俊表示，高甲戏《范进中举》可以说是为剧种、剧团和演员量身创作的。创作的初衷和追求就是希望该剧能成为传承和弘扬高甲艺术的新名片，成为集中展示高甲戏丑角行当艺术的新成果。该剧在创作中尽力挖掘高甲戏丑角行当，让每一角色都能“入行”，让角色富有行当韵味。

与其他戏曲剧种相比，高甲戏“丑”的行当设置更为系统规范，表现手法也更为丰富多彩。蜚声剧坛的公子丑、家丁丑、媒婆丑、拐杖丑、官袍丑、方巾丑、破衫丑、傀儡丑、布袋丑、憨丑……变化万千，交相辉映，各呈奇妙。高甲戏《范进中举》全剧七个演员中有六个角色是借助高甲戏夸张诙谐的丑角行当表演来完成，一反戏曲表演身段“避免身体节点凸出、呈现线条僵化”的审美常态，而显得乖俏滑稽和活泼幽默，独特的表演艺术赢得观众的好评。周杰俊表示，《范进中举》不仅表演艺术独具特色，在音乐创作上也尽展高甲戏剧种的鲜明特色，巧妙运用高甲戏传统曲牌和具有地方性的民间打击乐器和弦管乐的演奏，将音乐设计的重心放在人物内心情感世界的揭示和喜剧效果的渲染上，从而成为塑造角色人物形象的血肉和灵魂。

华侨大学两作品获省第七届大学生影像大赛一等奖

由福建省传播学会主办的福建省第七届大学生影像大赛在福清闭幕，华侨大学微电影《鹤武永春》和《石上刺绣》分获纪录片一等奖和“非遗”纪录片一等奖，两部作品以微电影的形式展示泉州市优秀传统文化的魅力与传承。纪录片《鹤武永春》采用纪实手法，主创团队历时三个月，跟踪记录白鹤拳传人苏瀛汉及其家人致力于传承白鹤拳的故事。华侨大学广播电视学专业学生多次到永春拍摄，力求完整展示丰富的故事，体现白鹤拳魅力。“非遗”纪录片《石上刺绣》主创人员将镜头聚焦在蒋家第三代影雕传承人蒋清兰在青石板上如绣花一般的雕刻，展现新时代惠安女对影雕文化的继承与发扬。广播电视学专业学生长时间驻扎惠安拍摄，挖掘影雕文化的内涵，在讲述故事时描绘出影雕传统文化的精美和动人之处。

中国社科院考古研究所泉州工作站揭牌

中国社会科学院考古研究所泉州工作站揭牌暨泉州考古系列活动在泉州举行。中国社会科学院考古研究所是国内权威的考古研究机构，带队参与泉州南外宗正司、市舶司等考古研究工作，取得丰硕成果。此次社科院在泉州设置工作站，并与泉州签订长效合作协议，拉开社科院考古研究所与泉州市文物考古研究机构长效合作的序幕。根据合作协议，中国社会科学院考古研究所将与泉州在考古、文物保护修复、学术研究、人才培养、学术期刊等方面开展合作。现场发布《泉州南外宗正司遗址2019年度考古发掘报告》，并举行泉州古城考古成果陈列展。泉州南外宗正司是南宋时期管理迁居泉州的赵氏皇族群体的机构，其遗址位于泉州肃清门西南、开元寺南侧，推测占地面积约45000平方米。其地唐时为放生池，后于池中建有水陆堂，唐末扩为水陆院，北宋时仍为寺院，南宋时改为南外宗正司，司内建有惩劝所、自新斋、芙蓉堂、天宝池等建筑。此次考古发掘在遗址的中、东、南部，揭露出与南外宗正司相关的三处台基和其上建筑基址、水池遗迹岸线等，明确泉州南外宗正司遗址的范围和建筑基础及建筑技术，也明确市舶司遗址确有朝向162度和159度的大型较高等级建筑群的存在，实现考古发掘预期目标。

泉州美食城更名“刺桐时代村”

经过一段时间的试营业，原泉州美食城项目更名为“刺桐时代村”，正式对外开放。全新开放的刺桐时代村，在吸纳社会各界的意见建议后，立足共创共建国家公共文化服务体系示范区，将强化项目的市级重点景区定位，深化项目的城市文旅内涵，丰富演艺节目内容，升级配套设施，优化既有业态和布局。“刺桐时代村”通过造景装置、互动环节等，再现泉州千年历史。从宋、元、明、清、民国到中华人民共和国成立，千年古城变迁，浓缩在刺桐港口、时空隧道、火车站、怀旧唱片店、录像厅、老院落、旧民居等场景设置里。特别设置的“非遗”互动环节，让初次到泉州的游客、开展研学之旅的学生、专题探访的社会团体等，体验花灯、糖画、妆糕人、金苍绣制作。室内的群众戏台上，常态化展演的南音、高甲戏、木偶戏、南拳等传统艺术，踩街、火鼎公婆、传统婚俗等传统民俗，与泉州歌舞剧团打造的“刺桐时代秀”等特色沉浸式演出等，让不同身份、年龄层的市民、游客，产生共鸣、留下深刻印象。

“刺桐时代村”大型演艺“刺桐时代秀”演员与游客互动（图/蔡紫旻）

“泉州十八景”沉浸式表演艺术活动首站演出举行

由市委宣传部、市文旅局、福建省梨园戏传承中心主办的“泉州市优秀传统文化传承发展项目‘泉州十八景’沉浸式表演艺术”活动首站演出，在市区清源山老君岩举行。一群由泉州“80后”“90后”梨园戏传承人和本土流行音乐制作人组成的年轻人，演绎梨园戏传统剧目《陈三五娘》和经典闽南歌曲。

“千年老君岩 八百梨园戏——梨园戏沉浸式演出”现场（图/康荣彬 吴文理）

11月15日

农历庚子年十月初一
星期日
温度：20℃～26℃
阴转多云

●中国社会科学院考古研究所泉州工作站揭牌暨泉州考古系列活动在泉州举行。

●原泉州美食城项目更名为“刺桐时代村”，正式对外开放。

●由市委宣传部、市文旅局、福建省梨园戏传承中心主办的“泉州市优秀传统文化传承发展项目‘泉州十八景’沉浸式表演艺术”活动首站演出在市区清源山老君岩举行。

●由国家体育总局拳击跆拳道运动管理中心、中国跆拳道协会、陕西省体育局、西安市政府主办的2020年“一带一路”中国跆拳道公开赛在陕西西安城市运动公园体育馆闭幕，泉州选手获两枚金牌。

11月16日

农历庚子年十月初二
星期一
温度：21℃～27℃
阴转多云

●2020年闽侨青年精英“海丝”云端对话活动在泉州举行。

●市委中心组学习（扩大）会议召开，中国科学院国家授时中心副主任、研究员卢晓春作《北斗卫星导航系统建设发展与融合应用》专题报告。

●泉州与德国诺伊施塔特市举行视频会议，共同纪念双方建立友好城市关系25周年。

●王永礼到市信访局接待到访群众，推动解决群众反映的困难问题。

●上海、广州、深圳、无锡等地的5家企业分别与福建省海上丝路时间中心运营有限公司达成签约，入驻泉州市时空产业基地。

●由中国纺织工业联合会流通分会主办的中国纺织服装流通创新成果推荐发布会暨第二届中国纺织服装流通大奖颁奖典礼在浙江举行。石狮服装城获中国纺织服装流通大奖——外贸融合特别创新奖。

2020年闽侨青年精英“海丝”云端对话活动在泉州举行

2020年闽侨青年精英“海丝”云端对话活动在泉州举行，30多个国家和地区的近百名海外青年侨胞和全球9个分会场线上线下共1600多名闽籍青年参加活动，共商创新创业。省委常委、统战部部长庄稼汉，市委书记康涛出席活动并讲话，市委常委、统战部部长林万明参加活动。康涛在致辞中指出，爱国爱乡、爱拼敢赢是海外侨亲的生动写照。改革开放以来，海外侨亲引进资源、投资兴业、牵线搭桥、开拓市场，以不同方式助力泉州发展。希望海外青年侨胞释放激情活力，发挥专业知识、资源优势，在经贸、人文等领域多沟通多互动，推动福建、泉州与海内外合作交流，凝聚华侨华人力量，共同传承丝路精神。世界福建青年联合总会会长吴文侯、世界晋江青年联谊会会长周士渊、世界泉州青年联谊会日本分会会长王秀德、网龙网络公司规划总监黄明华、上好佳（中国）公司董事长施学理作交流发言，分享创业体会和发展思路。

泉州与德国诺市举行建立友城关系25周年纪念视频会议

泉州与德国诺伊施塔特市（以下简称“诺市”）举行视频会议，共同纪念双方建立友好城市关系25周年。泉州市市长王永礼、副市长肖汉辉；德国诺伊施塔特市市长马克·魏格尔，常务副市长因格·罗特令斯霍夫，副市长瓦尔陶德·布莱尔、贝恩哈德·亚当斯；中国驻法兰克福总领事孙从彬等参加会议。

王永礼表示，山海万里隔不断两座城市的友谊，疫情肆虐锁不住两市人民的感情，很高兴通过视频与大家“云端”见面交流，共同庆祝两市结好25周年。泉州与诺市建立友好城市关系以来，深化在经贸、文化、艺术、教育等领域的合作往来。新冠肺炎疫情发生后，双方携手抗疫互帮互助，泉州人民将把诺市人民的深情厚谊铭记于心。泉州正逐渐走出疫情影响，多项经济指标实现正增长，欢迎诺市朋友与泉州企业开展“云端”洽谈，在智能制造、职业教育、环境保护、绿色农业等更多领域越走越深，实现互利共赢。马克·魏格尔表示，尽管受到疫情影响，双方无法面对面参加活动，但是通过互联网技术，大家相隔万里也能交谈。自建立友好城市关系以来，诺市与泉州尊崇促进民间交流、推动经贸合作等初衷，频繁开展交流互访活动，加深两市人民，尤其是年轻人之间的相互了解和友谊，为发展友好关系奠定基础，推动双方各领域合作取得很大进展。未来，希望两市走得更近、合作愉快，友谊万古长青。孙从彬代表中国驻法兰克福总领事馆对两市结好25周年表示祝贺。孙从彬指出，两市在政治、经济、文化等领域开展的交流活动，取得丰硕成果。在发生新冠肺炎疫情时，两市仍然彼此牵挂，通过视频方式举行纪念活动，表明对彼此友谊的珍视。疫情阻断不了中德两国的情谊，泉州与诺市缔结友好关系，是中德两国友好交往中的重要组成部分，为两国民心相通做出重要贡献，期待两市深入发展友好关系，总领事馆也将一如既往提供支持。

会上，泉州与诺市青少年以视频录播形式，回顾过往参加交流活动点滴。视频表演环节中，诺市青年用汉语演唱中国民歌《茉莉花》，泉州一中青少年合唱团用中德双语，演唱由德国作曲家贝多芬谱曲、诗人席勒创作的《欢乐颂》。

泉州与德国诺伊施塔特市视频会议现场（图/陈英杰）

王永礼到洛阳江流域检查河长制推进情况

市长、市河长王永礼到洛阳江流域巡河，随机走访部分河道检查河长制推进情况。王永礼到洛江区河市镇立达幼儿园旁公路桥、禚滨街排洪渠汇入口、华扬机械制造有限公司旁支流汇入口及双阳街道陈三坝等节点，察看河道水质状况，了解流域截污管道工程进展，并就巡河发现的问题和推进河长制工作存在的困难与基层干部交流探讨解决之策。王永礼指出，要自觉践行习近平生态文明思想，按照市委统一部署，结合“碧水清河”专项行动，在更高站位上抓好河长制各项任务落实，提升河湖治理保护成效。要强化日常监管巡查，紧盯问题狠抓整改，统筹管网建设，坚持源头治理，通过清淤疏浚、生态护岸、截污纳管等综合措施，把问题一件一件解决到位，把河道一段一段治理清楚，守住水环境质量“只能更好、不能变坏”的底线，实现“河畅、水清、岸绿、景美”，让生态红利真正惠及群众。要发挥好考核“指挥棒”和“风向标”作用，各级河长办要加强督促指导，层层传导压力，倒逼各级河长履职尽责，发扬“钉钉子精神”把工作抓紧抓实。

福建企业海外投资风险论坛在泉州举行

由省商务厅、省工商联、中国信保福建分公司主办，市商务局、市工商联等协办的福建企业海外投资风险论坛在泉州举行，120余家企业代表参会。省商务厅外经处相关负责人介绍福建省支持境外投资高质量发展的多项政策措施，涉及投资、贷款、前期费用、物资运储运保费、资源回运等。中国信保国别风险研究中心专家表示，2020年以来，东盟已经成为中国第一大贸易伙伴，也是中国企业对外投资的热点区域。相比大多数西方国家，东盟国家疫情控制得较好。英国安睿顺德伦国际律师事务所驻北京代表处的专家律师分享境外投资主要法务、税务、财务风险和应对措施，并从中国公司跨境并购情况、主要风险，以及如何保护中国公司在境外的投资，新冠疫情对于境外投资的影响等方面进行讲解。

石狮国际商贸城东南亚采购集散中心成立

石狮国际商贸城东南亚采购集散中心推介会在石狮举行，30多个国家和地区的百名海外闽籍华裔青年共同见证该集散中心的启用。已有200多家企业入驻该集散中心，以省内中小企业为主，其中也不乏海外企业。该集散中心依托国家级市场采购贸易方式试点和预包装食品出口试点，拥有无票据出口通道、一站式通关的优势，应运而生的外贸服务综合平台将致力于推动泉州乃至全省对外贸易的发展，尤其是在疫情防控期间和后疫情时代，助推中小企业在家门口“动动口，动动手”就能实现进出口。泉州市发挥海外侨亲作用，推动福建首个国家级市场采购贸易方式试点和全国首个预包装食品出口试点落地石狮。试点自启动以来成效显著，已出口432.35亿元。泰国石狮商会乘势而为，推动石狮国际商贸城东南亚采购集散中心成立，搭建集采购与出口为一体的外贸综合服务平台，辐射带动周边市场和产业集群入驻。

石狮国际商贸城东南亚采购集散中心外观

客商参观东南亚采购集散中心（图/李荣鑫）

11月17日

农历庚子年十月初三
星期二
温度：20℃～26℃
阴转晴

●市人大常委会党组理论中心组学习会议召开，再次学习《习近平谈治国理政》第三卷及《习近平在宁德》《习近平在厦门》《习近平在福州》《习近平在福建》系列采访实录，围绕“为民情怀”专题开展交流研讨。

●王永礼到洛阳江流域巡河，随机走访部分河道检查河长制推进情况。

●王永礼到南安，察看“聚城畅通”工程、片区更新改造等项目进展，并召开现场办公会，一线督办、现场协调项目推进中遇到的问题和困难。

●洪自强、刘志平到泉州台商投资区调研重点项目建设，一线协调解决问题。

●由省商务厅、省工商联、中国信保福建分公司主办，市商务局、市工商联等协办的福建企业海外投资风险论坛在泉州举行。

●石狮国际商贸城东南亚采购集散中心成立。

11月18日

农历庚子年十月初四
星期三
温度：21℃～30℃
晴转多云

●康涛到晋江现场办公，协调解决困难问题，推动项目建设、疫情防控、安全生产等各项工作落深落细落实。

●王永礼到黎明职业大学调研。

●陈灿辉、李伙全到丰泽察看重点项目推进情况，并协调解决项目实施中遇到的困难和问题。

●市政协党组理论学习中心组学习会议召开，传达学习习近平总书记在深圳经济特区建立40周年庆祝大会上、在广东考察时、在中央党校（国家行政学院）中青年干部培训班开班式上的讲话精神等。

●孔繁军、吴友才到惠安察看项目进展，并召开座谈会，一线督办、协调解决重点项目建设中遇到的困难和问题。

●作为全省首批建设的4家省创新实验室之一，清源创新实验室举行专家顾问聘任及成果转化基地揭牌仪式。祖籍泉州的中国科学院院士欧阳钟灿等7位专家受聘为该实验室电子化学品领域专家顾问。

●泉州交发集团与泉州师范学院签署全面战略合作协议。

●全市首个消防主题文化公园在永春开园。

康涛到晋江推动落实项目建设等各项工作

市委书记康涛到晋江现场办公，协调解决困难问题，推动项目建设、疫情防控、安全生产等各项工作落深落细落实。在晋江西滨至石狮大道晋江段，康涛要求，要加快项目进度，打通堵点断点；统筹全局、系统研究，高标准规划好“十四五”立体交通网络。在泉州晋江国际机场，康涛指出，要适应扩容需要，通过与大型机场建立长效协作机制、邀请行业专家开展技术指导等，下大力气提升机场综合管理服务水平。在晋江科创新区项目现场，康涛协调职能部门解决项目建设中的具体问题，并希望科创新区探索“科、教、产、城、文”融合发展新模式，在全国做出特色、做出名气。在泉州顺丰创新产业园项目现场，康涛与企业负责人就行业发展进行交流，并叮嘱抓好常态化疫情防控，做好从业人员防护、运输车辆消毒等，保障各环节配送安全。座谈会上，康涛强调，要加紧实施畅通“双循环”年终冲刺行动，加快项目攻坚提速、产业链精准招商、企业增产增效等，聚力突破一批“难、硬、重、新”问题，打好年底收官战。要绷紧安全生产这根弦，把责任传导到“最后一米”，紧抓深层次矛盾问题，采取管用举措，有序推进整改，维护社会安定稳定。

王永礼到黎明职业大学调研

市长王永礼到黎明职业大学调研。王永礼与师生代表座谈后，以“高质量发展超越中的泉州与您”为主题上了一堂思政课。王永礼指出，泉州人口多、经济强、文化深、生态美，希望师生学习贯彻中共十九届五中全会精神，做到有理想、有本领、有担当、有修养，为泉州高质量发展超越贡献青春力量。

王永礼为师生上思政课（图/黎明大学）

市政协党组理论学习中心组学习会议召开

市政协党组理论中心组学习会议召开，传达学习习近平在深圳经济特区建立40周年庆祝大会上、在广东考察时、在中央党校（国家行政学院）中青年干部培训班开班式上的讲话、在第七个国家扶贫日到来之际对脱贫攻坚工作做出的指示、致“摆脱贫困与政党的责任”国际理论研讨会的贺信；传达学习习近平在中央政治局常委会会议、中央政治局第二十四次集体学习、纪念中国人民志愿军抗美援朝出国作战70周年大会上的讲话精神；传达学习习近平致第三届数字中国建设峰会的贺信、数字福建20周年座谈会精神，以及省委、市委有关会议精神。

泉州交发集团与泉州师范学院建立合作关系

泉州交发集团与泉州师范学院签署全面战略合作协议。双方将搭建更加广阔的交流共享平台，促进人才链、创新链和产业链精准对接，资源共享、互利共赢，更好发挥地方高校、国资集团服务泉州经济社会高质量发展的作用。为探索校企合作新模式，提升高校校园交通秩序，泉州交发集团所属的社区巴士“小白”开进校园，为学生提供专属服务。建立全面战略合作关系后，泉州师范学院与泉州交发集团将发挥各自业务、资源优势，在基础设施投融资、产学研孵化落地、人才交流共享、党建共建共促等方面开展合作，解决校园教学楼、交通出行等基础设施新建及运行维护方面问题，搭建信息技术输送渠道，致力智慧平台、智能楼宇等信息化项目建设。

康涛到永春宣讲中共十九届五中全会精神

市委书记康涛到永春县达埔镇建国村党群服务中心，面向基层干部、农村老党员、群众代表、乡村教师代表、企业代表等，宣讲中共十九届五中全会精神。康涛指出，要把学习宣传贯彻中共十九届五中全会精神摆上重要位置，统一思想、发动群众，把上上下下的智慧和力量凝聚到落实全会确定的各项目标任务上来。全市各级党组织要周密部署安排，把学习贯彻全会精神纳入理论中心组、基层党组织学习的重要内容，加强舆论宣传引导，用新时代美好蓝图激励干部群众更有信心、有力量阔步向前。各级各部门要立足本地区本单位实际，把学习贯彻全会精神与全方位推动高质量发展超越结合起来，与决胜全面建成小康社会、决战脱贫攻坚结合起来，与精心编制“十四五”规划及各领域专项规划、做好“十三五”收官结合起来，统筹推进常态化疫情防控和经济社会发展，高质量完成全年各项工作目标任务。各级党员领导干部要自觉做学习宣传的表率，先学一步，把握精神实质，在深入基层、深入群众、深入企业中广泛宣贯。农村党员、干部特别要领会实施乡村振兴战略，思考“十四五”期间加快实施乡村建设行动等，让发展成果更多惠及群众。

市十六届人大常委会第六十次主任会议召开

市十六届人大常委会第六十次主任会议召开。会议讨论关于泉州市“十三五”规划实施与“十四五”规划编制情况的调研报告和审议意见稿，关于2020年市本级国有资产经营与社会保险基金预算调整的审查报告，关于召开泉州市第十六届人民代表大会第六次会议的决定（草案），关于泉州市发展壮大村集体经济情况、脱贫攻坚工作情况的调研报告；确定市十六届人大常委会第三十三次会议的召开时间和建议议程，提出第六十一次主任会议建议议题，初定市十六届人大常委会第三十四次会议的召开时间和建议议程。

市十六届人大常委会第六十次主任会议现场（图/陈意鸣）

表演艺术类联合国非物质文化遗产项目人才培养交流活动在泉州举行

由文化和旅游部非物质文化遗产司、中国非物质文化遗产保护中心、省文旅厅主办，福建省艺术馆（福建省非物质文化遗产保护中心）、市文旅局承办的表演艺术类联合国教科文组织非物质文化遗产名录（名册）项目后继人才培养经验交流活动在泉州举行。中国共有40个项目入选联合国教科文组织非物质文化遗产代表作名录（名册）项目，其中表演艺术类有昆曲、古琴艺术、新疆维吾尔木卡姆艺术、蒙古族长调民歌、南音、侗族大歌、粤剧、藏戏、花儿、西安鼓乐、中国朝鲜族农乐舞、蒙古族呼麦歌唱艺术、京剧、中国皮影戏、福建木偶戏后继人才培养计划15项，这些项目相关社区、群体及个人代表齐聚泉州，交流后继人才培养经验。

泉州知青上山下乡德化纪念墙落成

泉州知青上山下乡德化纪念墙落成典礼在德化县唐寨山森林公园举行。图为知青合唱团在典礼上表演文艺节目。（图/郑亚鸿）

11月19日

农历庚子年十月初五
星期四
温度：21℃~30℃
小雨

●康涛到永春县达埔镇建国村党群服务中心，面向基层干部、农村老党员、群众代表、乡村教师代表、企业代表等，宣讲中共十九届五中全会精神。

●市十六届人大常委会第六十次主任会议召开，讨论关于泉州市“十三五”规划实施与“十四五”规划编制情况的调研报告和审议意见稿等。

●市政府党组理论学习中心组学习会召开，学习贯彻中共十九届五中全会精神，以及《习近平谈治国理政》第三卷和《习近平在厦门》《习近平在宁德》《习近平在福州》《习近平在福建》系列采访实录，围绕“为民情怀”主题开展交流研讨。

●王永礼与到泉州考察的台湾“中华民族致公党”主席陈柏光座谈。

●由文化和旅游部非物质文化遗产司、中国非物质文化遗产保护中心、省文旅厅主办的表演艺术类联合国教科文组织非物质文化遗产名录（名册）项目后继人才培养经验交流活动在泉州举行。

●由省商务厅主办，泉州市商务局、厦门市商务局、漳州市商务局、龙岩市商务局协办的跨境电商线上对接会（泉州）在石狮举行。

●由省总工会、民航华东地区管理局工会及民航福建监管局组织的2020年福建民航岗位技能总决赛暨工匠精神文化建设活动总结表彰会在晋江举行。

●泉州知青上山下乡德化纪念墙落成典礼在德化县唐寨山森林公园举行。

11月20日

农历庚子年十月初六
星期五
温度：20℃～31℃
阴

●18—20日，省委常委、省纪委书记、省监委主任李仰哲到泉州，围绕学习贯彻中共十九届五中全会精神、推进反腐败国际追逃追赃工作开展调研。

●市委常委会（扩大）会议召开，学习贯彻习近平在中央全面依法治国工作会议上的讲话以及省委常委会（扩大）会议精神。

●市委常委会召开会议，传达学习习近平在浦东开发开放三十周年庆祝大会、江苏考察调研、全面推动长江经济带发展座谈会、出席金砖国家领导人第十二次会晤时的讲话和向博鳌亚洲论坛国际科技与创新论坛首届大会开幕致贺信以及省委常委会会议精神等。

●泉州市第十九次见义勇为模范暨先进集体表彰大会召开。赖木辉等12人被授予“泉州市见义勇为模范”称号，黄守文等19人被评为泉州市见义勇为先进个人（群体），安溪湖头等15个见义勇为工作站被评为先进工作站。

●由市委统战部主办，泉州台商投资区党工委党群工作部、泉州市留学人员联谊会等承办的2020年泉州市首届“同心杯”留学人员创新创业大赛颁奖仪式举行，20个项目分获金奖、银奖、铜奖及优秀奖。

●由全国40多名知名作家组成的全国知名作家采风团到泉州开展海洋文化主题采访采风活动。

李仰哲到泉州调研追逃追赃工作

18—20日，省委常委、省纪委书记、省监委主任李仰哲到泉州，围绕学习贯彻中共十九届五中全会精神、推进反腐败国际追逃追赃工作开展调研。市领导游宇飞陪同调研。调研期间，李仰哲主持召开反腐败国际追逃追赃工作座谈会，听取市纪委监委有关工作汇报，并就经验做法、存在问题及下一步工作，与市追逃追赃工作协调机制有关成员单位、部分县级纪委监委负责人交流。李仰哲要求，泉州市各级各有关部门要加强党对追逃追赃工作的领导，健全集中统一、高效顺畅的工作体系，推动追逃追赃工作取得更大成果。加快构建不敢腐、不能腐、不想腐的体制机制，开展“天网行动”和职务犯罪国际追逃追赃专项行动，立足本地实际，发挥侨乡优势，保持高压态势，筑牢制度防线，一体推进追逃防逃追赃工作。坚持稳中求进、依规依纪依法，开展反腐败对外执法合作，善于运用法律手段追回外逃腐败分子，提升工作规范化法治化水平，推动反腐败国际追逃追赃工作高质量发展。

市委常委会（扩大）会议召开

市委常委会（扩大）会议召开，学习贯彻习近平在中央全面依法治国工作会议上的讲话以及省委常委会（扩大）会议精神。会议指出，要盯紧抓实全面依法治市重点任务，科学谋划泉州市“十四五”法治建设，推进科学立法、严格执法、公正司法、全民守法，坚持法治泉州、法治政府、法治社会一体建设，加快完善法治体系建设，深化司法责任制综合配套改革，提升群众法治获得感幸福感安全感。善于运用法治思维和法治方式解决经济社会发展面临的深层次问题，创新工作思路和具体举措，为全方位推动高质量发展超越提供有力法治保障。要健全完善党领导全面依法治市的制度和工作机制，提升法治思维和法治能力，解决好法治领域存在的突出问题。

市委常委会学习习近平讲话精神

市委常委会召开会议，传达学习习近平在浦东开发开放三十周年庆祝大会、江苏考察调研、全面推动长江经济带发展座谈会、出席金砖国家领导人第十二次会晤时的讲话和向博鳌亚洲论坛国际科技与创新论坛首届大会开幕致贺信以及省委常委会会议精神；学习贯彻习近平关于统筹疫情防控和经济社会发展的论述以及省委常委会会议精神，研究部署近期常态化疫情防控重点工作。会议强调，要紧抓新经济拓展、老产业链提升，培育发展明星梯队企业，构建更紧密产业生态圈，高标准推进“跨江发展、跨域融合”，更好融入区域互联互通、协同发展。要善于运用改革思维和办法补短板、增动力，加强改革系统集成协同高效，推动市场采购贸易提质扩容，用好国家跨境电商综合试验区和零售试点城市政策。要实施创新驱动发展战略，高标准建设清源创新实验室、高精度地基授时系统等，鼓励引导制造工艺、关键环节研发突破，推动更多科技成果转化应用。

全国知名作家采风团到泉州采访采风

由全国40多名知名作家组成的全国知名作家采风团到泉州开展海洋文化主题采访采风活动，了解泉州海上丝绸之路的历史文化、经贸发展、民间交流等情况。在泉州期间，采风团到洛阳桥、泉州海外交通史博物馆、开元寺、天后宫、德济门等地采风，并感受泉州南音、梨园戏、提线木偶戏独特的魅力。

全国知名作家采风团在泉州开元寺采风（图/陈智勇）

泉州市11名全国劳动模范和先进工作者进京接受表彰

泉州市举行仪式欢送11名全国劳动模范和先进工作者赴北京接受表彰。此次泉州市接受表彰的全国劳动模范和全国先进工作者，既有优秀民营企业家和一线技术工人，也有从事教育、医疗或科研的专家学者，还有情系群众的基层干部。他们分别是：九牧集团有限公司董事长林孝发、国网泉州供电公司泉州亿兴电力工程建设有限公司带电作业中心副主任许福忠、福建万龙金刚石工具有限公司生产总监吴阿宁、石狮市湖滨街道玉湖社区居委会副主任林丽娜、福建柒牌时装科技股份有限公司车间主任侯国建、泉州市农业科学研究所油料研究开发中心主任陈剑洪、晋江市中医院院长庄耀东、泉州市实验小学校长曾旭晴、南安市省新镇省身村党委书记吴金笔、德化黑鸡产业合作社社员刘志军、永春县蓬壶镇仙岭村党支部书记苏天恭。包括这11名新晋全国劳动模范和先进工作者在内，泉州市共有61名全国劳动模范和先进工作者。

泉州市11名全国劳动模范和先进工作者
（图/陈淑华 李 亮）

“亚太经济与两岸关系”学术研讨会在晋江举行

由中国人民大学书报资料中心、福建社会科学院主办的“‘双循环’新发展格局下亚太经济与两岸关系”学术研讨会在晋江举行。全国各地高校、研究机构的专家学者和经济类核心期刊主编与会，围绕“双循环”新发展格局与两岸融合发展相关议题进行探讨，一起分享经济类学术期刊的办刊经验，对深化亚太区域经济合作，推动两岸经贸关系发展和学术期刊创新发展都有重要意义。此次学术研讨会是中央、省级高端智库与地方政府联办学术会议的有益尝试，有助于带动和提升智库服务社会、服务基层、服务群众的能力，促进智库与地方政府在社科研究领域合作交流，更好产出一批服务地方发展需求，理论和实践结合紧密的优秀成果。

2020年两岸暨港澳大学生交流联谊共建活动在泉州举行

21—23日，由市侨联、丰泽区委统战部、华侨大学旅游学院、华侨大学侨联主办，丰泽区侨联、华侨大学旅游学院团委等承办的2020年两岸暨港澳大学生交流联谊共建活动在丰泽举行。活动中，丰泽区侨联和华侨大学旅游学院签订合作共建协议，双方将在志愿服务、文化共建、社会实践等领域开展合作，携手服务和助力青年学生成长成才。主办方还举办两岸暨港澳大学生足球邀请赛，吸引6支大学生足球队参赛，通过五人制足球比赛，角逐冠、亚、季军及优胜奖等。

“闽桂童声诵·山海心连心”儿童公益朗诵会在南安举行

“一路同行——闽桂童声诵·山海心连心”暨泉州出入境边防检查站对口扶贫广西三江八江镇高迈村儿童公益朗诵会，在南安市石井镇鼓山书苑举行。朗诵会通过视频连线、网络直播的形式，由广西三江归座、高迈屯、金竹小学的学生，南安石井中心小学、厚德小学、古山小学的学生和泉州出入境边防检查站民警子女，朗诵泉州作家吴撇的35首儿童诗和原创闽南童谣《欢迎恁来阮石井》等本土文化作品。

11月21日

农历庚子年十月初七
星期六
温度：20℃～26℃
阴转晴

●王永礼会见到泉州洽谈合作的中科曙光首席运营官叶健。

●泉州市举行仪式欢送11名全国劳动模范和先进工作者赴北京接受表彰。

●由中国人民大学书报资料中心、福建社会科学院主办的“‘双循环’新发展格局下亚太经济与两岸关系”学术研讨会在晋江举行。

●21—23日，由市侨联、丰泽区委统战部、华侨大学旅游学院、华侨大学侨联主办的2020年两岸暨港澳大学生交流联谊共建活动在丰泽举行。

●“一路同行——闽桂童声诵·山海心连心”暨泉州出入境边防检查站对口扶贫广西三江八江镇高迈村儿童公益朗诵会，在南安市石井镇鼓山书苑举行。

●由安溪县茶业管理委员会等主办的2020年秋季“铁观音发源地杯”浓香型安溪铁观音茶王赛暨济南系列茶文化宣传活动在山东济南举行。

11月22日

农历庚子年十月初八
星期日
温度：19℃~28℃
晴转多云

●泉州市灌溉试验中心站完工，具备开展多项灌溉试验研究条件。

●第29批省级企业技术中心名单（工业和信息化企业）公布，泉州市一家企业技术中心入选，为福建中科光芯光电科技有限公司技术中心。

●19—22日，由福建省篮球协会主办，漳州市篮协和诏安县文体旅游局承办的2020年福建省女子篮球联赛在漳州诏安举行，泉州代表队获冠军。

●21—22日，以“四季橘香 芦柑之家”为主题的2020年中国永春芦柑文化旅游节在永春举行。

泉州市灌溉试验中心站建成

泉州市灌溉试验中心站完工，具备开展多项灌溉试验研究条件。泉州市灌溉试验中心站由水利部规划、省水利厅批复实施，是全国137个、福建省4个灌溉试验站之一，也是福建省灌溉试验中心站。试验站采用流转租赁5.08公顷田地作为试验区用地、征用0.26公顷山地作为综合试验场用地，总投资3000多万元。工程于2015年11月开工，已完成综合试验楼和水稻试验区、旱作物试验区、气象园，可独立开展水稻灌溉模式、灌溉制度及水肥耦合等多项试验。试验站主要任务与功能是收集整理灌溉农业基础数据，开展灌溉试验研究，承担上级主管部门布置的相关课题研究任务，与高校等科研部门协作开展专题研究，推广节水灌溉新技术和科研成果等。除已建成的试验区外，试验站还将建设测坑测筒安装工程、信息自动化工程和水土保持工程等配套项目。项目建成后，可承担更多的灌溉试验任务，为农业灌溉排水提供科学依据，对高效利用水资源，研究农作物灌溉技术和精准灌溉以及灌溉制度的推广具有重要意义。建设泉州市灌溉试验中心站是加快现代农业发展、加快生态修复的重要举措，为泉州市农业产业发展提供强有力的技术指导支撑，将促进泉州农业丰收、农村产业结构调整和农民增收，助推乡村振兴战略的落实。

泉州市新增一家省级企业技术中心

第29批省级企业技术中心名单（工业和信息化企业）公布，泉州市一家企业技术中心入选，为福建中科光芯光电科技有限公司技术中心。根据新修订的《福建省企业技术中心认定管理办法》（以下简称“办法”），企业技术中心是指企业根据市场竞争需要设立的技术研发与创新机构，负责制定企业技术创新规划、开展产业技术研发、创造运用知识产权、建立技术标准体系、凝聚培养创新人才、构建协同创新网络、推进技术创新全过程实施。省企业技术中心实行优胜劣汰，动态调整的考核评价机制。省企业技术中心所在企业每年按要求报送省企业技术中心评价表。省工信厅原则上三年组织一次考核评价。考核评价优秀的省企业技术中心，优先推荐申报国家企业技术中心、国家技术创新示范企业。省企业技术中心所在企业向有关部门申报的项目经专家评审确认，可按规定列入省工信厅、省科技厅、省财政厅、省住建厅等有关部门扶持的技术创新项目。办法还明确，省工信厅按照职能，对工业和信息化类省企业技术中心予以政策支持，引导和扶持企业技术中心建设，鼓励企业加大技术创新投入，促进福建省企业技术中心创新能力的提高。同时，支持省企业技术中心承担国家、省级相关研发任务，享受国家优惠政策。

2020年中国永春芦柑文化旅游节在永春举行

21—22日，以“四季橘香 芦柑之家”为主题的2020年中国永春芦柑文化旅游节在永春举行。21日，举行开幕式，以“八仪式一推介一直播”为主要内容，除直播带货外，举行农产品创意大赛颁奖仪式、2020年秋季茶王赛颁奖仪式、“农民丰收节”交接仪式、永春芦柑购销签约仪式、“践行‘两山’理论 助力乡村振兴”战略合作签约仪式、京东永春农特产馆开馆仪式、芦柑果王拍卖仪式、芦柑老树开采仪式及乡村旅游示范线路推介等一系列农事、农旅活动。永春县政府与京东集团签约，双方将展开全面战略合作，通过京东全要素资源促进产销对接，利用京东物流集团和京东物流供应链数字化产业平台的优势，探索新路径，发展新业态，构建普惠共享、线上线下融合、工业品下乡和农产品进城的现代农村流通体系。京东永春农特产馆主营柑橘、食用菌、岵山荔枝、葡萄、百香果、龙眼等永春名优水果，蔬菜、茶叶、老醋等永春特产，打造“永春甄选”农特产品品牌。该馆以“永春芦柑”为主打产品，投入直播带货等营销方式，打开京东市场。永春芦柑优质果品展示展销活动、永春芦柑产业可持续发展研讨会同步举行。

学习贯彻十九届五中全会精神省委宣讲团报告会在泉州举行

学习贯彻中共十九届五中全会精神省委宣讲团报告会在泉州举行。省委宣讲团成员，省委教育工委书记、省教育厅厅长林和平作宣讲报告。市委书记康涛主持报告会并讲话。会前，康涛会见宣讲团。市领导王永礼、陈灿辉、李转生、张永宁、孔繁军、游宇飞、林锦明、刘建军、刘文儒、季翔峰等分别参加会见、报告会。

报告会上，林和平围绕习近平总书记在中共十九届五中全会上的讲话精神和全会审议通过的规划建议，阐述中共十九届五中全会重大意义，解读习近平关于“十四五”规划建议的战略思想，从认识新发展阶段的重大意义、有利条件和机遇挑战，把握2035年远景目标和“十四五”时期发展指导方针、主要目标、重点任务，把握构建新发展格局的战略构想和重要着力点，坚持党的全面领导等方面进行系统讲解阐释。康涛强调，各级各部门要贯彻落实中央及省委部署要求，把思想和行动统一到党中央决策部署上来，当好全方位推动高质量发展超越主力军。要学深悟透、准确领会，各级党组织要组织开展学习研讨，党员领导干部要当好表率，带头先学一步、学深一层，吃透思想精髓、把握核心要义，推动五中全会精神走深走实。要全方位多角度深层次宣讲，统筹新闻宣传、集中宣讲、理论研究，用好“泉民开讲”阵地平台，到基层一线对象化、分众化、互动化宣讲，在全市兴起学习贯彻五中全会精神的热潮。要落深落细落实落到位，把握新发展阶段，贯彻新发展理念，融入新发展格局，科学编制“十四五”规划，统筹推进常态化疫情防控和经济社会发展，抓紧抓实年底冲刺、民生保障、安全稳定等工作。

市人大常委会党组理论学习中心组学习会议召开

市人大常委会党组理论学习中心组学习会议召开，学习《习近平谈治国理政》第三卷及《习近平在厦门》《习近平在宁德》《习近平在福州》《习近平在福建》系列采访实录，围绕“优良作风”专题开展专题研讨交流。会上，大家一致表示要学深悟透习近平新时代中国特色社会主义思想，结合贯彻落实中共十九届五中全会精神，弘扬“滴水穿石”“马上就办、真抓实干”等优良作风，以作风建设的新成效带动新时期人大各项工作跃上新台阶。会议强调，作风建设只有起点，没有终点。常委会机关全体党员干部要破除形式主义、官僚主义，以过硬的作风推动立法、监督和代表工作，为高质量发展提供有力法治保障。要改进调研方式，坚持眼睛向下、脚步向下，为突破“难、硬、重、新”建言献策。要突出效果导向，打通监督“最后一公里”，对专题调研、执法检查发现的问题顶真碰硬、一督到底，做到问题不解决决不放过、工作没改进决不放过，真情实意解民忧、纾民怨、暖民心。

市领导到泉州开发区协调解决项目难题

市委常委、政法委书记林锦明，市政协副主席王祖耀到泉州经济技术开发区（以下简称“泉州开发区”），察看项目进展情况，协调解决项目难题，并召开座谈会。在泉州开发区官桥园区再生水厂及其配套管网工程项目和立邦新型材料海峡西岸经济区生产基地项目现场，市领导要求加快部门协同步伐，合力疏通项目难点，共同促进项目建设。在斐乐公司，市领导要求园区做好相关配套和服务，发挥产业带优势，深挖品牌价值，形成示范效应，吸引更多优质平台和项目入驻。座谈会上，市领导要求各级要提振精气神，健全部门联动机制，组成工作专班，抓紧年底黄金施工期，冲刺年度目标；要主动靠前服务，优化营商环境，强化规划审批、项目用地、资金等项目攻坚要素保障；要分步推进，精准施策，结合优势资源和产业，在重点领域谋划生成一批新项目，做好项目储备。

11月23日

农历庚子年十月初九
星期一
温度：18℃～21℃
多云转晴

●学习贯彻中共十九届五中全会精神省委宣讲团报告会在泉州举行。

●全市理论骨干学习贯彻中共十九届五中全会精神培训班举办，聆听学习贯彻中共十九届五中全会精神省委宣讲团报告会，传达全省理论骨干学习贯彻中共十九届五中全会精神培训班精神，对泉州市学习贯彻中共十九届五中全会精神宣讲工作进行动员部署。

●市人大常委会党组理论学习中心组学习会议召开，学习《习近平谈治国理政》第三卷及《习近平在厦门》《习近平在宁德》《习近平在福州》《习近平在福建》系列采访实录，围绕“优良作风”专题开展专题研讨交流。

●林锦明、王祖耀到泉州经济技术开发区察看项目进展情况，协调解决项目难题，并召开座谈会。

11月24日

农历庚子年十月初十
星期二
温度：18℃～23℃
多云

●李转生、蔡思红到永春察看部分重点项目进展，协调解决项目推进中遇到的问题和困难。

●全国劳动模范和先进工作者表彰大会在北京人民大会堂举行，泉州市11人参加大会并接受表彰。

●由市创城办、市委文明办主办，以“共产党员的力量”为主题的精神文明教育讲座开讲。此次讲座由泉州师范学院党委委员、马克思主义学院党总支书记颜水发授课。

●市统一战线“同心捐书”行动捐赠仪式在泉州市图书馆新馆举行。

●第33届中国电影金鸡奖·脱贫攻坚主题影展暨八闽电影巡展活动在厦门启动，泉州与福州、漳州、莆田等地市作为分会场，与开幕式现场进行实时直播互动连线，通过各具特色的代表人物和扶贫故事，多层次多角度展现各地扶贫成果。

●由中国电影家协会海峡两岸电影交流工作委员会主办的首届“美丽中国”青少年电影剧本征集活动启动仪式在晋江五店市举行。

●东海片区高端楼宇经济区招商合作签约暨授牌仪式举行。

市领导到永春察看部分重点项目进展

市政协主席李转生、市人大常委会副主任蔡思红到永春，察看部分重点项目进展，协调解决项目推进中遇到的问题和困难。市领导要求，永春要立足当前、着眼长远，做好“十四五”规划编制工作。在培育新的经济增长点上狠下功夫，主动对接国家“十四五”规划，寻求发展新机遇，生成一批大项目好项目，做大特色县城、做优特色城镇、做美特色乡村。在加快项目前期工作上狠下功夫，组建专班力量，谋划储备项目，助力优质项目早日落地生根。在抓好项目要素保障上狠下功夫，围绕土地、资金、审批等要素，逐一疏堵点、破难点，让更多好项目成为推动永春高质量发展的强引擎。

市统一战线“同心捐书”行动捐赠仪式举行

市统一战线“同心捐书”行动捐赠仪式在泉州市图书馆新馆举行。市委统战部凝聚全市统一战线资源力量，助力脱贫攻坚和补齐民生短板，牵头发起“同心”系列工程，组织开展“同心助医”“同心助学”“同心安居”“同心助力脱贫攻坚”“同心抗疫”等慈善公益、精准扶贫活动，全市统一战线成员捐赠70多亿元。此次开展的“同心捐书”行动，属“同心”系列工程之一，是市委统战部响应市委部署，助力泉州市公共文化事业发展的具体举措。捐书行动自10月15日启动以来，得到泉州市海外联谊会、世界泉州青年联谊会、泉州市新的社会阶层人士联谊会、泉州市留学人员联谊会、民建福建省委会、民建泉州市委会等团体单位和个人的响应，收到捐款100.86万元，收到捐赠图书500册。

首届“美丽中国”青少年电影剧本征集活动在晋江启动

由中国电影家协会海峡两岸电影交流工作委员会主办，福建省电影动画协会、晋江市文联、晋江五店市传统街区运营有限公司承办的首届“美丽中国”青少年电影剧本征集活动启动仪式在晋江五店市举行。中国电影家协会海峡两岸电影交流工作委员会、晋江市文联等相关负责人共同启动电影剧本征集活动。此次剧本征集时间截至12月15日。组委会聘请全国知名电影剧作家、电影评论家和电影制作人组成评委会，经过初评和终评，评选出10部最佳剧本和10部优秀剧本。此次活动要求应征作品以“美丽中国”为主题，弘扬社会主义核心价值观，歌颂中国梦想、弘扬中国力量、凝聚中国精神，鼓励艺术创新，体现原创精神，兼具思想性、艺术性和观赏性。

东海片区高端楼宇经济区招商合作签约仪式举行

东海片区高端楼宇经济区招商合作签约暨授牌仪式举行，该活动是2020年“创响中国”泉州丰泽站系列活动之一。受益于丰泽区出台的《关于促进东海片区高端楼宇经济区加快发展的若干意见》等政策，6家楼宇业主主动拿出6.56万平方米的楼宇面积参与招商战略合作，给予入驻企业免租让利等优惠政策，7幢楼宇共同吸引首批21家企业聚集入驻东海片区高端楼宇经济区。丰泽区政府与福建匹克集团有限公司、泉州市上实投资发展有限公司、泉州市万科企业有限公司、菲莉（福建）集团公司、泉州恒安世代创业有限公司、泉州七匹狼投资发展有限公司等楼宇企业签署招商战略合作协议，部分楼宇业主与入驻企业代表签署入驻协议。东海高端楼宇经济区紧邻市行政中心、公共文化中心，规划建设占地23.6公顷，总建筑面积169万平方米，总投资112亿元，规划三个板块，即滨海总部区、银行总部区及其他企业总部区，意在打造成为全市最宜商、宜居的高端商务区，未来与泉州市的政治中心、文化中心全面融为一体，成为对外集中展示泉州形象的中央会客厅。

市委宣讲团到各地宣讲中共十九届五中全会精神

11月25日至12月2日，为学习宣传贯彻中共十九届五中全会精神，引导全市党员干部群众把思想统一到五中全会精神上来，推动全市迅速兴起学习宣传贯彻热潮，市委宣传部会同市直有关部门组成市委宣讲团到各地开展集中宣讲。学习贯彻中共十九届五中全会精神市委宣讲团成员组成16个宣讲小组，到11个县（市、区）、泉州开发区、泉州台商投资区和市直机关、在泉州高校、市属国企、台资企业、工青妇、民主党派，以及面向离退休老干部开展22场集中宣讲。宣讲过程中，市委宣讲团成员在总结运用以往宣讲经验的基础上，联系干部群众的新期待，全面准确深入阐释全会精神；到企业、农村、机关、校园、社区与基层干部群众特别是青年群体开展面对面、互动式的座谈宣讲，使宣讲更加冒热气、接地气、添生气。

25日，市委宣讲团首场报告会举行。市委宣讲团成员，市委讲师团团长、副教授朱林果到市直机关宣讲。朱林果围绕学习贯彻习近平在中共十九届五中全会上的讲话精神和全会通过的建议，从认识中国进入新发展阶段的重大意义、有利条件和重要特征，把握2035年远景目标和“十四五”时期中国发展的指导方针、主要目标、重点任务，把握构建新发展格局的战略构想和重要着力点，坚持党的全面领导，动员各方面力量为实现“十四五”规划和2035年远景目标而团结奋斗四个方面做解读，并与基层党员群众代表互动交流、答疑解惑。市直和驻泉州省部属单位党组织负责人、党员干部约170人参加报告会。大家在报告会后的互动交流中表示，宣讲报告系统全面、内容丰富、深入浅出，对深刻理解、准确把握、全面贯彻五中全会精神具有重要指导意义。

9家泉州籍企业入选2020年中国民营企业500强

胡润研究院在广东佛山发布“2020年中国500民营企业”榜单，按照企业市值或估值进行排名，腾讯以4.98万亿元首次成为中国价值最高民营企业，阿里巴巴、美团分列第二、第三名。9家泉州籍企业进入榜单，涉及体育用品、LED、新能源、房地产、食品等产业和领域。其中，安踏集团以2000亿元市值列第46位，三安光电以1100亿元市值列第89位，信义光能以990亿元市值列第104位，世茂集团以980亿元市值列第107位，达利集团以600亿元市值列第178位，恒安集团以580亿元市值列第184位，信义玻璃以555亿元市值列第194位，中骏集团以390亿元市值列第288位，敏华控股以350亿元市值列第324位。此系胡润研究院第二次发布中国500强民营企业榜单，此处的“中国民营企业”是指总部在中国大陆的非公有制企业。上市公司市值按照10月15日的收盘价计算，非上市公司估值参考同行业上市公司进行估算。

2020年500强企业上榜门槛230亿元，比2019年提高90亿元，即64%；上榜企业总价值比2019年增加20万亿元，达到56万亿元；平均价值比2019年增长55%，达到1100亿元。436家上榜企业的价值较2019年有所增长，其中120家为新上榜；53家上榜企业的价值比2019年有所下降，另有121家2019年上榜企业落榜，包括陌陌、瑞幸咖啡和神州优车等。从榜单看出，排名首位的腾讯价值比2019年增加2万亿元，阿里巴巴以4.78万亿元价值排第二，但仍比2019年增长25%；美团价值增长至2019年3倍，以1.63万亿元进入前三。受新冠肺炎疫情影响，2020年大健康行业估值增长显著，首次成为500强企业最多的行业，达93家，超过2019年第一、第二的先进制造和房地产行业。房地产行业500强企业较2019年大减三成。房地产行业显现两大趋势：物业公司分拆上市、行业转型。值得注意的是，新能源汽车、娱乐和教育是2020年涨幅最快的三大行业，上榜企业平均估值涨幅都超过1倍。中国500强民营企业2019年销售额总和22万亿元，是2019年中国国内生产总值的五分之一，超过英国一年的国内生产总值；拥有员工970万人。企业平均“年龄”仅21岁，有17家企业在5年内成立。

11月25日

农历庚子年十月十一
星期三
温度：19℃～25℃
多云转晴

●康涛、王永礼会见从北京载誉而归的泉州市11位全国劳动模范和先进工作者，与大家座谈交流。

●11月25日至12月2日，为学习宣传贯彻中共十九届五中全会精神，引导全市党员干部群众把思想统一到五中全会精神上来，推动全市迅速兴起学习宣传贯彻热潮，市委宣传部会同市直有关部门组成市委宣讲团到各地开展集中宣讲。

●全市党外人士学习贯彻中共十九届五中全会精神宣讲报告会举行。

●全市消防安全整治现场观摩暨火灾防控工作部署会议召开，动员部署各级从严从实从细抓好冬春火灾防控工作，防范化解消防安全风险。

●25—27日，由市公安局、市总工会、市人社局主办的第三届全市保安员职业技能竞赛在市公安局警察训练学校举行。

●胡润研究院在广东佛山发布“2020年中国500民营企业”榜单，9家泉州籍企业入选。

11月26日

农历庚子年十月十二
星期四
温度：19℃～27℃
多云

●第四季度全省重大项目视频连线集中开工活动举行，泉州市的立邦新型材料泉州生产基地项目参加现场视频连线。康涛在泉州分会场通过视频向省委、省政府报告泉州市重点项目集中开工情况。市领导王永礼、吕刚、肖汉辉等参加。

●泉州市急救指挥中心急救科普教育实训基地在泉州市养老服务组织孵化基地揭牌。

●由市文联主办、市作家协会承办的“名家进泉州公益讲座（文学类）”王干小说创作专场讲座和贾兴安散文创作专场讲座在泉州师范学院举行。

●南安市公安局交警大队在全省首创“震荡式”右转盲区警示带。

●26—29日，由惠安县委、县政府主办的“万家千厨·百味惠安”2020年惠安县首届地方特色美食节在惠安体育中心举行。

全市24个重大项目集中开工

第四季度全省重大项目视频连线集中开工活动举行，泉州市的立邦新型材料泉州生产基地项目参加现场视频连线。市委书记康涛在泉州分会场通过视频向省委、省政府报告泉州市重点项目集中开工情况。市领导王永礼、吕刚、肖汉辉等参加。此次，全市列入第四季度全省集中开工重大项目24个，总投资198亿元，其中新材料、光芯片、数字赋能等产业项目15个，总投资117亿元。

位于泉州开发区官桥园区的立邦新型材料泉州生产基地项目由全球行业第四、亚太销量第一的立邦公司投资，按照智能制造、工业4.0理念，建设为数字化、绿色环保的标杆工厂，建成后将生产新型乳胶漆、仿石材涂料、节能保温装饰板等产品，是泉州市建材家居行业迭代升级的重要环节。项目占地16.06公顷，预计2021年8月试生产，达产年产能近40亿元。石狮中石光芯片项目总投资3.3亿元，围绕光芯片及器件的研发及产业化设计、建设，新建两条完整的从外延、芯片到器件的工艺生产线，同时配置相应的检测、试验专用仪器设备以及配套附属设施，实现能带填充效应、量子效应等关键材料的产业化。项目投产后，将满足中国在光通信，尤其是5G基站建设及数据中心建设等领域的光芯片需求。基础设施方面，作为泉州台商投资区“五纵五横”骨干路面，第三纵海山大道建设工程第四标段（东纬一路—江锦街）、第四纵海城大道（张纬四路—张纬六路、泉东大道—海湾大道）也同期开工建设。2020年以来，泉州市由市招商办牵头，把市直部门、县（市、区）、国企等整合起来，逐链实行“专班+专家”招商团队运作，签约项目468个，总投资超3500亿元，其中产业项目占比超八成，全部项目开工率达六成。此次，除列入省集中开工外，四季度全市还集中开工项目68个，总投资208亿元。

第四季度全省重大项目视频连线集中开工活动现场
（图/陈晓东）

泉州市急救指挥中心急救科普教育实训基地揭牌

泉州市急救指挥中心急救科普教育实训基地在泉州市养老服务组织孵化基地揭牌。泉州市养老服务组织孵化基地是全省首个养老服务组织孵化基地，通过培育、交流、资源配置等手段，培育和优化养老服务组织。急救科普教育实训基地揭牌后，市急救指挥中心急救科普团队将发挥专业特长，对孵化基地各入驻机构的工作人员进行规范、系统的应急救护知识技能培训。

南安在全省首创“震荡式”右转盲区警示带

南安市公安局交警大队在全省首创“震荡式”右转盲区警示带。“震荡式”右转盲区警示带画着带有凸块的红白相间的标线，安装反光凸起路标。标线宽约1.15米，标线外侧是机动车道，内侧是非机动车道。这种升级版的“震荡式”大货车右转弯盲区警示带，在机动车与非机动车道间设置红白相间的牛角形密集凸起热熔标线，在车道分界线设置铸铝反光凸起路标，以震荡式的触觉、听觉和颜色变换视觉及夜间反光诱导，对右转盲区进行全方位立体警示。当车辆驶近盲区警示带，红白交错变换的颜色能对高速行驶的机动车造成额外的视觉冲击，夜间则是反光凸起路标形成强提醒。特别是当货车、机动车误闯入盲区后，凸起的标线会让汽车产生震荡，提醒驾乘人员已经误闯盲区；非机动车误闯入同样会产生震荡，行人则会感到路不平坦。

周联清到泉州检查新冠肺炎疫情常态化防控工作

省委常委周联清带领省委督导组到泉州，督导检查泉州市落实新冠肺炎疫情常态化防控工作情况并召开座谈会。市领导康涛、王永礼、林万明、刘文儒分别陪同检查或参加座谈会。周联清到麦德龙商业集团有限公司泉州丰泽商场、泉州新雅仕冷链物流有限公司、泉州晋江国际机场、市防控新冠肺炎疫情应急指挥部等地检查，查阅进销台账、票据、检验检疫证明，了解进口冷冻生鲜食品检测、冷库冷藏区消杀、进出口货物检验检疫、从业人员及出入境人员健康管理等疫情防控措施落实情况。周联清强调，要克服麻痹思想、侥幸心理和松劲心态，加强进口冷冻食品外包装检测力度和冷库等重点场所消杀管控，提升相关从业人员自我防护意识，强化冷链食品全链条全流程监管，筑牢疫情防控严密防线。

座谈会上，周联清肯定泉州市落实新冠肺炎疫情常态化防控工作所取得的成效。周联清要求，要提高思想认识，各级各相关部门要贯彻中共十九届五中全会和习近平讲话精神，落实党中央、国务院和省委的决策部署，做好外防输入、内防反弹工作，守住防控关键时期，确保疫情不出现反弹。要层层压实责任，各级党委政府和相关部门要强化属地管理和行业监管责任，督促企业落实防控主体责任，完善联防联控机制和防控应急预案，提高防控针对性、科学性和有效性。要紧盯重点环节，做好餐饮娱乐场所、校园及周边环境、公共交通工具等场所的疫情防控工作，强化防疫健康宣传，引导群众做好个人防护和健康管理。

智能人机交互高峰论坛在泉州举行

由中国电子学会、市政府等主办的智能人机交互高峰论坛在泉州举行。中国载人航天工程副总设计师陈善广，军事科学院国防科技创新研究院院长陈小前，市委副书记、市长王永礼，市委常委、常务副市长洪自强，以及国内智能人机交互领域的院士、专家、学者和企业代表出席开幕式。

王永礼在致辞中表示，泉州很荣幸邀请到国内智能人机交互领域的高手和精英在此“武魁文星、智勇交汇”。泉州坚守实体经济不动摇，正阔步迈向GDP“万亿俱乐部”，制造业智能化转型空间足、需求大，但在加快传统产业转型升级的过程中依然面临艰巨挑战，科技创新、城市综合能级、社会事业发展等亟待提升。期待大家能够在推动智能人机交互技术与泉州产业融合发展中找到适合自己的应用场景、合作商机和发展空间，为泉州全方位推动高质量发展超越赋能助力。欢迎大家多到泉州这座历史文化名城走走看看，感受泉州的历史积淀和文化魅力。论坛通过主题报告、平行分论坛、高峰对话、产学研项目对接会、创新技术成果展示等形式，为政府、学界和企业界提供一个共商智能人机交互科学基础研究、成果转化与产品创新设计的高层次对话平台。是日，12个项目现场签订合作协议，部分协同创新机构现场揭牌。

电影《海草》观影会在泉州举行

由市委宣传部、市古城办等主办的沈朝方电影摄影展和《海草》观影会在泉州举行。刚入围第33届电影金鸡奖的电影作品《海草》的主创人员，与泉州观众进行交流，分享这部电影背后的创作故事。《海草》将拍摄地选在福建沿海地区，围绕“宽容与爱”这一主题，讲述一个在渔村里发生的百姓故事。该片导演沈朝方介绍，由于自己从小在福建长大，其执导的多部作品中，总会带有一些独属于闽南地域景观的美学气质。在创作《海草》这部作品时，他也带着实验的精神去探索影像更多的可能性，用艺术家的思维去进行影像创作，试图突破传统电影的语言体系。此次将作品带到泉州上映，只是先开启与泉州的“对话”，接下来会将泉州的风景、人文等特色元素更好地融入自己的电影作品中，更多地展现泉州魅力。

11月27日

农历庚子年十月十三
星期五
温度：16℃～24℃
阴转多云

●省委常委周联清带领省委督导组到泉州，督导检查泉州市落实新冠肺炎疫情常态化防控工作情况并召开座谈会。

●由中国电子学会、市政府等主办的智能人机交互高峰论坛在泉州举行。

●市委政法委员会全体（扩大）会议召开，学习传达习近平总书记在中央全面依法治国工作会议上的讲话精神，并作工作部署。

●由市委宣传部、市委讲师团、泉州晚报社和泉州广播电视台主办的“决胜全面小康·开启崭新征程——泉州市学习宣传党的十九届五中全会精神‘微宣讲+志愿服务’”首场示范活动在市区金鱼巷举行。

●由市委宣传部、市古城办等主办的沈朝方电影摄影展和《海草》观影会在泉州举行。

11月28日

农历庚子年十月十四
星期六
温度：15℃～19℃
多云

●27—28日，省委常委周联清到泉州向台胞台商宣介中共十九届五中全会精神，并征求台胞台商对福建省“十四五”规划、探索两岸融合发展新路等的意见建议。

●2020年国家统一法律职业资格考试主观题考试开考。泉州考区报名总人数1040人，比上年增加10.4个百分点，设黎明职业大学、泉州经贸职业技术学院两个考点。

●泉州幼儿师范高等专科学校建校130周年纪念活动举行。

●由市文联主办、市音乐家协会承办的黄蒙拉小提琴协奏分享会“关于小提琴演奏与教育”在泉州大剧院音乐厅举行。

周联清到泉州向台胞台商宣介中共十九届五中全会精神

27—28日，省委常委周联清到泉州向台胞台商宣介中共十九届五中全会精神，并征求台胞台商对福建省“十四五”规划、探索两岸融合发展新路等的意见建议。市委常委、统战部部长林万明陪同参加活动。周联清到丰泽区、泉州台商投资区，了解新雅仕冷链物流公司、高品医学检验所等涉台企业的运营情况和实际困难，研究具体举措。在随后召开的宣介会上，周联清阐释中共十九届五中全会精神要义和丰富内涵，听取台胞台商代表的意见建议。周联清指出，台胞台商要和全省人民一道，领会习近平关于对台工作的论述和中共十九届五中全会精神，认识决胜全面建成小康社会取得的决定性成就，抓住“十四五”规划蕴含的两岸交流合作的机遇，融入全方位推动高质量发展超越、实现中华民族伟大复兴的新阶段新征程，为推动两岸深度融合做出新贡献。全省各级党委和政府将统筹推进疫情防控和经济社会发展，致力于创造更加优质、安全、可持续的发展环境，携手台胞台企共创美好未来。

泉州幼儿师范高等专科学校建校130周年纪念活动举行

泉州幼儿师范高等专科学校建校130周年纪念活动举行。该校同时举办2020“海丝”幼教高峰论坛、闽西南学前教育联盟成立仪式等活动。自1890年创办以来，从泉州培英女校、福建省泉州女子学校，到福建省泉州幼儿师范学校、泉州儿童发展职业学院，再到泉州幼儿师范高等专科学校，泉州幼儿师范高等专科学校开创闽南女学先河，经历创办、转型、发展、升格等不同阶段。该校秉承“自强进取，树已树人”校训，积淀塑造“爱国爱校、爱拼敢赢、爱严相济”的“泉幼精神”，走“师”和“范”的特色发展之路，坚持“两代师表一起抓”。学校人才培养能力不断提升，毕业生就业率、专业对口率、用人单位认可度等均保持较高水平，培养输送4万多名优秀幼儿园和小学教师，为泉州市基础教育特别是学前教育事业做出贡献。

教育部学前教育专家指导委员会委员、广西师范大学教授侯莉敏，教育部高等学校幼儿园教育培养教学指导委员会委员、北京师范大学学前教育研究所所长洪秀敏，教育部幼儿园园长培训中心主任、东北师范大学教授缴润凯参加2020“海丝”幼教高峰论坛，探索学前教育发展方向。此外，为深化闽西南学前教育办学体制机制及人才培养模式改革，由泉州幼儿师范高等专科学校牵头组建的闽西南学前教育联盟成立，该联盟将构建集学前教育教学与培训、科学研究、对外交流、人才培养与项目合作等为一体的平台，助推闽西南学前教育事业高质量发展。

闽西南学前教育联盟揭牌仪式（图/泉州幼儿师范高等专科学校）

名家进泉州（音乐类）系列首场公益讲座举行

由市文联主办、市音乐家协会承办的黄蒙拉小提琴协奏分享会“关于小提琴演奏与教育”在泉州大剧院音乐厅举行。这场分享会是名家进泉州（音乐类）系列首场公益讲座。黄蒙拉为中国著名小提琴演奏家，曾获第49届帕格尼尼国际小提琴大赛金奖等国际大奖。黄蒙拉表示，此前曾到过泉州，此行再次看到东西塔时，对古城的记忆迅速蔓延开来；他喜欢古城，也惊讶于新城的发展。此次分享会内容丰富，有艺术分享，有互动交流。黄蒙拉还现场与爱好者切磋技艺。黄蒙拉表示，小提琴不容易学，坚持是第一位，少儿朋友学习基本功要有十年以上的坚持，这个过程是很枯燥乏味的，要经历过这个过程才能享受艺术的甘甜。少儿朋友启蒙时找到一位好老师也很重要，一位优秀的好老师决定学生能走多远。从小接触优秀的老师，可以让成长的过程少走弯路。

市领导到泉州幼儿师范高等专科学校调研

市委书记康涛、市长王永礼、副市长周真平到泉州幼儿师范高等专科学校调研。市领导指出，要落实立德树人根本任务，总结经验、突出优势特色，在新起点上谋划学校“十四五”时期发展方向、目标和路径，让百年老校焕发新的青春活力。要加强思想政治教育，守正创新办好思政课，引导学生加强理论学习、品德修养、本领锤炼等，成长为合格的社会主义事业建设者和接班人。要提升整体办学质量，立足传统优势和专业基础，发展培育特色专业，紧抓教师队伍建设，树立良好师德师风，当好学生健康成长的指导者和引路人。

康涛（左二）、王永礼（右一）、周真平（右二）参观泉州幼儿师范高等专科学校校史馆（图/林劲峰）

全市首家Ⅲ期肺癌多学科联合规范化诊疗中心成立

28—29日，由泉州市第一医院、中国医学科学院肿瘤医院深圳医院、泉州市医学会胸心血管外科分会等主办的第二届闽南胸外科论坛暨泉州市医学会胸心血管外科分会第六次学术年会在泉州举行，国内知名医院胸心外科专家学者与会。全市首家Ⅲ期肺癌多学科联合规范化诊疗中心在会上揭牌成立。

根据2019年最新统计数据，泉州市常住人口前3位死因依次为恶性肿瘤、脑血管疾病、心血管疾病。而恶性肿瘤致死率较高的前5位分别是肺癌、食管癌、肝癌、胃癌、结直肠癌，其中肺癌、食管癌均属于胸科疾病。泉州市第一医院胸外科副主任医师陈劭赓表示，肺癌的早期症状并不明显，不少患者在确诊时已是Ⅲ期或Ⅳ期阶段。因此，Ⅲ期肺癌是治疗的“关键窗口期”。由于Ⅲ期肺癌患者存在高度的异质性和复杂性，在治疗上有很大争议，因此多学科个性精准化诊疗显得尤为重要。泉州市第一医院副院长许荣誉介绍，Ⅲ期肺癌多学科联合规范化诊疗中心的运营将依托泉州市第一医院多学科团队的协作，参与科室包括胸外科、呼吸与危重症医学科、肿瘤内科、放疗科、影像科、病理科。此举一方面可以通过跨学科合作，提高医生的临床诊疗思维和技能，另一方面可让患者避免往返于各个科室，享受到多学科专家一站式规范化综合诊疗服务。提高Ⅲ期肺癌患者的5年生存率，多学科诊疗模式将发挥重要作用。中心将努力树立品牌影响力，立足泉州，辐射闽南地区，造福更多的肺癌患者。

电视剧《妙莲花之龙树传说》在泉州开机

电视剧《妙莲花之龙树传说》开机仪式在泉州举行。该剧由张艺龙导演，由中央电视台版《西游记》中白龙马的扮演者王伯昭以及青年演员马月等主演。张艺龙介绍，该电视剧百分之九十的戏份将在泉州完成取景。该剧讲述龙树身带《楞严经》，途经36个国家，一路千辛万苦到中国弘扬佛法的故事。《楞严经》是龙树从龙宫带出来的一本没有译文的经书。当时各个国家知道龙树从龙宫带出《楞严经》，都前来抢夺，为保证经书能译制完，龙王指点其到中国弘法，途中历经磨难，最后到达敦煌。在敦煌石窟里，为能把经书译制出来，龙树在石窟里一坐就是五十年，终于把译文完成。张艺龙介绍，此次该电视剧能够到泉州拍摄，主要缘于和朋友的一次聊天，该友人曾经向他介绍，泉州素有“此地古称佛国，满街都是圣人”之称。听此介绍后，他到泉州考察，发现泉州的景观古朴厚重，而且宗教元素丰富，与该电视剧的题材很契合，当即决定到泉州拍摄。

11月29日

农历庚子年十月十五
星期日
温度：16℃～20℃
多云

●康涛、王永礼、周真平到泉州幼儿师范高等专科学校调研。

●28—29日，由泉州市第一医院等主办的第二届闽南胸外科论坛暨泉州市医学会胸心血管外科分会第六次学术年会在泉州举行，全市首家Ⅲ期肺癌多学科联合规范化诊疗中心在会上揭牌成立。

●电视剧《妙莲花之龙树传说》开机仪式在泉州举行。

●由安溪县政府主办的2020年“泉安杯”秋季清香型安溪铁观音茶王赛决赛和颁奖活动举行。

11月30日

农历庚子年十月十六
星期一
温度：16℃～18℃
阴

●市十六届人大常委会第三十三次会议召开，听取和审议市政府关于泉州市“十四五”规划基本思路的报告和市人大常委会关于泉州市“十三五”规划实施情况与“十四五”规划编制情况的调研报告等。

●市政府、市政协召开会议，围绕“农村饮用水安全”民主监督议题进行专题协商。

●由泉州市文联和泉州市作家协会主办的2019年度泉州文学奖颁奖仪式暨2019年度泉州市作家协会新会员座谈会在南安举行。

●南安在人口密集的公共场所投放20台自动体外除颤器（AED），以第一时间抢救突发心梗等心脏骤停者。

●生态环境部在北京授牌表彰第四批国家生态文明建设示范市县，安溪成为泉州市唯一入选县域。

市十六届人大常委会第三十三次会议召开

市十六届人大常委会第三十三次会议召开。会议听取和审议市政府关于泉州市“十四五”规划基本思路的报告和市人大常委会关于泉州市“十三五”规划实施情况与“十四五”规划编制情况的调研报告；听取和审议市政府研究处理市人大常委会关于养老服务体系建设情况的审议意见情况的报告，并进行满意度测评，测评结果为满意；听取和审议市政府关于2020年市本级国有资本经营与社会保险基金预算调整方案的议案；审议表决通过市人大常委会关于召开泉州市第十六届人民代表大会第六次会议的决定和有关人事任免事项。

市十六届人大常委会第三十三次会议现场（图/王虎文）

市政府和市政协专题协商会议召开

市政府、市政协召开会议，围绕“农村饮用水安全”民主监督议题进行专题协商。市政协课题组、委员代表围绕协商主题，从统筹规划“十四五”农村供水、保障农村饮水分散式供水安全、深化城乡供水一体化改革、加强水源地环境保护与生态治理、农村饮用水安全工程投融资体制机制创新等方面建言献策，提出针对性建议。

市长王永礼指出，2020年以来，市政协围绕泉州全方位推动高质量发展超越开展一系列专题协商，以实现人民对美好生活的向往为落脚点，做到选题高站位、调研很深入、问题找得准、建议提得实、协商有质量。市政府相关部门将加快协商成果的转化运用，列清单、定项目、建机制，把后续工作落到实处。市政府将在市委领导下，以目标为引领、问题为导向，实行“工作项目化、项目清单化”，高起点高标准制定泉州市农村饮用水安全实施方案，分批次、分年度推进实施，让农村群众喝好水。坚持分类施策，精准分析污染源，采取针对性措施科学加强水源地保护，从源头上保障饮水安全；根据集中式供水和分散式供水的不同需求，补齐水源、水厂、水管等短板，策划实施一批基础性、跨流域的农村饮水项目。健全和完善农村饮水安全工程的日常监测、运维和投融资机制，密切监测水质变化，落实各方责任，保证供水工程良性运行。

市政协主席李转生指出，要将城乡供水一体化项目纳入泉州市“十四五”规划重点项目，创新完善投融资机制，为城乡供水一体化建设提供充足的资金保障。要加强农村饮用水水源地的规划与保护，落实好水环境“双向补偿”机制，做好水源地规划预留保护工作。要打破部门条块分割和信息孤岛现状，构建农村供水、用水、污水处理综合信息管理平台，完善水源地的应急预案建设，推动水务工作精细化、数字化。要强化各方责任，形成政府主导、部门联动、齐抓共建的工作格局，确保农村饮用水安全。

南安在公共场所投放自动体外除颤器

南安在人口密集的公共场所投放20台自动体外除颤器（AED），以第一时间抢救突发心梗等心脏骤停者。在公共场所推广配置的首批20台自动体外除颤器由南安市政府拨款采购。这是一种便携式、易操作的急救设备，可用于患者心脏骤停后的早期除颤，适合非医学专业人员使用。设备存放于一个三层立柜的中层，柜体上层配有一个LCD显示屏，可循环播放急救操作方法，下层存放急救用品，市民根据语音提示利用设备对患者进行自动除颤，并结合实施心肺复苏抢救心跳呼吸骤停猝死病人，直到专业医务人员到达。

“1+5”平安家庭微治理行动启动

由市委政法委、市司法局、市妇联主办的“1+5”平安家庭微治理行动启动仪式在洛江区马甲镇新民村举行。省、市、县三级妇联、市委政法委、市司法局相关负责人及家事纠纷调解室代表等约50人参加活动。与会人员参观洛江区万安街道的三盛四季公园微家调解室及新民村家事调解室。2020年以来，洛江区妇联融合创新妇联参与基层社会治理的新途径，构建“平安妈妈网格+警务网格”“专职+兼职”调解队伍的网格架构，通过划分村（社区）“小网格”，建设家事平安“微单元”。全区组建“平安妈妈网格员”队伍695人，“警务网格员”142人，采集录入妇情民意850条，化解各类矛盾纠纷52件。同时，完善“妇女援助速问平台”，延伸开发家事调解室信息化服务平台，将家事调解工作接入“110移动报警智慧平台”，将婚姻家庭问题自动分级分类分流给相关部门、乡镇（街道）协同处置，建立源头预防化解和快速应急处置机制，构建“有网（互联网）有格（网格）”的家事纠纷智慧调处新模式，形成家事调查研究摸排、家事速递员、婚姻家庭矛盾纠纷红黄蓝三色动态管理，家事“半月谈”等机制。

中心市区租赁型保障房选房启动

中心市区租赁型保障房选房首日。23户家庭选到住房，其中优先选房队列14户、普通选房队列9户，租赁型保障房剩余132套。优先选房队列为符合优先选房条件的家庭，包括低保在保家庭（对象）、城市特困家庭、三级（含）以上残疾、区级（含）以上见义勇为、市级（含）以上劳模、驻泉州部队官兵、烈属家庭等轮候家庭；普通选房队列为优先选房对象外的其他轮候家庭。申请人携带身份证到场选房。申请人不能到场的，由共同申请人进行选房。申请人及共同申请人都不能到场选房的，由申请人委托他人选房。受委托人应持委托人的身份证和经社区盖章的书面委托书（原件），办理身份证确认和选房手续。选房人（含受委托选房人）应具备完全民事行为能力。为让低收入家庭圆“住房梦”，此次选房秉持公开、公平、公正原则，从该轮租赁型保障房155套房源中安排14套，供优先选房队列轮候家庭选择。惠民力度进一步加大，销售型保障房房源价格控制在2017年的价格水平。其中，东宝花苑291套，经济房销售均价为每平方米3950元、超66平方米以上的每平方米8119元，限价房每平方米6495元；见龙亭小区2套、江南花园城18套，经济房销售均价为每平方米3900元、超66平方米以上的每平方米7042元，限价房每平方米5634元。而租赁型保障房月租金标准每平方米仅为5～9元。

泉州市开展世界艾滋病日主题宣传活动

第33个世界艾滋病日，2020年的宣传活动主题是“携手防疫抗艾、共担健康责任”。全市各级卫健部门、疾控中心开展内容丰富的宣传活动，让市民了解艾滋病防治相关知识，提高对艾滋病的自我防护意识。市疾控中心联合多所高校举行2020年世界艾滋病日宣传活动，让防艾知识宣传进高校，提高大学生防艾意识，营造艾滋病防控社会氛围。市疾控中心到高校，通过组织高校、社团和青年志愿者开展更为广泛深入的健康教育宣传，让学生知道艾滋病其实离他们并不远，应该有意识地去学习艾滋病防控知识，成为防治艾滋病、关爱艾滋病病毒感染者和病人、清除歧视等理念和活动的倡导者和实践者。

市卫健委、市疾控中心等在鲤城区临江街道举行“携手防疫抗艾，共担健康责任”宣传活动。市、区两级医疗单位工作人员在现场举行健康义诊、健康知识普及活动。鲤城区卫健局、区教育局、区交通运输局、区公安分局、区民政局开展防疫抗艾宣传活动，向群众讲解国家政策、惠民活动，并赠送健康包、消毒包、安全套等实用小礼品。

12月1日

农历庚子年十月十七
星期二
温度：15℃～17℃
阴转多云

●由省农业农村厅主办，市农业农村局、永春县农业农村局、县司法局、蓬壶镇承办的2020年福建省“宪法进乡村”活动在永春举行。

●张永宁到基层向宣传文化系统党员干部宣讲中共十九届五中全会精神。

●由市委政法委、市司法局、市妇联主办的“1+5”平安家庭微治理行动启动仪式在洛江区马甲镇新民村举行。

●中国社会科学院财经战略研究院与《华夏时报》发布《中国县域经济发展报告（2020）》，晋江、南安、石狮、惠安、安溪入选2020全国百强县榜单。

●中心市区租赁型保障房选房启动。

●泉州市开展世界艾滋病日主题宣传活动。

12月2日

农历庚子年十月十八
星期三
温度：14℃~20℃
阴转晴

●市政协党组理论学习中心组学习会议召开，传达学习习近平总书记在第三届中国国际进口博览会开幕式上的主旨演讲、对建设更高水平的平安中国和对推进农村土地制度改革、做好农村承包地管理工作的指示等。

●泉州市开展全国交通安全日主题宣传活动。

●泉州市公安局在石狮“居然之家”前广场举行泉州市公安机关应急处置队伍片区红蓝对抗实战演练。

市政协党组理论学习中心组学习会议召开

市政协党组理论学习中心组学习会议召开，传达学习习近平总书记在第三届中国国际进口博览会开幕式上的主旨演讲、对建设更高水平的平安中国和对推进农村土地制度改革、做好农村承包地管理工作的指示，习近平关于统筹推进疫情防控和经济社会发展的论述，习近平在浦东开发开放三十周年庆祝大会、江苏考察调研、全面推动长江经济带发展座谈会、出席金砖国家领导人第十二次会晤时的讲话精神和向博鳌亚洲论坛国际科技与创新论坛首届大会开幕致贺信，习近平在中央全面依法治国工作会议上的讲话精神，以及省委、市委有关会议精神。会议强调，要学习领会，把思想和行动统一到习近平总书记讲话指示批示精神和论述上来，结合学习贯彻中共十九届五中全会精神，把握新发展阶段、贯彻新发展理念、融入新发展格局，以更加扎实有力的举措助推全方位高质量发展超越。要提高政治站位，把握方位使命，用好履职载体，发挥委员优势，组织开展一系列有针对性的协商议政活动，为“十四五”时期发展开好局、起好步做出贡献。

泉州市开展全国交通安全日主题宣传活动

第九个全国交通安全日，全市各地开展全国交通安全日主题宣传活动。由市委宣传部、网信办、文明办和市公安局、交通运输局、体育局等主办的2020年全国交通安全日主题活动暨“泉州好司机”竞赛颁奖仪式，在泉州广播电视台举行。仪式上，“泉州好司机”女子组、男子组代表分别接受表彰。同时，17个泉州市首届安全文明行车单位和10名泉州好交警也分别上台领奖。活动现场，歌伴舞《一路守候》、相声《人民卫士》、诗朗诵《交警的春夏秋冬》等文艺表演，以喜闻乐见的形式展现出文明交通安全出行的重要性，向观众生动诠释交通安全知识。泉州已连续举办七届“泉州好司机”竞赛活动。据统计，泉州市一年无交通违法的“好司机”有20万余人，与举办第一届时相比，数量增长幅度达174%。“泉州好司机”竞赛已成为全市机动车驾驶人展示自我、争先创优、示范带动的重要平台和知名品牌，弘扬“文明行车我带头”的社会风尚。

由鲤城区委文明办、泉州高速交警支队二大队、鲤城交警大队等主办的全国交通安全日主题宣传活动在市区威远楼广场举行。活动现场，民警向到场咨询的群众普及交通法律法规，讲解交通安全知识，并教市民如何正解佩戴安全帽。

由丰泽区委文明办、丰泽交警大队、丰泽区教育局等主办的“知危险会避险 安全文明出行”主题活动在市区泉州九中举行。活动旨在加强校园交通安全宣传教育，提高学生的自我防护能力和避险意识。活动现场，丰泽交警大队二中队指导员结合中学生心理行为特点，用通俗易懂的语言从交通安全常识、上下学交通注意事项和相关交通法律法规等方面进行宣传讲解。随后，他借助现场的大客车，让在场师生直观认识车辆盲区及其危险性。微笑自行车公司工作人员直接将“小黄人”自行车搬到台上，向学生介绍骑行的注意事项，以及骑行中常见的交通安全问题。她还呼吁大家共同爱护“小黄人”，杜绝不文明行为。泉州公交集团温陵分公司安全员现场展示安全锤、车门应急阀、车窗爆破器、逃生天窗等设备，并讲解这些设备的工作原理、注意事项及正确的使用方法。泉州急救科普教育基地的志愿者，以假人为模型讲解急救科普知识。现场还演示心肺复苏术。

由石狮市委政法委、共青团石狮市委、石狮市公安局等主办的石狮市“青商杯”第八届全年无交通违法车辆（车主）表彰奖励活动颁奖仪式暨全国交通安全日宣传活动在石狮市公务大厦举行。石狮市“青商杯”全年无交通违法车辆（车主）表彰奖励活动已连续举办八届。2013年石狮全市“全年无交通违法”车仅有3349辆，2019年则增加到25801辆，七年来增长幅度达670%。2020年9月24日，石狮抽取幸运奖200名、三等奖40名、二等奖10名、一等奖1名，其中“闽C9Z309 ”成为一等奖车牌号，其车主获1万元现金奖励。37位获石狮全年无交通违法车辆一、二、三等奖及幸运奖的车主代表现场领取奖品。

艾力更·依明巴海到泉州对教育法修改开展专题调研

全国人大常委会副委员长艾力更·依明巴海带领调研组到泉州对教育法修改开展专题调研。全国人大常委会委员、教科文卫委主任委员李学勇，全国人大常委会委员、教科文卫委副主任委员杜玉波等参加调研。省人大常委会副主任吴洪芹，市领导康涛、陈灿辉、张建生、周真平参加相关活动。调研组到泉州师范学院附属小学泉州台商投资区分校、泉州五中城东校区等地考察，了解教育法贯彻实施情况，与教育工作者交流互动，征求关于修改教育法的意见建议。调研组强调，要办好人民满意的教育，培养德智体美劳全面发展的社会主义建设者和接班人，推进教育事业高质量发展，为加快推进教育现代化、建成教育强国做出更大贡献。

市委常委会召听取安全生产工作情况汇报

市委常委会召开会议，听取安全生产工作情况汇报，研究《关于全面加强危险化学品安全生产工作的若干措施》以及部署下阶段工作。会议指出，要聚焦薄弱风险一抓到底、见底清零。落实监督、问题隐患、整改、验收、执法、问责“6个清单”和“一县一策、一企一档”要求，实现动态闭环管理；对整治工作不作为、重大隐患悬而未决的，要依法依规严肃处理，严禁纸上整改、数字整改、“以罚代改”，严禁放任违法企业一边整改、一边“带病”生产。

2020年泉州智能装备博览会在南安举行

3—5日，由泉州市工信局、南安市政府指导，福建省机械工业联合会、南安市装备制造业协会、成辉国际五金机电城主办的，以“智能制造、装备先行”为主题的2020年泉州智能装备博览会暨中国（泉州）铸造工业展览会（以下简称“装博会”）在南安举行。该届装博会展览面积2万平方米，设展位数890个，332家企业参展、33个专业商协会团组组团参会。集中展示各类智能设备和先进技术，包括机器人、数控机床、建材机械和工程机械等，吸引美国哈斯、日本OTC机器人等国际品牌以及共享装备、新时达等国内知名品牌参展。

装博会现场，国内铸造龙头企业共享集团与南安市园区开发建设集团进行入园签约，意味着国家智能铸造产业泉州创新中心将落地泉州（南安）高端装备智造园。该项目总占地面积2公顷，建筑面积1.1万平方米，将建设包括基于3D打印的高端零部件快速制造的智能（共享）工厂、创客工坊、创客学院、工业云中心、工业互联网体验中心、智能铸造研究院分院、检验检测中心等，推动铸造3D打印、机器人等新技术与产业深度融合。创新中心相关负责人表示，希望把研发端到制造端的3D打印技术，输送到泉州业界，为高端铸造产业集群立起标杆，未来，项目有望为铸造全产业技术升级及各项检测等提供服务。展会还设立中国（泉州）铸造工业展览会，举办2020泉州智能铸造产业发展高峰论坛、“现代装备与模具”高端沙龙等12场活动，并发布福建省模具行业白皮书。

泉州市科技型企业登陆海峡股权交易中心

2020年泉州市科技型企业登陆海峡股权交易中心专场挂牌展示鸣锣仪式举行，全市各地56家科技型企业登陆海峡股权交易中心。56家科技型企业涉及新材料、电子信息、装备制造、节能环保等领域，其中有6家、10家、40家分别在海峡股权交易中心的交易层、科创板、展示板挂牌展示。海峡股权交易中心财务总监赖周伟表示，海峡股权交易中心将强化金融基础设施功能，让挂牌展示企业得到更加全面的咨询、诊断、辅导、融资等优质服务。

12月3日

农历庚子年十月十九
星期四
温度：13℃～19℃
晴转多云

●全国人大常委会副委员长艾力更·依明巴海带领调研组到泉州对教育法修改开展专题调研。

●市委常委会召开会议，听取安全生产工作情况汇报，研究《关于全面加强危险化学品安全生产工作的若干措施》以及部署下阶段工作。

●3—5日，由泉州市工信局、南安市政府指导，福建省机械工业联合会、南安市装备制造业协会、成辉国际五金机电城主办的，以“智能制造、装备先行”为主题的2020年泉州智能装备博览会暨中国（泉州）铸造工业展览会在南安举行。

●2020年泉州市科技型企业登陆海峡股权交易中心专场挂牌展示鸣锣仪式举行，全市各地56家科技型企业登陆海峡股权交易中心。

12月4日

农历庚子年十月二十
星期五
温度：13℃～17℃
多云转晴

●康涛到晋江推动信访“治重化积”工作。

●市政府党组（扩大）会议召开，传达学习习近平总书记在中央全面依法治国工作会议上的讲话以及省委常委会会议、市委常委会会议精神。

●市政府第一百零四次常务会议召开，听取泉州市实施妇女儿童发展纲要情况汇报；研究并通过《泉州市食品生产加工小作坊规范提升三年行动（2020—2022年）实施方案》《泉州市居住房屋租赁管理规定》。

●王永礼到市委党校为师生作题为《宪法视角下的政府治理》的法治讲座。

●泉州市开展国家宪法日主题宣传活动。

●市防控新型冠状病毒感染的肺炎疫情应急指挥部办公室发布通告，自5日零时起，进入泉州市存储、流通、加工、销售的进口冷链食品，一律先行进入全市各地设立的集中监管仓进行统一查验、核酸检测和消毒。

●由市委宣传部、市依法治市办、市人大常委会办公室、市教育局、市司法局等主办的泉州市国家宪法日宣传主场综合活动在市区芳草园举行。

●由市数字办主办，市工信局、市通管办协办的，以“5G+智慧领航 融入百业”为主题的泉州市5G产业招商暨应用推介会举行。

泉州市开展国家宪法日主题宣传活动

第七个国家宪法日，全国法治宣传日，全市各地开展形式多样、内容丰富的宪法学习宣传活动。

市长王永礼到市委党校为师生作题为《宪法视角下的政府治理》的法治讲座。讲座上，王永礼围绕学习贯彻中央全面依法治国工作会议精神，阐释习近平法治思想的核心要义和内涵要求。同时，从“宪法是国家治理体系的基石”“政府是国家治理的重要主体力量”“干部要遵法学法守法用法”三个维度，结合政府依法行政的工作实际和国内外典型案例，为学员解析宪法制度的组成体系和主要内容、法治政府建设的重要性和着力点，以及如何用法治思维推动政府职能转变等。

泉州市国家宪法日宣传主场综合活动在市区芳草园广场举行。市直、鲤城区直各单位工作人员结合各自职能开展法治宣传。市中级人民法院举行宪法宣誓仪式，领导班子成员及全体干警参加，旨在激励全体干警忠诚履职，恪尽职守。市中级人民法院联合市司法局组织部分行政机关工作人员，旁听一起行政庭法官审理的行政案件，加强普法宣传。此外，市中级人民法院干警分赴各处开展普法宣传活动，如与市市场监督管理局开展知识产权网络保护座谈，到泉州华侨职业中专学校与师生进行“宪法晨读”等。部分基层法院举行员额法官宪法宣誓仪式。

王永礼在市委党校作题为《宪法视角下的政府治理》的法治讲座（图/苏展辉）

泉州市5G产业招商暨应用推介会举行

由市数字办主办，市工信局、市通管办协办的，以“5G+智慧领航 融入百业”为主题的泉州市5G产业招商暨应用推介会举行。会上，5G机器人“小飞”为泉州5G工业互联网实验室送上牌匾；5G电子签约板上，市数字办与福建广电网络集团泉州分公司签订数字战略合作协议；市数字办会同泉州开发区与数字福建（安溪）产业园招商引资的部分项目同期签约；11个5G应用项目战略合作意向书也一一签订。市、县数字化工作部门领导、泉州5G产业发展联盟成员、5G应用需求单位及企业负责人等300多人参加。大会同时发布覆盖智慧工厂、智慧园区、智慧教育、智慧海洋、智慧港口、智慧新媒体、智慧医疗等10多个领域的50个5G应用典型案例。

泉州市5G产业招商暨应用推介会现场（图/市数字办）

泉州市设立进口冷链食品集中监管仓

市防控新型冠状病毒感染的肺炎疫情应急指挥部办公室发布通告，为加强新冠肺炎疫情防控工作，最大限度阻断进口冷链食品疫情传播风险，保障人民群众健康安全，自5日零时起，进入泉州市存储、流通、加工、销售的进口冷链食品，一律先行进入全市各地设立的集中监管仓进行统一查验、核酸检测和消毒。根据通告，进入泉州市集中监管仓的进口冷链食品，经批核酸检测阴性和最小密闭外包装件件消毒，并由集中监管仓出具泉州市进口冷链食品集中监管仓出仓证明（以下简称“出仓证明”）后方可出仓。经过泉州市集中监管仓核酸检测、消毒出仓的，所持出仓证明可作为核酸检测、消毒证明在泉州市流转。

第18届世界中学生运动会志愿者动员大会在晋江举行

第35个国际志愿者日，第18届世界中学生运动会志愿者动员大会在晋江市第二体育中心举行，100多名志愿者代表参会。会上宣读志愿者动员令，希望志愿者发扬新时代雷锋精神，以最佳的精神状态、最高的工作标准、最棒的志愿服务，为泉州举办一届“赛事活动最精彩、影响力最深远、参与度最广泛”的世界中学生体育盛会贡献青春力量。紧接着，志愿者代表发言，表达青年志愿者对参与世界中学生运动会志愿服务工作的高度热情。与会领导还为22支世界中学生运动会赛会志愿者服务队、世界中学生运动会新闻摄影志愿者服务队授旗。

华侨大学组织境外生开展“泉城文化之旅”研学考察

华侨大学旅游学院与丰泽区侨联组织80余名2020级境外生和基层侨联侨眷代表等开展“泉城文化之旅”研学考察。该活动以“侨旅一家亲，海丝情义浓”为主题，研学团参观泉州少林寺、泉州华侨历史博物馆、领袖文创基地和晋江五店市传统文化街区等地，近距离感受泉州深厚的历史底蕴和独具特色的“海丝”文化、闽南文化。在泉州华侨历史博物馆，研学团成员了解华侨历史文化，被侨领侨亲下南洋、开工厂、办学校、兴慈善、富家乡、爱祖国的华侨精神所感动。来自斐济的华侨学生张俊贤对展览中大量“侨批侨汇”印象深刻，表示这就是华侨游子无论身处何方，都心系桑梓心念故土的爱国心和华侨情的真实体现。研学团还体验香道表演、南音演唱、提线木偶、五祖拳表演和惠安女、茶文化、漆器雕刻等泉州“非遗”文化，在体验式互动教学中感受泉州优秀传统文化的深厚魅力与活力。研学团还举行“侨生眼中的海丝情”研学照片故事分享会，来自不同国家、地区的境外生从各自视角分享研学途中的所见所闻所感，同学们纷纷表示此行是对闽南文化和侨乡侨情精神的一次深刻洗礼。

泉州市第四届“圆梦杯”艺术特长生大赛颁奖

由泉州晚报社、泉州市书法家协会、福建圆梦圆教育集团等主办的泉州市第四届“圆梦杯”艺术特长生大赛颁奖典礼暨第五届“圆梦杯”艺体特长生大赛启动仪式在泉州实验中学举行。泉州市第四届“圆梦杯”艺术特长生大赛在6月完成全部赛程，全市3000多名艺术特长生参加14个大项的角逐，775人次获奖，其中金奖43人、银奖68人、铜奖123人、优秀奖541人。为给青少年提供一个展示自我的艺术舞台，挖掘和培养一大批兴趣广泛、多才多艺、全面发展的优秀青少年，同时围绕“全面发展”这一育人理念，通过促进青少年的全面发展和健康成长，培养德智体美劳全面发展的社会主义建设者和接班人，新一届由泉州晚报社、泉州广播电视台、福建圆梦圆教育集团、泉州市书法家协会、泉州田径协会主办的“圆梦杯”大赛，在原来基础上进行升级，增加体育类比赛项目，并增设初中组别，比赛项目更加丰富，适合对象更为广泛，大赛也由此更名为泉州市第五届“圆梦杯”艺体特长生大赛。

福建省足球队老队员联谊活动在泉州举行

5—6日，福建省足球队老队员联谊活动在泉州市体育中心举行。与会老队员、老教练员一起回顾福建足球历史的同时，也期望福建足球能够有更大的进步。此次联谊活动集合自1957年组队至1989年宣布解散期间福建省足球队男女队员和教练员160多人。以足球作为媒介，全省各地的足球元老相互交流。泉州籍老队员董建华、王旭东、程凤隆、许嘉彬、肖伯福、薛东风、谢若红、连小芳等表示，大家将利用和发挥每一位老教练员和老队员的余热，让足球文化扎根在八闽大地这片热土上。

12月5日

农历庚子年十月廿一
星期六
温度：14℃～20℃
晴

●第18届世界中学生运动会志愿者动员大会在晋江市第二体育中心举行。

●华侨大学旅游学院与丰泽区侨联组织80余名2020级境外生和基层侨联侨眷代表等开展“泉城文化之旅”研学考察。

●由泉州晚报社、泉州市书法家协会、福建圆梦圆教育集团等主办的泉州市第四届“圆梦杯”艺术特长生大赛颁奖典礼暨第五届“圆梦杯”艺体特长生大赛启动仪式在泉州实验中学举行。

●5—6日，福建省足球队老队员联谊活动在泉州市体育中心举行。

12月6日

农历庚子年十月廿二
星期日
温度：15℃~21℃
多云

●全市农村房屋安全整治“回头看”工作部署视频会议召开，结合全市房屋安全隐患大排查大整治，部署推进农村房屋安全隐患排查整治工作。

●泉州市多措并举促进畜牧业健康发展。

●由北京出版集团、福建省作家协会主办，十月杂志社、惠安县政府承办的第10届“十月诗会”在惠安举行。

●由市文联主办、泉州市书法家协会承办的名家进泉州公益讲座（书法类）专场首场活动在泉州少儿图书馆举行。

全市农村房屋安全整治“回头看”工作部署视频会议召开

全市农村房屋安全整治“回头看”工作部署视频会议召开，结合全市房屋安全隐患大排查大整治，部署推进农村房屋安全隐患排查整治工作。

会议指出，要学习贯彻习近平关于安全生产论述和指示批示精神，树立安全发展理念，克服麻痹思想，组织开展“回头看”和全面自检，对前阶段房屋安全隐患排查成果再检验、处置情况再确认、整治成效再巩固，确保经得起历史和人民的检验。全市各级各相关部门要迅速行动起来，倒排时间、集中力量再攻坚。要突出接续推进，对用作经营的农村自建房重点排查，注重与百日攻坚、安全生产专项整治三年行动的成果经验衔接，保持力度、保持韧劲、保持标准，确保不漏一栋、不落一户。要分类处置到位，各地要边排查边整治，按照“谁拥有谁负责、谁使用谁负责、谁主管谁负责”原则，认真研究、分类施策、及时处理解决，逐项销号清零，确保发现一户、解决一户、安全一户。要杜绝一刀切，消除过关侥幸心理，防止工作变形、走形式，坚持依法依规，保障群众切身利益。要建立长效管理机制，注重从排查治理风险隐患中把握规律特点，探索房屋全生命周期管理，落实网格化管理机制，解决农村房屋安全隐患深层次的矛盾和问题。要层层压实责任，主要领导亲自抓亲自盯，发挥基层党组织战斗堡垒作用，敢于攻坚克难、较真碰硬。要统筹力量，完善部门间协同机制，加强专业指导，推动工作流程规范化、标准化。要加强宣传，增强排查整治社会共识，确保排查整治工作有力有序有效推进。要统筹年终岁首各项工作，将排查整治工作放在突出位置，实行时间倒逼、任务倒排，确保按时间节点推进。要善于使用比对房屋安全百日攻坚、安全隐患大排查大整治专项行动以来积累的数据及经验成果，吸收到“回头看”行动中，精准发现问题，一个不漏、全面消除。要把责任落实到位，防止走过场、搞形式，保障人民群众生命和财产安全。

泉州市多措并举促进畜牧业健康发展

泉州市强化资金支持，策划生成、储备和建设一批农牧业投资项目，推进生猪补栏增养、规模养殖场新（改扩迁）建、畜禽粪污资源化利用整县推进工作。泉州市举源农林综合开发有限公司、泉州绿之园农林业开发有限公司等9家新（改、扩）建标准化养猪场陆续开工建设，其中3家建成投产，确保完成2020年生猪养殖目标任务。同时，泉州市提前确定2021年新建规模养猪场项目，重点推进洛江区檀香园牧业，泉港区百地农业、恒昂畜牧，安溪县恒生农业、丰正养殖、源森农业、福华农牧、闽雄农牧、佑新农业，德化春美等10个项目，预计总投资16亿元，新增生猪存栏22.36万头，增强生猪稳产保供能力，推动生猪产业转型升级高质量发展。

第10届“十月诗会”在惠安举行

由北京出版集团、福建省作家协会主办，十月杂志社、惠安县政府承办的第10届“十月诗会”在惠安举行。在朗诵会现场，除主打的诗朗诵之外，还有富有地方特色的南音、木偶戏、惠安女服饰走秀等表演。活动期间，全国各地著名诗人、作家到全国最美八大海岸线之一的崇武海岸、有600多年历史的崇武古城、千年古刹净峰寺以及聚龙小镇、大岞女民兵哨所、惠女民俗风情园、雕刻企业等地，领略历史文化交织的绚烂，在与千年古邑惠安的对话中，体验人文情怀的诗意栖居，创作一批关于惠安的诗歌作品。第一次到惠安的浙江省作协副主席、鲁迅文学奖得主荣荣表示，自己是通过舒婷笔下的《惠安女子》认识惠安的，到当地后，收获很多惊喜。当地美食很有特点，各种文化和传说也很吸引人。惠安是一个很神奇、很美妙的地方。“十月诗会”以“荟萃名家与新人，对接诗歌与城市，引领潮流与风范”为办会目标，是中国诗坛具有广泛影响力和美誉度的品牌诗歌活动。

全国双拥模范城双拥专职干部培训班在泉州举办

7—10日，2020年全国双拥模范城（县）双拥专职干部培训班在泉州举办。培训班学习中共十九届五中全会精神，贯彻落实习近平关于双拥工作的论述和全国双拥模范城（县）命名暨双拥模范单位和个人表彰大会精神，围绕提升双拥专职工作人员的政策能力和业务水平，组织授课和交流研讨。

泉州市近百家文旅企业参展第十三届文博会

4—7日，第十三届海峡两岸文化产业博览交易会（以下简称“文博会”）在厦门举行，泉州市近百家文旅企业通过146个展位展示泉州市文化产业的最新发展成果。泉州南音、提线木偶戏、惠女风情舞蹈等多项“非遗”项目在泉州主题馆轮番上演。2020年泉州主题馆主打“海丝泉州”品牌，以“宋元中国的世界海洋商贸中心”为主题，在众多“海丝”主题文旅精品齐聚亮相的同时，还挑选各县（市、区）的旅游精品集中展示。中国工艺美术大师黄泉福的《敢问路在何方》、中国工艺美术大师郑国明的《同心酒》、福建省工艺美术大师兰全盛的《荷船》等齐聚主题馆，《印象海丝》等在2020中国旅游商品大赛中获大奖的文创精品也到场参展。

该届文博会上，泉州市签订22个项目，签约总金额逾140亿元。泉州市签约项目涉及文化旅游、文旅项目、文化产业园区、文旅艺术、现代服务业、文化事业等众多领域，其中不少是大项目。签约金额最大的3个项目依次为海丝乐活小镇、陶瓷文化手工艺创意产业园和德化红旗坊·文旅产业园，签约金额分别为35亿元、30亿元和13亿元。其中，海丝乐活小镇项目由泉州台商投资区管委会与陕西南飞鸿实业有限公司签订，规划建设用地14.93公顷，总建筑面积近27万平方米，将建设集公寓、酒店、风情商业街、写字楼等为一体的大型滨海旅游商业综合体项目。陶瓷文化手工艺创意产业园项目由德化县政府与泉州文化旅游发展集团有限公司签订，占地面积20公顷（一期），将建设文创基地、民艺大街、节庆广场、文化会展中心和教育商贸配套，开展陶瓷工艺制作与交流、教育培训和贸易等，举办妈祖文化节活动，带动德化陶瓷销售及陶瓷文化与妈祖文化传播。德化红旗坊·文旅产业园项目由德化县政府与泉州文化旅游发展集团有限公司签订，主要通过对老厂房进行保护、修复、提升，按照修旧如旧、重塑历史、再现经典的原则，重点规划陶瓷文化博览区、泛陶创意孵化区、陶瓷文创休闲区和遗址公园四大主题区域，致力将红旗瓷厂活化打造成以陶瓷文化创意、文化展示、青年创业孵化、商业休闲、旅游体验为主要功能的陶瓷历史风貌区。

文旅融合发展是该届文博会泉州市签约项目的一大亮点。泉州台商投资区管委会与汉华东盛文化旅游有限公司签订的海丝文旅小镇（一期）项目，对古街片区进行保护性修缮，围绕古桥文化创建一批古街文化博物馆、展览馆、艺术馆、工艺馆、体验馆等，打造文化旅游空间、文化旅游产业及文化旅游产品；福建农本实业有限公司与泉州鲜花港园艺有限公司签订泉州市鲜花港国家生态露营基地项目，打造集生态旅游、生态营地建设、特色研学推广、生态修复和生态保护成果展示与应用宣传等功能为一体的国家级生态露营基地。

第十三届海峡两岸文化产业博览交易会泉州展区（图/泉州文创）

12月7日

农历庚子年十月廿三
星期一
温度：16℃～22℃
多云

●7—10日，2020年全国双拥模范城（县）双拥专职干部培训班在泉州举办。

●4—7日，第十三届海峡两岸文化产业博览交易会在厦门举行，泉州市近百家文旅企业通过146个展位展示泉州市文化产业的最新发展成果，签订22个项目，签约总金额逾140亿元。

12月8日

农历庚子年十月廿四
星期二
温度：14℃～16℃
中雨转小雨

●全国双拥工作领导小组成员兼办公室副主任、中央军委政治工作部群工局局长肖安水带领全国双拥办调研组到泉州调研双拥工作。

●8—9日，李转生组织在泉州的省政协委员，围绕“传承弘扬华侨精神 共圆乡村振兴之梦”主题开展专项视察，并举行“福建省政协委员泉州小组议政厅”揭牌仪式。

●省政府公布第十批省级文物保护单位名单及保护范围，全省65处，其中泉州市9处。

全国双拥办到泉州调研双拥工作

全国双拥工作领导小组成员兼办公室副主任、中央军委政治工作部群工局局长肖安水带领全国双拥办调研组到泉州调研双拥工作。调研组到鲤城区东门实验小学、泉州军分区、福建飞通通讯科技股份有限公司，考察调研军人子女食宿站、拥军“交钥匙工程”、“国际军事比赛”海上登陆基地、新移防安居工程等建设和使用情况。肖安水认为市泉州“双拥”有底蕴有传统，政治站位高、组织领导有力、拥军措施实在深入、社会氛围浓厚、“双拥+”等工作富有特色，走在全国前列。调研组指出，要贯彻习近平总书记有关双拥工作的论述，把握新时代双拥工作目标任务，聚焦服务军队建设，真情实意为部队提升战斗力做好服务保障；要强化改革创新，突出军地协同，形成全要素、多领域、高效益发展格局；要聚焦双拥氛围营造，讲好双拥故事，总结宣传好双拥工作经验，解决好官兵后顾之忧，营造拥军优属、拥政爱民氛围。

省政协委员泉州小组开展专项视察

8—9日，市政协主席李转生组织在泉州的省政协委员，围绕“传承弘扬华侨精神 共圆乡村振兴之梦”主题开展专项视察，并举行“福建省政协委员泉州小组议政厅”揭牌仪式。市政协副主席骆沙鸣、王祖耀、洪川夫，秘书长陈伟平等参加视察。视察组先行参加“福建省政协委员泉州小组议政厅”和“侨联界别政协委员联系点”揭牌仪式。之后，大家到南安、永春，参观学习南安黄仲咸纪念馆、李光前纪念馆、南安昌财学村及福建省政协港澳台侨交流基地，缅怀黄仲咸、李光前等老一辈华侨，感悟他们艰苦奋斗的坚韧品格、爱国爱乡的赤子之心和无私奉献的高尚精神。李转生强调，要坚持以中共十九届五中全会精神为指引，提高政治站位、把握工作主旨、突出履职重点、对接基层基础，在政协党的建设、打造履职平台、发挥功能作用、密切联系群众上下功夫，把“委员议政厅”建成创新实践协商民主的开放性履职平台，为在泉州的省政协委员更好地建言资政、凝聚共识创造条件。要久久为功，把弘扬华侨精神作为一项长期工作，发挥华侨的资源优势和力量作用，凝聚高质量发展的磅礴力量。委员们表示，将传承和弘扬华侨精神，扎实履职担当作为，为推动新时代新福建建设和全方位推动泉州高质量发展超越贡献力量。

泉州市新增9处省级文保单位

省政府公布第十批省级文物保护单位名单及保护范围，全省65处，其中泉州市9处。第十批省级文保单位包括8处古遗址、4处古墓葬、21处古建筑、1处石刻及造像、25处近现代重要史迹及代表性建筑、6处拓展项目。泉州市此次新入列的9处文保单位，时间上从唐宋延续到20世纪50年代，类型包括古墓葬、古建筑、石刻及造像、近现代重要史迹及代表性建筑、拓展项目等。其中，江上塔坐落于晋江南岸，是古代船舶进入晋江水域的重要航标。永宁海防石刻分布于朝阳山上，包括宋代状元、泉州知州王十朋所书“镇海石”等。始建于元代的郭氏家庙，于清代重修。1929年8月，朱德率军进入永春县休整、开展革命活动期间，曾在郭氏家庙召开群众大会、发表演讲。

相关链接：泉州市新增省级文保单位：韩偓墓（唐代，位于南安市丰州镇）；江上塔（明、清，位于晋江市池店镇池店村）；玉湖王氏民居（清代，位于石狮市湖滨街道玉湖社区）；永宁海防石刻（宋、明，位于石狮市永宁镇永宁社区）；梧林近代建筑群（民国，位于晋江市新塘街道梧林社区）；仙岭德兴堂（民国26年兴建，位于永春县蓬壶镇仙岭村）；红四军召开群众大会旧址郭氏家庙（位于永春县横口乡福中村）；安南永德苏维埃政府旧址陈氏祠堂（位于安溪县金谷镇溪榜村）；围头“8·23”炮战遗迹战地坑道、1～4号炮台（位于晋江市金井镇围头村）。

市县两级人大工作务虚会召开

市县两级人大常委会工作务虚会召开。会上，市人大常委会各位副主任、秘书长，派驻机关的纪检监察组长，各县（市、区）人大常委会主任，围绕学习贯彻中共十九届五中全会精神、发挥人大制度优势、全方位推动高质量发展超越，结合实际交流座谈2021年工作思路。会议指出，要把握“十四五”时期的新任务新要求，在市委领导下，在推动经济体系优化升级、融入新发展格局、实施“跨江发展跨域融合”等方面找准定位、依法履职；要紧扣市委中心大局、盯住政府发力方向、回应群众热切期盼，谋划新一年人大工作；要以良法促善治，上下联动督促市容和环境卫生管理条例、机动车停车管理条例有效实施；要把解决实际问题作为衡量人大工作的标准，突出问题导向，抓住关键要害，三级人大、五级代表协同联动，促使群众“急难愁盼”问题得到解决。

市县两级人大常委会工作务虚会现场（图/王虎文）

第十一届《小说选刊》年度大奖颁奖典礼在泉州举行

第十一届《小说选刊》年度大奖颁奖典礼在泉州举行。《小说选刊》主编、鲁迅文学奖获得者徐坤，省文联副主席、省作家协会主席陈毅达，著名评论家、小说选刊杂志社副主编顾建平，省作家协会副主席兼省作家协会秘书长林秀美等为获奖作者颁奖。此次获奖作品代表2019—2020年度中国中、短篇小说创作的精华。获奖者当中，有德高望重、成就卓著的小说名家刘庆邦、肖克凡，有正当盛年、锐气冲天的李修文、乔叶，还有年富力强、潜力无限的李骏虎、沈洋、秦俑等。获奖作品当中，既有体现海峡两岸根脉相连的同胞无法相守、最终重逢的《叶落桃园》，也有气象盛大又细致入微的抗战作品《太原劫》。

丰泽区第四季度部分重点项目集中开（竣）工

丰泽区第四季度部分重点项目集中开（竣）工仪式举行，2019-4号地块（山水秋鸣）等2个项目开工，丰泽区图书馆、泉州市临海小学1号教学综合楼、银领国际3个项目竣工。竣工方面，使用面积逾8000平方米的丰泽区图书馆，总藏书量64万册，内设1200个阅览座位，设置24小时自助阅览室、视障阅览室、亲子阅读区、青少年阅览区、幼儿阅览区、丰泽文化展览馆、学术报告厅等13个功能区域。该图书馆将力争建设集学习、活动、文化展示、教育培训、创意孵化、学术交流等多功能为一体的丰泽区文化学术中心、高端休闲文化空间，吸引更多市民走进图书馆、爱上图书馆，并力争打造为丰泽区文化新地标。泉州市临海小学1号教学综合楼建筑面积5440平方米，楼高6层，将在很大程度上改善该校师生的学习和工作条件，极大满足东海片区人民群众对优质教育资源的需求。开工方面，2019-4号地块（山水秋鸣）为商业、商务和住宅综合体项目，拟建8栋20～23层住宅楼和1栋22层商务办公楼。项目配套有1万平方米的集中商业广场及精品商业街、幼儿园和农贸市场等小区公共设施，建成后将成为泉州市北峰组团地标性居住小区。

丰泽区图书馆内景（图/陈英杰）

12月9日

农历庚子年十月廿五
星期三
温度：17℃～18℃
多云

●市县两级人大常委会工作务虚会召开，围绕学习贯彻中共十九届五中全会精神、发挥人大制度优势、全方位推动高质量发展超越，结合实际交流座谈2021年工作思路。

●由市委宣传部、市发改委、市工信局、市商务局、市金融监管局、市数字办（大数据管理局）、市总工会、市工商联等主办的，以“乘风破浪 坚毅前行”为主题的2020泉州经济年会启动。

●第十一届《小说选刊》年度大奖颁奖典礼在泉州举行。

●丰泽区第四季度部分重点项目集中开（竣）工仪式举行，2019-4号地块（山水秋鸣）等2个项目开工，丰泽区图书馆、泉州市临海小学1号教学综合楼、银领国际3个项目竣工。

12月10日

农历庚子年十月廿六
星期四
温度：16℃~19℃
多云转阴

●全市党外人士座谈会召开，学习宣讲中共十九届五中全会精神，并就市委关于制定“十四五”规划和2035年远景目标的建议，听取各民主党派、工商联和无党派人士的意见和建议。

●张永宁到石狮调研项目推进、新片区更新改造、乡村振兴、党建重点项目，督办环保信访件。

●第十八届中国·海峡创新项目成果交易会云上展会启动仪式举行，泉州展区同步上线。

●福建省智慧能源服务产业创新发展联盟交流暨公共建筑综合能效服务现场推介会在泉州举行，国网泉州供电公司面向全省分享泉州市楼宇用能优化的做法和成效。

●泉州市软件与工业设计基地（泉州软件园）招商项目集中签约暨泉州市软件行业协会线上采购联盟发布活动举行，12个高新产业项目签约，总投资超16亿元。

●由市水利局和鲤城区、丰泽区水土保持主管部门主办的以“福建省水土保持高质量发展”为主题的水土保持宣传活动在市区石笋公园举行。

●泉州晋江国际机场空港毒品查缉站揭牌成立，填补泉州市机场专业缉毒的空白。

全市党外人士座谈会召开

全市党外人士座谈会召开，学习宣讲中共十九届五中全会精神，并就市委关于制定“十四五”规划和2035年远景目标的建议，听取各民主党派、工商联和无党派人士的意见和建议。市委书记康涛指出，要坚持党的全面领导，用全会精神统一思想和行动，调动方方面面的智慧和力量，当好全方位推动高质量发展超越主力军，实现“十四五”时期经济社会发展目标。全市各民主党派、工商联和无党派人士要学习贯彻习近平总书记讲话和中共十九届五中全会精神，统一思想、明确方向，夯实团结奋进的共同思想政治基础。要继续发挥优良传统和独特优势，把“十四五”规划制定实施作为议政建言的重点，开展调查研究，提高建言献策质量水平。座谈会上，各民主党派、工商联和无党派人士代表围绕泉州市“十四五”规划，结合工作实际，提出意见建议。康涛要求相关部门梳理、研究，吸纳到泉州市“十四五”规划建议以及具体工作之中。

第十八届海创会泉州展区上线

第十八届中国·海峡创新项目成果交易会（以下简称“海创会”）云上展会启动仪式举行，泉州展区同步上线。自2003年创办以来，海创会围绕“项目、技术、资本、人才”四大主题，建立健全常年对接的有效机制，推动科技成果转化、产业化，已发展成为福建省科技成果对接和转化的重要平台。该届海创会以“汇聚‘三创’活力，驱动高质量发展”为主题，采取线上+线下的方式举办。其中，云上海创会运用5G+4K、VR/AR、大数据、3D全景等技术，设置协同创新馆、金融服务馆、国企创新馆、智能制造馆等专馆。泉州展区位于协同创新馆，共有火炬电子、南威软件、福建（泉州）哈工大工程技术研究院、中科院海西研究院泉州装备制造研究所、时刻防盗电子、金泉草生物医药科技、陶瓷产业龙头企业龙鹏集团、安元光学科技、中科丰阳（福建）科技、正丰数控、信同信息科技11家机构、企业参展。市民可通过海创会官方网站、官方微信公众号、微信小程序等多种方式逛展，展开互动交流。

此次泉州市展出的科技成果亮点十足。如，福建（泉州）哈工大工程技术研究院展出一款集运动控制、多传感器融合、室内导航、精准定位、智能语音交互等多种技术于一体的智能防疫机器人，可在医院走廊病房、写字楼、地铁车站、高铁站、机场大厅、生产车间和商超等室内公共场所实现全自动、高效率的防疫消毒作业，持续使用4小时以上。中科院海西研究院泉州装备制造研究所展出智能AGV仓储转运分拣机器人系统，仓储管理人员只需站在出货口，智能仓储管理系统即可通过订单分析，以机器人调度系统为中枢，调度智能仓储机器人将货物搬运至出货口，从而实现由“人找货”到“货找人”的拣货方式转变。中科丰阳（福建）科技有限公司则推出金属3D鞋模打印技术，传统工艺下一双鞋从概念到设计再到量产和销售，通常需要一两年的周期，模具则需要4~6个星期才能完成研磨，至少需要使用1万次才能收回成本，但导入3D设计、扫描和打印后，过程可望缩短到几周，甚至几天内即可完成，彻底改变传统制鞋产业的制造生态和思维。

福建省智慧能源服务产业创新发展联盟交流会在泉州举行

福建省智慧能源服务产业创新发展联盟交流暨公共建筑综合能效服务现场推介会在泉州举行，国网泉州供电公司面向全省分享泉州市楼宇用能优化的做法和成效。在政府有关部门的支持下，泉州市已向全市58家重点用能单位推广楼宇用能优化技术。其中，国家电网公司2020年首个楼宇用能优化项目落地晋江荣誉国际酒店；年均用电量2100万千瓦时的城东中骏世界城则是另一典型项目。仅这两个项目投运5个多月来，平均节能率达到13.07%，已节能电量25.08万千瓦时，预计每年可节省电量56.51万千瓦时、节省电费36.4万元。

12月11日

农历庚子年十月廿七
星期五
温度：16℃～23℃
阴转多云

●市委常委会召开会议，传达学习习近平总书记在中央政治局常务委员会会议、中央政治局第二十五次集体学习、全国劳动模范和先进工作者表彰大会上的讲话及会见全国精神文明建设表彰大会代表时做出的指示精神等。

●全市“强基促稳”三年行动分析评估暨工作推进会召开，听取市级8份指导意见落实分析评估汇报，交流各县（市、区）2020年以来工作推进情况。

●泉州城考古学术研讨会举行。

●11—17日，由市民政局、市总工会、市人社局、市妇联主办，福建省前沿职业培训学校承办的首届泉州市民政行业养老护理员职业技能竞赛在泉州华光职业学院举行。

●11—17日，由晋江市委宣传部、市文旅局、市文联主办的2020年晋江市文化产业周举办。

市委常委会学习习近平总书记讲话指示精神

市委常委会召开会议，传达学习习近平在中央政治局常务委员会会议、中央政治局第二十五次集体学习、全国劳动模范和先进工作者表彰大会上的讲话及会见全国精神文明建设表彰大会代表时做出的指示精神；传达学习习近平总书记关于做好关心下一代工作的指示及中国关工委成立30周年会议精神，以及省委常委会会议精神，研究部署有关工作。会议强调，要健全防返贫控新贫稳脱贫机制，开展常态化监测预警，动态跟踪收入变化和饮水安全巩固情况等。要推进乡村振兴，深化提升19个专项行动，促进群众持续稳定增收。要深化知识产权运营服务体系建设，强化知识产权全链条保护，提高知识产权保护工作法治化水平，促进知识产权转化运用。要强化知识产权工作协调机制，加强人才队伍建设，增强新形势下做好知识产权保护工作的本领。要弘扬劳模精神、劳动精神、工匠精神，引导劳动群众当好主人翁、建功新时代，推进高素质劳动大军建设。要支持更多老干部参加关心下一代工作，继续在广阔舞台上老有所为、发光发热，创造性培育打造更多关爱品牌。

泉州城考古学术研讨会举行

泉州城考古学术研讨会举行。中国社会科学院考古研究所、省文物局相关领导到会指导；市委副书记、宣传部部长张永宁，副市长周真平参加。文博系统、考古领域和国内知名高校的50余名权威专家学者参加研讨会。张永宁表示，泉州历届党委、政府高度重视历史文化保护工作，始终保持敬畏之心，担当好历史文化保护政治责任，做好文物保护管理、合理利用、价值宣传等工作，让历史说话、让文物说话；推进“申遗”工作，把泉州古城列为世界遗产申报的缓冲区，坚持原真性保护、活态化利用、家园式共造，打造见人见物见生活的古城。希望专家学者们给予更多专业指导，发掘古城价值，帮助人们更好地认知古城、保护古城，传承延续历史文脉。

研讨会上，汪勃、沈睿文、羊泽林三位泉州城考古相关项目领队，分别以“泉州城的相地选址和重要建筑朝向与泉州南外宗正司、市舶司遗址的考古发掘”“安溪青阳下草埔冶铁遗址”“2020年德化尾林、内坂窑考古发掘收获”为主题，进行考古发掘成果汇报。与会专家学者在研究工作基础上，从不同视角梳理、研究泉州城的历史文化并进行研讨交流。专家从各自专业角度，以考古成果阐释古城文化价值，引导人们更好地认知古城、保护古城，传承延续历史文脉，也助推泉州“申遗”工作。

首届泉州市民政行业养老护理员职业技能竞赛举行

11—17日，由市民政局、市总工会、市人社局、市妇联主办，福建省前沿职业培训学校承办的首届泉州市民政行业养老护理员职业技能竞赛在泉州华光职业学院举行。竞赛按照“养老护理员”国家职业标准等有关要求，通过以赛代练，展示养老服务技能人才的精湛技术。全市各县（市、区）12支代表队80名选手参赛，评出一等奖1名、二等奖2名、三等奖7名。

2020年晋江市文化产业周举办

11—17日，由晋江市委宣传部、市文旅局、市文联主办的2020年晋江市文化产业周举办。此次活动以“云上晋江，多彩文创”为主题，举行“文创+艺术”“文创+非遗”“文创+旅游”“文创+教育”“文创+论坛”“文创+赛事”“文创+会展”七大专场活动，通过实景展示、VR互动体验等形式，打造文化产业宣传展示平台，让市民轻松体验“云上晋江”。同时，活动坚持把社会效益放在首位，以政策扶持带动社会机构踊跃参与，通过发放惠民电子券拉动文化产业消费，提振发展信心。

12月12日

农历庚子年十月廿八
星期六
温度：14℃～19℃
多云

●王永礼等市政府领导分别到各县（市、区）、泉州开发区、泉州台商投资区，就2021年市政府工作报告（征求意见稿）、“十四五”规划编制和政府工作向各界征求意见。

●由中国石材协会、全国工商联石材业商会、南安市石材工业协会、中国（南安）水头国际石博会组委会主办的第二十一届中国（南安）水头国际石博会暨石设计周及第五届中国（南安）泛家居主题活动周在南安开幕。

●由市文旅局、市委文明办主办的“文明旅游进景区”系列活动启动。

●由海外文摘杂志社、散文选刊·下半月杂志社主办的2020年度中国散文年会及颁奖大会在北京召开，评选出4个年度奖项。其中，泉州籍作家庄振加《被拐卖后的那些年》获年度奖项一等奖。

市政府领导到各地征求政府工作报告意见建议

市长王永礼等市政府领导分别到各县（市、区）、泉州开发区、泉州台商投资区，就2021年市政府工作报告（征求意见稿）、“十四五”规划编制和政府工作向各界征求意见。与会人员认为报告整体结构严谨、逻辑清晰，客观全面地总结“十三五”和2020年工作成绩，科学谋划“十四五”时期发展路径和2021年工作计划，是一份高举旗帜、求真务实、催人奋进的好报告。大家就产业转型升级、行业平台建设、人才引进与培育、优化城市配套、完善交通体系、提升营商环境、补齐医疗和教育短板、支持新基建等提出意见和建议。

第二十一届中国（南安）水头国际石博会开幕

由中国石材协会、全国工商联石材业商会、南安市石材工业协会、中国（南安）水头国际石博会组委会主办的第二十一届中国（南安）水头国际石博会暨石设计周及第五届中国（南安）泛家居主题活动周（以下简称“石博会”）在南安开幕。中国建筑材料联合会党委书记阎晓峰，泉州市领导王永礼、肖汉辉，华侨大学党委书记徐西鹏，海尔集团总裁周云杰，以及业内龙头、国内高校、知名设计师、客商代表等出席。作为新冠肺炎疫情期间全球唯一举办的大型线下石材展，2020年的石博会以“创意、智造、共融”为主题，首次与泛家居主题活动周联合举办，邀请设计大师为石产业高端智造“画龙点睛”，搭建云平台，提供线上线下跨端融合服务，打造365天永不落幕的展会。现场包括1个主展区以及8个常年展区，展示面积107.3万平方米，完成招商332家企业、2508个展位。

在总结历届办会经验的基础上，结合石材行业发展形势，该届石博会以“产业提升、城市提质”为导向，深化以设计为引导，推动石材转型升级，突出以设计赋能石材价值、以智能智造促进石材升级、以“跨界+直播展”提升石材应用、以“线上”扩大石材影响等，从品牌、展位规划、奖项、游学、直播等十个方面进行全新升级。是日，“IFI资源城市”授牌，卡奥斯蓝鲸（南安）石材工业互联网平台总部基地、南安市石材产业投资基金、同济大学设计创意学院·南安设计创新中心3个项目签约，“同济大学设计创意学院·南安设计创新中心”“华侨大学（南安）产教融合人才联合培养基地石材产业中心”揭牌。

“文明旅游进景区”系列活动启动

由市文旅局、市委文明办主办的“文明旅游进景区”系列活动启动。该活动旨在倡导文明旅游观念、践行绿色低碳消费理念，诠释“垃圾不落地，文明安全出游”的主题，以全新、活力的形象展现泉州古城魅力。活动共分三场，分别于12日在晋江五店市，13日在清源山景区老君岩和中国闽台缘博物馆举行。

泉州籍作家获中国散文年会2020年度一等奖

由海外文摘杂志社、散文选刊·下半月杂志社主办的2020年度中国散文年会及颁奖大会在北京召开，评选出4个年度奖项。其中，泉州籍作家庄振加《被拐卖后的那些年》获年度奖项一等奖、黄长安《解开内寮古村的神秘之“咒”》获年度奖项二等奖。一年一度的中国散文年会，是全国散文界权威的年度盛典。庄振加获奖作品为《被拐卖后的那些年》，写的是作者童年时被人贩子拐卖的痛苦经运，成年参加工作后曲折的寻亲故事。这篇文章的情感升华之处，在于作者跳出一般意义上的对人贩子的憎恨和仇视，多了一种“有关部门对于非法拐卖人口必须严厉打击”的呼吁。而黄长安获奖作品《解开内寮古村的神秘之“咒”》，讲述紧箍作者半世纪之久的内寮古村神秘之“咒”被解开的故事。

市级产业集群协作配套资金下发

市财政局、市工业和信息化局下达2019年泉州市产业集群协作配套专项资金776万元，全市62家企业获此专项资金，涉及纺织鞋服、新一代信息技术、纸业等行业。此次申报项目涵盖龙头企业协作配套项目和中小微企业为龙头企业配套加工项目两个类别。前者旨在鼓励扶持泉州市产业龙头企业与中小微企业协作配套，提升产业协作配套水平，推动产业集聚发展；后者旨在支持中小微企业为泉州市产业龙头企业配套，进行贴牌生产、协作加工、关键零部件加工，促进中小微企业专业化发展和参与产业分工协作。其中，申报龙头企业协作配套项目的条件为：申报项目的工业企业需列入2019年市级产业龙头企业名单。协作配套企业之间必须为非关联企业，即协作配套双方企业的单一最大股东不为同一个人或单位。

同时，对机械装备、新一代信息技术、生物医药、节能环保、新能源、新材料等产业龙头企业，2019年采购贴牌产品金额5000万元及以上或委托加工费2000万元及以上；其他产业2019年采购贴牌产品金额1亿元以上或委托加工费4000万元以上。机械装备、新一代信息技术、生物医药、节能环保、新能源、新材料等产业龙头企业2018年已获得协作配套专项补助的，2019年须比2018年新增采购贴牌产品金额2500万元以上或委托加工费1000万元以上；其他产业龙头企业2019年须比2018年新增采购贴牌产品金额5000万元以上或委托加工费2000万元以上。企业或其法定代表人、实际控制人、董事、监事、高级管理人员被列为失信被执行人的，以及企业涉黑涉恶的，不能申报该项目。龙头企业协作配套项目的补助标准为按2019年度在市域内新增协作配套产品销售额的1%给予补助，补助最高限额100万元。中小微企业为龙头企业配套加工项目申报条件为：申报项目的企业必须为列入2019年市级产业龙头企业名单的龙头企业或其子（分）公司（含设在市域外）进行贴牌生产、委托加工或关键零部件加工，且配套加工产值及加工费合计数占申报企业年度销售收入30%以上。协作配套企业之间必须为非关联企业，即协作配套双方企业的单一最大股东不为同一个人或单位。同时，申报项目的企业应为“专精特新”中小企业培育库入库企业。企业2019年必须达到为龙头企业配套加工产值500万元（含）以上或加工费200万元（含）以上。企业上年度纳税总额不低于30万元，其中市直、区属原中央苏区县企业不低于20万元。

2020年泉州市少年儿童U系列篮球锦标赛举行

10—13日，由市体育局、市教育局主办，泉州市篮球协会承办的2020年泉州市少年儿童U系列篮球锦标赛举行。全市17支男、女代表队的204名运动员分别在泉州体育中心的侨乡体育馆、豪盛篮球馆进行31场角逐。最终，晋江代表队获男子乙组、女子乙组和男子丙组第一名；南安代表队获女子丙组第一名。比赛不仅展示了全市各县（市、区）少年儿童代表队在新冠疫情防控近一年来的训练水平，还为备战第17届省运会奠定基础。

名家进泉州（摄影类）公益讲座举行

由市文联主办，泉州市摄影家协会、丰泽区文化馆承办的名家进泉州（摄影类）公益讲座在丰泽区文化馆举行，上百名摄影家参加讲座。中国摄影家协会主席李舸应邀作公益讲座，为泉州摄影家分享其年初带领中国摄影家协会湖北抗击疫情摄影小分队到武汉，驻扎“抗疫”第一线的66天拍摄经历和所思所感。李舸认为，摄影最高的境界是创作者表达思想、观点、立场和态度。希望摄影返归内心，用人格和风范去表达对人性的尊重和对生命的敬畏，去坚守一种高贵的文化气节和学术操守。谈及摄影如何服务时代需要，李舸表示，摄影要用形象视角去升华中华民族所具有的家国情怀、生命意识和生活智慧，透视中华民族生生不息的精神特质，激扬中华民族满怀希望走向未来的理想精神。

12月13日

农历庚子年十月廿九
星期日
温度：13℃～22℃
多云

●市财政局、市工业和信息化局下达2019年泉州市产业集群协作配套专项资金776万元，全市62家企业获此专项资金，涉及纺织鞋服、新一代信息技术、纸业等行业。

●10—13日，由市体育局、市教育局主办，泉州市篮球协会承办的2020年泉州市少年儿童U系列篮球锦标赛举行。

●由市文联主办，泉州市摄影家协会、丰泽区文化馆承办的名家进泉州（摄影类）公益讲座在丰泽区文化馆举行。

12月14日

农历庚子年十月三十
星期一
温度：11℃～12℃
小雨转阴

●市政府第一百零五次常务会议召开，研究并通过《泉州市房屋结构安全专项治理三年工作方案》。

●14—18日，由人社部主办，省人社厅、泉州市人社局、厦门市人社局承办的2020年全国高技能领军人才冬季休假活动在泉州和厦门举行。

●14—16日，由中国电影资料馆（中国电影艺术研究中心）主办的2020年中国电影美学年会在安溪举行。

●由北京冬奥组委和故宫博物院主办的“远行与归来”蔡国强艺术展开幕仪式在北京故宫博物院举行。

●泉州台商投资区融媒体中心揭牌暨展望“十四五”奋进新征程全媒体主题采访活动举行，区融媒体指挥中心投用。

市政府第一百零五次常务会议召开

市政府第一百零五次常务会议召开，研究并通过《泉州市房屋结构安全专项治理三年工作方案》。会议强调，要吸取教训，项目化、清单化推进实施城市危房改造、规范农房建设、工业厂房升级等，确保房屋结构安全专项整治三年行动取得实效。要开展房屋安全隐患大排查大整治，举一反三、建章立制，建立房屋安全常态化管理机制。

2020年全国高技能领军人才冬季休假活动在泉州举行

14—18日，由人社部主办，省人社厅、泉州市人社局、厦门市人社局承办的2020年全国高技能领军人才冬季休假活动在泉州和厦门举行，全国各地近40位一线岗位高技能领军人才参加活动。全国高技能领军人才在泉州、厦门两地参观爱国主义教育基地、泉州非物质文化遗产馆、晋江城市展馆、德化陶瓷博物馆、崇武古城等地，并考察相关企业以及技能大师工作室等，通过学习和交流，助推技能人才队伍建设。

自2017年起，人社部每年组织两次高技能人才休假活动，从更高层次反映国家对高技能人才的关心与爱护，激励更多劳动者特别是青年一代走技能成才、技能报国之路。在实施人才“港湾计划”过程中，泉州坚持以传统优势产业、装备制造业和战略新兴产业为重点，推进技能人才支撑工程，出台泉州市技能大师和技能大师（名师）工作室等奖励政策，开展技能大师和工作室评选活动，注重在传授技艺、技术创新、技术交流、技能攻关和实现绝技绝活代际传承等方面发挥独特作用，为泉州市技能人才队伍建设提供人才支撑，技能人才队伍建设取得丰硕成果。全市建成国家级技能大师工作室4家、省级技能大师工作室56家、市级技能大师（名师）工作室26家，评选市级以上技能大师130名，涉及机械制造、电气工程、汽车维修、社会服务、传统工艺等60多个职业工种。培养技能人才85万人，其中高技能人才24万人。

2020年中国电影美学年会在安溪举行

14—16日，由中国电影资料馆（中国电影艺术研究中心）主办的2020年中国电影美学年会在安溪举行。其间，中国电影资料馆安溪数字资源中心项目签约落地，入驻泉州市13个新基建新经济基地之一的数字福建（安溪）产业基地。总投资5亿元的中国电影资料馆安溪数字资源中心项目将建成包括中国电影资料馆数字备份库、国家影像修复基地、融媒体制作基地、艺术影院（安溪店）、龙门镇土楼园区、影像记忆训练营、电影剧本孵化园、博士后科研工作站实践站点等在内的新型体验和生产综合体，成为安溪影视产业聚拢人气、串联企业的全新空间。其中，中国电影资料馆数字备份库是中国电影资料馆继50年前在西安临潼设立素材库之后，第二个异地备份库，标志中国电影资料馆3.0版迈出数字化转型的关键一步。中国电影资料馆作为国家级电影档案机构，拥有充足的电影档案资料和电影艺术研究资源。而数字福建（安溪）产业基地已建成覆盖闽西南地区T4等级数据存储中心。二者合作共建，有望吸引更多影视上下游企业单位和学术机构入驻，形成一个电影大数据大产业链。

“远行与归来”蔡国强艺术展在故宫博物院开幕

由北京冬奥组委和故宫博物院主办的“远行与归来”蔡国强艺术展开幕仪式在北京故宫博物院举行。知名导演张艺谋、中国美术家协会主席范迪安、故宫博物院副院长王跃工等参加。展览持续至2021年2月5日。艺术展展出泉州籍知名艺术家蔡国强作品180件，以对话东西方文明的创作形式，呈现蔡国强近年来“一个人的西方艺术史之旅”项目的精选作品，及以冬奥为主题和以紫禁城为灵感创作的新作。

79家泉州企业入选第十二批省科技型中小企业名单

福建省2020年第十二批入库科技型中小企业名单出炉，135家企业入库，福建百世盾军警装备有限公司等79家泉州企业上榜，数量占比过半。科技型中小企业是指依托一定数量的科技人员从事科学技术研究开发活动，取得自主知识产权并将其转化为高新技术产品或服务，从而实现可持续发展的中小企业。省科技厅在科技创新券补助工作方面支持科技型中小企业。科技创新券专项资金用于补助科技型中小企业、创客在研发过程中，向高校、科研院所、企业等机构购买技术（开发、转让、咨询、服务）、检验检测、科研仪器设备使用、技术数据分析等科技创新服务的费用，以及大型科研仪器产权单位向相关服务机构支付的设备维修、测试技术咨询等科技创新服务费用。

2020年泉州市中小学生“新学堂歌”小合唱比赛举行

14—15日，由市教育局主办的2020年泉州市中小学生“新学堂歌”小合唱比赛在泉州大剧院举行，市直和各县（市、区）学校的数十支代表队，以别开生面的表演形式展示著名作曲家谷建芬编写的50首“新学堂歌”。同学们声情并茂的演唱、生动的表演，搭配恰到好处的现场伴奏和精美的服饰，既彰显校园文化建设成果，又传承中华经典文化和美育精神，提高学生审美和人文素养。

第五届“海峡杯”福建（晋江）创新创业大赛闭幕

由晋江市政府主办的第五届“海峡杯”福建（晋江）创新创业大赛闭幕，12个项目脱颖而出。其中，四相智联、绿色多功能微胶囊纺织功能整理的研究与应用项目、食验室分获新基建、新材料和大健康行业一等奖。大赛历时3个月，分别在晋江、深圳、上海和合肥设置现场选拔赛，并克服疫情影响，通过3场全球视频选拔赛远程对接海外创业者。大赛根据产业升级趋势和本地产业特色，设置新基建、新材料和大健康三大行业赛道，吸引1030个高科技项目报名参赛，其中，项目团队中超过80%成员来自双一流院校，硕博成员比例超过75%，高新技术专利超过3000项。大赛组委会相关负责人表示，通过设置行业赛道，更直接、更有效地让人才、技术、项目与企业、产业、资本结连理、速融合、快见效，吸纳海内外优质项目落户晋江，广聚天下英才为晋江所用。

首届德化“中国白”中国传统陶瓷艺术双年展开幕

由中国陶瓷工业协会、清华大学美术学院、德化县陶瓷发展委员会主办的首届德化“中国白”中国传统陶瓷艺术双年展开幕式暨颁奖典礼在德化举行。自7月启动作品征集活动后，主办方收到中国29个省份（地区）以及日本、韩国、英国等地的863人1330件报名作品，规模与数量均远超预期。经过三轮评选，评出特等奖1名、金奖2名、银奖4名、铜奖6名、优秀奖20名，奖金总额106万元，其中特等奖奖金28万元。为鼓励传统陶瓷艺术的推陈出新，活动还增设技艺传承奖、工艺创新奖、评委特别奖、特殊荣誉奖、优秀组织奖等多个奖项。该届双年展以“弘扬匠心，致敬传统”为主题，自2020年起每两年举办一次，是立足于传统继承、对标国际艺术高端赛事的传统陶瓷艺术竞赛交流平台，也是国内首次主打“传统陶瓷艺术展览”概念的活动。

首届德化“中国白”中国传统陶瓷艺术双年展开幕式
（图/李宏图）

12月15日

农历庚子年十一月初一
星期二
温度：11℃～12℃
多云

●福建省2020年第十二批入库科技型中小企业名单出炉，135家企业入库，福建百世盾军警装备有限公司等79家泉州企业上榜，数量占比过半。

●泉州白濑水利枢纽工程C2标段开工，标志备受全市人民关注的白濑水利枢纽工程自2019年年底主体工程C1标段开工建设以来，工程转入大坝建设阶段。

●14—15日，由市教育局主办的2020年泉州市中小学生“新学堂歌”小合唱比赛在泉州大剧院举行。

●由晋江市政府主办的第五届“海峡杯”福建（晋江）创新创业大赛闭幕。

●由中国陶瓷工业协会、清华大学美术学院、德化县陶瓷发展委员会主办的首届德化“中国白”中国传统陶瓷艺术双年展开幕式暨颁奖典礼在德化举行。

12月16日

农历庚子年十一月初二
星期三
温度：10℃～11℃
小雨转多云

●省人大常委会党组副书记、副主任梁建勇到泉州开展公益诉讼检察工作跟踪监督专题调研。

●市委常委会召开会议，传达学习习近平总书记在中央政治局会议、党外人士座谈会上的讲话以及省委常委会会议精神，研究部署有关工作。

●康涛到永春调研推动基层党建、强基促稳、妇女工作等。

●由中国侨联主办，省侨联、市侨联及基层侨联、海外华侨组织承办的“亲情中华·为你讲故事”网上冬令营泉州营线上开营式，在华侨大学旅游学院国家级旅游实验教学示范中心举行。

●2020年福建泉州泉港危险化学品生产安全事故综合应急演练在福建联合石油化工有限公司举行。

●由市文联主办、市音乐家协会和丰泽区文化馆协办的“名家进泉州公益讲座（音乐类）”在丰泽区文化馆举行。

梁建勇到泉州开展公益诉讼检察工作跟踪监督专题调研

省人大常委会党组副书记、副主任梁建勇到泉州开展公益诉讼检察工作跟踪监督专题调研。调研组察看惠安县崇武镇簸箕湾海滩建筑和生活垃圾整治、崇武古城文物和文化遗产保护情况，参观惠安县人民检察院生态展厅，并召开调研座谈会。梁建勇强调，要落实省委关于国家生态文明试验区建设的决策部署，落实省人大常委会审议意见，以法治思维和法治方式推进福建治理体系和治理能力现代化，为全方位推动高质量发展超越提供有力的司法保障。

市委常委会学习习近平讲话和省委常委会精神

市委常委会召开会议，传达学习习近平在中央政治局会议、党外人士座谈会上的讲话以及省委常委会会议精神，研究部署有关工作。会议强调，要把握经济工作主动权，全面、辩证、长远分析把握形势，立足新发展阶段，贯彻新发展理念，服务并深度融入构建新发展格局，奋发有为办好自己的事。要系统谋划落实2021年重点任务，慎终如始抓好冬春季疫情防控。要做好党外人士工作，引导党外人士发挥独特优势，积极建言资政。全市纪检监察机关要坚定不移全面从严治党，“见人见事”常态化开展政治监督，推动中央、省委决策部署落到实处。要强化正风肃纪反腐，纠治形式主义官僚主义，一以贯之推进不敢腐、不能腐、不想腐。

康涛到永春调研基层党建等工作

市委书记康涛到永春调研推动基层党建、强基促稳、妇女工作等。在蓬壶镇仙岭村，康涛与当地干部共议基层党建与基层治理，叮嘱要发挥基层党组织引领作用，把基层党组织建设成凝心聚力的战斗堡垒，把党建活力转化为发展活力，打造出更多各具特色的乡村示范样板。在达埔镇新琼村，康涛鼓励一线干部要多主动上门服务、为民解忧，引导村民共建共治共享美好家园。康涛强调，各级各有关部门要总结推广强基促稳的经验，通过因村制宜为民办好事办实事，打牢基础、凝聚人心、涵养风气，推动更多薄弱村转化提升，实现“盆景”变“风景”。在岵山镇塘溪村，康涛强调，要发挥妇女“半边天”作用，激发妇女的创新创业热情；要增强妇联组织凝聚力，把妇女工作做得更扎实更到位，结合文创、旅游等业态与时俱进搭建多种平台载体，带动更多妇女就业创业。

康涛（中）在永春县蓬壶镇仙岭村调研（图/陈起拓）

“亲情中华·为你讲故事”网上冬令营泉州营开营

由中国侨联主办，省侨联、市侨联及基层侨联、海外华侨组织承办的“亲情中华·为你讲故事”网上冬令营泉州营线上开营式，在华侨大学旅游学院国家级旅游实验教学示范中心举行。该期冬令营共有5个营，菲律宾、马来西亚、新加坡的200多名华裔青少年参加活动。泉州冬令营不仅有泉州地方特色文化内容，还有线上开放式互动课堂，营员可以线上体验中国剪纸、泉州花灯制作等技艺。承办方表示，希望网上冬令营能为营员提供良好的交流互动平台，针对性、差异化的课程能给营员带来全新的、有趣的体验，能让营员在活动中认识家乡、认识泉州。为促进中华传统文化交流和传播，主办方探索疫情防控状态下的办营模式，2020年夏天已举办一次“亲情中华·为你讲故事”网上夏令营，泉州籍海外华裔青少年积极参与，主动学习，善于创作，在活动中快乐成长、进步。

泉州市参与申报的“送王船”民俗活动申遗成功

由中国与马来西亚联合申报的“送王船——有关人与海洋可持续联系的仪式及相关实践”被列入联合国教科文组织人类非物质文化遗产代表作名录，泉州市为共同申报单位。“送王船”民俗活动在泉州流传久远，其中泉郡富美宫被誉为闽台“王爷总馆”。在申报过程中，泉州市鲤城区泉郡富美宫和临江街道新桥社区居民委员会、晋江市深沪镇镇海宫董事会等作为该项目相关社区组织或代表，为申报做出贡献。泉州师院教授吴幼雄表示，泉州民间王爷崇拜由来已久。富美宫始建于明朝正德年间（1506—1521年），已有500多年的历史，数百年间分灵遍及闽南、台湾及东南亚，其中仅台湾就多达2000余处。泉郡富美宫位于鲤城区南门水巷末端，临晋江下游富美渡头，主祀西汉名臣萧太傅，配祀文武尊王及王爷二十四尊。历史上，富美宫经常举行“送王船”民俗活动。清朝光绪二十九年（1903年）泉郡富美宫漂放一艘王船“金庆顺”号，左右两舷写着“萧太傅大人建造”，漂至台湾苗栗县后龙镇外埔渔港；1925年，泉郡富美宫放出一艘王船“捷泰利”号，漂到台湾嘉义市东石先天宫，被当地人当作是“祥征”保存供奉。

相关链接：“送王船”是广泛流传于中国闽南和马来西亚马六甲沿海地区的禳灾祈安仪式。在闽南，大多每三或四年在秋季东北季风起时举行；在马六甲，则多在农历闰年于旱季择吉日举行。仪式活动历时数日，或长达数月。该遗产项目植根于滨海社区共同崇祀“代天巡狩王爷”（简称“王爷”）的民间信俗。

泉州“送王船”民俗活动场景（资料图片）

2020年泉州市饮用水源地应急综合演练举行

由泉州市政府主办的2020年泉州市饮用水源地暨辐射突发环境事件应急综合演练在金鸡拦河闸管理处举行。演练模拟省道307线石砻段，一辆柴油罐车与一辆放射源运输车发生碰撞交通事故，导致13吨柴油泄漏至晋江干流水源保护区，一枚铱-192放射源脱落丢失。事故发生后，泉州市政府迅速成立现场联合指挥部，开展水污染和辐射事故应急处置。各现场应急工作组根据《晋江干流水源保护区突发环境事件应急预案》和《泉州市辐射事故应急预案》规定的工作职责开展监测、处置、安保、救治、舆情等工作，协同妥善处置这起突发环境事件。

《重返刺桐城》在央视首播

历经近4年的打磨，三集共150分钟的系列纪录长片《重返刺桐城》，在中央广播电视总台央视纪录片频道播出，并于23—25日在海峡卫视播出。在中古时代世界最长的远洋航路中，曾经别号刺桐城的泉州，是一个无法绕开的历史坐标。包括马可·波罗在内的许多海外冒险家，都曾把刺桐城描述成当时世界最大的港口。《重返刺桐城》系列纪录长片全面梳理从古刺桐城到现代泉州城的历史沿革，用一种底层逻辑的主线贯穿起古代与现代之间的相互联系和影响，并以此引发对现实的新认知以及对未来的思考。

《重返刺桐城》片头（资料图片）

12月17日

农历庚子年十一月初三
星期四
温度：12℃～12℃
阴

●由中国与马来西亚联合申报的“送王船——有关人与海洋可持续联系的仪式及相关实践”被列入联合国教科文组织人类非物质文化遗产代表作名录，泉州市为共同申报单位。

●由泉州市政府主办的2020年泉州市饮用水源地暨辐射突发环境事件应急综合演练在金鸡拦河闸管理处举行。

●市委组织部、宣传部、市直机关工委召开市直机关学习中共十九届五中全会精神暨《习近平谈治国理政》第三卷、《习近平在福建》等系列采访实录座谈会。

●历经近4年的打磨，三集共150分钟的系列纪录长片《重返刺桐城》，在中央广播电视总台央视纪录片频道播出。

12月18日

农历庚子年十一月初四
星期五
温度：13℃~16℃
多云

●市委理论学习中心组学习（扩大）会邀请中国工程院院士王建国作“城市风貌特色的形成与营造”专题讲座。

●由省工信厅主办的建筑卫生陶瓷行业推广应用新一代信息技术现场交流会在永春举行。

●第23届海峡两岸纺织服装博览会暨2020石狮国际时装周、第二届中国校园服饰国际博览会在石狮开幕。

●泉州知创产业园专题招商推介会暨重大项目签约仪式举行，1个实验室、2个研究院创新平台、11个项目签约，总投资7.1亿元。

●晋江平安行公益慈善基金会成立，募集善款1.08亿元。

●由中国茶叶流通协会和安溪县政府主办的第四届安溪铁观音大师赛闭幕。

市委理论学习中心组学习（扩大）会召开

市委理论学习中心组学习（扩大）会召开，邀请中国工程院院士王建国作“城市风貌特色的形成与营造”专题讲座。建国从概念、构成、认知、营造与表达等入手，结合自身实践案例，对如何理解城市风貌特色、在设计层面有序演进等问题，作深入浅出的讲解，并对泉州城市的规划、设计、建设等提出意见建议。

建筑卫生陶瓷行业推广新一代信息技术交流会在永春举行

由省工信厅主办的建筑卫生陶瓷行业推广应用新一代信息技术现场交流会在永春举行。泉州市建陶生产制造企业、信息技术提供商等分享企业在“5G+工业互联网”应用上的典型经验与做法。与会嘉宾参观九牧集团位于永春的5G数字化工厂。在已投入使用的101数字工厂内，AGV小车、立体仓储、搬运机械手、MES看板等随处可见的自动化、信息化、数字化应用已成为这个数字车间的主要特征。

第23届海峡两岸纺织服装博览会开幕

第23届海峡两岸纺织服装博览会暨2020石狮国际时装周、第二届中国校园服饰国际博览会在石狮开幕。该届博览会以“融合创新，共享时尚新生活”为主题，设面料馆、辅料馆、校服馆、台湾馆、网商馆6个专业馆，展出面积超3万平方米。图为展会现场。 （图/吴炯雯）

泉州知创产业园专题招商推介会举行

泉州知创产业园专题招商推介会暨重大项目签约仪式举行，1个实验室、2个研究院创新平台、11个项目签约，总投资7.1亿元。1个实验室为泉州知创园实验室；2个研究院创新平台为福建省知识产权大数据研究院和泉州柏年中科科学技术研究院，总投资1.2亿元；11个项目涵盖智能科技、知识产权运营和服务等领域，总投资5.9亿元，包括芯创知识产权运营与技术转移创新综合体项目、鑫润航达供应链项目、中知永慧国际知识产权运营平台项目等。泉州知创产业园是全市13个新基建新经济基地之一，总规划面积4.8平方千米，区域覆盖海西电子信息产业育成基地、浔美工业区、华创园等园区，重点打造智能制造、半导体等新兴产业，辐射带动形成环华侨大学的战略性新兴产业带，力争3到5年实现产值100亿元以上。产业园相关负责人介绍，产业园正谋划环华侨大学知识产权经济圈建设，优化创新创业营商环境，打造专业化公共服务平台，主动对接企业转型需求，为入驻企业提供知识产权创造、运用、保护、管理、增值等全链条服务。

晋江平安行公益慈善基金会成立

晋江平安行公益慈善基金会成立，募集善款1.08亿元。从2018年起晋江便在全国率先推出“平安+法治+慈善”理念，探索设立平安行公益慈善基金会，创新慈善载体，丰富慈善内涵，弘扬晋江慈善文化。作为平安建设、法治建设的专项慈善基金，晋江平安行公益慈善基金会定位为构建大平安慈善体系的平台载体，由晋江市委政法委牵头政法各单位，整合政法各部门的相关基金项目，主要包括司法公益修复专项基金、智慧政法专项基金、政法人才专项基金、执行+慈善专项基金、未检+慈善专项基金、警务+慈善专项基金六大项目。

泉州市创新工资保证金担保方式

市人社局发布通告，确定泉州市中小企业融资担保有限责任公司等三家工程担保公司具备在泉州市开展农民工工资保证金担保资质，此举标志泉州市工资保证金工程担保机构担保方式启动。为防范和化解农民工工资支付风险，为企业减负解困，助力企业复工复产，市人社局联合住建、水利、交通等行业主管部门下发通知，在优化工资保证金银行保函担保制度的同时，明确在全市推行工资保证金工程担保机构担保制度。工资保证金工程担保机构担保制度的实施，有助于让工程建设企业在缴存工资保证金的时候有更大的选择空间。

农工党泉州市委会十四届委员会第六次全体会议召开

农工党泉州市委会十四届委员会第六次全体会议召开。会议对2020年以来农工党泉州市委会在参政议政、思想宣传、组织建设、社会服务等工作上取得的成绩进行总结，希望各级组织和党员继续凝聚共识，打好同心奋斗的统战基础；加强自身建设，深化基层量化考核工作；利用自身优势，为在泉州建设中继续凝聚农工党力量发挥作用。

泉州市高校在第七届省高校师范生教学技能大赛上获佳绩

19—20日，由省教育厅主办的第七届福建省高校师范生教学技能大赛在闽江师范高等专科学校举行，全省22所高校246名师范生参加省级总决赛，泉州市参赛高校获佳绩。大赛于10月启动，分为预赛和决赛两个阶段。大赛分为教学设计、模拟课堂教学和专家提问三个部分进行，小学组和中学组均以现行人民教育出版社版本为大赛选用教材，幼教组以现行福建人民出版社版本为大赛选用教材。参赛对象为2021届高校师范类相关专业毕业生。选手根据抽签顺序轮番登场，展示“准教师”的实力和风采。

经过比拼，最终决出一等奖50名、二等奖74名、三等奖81名、优秀奖40名，评选出优秀指导老师25名、优秀组织奖10个。其中，泉州师范学院和泉州幼儿师范高等专科学校获优秀组织奖。泉州师范学院获1个一等奖、7个二等奖、11个三等奖、7个优秀奖，1个优秀指导教师奖；泉州幼儿师范高等专科学校获1个一等奖、6个三等奖，3个优秀奖，1个优秀指导教师奖。大赛评委、省普教室教研员、高级教师黄国才在点评中指出，该届选手的师范综合素养普遍提升，表现在理论素养增强、教学素质提升、教师基本功过硬三个方面。此外，选手对落实立德树人根本任务的理解，对发展学生核心素养、提升学科核心素养等均有较深刻的理解。

百龄教授陈祥耀与国学研究座谈会举行

由泉州孔子学会、福建师范大学文学院主办的百龄教授陈祥耀与国学研究座谈会在泉州市区七彩艺文会馆举行。与会的专家、学者，以及陈祥耀的学生等，就陈祥耀的治学、处世、授业、修身之道，以及其在学术研究、诗词、书法等方面的建树，进行阐述与分享。陈祥耀，字喆盦，泉州人，福建师范大学文学院教授（退休），中华诗词学会名誉理事，中国韵文学会、福建省诗词学会顾问，中国书法家协会会员，泉州市书法家协会顾问。其著作已刊行的有《五大诗人评述》《中国古典诗歌丛话》《喆盦文存》《喆盦诗合集》《唐宋八大家文说》《清诗精华》《哲学文化晚思录》《喆盦书法选》。陈祥耀是唐宋文学、清代文学研究的著名学者之一。他参与《清诗选》副主编工作和《鲁迅全集》（新版）之《古籍序跋集》的诠释（定稿）工作，《清诗选》被列入相关专业研究生的阅读书目，《鲁迅全集》（新版）对于全国乃至全世界认识和研究鲁迅有深远的意义。

12月19日

农历庚子年十一月初五
星期六
温度：11℃～14℃
多云

●市人社局发布通告，确定泉州市中小企业融资担保有限责任公司等三家工程担保公司具备在泉州市开展农民工工资保证金担保资质，此举标志泉州市工资保证金工程担保机构担保方式启动。

●农工党泉州市委会十四届委员会第六次全体会议召开，对2020年以来农工党泉州市委会在参政议政、思想宣传、组织建设、社会服务等工作上取得的成绩进行总结。

●19—20日，由省教育厅主办的第七届福建省高校师范生教学技能大赛在闽江师范高等专科学校举行，泉州市参赛高校获佳绩。

●由泉州孔子学会、福建师范大学文学院主办的百龄教授陈祥耀与国学研究座谈会在泉州市区七彩艺文会馆举行。

12月20日

农历庚子年十一月初六
星期日
温度：12℃～15℃
阴转多云

●“心灵的邀约”——中国泉州市与德国诺伊施塔特市缔结友好城市关系25周年青少年摄影作品展暨2020丝路国家青少年国际摄影比赛福建赛区获奖作品展在泉州市图书馆开幕。

●全球商业遥感卫星福建站揭牌仪式暨空天大数据企业入驻签约仪式在数字福建（安溪）产业园举行。

●大型原创舞剧《粉墨春秋》在泉州大剧院上演。

泉州市与诺伊施塔特市缔结友城关系25周年青少年摄影展开幕

“心灵的邀约”——中国泉州市与德国诺伊施塔特市缔结友好城市关系25周年青少年摄影作品展暨2020丝路国家青少年国际摄影比赛福建赛区获奖作品展在泉州市图书馆开幕。1995年11月2日，泉州与诺伊施塔特市签署缔结友好城市关系协议书。25年来，两座城市频繁互访，经贸、文化、教育等领域的交流合作不断深化，多次互派研修员，开展青少年住家式交流，举办摄影展、画展等，增进两市人民间的相互了解和友谊。影展照片内容丰富、风格多元，有泉州与诺伊施塔特市青少年的摄影作品，分成双塔、巷遇、山海、建筑、民俗、交流等若干小主题；有2020丝路国家青少年国际摄影比赛福建赛区A、B、C组一等奖作品，获奖青少年用独特视角，表现家庭与校园的日常生活、节日盛典、自然环境、社会事件及自然与文化遗产等内容。市外办相关负责人介绍，2010年两市开始每年开展“1+1住家式”青少年交流，取得良好成效。影展中，不少照片的拍摄者就是历年来参与过“1+1住家式”交流活动的青少年。他们在活动中体验不同文化，收获珍贵友谊，也成为两市友谊的使者。影展持续至2021年2月，展览分两个阶段。

泉州市与诺伊施塔特市缔结友好城市关系25周年青少年摄影作品展现场（图/陈小阳）

全球商业遥感卫星福建站落户安溪

全球商业遥感卫星福建站揭牌仪式暨空天大数据企业入驻签约仪式在数字福建（安溪）产业园举行。作为海西唯一的商业遥感卫星站——福建站，将提升安溪在中国数字经济发展领域的地位和影响力。全球商业遥感卫星福建站项目总投资5亿元，主要建设场站科研楼、卫星运控中心、数据处理中心、空天科技馆以及卫星固定接收、移动接收设施设备，建成后具备年接收40～80颗遥感卫星和处理、分发PB级高分辨率空天数据的能力，可应用于国土普查、环境监测、应急救灾、城市规划、空间科学研究等众多行业领域。该项目落地安溪3个多月来，安溪县政府加紧项目推进、招商引资，已有13家企业签约入驻产业园。

中国科学院院士刘嘉麒表示，商业遥感卫星地面接收站和空天大数据产业园能够在安溪落地，同时还引入遥感和数字地球领域的企事业单位和学术机构共同入驻，必将为安溪县、泉州市和福建省插上商业航天与地球大数据的翅膀。依托当地区位优势，项目将使安溪成为中国在东南地区以及海峡两岸核心的空天大数据中心，必将为当地的高新技术产业发展与腾飞奠定坚实基础。北京中科数遥信息技术有限公司总经理毕建涛表示，揭牌仪式标志福建站的建设进入实际准运行阶段。未来各方将投入福建站的建设与运营工作中，为数字福建的建设、为海峡两岸的监测保护与可持续发展提供源源不断的实时遥感空间大数据支撑。安溪县政府有关负责人表示，该项目将助推安溪县参与“一带一路”空间信息走廊、中科院“数字地球”、国家高分遥感卫星专项等重大科技工程建设，为“数字福建”建设和可持续发展做出贡献。

全球商业遥感卫星福建站揭牌仪式（图/郑一君）

中国泉州文化遗产研究院成立

北京大学与泉州探索共建的两大文化遗产研究保护利用创新平台——中国泉州文化遗产研究院、北京大学考古文博学院（安溪）研究中心，分别在泉州师范学院和安溪成立，并进行共建签约。

中国泉州文化遗产研究院（以下简称“研究院”）由北京大学考古文博学院、泉州师范学院、市文旅局合作共建。研究院成立后，将以继续深化“泉州：宋元中国的世界海洋商贸中心”研究为主线，以考古学、历史学、人类学、社会学等学科为视角，整合各方创新资源，推进协同攻关，打造集“学术研究、人才培养、考古发掘、文物展示、智库服务”五位一体的文化遗产研究保护利用创新平台。北京大学考古文博学院是中国高等院校中成立的第一个考古学教学研究机构，学科覆盖面宽、教研力量雄厚，为中国文化遗产事业培养大批优秀专业人才。研究院将发挥泉州历史文化及区域优势，以及北京大学考古文博学院的学科及人才优势，助力“泉州：宋元中国的世界海洋商贸中心”申报世界文化遗产，发掘、保护、诠释及传播泉州优秀文化遗产。北京大学考古文博学院学术委员会主任孙华任研究院院长。孙华表示，中国是文明古国，通过古代陆上丝绸之路和海上丝绸之路，与世界紧密联系在一起，经由丝绸之路的沟通联系，宋元泉州已经是外向型城市。梳理中国古代国际交往的历史，寻找与文化交流有关的遗产作为古代各国交流的物证，也是为“一带一路”倡议奠定学术基础。

北京大学考古文博学院（安溪）研究中心（以下简称“研究中心”）成立后，将结合安溪青阳下草埔冶铁遗址保护展示和安溪文化遗产研究，搭建起考古发掘、田野调查、暑期课堂、人才培养相结合的创新平台，助力地方优秀文化遗产的保护、利用和传播。研究中心还将在下草埔冶铁遗址建立考古工作站，开展考古发掘，丰富该遗址的文化内涵和文物价值。

中国泉州文化遗产研究院揭牌仪式（图/泉州师范学院）

第七届“海峡杯”工业设计（晋江）大赛闭幕

由省工信厅、省人社厅、泉州市政府主办的第七届“海峡杯”工业设计（晋江）大赛闭幕。此次大赛参赛作品数、境外作品数均创历届新高，收到参赛作品13383件，比2019年净增1976件，增幅17%。大赛设高端装备组、智慧生活组、服装组、鞋类组以及综合组5个组别，每个组别各设4个奖项，其中，金奖各1名、银奖各2名、铜奖各3名、优秀奖各10名，并从5个组别金奖作品中择优评选出1名大赛特别奖。此外，大赛组委会还通过网络投票等方式，从153个入围作品第一作者中票选出5名最具人气设计师。

第七届“海峡杯”工业设计（晋江）大赛获奖者（图/赖进财）

2020年泉州市马来西亚华校师资培训班开班

由省海外联谊会、市海外联谊会主办，泉州师范学院、泉州市海外华文教育中心承办的“华教同心园 筑梦云课堂”——2020年泉州市马来西亚华校师资培训班在泉州师范学院开班。110位马来西亚华文教师在线上参加培训。马来西亚是除中国以外，唯一拥有小学、中学、大学完整华文教育体系的国家，华文教育历史源远流长。从20世纪90年代开始，马来西亚教师会总会就安排校长和老师到中国参加短期培训课程和进行教育考察。

12月21日

农历庚子年十一月初七
星期一
温度：12℃～16℃
阴

●市人大常委会党组扩大会议召开，传达学习习近平在中央政治局常务委员会会议、中央政治局第二十五次集体学习时的讲话精神等。

●肖汉辉会见到泉州访问的法国驻广州总领馆总领事周丽君。

●北京大学与泉州探索共建的两大文化遗产研究保护利用创新平台——中国泉州文化遗产研究院、北京大学考古文博学院（安溪）研究中心，分别在泉州师范学院和安溪成立，并进行共建签约。

●由省工信厅、省人社厅、泉州市政府主办的第七届“海峡杯”工业设计（晋江）大赛闭幕。

●由省海外联谊会、市海外联谊会主办，泉州师范学院、泉州市海外华文教育中心承办的“华教同心园 筑梦云课堂”——2020年泉州市马来西亚华校师资培训班在泉州师范学院开班。

●晋江市政府与厦门国际银行泉州分行签署战略合作协议。

●石狮市首批10家旅游研学基地出炉。

12月22日

农历庚子年十一月初八
星期二
温度：14℃～19℃
多云转小雨

●市政协党组（扩大）会议和十二届市政协第二十八次主席会议召开，研究协商十二届市政协第五次会议相关事项，讨论市政协常委会工作报告（征求意见稿）、提案工作报告（征求意见稿）等。

●市检察院、市河长办制定《关于深化“河（湖）长+检察长”协作机制的工作意见》，从重大问题联合督办、信息共享、线索移送、检察建议、宣传教育、经验推介等几方面提升全市检察机关与河长办协作配合的质效，推动相关工作落实落细。

●由市委文明办、市教育局主办的全市未成年人心理健康辅导经验交流活动在泉港举行。

●由中国社会科学院世界宗教研究所、中国宗教学会、中国宗教学会宗教人类学专业委员会主办的“送王船仪式与海洋文化遗产保护”专题学术研讨会在中国闽台缘博物馆举行。

十二届市政协第二十八次主席会议召开

市政协党组（扩大）会议和十二届市政协第二十八次主席会议召开，研究协商十二届市政协第五次会议相关事项，讨论市政协常委会工作报告（征求意见稿）、提案工作报告（征求意见稿），协商有关人事事项、十二届市政协第四次会议“好提案”和十二届市政协第二十四次常委会相关事宜。会议还协商个别委员暂停履职相关事宜。

泉州市深化“河（湖）长+检察长”协作

为发挥检察机关法律监督与河长办监督协调职能作用，市人民检察院、市河长办制定《关于深化“河（湖）长+检察长”协作机制的工作意见》，从重大问题联合督办、信息共享、线索移送、检察建议、宣传教育、经验推介等几方面提升全市检察机关与河长办协作配合的质效，推动相关工作落实落细。该工作意见通过四项机制发力，深化“河（湖）长+检察长”协作机制：深化协同领导机制，全市两级河（湖）长和检察长协同推进重点工作，协同督导重大问题；深化信息共享机制，重要工作信息互通，共同推进“智慧河长”建设，运用“雪亮工程”、河长制管理平台等现代化信息手段实现执法信息共享；深化办案协作机制，线索移送规范处置，调查取证相互配合，实行河（湖）生态环境损害赔偿与检察公益诉讼；深化联动监督机制，常态化开展专项整治，并将检察监督问题整改落实情况纳入年度考核。

为保障涉河湖重点难点问题得到及时、高效的处置，该机制采取“河（湖）长+检察长”“重点关注单”和“催办单”的形式，推动问题整改到位。市检察机关、河长办加强线索研判、会商，开具“重点关注单”，及时将问题线索分解至相关县（市、区），相关县（市、区）检察机关、河长办共同督促推进相关单位落实整改，验收销号。对于涉嫌破坏河湖生态的重大案件，由市级河（湖）长与检察长下发“催办单”，指定各县（市、区）检察机关、河长办共同督促指导相关单位落实责任，强化问题整改，并由市人民检察院、河长办验收，由市级河（湖）长与检察长销号。办理过程中，对不闻不问、不推不动、推而不动，致使问题久拖不决或得不到根本解决，并造成严重后果的责任单位将提出约谈问责建议、检察建议，涉及公益诉讼的，依法提起公益诉讼。

“送王船仪式与海洋文化遗产保护”专题学术研讨会举行

由中国社会科学院世界宗教研究所、中国宗教学会、中国宗教学会宗教人类学专业委员会主办，中国民俗学会、中国闽台缘博物馆、泉州海外交通史博物馆、泉州华侨历史博物馆、泉州师范学院中国泉州文化遗产研究院及泉州市区民间信仰研究会协办，泉州市非物质文化遗产保护中心、泉州富美宫董事会承办的“送王船仪式与海洋文化遗产保护”专题学术研讨会在中国闽台缘博物馆举行。中国社会科学院、中央民族大学、上海音乐学院、厦门大学、华侨大学、泉州师范学院等高校及泉州、福州、漳州、厦门等地博物馆、研究协会和宫庙的50余名专家学者及各界人士参加会议，畅谈送王船民俗活动保护和传承工作。此次学术研讨会是由中国社会科学院世界宗教研究所、中国宗教学会参与主办的第四届民间信仰研究高端论坛。开幕式后，与会专家学者围绕王爷信俗的跨境传播、王爷信俗的功能与特征、王爷信俗的田野研究以及泉州富美宫的王爷信俗传承等，分享研究成果。同时，举行“王爷信俗与海洋遗产保护”圆桌讨论会。

“送王船仪式与海洋文化遗产保护”专题学术研讨会现场（图/中国闽台缘博物馆）

市委常委会学习习近平总书记讲话精神

市委常委会召开会议，学习贯彻习近平总书记在中央经济工作会议和中央政治局第二十六次集体学习时发表的讲话精神以及省委十届十一次全会、省委经济工作会议、省委常委会会议精神，研究召开市委十二届十三次全会、市委经济工作会议有关事宜。

会议强调，省委全会贯彻中共十九届五中全会精神，以全方位推动高质量发展超越为主题，描绘全面建设社会主义现代化国家的福建篇章。要学习领会、贯彻落实，立足新发展阶段，贯彻新发展理念，积极服务并深度融入新发展格局，传承弘扬“晋江经验”。要聚焦重点发力，围绕民营经济发展、城市化水平提升、中心城市作用发挥、生态城市建设等，找准目标定位，抓实战略支撑，确保各项任务做细做实做成。要抓好泉州市“十四五”规划建议修改完善，更好符合上级要求、贴合泉州实际、顺应群众意愿。要重视从讲政治的高度做经济工作，科学精准实施各项政策措施，全方位推动高质量发展超越。要谋细谋实2021年经济工作，统筹考虑发展目标，梳理细化支撑项目、政策举措、机制抓手等。要做好岁末年初各项工作，抓好常态化疫情防控，做好安全生产、困难群众兜底帮扶、市场保供稳价等。要践行总体国家安全观，坚持党对国家安全工作的绝对领导，落细落实党委（党组）国家安全责任制，把国家安全贯穿到各项工作全过程，维护好安全稳定的政治社会环境。要维护政治安全，突出抓好反干涉、反渗透工作，维护意识形态领域安全，推进涉稳风险的源头化解。

市委常委会会议暨市委议军会召开

市委常委会会议暨市委议军会召开，传达学习上级有关精神，总结泉州市国防动员和后备力量建设情况，部署推进相关工作。会议强调，要贯彻习近平强军思想，坚持党对军队的绝对领导，贯彻军委主席负责制，推动党管武装各项工作落到实处。要健全完善国防动员体系，提升应急应战能力，抓好国防教育，为全方位推动高质量发展超越、维护国家战略全局和社会稳定大局提供坚强后盾。

市政府党组（扩大）会议传达习近平总书记讲话指示精神

市政府党组（扩大）会议召开，传达贯彻习近平总书记在3日中央政治局常务委员会会议上的讲话、对脱贫攻坚做出的指示精神，以及省委常委会会议、市委常委会会议精神。会议要求，市政府党组、政府各部门党组（党委）要把巩固拓展脱贫攻坚成果要求纳入“十四五”规划和2021年政府工作安排，谋划好政策措施和工作抓手，确保扶贫成效经得起历史和实践检验。要做好产业、就业、消费扶贫工作，深化省内山海扶贫协作，抓好援藏、援疆、援宁等对口支援工作。要推进巩固脱贫攻坚成果与乡村振兴有效衔接，结合实际实施乡村建设行动，发展壮大扶贫产业，促进农民持续稳定增收。

市政府第一百零六次常务会议召开

市政府第一百零六次常务会议召开，传达省委十届十一次全会、省委经济工作会议、省委常委会会议以及市委常委会会议精神，提出贯彻落实要求。会议指出，要把上级各项决策部署做细做实做成，特别是围绕民营经济发展、城市化水平提升、中心城市作用发挥、生态城市建设等重点任务，逐项抓落实、尽快见成效。要抓紧谋划2021年经济工作，量化细化工作安排，确保工作有目标、目标有支撑、支撑有项目。要及时做好年终岁首工作，落实疫情常态化精准防控要求，抓好一线人员定期核酸检测和特定人群疫苗应急接种工作；鼓励春节不停工、少停工，减少人流大进大出；组织好元旦春节期间工程施工和企业生产经营，实现一季度“开门红”。

12月23日

农历庚子年十一月初九
星期三
温度：15℃～16℃
大雨转小雨

●23—24日，省委常委、政法委书记罗东川到泉州调研基层社会治理、智慧政法、政法队伍建设和法治化营商环境等工作。

●市委常委会召开会议，学习贯彻习近平总书记在中央经济工作会议和中央政治局第二十六次集体学习时发表的讲话精神以及省委十届十一次全会、省委经济工作会议、省委常委会会议精神等。

●市委常委会会议暨市委议军会召开，传达学习上级有关精神，总结泉州市国防动员和后备力量建设情况，部署推进相关工作。

●市政府党组（扩大）会议召开，传达贯彻习近平总书记在3日中央政治局常务委员会会议上的讲话、对脱贫攻坚做出的指示精神，以及省委常委会会议、市委常委会会议精神。

●市政府第一百零六次常务会议召开，传达省委十届十一次全会、省委经济工作会议、省委常委会会议以及市委常委会会议精神，提出贯彻落实要求。

●泉州市培元中学成立全市首个中学“思政研究中心”。

12月24日

农历庚子年十一月初十
星期四
温度：13℃～18℃
多云转阴

●市委十二届十三次全会召开，学习贯彻习近平新时代中国特色社会主义思想和习近平总书记对福建工作讲话指示批示精神，贯彻落实中共十九届五中全会和省委十届十一次全会精神等。

●市委经济工作会议召开，学习贯彻中央、省委经济工作会议精神，落实市委十二届十三次全会部署，总结2020年经济工作，部署2021年经济工作。

●市政府与湖南大学共建泉州湖南大学工业设计与机器智能创新研究院签约暨授牌活动举行。

●由教育部语言文字信息管理司、省教育厅和泉州师范学院共建的丝路语言文化研究中心签约揭牌仪式在泉州师范学院举行。

●市慈善总会与市教育局举行泉州市直小学幼儿园奖（助）教慈善基金签约仪式，此系全市首个面向市直小学幼儿园设立的奖（助）教慈善基金。

●24—25日，全市文博系统专业培训班在石狮举行。

●2020年度泉州市文物建筑消防安全标准化管理工作现场会暨灭火器派发仪式在石狮华山古民居举行。

市委十二届十三次全会召开

市委十二届十三次全会召开，学习贯彻习近平新时代中国特色社会主义思想和习近平总书记对福建工作讲话指示批示精神，贯彻落实中共十九届五中全会和省委十届十一次全会精神，听取和讨论市委书记康涛受市委常委会委托作的工作报告，审议通过《中共泉州市委关于制定泉州市国民经济和社会发展第十四个五年规划和二〇三五年远景目标的建议》。

全会提出“十四五”时期经济社会发展总体要求，强调要坚持以人民为中心，坚持新发展理念，坚持深化改革开放，坚持系统观念，坚持稳中求进工作总基调，以全方位推动高质量发展超越为主题，以深化供给侧结构性改革为主线，以改革创新为根本动力，以满足人民日益增长的美好生活需要为根本目的，统筹发展和安全，积极服务并深度融入新发展格局，常学常新“晋江经验”，实施跨江发展、跨域融合，市域统筹、县域联动、城乡一体，在建设现代化经济体系上取得更大进展，在做大做强中心城市上取得显著成效，在建设21世纪海上丝绸之路先行区上展现更大作为，在探索海峡两岸融合发展新路上迈出更大步伐，在推进市域治理现代化上实现更大突破，打造具有全国影响力的海丝名城、制造强市，加快建设现代化中心城市。“十四五”时期，要实现经济实力攀升新高度、城市格局集聚新优势、改革开放闯出新天地、精神文明树立新风尚、生态环境展现新颜值、生活品质再上新台阶、治理效能实现新提高。到2035年中国基本实现社会主义现代化之时，泉州市与全省一道基本实现全方位高质量发展超越，打造具有全国影响力的海丝名城、制造强市，加快建设现代化中心城市，城市综合竞争力进入全国前列，具体建成海丝重要门户城市、全球新制造重要基地、全国民营经济示范城市、两岸融合发展示范区、山水田园善治之城。

市委十二届十三次全会现场（图/陈英杰）

市委经济工作会议召开

市委经济工作会议召开，学习贯彻中央、省委经济工作会议精神，落实市委十二届十三次全会部署，总结2020年经济工作，部署2021年经济工作。会议强调，2021年全市经济工作的总体要求是：全面贯彻中共十九大和十九届二中、三中、四中、五中全会精神，坚持稳中求进工作总基调，立足新发展阶段，贯彻新发展理念，积极服务并深度融入新发展格局，以全方位推动高质量发展超越为主题，以深化供给侧结构性改革为主线，以改革创新为根本动力，以满足人民日益增长的美好生活需要为根本目的，坚持系统观念，常学常新“晋江经验”，巩固拓展疫情防控和经济社会发展成果，更好统筹发展和安全，科学精准施策，稳全局开新局，保持经济运行在合理区间，为“打造海丝名城、制造强市，建设现代化中心城市”打下基础，确保“十四五”开好局起好步。

市政府与湖南大学共建研究院

市政府与湖南大学共建泉州湖南大学工业设计与机器智能创新研究院签约暨授牌活动举行。市政府与湖南大学签订合作协议，共建泉州湖南大学工业设计与机器智能创新研究院。根据协议，研究院将围绕高端装备、智能制造、智慧城市、生态环保、数字文化等特色产业发展规划开展项目合作研发，打造集政产学研金等创新要素和资源于一体的创新创业高地和产业发展基地。

泉州市打造涉外法律服务直播间

市商务局打造的首个融媒体法律咨询公益直播平台“涉外法律服务直播间”上线并进行首期直播，华侨大学法学院法学教授、国际学院副院长陈慰星，围绕“后疫情时代泉州外贸的危与机”主题进行直播，在线收看人数超过15万人。面对全球疫情对外贸出口带来的负面影响，泉州市组建全省首个应对疫情涉外法律服务律师团，由泉州知名律师事务所的26名律师组成，为外经贸企业提供免费的涉外法律咨询或服务。此外，市商务局还发布相关国家进出境管制措施、贸易限制措施、贸易救济调查与贸易壁垒措施等上百条，梳理并提出八大类进出口合同若干法律问题及对策分析；举办5场线下涉外法律实务培训，提升企业维权和风险防范意识；指导受疫情影响无法如期履行或不能履行国际贸易合同的企业申办与不可抗力相关的事实性证明49份。为吸引更多的法律人才为企业服务，泉州市还首次把近10年内入选司法部全国千名涉外律师人才库且执业年限5年以上在泉州就业创业的律师，纳入人才港湾计划，允许获评第四层次高级人才并享受相关待遇。

泉厦漳城市联盟路泉州段高速公路通车

泉厦漳城市联盟路泉州段高速公路通车运营。该路段与晋长高速、南惠高速连接，全长27.2千米，为双向六车道高速公路，其中有福田枢纽、促进枢纽两个互通，开通晋江永和、晋江东石、南安石井西三个收费站。泉厦漳城市联盟路泉州段限速110千米/小时，全线为高架桥，无中央隔离带，无隧道，路况好。该项目与已通车的南石高速、南惠高速、泉州湾大桥、晋石高速等路段组成137千米长的泉州环城高速公路“大环”，带动石狮、晋江两地南部区域融入泉州环湾城市发展格局。同时，方便泉州台商投资区、石狮和晋江南部区域通过高速公路往返厦门，密切泉州、厦门两地的交流合作。按照省政府对省高网泉厦漳城市联盟路泉州段车辆通行费收费标准的相关批复，项目内的成功大桥（桥长5.555千米）客车基本费率按小型车（一类客车）2.50元/车千米计算，货车及专项作业车基本费率按小型车（一类货车）2元/车千米计算；项目其余路段客车基本费率按小型车（一类客车）0.6元/车千米计算，货车及专项作业车基本费率按小型车（一类货车）0.45元/车千米计算。客车、货车及专项作业车的车型分类和收费系数，按照福建省高速公路现行的收费车型分类标准及收费系数 执行。

泉厦漳城市联盟路泉州段高速公路（图/林劲峰）

北京交响乐团中外名曲系列音乐会在泉州举行

“永恒的经典——北京交响乐团中外名曲系列音乐会”在泉州大剧院举行。音乐会在《狂欢节序曲》中拉开序幕，《我的中国心》《奔跑的勇士》等接连奏响，上半场在《我爱你中国》中落下帷幕。下半场均为世界名曲，《假面舞会》圆舞曲、《花之圆舞曲》让现场听众大饱耳福，最后《蓝色多瑙河》圆舞曲将音乐会推向高潮。

北京交响乐团中外名曲系列音乐会现场（图/陈智勇 郑文华）

12月25日

农历庚子年十一月十一
星期五
温度：13℃～17℃
阴转多云

●市委宣传部部务会（扩大）会议召开，传达学习中央经济工作会议，省委十届十一次全会、省委经济工作会议和市委十二届十三次全会、市委经济工作会议精神，研究贯彻落实举措。

●市商务局打造的首个融媒体法律咨询公益直播平台“涉外法律服务直播间”上线并进行首期直播。

●泉厦漳城市联盟路泉州段高速公路通车运营。

●24—25日，由泉州市高尔夫球协会主办，泉州市体育总会、福建省高尔夫球协会协办指导的2020年泉州高尔夫球公开赛在泉州中远高尔夫球场举行。

●“永恒的经典——北京交响乐团中外名曲系列音乐会”在泉州大剧院举行。

12月26日

农历庚子年十一月十二
星期六
温度：13℃~20℃
多云转晴

●市政府办印发《泉州市生态环境监管能力建设三年行动方案（2020—2022年）》，重点实施五大类65个项目。

●市卫健委下发文件部署基层医疗机构疫情防控工作，要求全市基层医疗机构要发挥“哨点”作用，配强防控队伍，加快发热门诊、诊室建设，参与做好城乡社区防控工作，加强院感防控，确保各项措施常抓不懈。

●省级循环经济示范试点园区、企业（第四批）名单出炉，泉州市20家企业获评省级循环经济示范试点企业。

●泉州市青少年宫“艺扬温陵”教学汇报展示活动在泉州音乐厅举行。

泉州市打造生态环境监管能力建设“升级版”

市政府办印发《泉州市生态环境监管能力建设三年行动方案（2020—2022年）》，重点实施五大类65个项目，包括生态环境大数据应用、空气与地表水自动监测站建设、海洋环境监管能力建设、实验室基础能力建设、生态环境综合执法和应急能力提升五大专项，助力打好污染防治攻坚战。此次行动突出抓重点、补短板、强弱项，解决信息技术应用、环境监测、环境执法、应急等领域建设的瓶颈问题，根据轻重缓急、区域差异和监管层级，分步分级推进项目建设。

推进生态环境大数据应用。建设泉州市生态环境综合监管平台，集成各业务信息系统，新增大气环境精细化管理、农村生活污水处理设施运维管理、放射源物联网监控等功能模块，提升生态环境综合决策科学化、监管精准化水平。优化空气、地表水自动监测网。拓展空气自动监测网络，更换涂山街、津头埔、万安、清源山4座国控空气质量自动监测站的监测仪器设备，在重点监控区域新建8座空气质量自动监测站；完善市（县）地表水环境质量监测网络，在南安市东溪的港龙桥断面、永春县桃溪的永春断面、德化县浐溪的尾厝断面和湖洋溪的冷水坑断面各建一座地表水水质自动监测站。完善海洋生态环境监管体系。创新海洋环境监管手段，试点运用5G、高清摄像头等高科技手段，开展海岸带岸线保护、垃圾、排污口等监测监视，排查整治突出生态环境问题。加强生态环境实验室基础能力。提升大气环境监测能力建设，优化监测实验基础条件，提升实验室监测分析能力，加强生态环境科研能力，重点支持用房紧张的丰泽、洛江、晋江、南安、惠安、永春、泉州台商投资区等地环境监测业务用房建设及修缮改造。提升综合执法和应急能力。完善环境执法监督和网格化监管体系，增配新型快速精准取证执法装备，完善重点污染源在线监控系统建设，全市三、四级（城乡、社区）网格员配齐必要的日常巡查装备。强化环境应急支撑保障，加强核与辐射安全监管，建设泉州市放射源物联网监控系统。

泉州市部署基层医疗卫生机构冬春季疫情防控工作

市卫健委下发文件部署基层医疗机构疫情防控工作，要求全市基层医疗机构要发挥“哨点”作用，配强防控队伍，加快发热门诊、诊室建设，参与做好城乡社区防控工作，加强院感防控，确保各项措施常抓不懈。

根据要求，乡镇卫生院和社区卫生服务中心要在提供公共卫生和基本医疗服务的基础上，做好建立健全卫生院疫情网络直报系统、协助疾控机构开展传染病监测及流行病学调查、疫苗预防接种等工作，特别要落实传染病预检分诊制度，医师接诊过程中，应当注意询问病人有关流行病学史等，实现“哨点”功能。在人员配备方面，各基层医疗卫生机构要结合实际，配足配强疫情防控专业人员，特别是发热门诊或发热诊室，尽量安排有一定经验的呼吸内科专业医务人员参加。参加公共卫生工作人员配备上，乡镇卫生院、社区卫生服务中心应分别按照不少于在编卫技人员总数的25%和30%的比例进行调整、充实，并强化岗位知识技能培训。在发热门诊和发热诊室的设立上，市卫健委要求，各县（市、区）卫健部门要督促指导各基层医疗卫生机构分别按照“应设尽设”“可设尽设”原则，加快完善发热门诊、发热诊室建设，提升预检分诊、发热患者筛查、健康检测和信息报告能力。

20家泉州企业入选省级示范试点企业

为推进循环经济示范试点园区和企业循环化发展，省级循环经济示范试点园区、企业（第四批）名单出炉，泉州市有泉州福海粮油工业有限公司、福建信泰印染有限公司、晋江市港益纤维制品有限公司、晋江市七彩狐服装织造有限公司、福建众益太阳能科技股份公司等20家企业获评省级循环经济示范试点企业。

泉州市部署寒潮天气防范应对工作

全省防范应对大范围寒潮天气工作视频会议召开后，市政府、市减灾委召开紧急会议，研究部署泉州市寒潮天气防范应对工作。会上介绍，此次寒潮过程泉州市最低温度在-5℃～0℃的地区为德化县杨梅乡，1℃～5℃的地区为永春县下洋镇、南安市向阳乡、安溪县桃舟乡、丰泽区清源街道、晋江市梅岭街道，6℃～10℃的地区为惠安县黄塘镇、石狮市锦尚镇。会议强调，各级各有关部门要采取有力措施，抓好各项工作落实。要压紧压实工作责任，坚持“人民至上、安全第一”；要落实落细各项措施；加强应急值守和救灾准备，落实24小时值班制度，元旦节日期间要加密调度各地应急值守和救援队伍值班备勤情况，做好困难群众、弱势群体的防寒保暖工作，提前开展冬春救助、“寒冬送温暖”专项行动；统筹做好安全生产和疫情防控工作。会后市减灾委印发《泉州市减灾委员会关于切实做好寒潮低温灾害防范应对工作的紧急通知》，就做好寒潮低温灾害防范应对各项工作做出部署。

泉州市建成核酸检测机构52家

全市已建成核酸检测机构52家，位居全省首位。2020年以来，泉州市推动核酸检测实验室和相关检测机构建设，仅医疗机构就建成35家核酸检测实验室，拥有采样队1337支，采样人员7992名，标本转运救护车346辆，日最大检测能力达到5万份，居全省前列。为提高检测效率，市卫健委统筹协调各县（市、区）核酸检测资源，推行错时“开锅”的工作机制，未配置实验室的发热门诊与周边具备快速检测能力的实验室建立核酸检测工作协作合作，畅通样本转运通道，保证急诊、发热、门诊患者在检测后最短时间内出具结果。市卫健委在现有8台快速检测设备（2小时内出结果）基础上，组织28家检测机构紧急集中采购49台快速检测设备，确保每家检测机构能够在2小时内出具检测报告。

中国美术学院美术中心名家新秀优秀作品展在晋江举行

由中国美术学院美术中心主办，晋江市美术家协会承办，晋江市博物馆、美苑画室晋江校区协办的中国美术学院美术中心“美苑画室”名家新秀优秀作品展暨“美苑杯”公益大赛启动、颁奖仪式在晋江市博物馆举行。作品展展出130余幅作品，持续至2021年1月10日。展览作品涵盖书法、国画、油画、素描、色彩、速写等，既有中国美术学院王冬龄、高法根、封治国、韩天雍、胡寿荣、田源、陈宁、毛建波、司文阁、罗小安、陈云刚、丁占勇、王彤等名家的作品；也有中国美术学院美术中心“美苑画室”师生的优秀作品和“美苑杯”公益大赛获奖者的优秀作品。参观者既可欣赏到当代名家学者的最新力作，也可看到全国各地青少年的优秀作品，内容丰富多彩，看点十足。

中国美术学院美术中心主任司文阁表示，此次展览既有教师基本功扎实的习作范本，也有近年来美术高考成绩优异同学的课堂习作，展示中心的基础教学方法与美术高考基础教学的发展趋势。同时，也展示一直关心基础美术教育的部分艺术名家作品。希望此次展览能助力泉州市的基础美术教育事业，为当地美育事业的发展献上一曲美丽篇章。展览开幕式现场，还举行“美苑杯”公益大赛启动、颁奖仪式。“美苑杯”青少年美术公益赛事系列活动，由中国美术学院美术中心主办，众多教授专家组成的学术委员会作为学术支持，以促进青少年美育发展为宗旨。分专业级与业余级,专业级比赛针对小学三年级以上未来准备向专业美术道路发展的学生，在符合主题的要求下，更多的关注青少年的专业美术基础；业余级比赛面向全年龄段学生及业余爱好者，目的在于正确的引导审美，发现美，创造美，为热爱美术的青少年提供更广阔的成长平台。

相关链接：中国美术学院前身为国立艺术院，由蔡元培创办于1928年，是文旅部（原文化部）和浙江省政府共建的一所学科、专业齐全的综合性重点美术学院。

12月27日

农历庚子年十一月十三
星期日
温度：14℃～23℃
阴转晴

●全省防范应对大范围寒潮天气工作视频会议召开后，市政府、市减灾委召开紧急会议，研究部署泉州市寒潮天气防范应对工作。

●泉州市建成核酸检测机构52家。

●由中国美术学院美术中心主办，晋江市美术家协会承办的中国美术学院美术中心“美苑画室”名家新秀优秀作品展暨“美苑杯”公益大赛启动、颁奖仪式在晋江市博物馆举行。

12月28日

农历庚子年十一月十四
星期一
温度：14℃～20℃
多云

●市人大常委会党组扩大会议召开，传达学习习近平总书记在中央经济工作会议和中央政治局第二十六次集体学习时发表的讲话精神，省委十届十一次全会、省委经济工作会议精神等。

●市十六届人大常委会第六十一次主任会议召开，讨论、通过关于调整泉州市第十六届人民代表大会第六次会议召开时间的决定，讨论市十六届人大六次会议的日程安排（草案）及各项建议名单等。

●王永礼到永春山区调研，听取基层关于乡村振兴的意见建议，了解农业生产情况。

●鲤城区重点项目集中开竣工和签约活动举行，16个重点项目集中开竣工，其中站前大道南延伸段等4个项目通过视频连线开竣工。

●泉港区招商大会举行，9个项目签约落户，多个世界500强企业再次注资泉港，投资总额401.6亿元，涉及石油化工、码头仓储、现代农业等领域。

市十六届人大常委会第六十一次主任会议召开

市十六届人大常委会第六十一次主任会议召开，讨论、通过关于调整泉州市第十六届人民代表大会第六次会议召开时间的决定，讨论市十六届人大六次会议的日程安排（草案）及各项建议名单等。图为会议现场。

（图/王虎文）

王永礼到永春调研乡村振兴和寒潮天气防范工作

市长王永礼到永春山区调研，听取基层关于乡村振兴的意见建议，了解农业生产情况。王永礼表示，要传承老一辈艰苦奋斗的作风，弘扬“美岭精神”，勇于突破常规思维，创新扶贫思路，科学精准施策，探索建立农村低收入人口的长效帮扶机制。要强化政策支持、人才支撑，挖掘乡村资源要素潜力，发展特色产业，补齐民生短板，推进巩固拓展脱贫攻坚成果同乡村振兴建设的有效衔接。要激发基层治理活力，从美岭村脱贫致富经验中挖掘新内涵，探索顺应群众期盼的基层治理体系和治理模式。王永礼还到位于横口乡的姜埕柑橘场，叮嘱相关部门帮助做好农作物防冻害工作。

王永礼（右二）在永春县横口乡姜埕村柑橘场调研
（图/陈晓东）

鲤城16个重点项目集中开竣工

鲤城区重点项目集中开竣工和签约活动举行，16个重点项目集中开竣工，其中站前大道南延伸段等4个项目通过视频连线开竣工。“泉州泛文旅产业基金”也于是日成立，鲤城区数字文创中心启动运营，36个文创产业和创新及服务平台项目集中签约，入驻古城数字文创动漫基地。

泉州七中江南校区和高新区创业投资服务中心举行竣工仪式，站前大道南延伸段—池峰路二期、恒劲科博流量测量仪表生产项目举行开工仪式。泉州七中江南校区项目是省、市、区三级重点建设项目，项目投用后可开设76个教学班（初中28个、高中48个），容纳学生约3800人。站前大道南延伸段—池峰路二期项目，道路规划长800米，宽60米，道路等级为城市I级主干道，设计时速为每小时60千米。项目已完成设计路线及项目投资方案。恒劲科博流量测量仪表生产项目位于鲤城区常泰街道仙塘社区，计划建设3万平方米厂房及配套设施，建成投产后可年新增生产汽车灌车定量灌装系统装置150套，年新增产值9750万元以上，年新增纳税1400万元以上。

鲤城区数字文创中心立足“互联网+”新业态，以数字文创产业为核心，融合“展示+交流”“科技+文化”“视觉+体验”等要素，建立数字文创企业展示共享空间，为数字文创企业和项目提供成本低、技术新、便利化、开放式的公共平台服务。鲤城区数字文创动漫基地主要依托“源和1916创意产业园”、“东亚之窗文创园区”、新门片区“三创园”等为核心，打造以智慧旅游、文创手游、动漫游戏、影视制作、电竞、创意设计、音乐艺术等为重点的现代文创产业体系。计划实施3个实体平台（源和1916、东亚之窗、新门“三创园”）、3个线上平台（人才平台、企业交流平台、行业服务平台），力争建立数字文创动漫产业基地和网红旅游打卡地。包括“鲤城区城市IP：世界海丝IP”等在内的36个项目集中签约，入驻古城数字动漫文创基地。

尹力到泉州调研

29—30日，省委书记尹力到泉州调研，省长王宁和省领导周联清、郑新聪、庄稼汉、林钟乐参加有关活动。尹力到晋江经验馆，学习习近平当年七到晋江、调研总结的“晋江经验”。尹力指出，晋江的发展历程是福建省乃至中国改革开放的一个缩影。谱写全面建设社会主义现代化国家福建新篇章，必须弘扬“晋江经验”，在实践中深化认识，引导各级党委和政府坚持做实做强做优实体经济，打造一流的营商环境，争当社会主义现代化建设、推动高质量发展的主力军。

尹力到安踏集团了解企业生产经营和科技研发等情况。尹力强调，要牢记习近平嘱托，实实在在、心无旁骛做主业，加大科技创新研发力度，为企业发展赋能，让企业插上科技的翅膀。要发挥晋江体育产业优势，促进体育场馆综合开发利用与体育赛事、工业旅游有机结合。在盼盼食品集团，尹力希望企业把好食品安全和质量关，注入新的科技成果，把食品工业民族品牌做得质量优、规模大、影响力强；要抓好非公企业党建，坚持把支部建在车间上，促进企业健康发展。在晋江五店市传统街区，尹力指出，地方传统建筑记载着当地历史、寄托着乡愁，是宝贵的历史文化财富，一定要保护好，把这些富有特色的符号更好地体现在现代建筑中，让城市建设更有特色、更有魅力。

在华侨大学，尹力到陈嘉庚纪念堂，参观校史馆，了解华侨大学60年来的发展历程，并为学校师生上思政课。尹力指出，华侨大学师生学习贯彻习近平总书记讲话指示批示精神和中共十九届五中全会精神，关键是要始终坚定信心、保持定力，坚定不移听党话、跟党走。推动高校高质量发展，是全面建设社会主义现代化国家的题中应有之义。希望华侨大学在新发展阶段，担负起在贯彻新发展理念、构建新发展格局中的新使命；要贯彻党的教育方针，坚持立德树人、以侨立校，更好地传播中华文化，服务华侨、服务地方经济社会发展。华大学生要把个人理想融入实现中华民族伟大复兴中国梦的伟大实践中，共同把华侨大学这块金字招牌擦得更亮。尹力还在泉州主持召开全省侨胞侨商座谈会。

市纪委监委常委会会议召开

市纪委监委常委会会议召开，传达学习中央经济工作会议，省委十届十一次全会、省委经济工作会议，市委十二届十三次全会、市委经济工作会议精神。会议指出，要“见人见事”抓实政治监督，紧扣传承发展“晋江经验”主线，围绕党委中心工作部署，一项一项推动落地见效。要推进优化政治生态和发展环境，落实泉州市构建亲清政商关系实施意见和负面清单，聚焦行政审批“放管服”改革等重点加强监督，确保“亲而有度、清而有为”支持保障市场主体健康发展。

泉州市2021新年音乐会举行

由市文旅局主办，泉州歌舞剧团、泉州市交响乐协会、泉州市艺术馆、泉州南音乐团承办的泉州市2021新年音乐会在泉州大剧院举行。音乐会由泉州交响乐团演奏。与往年不同的是，这场音乐会由两个大合唱《忆秦娥·娄山关》和《在灿烂的阳光下》压轴，以雄浑激越的艺术力量，回望极不平凡的2020年，礼赞即将到来的2021年。经过多年打造，新年音乐会已成为泉州市迎接新年的文化盛会，让市民在家门口感受高雅的音乐盛宴，受到市民的喜爱。

泉州市2021新年音乐会现场（图/洪 旭）

12月29日

农历庚子年十一月十五
星期二
温度：11℃～24℃
多云

●29—30日，省委书记尹力到泉州调研。

●市纪委监委常委会会议召开，传达学习中央经济工作会议，省委十届十一次全会、省委经济工作会议，市委十二届十三次全会、市委经济工作会议精神。

●泉州市近邻党建现场推进会暨城市基层党建工作联席会议第三次会议在惠安召开，总结交流经验做法，研究部署下阶段工作。

●由市文旅局主办，泉州歌舞剧团、泉州市交响乐协会、泉州市艺术馆、泉州南音乐团承办的泉州市2021新年音乐会在泉州大剧院举行。

12月30日

农历庚子年十一月十六
星期三
温度：4℃~15℃
多云转晴

●市十六届人大常委会第六十二次主任会议召开，讨论《泉州市机动车停车管理条例（草案表决稿）》《泉州市人民代表大会常务委员会关于加强九龙江流域水环境协同保护的决定（草案表决稿）》。

●市十六届人大常委会第三十四次会议召开，听取市人大法制委关于《泉州市机动车停车条例（草案二审稿）》审议结果的报告，审议通过《泉州市机动车停车管理条例（草案表决稿）》等。

●继冬春和“两节”期间全省疫情防控工作电视电话会议后，泉州市随即召开电视电话会议，部署冬春和“两节”期间全市疫情防控工作。

●市政协第二十四次常委会会议召开，讨论修改市政协《常委会工作报告（讨论稿）》和《提案工作情况报告（讨论稿）》，协商通过市政协十二届五次会议相关事宜。

●由市商务局、市总工会、市人社局等主办的2020年泉州电商创新创意创造大赛暨泉州首届电商主播大赛闭幕，并为获奖选手颁奖。

●泉州市青年联合会第十二届委员会第一次全体会议召开，选举产生市青联第十二届委员会主席、副主席、常务委员。

●泉州晋江鞋纺城市场采购贸易试点迎来获批后的首票货物出口，一批价值10.08万美元、出口至菲律宾的休闲鞋完成通关手续，标志全省第二个国家级市场采购贸易试点启动。

●泉台人力资源服务产业园在泉州台商投资区揭牌。

市十六届人大常委会第三十四次会议召开

市十六届人大常委会第三十四次会议召开。会议听取市人大法制委关于《泉州市机动车停车条例（草案二审稿）》审议结果的报告，审议通过《泉州市机动车停车管理条例（草案表决稿）》；审议通过《泉州市人民代表大会常务委员会关于加强九龙江流域水环境协同保护的决定（草案表决稿）》；审议并表决通过关于废止《泉州市人民代表大会常务委员会关于实施〈福建省各级人民代表大会常务委员会规范性文件备案审查规定〉的意见》的决定；听取和审议市政府关于市十六届人大五次会议代表建议办理工作的报告和市人大常委会视察组综合报告，市中级人民法院、市人民检察院关于市十六届人大五次会议代表建议办理工作情况报告；讨论、通过泉州市人大常委会工作报告稿；审议市十六届人大六次会议的日程安排（草案）及各项建议名单；审议通过有关人事任免事项；听取和审议市人大常委会代表资格审查委员会关于个别代表的代表资格的审查报告。

市十六届人大常委会第三十四次会议现场（图/王虎文）

泉州市部署疫情防控工作

继冬春和“两节”期间全省疫情防控工作电视电话会议后，泉州市随即召开电视电话会议，部署冬春和“两节”期间全市疫情防控工作。会议强调，要用好大数据手段，盯紧境外及国内风险地区进入人群；坚持“人物同防”，提升核酸检测能力；加强聚集活动管理，做好交通运输、医疗机构等重点场所、重点岗位管控；守好边境防线，严防偷渡私渡行为。

市政协第二十四次常委会会议召开

市政协第二十四次常委会会议召开。会上，副市长肖汉辉通报市政协十二届四次会议以来提案办理情况。会议协商通过有关人事事项；讨论修改市政协《常委会工作报告（讨论稿）》和《提案工作情况报告（讨论稿）》；协商通过市政协十二届五次会议相关事宜。会议强调，要坚持精益求精，围绕中心工作和民生热点难点问题，科学选题、深入调研，提高提案质量，创新工作方式方法，用心、用力做好提案办理工作。

2020年泉州电商创新创意创造大赛闭幕

由市商务局、市总工会、市人社局等主办的2020年泉州电商创新创意创造大赛暨泉州首届电商主播大赛闭幕，并为获奖选手颁奖。图为颁奖现场。（图/刘倩）

泉台人力资源服务产业园揭牌

泉台人力资源服务产业园在泉州台商投资区揭牌。揭牌仪式上，福建省慧台享人力资源有限公司总经理范姜锋介绍，产业园通过人才引入、人才发展体系、人才培训等一系列人力资源服务需求，规划建设一个以泉州市为核心、辐射整个福建省的两岸人力资源服务产业园。园区在人才引进、就业创业、办公场地、企业税收等多个方面制定配套政策。同时，为企业提供创业辅导、人才引进及管理、企业内部培训等服务，帮助企业快速提高管理能力、人才核心竞争力，实现高质量发展。产业园已吸引8家人力资源服务机构及6家台资企业签约进驻，其中进驻企业包含10名台湾优秀人才。

市委常委会（扩大）会议召开

市委常委会（扩大）会议召开，传达学习省委书记尹力、省长王宁到泉州调研座谈讲话精神，研究部署泉州市初步贯彻落实意见。

会议强调，要把省委部署转化落实为科学谋划推进“十四五”发展的战略思路、目标任务，迅速启动一批关键性、决定性的具体项目和机制抓手，在发展现代产业体系、深化改革开放、区域协调发展、促进共同富裕等方面发挥好主力军作用。要加快产业转型升级，加快新经济拓展、老产业链提升，强化建链强链补链，抓好技术研发、业态创新、机构支撑、人才引进等，加快产业向中高端转型。要发挥著名侨乡特色优势，抓好“海丝”先行区、双循环战略支点城市建设等，研究促进产业布局、内外贸融合、市场物流畅通等举措，推动侨资侨智成为经贸合作、融通内外的桥梁纽带。要主动融入闽西南协同发展区建设，加紧跨江发展、跨域融合，推进古城提质新城集聚，延续城市历史文脉，提升城乡建设水平，增强城市综合带动能力。要营造市场化法治化便利化国际化营商环境，完善规则规范、便利举措等，让各类群体在泉州安心创业、各得其所。要推动共同富裕，保障和改善民生，加强和创新社会治理，维护安全稳定，让发展成果更好惠及人民群众。

市委全面深化改革委员会会议召开

市委常委会会议暨市委全面深化改革委员会会议召开，传达学习贯彻中央、省委深改委有关会议精神，审议《泉州市关于构建现代环境治理体系的若干措施》，听取晋江市县域集成改革进展、南安市创新推行“大督导”机制等情况汇报；市委常委会召开会议，部署近期常态化疫情防控重点工作。会议强调，要推动改革和发展深度融合、高效联动，围绕实施跨江发展、跨域融合，大抓新经济拓展、老产业链提升，建设双循环战略支点城市等重点，实施更多战略战役性改革，推进创造性改革、引领性改革，让改革更好对接发展所需、基层所盼、民心所向。

王永礼慰问年终坚守岗位的干部职工

市长王永礼到人民银行泉州市中心支行、市交警支队指挥中心、市疾控中心，慰问年终坚守岗位的干部职工、一线执勤交警、防疫人员，并与九仙山气象站值班人员电话连线，向大家致以节日问候和新年祝福，感谢他们为全市人民过一个欢乐、祥和的节日所付出的劳动。

王永礼（左五）在市疾控中心慰问在岗防疫人员
（图/陈晓东）

泉州古城文化生态旅游度假区公益讲解免费游结束

由市文旅局、泉州古城办主办的泉州古城文化生态旅游度假区公益讲解免费游（以下简称“古城公益游”）结束。是日，13名游客在讲解员带领下乘坐微公交免费游泉州古城。游客在讲解员带领下，乘坐三部微公交，从泉州酒店出发，游览天后宫、金鱼巷、泮宫、府文庙、关帝庙、清净寺等。一边听讲解，一边慢慢走、仔细看，这样的深度游，得到游客点赞。古城公益游面对泉州酒店与泉州华侨大厦的住店客人，在两个小时内由清源文传的讲解员呈现出泉州古城的历史文化之美。活动开始于2020年国庆节，每周二、四、六、日举行，于是日结束。活动共举行118场，参与游客880人。

12月31日

农历庚子年十一月十七
星期四
温度：5℃～9℃
多云转晴

●市委常委会（扩大）会议召开，传达学习省委书记尹力、省长王宁到泉州调研座谈讲话精神，研究部署泉州市初步贯彻落实意见。

●市委常委会会议暨市委全面深化改革委员会会议召开，传达学习贯彻中央、省委深改委有关会议精神，审议《泉州市关于构建现代环境治理体系的若干措施》等。

●市委理论学习中心组学习会召开，集体观看党风廉政警示教育片。

●王永礼到人民银行泉州市中心支行、市交警支队指挥中心、市疾控中心，慰问年终坚守岗位的干部职工、一线执勤交警、防疫人员。

●泉州市“互联网+政务服务”一体化行政服务平台上线运行。

●由市文旅局、泉州古城办主办的泉州古城文化生态旅游度假区公益讲解免费游结束。

●2020年12月31日至2021年1月1日，鲤城区在中山路保护提升工程示范段（北至打锡街，南至涂门街）举行中山路百年倒计时跨年发布会。

编　后　记

地方志是地情文献，是客观记录现实情况的载体，具有长久留鉴后世之功能。泉州史志部门多年来着力探索地情文献编纂新路，创新了以年鉴为主、日记为辅的地方综合年鉴编纂办法，两者的资料组织体系不同，功能各有所长，既分工合作又有机联系，联袂反映丰富多彩的地方经济社会发展全貌。

《泉州年鉴（2021）·泉州日记》以马克思列宁主义、毛泽东思想、邓小平理论、“三个代表”重要思想、科学发展观、习近平新时代中国特色社会主义思想为指导，坚持辩证唯物主义和历史唯物主义的立场、观点和方法，以图文编年纪事的形式，按时序客观真实地记载2020年泉州地面上每一天发生的大事、要事、新事、特事，反映地方经济社会发展实况和城乡人民生活状态。该书实录2020年泉州市深入学习贯彻习近平新时代中国特色社会主义思想，围绕统筹推进经济建设、政治建设、文化建设、社会建设、生态文明建设“五位一体”总体布局和协调推进全面建成小康社会、全面深化改革、全面依法治国、全面从严治党“四个全面”战略布局，坚持稳中求进工作总基调，坚持新发展理念，统筹推进疫情防控和经济社会发展工作，团结带领全市干部群众传承弘扬“晋江经验”，勇当全方位推动高质量发展超越主力军，保持经济持续健康发展和社会大局稳定的实践过程。

《泉州年鉴（2021）·泉州日记》作为《泉州年鉴（2021）》的分册，较好地提升了年鉴反映现实的质量，其编纂水平随同年鉴不断提升，功能及实用性也不断拓展。《泉州年鉴（2021）·泉州日记》注重地情信息实录工作的项目带动作用，开发信息渠道，整合传媒资源，及时对有效资讯进行筛选、核实，将其转化为史志资料，使海量信息源源不断地充实到史志资料库中，在建设文化强市，推动泉州文化大发展大繁荣的工作大局中，发挥了存史、资政、育人的积极作用。

值此书出版之际，特作此记。借此向提供文字、图片等资料信息，以及所有关心、支持、帮助《泉州年鉴（2021）·泉州日记》编纂工作的各有关单位和各界人士表示衷心的感谢！

编　者

2021年6月